F. M. Kircheisen
Gespräche mit Napoleon

Friedrich Max Kircheisen

Gespräche mit Napoleon

Anaconda

Der Text erschien zuerst in drei Bänden zwischen 1911 und 1913 im
Verlag Robert Lutz, Stuttgart, unter dem Titel *Gespräche Napoleons des Ersten
in drei Bänden. Zum erstenmal gesammelt und herausgegeben von F. M. Kircheisen.*
Die in Band 2 und 3 als Nachtrag geführten Gespräche mit Monseigneur Arezzo
(November 1806), Graf Bubna (16. Mai 1813) und Graf Merveldt (17. Oktober 1813)
wurden in die Chronologie überführt. Orthografie und Interpunktion wurden auf
neue Rechtschreibung umgestellt.

Die Deutsche Nationalbibliothek verzeichnet diese Publikation in der
Deutschen Nationalbibliografie; detaillierte bibliografische Daten sind im
Internet unter http://dnb.d-nb.de abrufbar.

Umschlagmotiv: Jacques Louis David (1748–1825),
»Napoleon Crossing the Grand Saint-Bernard Pass, 20 May 1800« (1802),
Château de Versailles, France/Bridgeman Images
Umschlaggestaltung: www.katjaholst.de
Satz und Layout: Fotosatz Amann, Memmingen
Printed in Czech Republic 2019
ISBN 978-3-7306-0696-4
www.anacondaverlag.de
info@anacondaverlag.de

INHALT

Zweiter Band

Dritter Band

Gespräche Napoleons mit:

EINFÜHRUNG

Die Personen, die Napoleon nur wenige Augenblicke sprechen oder ihn nur ganz flüchtig in seinen Unterhaltungen beobachten konnten, vermochten sich von ihm und seiner Eigenart kein richtiges und noch viel weniger ein günstiges Urteil zu bilden. Er erschien ihnen kalt und abweisend, ja einigen sogar – und dies war nicht selten bei Frauen der Fall – unhöflich und unbedeutend. Bei manchen Gelegenheiten glichen seine Umgangsformen denen eines jungen, übermütigen Leutnants, dessen Erziehung vernachlässigt worden war. Nichts deutete in solchen Augenblicken darauf hin, dass dieser Mann Geist und Wissen besaß; er beging Unschicklichkeiten über Unschicklichkeiten! So fragte er zum Beispiel eine Dame nach ihrem Namen; als sie ihn genannt, sagte er grob: »Ach du lieber Himmel! Man hatte mir erzählt, Sie seien hübsch!« Einen fremden Gesandten, der ihm zum ersten Mal vorgestellt wurde, begrüßte er mit den Worten: »Nun, amüsieren Sie sich gut in Paris?« Und einen Senator: »Ach, wie kalt, oder wie heiß, oder wie feucht ist es doch heute!«

Er nahm auf keinen Menschen Rücksicht, erschien, wann es ihm einfiel, in der von ihm eingeladenen Gesellschaft, erhob sich, wann er wollte, von der Tafel, unbekümmert darum, ob seine Gäste die Mahlzeit bereits begonnen hatten oder nicht; oft hatten sie nicht einmal die Zeit gefunden, ihre Servietten auseinanderzufalten. Napoleons Tischgespräche waren meist kurz und wenig bedeutend; er hielt sich nicht gern lange bei Tisch auf.

Und dennoch war diesem Größten der Großen Geist, Scharfsinn und feine Beobachtungsgabe in seinen Gesprächen in hohem Maße eigen, jedoch nur dann, wenn er alle diese Fähigkeiten zur Entfaltung bringen konnte. Dann war er beredt und geistsprühend! Fachmänner und Geistesgrößen waren oft sprachlos über die Lebhaftigkeit seiner Ideen, die bisweilen Gegenstände berührten und mit bewunderungswürdiger Klarheit auseinanderlegten, welche im Allgemeinen einem Staatsmann oder Soldaten fern liegen mussten. Hatte er einen oder mehrere seiner würdigen Partner gefunden, so war Napoleon unerschöpflich in seinen Unterhaltungen; er strömte förmlich über von Ansichten und Gedanken. Dann vergaßen die Personen, die mit ihm sprachen, dass sie sich mit einem Herrscher, einem gekrönten Haupt unterhielten, und hingerissen von seinem Feuer und seinem Geist, überließen sie sich ganz dem berauschenden Eindruck einer intellektuellen Unterhaltung. Jeder glaubte mit ihm wie mit seinesgleichen zu sprechen, und jeder konnte mit ihm das Thema anschlagen, auf dem er am meisten zu Hause war; er fand in Napoleon nicht allein einen verständigen Zuhörer, sondern auch einen scharfen Kritiker. Mit ihm sprach der Schriftsteller zum Schriftsteller, der Künstler zum Künstler, der Staatsmann zum Staatsmann, der Soldat zum Soldaten, der Mensch zum Menschen!

Als Wieland im Jahr 1808 von Napoleon mit einer Unterhaltung ausgezeichnet ward, war der Dichter von der Art und Weise, mit welcher der Kaiser sich ihm gegenüber aussprach, entzückt, und die Bewunderung für so viel Geist entriss ihm die Worte: »Sire, durch die Art und Weise, in der Eure Majestät mit mir sprechen, lassen Sie mich vergessen, dass Ihnen zwei Throne gehören! Ich sehe in Ihnen nur noch den Schriftsteller … So werde ich also auch versuchen, dem Schriftsteller zu antworten!«

Nur die Philosophen fanden vor Napoleons Augen wenig Gnade. Brachte man das Gespräch auf Philosophie, so konnte man sicher sein, entweder heftigen Widerspruch oder – was noch schlimmer – gänzliche Interesselosigkeit zu finden, und dann ging er entweder schnell auf einen andern Gegenstand über, oder er ließ den Sprechenden einfach stehen und wandte sich einem andern zu.

14

Im Allgemeinen jedoch riss Napoleon seine Zuhörer durch die Mannigfaltigkeit seines Wissens, den überraschenden Scharfblick bei allen Beobachtungen und Auseinandersetzungen, durch die Beweglichkeit seines Geistes, mit der er von einem Gesprächsthema auf das andere überging, und durch die Tiefe seiner Gedanken zur größten Bewunderung hin. Dazu kam, dass er eine sehr melodische Stimme und äußerst lebhafte Gesichtszüge besaß, deren Ernst bisweilen durch ein anziehendes Lächeln gemildert wurde.

Außer Wieland standen noch viele bedeutende Männer, die mit Napoleon gesprochen, unter dem Zauber seiner Individualität. Goethe, der Kanzler Friedrich von Müller, der preußische Gesandte Lombard, der Florentiner Miot de Mélito, der österreichische Minister Metternich, Napoleons Leidensgenossen auf St. Helena, Carnot, der Dichter Chateaubriand, Benjamin Constant, Graf Caulaincourt, die Engländer Vernon und Lyttelton und allem voran der berühmteste Historiker seiner Zeit, Johannes von Müller, spenden dem Kaiser das gleiche bewundernde Lob.

Johannes von Müller, dem Napoleon 1807 in Berlin den Vorschlag machte, als Berufenster seine Geschichte zu schreiben, sah in ihm den Inbegriff alles Großen. »Gott, ich sehe es«, rief er begeistert aus, »hat ihm das Reich, die Welt gegeben! Nie wurde dies offenbarer als durch diesen Krieg (1806/1807), der, mit unbegreiflicher Unvorsichtigkeit geführt, ihm einen Sieg aufgedrungen hat, welcher nur jenen alten bei Arbela oder Zama verglichen werden kann!« Und als er mit Napoleon gesprochen, beschloss er seine Aufzeichnungen über diese Unterhaltung mit den Worten: »Durch sein Genie und seine unbefangene Güte hat er auch mich erobert!«

Napoleon hat während seiner Regierung und später auf St. Helena seine Gedanken mit so vielen Personen ausgetauscht, und die meisten, die mit einem Gespräch von ihm ausgezeichnet wurden, haben dies entweder in ihren Erinnerungen oder in speziellen Aufzeichnungen darüber hinterlassen, sodass an Material für die Gespräche Napoleons mit seinen Zeitgenossen kein Mangel ist; im Gegenteil, man könnte zehn und noch mehr Bände damit füllen. Ich habe mich jedoch damit begnügt, unter diesem reichhaltigen Stoff eine sorgfältige Auswahl zu treffen und sie in drei Bände zusammenzufassen. Ich hoffe mit diesem Werk das Bild des großen Kaisers, das uns aus den »Briefen Napoleons« herausgeschält wird, zu vervollständigen, denn was er schrieb und was er sprach war eng mit seiner Eigenart verknüpft. Nur in ihr vermag man ihn unparteiisch und richtig zu beurteilen!

Nicht immer sind die Gespräche, die Napoleon mit seinen Zeitgenossen hielt, in einem Gewand wiedergegeben worden, durch das sie der Öffentlichkeit Interesse abgewinnen können. Viele der Verfasser waren zu weitschweifig, manche zu ungeschickt in der Wortführung, und so musste an den Originalen bisweilen gefeilt und gekürzt werden, ohne dass sie natürlich ihre ursprüngliche Fassung einbüßten. Die Individualität der jeweiligen Verfasser ist stets bewahrt geblieben. Immer aber muss bei den Gesprächen hinsichtlich ihres größeren oder geringeren authentischen Wertes der Stellung der betreffenden Personen, die sie niederschrieben, Rechnung getragen werden. Viele waren entweder von zu großer Bewunderung für Napoleon hingerissen, oder sie ließen ihrer Fantasie zu freien Lauf, andere wieder waren von Eitelkeit, Neid und Hass beeinflusst. So wird man z. B. ohne Weiteres den Worten der Staatsräte Roederer, Girardin und Miot de Mélito glauben können, während die Berichte der Schauspielerin George oder der Frau von Rémusat nicht unantastbar sind. Dennoch sind einige dieser Gespräche zur Vervollständigung des ganzen Bildes mit aufgenommen worden. Nur die allzu fabelhaften Wiedergaben der Herzogin von Abrantes, der Gemahlin Junots, fanden keine Aufnahme.

Im ersten Band der »Gespräche« sind die wichtigsten Unterhaltungen zusammengefasst, die Napoleon bis 1807 mit verschiedenen seiner bedeutendsten Zeitgenossen gehabt; der zweite Band soll die Jahre 1808 bis 1813 und der dritte Band die Jahre 1814–1821 nebst einem Personenregister des ganzen Werks umfassen. Und dieser letzte, abschließende Band wird uns erst den Mann in all seiner Größe, mit all seinen Vorzügen, Fehlern und Schwächen vollkommen verstehen lassen!

Genf, im Frühjahr 1911
Friedrich M. Kircheisen

ERSTER BAND

Der General Bonaparte und
das Stiftsfräulein von Chastenay in Châtillon,
Mai 1795

Im April 1795 hatte den General Bonaparte, der sich zu dieser Zeit bei seiner Familie in Marseille aufhielt, der Befehl getroffen, sich zur Westarmee zu begeben, um dort ein Kommando unter Hoche zu übernehmen. Dies war durchaus nicht nach dem Wunsch Napoleons, und er schob die Reise dahin immer weiter hinaus, bis er sich endlich am 9. Mai auf den Weg nach Paris machte, um dort sein Glück zu versuchen. Sein junger Bruder Louis sowie seine Adjutanten Junot und Marmont begleiteten ihn. Unterwegs hielten Napoleon und seine Begleiter bei den Eltern Marmonts in Châtillon Einkehr. Der magere, bleiche und wortkarge Offizier hinterließ hier in dem antijakobinischen Milieu keinen besonders vorteilhaften Eindruck. Nichtsdestoweniger wusste er das geistreiche und junge Stiftsfräulein von Chastenay, mit deren Eltern die Marmonts gute Freundschaft hielten, zu begeistern. Am zweiten Tag ihrer Bekanntschaft unterhielten sie sich vier volle Stunden miteinander.

Lassen wir Mademoiselle de Chastenay selbst das Wort:

Jedermann kennt Bonaparte. Damals war er mager und bleich, und sein Gesicht wurde dadurch außerordentlich charakteristisch. Frau von Marmont brachte ihn am Tag seiner Ankunft zu uns. Die gute Dame wusste nicht, was sie mit ihrem Gast anfangen sollte, dessen Schweigsamkeit sie zur Verzweiflung brachte. Die noch frischen Erinnerungen an die Schreckenszeit hinterließen mehr Abneigung gegen den, der das Äußere eines Republikaners zur Schau trug.

21

Während seines ersten Besuchs bat man mich, um die Zeit zu vertreiben, ein wenig Klavier zu spielen. Der General schien zufrieden, aber seine Komplimente waren kurz. Darauf verlangte man, dass ich etwas sänge. Ich sang ein italienisches Lied, zu dem ich selbst die Musik gemacht hatte. Ich fragte Bonaparte, ob ich das Italienische gut ausspräche. Er antwortete ganz einfach, nein!

Sein Gesicht hatte auf mich Eindruck gemacht. Am nächsten Tag dinierten wir in Châtelot[1] zu Ehren des Generals. Wir versammelten uns gegen zwei Uhr und saßen lange bei Tisch. Als man aufstand, hatte ich es sehr eilig, mit dem General zu plaudern, dessen einsilbiges Wesen einen andern Eindruck auf mich gemacht hatte als auf die übrige Gesellschaft. Ich richtete eine Frage über Korsika an ihn, und unsere Unterhaltung begann. Ich glaube, sie währte vier volle Stunden.

Wir standen beide, gegen einen Marmorpfeiler gelehnt, zwischen den beiden Fenstern des Salons. Es bildeten sich Gruppen, man kam und ging, und erst als Mama uns das Zeichen zum Aufbruch gab, nahm unser Gespräch ein Ende. Ich war lange Zeit nicht mit Vergnügungen dieser Art verwöhnt worden und war niemals einem Menschen begegnet, der mir so viel Geist zu haben schien. Wie ich mich zu erinnern glaube, hatte ich während dieser Unterhaltung bald entdeckt, dass der republikanische General weder republikanische Grundsätze noch Glauben besaß. Ich war darüber erstaunt, er aber gab sich in dieser Hinsicht sehr offen gegen mich. Er sprach von dem Widerstand, auf den die revolutionäre Bewegung gestoßen sei, und bewies mir, dass dieser zu unvollständig gewesen, als dass ein wirklicher Erfolg möglich sei. Er verstand den Bürgerkrieg nicht ohne den Adel, ohne den hohen Adel, der, mächtig durch seine Meinung, mächtig durch die Unterstützung zahlreicher Edelleute und die Macht der Großgrundbesitzer, wie im vergangenen Jahrhundert, in der Tat auf ein Heer von Vasallen großen Einfluss hatte. In unsern mo-

1 Die Besitzung Marmonts.

22

dernen Zeiten wäre der Erbe des französischen Namens ein Mann, mehr oder weniger einer Partei angehörend, dessen Fähigkeiten allein seiner Stellung einige Bedeutung verliehen. Die Ereignisse in der Vendée bestätigen diese Meinung. Auch brauche man nur die Vorfälle in Lyon, ja selbst in Toulon in Betracht zu ziehen. Zur Verteidigung Lyons seien weder Maßnahmen getroffen, noch ein Plan entworfen worden. Der Mut und die Kraft der herrlichsten Charaktere haben dort durch den Mangel an Fassungskraft und durch das geringe Zielbewusstsein ihren Einfluss verloren. In Toulon hätten die Kaufleute einen großen Teil ihrer Schätze auf Schiffe bringen lassen, bereit, selbst unter Segel zu gehen, wenn das Glück sich von ihnen wendete. Nicht auf diese Weise könne ein Bürgerkrieg geführt werden.

Das Wesentliche dieser Ansichten, die damals ganz neu für mich waren, habe ich sicherlich in jener Unterredung von Bonaparte gehört, nur mit den Übergängen, die ein Gespräch mit sich bringt und vielleicht mit weniger Knappheit, als sie ein Bericht bedingt. Ich glaube – und Bonaparte kümmerte sich wenig darum, ob man ihn im Verdacht haben könne – ich glaube, er wäre emigriert, wenn die Emigration für ihn wirklich Aussicht auf Erfolg gehabt hätte. Vielleicht hätte Toulon in ihm einen Verteidiger gefunden, wenn nicht pekuniäre Interessen mit im Spiel gewesen wären. Dieser junge Soldat war damals im Begriff, sich ein Vermögen zu gründen; halb Abenteurer, durfte er nur durch Siege vorwärtsschreiten.

Der General teilte mir mit – und er hatte recht –, dass die große Masse der Soldaten vollkommen unschuldig an den blutigen Ereignissen sei, deren Schauplatz das unglückliche Frankreich gewesen; sie wüsste sie zum Teil kaum. Er schien zu glauben, dass die Armee, stets nur in der Macht der Tatsachen stehend, nicht den geringsten Einfluss auf den Parteigeist habe und zu keiner einzelnen Richtung Farbe bekenne.

Er sah, dass ich gegen die Schreckensmänner aufgebracht und, wie dies selbstverständlich, voller Begeisterung für die Thermidorianer war. Er hatte einige unter ihnen vor dem 9. Thermidor ihres Amtes walten sehen, und seine Meinung über sie war weniger günstig. Jedoch meinte er, man könne viel Schlechtes tun und veranlassen, ohne wirklich schlecht zu sein: Eine ohne Überlegung gegebene Unterschrift kostete Tausenden von unglücklichen Opfern das Leben! Die Feder hätte sich gesträubt, wenn das Resultat der Entscheidung wohl überlegt worden wäre. Man müsste, sagte er, den Blicken der Menschheit oft ein Bild vorführen, auf dem sich alle die Leiden abspielten, die aus einer unüberlegten Handlung entsprängen; nur in ihnen selbst fände die Menschheit Heil und Schutz. Wie oft habe ich mich dieses Gedankens erinnert!

Bonaparte sprach auch von den Gedichten Ossians, für den er sich sehr begeisterte. Ich kannte wohl den Namen des schottischen Barden, aber nicht seine Gesänge. Bonaparte schlug mir vor, mir die Sammlung bringen zu dürfen; er ginge nach Paris und würde sie dort leicht finden. Ich war noch jung und ein wenig prüde.[1] Der Gedanke, den General zu empfangen und von ihm ein Buch anzunehmen, schien mir nicht schicklich: Ich dankte. Seitdem habe ich, ich muss es gestehen, mehr als einmal bedauert, dass ich den Besuch und das Buch nicht angenommen habe.

Ich erinnere mich auch, dass in dieser Unterhaltung vom Roman die Rede war. Bonaparte sagte, gerade das tragische Ende von Paul und Virginie riefe ein so großes Interesse an ihrer Geschichte hervor, und er billigte nicht, dass der Autor des Musikdramas Virginie rettete. Er, Bonaparte selbst, könne es nicht vertragen, wenn sofort auf die melancholischen Eindrücke, die er empfangen, heitere Bilder folgten, und nach einem Drama oder einer Tragödie beeile er sich stets, so schnell als möglich das Theater zu verlassen. In seinen Mantel gehüllt, überlasse er sich dann ganz seiner tiefen Gemütsbewegung und sähe sich niemals das darauffolgende kleine Stück an.

Wir sprachen dann vom Glück. Er sagte, für den Menschen müsste es in der höchsten Entwicklung seiner Fähigkeiten bestehen. Damals wusste

---

1 Sie war damals 24 Jahre alt.

ich noch nicht, was Condillac gesagt hatte[1], und der Gedanke schien mir glänzend.

Wir pflegten unsere Bekanntschaft noch zwei oder drei Tage. Man wunderte sich sehr, dass ich den General zum Sprechen gebracht hatte, und er wurde jeden Tag gesprächiger.

Wir sahen uns täglich, entweder in Châtelot oder bei meinen Eltern. Ich sehe ihn noch, wie er mir beim Pflücken eines Straußes Kornblumen behilflich war. Wir spielten im Salon von Châtelot Pfänderauslösen, und ich sah denjenigen zu meinen Füßen, der bald ganz Europa zu den seinigen sah. Zwei Tage darauf sollten wir unsere Vergnügungen fortsetzen, da traf die unverhoffte Nachricht von der Absetzung des Generals ein.[2] Die sofortige Abreise ward beschlossen. Bonaparte nahm Abschied; ich war nicht zu Hause. Er unterhielt sich ein paar Augenblicke mit Mama und reiste ab, ohne meine Rückkehr abwarten zu können. Schwerlich könnte ich sagen, wie sehr ich überrascht und niedergedrückt war.

Mémoires de Madame de Chastenay.

---

1 Etienne Bonnot de Mably de Condillac, französischer Philosoph; er lebte von 1715–1780.
2 Fräulein von Chastenay wird hier von ihrem Gedächtnis ein wenig im Stich gelassen. Napoleon erfuhr seine *Versetzung aus der Artillerie in die Infanterie der Westarmee* erst, als er bereits 14 Tage in Paris war, wo er am 29. Mai 1795 eingetroffen war. Seine *Streichung* aus dem Heer erfolgte erst nach wiederholter Aufforderung, sich zur Westarmee zu begeben, der er nicht Folge leistete, am 15. September 1795.

Der General Bonaparte und der florentinische Gesandte Graf Miot de Mélito in Brescia, Juni 1796

Der Sieger von Italien war, von Verona kommend, wo er die Überreste der österreichischen Armee unter Beaulieu gezwungen hatte, über die Etsch zu gehen und sich auf Trient zurückzuziehen, am 17. Prairial des Jahres IV [5. Juni 1796] in Brescia eingezogen. Dort befand sich zu dieser Zeit der bevollmächtigte Minister der florentinischen Legation, Graf Miot de Mélito, auf den der junge republikanische General den sonderbarsten Eindruck machte. Er hatte mit ihm eine Unterredung, über die er Folgendes berichtet:

Ich war von seinem Anblick seltsam berührt. Nichts entsprach dem Bild, das sich meine Fantasie von ihm gemacht hatte. Mitten unter dem zahlreichen Generalstab bemerkte ich einen Mann unter Mittelgröße und von außerordentlicher Magerkeit. Seine gepuderten Haare, die auf eine ganz besondere Weise unterhalb des Ohres winkelrecht geschnitten waren, fielen ihm auf die Schultern herab. Er trug einen losen, bis zum Hals zugeknöpften und mit einer sehr schmalen Goldstickerei besetzten Rock und einen Hut mit einer dreifarbigen Feder.

Auf den ersten Blick schien mir sein Gesicht nicht schön, aber die stark ausgeprägten Züge, das lebhafte, forschende Auge, seine raschen, belebten Bewegungen verrieten einen kühnen Charakter und die breite, sorgenvolle Stirn einen tiefen Denker.

Er bat mich, neben ihm Platz zu nehmen, und wir sprachen über Italien. Seine Redeweise war kurz, und er sprach damals noch sehr

26

fehlerhaft. Er sagte, solange wir nicht Mantua hätten, wäre nichts entschieden; erst dann könne man sich die »Herren von Italien« nennen. Eine so schwere Belagerung sei jedoch sehr langwierig, man sähe
sich jetzt nicht einmal in der Lage, sie wieder zu beginnen, und müsse
sich für den Augenblick mit einer Umschließung der Festung begnü-
gen. Ohne Zweifel werde Österreich eine andere Armee aufstellen, um
einer so bedeutenden Festung zu Hilfe zu kommen, aber dazu brauche
es Zeit, und wir hätten folglich einen Monat vor uns. Diesen wolle er
benutzen, um sich Mittelitaliens zu bemächtigen und wenigstens von
dieser Seite her ruhig sein zu können, wenn der Krieg in Oberitalien
von Neuem ausbräche.

Dieses Gespräch veranlasste mich natürlich, ihm von den Eröffnungen,
die der Fürst Belmonte-Pignatelli mir in Florenz gemacht, zu sprechen.
Ich machte ihn auf die Anwesenheit dieses Unterhändlers in Brescia aufmerksam und drückte ihm meinen Wunsch aus, ihm den Fürsten vorstellen zu können. Er sagte, das sei eine gute Nachricht für ihn, und er habe
nichts dagegen, einen Waffenstillstand abzuschließen.

Darauf schlug ich ihm vor, in einem der Artikel des Vertrags auszuma-
chen, dass die Häfen des Königreichs Neapel den Engländern verschlossen würden.

»Ah«, antwortete er plötzlich, »dies gehört in die Politik des Diplomaten. Was vor allen Dingen jetzt bestimmt werden muss, ist, dass Neapel auf der Stelle die Truppen zurückzieht, die es in der österreichischen
Armee hat. Die Infanterie ist nichts wert, aber wissen Sie auch, dass sie
vier Regimenter ausgezeichneter Kavallerie haben, die mir viel Schaden zugefügt und die ich mir gern so bald als möglich vom Hals schaffen
möchte? Lassen Sie Herrn von Belmonte zu mir kommen; der Vertrag
wird bald gemacht sein.«

Und in der Tat wurde diese Urkunde noch im Laufe des Tages binnen
zwei Stunden abgefasst und unterzeichnet. Es gelang mir jedoch, eine
Klausel darin anbringen zu lassen, durch die bestimmt ward, dass die nea-

politanischen Schiffe sich so bald wie möglich von dem englischen Geschwader trennten.[1]

Als diese Angelegenheit abgeschlossen war, begann ich Bonaparte über die allgemeine Politik Italiens zu unterhalten. Ich erkannte bald, dass er auf Toskana schlecht zu sprechen war und bereits an die Besetzung Livornos dachte. Ich versuchte eine Unterhaltung mit ihm über diesen Punkt anzuknüpfen, da er es jedoch eilig hatte, wieder abzureisen, sah ich deutlich, dass ich keine Aufmerksamkeit finden würde. Ich beschränkte mich daher darauf, ihm eine Denkschrift zu überreichen, die ich in Mailand verfasst und in der ich die Frage, die ich jetzt nicht mündlich unterhandeln konnte, gründlich untersucht hatte.[2] Ich sagte ihm auch, dass ich eine Abschrift derselben in den Händen Salicetis zurückgelassen, obgleich ich wohl bemerkt hätte, dass der Reichtum, den man in Livorno vermutete, ihn einer so vorteilversprechenden Eroberung sehr geneigt mache.

»Oh«, antwortete Bonaparte ungeduldig, »die Kommissare des Direktoriums haben nichts mit meiner Politik zu schaffen. Ich mache, was ich will; sie mögen sich um die Verwaltung des öffentlichen Einkommens kümmern, wenigstens gegenwärtig, das Übrige geht sie nichts an. Ich hoffe, sie bleiben nicht lange in Tätigkeit, und man schickt mir keine anderen. Im Übrigen, Bürger Miot, werde ich Ihre Denkschrift lesen und mit Ihnen darüber in Bologna sprechen, wo ich, was auch meine späteren Pläne sein werden, in vierzehn Tagen bin. Ich werde Ihnen einen Boten schicken, um Sie von meiner Ankunft dort zu benachrichtigen. Adieu.«

Die Pferde waren bereit. Er schritt durch die Zimmer, die dem vorher-

---

1 Dieser Waffenstillstand ist vom 5. Juni 1796 (17. Prairial des Jahres IV) datiert und enthält nur fünf Artikel, von denen der vierte sich auf die neapolitanischen Schiffe bezieht.
2 Diese Denkschrift behandelte hauptsächlich die Verdrängung der österreichischen Macht aus Italien und die Abschaffung der päpstlichen Regierung. Miot suchte gleichzeitig darin zu beweisen, dass es für die Würde und das Interesse Frankreichs unbedingt nötig wäre, dass die Neutralität Toskanas nicht verletzt würde.

gingen, in welchem er mich empfangen hatte, und gab seinen Adjutanten Murat, Lannes, Junot und den anderen Offizieren seiner Umgebung einige Befehle. Alle standen vor ihrem General in außerordentlich respektvoller Haltung, ja man könnte sagen, sie waren voller Bewunderung für ihn. Ich bemerkte zwischen ihm und seinen Waffengefährten keinerlei Zeichen von Vertraulichkeit, die ich anderweits beobachtet hatte und die durch die republikanische Gleichheit begünstigt ward. Er hatte bereits seine Stellung markiert und ihnen den Unterschied bemerkbar gemacht.

Ich sah ihn abreisen und zog mich darauf in mein Hotel zurück, seltsam berührt, ja gewissermaßen geblendet von dem, was ich gesehen.

Mémoires du comte Miot de Mélito.

Der General Bonaparte und
Graf Miot de Mélito in Bologna, Juni 1796

Ungefähr vierzehn Tage später, am 22. Juni 1796 empfing Napoleon Bonaparte, wie er versprochen, den Grafen Miot de Mélito in Bologna, um über die in dessen Denkschrift so ernstlich behandelte Neutralität Toskanas zu sprechen. Als Miot bei ihm eingeführt wurde, war Bonaparte im Gespräch mit dem General Berthier begriffen, der ein Jugendfreund Miots gewesen. Die beiden Freunde begrüßten sich aufs Herzlichste und nannten sich du. Dies erstaunte Bonaparte, der, als er Berthier verabschiedet, sofort Miot fragte:

»Woher kennen Sie Berthier? Woher diese Vertraulichkeit zwischen Ihnen?«

Miot erklärte ihm die Ursache dieser Freundschaft. »Sehr gut«, erwiderte Bonaparte. »Aber glauben Sie etwa auch wie alle Welt und wie ich in den Zeitungen des Landes gelesen, dass ich Berthier meine Erfolge verdanke, dass er es ist, der meine Pläne leitet, und ich nur die Ideen ausführe, die er mir eingibt?«[1]

»Nicht im Geringsten«, antwortete Miot, »ich kenne ihn zu gut, als dass ich ihm Verdienste beimesse, die er nicht hat. Und hätte er sie, so würde er Ihnen sicher nicht den Ruhm abtreten.«

»Sie haben recht«, entgegnete er sehr lebhaft, »Berthier ist nicht fähig,

---

1 Um die Verdienste Bonapartes zu verkleinern, hatte man in einigen auswärtigen Blättern das Gerücht ausgestreut, dass er nur der Schüler Berthiers sei, der wenigstens 15 Jahre älter als Bonaparte war.

ein Bataillon zu befehligen.«[1] Dabei blieb er, und sie begannen ernsthaft über den Gegenstand der Reise des Gesandten zu sprechen. Diese Unterredung währte sehr lange, und Bonaparte hörte Miot sehr aufmerksam zu.

»Was sind Sie im Begriff zu tun?«, sagte dieser; »Sie entfernen sich von dem wahren Gegenstand des Kriegs, anstatt die Österreicher auf ihrem Rückzug zu verfolgen und Österreich über Tirol oder Steiermark durch die Gegenwart einer siegreichen Armee zu bedrohen, wie ich es in meinen Depeschen von Paris aus vorschlug. Indem Sie sich von Oberitalien entfernen, lassen Sie dem Feind Zeit, Luft zu schöpfen und eine neue Armee aufzustellen, die zahlreicher ist als die, die Sie soeben so vollständig und so ruhmreich geschlagen. Indessen gezwungen, Livorno zu besetzen und mit dieser Stadt Ihre Verbindungen aufrecht zu erhalten, schwächen Sie sich dadurch, dass Sie genötigt sind, dort einen Teil Ihrer Truppen zurückzulassen. Und täuschen Sie sich nicht: Die Besetzung Livornos wird Ihnen keinen der Vorteile bringen, die Sie erwarten. Ein großer Teil der Schätze, die die Engländer dort besaßen, ist bereits weggeschafft oder verborgen worden. Ziehen Sie in diesen Hafen ein, so werden die Engländer am nächsten Tag in Portoferraio eindringen,[2] und wir haben kein Recht, uns wegen der Verletzung der Neutralität zu beklagen, weil wir es selbst so gemacht. Allerdings wird man trotz der Vorsichtsmaßregeln der Engländer noch Waren und Besitztümer vorfinden, die ihnen gehören. Man wird ihre Magazine versiegeln und alles verkaufen. Wer aber zieht Nutzen aus dieser Beschlagnahme, aus die-

---

1 Hier übertrieb Napoleon wohl ein wenig. Bekannt ist es jedoch, dass Napoleon fast niemals Berthier ein selbstständiges Kommando anvertraute und ihn stets nur als seinen Generalstabschef verwendete. 1798 ließ er ihm allerdings, als er Italien verließ, das Oberkommando über die Armee, aber nur um seine Meinung, die er gegen Miot kundtat, zu rechtfertigen.

2 In der Tat zogen die Engländer am 28. Messidor (16. Juli) in Portoferraio ein, nicht ganz vierzehn Tage, nachdem sich die Franzosen Livornos bemächtigt hatten.

sem Verkauf? Die Kommissare des Direktoriums, die zahlreichen Agenten, die Ihrer Armee folgen und die die Lockspeise des Gewinns an Ihre Schritte heftet. Mit den militärischen Operationen beschäftigt, die Ihr ganzes Sein und Denken ausfüllen, werden Sie bald Livorno aus den Augen verlieren. Entsetzliche Missbräuche werden der Okkupierung folgen; es werden sich skandalöse Vermögen anhäufen, und ich werde der traurige Zeuge von einer Menge Veruntreuungen sein, die den Namen Frankreichs entehren. Ich werde sie weder abwenden noch bestrafen können. Alles wird mit großen patriotischen Worten gefärbt sein, man wird von »zu rächenden Beleidigungen«, von »Achtung vor der französischen Fahne« sprechen. Sobald Sie fort sind, wird sich eine diktatorische Macht bilden, Bedrückungen aller Art werden stattfinden, und die uns bereits übelgesinnten Gemüter werden sich noch mehr erbittern. Wenn dann das Waffenglück einen Augenblick ausbleibt, werden die Franzosen der schrecklichsten Rache ausgesetzt sein, und kein Waffenstillstand noch Friedensvertrag wird ihr Dasein sichern.«

»Hätte ich Sie früher angehört«, erwiderte der General, »so würde ich vielleicht nicht Befehl zu der Bewegung gegeben haben, die heute vor sich geht. Aber sie hat begonnen, es ist zu spät! Man hat dem Direktorium den Kopf verdreht; es bildet sich ein, in Livorno seien Schätze von Gold zu finden. Jedermann treibt es dazu; ich kann nichts dagegen tun. Ich werde jedoch die Unordnung zu verhindern suchen; Sie können den Großherzog[1] darüber beruhigen. Er muss jedoch auch seinerseits die strengsten Befehle geben, dass die Truppen respektiert werden, und reichlich für ihre Bedürfnisse sorgen. Von Livorno werde ich mich nach Florenz begeben. Morgen will ich die Sache mit dem Papst beenden. Ich werde ihm einen Waffenstillstand bewilligen unter der Bedingung, dass er uns Geld, Bilder und Statuen gibt. Wenn Sie es auf sich nehmen, nach Rom zu gehen, um die Ausführung dieses Vertrages zu

---

1 Ferdinand III., Großherzog von Toskana, 1769–1824.

verfolgen, so werde ich Ihnen diesen von Pistoia aus senden, wo ich in zwei Tagen mich aufhalten und sehr erfreut sein werde, Sie nochmals zu sehen, wenn es Ihnen Ihre Zeit erlaubt. Auf alle Fälle treffen wir uns in Florenz.«

Mémoires du comte Miot de Mélito.

Der General Bonaparte und der Dichter Arnault im Palais Serbelloni in Mailand, 1797

Der Sieger von Rivoli hatte im Palais Serbelloni in Mailand sein Hauptquartier aufgeschlagen, als der Dichter Antoine Vincent Arnault mit dem General Leclerc dort ankam und dem General Bonaparte vorgestellt wurde. In dem Salon, in den man ihn führte, befanden sich Frau Bonaparte, Frau Visconti, Frau Léopold Berthier, die spätere Gräfin Lasalle und Frau Yvan. Bei den Damen auf dem Sofa, das die ganze Wand des Salons einnahm, scherzte und lachte Eugen Beauharnais wie ein Page; von allen anwesenden Herren war er der einzige, der saß. An einem Pfeiler stand der General Bonaparte. Um ihn herum, aber immer in einem gewissen Abstand, hielten sich die höheren Offiziere, die Verwaltungsbeamten der Armee, die Beamten der Stadt und einige italienische Minister; alle standen wie er.

Nichts war bemerkenswerter als die Haltung des kleinen Mannes mitten unter den Kolossen, die alle von seinem Charakter beherrscht wurden. Sein Benehmen war nicht stolz, aber man erkannte darin sofort die Haltung eines Mannes, der genau wusste, was er wert war, und sich an seinem Platz fühlte. Bonaparte reckte sich nicht, um ebenso groß wie die andern zu erscheinen; man ersparte ihm bereits die Mühe. Niemand, mit dem er sprach, schien größer als er. Berthier, Kilmaine, Clarke, Villemanzy, ja sogar Augereau warteten schweigend, bis er das Wort an sie richtete, eine Gunst, die besonders an diesem Abend nicht jeder erwarb. Niemals ähnelte ein Hauptquartier mehr einem Hof als damals das Hauptquartier Bonapartes in Mailand.

Jeder berühmte Mann ließ sich dem General vorstellen und wurde gewöhnlich sehr höflich von ihm empfangen, was nicht ganz ohne Koketterie geschah, sei es nun, dass das Verdienst des Mannes, mit dem er sich ins Einvernehmen setzen wollte, unbestreitbar war, sei es, dass er ihm mehr Verdienst beimaß, als dieser in Wirklichkeit hatte. »Die Macht des Unbekannten«, sagte er, wenn er geneigt war, eine Erklärung darüber abzugeben.

Diese Macht musste wohl der Dichter Arnault auf den General Bonaparte ausgeübt haben, denn er zeichnete ihn an diesem Abend ganz besonders aus. Er führte ihn mit dem Hospitalverwalter der Italienischen Armee, Regnault de Saint-Jean d'Angely, nach einer Galerie, wo er im Auf- und Abgehen an den Dichter die verschiedensten Fragen richtete. Zuerst fragte er ihn über den gegenwärtigen Zustand von Paris aus.

Arnault verhehlte ihm nichts und antwortete:

»Wie es mir scheint, herrschen augenblicklich genau dieselben Zustände, die den 13. und 14. Vendémiaire herbeiführten. Die an diesen Tagen geschlagene und auseinandergetriebene Partei versammelt sich von Neuem und gedenkt mehr wie je, die Früchte des 10. Thermidors zu ernten. Das Direktorium ist nicht weniger bedroht als damals der Konvent. Man greift es mit denselben Mitteln an, ganz besonders aber mit der üblen Nachrede. Zwanzig, dreißig, fünfzig Wütende führen täglich Krieg mit ihm. Wie wird es sie zum Schweigen bringen? Und wenn ihm dies nicht gelingt, wie wird es diesen Angriffen widerstehen?

Ich liebe die Männer dieser Regierung nicht«, fügte Arnault hinzu; »aber immerhin ist mir diese Regierung lieber als die, welche ihr vorherging oder die man nach ihr einsetzen möchte. Mir ist diese durch eine Verfassung geregelte Regierung lieber als der Despotismus des öffentlichen Wohlfahrtsausschusses und Ludwigs XIV., obwohl er bereits in den Händen Ludwigs XVI. etwas gemildert worden ist. Ich zweifle jedoch, dass man sich daraus retten kann, ohne sich unter die Macht eines Einzigen zu flüchten, unter die Macht eines einzigen Menschen! Aber dieser einzige Mensch, wo ist er?«

Während Arnault sprach, kontrastierte Bonapartes unbewegliches Gesicht scharf mit dem des Dichters, das außerordentlich belebt war. Nach einigen wiederholten sehr verfänglichen Fragen über den in Paris herrschenden Geist kam der General natürlich auch auf den Geist zu sprechen, der in der Armee herrschte. Und auf die Fragen antwortend, die er zu provozieren schien, ging er langsam zur Darlegung seiner glänzendsten Taten über, dabei die Richtigkeit seiner Grundsätze in Bezug auf Taktik oder Politik beweisend.

Er schmückte diese Unterhaltung mit kleinen Anekdoten aus, die gleichzeitig seine Soldaten, seine Waffengefährten und ihn selbst charakterisierten.

»Mit wenigen Ausnahmen«, sagte er, »ist dem zahlreichsten Heer der Sieg gewiss. Die Kriegskunst besteht also darin, dass man sich stets da in überlegener Anzahl befindet, wo man einen Angriff machen will. Ist Ihre Armee weniger zahlreich als die des Feindes, so lassen Sie ihm nicht Zeit, seine Kräfte zu vereinigen. Überraschen Sie ihn in seinen Bewegungen, und indem Sie sich mit Schnelligkeit gegen die verschiedenen Armeekorps wenden, die Sie wohlweislich verstanden haben, voneinander zu trennen. Berechnen Sie Ihre Bewegungen so, dass Sie in der Lage sind, stets Ihre ganze Armee den einzelnen Heeresabteilungen des Feindes entgegenzustellen. Auf diese Weise werden Sie mit einer zur Hälfte geringeren Armee wie die des Feindes stets der Stärkste auf dem Schlachtfeld sein. Auf diese Weise habe auch ich allmählich die Heere Beaulieus, Wurmsers, Alvinczys und des Erzherzogs Karl vernichtet.

Ferner darf man niemals«, fuhr er fort, »die von den Umständen geforderten Opfer scheuen. Die aus dem Sieg entspringenden Vorteile werden Sie doppelt entschädigen. Einem solchen Opfer verdanke ich den Sieg bei Castiglione. Auf die Nachricht des Anmarsches des Generals Wurmser hin zögerte ich nicht einen Augenblick, die Belagerung Mantuas aufzuheben, um mit allen meinen Heereskräften gegen ihn operieren zu können. Zu diesem Zweck musste die ganze Belagerungsartillerie, das heißt, es mussten 140 Kanonen im Stich gelassen werden. Als ich diesen Entschluss den Divisionsgeneralen mitteilte, konnten sie sich nicht beruhigen. Berthier weinte. Gehen wir, wir werden alles wieder, hier und dort, erobern, sagte ich, indem ich ihm die Stadt zeigte. Und habe ich mich wohl getäuscht?

Es gibt unvorhergesehene Fälle«, fügte er hinzu, »wo Geistesgegenwart allein helfen kann. Hätte ich ihrer in Lonato entbehrt, so wäre ich mitten im Siegen gefangen genommen worden. Eine versprengte Kolonne hatte den Platz eingeschlossen; der österreichische General forderte uns auf, uns zu ergeben. Da ich infolge der Kenntnisse, die ich über die Bewegungen der verschiedenen Armeekorps besaß, vermutete, dass diese Kolonne nicht unterstützt wurde, sagte ich zu dem Unterhändler, dem ich die Augen verbinden ließ: ›Ihrem General kommt es zu, sich zu ergeben; sollte er sich wohl anmaßen, den Oberbefehlshaber der französischen Armee zum Gefangenen zu machen? Er, er ist mein Gefangener! Wenn er binnen acht Minuten nicht die Waffen niedergelegt hat, habe ich mit keinem Menschen Erbarmen!‹ – Und 4000 Mann ergaben sich den 1200 Soldaten, die ich besaß!

Bei allen Gelegenheiten gibt es einen Augenblick, den man ergreifen oder abwarten muss. Während der zwischen der Etsch und dem Gardasee stehende General Alvinczy bemüht war, uns zu umgehen und Mantua zu entsetzen, mir aber viel daran lag, seine Absichten kennenzulernen, um meine Bewegungen danach zu richten, so wartete ich eben, bis er sie aufdeckte. Währenddessen lag ich in Verona auf einer Matratze und ruhte mich aus. Joubert jedoch, von überlegenen Kräften angegriffen, glaubte sich in der kritischsten Lage von der Welt und schickte mir Adjutanten auf Adjutanten, um mich zu bitten, doch selbst zu kommen, um seine Lage zu beurteilen und Maßregeln zu ergreifen. Ich ließ sie reden, wandte mich, nachdem sie geendet, auf meiner Matratze auf die andere Seite und schlief von Neuem ein.

Man begriff meine Ruhe bei einer solchen Gelegenheit nicht. Als mir aber die Nachricht gebracht wurde, dass der Feind, der endlich auf dem Punkt angelangt war, wo ich ihn erwartete, eine Bewegung ausführe, die keine Zweifel über seine Absichten aufkommen ließ, rief ich: Nach Rivoli! Alle meine Divisionen marschieren dahin, und ich selbst begebe mich gleichfalls mitten in der Nacht dorthin. Von diesem Augenblick an war in meinem Kopf die Schlacht gewonnen. Der Rest ist Ihnen bekannt!«

Während dieses Gesprächs erzählte der General auch die Geschichte des Hundes von Bassano.

»Neugierig, wie ich war«, sagte er, »selbst die Verluste des Feindes abzuschätzen, begab ich mich am Abend mit meinem Generalstab nach dem Terrain, wo der Kampf stattgefunden hatte. Während die Soldaten mit jener Unempfindlichkeit, die man im Kriege, dem schrecklichen Schauspiel, annimmt, wo der Mensch nichts weiter als ein Stein im Schachbrett ist, die Opfer des Tages zählten, drangen aus dieser stummen Menge plötzlich Klagelaute oder besser ein jammervolles Heulen an unser Ohr, das je näher wir der Stelle kamen, von der es ausging, immer stärker ward. Es war das Heulen eines treuen Hundes, der bei dem toten Körper seines Herrn, eines Soldaten wachte. Die Bewegung, die dieses arme Tier in mir hervorrief, war seltsam. Ich sah jetzt nur noch Menschen da, wo ich vorher nichts weiter als Dinge gesehen hatte. ›Liebe Freunde‹, sagte ich zu meinen Begleitern, ›ziehen wir uns zurück; dieser Hund gibt uns eine Lehre von Menschlichkeit.‹«

Zu diesen interessanten Berichten, die bald im ernsten, bald in lebhaftem Ton gesprochen wurden, kam noch die Macht der seltsam bewegten Züge Bonapartes, eine Physiognomie, deren Strenge bisweilen durch ein anmutiges Lächeln oder durch einen Blick gemildert ward, in dem sich die tiefsten Gedanken eines großen Geistes und die lebhaftesten Empfindungen eines leidenschaftlichen Herzens widerspiegelten.

Bonaparte hielt auf diese Weise die ihn Umgebenden zwei lange Stunden auf den Beinen. Aber selbst die Höflinge, deren es auch unter den schroffsten Persönlichkeiten seiner Umgebung gab, blieben die ganze Zeit über stehen und schienen nicht früher daran zu denken, sich zurückzuziehen, als bis der General Bonaparte sie verabschiedete.

Arnault, Souvenirs d'un Sexagénaire.

Der General Bonaparte und der österreichische Minister Cobenzl in Udine, September 1797

Der Oberbefehlshaber der Italienischen Armee hatte am 27. September 1797 sein Hauptquartier Passeriano verlassen und sich nach Udine begeben, um mit dem österreichischen bevollmächtigten Minister Cobenzl über die Kongressfrage und die Revolution in Venedig zu unterhandeln. Graf Ludwig Cobenzl war am 26. in Udine angekommen und hatte Bonaparte sofort seine Ankunft gemeldet. Dieser hatte ihm sehr liebenswürdig geantwortet, er werde ihm am andern Tag um 2 Uhr seinen Besuch machen und hoffe, sogleich eine Unterredung mit ihm haben zu können. Cobenzl berichtet am 28. September darüber an Thugut, den österreichischen Minister der auswärtigen Angelegenheiten:

Nach den ersten Höflichkeitsphrasen bat ich Bonaparte, in mein Kabinett einzutreten, und überreichte ihm den Brief Seiner Majestät.[1] Er las ihn sofort mit großer Aufmerksamkeit, aber anstatt sich geschmeichelt zu fühlen, schien er von dem Inhalt wenig erbaut zu sein. Er sagte, die französische Republik habe nie etwas anderes gewollt, als die Präliminarien auszuführen, aber wir gäben ihnen eine Auslegung, die unannehmbar sei; unsere Langsamkeit und unsere ewigen Schwierigkeiten seien das einzige Hindernis.

Ich entgegnete, dass wir die Präliminarien nach ihrem buchstäblichen Sinn auslegten.

---

1 Brief des Kaisers Franz vom 20. September 1797.

Darauf antwortete Bonaparte mit Feuer, dass er nur aus übergroßer Willfährigkeit für uns – und er habe nur zu viel für uns übrig – auf die Vorstellungen des Herrn Marquis de Gallo[1] hin die Klausel des Kongresses gebilligt habe. Der Marquis habe ihn förmlich beschworen, dass er darin die Zulassung der beiderseitigen Verbündeten mit anbringen möge, um dem Kaiser die Mittel zu verschaffen, sich wegen der ihm durch die Umstände aufgezwungenen Vernachlässigung auf eine gewisse Art ihnen gegenüber zu rechtfertigen. Es wäre jedoch gegen alle Vernunft gewesen, Europa zum Zeugen einer so skandalösen Handlung anzurufen wie die Zerstückelung der Republik Venedig.

Ich erwiderte, dass wir, seit der Kongress und die Zulassung der Verbündeten durch die Präliminarien versprochen worden wären, ein Recht hätten, sie zu fordern, dass die Zerstückelung Venedigs von ihm selbst vorgeschlagen worden, dass ferner der Kaiser sich niemals zu etwas hergeben werde, was nicht ganz Europa wüsste, und dass eben diese Zerstückelung weniger skandalös sei als die in der Regierung von Venedig vorgenommene Änderung gegen den Inhalt der Präliminarien.

Bonaparte behauptete, es seien unsere bevollmächtigten Minister in Leoben gewesen, die zuerst den Vorschlag gemacht hätten, uns mit dem Festland von Venedig zu entschädigen; ich bestritt dies jedoch hartnäckig. Er hielt indes immer daran fest, dass diese Änderung nicht sein Werk, sondern das Ergebnis des Willens des Volkes sei, das überall das Recht habe, den Tyrannen zu vertreiben. Diese Änderung wäre die gerechte Strafe für die Niedermetzelung der 500 Franzosen in Venedig und für viele andere Gräueltaten, die sich die venezianische Regierung erlaubt habe. Die in ihr vorgenommene Änderung wäre umso berechtigter, als der Große Rat der Republik sich seiner Macht entledigt habe.

Darauf sagte ich, ich hätte eine zu hohe Meinung von den Talenten

---

1 Der neapolitanische Gesandte.

des Herrn Generals Bonaparte, als dass ich glauben könne, dass in einem Land, welches mit seinen Truppen angefüllt sei, etwas gegen seine Absicht geschähe.

Er antwortete, die republikanischen Truppen seien nicht dazu da, um das Volk in seiner Freiheit zu behindern, übrigens läge in seiner Handlungsweise nichts, was gegen die Präliminarien sei, noch was ihrer Ausführung ein Hindernis in den Weg stelle.

Ich bemerkte, dass die die ehemalige Regierung Venedigs betreffenden Bedingungen nicht zu den früheren in den Präliminarien enthaltenen passten.

Er behauptete, keine der in den Präliminarien enthaltenen Bedingungen bestimme, welcher Art die venezianische Regierung sein solle, und wir müssten erst mit den Kommissaren der Republik wegen der Abtretungen unterhandeln, um sie rechtmäßig zu machen.

Ich erklärte ihm, dass ich niemals meine Zustimmung zu einer Unterhandlung mit den Kommissaren der Republik Venedig geben werde, die wir nicht früher anerkennen könnten, als bis wir in dem Besitz unserer Entschädigungen sein würden.

»Da bringen Sie nun die ganze Unterhandlung ins Stocken«, sagte Bonaparte; »was glauben Sie denn, was wir tun können, wenn Sie sich weigern, mit den venezianischen Bevollmächtigten zu unterhandeln?«

»Mit Ihnen haben wir zu unterhandeln!«, erwiderte ich.

Da der französische Bevollmächtigte gesagt hatte, dass die Österreicher das venezianische Gebiet nicht früher erhalten sollten, als bis Mainz im Besitz der französischen Republik sei, erhob sich darüber eine neue, weit heftigere Auseinandersetzung zwischen Cobenzl und Bonaparte:

Der General führte den Artikel 6 der Präliminarien an, worin der Kaiser die von den Gesetzen der Republik bestimmten Grenzen anerkannte, ich aber erinnerte ihn an den Artikel 5, der die Grundlagen der Unversehrtheit des deutschen Reichs stipulierte. Er wollte behaupten, es verstehe sich von selbst, dass diese nicht durch die Folgen des Vertrags beeinträchtigt werde.

Darauf antwortete ich ihm, er hätte diese Klausel mit anbringen müssen, wie das stets Brauch sei. Ich bewies ihm ferner, dass die in dem Artikel von der Abtretung Belgiens angeführte Klausel über die Anerkennung der Grenze der Republik keine andere Abtretung betreffen könne als eben diese, die einzige, über die der Kaiser das Recht habe, sich auszusprechen.

»Aber«, entgegnete Bonaparte, »der Kaiser hat sich bereits über Modena ausgeglichen, ja man hat uns sogar, als man die Präliminarien unterzeichnete, durchblicken lassen, dass er nichts einzuwenden habe, wenn wir Lüttich, Malmedy und Logne behielten; Belgien selbst aber bildete einen Teil des Reichs; wie kann also Seine Majestät jene Besitzungen des Reichs abtreten und die andern nicht?«

Ich antwortete, dass für Modena ein Tausch stipuliert worden sei und ich durchaus nicht glaube, dass Seine Majestät Lüttich, Logne und Malmedy abtreten wolle, ihn jedoch nichts hindere, frei über seine Erbstaaten zu verfügen.

Bonaparte erhitzte sich sehr, klagte uns des Misstrauens, der Doppelzüngigkeit an, sagte, er sei zu leicht zugänglich gewesen, er hätte uns noch ferner die empfindlichsten Schläge versetzen sollen, man beraube ihn rücksichtslos seiner kostbaren Zeit, er hielte sich allen Fürsten für ebenbürtig, man unterhalte ihn mit Ansprüchen auf den Kongress und mit falschen Auslegungen der Präliminarien.

Ich suchte so viel wie möglich mein kaltes Blut zu bewahren und sagte ihm, kein Mensch könne in all den Handlungen des Kaisers jemals einen Mangel an Biederkeit finden. Er, der General Bonaparte, sei mit der Wahrung der Interessen seiner Regierung beauftragt und besitze ihr Vertrauen genauso wie ich, der ich mit den Interessen meines Gebieters beauftragt und ebenfalls mit seinem Vertrauen beehrt worden sei. Folglich seien wir beide die am besten geeigneten Gesandten, eine so bedeutende

Angelegenheit zu beenden, wenn man nur wollte; dies könnte jedoch niemals sein, wenn man den bereits eingegangenen, sehr klaren und verständlichen Verpflichtungen eine so erzwungene Auslegung gäbe.

»Die französische Republik«, sagte darauf Bonaparte, »wird niemals von der Ausführung der von ihr dekretierten Gesetze abweichen; mit den Mitteln, die sie besitzt, kann sie in zwei Jahren ganz Europa erobern!«

Ich antwortete, dass dann den andern Höfen nichts anderes übrig bliebe, als die Mittel anzuwenden, die ihnen zu ihrem Schutz zur Verfügung ständen.

»Ich sage nicht, dass das ihre Absicht ist«, erwiderte Bonaparte, »im Gegenteil, sie möchte gern sehr bald ihre Bürger die Vorteile des Friedens, des Handels und des Ackerbaus genießen lassen, aber nicht, indem sie von dem absteht, was sie bereits als ihr Eigentum dekretiert hat. Ich wiederhole noch einmal: ohne Mainz machen wir keinen Frieden, und ohne Mainz geben wir die italienischen Festungen nicht her!«

»Und ich«, antwortete ich ihm, »werde den Frieden nicht ohne die Stipulation der sofortigen Räumung aller uns zukommenden Provinzen unterzeichnen.«

»Auf diese Weise«, sagte Bonaparte, »wird Ihr Aufenthalt in Udine nicht von langer Dauer sein, und der letzte Wille der Fürsten und Staaten wird entscheiden.«

»Der Kaiser wünscht den Frieden«, entgegnete ich, »aber er fürchtet den Krieg nicht! Ich hingegen werde wenigstens die Genugtuung haben, die Bekanntschaft eines ebenso berühmten wie interessanten Mannes gemacht zu haben.«

Nach dieser sehr lebhaften Unterhaltung begaben sich die beiden Bevollmächtigten zur Generalkonferenz zum Marquis de Gallo. Cobenzl verbrachte den ganzen Abend mit Bonaparte bei dem Gesandten von Neapel in vertraulicher Unterhaltung.

Bonaparte, sagt er, behauptete immer, der Kaiser sei schlecht bedient, schlecht beraten; wenn er den Frieden nicht hinausgeschoben hätte, wäre er jetzt im Besitz seines Teiles; der Tausch, den er für die Niederlande und die Lombardei mache, sei so vorteilhaft, dass Joseph II. nicht gezögert haben würde, selbst ohne Krieg die Hand danach auszustrecken. Die in Venedig vorgenommene Änderung in der Regierung müsste als ein durch Thronfolge eingetretener Regierungswechsel angesehen werden; alle Staaten seien ähnlichen Veränderungen unterworfen, und in den monarchischen Regierungen brächte oft der alleinige Wille des Fürsten ebenso bedeutende hervor: Beweis dafür seien die von Joseph II. vorgenommenen Veränderungen.

Ich antwortete, dass wir einen solchen vollkommen unrechtmäßigen Regierungswechsel nicht anerkennen könnten. Ich setzte Bonaparte außerdem auseinander, dass wir außer dem Recht, den Kongress zu verlangen, auch noch Verpflichtungen Russland gegenüber hätten, die uns dazu zwängen; wir könnten für einen so Engverbündeten nicht weniger tun; und nur, weil dieser sich selbst aller Forderungen in dieser Beziehung enthielte, sei es uns möglich gewesen, die Beendigung der Unterhandlungen in Udine zu billigen; dies sei ein neuer Beweis, mit welcher Genauigkeit der Kaiser alle seine Versprechungen erfülle. Ich forderte ihn auch auf, einzugestehen, ob er, als er die Präliminarien unterzeichnete, bereits den Gedanken gehabt habe, Mainz und alles, was man jetzt verlangt, mit einzubegreifen? Dabei versicherte ich ihm, dass wenn der Kaiser jemals solches geahnt, er niemals in die Ratifikation eingewilligt haben würde.

»Ich weiß nicht, was ich gedacht«, antwortete Bonaparte, »ich weiß nur, was ich stipuliert habe, und daran halte ich fest. Wenn der Kaiser die Präliminarien nicht ratifiziert hätte, würde ich nicht seine Provinzen geräumt haben, und dann würde man ja gesehen haben, was sich ereignete ...«

»Die Kriegsereignisse hingen und hängen noch von dem Glück der Waffen ab«, erwiderte ich; »wir waren geschlagen, aber nicht besiegt! Sie konnten die Hilfsquellen, die wir in jenem kritischen Augenblick noch besaßen und jetzt noch besitzen, nicht leugnen; der Kaiser wird niemals etwas unterzeichnen, was gegen seine Würde und seine Pflicht ist.«

Im Laufe der Unterhaltung gab ich ihm zu verstehen, dass wenn wir uns zu einem Frieden einigten, was ich jedoch täglich mehr und mehr bezweifelte, ich wünschte, dass dieser von Dauer und so wäre, dass er das gute Einvernehmen der beiden Staaten sicherte. Zu diesem Zweck aber müssten beide sich in einer Lage befinden, die ihnen keine Veranlassung zur gegenseitigen Schädigung gäbe. Auch bemerkte ich, dass ich durchaus nicht einsähe, warum er immer zu unserm Nachteil die Republiken begünstigen wolle, die zu schonen er doch viel weniger Interesse habe als uns.

Kurz bevor uns Bonaparte verließ, beklagte er sich noch, dass die Unterhandlung anstatt fortzuschreiten zurückzugehen schien. »Gehen Sie doch aus sich heraus«, sagte er mir zu verschiedenen Malen. Ich aber erwiderte ihm, dass es an ihm wäre, aus sich herauszugehen; da er Hindernisse zum Frieden erblicke, solle er uns doch Mittel, diese aus dem Weg zu schaffen, angeben.

Bonaparte blieb lange mit uns zusammen, war sehr gesprächig, sprach von der Revolution seit ihrer Entstehung, von den jüngsten Ereignissen, von der königlichen Familie und den Emigranten ohne Bitterkeit und verließ uns, nachdem er mit mir von 3 bis 9 Uhr zusammen gewesen war.

Quellen zur Geschichte des Zeitalters der französischen Revolution. Herausgegeben von Hermann Hüffer.

Der General Bonaparte und der preussische Gesandte von Sandoz Rollin in Paris, Dezember 1797

Der preußische Gesandte Alfons von Sandoz Rollin in Paris hatte seine erste Unterredung mit dem General Bonaparte am 11. Dezember 1797. Er berichtet darüber seiner Regierung Folgendes:

Niemals sah man eine so große Menschenmenge versammelt als gestern Morgen bei der öffentlichen Audienz des Generals Bonaparte. Die Straßen nach dem Luxembourg waren unzugänglich. Niemals hatte man so begeisterte Beifallsrufe gehört, und das »Vive Bonaparte« und »Vive le directoire« hallten einstimmig wieder. Um ein halb ein Uhr erschien der General, von dem Minister der auswärtigen Angelegenheiten geführt und von seinem Generalstab begleitet, auf dem zu seinem Empfang bereitgehaltenen Platz im Luxembourg. Als er näher kam, erhob sich das Direktorium. Zuerst ein erhabenes Schweigen, darauf brachen allenthalben Beifallsrufe aus, die weit von dem Volk wiederholt wurden. Die vom General Bonaparte nach der Ansprache des Ministers der auswärtigen Angelegenheiten gehaltene Rede ist nur von wenigen gehört worden, da der Platz zu ausgedehnt und die Menge zu lärmend war. Der Direktor Barras hat darauf mit Bewegung und Würde geantwortet; er war sichtlich gerührt, diesen selben General wiederzusehen, der auf seine Wahl hin unbemerkt zum Kommando der Italienischen Armee aufgebrochen war und nun sieges- und ruhmbedeckt zurückkehrte.

Ich habe mich dem General nähern und mit ihm sprechen können. Sein Wesen ist trocken und zurückhaltend gegen zudringliche Neugierige, aber offen, liebenswürdig, ja selbst vertraulich gegen diejenigen, die beauftragt sind, mit ihm zu sprechen. Dies habe ich an mir selbst erfahren.

»Als Preuße«, begann ich, »nehme ich großen Anteil an Ihrem Ruhm, und als Menschenfreund habe ich gleichfalls großes Interesse an Ihrer Humanität genommen …«

»Ein gewisses Glück und Tätigkeit sind die Grundlagen meiner Erfolge gewesen«, erwiderte er; »Friedrich der Große ist der Held, den ich am liebsten in allem, im Krieg wie in der Verwaltung, zurate ziehe. Mitten auf den Schlachtfeldern habe ich seine Grundsätze studiert, und seine vertrauten Briefe sind für mich philosophische Stunden.«

Von da auf die allgemeine Pazifikation übergehend, tat ich ihm meine Befürchtung kund, dass der Kongress zu Rastatt, anstatt eine Zuflucht des Friedens, der Schauplatz von Zank und Zwietracht werden möchte. Ich stellte ihm besonders vor, dass, um diese Schwierigkeiten zu beenden, es besser gewesen wäre, über die Hauptgegenstände unter den drei Staaten zu beraten, ehe man sie in Rastatt zur Sprache brachte. Ich teilte ihm diese Ansicht als meine ganz persönliche mit und fügte hinzu, dass Frankreich, um bald zu einem Abschluss zu gelangen, dies Wien vorschlagen solle, sonst würden die Unterhandlungen des Kongresses bis ins Unendliche ausgedehnt. Ich wurde angehört und wohl verstanden.

»Nein, nein«, nahm der General Bonaparte das Wort, »Sie sind in dieser Beziehung im Irrtum. Die geheimen Artikel des letzten Friedensvertrages sind Ihrem Hof angemessen verfasst; Wien muss billigen, was wir hinsichtlich der Säkularisierung und Entschädigung fordern. Es wird auch endlich einwilligen, denn ich habe bereits gewissermaßen seine Zustimmung erhalten. Es wird nur noch darauf ankommen, dass wir uns gegenseitig gut verstehen und beraten. Ich habe sehr bedauert«, fuhr er fort, »dass der König von Preußen keinen Unterhändler nach Udine gesandt hat; ich hätte besser auf seine politischen Interessen eingehen und sie vielleicht besser mit denen von Wien in Einklang bringen können. Dasselbe Bedauern empfand ich, als ich keinen Ihrer Bevollmächtigten in Rastatt während meines kurzen Aufenthaltes daselbst gefunden. Wir würden miteinander gesprochen und uns aller Wahrscheinlichkeit nach über die Hauptpunkte geeinigt haben. Die Österreicher sind schwerfällig und argwöhnisch im Unterhandeln, so schwerfällig, dass sie nicht wissen, wo anfangen und wo aufhören. Der Graf Cobenzl, den ich unter ihnen als einen unterrichteten und verdienstvollen Mann bemerkt habe, ist im Unterhandeln unerträglich: eher könnte man das Meer ausschöpfen, als ihm die einfachsten und klarsten Dinge verständlich machen.«

Darauf sagte ich ihm, dass die Bevollmächtigten Eurer Majestät [des Königs von Preußen] ihn zu schätzen und anzuhören wissen würden. Ich habe ihm sogar versprochen, ihn einmal zu besuchen, um eingehender mit ihm zu sprechen. Seine Antwort war sehr schmeichelhaft für mich. Darauf verließ er mich, um sich den Direktoren zu nähern.

Preußen und Frankreich von 1795 bis 1807. Diplomatische Korrespondenzen, herausgegeben von Paul Bailleu.

DER GENERAL BONAPARTE UND DER JOURNALIST (SPÄTERE STAATSRAT) ROEDERER IN PARIS, MÄRZ 1798

Der Staatsrat Roederer, der, ehe er die diplomatische Karriere am Hof des Konsuls und Kaisers einschlug, ein arbeitsreiches Leben als Journalist führte, wurde dem jungen General der Italienischen Armee zum ersten Mal am 13. März 1798 [23. Ventôse des Jahres VI] vorgestellt. Sie waren beide zusammen bei Talleyrand zum Essen eingeladen. Nach dem Diner machte sie Talleyrand miteinander bekannt. Bonaparte sagte zu Roederer: »Es freut mich, Ihre Bekanntschaft zu machen; ich habe von Ihren Fähigkeiten die höchste Meinung, seitdem ich einen Artikel gelesen, den Sie gegen mich vor zwei Jahren geschrieben haben.«

»Gegen Sie, General? Ich erinnere mich dessen nicht.«

»Doch; es handelte sich um die in Feindesland erhobenen Kontributionen. Im Prinzip hatten Sie recht, aber Sie irrten sich tatsächlich, denn ich tat, was Sie von mir zu tun verlangten.«

Darauf unterhielten sie sich lange über Pasigraphie und den Einfluss der Zeichen auf die Gedanken. Der General meinte, dass die Zeichen gar keinen Einfluss auf die Gedanken hätten, sondern dass der Mensch nur die Gedanken besäße, die seine Organisation ihm verschaffe, nicht einen mehr.

Roederer war auch seiner Meinung, bemerkte jedoch, dass nach Locke, den Bonaparte mehrmals zitiert hatte, die Zeichen der abstrakten Ideen und der gemischten Redeweise nötig seien, um die Gedanken in unserem Kopf zu befestigen und zu verteilen, um uns in den Stand zu setzen, sie zu vergleichen und durch diesen Vergleich neue hervorzubringen. Er gab es zu. Laplace[1] und Prony[2] nahmen an dieser Unterhaltung ebenfalls teil.

Gerade als Laplace einen Witz erzählen wollte, rief Napoleon: »Ach, ich verbrenne mich ja hier!«, er saß mit dem Rücken gegen den Kamin. »Gestatten Sie, dass ich den Platz wechsele, ich liebe es nicht, das Feuer im Rücken zu haben.« Jemand antwortete: »Weil Sie es nicht gewöhnt sind.«

Oeuvres du comte P. L. Roederer.

1   Pierre Simon Marquis de Laplace, einer der bedeutendsten Geometer seiner Zeit. Er lebte von 1740 bis 1827. Am 9. November 1799, anderthalb Jahre nach dieser Unterhaltung, wurde er Minister des Innern, musste aber sehr bald dem Bruder des Ersten Konsuls, Lucien Bonaparte, Platz machen.
2   Gaspard Clair François Marie Riche, Baron de Prony, Ingenieur. Um diese Zeit (1798) wurde er Generalinspektor der Brücken und Chausseen.

DER GENERAL BONAPARTE UND SEIN SEKRETÄR BOURRIENNE IN ÄGYPTEN, 1798

Der Verlust seiner Flotte vor Abukir machte Bonapartes Pläne, die er besonders hinsichtlich der Eroberung der englischen Weltmacht hatte, mit einem Schlag zunichte. Sein ganzer Unmut darüber machte sich gegen seinen Privatsekretär und ehemaligen Schulkameraden Luft. Bourrienne suchte ihn so viel wie möglich darüber zu trösten und meinte, es wäre immerhin besser, Nelson habe ihn hier geschlagen als vor Malta oder vor Alexandrien, wo alles verloren gewesen wäre.

»Da wir nun einmal hier festgefahren sind«, fügte Bourrienne hinzu, »müssen wir uns selbst genügen. Wir haben Lebensmittel und Geld. Warten wir, was die Zukunft bringen und was das Direktorium tun wird.«

»Ach, Euer Direktorium!«, unterbrach Bonaparte ihn wütend, »das ist ein Haufen Dr… Sie beneiden mich, sie hassen mich und werden mich hier verderben lassen. Und sehen Sie doch all diese Trauergestalten; wer bliebe da wohl gern?«

In den Tagen, die der Nachricht vom Unglück bei Abukir folgten, bis zum Aufstand von Kairo am 22. Oktober fand Bonaparte manchmal die Zeit lang. Obgleich er sich um alles kümmerte, hatte er doch nicht genügend Beschäftigung, um seinen rastlosen Geist zu befriedigen. Wenn die Hitze es gestattete, ritt er aus, und kehrte er dann zurück, ohne Depeschen vorzufinden oder Befehle absenden zu können, ohne Briefe zu beantworten zu haben, so verfiel er sofort in eine tiefe Nachdenklichkeit. Er sah abgespannt aus und unterhielt sich oft über die seltsamsten Dinge.

Eines Tages sagte er zu Bourrienne: »Raten Sie, an was ich denke.«

»Mein Gott«, erwiderte dieser, »das wird schwer sein; Sie denken an so viele Dinge.«

»Ich weiß nicht«, antwortete der General, »ob ich Frankreich wiedersehen werde, aber wenn dies der Fall ist, so wäre es mein größter Ehrgeiz, einen schönen Feldzug in Deutschland zu unternehmen, und zwar in der bayerischen Tiefebene. Ich möchte dort eine große Schlacht gewinnen und Frankreich für die Niederlage bei Höchstädt rächen.[1] Danach ziehe ich mich aufs Land zurück und lebe ruhig und zufrieden.«

Und nun folgte eine lange Auseinandersetzung, weshalb er Deutschland als Kriegsschauplatz den Vorzug gäbe, ferner über den guten Charakter der Deutschen, über das, was ihm Desaix darüber berichtet hatte, über das Gedeihen und den Reichtum Deutschlands und die Leichtigkeit, mit der man dort die Heere verpflegen könne. Diese Unterhaltungen zogen sich oft bis ins Unendliche hinaus, aber Napoleon wusste sie stets interessant zu gestalten.

Mémoires de Bourrienne.

---

1 Am 13. August 1704 wurden die Franzosen und Bayern unter den Marschällen Tallard, Marsin und dem Kurfürsten Max Emanuel von Bayern vom Prinzen Eugen und Herzog von Marlborough dort glänzend geschlagen.

Bonaparte und Bourrienne vor El-Arisch in Ägypten, 1798

Während Napoleon in Ägypten sich mit den Mamelucken herumschlug, nahm es Josephine in Paris mit der Treue gegen ihren Gatten nicht so genau. Die leichtsinnige Frau amüsierte sich nach Herzenslust und dachte nicht daran, dass Argusaugen um sie herumspähten, um alles bei Gelegenheit dem nichtsahnenden Ehemann zu hinterbringen. Natürlich verfehlten die guten Freunde auch nicht, mehr zu erzählen als sie gesehen hatten. Der General Junot, Bonapartes Adjutant, nahm es auf sich, seinen Freund und Vorgesetzten von den Seitensprüngen seiner Gemahlin zu unterrichten.

Eines Tages, es war vor El-Arisch, gingen die beiden im lebhaften Gespräch auf und ab. Das schon an und für sich blasse Gesicht des Obergenerals schien noch erdfahler zu sein als gewöhnlich. Ein konvulsivisches Zucken bewegte seine Züge, seine Augen blickten finster, und mehrmals schlug er sich mit der Hand vor den Kopf. Plötzlich ließ er Junot stehen und schritt auf den sich nicht weit davon aufhaltenden Bourrienne zu.

»Sie sind mir durchaus nicht ergeben«, schrie er ihn fast grob an. »Die Frauen! … Josephine! … Wenn Sie mir ergeben wären, hätten Sie mich von allem, was ich durch Junot erfahren habe, unterrichtet. Er ist ein wahrer Freund. Josephine! … und ich bin sechshundert Meilen entfernt … Sie mussten es mir sagen! Josephine! … dass sie mich so betrügen konnte! … sie! … Wehe ihnen! Ich werde alle diese Laffen und Stutzer vernichten! … Von ihr aber lasse ich mich scheiden! Jawohl, eine Scheidung! eine öffentliche, aufsehenerregende Scheidung! … Ich muss sofort schreiben ... Ich weiß alles! ... Ihre Schuld ist es; Sie hätten es mir sagen müssen!«

Diese zornigen, kurzabgebrochenen Worte, sein entstelltes Gesicht, seine aufgeregte Stimme klärten Bourrienne zur Genüge über das Gespräch auf, das Bonaparte mit Junot gehabt hatte. Ohne Frage hatte dieser sich zu Indiskretionen gegen seinen General hinreißen lassen und das Unrecht Frau Bonapartes schlimmer dargestellt als es in Wirklichkeit war. Wenigstens war Bourrienne davon überzeugt. Er teilte dies Bonaparte mit und suchte ihn zu beruhigen, indem er ihm vorstellte, dass solche Gerüchte fast immer nur der Verleumdung entsprängen. Aber Bonaparte wollte nichts davon wissen, und das Wort Scheidung entschlüpfte noch mehrmals seinem Mund. Bourrienne sprach von seinem Ruhm, der ihm doch vor allem am Herzen liegen müsse.

»Was!«, rief Bonaparte; »mein Ruhm! Ach, ich weiß nicht, was ich dafür hingeben würde, wenn Junots Mitteilungen nicht wahr wären, so sehr liebe ich diese Frau! ... Wenn Josephine schuldig ist, muss eine Scheidung mich für immer von ihr trennen! ... Ich will nicht der Gegenstand des Gelächters aller Nichtstuer von Paris sein! Ich werde Joseph schreiben; er mag die Scheidung aussprechen lassen.«

Mémoires de Bourrienne.

Bonaparte und Bourrienne bei Akka, Mai 1799

Nach dem unglücklichen Sturm auf Akka vom 8. Mai 1799, bei dem der General Lannes verwundet wurde, ging Bonaparte mit Bourrienne am Strand spazieren. Napoleon war niedergeschlagen, so viel Blut seiner Tapferen unnütz vergossen zu haben.

»Ja, Bourrienne«, sagte er, »ich sehe, dass diese elende Festung mich viele Leute und viel Zeit gekostet hat. Aber die Dinge sind bereits zu weit vorgeschritten, um nicht noch einen letzten Versuch zu machen. Wenn er mir glückt, wie ich glaube, so werden wir in der Stadt die Schätze des Paschas und Waffen für 300 000 Mann vorfinden. Dann bewaffne ich ganz Syrien, das über die Grausamkeit Djezzar Paschas empört ist und dessen Bevölkerung nichts sehnlicher von Gott erfleht als seinen Sturz. Ich marschiere auf Damaskus und Aleppo, vermehre meine Armee, je weiter ich im Land vorrücke, durch die vielen Unzufriedenen und verkünde dem Volk die Abschaffung der tyrannischen Regierung der Paschas. Dann ziehe ich in Konstantinopel mit ungeheuren bewaffneten Massen ein! Ich stürze das türkische Reich! Im Orient gründe ich ein neues großes Reich, das mir meinen Ruhm in der Nachwelt sichert, und vielleicht kehre ich dann über Adrianopel oder über Wien, nachdem ich das Haus Österreich vernichtet, nach Paris zurück!«

Auf einige eingeworfene Bemerkungen Bourriennes über einen so ungeheuren Plan erwiderte Bonaparte:

»Sehen Sie nicht, dass die Drusen nur auf die Einnahme Akkas warten, um sich zu erheben? Hat man mir nicht bereits die Schlüssel von Damaskus angeboten? Ich habe ihre Annahme jedoch bis zur Einnahme dieser Mauern hinausgeschoben, weil ich gegenwärtig keinen Vorteil aus dieser großen Stadt ziehen könnte. Durch das von mir geplante Unternehmen verhindere ich, dass den Beys von Ägypten irgendwelche Hilfe zukommt, und sichere mir dadurch die Eroberung des Landes. Dann ernenne ich Desaix zum Oberbefehlshaber. Wenn mir jedoch der letzte Sturm auf Akka nicht glücken sollte, so breche ich auf der Stelle auf; die Zeit drängt. Ich werde nicht vor Mitte Juni in Kairo sein. Dann sind die Winde günstig, um sich vom Norden nach Ägypten zu begeben. Konstantinopel wird Truppen nach Alexandrien und Rosette schicken, und da muss ich dort sein. Das Heer jedoch, das später auf dem Landweg eintreffen wird, fürchte ich dieses Jahr nicht. Bis an den Rand der Wüste werde ich die Feinde vernichten! Ich will den Weg auf zwei Jahre hinaus für den Durchzug einer Armee unbrauchbar machen. Auf den Trümmern ist es für sie unmöglich, zu leben!«

Mémoires de Bourrienne.

Der General Bonaparte
und der Mameluck Rustam
in Ägypten, 1799

Von allen Mamelucken Bonapartes war Rustam der populärste. Er hatte ihn aus Ägypten mitgebracht. Ein geborener Georgier, wurde Rustam fünf Mal als Sklave verkauft, bis er dann auf sehr abenteuerliche Weise in Ägypten landete. Er wurde dem Obergeneral vorgestellt, der einige eingeborene Diener suchte. Das erste was Bonaparte tat, war, Rustam am Ohrläppchen zu zupfen und zu fragen, ob er reiten könne.

Rustam bejahte.

Darauf fragte Bonaparte, ob er auch den Säbel gebrauchen könne.

»Ja«, sagte Rustam, »ich habe bereits mehrere Araber niedergesäbelt.« Und dabei zeigte er dem General eine an der Hand erhaltene Wunde.

Bonaparte erwiderte: »Gut. Wie heißt du?«

»Ijahia.«

»Das ist ja ein türkischer Name; wie hat man dich in Georgien genannt?«

»Ich heiße Rustam-Rustam.«

»Ich will nicht, dass du den türkischen Namen trägst; du sollst dich Rustam nennen«, sagte Bonaparte und gab dem Mamelucken einen gravierten Säbel, dessen Knauf mit sechs großen Diamanten geschmückt war, sowie ein paar mit Gold verzierte Pistolen. »Da, das ist für dich«, fügte der General hinzu; »ich gebe sie dir und will auch ferner für dich sorgen.«

Am selben Abend noch servierte der Mameluck das Abendessen beim General und wachte die Nacht vor seiner Tür liegend. Sechs Tage später trat er mit seinem Herrn die Reise nach Frankreich an.

Mémoires inédits de Roustam, mameluck de Napoléon Ier.

General Bonaparte und General Moreau. Erste Zusammenkunft in Paris, 1799

Nach der Rückkehr des Generals Bonaparte aus Ägypten bewerkstelligte der Präsident des Direktoriums, Louis Jérôme Gohier, die erste Zusammenkunft der beiden Rivalen Moreau und Napoleon.[1] Er lud beide zu sich ein, und sie schienen einer wie der andere von diesem Zusammentreffen geschmeichelt zu sein. Im ersten Augenblick betrachteten beide Generale sich schweigend, dann ergriff Bonaparte als erster das Wort und sagte Moreau, dass er bereits lange gehofft hätte, ihn kennenzulernen.

»Sie kehren aus Ägypten siegreich zurück«, antwortete Moreau, »ich hingegen aus Italien mit einer großen Niederlage.[2] Wenn Joubert, der entschlossen war, die ersten Augenblicke der durch seine Gegenwart hervorgerufenen Begeisterung zu benutzen, sich sofort nach seiner Ernennung zum Oberbefehlshaber zur Armee begeben hätte, wären die Russen ohne Zweifel nicht imstande gewesen, mit den wenigen Truppen, die sie damals besaßen, dem Ungestüm von Jouberts Angriff zu widerstehen. Die vier Wochen jedoch, während denen er durch seine Verheiratung in Paris zurückgehalten wurde, ließen ihnen Zeit, alle ihre Kräfte zu vereinigen; außerdem waren sie infolge der vorzeitigen Übergabe von

1 Es ist falsch, wenn Napoleon selbst auf St. Helena behauptet, er habe Moreau zum ersten Mal bei Gelegenheit des berühmten von den beiden Räten veranstalteten Banketts gesehen. Er hatte dem General Moreau sogar einen diamantengeschmückten Damaszenerdegen aus Ägypten mitgebracht.
2 Er meinte die Schlacht bei Novi am 15. August 1799, bei der jede der beiden Armeen 8000 Tote auf dem Schlachtfeld zurückließ.

Mantua um 15 000 Mann verstärkt, die am Tag vor der Schlacht eintrafen. Unmöglich konnte unsere tapfere Armee so überlegenen Kräften standhalten. Die Masse hat immer die Oberhand über die geringere Anzahl.«

»Da haben Sie recht«, sagte Bonaparte, »die Masse schlägt immer die geringere Zahl.«

»Und doch, General«, fiel Gohier ein, »schlugen Sie oft mit geringeren Truppen die Überzahl.«

»Auch in diesen Fällen«, erwiderte Bonaparte, »war es stets die kleine Zahl, die von der großen geschlagen wurde.«

Dies veranlasste ihn, seine Taktik zu erklären:

»Wenn ich mich mit geringen Kräften vor einer großen Armee befand, so zog ich schleunigst die meinige zusammen, fiel wie der Blitz über einen der Flügel des Feindes her und rannte ihn über den Haufen. Darauf benutzte ich die Verwirrung, die dieses Manöver niemals verfehlte, in der feindlichen Armee hervorzurufen, um auf einer andern Seite anzugreifen, und dies tat ich stets mit allen mir zur Verfügung stehenden Kräften. So schlug ich das feindliche Heer gewissermaßen im Einzelnen, und der Sieg war stets, wie Sie sehen, der Triumph der Massen über die geringere Anzahl.«

Mémoires de L. J. Gohier.

DER GENERAL BONAPARTE UND GOHIER, DER PRÄSIDENT DES DIREKTORIUMS IN PARIS, 1799

Bonaparte liebte Sieyès nicht und hatte die Absicht, ihn aus dem Direktorium zu entfernen.[1] Kurz nach seiner Rückkehr aus Ägypten traf er zufällig mit ihm beim Präsidenten Gohier bei einem Diner zusammen, richtete jedoch nicht ein einziges Wort an den ihm verhassten Mann, ja er tat sogar, als sähe er ihn nicht.

Einige Tage später machte er Gohier wieder einen Besuch. »Ich bin«, sagte Bonaparte zu ihm, »fast ebenso erstaunt gewesen, Sieyès in Ihrem Salon zu treffen, als ich es war, wie ich ihn bei meiner Rückkehr nach Frankreich im Direktorium antraf. Durch seine Weigerung, sogleich in das Direktorium einzutreten, hat er sich gerichtet.[2] Welche Gründe haben vorherrschen können, ihn ein zweites Mal zu ernennen? … Die während seiner diplomatischen Sendung angeknüpften Verbindungen

---

1 Und dennoch bereitete Bonaparte mit Sieyès gemeinsam die Ereignisse des 18. Brumaire vor.

2 Der Abbé Sieyès stand den geheimen Abstimmungen am 13. Vendémiaire (4. Oktober 1795) nicht fremd gegenüber, ja man behauptete sogar, er habe durch geheime Intrigen die Feder der stattfindenden Ereignisse zum Springen gebracht. Nichtsdestoweniger nahm er die Ernennung zum Mitglied des Direktoriums nicht an, ebenso nicht den Posten als Minister des Auswärtigen. Im Jahre 1799 erfolgte seine zweite Ernennung ins Direktorium, und dieses Mal nahm er sie an. Vorher war er in diplomatischer Sendung als außerordentlicher Bevollmächtigter an den Hof des Königs von Preußen gesandt worden, wo er sehr ausgezeichnet wurde. Er war es, der durch Vermittlung des Königs, dessen Geschäftsträger nach Konstantinopel ging, dem General Bonaparte in Ägypten von den beklagenswerten Zuständen in Frankreich Mitteilung machte.

könnten gerade keine besondere Empfehlung bei der Gesetzgebenden Körperschaft für ihn sein.«

»Dennoch«, erwiderte Gohier, »hat die Bedeutung dieser angeblichen Verbindungen den meisten Einfluss auf seine Ernennung gehabt. Sieyès, sagten allenthalben seine Unterhändler, habe sich gegen den König von Preußen so angenehm gezeigt, dass seine Ernennung allein uns den Frieden sichern könne.«

»Was«, rief Bonaparte, »die Verbindungen Sieyès' mit dem Hause Braunschweig haben ihn ins Direktorium gebracht? Aber gerade sie hätten ihn im Gegenteil auf immer daraus entfernen müssen!«

Gohier konnte nicht umhin, zu gestehen, dass man heute derselben Ansicht sei und dass die argwöhnischen Republikaner jetzt über die Eile, mit der Sieyès zu einem der Oberhäupter der Regierung ernannt werden wollte, während er zuerst sich geweigert hatte, Direktorialmitglied zu werden, nachdächten und daraus die verhängnisvollsten Schlüsse zögen.

»Diese Republikaner haben recht«, gab Bonaparte lebhaft zurück. »Wenn Sie nicht achtgeben, Präsident, so wird Sie dieser arglistige Priester dem Ausland überliefern.«

Dann fuhr er fort: »Bei meiner Ankunft in Paris haben mir viele gute Bürger versichert, man habe es sehr bedauert, dass ich bei dem Austritt Reubells nicht in Frankreich gewesen sei.«[1]

»Gewiss«, erwiderte Gohier, »hätten Sie alle Stimmen für sich gehabt, wenn nicht ein Artikel der Verfassung Ihrer Ernennung ein Hindernis in den Weg gelegt haben würde.[2] Ohne Zweifel ist es Ihnen bestimmt, nachdem Sie die Republik so ruhmreich verteidigt, eines Tages an der Spitze der Regierung zu stehen, deren unveränderliche Dauer durch Ihre

---

1 Jean Reubell war 1795 Präsident des Direktoriums geworden und hatte sich als solcher einen fast tyrannischen Einfluss auf die übrigen Direktorialmitglieder erworben. Der Neid und die Missgunst Barras' und Merlins veranlassten 1799 seinen Sturz.
2 Jedes Mitglied des Direktoriums musste mindestens das vierzigste Jahr erreicht haben; Napoleon aber war erst dreißig Jahre alt.

Siege gesichert ist. Unser Gesellschaftsvertrag jedoch fordert unbedingt vierzig Jahre, um ins Direktorium eintreten zu können, und Sie haben noch glückliche Jahre zur Verteidigung der Republik vor sich, ehe Sie in die Regierung berufen werden können.«

»Und Sie selbst halten fest an dieser reglementsmäßigen Verfügung«, fuhr Bonaparte fort, »welche die Republik der Männer beraubt, die ebenso fähig sind, sie zu regieren als sie zu verteidigen?«

»Nichts, General, könnte in meinen Augen die Verletzung dieses Artikels entschuldigen.«

»Präsident, das heißt, sich an den Buchstaben hängen! Das ist verderblich! … Diejenigen, die der Redaktion der Verfassungsakte vorstanden, haben nicht genug darüber nachgedacht, dass die durch die Revolution in allen Gemütern hervorgebrachte Reife wesentlich bedeutender ist als die Reife des Alters, die nicht allein in Betracht gezogen werden darf. Übrigens sind es nicht ehrgeizige Pläne, die mich zu solchen Beobachtungen veranlassen, sondern die Besorgnis, die eine so unbegreifliche Wahl den Republikanern eingeflößt hat und die ich nicht umhin kann, zu teilen.«

Mémoires de L. J. Gohier.

General Bonaparte, Gohier, Boulay de la Meurthe und Moulin in Paris, 18. Brumaire des Jahres VII (9. November 1799)

Die Ereignisse des 18. Brumaire bereiteten sich vor. Während Bonaparte und Sieyès die letzte Hand an die zum Ausbruch kommende Verschwörung legten, versammelte sich am Morgen des ereignisschweren Tages eine Kommission der Inspektoren der beiden Räte in den Tuilerien zu einer außerordentlichen Sitzung. Das Dekret der Überführung der Gesetzgebenden Körperschaft nach Saint-Cloud sollte unterschrieben werden.

Der Präsident Gohier mochte noch immer nicht an die Verschwörung glauben, weil Bonaparte ihm versprochen hatte, am 18. bei ihm zu Abend zu essen. Er begab sich daher in höchster Aufregung nach den Tuilerien, wo er bereits die Inspektoren der beiden Räte, Sieyès, Roger-Ducos und einige Abgeordnete versammelt fand. Bald darauf erschien Bonaparte.

»Ich sehe mit Vergnügen«, sagte er zu den beiden Direktorialmitgliedern Gohier und Moulin gewendet, »dass Sie sich unsern Wünschen, den Wünschen Ihrer beiden Kollegen fügen.«

Gohier: »Wir fügen uns den Wünschen des Gesetzes, General; sein Wille ist, dass das Dekret, welches die Sitzungen des Gesetzgebenden Körpers nach Saint-Cloud verlegt, sofort ohne Aufschub veröffentlicht werde. Wir müssen die uns auferlegten Pflichten erfüllen und sind entschlossen, das Gesetz gegen die beabsichtigten Angriffe zu verteidigen.«

Bonaparte: »Ihr Eifer, Präsident, erstaunt mich nicht, und weil Sie ein Mann sind, der eng mit seinem Vaterland verwachsen ist, haben Sie sich mit uns vereinigt, um die Republik zu retten.«

Gohier: »Die Republik zu retten! ... Es gab eine Zeit, General, in der Sie die Ehre hatten, die Stütze der Republik zu sein, heute jedoch kommt der Ruhm, sie zu retten, allein uns zu!«

Bonaparte: »Vielleicht mit den Mitteln, die Ihnen Ihre Verfassung verschafft? Sehen Sie doch, wie sie überall zusammenstürzt. Diese Verfassung kann nicht mehr bestehen!«

Gohier: »Wer hat Ihnen das gesagt, General? Treulose, die weder den Mut noch den Willen haben, sie aufrechtzuerhalten. Und haben nicht alle die, die hier versammelt sind, noch vor wenigen Tagen diese Verfassung gepriesen? Sind die Schwüre, die während der Sitzungen der Gesetzgebenden Körperschaft freiwillig geleistet wurden, nicht von ganz Frankreich gehört und wiederholt worden? General, verstehen Sie doch etwas besser unsere Lage! Kaum sind Sie einige Tage wieder in Frankreich, wo Sie unter dem Jubel unserer Siege landeten. Überall triumphiert die Republik, sie triumphiert ohne Sie – und Sie kommen und bieten sich an, sie zu retten! – Würden Sie sich einer andern Sprache bedienen, wenn sie besiegt wäre und sich unter dem Joch der Fremdherrschaft befände?«

Darauf nahm Boulay de la Meurthe das Wort:

»Ich gebe zu, dass bedeutende Siege unsere Grenzen vor einer Invasion schützen, aber nicht in den fremden Truppen haben wir die größten Feinde!«

Gohier: »Es ist mir nicht gestattet, dies zu bezweifeln, aber wir werden über jene Feinde ebenso triumphieren, wie wir dies über die fremden getan haben.«

Boulay: »Sie haben bedeutende Mittel! Das Gesetz über die Geiseln! – erzwungene Anleihen!«

Gohier: »Das sind diejenigen, die wir von der Kommission der Elf haben, und Sie waren eins ihrer einflussreichsten Mitglieder. Muss die konstitutionelle Ordnung gestürzt werden, damit Sie wirksamere unterbreiten?«

Ein Bote überreicht Bonaparte ein Schreiben.

66

Bonaparte: »General Moulin, Sie sind mit Santerre verwandt?«[1]

Moulin: »Ich bin durchaus nicht mit Santerre verwandt, wohl aber sein Freund.«

Bonaparte: »Man teilt mir soeben mit, dass er die Einwohner des Faubourg Saint-Antoine zum Aufstand antreibt und sich an ihre Spitze stellen will. Bei der ersten Bewegung von seiner Seite lasse ich ihn erschießen!«

Moulin: »Haben Sie denn die Macht dazu, General? – Übrigens ist Santerre kein Aufwiegler; er wird nur vorgehen, sobald er dazu den Befehl von einer Gewalt erhält, die Sie selbst bis auf den heutigen Tag nicht verleugnet haben.«

Bonaparte: »Es gibt kein Direktorium mehr!«

Gohier: »Was, es gibt kein Direktorium mehr! – Sie irren sich, General; Sie wissen wohl, dass Sie sich verpflichtet haben, heute bei seinem Präsidenten[2] zu Abend zu essen! Sollte das nur geschehen sein, um Ihre feindlichen Absichten besser verbergen zu können, und sollte es nicht in Ihrer Macht stehen, die Zusage dieser Einladung aufrechtzuerhalten? Sie selbst haben den Tag bestimmt!«

Bonaparte: »Meine Absichten sind nicht feindlich. Die Republik ist in Gefahr; sie muss gerettet werden! – Ich will es! – Und nur durch energische Mittel werden wir dazu gelangen. Sieyès und Ducos nehmen ihren Abschied, Barras hat gleichfalls den seinen eingereicht; Sie beide, sich selbst überlassen, werden sich nicht weigern, ebenfalls zu gehen!!«

---

1 Antoine Joseph Santerre, Revolutionsmann und General der republikanischen Heere, 1752–1809. Er wurde nach dem 18. Brumaire verabschiedet, blieb jedoch noch immer mit den führenden Geistern in Beziehung.

2 Gohier war am 30. Prairial des Jahres VII (18. Juni 1799) zum Präsidenten des Direktoriums ernannt worden. Auf diesem Posten fand ihn Bonaparte bei seiner Rückkehr aus Ägypten. Am 17. Brumaire, dem Tag vor dem Staatsstreich, hatte sich der General in ganz bestimmter Absicht für den 18. bei dem Präsidenten zum Essen eingeladen; an seiner statt jedoch erschien an diesem Tag einer seiner Abgesandten, um von dem Direktor seinen Abschied zu fordern.

Moulin: »Erkennen Sie doch Ihren Irrtum, General! Ein französischer Soldat verlässt, selbst wenn er als vorgeschobene Wache auf dem vom Feind unterminierten Boden steht, niemals seinen Posten aus Furcht vor einer Explosion! Einem republikanischen General kann man nicht das Benehmen zweier Deserteure als Beispiel vorführen.«

Gohier: »Lähmt Ihre Verabschiedung heute das Direktorium, General, so wird es schon morgen wieder vollständig sein.«

Boulay: »Lassen Sie, General; ein Beschluss von einigen Zeilen wird alles in Ordnung bringen.«

Gohier: »Und wer kann diesen Beschluss erlassen? … Wer kann alles so ins Reine bringen, wie Boulay de la Meurthe es will? – Übrigens, die Verfassung besteht fort; sie muss noch wenigstens heute allen zur Richtschnur dienen! Es ist der Kommission nicht unbekannt, dass nach dem Paragraphen 103, den ich ihr bereits schriftlich wiederholt habe, keins der Mitglieder des Gesetzgebenden Körpers, sobald das Dekret seiner Überführung erlassen ist, in der ihm überwiesenen Gemeinde über etwas beraten kann, ohne sich eines Vergehens gegen die Republik schuldig zu machen. … Und Sie, General, der Sie behaupten, sie retten zu wollen, verhehlen Sie sich nicht die Nichtigkeit der Macht, mit der Sie der Rat der Alten belehnt hat. Dem Gesetzgebenden Körper kommt es zu, den Befehlshaber seiner Garde zu ernennen, und nur dem Direktorium gebührt das Recht, Sie wieder an die Spitze der Heere zu stellen, die Sie mit so viel Glanz befehligten.«

Auf diese Weise endigte die berühmte Sitzung der Kommission der Inspektoren der Räte, während welcher man nichts tat, als sich gegenseitig sein Unrecht vorzuwerfen.

Mémoires de L. J. Gohier.

BONAPARTE, BOURRIENNE UND JOSEPHINE IN PARIS, NACH DEM 18. BRUMAIRE 1799

Das Direktorium hatte aufgehört zu sein. Um drei Uhr morgens nach den stürmischen Auftritten des 18. Brumaire stieg der General Bonaparte mit Bourrienne in seinen Wagen, um von Saint-Cloud nach Paris zurückzukehren. Bonaparte war außerordentlich abgespannt; eine neue Zukunft eröffnete sich ihm, und so überließ er sich vollkommen seinen Gedanken, kein Wort kam während der Fahrt über seine Lippen. Als er jedoch in seiner Wohnung in der Rue de la Victoire angelangt war und der sehr besorgten Josephine guten Tag gewünscht hatte, sagte er zu Bourrienne:

»Ich habe wohl viele Dummheiten geschwatzt, Bourrienne?«

»Nicht zu wenig, General.«

»Ich spreche lieber zu Soldaten als zu Rechtsgelehrten. Diese Esel haben mich vollkommen verwirrt. Ich habe nicht die Erfahrung, in Versammlungen zu sprechen. Es wird schon noch werden.«

Darauf plauderten alle drei zusammen; Frau Bonaparte hatte sich endlich beruhigt und der General seine ganze Sicherheit wiedergewonnen. Die Ereignisse des Tages bildeten natürlich den Gesprächsstoff ihrer Unterhaltung. Josephine, die die Familie Gohier sehr gern mochte, sprach nicht ohne Absicht den Namen des Direktors aus.

»Was willst du, meine liebe Freundin«, sagte Bonaparte, »meine Schuld ist es nicht. Warum hat er nicht gewollt? Er ist ein braver Mann, aber ein Tropf. Er versteht mich nicht. ... Ich sollte ihn vielleicht deportieren lassen. Er hat gegen mich an den Rat der Alten geschrieben; aber sein Brief

ist in meinem Besitz, und der Rat weiß nichts davon. Der arme Mann! …
Gestern erwartete er mich zum Diner … Und das nennt sich Staatsmann!
Ach, sprechen wir nicht mehr davon!«

Im weiteren Verlauf der Unterhaltung wurde auch der Name Bernadotte ausgesprochen.

»Haben Sie ihn gesehen, Bourrienne?«, fragte Bonaparte.

»Nein, General.«

»Ich auch nicht; ich habe auch nicht von ihm sprechen hören. Begreifen Sie ihn? Ich habe heute eine Menge Intrigen von ihm erfahren. Denken Sie, er verlangte nichts weniger, als mein Kollege im Oberbefehl zu
werden. Er sprach davon, mit den Truppen, die man ihm zu befehligen
gäbe, die Verfassung aufrecht zu erhalten. Aber es kommt noch besser;
man hat mir versichert, dass er die Kühnheit besessen, hinzuzufügen, man
würde, wenn es nötig wäre, schon Mittel und Wege finden, mich für ›vogelfrei‹ zu erklären, und es würde wohl fähige Soldaten geben, die diesen
Beschluss ausführen könnten.«

»Das alles, General, muss Sie ein Urteil über die Strenge seiner Grundsätze bilden lassen.«

»Ja, ich verstehe wohl … Es liegt etwas darin … Er glaubt fest daran, denn ohne seine Hartnäckigkeit müsste es meinen Brüdern gelungen
sein, ihn umzustimmen. Sie sind miteinander verwandt. Seine Frau ist die
Schwägerin Josephs.[1] Sie hat viel Macht über ihn; ich selbst … kurz, ich
frage Sie, bin ich ihm nicht genug entgegengekommen? Sie sind Zeuge
gewesen. Moreau, der einen ganz anderen militärischen Ruf als er hat, ist
sofort gekommen. Ich bereue übrigens, dass ich Bernadotte ein wenig zu
viel geschmeichelt habe. Ich habe daher die Absicht, ihn von allen diesen
Intrigen zu entfernen, ohne dass man daraus Schlüsse ziehen könnte. Ich
vermag mich nicht anders als auf diese Weise an ihm zu rächen; Joseph

1 Bernadotte war mit Désirée Clary, der jüngeren Schwester Julie Clarys, Joseph Bonapartes Gattin, vermählt.

liebt ihn, und ich würde jedermann gegen mich haben. Ah! Was sind Familienrücksichten doch für dumme Geschichten! Gute Nacht, Bourrienne! ... Ach, was ich noch sagen wollte: Wir schlafen morgen im Luxembourg!«

Mémoires de Bourrienne.

Der Erste Konsul und die Royalisten
Graf Paul Hyde de Neuville und General
d'Andigné in Paris, 1799

Graf Paul Hyde de Neuville, ein eifriges Mitglied des Klubs von Clichy und infolgedessen Gegner der bestehenden republikanischen Regierung, hatte kurz nach dem 18. Brumaire mit dem Ersten Konsul eine Zusammenkunft, in der er ihm die Wiedereinsetzung der Bourbonen vorschlug. Gleichzeitig mit Hyde wurde der royalistische General d'Andigné vorgelassen, der Bonaparte einen Brief der Oberbefehlshaber der royalistischen Armee überreichte.

Der Gedanke, mich bald dem berühmten Mann gegenüberzusehen, beginnt Hyde seinen Bericht, diesem Mann, der in seinen Händen das Geschick der Sache hielt, der ich mein Leben geweiht, machte tiefen Eindruck auf mich. Und diese innere Bewegung überstieg noch den Grad der Verherrlichung, den der General sich bis dahin erworben, Herr von Talleyrand führte mich in einen kleinen Salon, indem er mir sagte, er wolle den Ersten Konsul benachrichtigen. Ich wartete lange. Mit der ganzen Verantwortlichkeit, die auf mir lastete, beschäftigt und eifrig bemüht, kein Wort meinem Mund entschlüpfen zu lassen, das die Lage der Vendée und die jedes einzelnen Anführers hätte bloßstellen können, dachte ich jedoch viel weniger an die Persönlichkeit, die ich sehen würde, als an das, was ich sagen wollte.

Die Tür ging auf. Instinktiv betrachtete ich den, der eintrat; klein, mager, das Haar klebte ihm an den Schläfen, sein Gang war zögernd. Der Mann, der da vor mir erschien, entsprach in nichts demjenigen, den sich meine Fantasie vorgestellt hatte.

Es fehlte mir so sehr an Scharfblick, dass ich den Eintretenden für einen Hofbeamten nahm. Mein Irrtum befestigte sich noch, als er das ganze Zimmer durchschritt, ohne nur einen einzigen Blick auf mich zu werfen. Darauf lehnte er sich an den Kamin an und hob den Kopf. Jetzt aber schaute er mich so ausdrucksvoll, so durchdringend an, dass ich unter dem Feuer dieses forschenden Auges meine ganze Fassung verlor. Der Mann war plötzlich vor meinen Augen um 100 Ellen gewachsen. Später habe ich mich oft gefragt, ob meine damalige Erregung nicht das instinktive Vorgefühl der Zukunft gewesen?

Der General begrüßte mich kalt; sein in seiner Durchdringlichkeit fast hartes Wesen drückte indes sichtliches Wohlwollen für meine Person aus. Ich glaube, er merkte die Verwirrung, die ich zu überwinden suchte, und fühlte sich dadurch geschmeichelt. Er war damals noch nicht so abgestumpft, dass es ihm gleichgültig war, welchen Eindruck er hervorrief, im Gegenteil: Er schien darauf auszugehen, einen möglichst guten oder imponierenden zu machen. Die Zusammenkunft, um die ich ihn bat, ward für den nächsten Abend, den 27. Dezember [1799] festgesetzt. Wir wechselten nur einige Worte in Bezug auf den Gegenstand dieser Zusammenkunft, und sie zeichneten sich von seiner Seite durch eine fast bewunderungswürdige Mäßigung für die Vendée aus. Er gestand, dass dies ein edler, schöner Krieg sei, man sei im Recht, sich zu schlagen, aber seit er zur Macht gelangt, müsse sein Wort jedermann als Bürgschaft dienen. Die Fragen wurden kaum gestreift, keine wurde gründlich behandelt und alles für den nächsten Tag aufgeschoben.

Unsere zweite Zusammenkunft mit dem Ersten Konsul fand in Gegenwart des Herrn von Talleyrand statt. Bonaparte empfing uns im Luxembourg um 10 Uhr abends. Er schien mir nervöser als am Tag zuvor, empfing uns jedoch gut. Fast während der ganzen Unterhaltung stand er mit auf dem Rücken verschränkten Armen da, und wenn er in seiner Rede lebhafter wurde, durchmaß er mit großen Schritten den Saal, in dem wir uns aufhielten. Er sprach zuerst mit Herrn von Andigné über einen seiner Brüder, dessen Bekanntschaft Bonaparte im Regiment La Fère gemacht und den er dann in Malta und Ägypten wiedergesehen hatte. Er lobte ihn sehr und erkundigte sich nach ihm. Dann las er den Brief, den wir ihm überreichten. Die Frage, welche den Gegenstand unserer Sendung bildete, ward sogleich aufgenommen, und man kam darauf überein, unter welchen Bedingungen über den Frieden unterhandelt werden sollte.

Die Wiedererstattung der nicht verkauften Güter der emigrierten Offiziere, die Befreiung von der Aushebung für alle aufständigen Departements stießen auf keinen Einwand. Hinsichtlich der Wiedereinsetzung der Religion warf der Erste Konsul einige Einzelheiten ein, gab jedoch sofort nach, als Talleyrand sich in demselben Sinn aussprach wie wir. So wichtig aber auch alle diese verschiedenen Gegenstände waren, so dienten sie doch nur unseren wahren Gedanken als Deckmantel. Es musste ein heißeres Gebiet betreten werden.

Dass Napoleon uns rohe Vorschläge, wie man sie ihm bei Gelegenheit dieser Zusammenkunft in den Mund gelegt hat, gemacht habe, ist unwahr. Er hätte sich uns dadurch im gewissen Sinne entgehen lassen; im Gegenteil, er beobachtete gerade gegen uns persönlich alle Rücksicht und allen Anstand, sogar in den Augenblicken, wo er sich zu schroffen Ausdrücken hinreißen ließ. Übrigens hatte dieses ziemlich heftige Wesen für mich den Charakter eines gewollten Zornes, bei dem man vollkommen Herr seiner selbst ist, der einem gestattet, alles zu sagen, der die ganze Befriedigung desjenigen findet, der sich ihm hingibt, ja vielleicht genau vorher berechnet wurde. Seit jenem Tag habe ich immer gedacht, dass dabei die Taktik ebenso viel Anteil hatte als die Veranlagung Napoleons.

Auch Herr von Andigné zeigte sich nicht als ein Wütender, sondern nur als ein mutiger Mann. Vielleicht war ich etwas mäßiger als er, aber wir waren beide, wie wir sein mussten: fest in unserm Glauben und unerschütterlich angesichts der Verlockung, denn der große Mann ließ nichts außer Acht, um uns zu überzeugen, dass die Royalisten zu ihm kommen müssten.

»Die Bourbonen haben kein Glück mehr«, sagte er zu uns, »Sie haben für sie alles getan, was Sie konnten und mussten; Sie sind tapfer; stellen Sie sich auf die Seite des Ruhmes! Ja«, fügte er hinzu, sich besonders an mich wendend, »schwören Sie zu meiner Fahne; meine Regierung wird die der Jugend und des Geistes sein!«

Herr von Andigné machte eine Bewegung und rief: »Unser Platz ist woanders!«

Darauf entgegnete der Erste Konsul voller Stolz: »Würden Sie wohl erröten, den Rock zu tragen, den Bonaparte trägt?«

Er selbst gestand uns darauf, dass er unter dem »pfuscherhaften Direktorium« – dieses Ausdrucks bediente er sich – an die Bourbonen gedacht, dann aber erkannt habe, dass Frankreich sie zurückweisen und Europa ihre Rückkehr nicht mehr wünschen würde. Hierauf ließ er sich in beleidigenden Äußerungen gegen die königliche Familie aus.

»Warum sind sie nicht gekommen, um sich zu schlagen?«, rief er.

Wir antworteten, dass wir derartige Reden nicht mit anhören könnten; unsere Prinzen seien tapfer, gebieterische Umstände allein hätten sie davon abgehalten, und er selbst müsse fühlen, dass seine Worte unsere Lage sehr peinlich gestalteten.

Andigné nahm seinen Hut und sprach sehr laut; Bonaparte mäßigte sich und sagte uns einige Augenblicke darauf: »Was fehlt Ihnen denn schließlich, um den Bürgerkrieg zu beenden?«

»Zwei Dinge«, antwortete ich; »Ludwig XVIII., um rechtmäßig über Frankreich zu regieren, und Bonaparte, um es mit Ruhm zu bedecken!«

Weit entfernt, ihn zu verletzen, schienen meine Worte ihm zu gefallen, denn ich sah ihn lächeln. Die Rechtmäßigkeit wurde mir um des Ruhmes willen vergeben. Er behauptete indes von Neuem, er werde die Bourbonen nicht wieder einsetzen, und wiederholte mehrmals, dass wenn die Royalisten nicht auf seine Seite übergingen, er sie alle verderben würde.

»Ich werde Eure Städte und Eure Hütten verbrennen!«, rief er. Im Übrigen sprach er stets nur mit Achtung von den Royalisten, und von den der Kirche treu gebliebenen Geistlichen mit Wertschätzung.

»Auch ich will gute Priester haben«, sagte er – und dabei stand Talleyrand neben ihm. »Um des Landes, um meinetwillen will ich, dass man die Religion achtet, beschützt; in dieser Hinsicht verstehen wir uns.«

Wir trennten uns, ohne zu einem Abschluss gekommen zu sein, aber der Hauptpunkt war nach dieser Zusammenkunft entschieden.

Mémoires et souvenirs du Baron Hyde de Neuville.

Hyde de Neuvilles Begleiter, der royalistische General d'Andigné, erzählt dieselbe Unterhaltung etwas anders.

Wir wurden, sagt er, in ein im Erdgeschoss gelegenes Kabinett geführt. Wenige Augenblicke nach uns trat ein kleiner, elend aussehender Mann ein. Er trug einen olivenfarbenen Rock, sein Haar hing in Strähnen herab, und sein Äußeres war außerordentlich vernachlässigt. Nichts in seiner ganzen Erscheinung verriet, dass dies ein bedeutender Mann sein könne. Ich war daher auch ein wenig erstaunt, als Hyde mir sagte, dass dies der Erste Konsul sei.

Ich verbeugte mich und überreichte ihm einen Brief der Hauptanführer der royalistischen Armeen.

Zuerst sagte er mir viel Schmeichelhaftes über meinen Bruder, dann, als er den Brief gelesen, setzte er hinzu: »Es ist gut.«

Darauf brachte er die Unterhaltung auf den Krieg der Royalisten. Er sprach sich sehr lobend über den Mut und die Kraft der Bewohner unserer Provinzen aus. »Sie haben sehr recht getan, sich gegen eine Regierung, die Sie unterdrücken wollte, zu verteidigen«, fügte er hinzu, »aber die Zeiten haben sich geändert, und nichts darf Sie verhindern, mit mir zu unterhandeln.«

Der Erste Konsul hatte bereits die Bedingungen, welche die royalistischen Kommissare vom General Hédouville gefordert, in Händen.

»Dieser Vertrag ist zu lang«, sagte er, »wenn Sie wollen, beenden wir das in fünf Minuten.«

Dieser plötzliche Vorschlag ließ mich die Unzulänglichkeit meiner Vollmachten erkennen. Ihn kurz und bündig abzuweisen, war unmöglich; verschweigen, dass ich nicht das Recht habe, die Sachen so schnell zu Ende zu führen, war es nicht weniger. Ich antwortete daher, dass mir nichts lieber wäre, als mit ihm die Artikel des Vertrags zu regeln, dass aber die in Angers befindlichen Kommissare allein die Vollmacht besäßen, sie endgültig abzuschließen. Sie aber wiederum könnten nichts vor meiner Rückkehr beenden, da das Ziel meiner Reise sei, seine [Napoleons] Ansicht in Bezug auf uns kennenzulernen.

Wir besprachen verschiedene Artikel des geplanten Vertrags und einigten uns über die hauptsächlichsten, wie zum Beispiel über die Befreiung von der Aushebung in den aufständigen Departements, über den Erlass der rückständigen Steuern und andere.

Der Hauptpunkt aber, auf dem ich ganz besonders bestehen musste, war die freie Ausübung der katholischen Religion, ohne dass unsere Geistlichen weder einem Eid noch irgendetwas anderm unterworfen sein würden. Als wir zu diesem Artikel gelangten, sagte der Erste Konsul:

»Ich werde die Religion nicht für Sie, sondern für mich wiederherstellen. Nicht dass wir andern, wir Adligen, sehr religiös wären, aber sie ist nötig für das Volk, und ich werde sie wieder einführen. Aber es müssen einige Worte in Ihrer diesbezüglichen Forderung geändert werden.«

»Ich bitte Sie, General«, antwortete ich, »bedenken Sie doch, dass hinsichtlich der Religion Worte oft Taten sind.«

Diese Bemerkung erstaunte ihn. Talleyrand war gleichfalls meiner Meinung und wandte nichts ein.

Als wir darauf zu sprechen kamen, wie und auf welche Weise wir uns des Genusses der bewilligten Artikel versichern könnten, erklärte er, nichts unterzeichnen zu wollen. Ich sagte zu ihm: »Welche Bürgschaft aber geben Sie uns für die Ausführung dieses Vertrags?«

»Mein Wort.«

»Ich vertraue Ihrem Wort, aber Sie sind sterblich. Wir können die Waffen nicht früher niederlegen, als bis die Artikel durch einen Beschluss des Gesetzgebenden Körpers in ein Gesetz verwandelt worden sind. Dieser Beschluss ist zu unserm Schutz gegen die schlechten Absichten der Hintermänner der Regierung und der Mitglieder der Gerichtsbarkeit von unbedingter Notwendigkeit.«

»Die Regierung«, erwiderte der Erste Konsul, »hat sich schon dadurch zu sehr erniedrigt, dass sie genötigt ist, mit Ihnen zu unterhandeln, sie wird daher schwerlich ihrer Schande Gesetzeskraft verleihen wollen.«

»Jederzeit indes«, antwortete ich, »haben die Regierungen die Bürgerkriege durch Verträge mit den gegen sie Krieg führenden Parteien beendet. Zuerst hat der Konvent, dann das Direktorium mit uns unterhandelt. Und wenn Sie eine Erhebung, deren Prinzipien, wie Sie selbst zugeben, ehrenwert waren, Rebellion nennen, warum wollen Sie uns dann weniger günstig behandeln als Ludwig XIV. die Camisarden des Vivarais? Wenn Sie übrigens darauf bestehen, nichts unterzeichnen zu wollen, so zwingen Sie uns damit, den Krieg fortzusetzen, denn wir können ihn nicht ohne Garantien abbrechen.«

Nicht immer war zwischen uns die Frage über die Artikel auf eine so geordnete Weise behandelt worden. Der Erste Konsul schweifte oft ab, um auf seine persönlichen Angelegenheiten zu sprechen zu kommen. Dann kam er plötzlich wieder auf den Gegenstand, der mich zu ihm führte, zurück. Er schien mich durch die Strahlen seines Ruhmes blenden zu wollen, um leichter das zu erreichen, was er von mir wünschte.

Ich sprach ihm immer vom König. Einen Augenblick war er so ungeschickt, empört darüber zu scheinen.

»Sie sprechen immer vom König«, sagte er, »Sie sind wohl Royalist?«

»Seit zehn Jahren kämpfe ich für die Wiederherstellung der französischen Monarchie«, antwortete ich; »wie konnten Sie daher annehmen, dass ich nicht Royalist sei?«

»Nun, ich, ich bin nicht Royalist.«

»Ich wünschte, Sie würden es.«

Er lächelte und schien durch diese Antwort geschmeichelt.

Oft erhitzte er sich und schien sich vergessen zu wollen, aber eine kühle Antwort brachte ihn sofort wieder zu sich. Wenn er von den französischen Prinzen sprach, so geschah es stets, um den Gedanken abzuweisen, dass es möglich sei, ihrer Sache zu dienen. In einem Augenblick der Erregung sagte er:

»Die französischen Prinzen haben nichts für den Ruhm getan. Sie sind vergessen. Warum waren sie denn nicht in der Vendée; dort wäre ihr Platz gewesen!«

»Ihr Herz rief sie immer dahin, aber die Politik der auswärtigen Mächte hielt sie davon ab«, antwortete ich.

»Dann hätten sie sich in ein Fischerboot werfen müssen!«, rief er mit einer Stimme, die aus der Tiefe des Magens zu kommen schien.

Bei einer andern Gelegenheit sagte er: »Wenn sie in der Vendée gewesen wären, würde ich für sie gearbeitet haben. Aber Sie können sich nicht vorstellen, wie wenig Europa sich um sie kümmert! Es gab eine Zeit, ich gestehe es Ihnen, wo ich etwas zu ihren Gunsten tun wollte. Nach dem Frieden von Campo Formio sprach ich davon, ihnen eine bedeutende Versorgung zu stiften, aber kein Mensch wollte für sie nur das geringste Opfer bringen.«

Wahrscheinlich glaubte er, uns durch Freigebigkeit oder Anstellungen gewinnen zu können. So fragte er uns in einem Augenblick, wo er vermutete, dass wir einverstanden seien:

»Was wollen Sie sein? Wollen Sie General, wollen Sie Präfekt sein? Sie und die Ihren können werden, was Sie wollen.«

Ich versicherte ihn, dass wir alle nichts zu sein wünschten. Diese Antwort schien ihm zu missfallen.

»Ist es denn eine Schande«, sagte er, »den Rock zu tragen, den Bonaparte trägt?«

»Durchaus nicht, aber wir gedenken nicht, morgen die Mächte zu bekämpfen, deren Verbündete wir noch gestern waren.«

»Sie sind also die Verbündeten auswärtiger Mächte?«

»Sie wissen wohl«, erwiderte ich, »dass wir gezwungen waren, die Hilfe anzunehmen, die England allein uns zu bieten vermochte, und wir können sie nicht so schnell vergessen.«

Nach dem Frieden [mit der Vendée] machte er dem Grafen von Bourmont[1] dieselben Angebote. Auf dessen Weigerung sagte er: »Was bezwecken Sie denn? Sie wollen die Bourbonen wieder einsetzen, nicht wahr? Solange *ich* an der Spitze der Regierung bin, wird Ihnen das nicht gelingen. Nach meinem Tod können Sie machen, was Sie wollen, das ist mir gleichgültig … Aber in diesem Fall werden Sie ihnen nicht dienen können, wenn Sie nichts sind. Wenn Sie jedoch eine Stellung haben, sind Sie vielleicht in der Lage, ihnen nützlich zu sein. Auf alle Fälle braucht die Regierung Leute, die ihr dienen. Wenn Sie keine Stellungen haben wollen, muss ich sie den Jakobinern geben, und dann wird man Sie verfolgen.«

Jedes Mal, wenn wir nicht mit ihm einverstanden waren, schien er geneigt zu sein, in die Höhe zu fahren. Ein paar Mal war er auf dem Punkt loszuplatzen.

»Wenn Sie nicht Frieden machen«, rief er in einem Augenblick, wo alles abgebrochen zu sein schien, »werde ich mit 100 000 Mann gegen Sie marschieren!«

---

1 Graf Louis Auguste Victor de Graines de Bourmont, Befehlshaber der royalistischen Armee in der Vendée. Er entwickelte in diesem Krieg viel Tapferkeit und Talent, ergab sich schließlich der Übermacht und ward wenigstens scheinbar ein Anhänger der Republik.

»Wir werden versuchen«, erwiderte ich kalt, »Ihnen zu beweisen, dass wir würdig sind, Sie zu bekämpfen.«

»Ich werde Ihre Städte verbrennen ...«

»Dann leben wir in Hütten.«

»Ich werde auch Ihre Hütten zu Asche machen.«

»Dann ziehen wir uns in die Wälder zurück. Übrigens werden Sie die Hütten friedlicher Ackerbauern verbrennen, werden die Grundeigentümer, die keinen Teil am Krieg nehmen, zugrunde richten ... aber *uns* werden Sie nur dann finden, wenn wir es wollen, und inzwischen vernichten wir alle Ihre Kolonnen im Einzelnen.«

Bei dieser Antwort ging seine Geduld zu Ende. »Sie bedrohen mich!«, rief er mit furchtbarer Stimme.

»Ich bin nicht gekommen, um Sie zu bedrohen«, entgegnete ich ruhig, »sondern ganz im Gegenteil, um Ihnen von Frieden zu sprechen. Im Gespräch haben wir uns ein wenig von unserm Gegenstand entfernt. Wenn Sie wollen, kommen wir wieder auf ihn zurück.«

Diese Antwort beruhigte ihn sofort. Etwas später sagte er:

»Wenn ich Frieden geschlossen habe, werde ich schon Mittel finden, Sie zu unterwerfen.«

»Sie sind nicht bereit, ihn zu schließen«, antwortete ich.

»Den Frieden? Ich werde ihn bald haben. Mit dem Kaiser von Deutschland kann ich ihn abschließen, wenn ich will. ... Er hat nicht vergessen, dass er mir seine Krone verdankt«, fügte er mit erhobener Stimme hinzu. »Nach dem Frieden von Campo Formio lag es in meiner Macht, ihn zu entthronen. Ich habe es nicht getan; das vergisst er nicht und wird mit mir unterhandeln.«

Bonaparte drückt sich in einem für das Ohr unangenehmen fremden Akzent auf kurze und energische Weise aus. Seine außerordentlich lebhafte Fantasie lässt ihn die Sätze einen in den andern verwickeln, sodass es ziemlich schwierig ist, seiner Unterhaltung zu folgen, und man sehr viel erraten muss. Ebenso beweglich in seinen Reden wie in seinen Plänen kommt er fortwährend von einem Gegenstand auf den andern. Er deutet eine Frage an, lässt sie fallen, kommt wieder darauf zurück, scheint kaum zuzuhören und verliert dennoch nicht ein Wort von dem, was man sagt. Ja, man kann überzeugt sein, dass er jedes Wort in der Erinnerung behält, wenn er einmal Interesse daran genommen. Ein maßloser Ehrgeiz, der ihn über alles, was gewesen ist, sich erheben lässt, veranlasst ihn, immer von sich selbst und seinen Taten zu sprechen. Dann wird er sehr weitschweifig und hört sich mit großem Wohlgefallen sprechen. Er erspart einem nichts, was seiner Eitelkeit schmeicheln kann. Seine Ideen scheinen auf keinen bestimmten Punkt gerichtet zu sein: was er jetzt so will, möchte er im nächsten Augenblick ganz anders; vielleicht will er sogar ganz das Gegenteil. Nichts ist ihm heilig: die am besten eingeführten Gesetze, allgemein anerkannte Grundsätze, Worte, Schwüre – er verlacht alles! Glücklich ist der, über dessen Vertrauensseligkeit er sich nicht lustig macht, wenn er ihn durch Versprechungen betrogen hat. Ich weiß nicht mehr bei welcher Gelegenheit ich ihm von der Verfassung [des Jahres VIII, 1799] sprach, die er Frankreich gegeben.

»Die Verfassung …!«, rief er lachend und bewies mir durch die Miene, die er bei dieser Antwort machte, genügend, dass er dem Volk nur eine Verfassung gegeben, um ihm die Zeit zu vertreiben, und dass er sich vorbehalten hatte, sie jedes Mal, wenn sein Interesse es erheischte, zu verletzen.

Durch den Kleinmut der ihn umgebenden Männer wurde es ihm zur Gewohnheit, alle seinem Willen sich unterordnen zu sehen, und er war immer sehr erstaunt, wenn er auf das kleinste Hindernis in dieser Beziehung stieß. Bei dem geringsten Wort, das er zu ihnen sprach, zitterten sie, und so redete er mit ihnen wie mit Leuten, die man verachtet. Während der Audienz, die ich bei ihm hatte, öffneten sich plötzlich die beiden Flügeltüren des Kabinetts, und der Türhüter meldete mit lauter Stimme: »Der Minister des Innern!« [Lucien Bonaparte].

»Er soll warten«, sagte Bonaparte kurz, und Lucien zog sich schleunigst zurück. Kurze Zeit darauf ging die Tür wieder auf, und ich hörte melden: »Der Zweite Konsul der Republik!« [Cambacérès]. Bonaparte sagte wieder: »Er soll warten!« Dann fügte er hinzu: »Nein, nein, er soll durchgehen.« Ohne dass er wagte, rechts oder links zu blicken, durchschritt Cambacérès mit so großer Schnelligkeit das Kabinett, dass seine Perücke wie Espenlaub zitterte.

In Zivil- und politischen Geschäften wie im Krieg kennt Bonaparte nur ein Ziel: so schnell wie möglich das zu erlangen, was er wünscht. Alle Mittel scheinen ihm recht, wenn er glaubt, damit etwas zu erreichen. Niemand verachtet die Menschen mehr als er: Sie sind für ihn nur die Werkzeuge zur Ausführung seiner Pläne. Ob er ein paar mehr oder weniger in einem Unternehmen verliert, ist ihm höchst gleichgültig, wenn er nur sein Ziel erreicht. Nie werde ich die letzten Worte unserer Unterhaltung, nie den Ton vergessen, mit welchem er sie aussprach. Ich wollte nicht sofort, wie er erwartete, abschließen und bat um zwei Tage Bedenkzeit, während welchen ich die mit der Unterhandlung besonders betrauten Kommissare nach Paris kommen lassen wollte. Da sagte er, indem er mir einen teuflischen Blick zuschleuderte: »Zwei Tage! Niemals werde ich in zwei Tagen das tun, was ich in zwei Stunden beenden kann, und koste es mich auch 100 000 Mann!«

Mit diesen Worten verneigte er sich und entließ mich.

Mémoires du général d'Andigné.

Der Erste Konsul und Frau Campan in Paris, 1800

Als Napoleons Schwester Caroline den General Murat heiratete, sagte Napoleon zu Madame Campan,[1] die Caroline in Saint-Germain erzogen hatte: Ich mag keine Liebesheiraten; diese entflammten Köpfchen befragen nur den Vulkan ihrer Fantasie. Ich hatte andere Pläne. Wer weiß, was für eine Verbindung ich ihr verschafft hätte. Sie urteilt natürlich als Unbesonnene und erwägt nicht meine Lage. Es wird eine Zeit kommen, wo vielleicht Fürsten sich um ihre Hand streiten! Sie heiratet einen Tapferen; in meiner Lage genügt das nicht. Man muss das Geschick sich erfüllen lassen!

Journal anecdotique de Madame Campan.

---

1 Jeanne Louise Henriette Campan, ehemalige Kammerfrau der Königin Marie-Antoinette. Durch die Revolution ihres Vermögens beraubt, war sie nach dem 9. Thermidor gezwungen, eine Erziehungsanstalt in Saint-Germain zu eröffnen, die bald den größten Zuspruch hatte.

Der Erste Konsul und Bourrienne auf der Rückreise von Italien nach Paris, 1800

Napoleon kehrte aus seinem zweiten italienischen Feldzug nach Paris zurück; Marengo hatte ihm neue Lorbeeren um die Siegerstirn gewunden. Bourrienne saß in dem bequemen Reisewagen an Bonapartes Seite, als sie durch die Bourgogne reisten. Napoleon hatte viel von den Ereignissen in Italien gesprochen und sagte unter anderem:

»Noch ein paar so große Ereignisse wie dieser Feldzug, und ich brauche die Nachwelt nicht zu fürchten!«

»Es scheint mir«, entgegnete Bourrienne, »dass Sie schon genug vollbracht haben und dass man lange und überall von Ihnen sprechen wird.«

»Ach du lieber Gott! Genug getan! Sie sind gut! Es ist wahr, ich habe in weniger als zwei Jahren Kairo, Paris und Mailand erobert, aber, mein Lieber, wenn ich morgen stürbe, würde mir nach zehn Jahrhunderten kaum eine halbe Seite in einer allgemeinen Geschichte gewidmet werden.«

Napoleon hatte recht: In ein paar Stunden der Lektüre ziehen mehrere Jahrhunderte an unserm Auge vorüber, und die Dauer einer Regierung, eines Lebens, ist darin nicht länger als ein Augenblick.

Mémoires de Bourrienne.

DER ERSTE KONSUL UND DER STAATSRAT
ROEDERER IN PARIS, AUGUST 1800

Am 2. August 1800 ließ der Erste Konsul den Staatsrat Roederer zu sich rufen und sagte:

»Hier ist die Liste für die Amnestie der Vendée. Ich weiß nicht recht, was ich damit machen soll.«

Roederer: »Amnestie bedeutet Vergessen. Da Sie eine Amnestie auf Bedingung bewilligt haben, darf sie erst an dem Tag in Kraft treten, an welchem die Bedingungen erfüllt worden sind. Von diesem Tag aber an muss alles vergessen sein: keine Briefe, keine Begnadigung, keine Erlasse, wie man Ihnen zuerst vorgeschlagen. Im Übrigen müssen Sie genau den Grund der Zusammenkünfte derjenigen wissen, die Ihnen Veranlassung zu Besorgnis geben.«

Bonaparte: »Ihr Grund ist die Angst, dass ich sterbe, dass die Jakobiner die Oberhand gewinnen; und unter Jakobinern verstehen sie Sie und alle, die nicht zu ihnen gehören. Sie wollen auf jedes Ereignis vorbereitet und organisiert sein, um mir zu Hilfe zu kommen oder eine neue Regierung einzusetzen.«

Roederer: »Ich glaube eher, sie wollen organisiert bleiben, um den Sold, den ihnen England bezahlt, nicht zu verlieren. Sie sind nicht wenig froh, ein paar hundert Taler zu haben, in die sie sich teilen können.«

Bonaparte: »Ja, das kann wohl auch ein Grund mit sein, aber es ist nicht der einzige.«

Roederer: »Wenn ihre Besorgnis daher kommt, dass sie in der Regierung keine Beständigkeit sehen, so sind sie nicht die Einzigen. Sobald die

Sorge des Krieges dem Nachdenken über die politische Existenz der Regierung Platz gemacht haben wird, muss sich ein jeder fragen: Wie wird das enden? Wer wird Bonapartes Nachfolger sein? Wenn er morgen stirbt, was wird aus uns? Wen werden wir erhalten, wenn er seine Laufbahn beendet? Sie müssen uns unbedingt einen natürlichen Nachfolger bezeichnen.«

Bonaparte: »Was Sie da sagen, ist keine starke Politik. Niemals hat man die Nachfolge durch ein Gesetz geregelt … Übrigens bringt das, was Sie da sagen, großen Schaden und ist auch nicht wahr.«

Roederer: »Was ich hier sage, sage ich nicht woanders.«

Bonaparte: »Nun also, dann hat es keinen Sinn. Seit Marengo habe ich wohl über das alles nachgedacht und bin zur Überzeugung gekommen, dass an dem Bestehenden nichts zu ändern ist. Niemand hat ein Interesse daran, eine Regierung zu stürzen, in der alle verdienstvollen Männer an ihrem Platz sind. Ihr andern, Ihr wisst nicht, was die Regierung ist, Ihr habt keine Ahnung davon. Nur ich, ich allein weiß durch meine Stellung, was die Regierung ist! – Die Franzosen können nur von mir regiert werden. Ich bin vollkommen überzeugt, dass niemand außer mir, sei es nun Ludwig XVIII. oder Ludwig XIV., Frankreich in diesem Augenblick regieren könnte. Sterbe ich, so ist das ein großes Unglück.«

Roederer: »Ich spreche nicht von einer Änderung der Verfassung, nicht einmal davon, dass Ihnen durch das Gesetz ein Nachfolger bezeichnet werde, ich sage nur: Frankreich würde ruhiger sein, wenn es einen natürlichen Nachfolger an Ihrer Seite sähe.«

Bonaparte: »Ich habe keine Kinder.«

Roederer: »Es ist immerhin möglich, dass Sie ein Kind adoptieren.«

Bonaparte: »Das entspricht nicht der Gefahr des Augenblicks.«

Roederer: »Es bietet aber Sicherheit für die Zukunft.«

Bonaparte: »Nach reiflicher Überlegung sehe ich nur einen Ausweg: dass der Senat einen Mann ernenne, der fähig wäre, meine Stelle einzunehmen; die Wahl dürfte nur drei Senatoren und mir bekannt sein. Wen aber wählen?«

Roederer: »Das nützt gar nichts für die Zukunft. Die natürliche Nachfolge mit einer Verfassung, wie die Ihrige sein wird, wenn die Notabeln eingesetzt sind, steht der Freiheit, der Republik, ja selbst dem Geist der Konstitution nicht entgegen. Wäre ich Senator, und hätte ich Ihren Nachfolger zu ernennen, so würde ich einen zwölfjährigen Knaben wählen.«

Bonaparte: »Weshalb ein Kind?«

Roederer: »Weil ich möchte, dass es ein Mann Ihrer Schule würde, den Sie erziehen und lieben könnten.«

Bonaparte: »Ich habe keine Kinder; ich habe weder das Bedürfnis noch ein Interesse, solche zu haben. Mir geht der Familiensinn ab. Was ich am meisten während meines Aufenthaltes in Marengo befürchtete, war, dass einer meiner Brüder meine Stelle einnehmen könne, wenn ich getötet würde. Nein, nur der Gedanke an eine Ernennung durch den Senat ist durchführbar, wie ich Ihnen schon sagte. Und diese Ernennung darf nur auf ein Jahr gültig sein.«

Roederer: »Der Gedanke kommt von Sieyès.«

Bonaparte: »Mit dem Unterschied, dass dieser auf drei Jahre ernennen wollte, und der Konsul seinen Nachfolger nicht kennen sollte.«

Roederer: »Ich gebe zu, dass wenn demnächst ein Unglück geschehe, ein von Ihnen gewählter Mann schon allein dadurch großes Ansehen gewönne und man in ihm stets die Macht respektieren würde, die er aus Ihrer Hand empfangen hätte.«

Bonaparte: »Wen aber ernennen? Wäre ich bei Marengo geblieben, so hätte, sagt man, der Senat Carnot gewählt? Gut! Carnot ist vielleicht mehr wert als ein anderer.«

Roederer: »Carnot besitzt Fähigkeiten. Während seines Direktorats hat er das bewiesen. Niemals aber wird sich das französische Volk für frei und achtenswert unter einem Mitglied des Wohlfahrtsausschusses halten.«

Bonaparte: »Wenn nun aber Carnot jedermanns Geschmack wäre?«

Roederer: »Es sind nie mehr als 30–40 Personen, die von alledem gesprochen und sprechen gehört haben.«

Bonaparte: »Und wer waren diese Personen?«

Roederer: »Die Partei der unzufriedenen Brumairianer.«

Bonaparte: »Waren es nicht die Jakobiner?«

Roederer: »Nein, ich sage die Brumairianer, das heißt die Männer, die, da sie an den Ereignissen des 19. Brumaire teilnahmen, ihr Geschick mit dem Ihrigen verknüpft haben. Und ich füge ›unzufrieden‹ hinzu, weil sie es sind, die, nachdem sie zu diesem Tag mit beigetragen, sich ärgern, nicht auch die ehrenhaftesten Früchte ernten zu können. Es sind Chénier, Chazal u. a. m.«

Bonaparte: »Nun, diesen Leuten liegt nichts daran, mein Werk umzustürzen; das ist alles, was mein Nachfolger nötig hat. Ist er schwach, so werden wenigstens meine Freunde Zeit haben, ihre Maßnahmen zu treffen, und alles zum Guten wenden.«

Roederer: »General, Sie sagten soeben, dass ich ein schwacher Politiker sei, weil ich Ihnen einen natürlichen Nachfolger wünschte; gestatten Sie mir, dass ich offen mit Ihnen spreche. Wenn Sie in Ihrer Meinung beharren sollten, dass nur Sie allein in Frankreich regieren können, und ein Bourbone, gleichviel welcher, unfähig sein werde, so ist meine ganze Politik gegenstandslos. Wenn Sie aber Ihre Meinung ändern, wenn die immer neu entstehenden Parteien, die zum mindesten besorgniserregenden Intrigen Sie veranlassen sollten, den Einfluss einer erblichen Gewalt für die Regierung eines einfältigen Volkes als notwendig zu erachten, und wenn Sie denken, es sei zu seiner Ruhe nötig, ihm seine alten Vorurteile und Gewohnheiten wiederzugeben … so glaube ich Sie nicht zu beleidigen, wenn ich annehme, Sie werden einst diesem Gedanken nachgeben.«

Bonaparte: »Mein natürlicher Erbe ist das französische Volk! Das ist mein Kind! Nur für dieses habe ich gearbeitet. Was auch kommen mag, ich werde niemals die Regierung dem Prätendenten übergeben, weil er, wie ich Ihnen schon sagte, nicht fähig ist, Frankreich zu regieren, und weil das meine Freunde opfern hieße … Nein, Sie können so viel darüber nachdenken, wie Sie wollen – Sie werden nur einen einzigen vernünftigen Ausweg finden – nämlich die Wahl eines Nachfolgers, wie ich Ihnen soeben sagte. Und dennoch – wen wählen, wen ernennen? Wenn Moreau ein anderer Mann wäre! Aber er hat keine Freunde. Seit dem Feldzug hat er fünf Mal seine Freunde gewechselt. – Der Senat müsste stark sein. Aber er ist schlecht; da ist nichts daran zu ändern. – Und ich weiß nicht, wen ich dazu ernennen soll. Augenblicklich ist eine Stelle im Senat frei, ich weiß indes nicht, wen ich vorschlagen soll.«

Roederer: »Man muss versuchen, einen Taktiker zu finden, der versteht, eine Versammlung zu leiten.«

Bonaparte: »Was macht Sieyès bei alledem?«

Roederer: »Sieyès scheint ein sehr zurückgezogenes Leben zu führen. Ich habe ihn vor einigen Wochen, während Sie in Italien waren, gesehen. Er sagte mir: Nach reiflicher Überlegung bin ich überzeugt, dass wir zur Wiederherstellung unserer Angelegenheiten eines einzigen Mannes bedürfen, und dieser Mann ist Bonaparte; das habe ich schon längst bedacht, aber aus Prinzip habe ich mir erst die Ereignisse von außen und innen betrachtet, ehe ich überzeugt war.«

Am 18. August 1800 hatte der Staatsrat Roederer im Garten von Malmaison mit dem Ersten Konsul eine kurze, aber charakteristische Unterhaltung, während im Schloss Empfang war.

Bonaparte: »Ich werde hier einen Saal bauen lassen. Für Männer, die bedeutende Stellungen einnehmen, muss es auch große Häuser geben. Da sind nun die Leute in diesem Zimmer.« [Er wies auf einen Salon.]

Roederer: »Sie haben die Annahme von Saint-Cloud zu weit hinausgeschoben. Sie hätten es beim Frieden übernehmen können.«

Bonaparte: »Wie hätte ich es möblieren sollen? Wissen Sie, wie viel man für meine Einrichtung in den Tuilerien verlangt? Zwei Millionen! Es sind Spitzbuben. So habe ich denn auch verboten, dass man mir die Rechnungen vorlege, ehe sie nicht bis auf 800 000 Franken reduziert worden sind. Ich bin von lauter Schurken umgeben …«

Roederer: »Ihre großen Operationen kosten Ihnen jedoch viel mehr als die häuslichen Betrügereien.«

Bonaparte: »Desto mehr bin ich gezwungen, die Ausgaben zu überwachen, die mich persönlich betreffen.«

Roederer: »Sie haben dieses Jahr vielleicht 50 Millionen von Ihren direkten Steuern durch den Misskredit der Submission der Steuereinnehmer verloren. Ich würde auf diese Gedanken, die ich Ihnen schon einmal unterbreitet habe, nicht mehr als nötig ist zurückkommen, allein ich denke, wenn Sie die Schuldentilgungskasse nicht aufgehoben hätten, so würde sie diese Submissionen au pair unterstützt haben, anstatt sie bis zu 5% pro Monat steigen zu lassen.«

Bonaparte: »Diese Kasse hat genug gute Unternehmungen gemacht. Sie hat 6 Millionen der Staatsschuld getilgt und hat auch einige Submissionen zurückgezogen.«

Roederer: »Ja, aber nur für einige 100 000 Francs.«

Bonaparte: »Das hat die Bank gemacht.«

Roederer: »Es liegt nicht im Interesse der Bank, den Wert der Staatspapiere in die Höhe zu treiben. Es ist da eine Partei, die auf die Dividenden hinzielt; sie hat nur Interesse für das Fallen und Steigen der Kurse.«

Bonaparte: »Jedermann stiehlt. Man unterstützt mich nicht. Die Minister sind schwach! Es müssen sich doch ungeheure Vermögen anhäufen.«

Roederer: »Sicher; was jedoch das Ärgernis ein wenig vermindert, ist, dass diese Vermögen ebenso schnell zerrinnen wie sie gewonnen sind, denn ein Vermögen zusammenzuhalten ist schwerer als sich eins zusammenzustehlen.«

Bonaparte: »Das Vermögen der Beamten, die hohe Staatsstellungen einnehmen, müsste festgesetzt werden, denn es ist entsetzlich, herunterzukommen, aber auch ungerecht, Männer zu zwingen, dass sie so tief sinken.«

Roederer: »Die beiden Konsuln können Ersparnisse machen.«

Bonaparte: »Sie haben 500 000 Francs und geben sie aus. Schließlich hat man ja Brüder, Schwestern, Kinder usw. Ich für meinen Teil brauche sehr wenig. Wenn man jedoch so viele Kriege hinter sich hat, so muss man, ob man will oder nicht, ein kleines Vermögen zusammengebracht haben. Ich habe 80–100 000 Francs Rente, ein Stadt- und ein Landhaus – mehr brauche ich nicht. Würde ich mit dem französischen Volk oder dieses mit mir unzufrieden sein, so zöge ich mich einfach auf meine Besitzung zurück, und alles wäre gut … Das ist natürlich nur eine Vermutung, denn bis jetzt hat es mich verwöhnt; es kommt meinen Wünschen entgegen, wie ich auch den seinigen entgegenkomme; und ich bin ihm dankbar dafür.«

Roederer: »Nicht alle sind so wie Sie. Achtung ersetzt großen Reichtum und befreit von großen Ausgaben. Übrigens haben Sie Ihre Unabhängigkeit eben durch Bedürfnislosigkeit erlangt, während andere sie sich nur durch ungeheuren Reichtum erwerben. Es gibt einen gewissen Mann, der die Geldgier, mit welcher er Millionen zusammenrafft, mit dem Namen ›Liebe zur Unabhängigkeit‹ verdeckt.«

Bonaparte: »Was ist da zu tun? Dieses Land ist durch und durch verdorben; es ist stets so gewesen. War einer Minister, so baute er sich sofort ein Schloss.«

Roederer: »Nicht immer; man wählte meist reiche Leute zu so hohen Posten: Turgot, Necker, Joly de Fleury haben sich keine Schlösser auf Staatskosten gebaut. Calonne hatte nichts. Und das ist eine Ausnahme. Übrigens ist es von höherer Bedeutung, gute Sitten in einer Republik als in einer Monarchie zu haben.«

Bonaparte: »Wieso gute Sitten? Da gibt es nur ein Mittel: die Wiederherstellung des Kultus.«

Roederer: »Ich halte die Religion für eine notwendige Hilfe der Regierung, aber sie darf nicht beherrschend, nicht tyrannisch sein.«

Bonaparte: »Nein, sicher nicht … Wie aber kann man Ordnung in einem Staat haben ohne Religion? Die Gesellschaft kann ohne Ungleichheit des Vermögens nicht bestehen, und die Ungleichheit des Vermögens kann nicht ohne Religion existieren. Wenn ein Mann an der Seite eines vor Überfluss Strotzenden Hungers stirbt, kann er unmöglich dem Unterschied zustimmen, wenn ihm nicht eine höhere Macht sagt: Gott will es so; es muss Arme und Reiche auf der Welt geben, aber später, in der Ewigkeit, wird eine andere Teilung gemacht. Ich habe von der Akademie in Lyon einen Preis für eine Abhandlung erhalten, welche die Frage, wodurch kann man die Menschen glücklich machen? zum Gegenstand hatte.[1] Ich stelle mir zwei junge Eheleute mit Kindern vor; sie gehen zum Notar, um zu wissen, warum sie nichts und andere zu viel haben. Er zeigt ihnen die Verkettung der Wechselfälle. Die jungen Leute aber verwerfen das alles.

Und wenn die Regierung nicht Herr über die Geistlichen ist, hat sie alles von ihnen zu fürchten. Ihr andern, Ihr Metaphysiker, seid in dieser Beziehung in großem Irrtum.«

Roederer: »Inwiefern, General? Ich möchte es gern wissen, falls ich auch darunter bin.«

Bonaparte: »Ich sage: Sie, wie die Politiker im Allgemeinen. Sie denken, man soll die Geistlichen ganz unbeachtet lassen und sich nicht mit ihnen beschäftigen, solange sie sich ruhig verhalten, sondern sie arretieren, wenn sie die Ruhe stören. Das wäre genauso, als wenn man sagte: Seht da die Männer mit brennenden Fackeln um Euer Haus schleichen; lasst sie; wenn sie das Feuer anstecken, wollen wir sie verhaften. Die Oberhäupter der Kirche müssen bei ihrem eigenen Interesse gefasst werden; sie müssen, wie früher die Bischöfe, vom Staat bezahlt werden.«

Roederer: »Die Bischöfe bezogen früher Einkünfte von Besitzungen. Die konstituierende Versammlung hat sie auf Gehälter reduziert. Diese

---

1 Napoleon hatte bei diesem Wettbewerb im Jahre 1791 jedoch nicht den Preis davongetragen, obwohl seine Abhandlung von der Lyoner Akademie nicht schlecht beurteilt worden war. Den Preis erhielt zwei Jahre später, 1793, ein gewisser Dannou in der Höhe von 1200 Francs.

machen die Geistlichkeit viel abhängiger. Smith[1] hat übrigens sehr klar dargelegt, dass die vom Staat bezahlten Geistlichen dem Volk weniger gefährlich sind als die, deren auf die Leichtgläubigkeit gegründetes Einkommen sie veranlasst, dem Volk unbegründeten Schrecken einzujagen oder ihm mit falschen Hoffnungen zu schmeicheln. Aber wir sprachen soeben von Ersparnissen: Das jedoch wird ziemlich teuer kommen.«

Bonaparte: »Nein, man bezahlt sie heute. Ihre Gehälter müssen je nach der Zahl der für den Kultus unterzeichneten Köpfe geregelt werden. ... Die Konstitution enthält eine äußerst unnütze Ausgabe: die vier Millionen für das Tribunat. Wozu braucht man eine Körperschaft von hundert unnützen und lächerlichen Mitgliedern, wenn alles gut geht, Ruhestörer, wenn etwas lahmt? Die reine Alarmglocke! Diese Körperschaft muss auf 30 Mitglieder ohne öffentliche Sitzungen reduziert werden, höchstens dürfen diese vor der Gesetzgebenden Körperschaft stattfinden.«

Roederer: »Ich habe das stets gedacht und sehr oft ausgesprochen, einmal sogar hier auf diesem Weg zu Cabanis,[2] der keine Gefahr darin sah.«

Bonaparte: »Cabanis, Sieyès: Metaphysiker und Fanatiker!«

Oeuvres du comte P. L. Roederer.

1 Adam Smith, berühmter englischer Nationalökonom, 1723–1790.
2 Pierre Jean Georges Cabanis, zu jener Zeit Senator, 1757–1808.

Der Erste Konsul und die Staatsräte Roederer und Devaisnes in Paris, Dezember 1800

Der Staatsrat Roederer und der Staatsrat Devaisnes waren am 1. Dezember 1800 mit noch andern Würdenträgern beim Ersten Konsul zum Diner geladen. Nach demselben näherte er sich Roederer und Devaisnes, die beide im Gespräch miteinander waren, und erkundigte sich, worüber sie gesprochen. Er unterhielt sich darauf mit ihnen fast eine Stunde lang, wobei er meist das Wort an Roederer richtete.

Zuerst sprach er vom Kriege anlässlich eines am Tag vorher im Moniteur veröffentlichten Artikels über Krieg und Frieden von Suard. Bonaparte erklärte, dass England keinen Frieden gewollt habe; hätte es ihn aber gewollt, so würde es auf die letzte, Gegenvorschläge enthaltende Note geantwortet haben. Hätte England nur einen Schritt getan, so wäre er [Bonaparte] ihm entgegengekommen.

Roederer: »Meinen Sie, General, dass England den Frieden nicht wollen kann? Ich verstehe das nicht ganz.«

Bonaparte: »Mein Lieber, es *darf* ihn nicht wollen, weil *wir* die Herren der Welt sind. Spanien gehört uns. Wir haben in Italien Fuß gefasst. In Ägypten gehören uns die entlegensten Teile ihrer Besitzungen. Die Schweiz, Holland, Belgien … Ein Beschluss steht unwiderruflich fest – und es ist bereits Preußen, Russland und dem Kaiser von Deutschland erklärt worden, dass wir, wenn nötig, ganz allein gegen alle Krieg führen, wenn man auf einen Stadhouder in Holland besteht und wir Belgien und das linke Rheinufer nicht behalten dürfen. Einen Stadhouder in Holland haben, ist dasselbe wie einen Bourbonen im Faubourg Saint-Antoine.«

Er sprach auch von der Parallele zwischen Cäsar, Cromwell und ihm[1] und sagte: »Ich selbst habe die Idee dazu gegeben, um auf die englischen Verleumdungen zu antworten. Aber die beiden letzten Seiten sind Wahnsinn; niemals ist die Erblichkeit eingesetzt worden, sondern sie ist aus sich selbst heraus entstanden. Und dann hat auch der Verfasser Sieyès angegriffen, Sieyès, einen Mann von Geist, einen einfachen Charakter, der vielleicht im Direktorium mehr Mut gezeigt hat als es zu seiner und unserer Sicherheit bedurfte.«

Devaisnes bemerkte, dass es einem jeden, selbst ihm, Bonaparte, unmöglich wäre zu sagen, was mit Frankreich geschähe, wenn er stürbe.

Bonaparte antwortete: »Wenn ich in vier oder fünf Jahren sterbe, ist die Maschine im Gang. Sterbe ich früher, so weiß ich freilich nicht, was geschieht.«

Devaisnes: »Wir werden einen General als Ersten Konsul bekommen, aber die andern Befehlshaber werden mit ihm Krieg führen.«

Bonaparte: »Zu diesem Posten brauchen Sie keinen General, sondern eine Zivilperson. Die Armee wird eher dem Bürgerlichen als dem Militär gehorchen. Wenn ich heute in drei oder vier Jahren am Fieber in meinem Bett sterbe und, um meinen Roman zu vollenden, ein Testament mache, will ich die Nation ermahnen, dass sie sich vor einem Militärgouvernement hüte. Ich werde ihr raten, einen Zivilbeamten zu ernennen. Ein militärischer Erster Konsul, der von der Regierung nichts versteht, wird alles nach dem Wunsch seiner Befehlshaber gehen lassen. Moreau spricht nie anders als von einer Militärregierung; er versteht nichts anderes.«

1 Vgl. die Unterhaltung auf Seite 109.

Die Unterhaltung ging darauf auf die Ermordung Audreins[1] und den Geist der jakobinischen Partei über. Bonaparte sagte:

»Als man mich ermorden wollte, habe ich das Verbrechen an den Gerichtshof verwiesen und im Übrigen alle Welt in Frieden gelassen. Heute ermordet man Audrein, und um gewissen Leuten angenehm zu sein, möchte man eine Massenverbannung anordnen. Als während meines Aufenthaltes in Ägypten der Aufstand in Kairo ausbrach, wollte die Armee, dass ich die Moscheen in Brand stecke und die Priester vertilge; Schérer, Tallien, der bei dieser Gelegenheit ein sehr konventionelles Blatt veröffentlichte, in dem er behauptete, dass die ganze Armee ihrem Untergang entgegengehe, dass man den Fanatismus ungestraft ließe usw., waren dafür. … Ich habe auf das alles nicht gehört. Ich ließ einfach die Anführer des Aufstandes bestrafen; mit den andern war ich nach wie vor ohne Unterschied vertraut. Alles beruhigte sich, und drei Wochen später war die Armee glücklich und mir dankbar, dass ich das Vertrauen und die Ruhe wiederhergestellt hatte. Und so wird es auch mit Frankreich sein.«

Oeuvres du comte P. L. Roederer.

---

1   Audrein war der Bischof von Quimper, ein ehemaliger konstitutioneller Geistlicher, den die Chouans in einer Postkutsche ermordeten. Bonaparte täuschte sich nicht. Die Chouans bezweckten mit diesem Verbrechen, dem in Wahrheit nichts als Raub zugrunde lag, nur der öffentlichen Meinung zu imponieren, indem verbreitet ward, dass dabei religiöser Fanatismus und royalistischer Loyalismus eine Rolle spiele.

DER ERSTE KONSUL UND MEHRERE STAATSRÄTE IN PARIS, 1800

Der Erste Konsul hatte der Gesetzgebenden Körperschaft die Schlacht von Hohenlinden vom 3. Dezember 1800 und den ihr folgenden Waffenstillstand gemeldet und in seiner Botschaft schon im Voraus die Friedensbedingungen vorgeschrieben. Als die Staatsräte, die diese Botschaft der Gesetzgebenden Körperschaft übermittelt hatten, von ihrer Mission wieder zurückkehrten, um, wie das Brauch war, ihm darüber Bericht zu erstatten, unterhielt er sich länger mit ihnen und sagte:

»Frankreich kann sich nur mit Russland verbünden. Diese Macht herrscht über das Baltische und das Schwarze Meer und ist der Schlüssel zu Asien. Der Kaiser einer solchen Nation ist wahrhaft ein großer Fürst. Der Kaiser von Deutschland ist ein Kind, das von seinen Ministern regiert wird, und diese wiederum werden es von England. Wenn Paul I. auch etwas seltsam ist, so hat er doch wenigstens einen eigenen Willen.

In diesem Feldzug haben die österreichischen Generale nach einem ausgezeichneten Plan operiert, aber sie führten ihre Angriffe gegen den General Grenier nicht lebhaft genug, und so wurden sie geschlagen. Hätten sie verstanden, ihre Vorteile und die große Anzahl ihrer Truppen auszunützen, so würden sie Moreau ohne Schwertstreich 20 Meilen Boden abgezwungen haben. Einer schiebt die Schuld an dem Verlust der ganzen österreichischen Artillerie auf den andern. ... Am 18. Brumaire gab es keine Armee in Frankreich. Alle Truppen waren im Innern verstreut. Die 17. Militärdivision besaß 6000 Mann Kavallerie. Das Direktorium wollte überall durch Truppenstärke herrschen, und das war die Ursache zu allem militärischen Missgeschick. Ich weiß wohl, dass die Räubereien im Innern gegenwärtig die Folge von dem Mangel an Truppen sind, aber man kann nicht überall gleich stark sein. Übrigens, solange bei den Armeen alles gut geht, ist für das Innere nichts zu fürchten. Ich lege Deutschland weniger Bedeutung bei als der Erhaltung Italiens. Dies ist der alleinige Gegenstand, wegen dessen man unterhandeln muss, und der wahre Lohn des Friedens. Ich hoffte, Brune würde den Waffenstillstand nicht ohne Peschiera und Ferrara abschließen. Wenn ich mich in der heutigen Botschaft bereits über gewisse Friedensbedingungen ausgesprochen habe, so wollte ich damit die Unterhandlungen um 20 Tage abkürzen, Europa davon unterrichten und allen Ungenauigkeiten über die ersten Grundlagen der Pazifikation ein Ende machen.«

Comte A. C. Thibaudeau, Mémoires sur le consulat.

Der Erste Konsul und die Deputierten der verschiedenen Staatskörper in Paris, Dezember 1800

Am 4. Nivôse des Jahres IX [25. Dezember 1800] eilten verschiedene Deputationen des Staatsrates, des Senats, der Gesetzgebenden Körperschaft und des Tribunats in die Tuilerien, um den Ersten Konsul zu beglückwünschen, dass er am Tag vorher dem Mordanschlag der sogenannten Höllenmaschine entgangen war. Gleichzeitig wollten sie ihn auffordern, energisch gegen die Anstifter dieses Attentates vorzugehen und Maßnahmen zu treffen, dass ähnliche Vorkommnisse verhütet würden.

Boulay de la Meurthe ergriff das Wort im Namen des Staatsrates und sagte: »Es ist endlich an der Zeit, dem Wunsch des Volkes nachzukommen und alle nötigen Maßregeln zu ergreifen, um die öffentliche Ordnung aufrecht zu erhalten!«

Der Seinepräfekt, an der Spitze der Bürgermeister und des Oberrates der Departements, beglückwünschte gleichfalls den Ersten Konsul. »Wir lieben in Ihnen«, sagte er, »den würdigen Beamten, den weder Macht noch Schmeicheleien beirrt haben.« Er schrieb das ganze Verbrechen den Septembermännern zu.

Der Erste Konsul antwortete den Bürgermeistern: »Solange diese Handvoll Schurken mich direkt angegriffen hat, musste ich den Gesetzen ihre Bestrafung überlassen; da sie nun aber durch ein so beispielloses Verbrechen einen Teil der Bevölkerung der Stadt in Gefahr gebracht haben, wird die Strafe ebenso rasch als exemplarisch sein. ... Die paar hundert Elender, welche die Freiheit durch Verbrechen verleumdet haben, die sie in ihrem Namen begangen, werden von nun an in die vollkommene Unmöglichkeit versetzt sein, irgendetwas Schlechtes zu tun.«

Darauf unterhielt sich der Erste Konsul über dieses Ereignis mit den Staatsräten in Gegenwart des Ministers des Innern und des Polizeiministers.[1] Dieser hatte die Verschwörung den Royalisten und England zugeschoben.

»Nein, nein, ich lasse mich nicht irreführen«, sagte der Erste Konsul; »damit haben weder die Adligen, noch die Chouans, noch die Geistlichen etwas zu tun. Das sind die Septembermänner, verbrecherische Schurken, die sich in fortwährender Verschwörung, offenem Aufstand und stets im Kampf gegen die jeweilige Regierung befinden. Es sind die stark gewordenen Handwerker, die Maler usw.[2], die eine kühne Einbildungskraft, etwas mehr Bildung als der Pöbel besitzen, aber mit dem Volk leben und ihren Einfluss auf dasselbe ausüben. Es sind die Werkzeuge von Versailles, vom September, vom 31. Mai, vom Prairial, von Grenelle, kurz die Werkzeuge zu allen Anschlägen gegen die Oberhäupter der Regierung ...«

Fast alle Staatsräte waren dieser Meinung und griffen ziemlich offen Fouché an. Dieser stand während der ganzen Verhandlung allein, bleich und niedergeschlagen in einer Fensternische und hörte alles, sagte aber nichts. Man betrachtete ihn bereits als verloren. Der Staatsrat Thibaudeau näherte sich ihm und sagte: »Was soll das alles bedeuten? Warum sprechen Sie nicht?« – »Lassen Sie sie reden ... ich will die Sicherheit des Staates nicht bloßstellen; ich werde sprechen, wenn es Zeit ist. ... Wer zuletzt lacht, lacht am besten!«

Der Erste Konsul meinte, man müsse auf jeden Fall Mittel und Wege finden, die Anstifter und Mitschuldigen des Attentats so bald als möglich

---

1 Minister des Innern war Graf Chaptal und Polizeiminister Fouché.
2 Anspielung auf die Verschwörung Ceracchi, Arena usw. – Vgl. die Anmerkung auf Seite 110.

zu bestrafen. Und die verschiedenen Sektionen der Gesetzgebung und der inneren Angelegenheiten versammelten sich sofort, um darüber zu beraten.

Am Abend begaben sich einige der Staatsräte zum Ersten Konsul und teilten ihm die Ansicht der Sektionen mit.[1]

»Ja«, sagte er, »ich bin derselben Meinung wie Sie: Man soll in diesem Fall kein Gesetz erlassen; es ist besser, alles in dem Plan über die Spezialgerichte zu verschmelzen. Übrigens werde ich wohl die Mittel finden, die Schurken durch ein Militärgericht verurteilen zu lassen.«

Thibaudeau bemerkte, dass er am Morgen eine sehr bestimmte Meinung über die Anstifter der Verschwörung geäußert hätte, indem er sie den Schreckensmännern zuschriebe, obgleich man noch gar keine Beweise dafür hätte. Aber der Erste Konsul bestand auf seiner Meinung und wiederholte ungefähr alles, was er bereits gesagt.

Da kam der Polizeipräfekt Dubois herein. Der Erste Konsul begrüßte ihn mit den Worten: »Ich würde sehr unglücklich sein, wenn ich bei dieser Gelegenheit Polizeipräfekt gewesen wäre.«

Dubois antwortete: »Eine gute Polizei besteht in der Aufrechterhaltung der öffentlichen Sicherheit und Ruhe; sie soll Aufständen vorbeugen … aber es ist unmöglich, das zu erraten, was in dem Kopf eines einzigen Mannes vorgeht. … Wahrscheinlich sind nur sehr wenige Verschwörer daran beteiligt. … Verschwörungen dieser Art kann man nur mittels der Enthüllungen einiger Eingeweihter entdecken. … Aber die Polizei ist in Bewegung, und ich hoffe …«

Am 5. Nivôse morgens versammelten sich wiederum die Sektionen der

---

1 Seit mehreren Tagen schon beschäftigten sich die Sektionen mit der Einrichtung von Spezialgerichten, und man war übereingekommen, dass es genüge, dem Entwurf einen Artikel beizufügen, um ihnen die Aburteilung dieser Art von Delikt zuzuerteilen.

Gesetzgebung und der inneren Angelegenheiten. Sie beschlossen nun definitiv die Abfassung der beiden Zusatzparagraphen zu den Gesetzen über die Spezialgerichte. Der erste teilte ihnen die Entdeckung der Attentate gegen die Regierungsoberhäupter zu; der zweite gab den Konsuln das Recht, die Männer, deren Gegenwart ihnen für die Sicherheit des Staates gefährlich erschien, aus Paris auszuweisen und sie zu verbannen, wenn sie das Verbot übertraten. Gegen Mittag desselben Tages versammelte sich auch der Staatsrat. Die drei Konsuln waren anwesend. Portalis berichtete die Gründe für die Ansicht der beiden Sektionen. Als er die Artikel vorlesen wollte, nahm der Erste Konsul das Wort und sagte:

»Die Klage des Spezialgerichtes würde zu langsam, zu umständlich sein. Wir brauchen eine mehr ins Auge springende Rache gegen ein so entsetzliches Verbrechen. Sie muss wie der Blitz dreinfahren; es muss Blut fließen! Es müssen ebenso viele Schuldige erschossen werden, als es Opfer gegeben hat: fünfzehn oder zwanzig. Mindestens 200 müssen verbannt und es muss diese Gelegenheit wahrgenommen werden, um die Republik von ihnen zu säubern. Dieses Attentat ist das Werk einer Bande Schufte, der Septembermänner, die sich an allen Verbrechen der Revolution beteiligt haben. Wenn sich die Partei in ihrem Hauptquartier angegriffen sehen wird, wenn das Glück ihre Anführer verlässt, dann werden alle zu ihrer Pflicht zurückkehren. Die Arbeiter werden ihre Arbeit wieder aufnehmen, und 10 000 Mann, die in Frankreich zu dieser Partei halten und reumütig sind, werden sie endgültig verlassen. Dieses große Beispiel ist nötig, um den Mittelstand an die Republik zu fesseln. Dies ist jedoch unmöglich, solange sich diese Klasse von 200 wütenden Wölfen bedroht sieht, die nur auf den Augenblick warten, in dem sie sich auf ihre Beute stürzen können. In einem Land, wo die Schurken ungestraft dahingehen und alle revolutionären Krisen überleben, hat das Volk kein Vertrauen zu der Regierung ehrenwerter, bescheidener und gemäßigter Leute; es behandelt stets die Bösen mit Schonung, weil sie ihm verhängnisvoll werden können.

Die Metaphysiker sind eine Sorte Menschen, der wir alle unsere Leiden verdanken. Man muss entweder nichts tun und wie Augustus vergeben, oder große Maßnahmen treffen, die für die soziale Ordnung eine Garantie sind.

Nach der Verschwörung Catilinas ließ Cicero die Verschwörer hinrichten und sagte, er habe sein Land gerettet. Ich würde der großen Aufgabe, die ich auf mich genommen, und meines Amtes unwürdig sein, wenn ich bei einer solchen Gelegenheit nicht mit aller Strenge vorginge. Frankreich und ganz Europa würden sich über eine Regierung lustig machen, die ungestraft ein ganzes Viertel in Paris unterminieren ließe oder wegen dieses Verbrechens nur einen gewöhnlichen Strafprozess anstrengte. Man muss diese Angelegenheit als Staatsmann betrachten. Ich bin von der Notwendigkeit, ein großes Beispiel zu geben, dermaßen überzeugt, dass ich bereit wäre, die Schurken vor mir erscheinen zu lassen, sie zu verhören, zu verurteilen und ihr Urteil zu unterzeichnen. Und ich spreche nicht für mich: Ich habe anderen Gefahren getrotzt, aber die Vorsehung hat mich stets bewahrt, und ich vertraue auch heute noch auf sie. Aber es handelt sich hier um die soziale Ordnung, die öffentliche Moral und den nationalen Ruhm.«

Diese Rede änderte vollkommen den Stand der Dinge. Es handelte sich jetzt nicht mehr darum, die Schuldigen nach den vorhandenen oder zu erlassenden Gesetzen zu verurteilen, sondern sie zum öffentlichen Wohl zu verbannen oder zu erschießen. Und zwar nicht die wahren, die anerkannten Schuldigen, sondern einfach auf gut Glück die Männer der Revolution, die man mit Recht oder Unrecht als die Schurken bezeichnete. Diese Gewalt fand im Staatsrat nur kühle Aufnahme. Truguet war der erste, der den Mut hatte, Napoleon zu entgegnen:

»Ohne Zweifel müssen der Regierung außerordentliche Mittel zu Gebote stehen, um sich die Schurken vom Hals zu schaffen, aber deren gibt es verschiedene Arten. Man kann nicht leugnen, dass die Emigranten den Käufern der nationalen Güter drohen, dass die fanatischen Geistlichen das Volk abwendig machen, dass Englands Hintermänner hetzen, dass die Gemüter durch Flugschriften verdorben werden und dass in der Vendée der Aufstand sich von Neuem erhebt.«

Darauf der Erste Konsul: »Von welchen Flugschriften sprechen Sie?«

»Von den Flugschriften, die öffentlich im Umlauf sind.«

»Was für welche?«

»Sie müssen sie ebenso gut kennen wie ich.«

»Nein, nein, ich lasse mich durch solche Reden nicht beirren. Die Missetäter sind bekannt. Das Volk hat sie bezeichnet. Es sind die Septembermänner, jene Männer, jene Handwerker, die aller Verbrechen fähig, die aber stets von elenden, ehrgeizigen Subalternbeamten verteidigt oder schonend behandelt worden sind. Man spricht von den Adligen und Geistlichen? Will man, dass ich 10 000 Priester und Greise deportiere? Will man, dass ich die Diener einer von dem größten Teil der Franzosen und von zwei Dritteln der Europäer ausgeübten Religion verfolge? Als Georges[1] kürzlich von Neuem aufwühlen wollte, griff er die Geistlichen an, die der Regierung treu geblieben waren. Die Vendée ist nie ruhiger gewesen als jetzt, und haben teilweise ein paar Angriffe stattgefunden, so kommt es daher, dass es unmöglich ist, gleich mit einem Mal allen persönlichen Groll zu ersticken. Wahrscheinlich werde ich genötigt sein, alle Mitglieder des Staatsrates zu verabschieden, denn mit Ausnahme von zweien oder dreien sind sie auch der Meinung, dass es die Royalisten seien, selbst der Bürger Defermon. Ich sollte den Bürger Portalis nach Sinamary, den Bürger Devaines nach Madagaskar schicken und mir einen

---

1 Georges Cadoudal, einer der fanatischsten Anführer der Chouans und ärgsten persönlichen Feinde Bonapartes. Er war von England aus im Geheimen in der Bretagne gelandet und suchte die bereits pazifizierte Vendée von Neuem aufzuwiegeln mit dem Bestreben, sich Belle-Isles und Brests zu bemächtigen. Sein Plan ward jedoch entdeckt. An dem Attentat der Höllenmaschine vom 8. Nivôse war Georges der Hauptbeteiligte, aber erst 1804 konnte man seiner unter großen Schwierigkeiten habhaft werden; er wurde am 25. Juni desselben Jahres erschossen.

Rat à la Baboeuf bilden! ... Hält man uns denn für Kinder? Soll man erklären, dass das Vaterland in Gefahr schwebe? Ist Frankreich seit der Revolution jemals in einer glänzenderen Lage, sind die Finanzen je in besserem Zustand, die Armeen siegreicher, das Innere ruhiger gewesen? Das habe ich gern, wenn Männer, die man niemals unter den wahren Freunden der Freiheit gesehen, für dieselbe so lebhafte Besorgnis bezeugen. Glauben Sie nicht, Bürger Truguet, dass Sie sich dadurch retten können, wenn Sie sagen: Ich habe die Patrioten im Staatsrat verteidigt! Diese Patrioten werden Sie genauso wie uns alle opfern!«

Nach diesem länger als eine Viertelstunde währenden, mit aller Kraft und beredten Wut hervorgebrachten Erguss brach der Erste Konsul brüsk die Sitzung ab. Und als er an Truguet vorüber kam und dieser einige Worte sagen wollte, schnitt er ihm die Rede mit den Worten ab: »Ach, gehen Sie, Bürger Truguet; das alles können Sie bei Madame Condorcet und bei Mailla-Garat vorbringen, aber nicht in einem Rat der aufgeklärtesten Männer von Frankreich.«

Comte A. C. Thibaudeau, Mémoires sur le consulat.

Der Erste Konsul, Bourrienne und der Polizeiminister Fouché in Paris, Dezember 1800

Es war im Dezember 1800, fast um dieselbe Zeit, in der Fouché nach den Anstiftern der Höllenmaschine suchte. Eines Morgens bekam der Erste Konsul eine Flugschrift in die Hände, die betitelt war: »Parallèle entre César, Cromwell et Bonaparte«. In dieser Broschüre wurde ganz öffentlich die monarchische Erblichkeit gepriesen. Der Erste Konsul durchblätterte das Heft und fragte darauf seinen Sekretär Bourrienne:

»Haben Sie es gelesen?«

»Ja, General.«

»Nun, wie denken Sie darüber?«

»Ich denke, General, dass diese Flugschrift geeignet ist, sehr viel Unheil in der öffentlichen Meinung anzurichten. Sie scheint mir unzeitgemäß, denn sie deckt zu frühzeitig Ihre Pläne auf.«

Der Erste Konsul nahm die Broschüre und warf sie auf die Erde, wie das seine Gewohnheit war mit den unnützen Nachrichten, die er täglich erhielt.

Darauf sagte er zu Bourrienne: »Lassen Sie Fouché holen; er soll sofort kommen und mir Bericht erstatten.«

Eine halbe Stunde später trat der Polizeiminister in das Kabinett des Ersten Konsuls. Kaum war er eingetreten, als Bonaparte ihn heftig anfuhr:

»Was ist das für eine Broschüre? Was hält man davon in Paris?«

Fouché ließ sich nicht aus seiner Ruhe bringen und antwortete gelassen.

»General, es gibt nur eine Stimme darüber, und die sagt, dass die Schrift außerordentlich gefährlich sei.«

»Nun, warum haben Sie sie denn erscheinen lassen? Das ist eine Abscheulichkeit!«

»General, ich war dem Autor Nachsicht schuldig.«

»Nachsicht! ... was soll das heißen? Sie hätten ihn in den Temple einsperren lassen sollen.«

»Aber General, es ist Ihr Bruder Lucien, der diese Flugschrift unter seinen Schutz genommen hat; sie ist auf seinen Befehl hin gedruckt und veröffentlicht worden. Kurz, sie ging vom Ministerium des Innern aus.«

»Das ist mir gleichgültig! Ihre Pflicht als Polizeiminister war, Lucien verhaften und in den Temple einsperren zu lassen. Dieser Esel weiß wahrhaftig nichts weiter zu erfinden, als mich zu kompromittieren!«

Und damit verließ der Erste Konsul sein Kabinett, die Tür desselben heftig hinter sich zuschlagend.

Mémoires de Bourrienne.

DER ERSTE KONSUL UND DER PRÄFEKT STANISLAUS GIRARDIN IN PARIS, JANUAR 1801

Der Erste Konsul hatte am 26. Nivôse des Jahres IX (16. Januar 1801) zum Präfekten des Departements Oise, Stanislaus Girardin, gesandt, um ihn zur Abendtafel einzuladen. Es waren außer ihm nur wenige Leute anwesend, und als man mit Essen fertig war, nahm ihn der Erste Konsul etwas beiseite und sagte:

»Ich habe soeben den Amtsvertreter am Kassationshof, Dubois, zum Polizeipräfekten von Lyon ernannt. Kennen Sie ihn? Ist es eine gute Wahl?«

»Ich kenne ihn nicht.«

»Das ist eigentümlich.«

»Er ersetzt«, entgegnete Girardin, »einen sehr verdienstvollen Mann, den Bürger Noël, der zu einem andern Posten ernannt worden ist. Sicher wird Dubois besser sein als der Mann, der jetzt provisorisch in Lyon das Amt eines Polizeipräfekten versieht.«

»Wer ist das?«

»Urbain Jaume, der sich im Laufe der Revolution einen schlechten Ruf erworben hat.«

»Finden sich auf der Deportiertenliste viele aus dem Departement Oise?«, fragte Bonaparte.

»Zwei«, war die Antwort.

»Wer?«

»Chrestien und Ménessier.«

»Sind sie verhaftet?«

»Chrestien ist es, der andere nicht.«

»Haben Sie viel Ruhestörer in Ihrem Departement?«

»Viele nicht, General, aber einige.«

»Die Bestrafungen werden ihnen Furcht einjagen.«

»Man sollte es hoffen. Ich denke, man könnte wenigstens den vom Strafgericht zum Tode Verurteilten bedeutende Geständnisse entlocken. Soviel ich mich erinnere, hat Arena[1] im Vendémiaire an Ihren Bruder Joseph geschrieben, dass er ihm, wenn er ihm eine Zusammenkunft bewillige, bedeutende Dinge mitteilen könne.«

»Das war eine List«, erwiderte Bonaparte, »damit man sich für ihn interessieren solle.«

»Das kann sein, aber es wäre auch möglich, dass Arena in große Geheimnisse eingeweiht ist.«

»Demerville scheint derjenige zu sein, der am meisten weiß; er war die Seele des Komplotts.«

»Als Sekretär des Wohlfahrtsausschusses und Nachfolger Barras' muss er notwendigerweise bei alledem eine untergeordnete Rolle gespielt haben. Ein Subalternbeamter erhebt sich nicht plötzlich zu einem der Hauptbeteiligten, und in einer Verschwörung tritt man nicht sofort als Hauptfüh-

---

1   Joseph Arena, ein Landsmann Napoleons. Sein Hass gegen den Ersten Konsul war erblich; die Arenas waren stets die Feinde der Bonapartes gewesen. Nach dem 18. Brumaire kamen die Gefühle der Abneigung gegen Bonaparte zum öffentlichen Ausbruch. Er schloss sich allen mit den Zuständen Unzufriedenen, den radikalen Republikanern, an, die Napoleons Sturz wünschten. Unter ihnen befanden sich der berühmte italienische Bildhauer Ceracchi, der Maler Topino-Lebrun, der ehemalige Sekretär Barrères-Demerville und der junge Römer Diana. In Gemeinschaft mit diesen Männern beschloss Arena, den Ersten Konsul, während er einer Opernaufführung beiwohnte, zu ermorden. Der Anschlag ward jedoch durch Demerville selbst vereitelt, der der Polizei Bonapartes Andeutungen machte. Die Täter wurden bald entdeckt und vor Gericht gebracht. Ihre Angelegenheit zog sich indes in die Länge, bis das Attentat der Höllenmaschine ihre Verurteilung beschleunigte. Arena wurde am 9. Januar 1801 hingerichtet.

rer auf, wenn man niemals vorher eine besondere Rolle in einer Partei gespielt hat.«

»Da haben Sie recht«, sagte Bonaparte, »aber diese Leute sagen höchst eigentümliche und ärgerliche Dinge. Sie stellen eine Menge Leute bloß; sie können von viel Hinterlist und Böswilligkeit geleitet sein.«

»Sie werden es niemals laut sagen und niemals alles, solange sie noch die Hoffnung hegen, dem Tod entgehen zu können. Man verbreitet mit Absicht das Gerücht und nährt die Hoffnung, dass ihre Verurteilung vom Kassationshof für nichtig erklärt werde.«

»Das wird nicht geschehen.«

»Das glaube ich, aber man sagt es eben. Wird es nicht verworfen und Sie verwenden einen geschickten Mann, der mit Demerville spricht, so würden Sie viele nützliche Dinge erfahren, von denen vielleicht die Ruhe Frankreichs, sicher aber Ihre eigene zukünftige Ruhe abhängt.«

»Man ist einverstanden, Despaze zu ihm zu senden. Kennen Sie diesen Mann? Man sagt, er sei übertriebener Royalist.«

»Er hat die Zeitung ›Fanal‹ redigiert und behauptet, er sei mit Carnot sehr befreundet.«

»Nun«, erwiderte Bonaparte, »dieser Mann hat mir vor einigen Tagen eine Broschüre gesandt, in welcher er mir zu zeigen versucht, wie ich mich zu verhalten habe. Er meint, ich müsse ohne Zögern alle diejenigen ausweisen, die während der Revolution Verbrechen begangen haben, und diejenigen von den öffentlichen Ämtern verabschieden, die ihre Ansichten teilen.«

»Das ist gar nicht so unvernünftig.«

»Nein, aber sehen Sie, dieser Mann, der nichts weniger als ein Terrorist zu sein scheint, ist von Ihnen angeklagt worden.«

»Haben Sie etwas auf den 3. Nivôse[1] bezügliches entdeckt?«, fragte Girardin.

»Nein, noch nichts. Es ist jedoch eine sehr bedeutende Geschichte,

---

1 Höllenmaschine.

sehr bedeutend, viel wichtiger als die Sache mit Ceracchi, denn von dem Entschluss zur Ausführung war es noch weit. Ich bin oft jenen sogenannten Brutussen begegnet, aber niemals haben sie gewagt, mir etwas anzutun.«

»Aber General, man muss doch Verdacht auf die Verschwörer der Höllenmaschine haben!!«

»Gewiss, aber er scheint nicht begründet; man behauptet, es seien zwei oder drei Chouans.«

»Zwei oder drei, das kann nicht sein.«

»Nein, sicher nicht«, entgegnete Bonaparte; »wenn Sie wollen, dass ich es Ihnen sage: Ich glaube, Chevalier, der Erfinder der ersten Maschine,[1] ist auch der Urheber der zweiten.«

»Warum haben Sie ihn dann so schnell erschießen lassen?«

»Weil nichts aus ihm herauszubekommen war.«

»Ich kann immer noch nicht begreifen, General, dass die Polizei nichts entdeckt.«

»Gehen wir ins Nebenzimmer, dort sind wir allein und können ungestört sprechen.«

»Gern.« – Bonaparte öffnete die Tür des Schlafzimmers, schloss sie wieder, schaute sich im anschließenden Gemach um, und als er sich überzeugt hatte, dass sie von niemandem gehört werden konnten, sagte er:

»Kennen Sie vielleicht einen Mann, der fähig wäre, Polizeiminister zu sein? Um diese Frage an Sie zu richten, habe ich Sie heute holen lassen.

---

1 N. Chevalier, Ingenieur und Mechaniker, radikaler Republikaner. Seine Ansichten machten ihn dem Ersten Konsul verdächtig, und bei einer Durchsuchung seiner Wohnung fand man eine Explosionsmaschine, die, wie man vermutete, zur Ermordung Bonapartes bestimmt war. Chevalier wurde gefangen gesetzt, ohne dass man jedoch direkte Beweise zu seiner Verurteilung aufbringen konnte. Da ereignete sich das Attentat vom 3. Nivôse! Obgleich Fouché wissen musste, dass dieser Mordanschlag nicht von den Jakobinern ausging, wurde doch Chevalier sofort vor ein Kriegsgericht gestellt und als Mitschuldiger des Attentats der Höllenmaschine zum Tod verurteilt.

Ich bin mit Fouché zufrieden, aber er ist nicht fleißig, er arbeitet nicht genug.«

»Wenn Sie auch zufrieden sind, Bürger Konsul, so teilt doch die öffentliche Meinung nicht immer Ihre Ansicht.«

»Was wirft sie ihm vor?«

»Dass er eine Höllenmaschine hat aufstellen lassen, ohne die Täter zu entdecken und ohne dass es ihm gelingt, sie zu erwischen.«

»Das ist nicht seine Schuld.«

»Verzeihung, Bürger Konsul, es stehen ihm alle Mittel zur Verfügung.«

»Nun, wen würden Sie an seine Stelle setzen?«

»Erstens, Bürger Konsul, betrachte ich das Polizeiministerium als eine revolutionäre, folglich gefährliche Einrichtung; die Anhäufung von mehreren Polizeien in derselben Stadt beraubt Sie einer einzigen guten. Die tätige Polizei muss den Präfekten und die überwachende dem Ministerium des Innern anvertraut werden.«

»Das ist ein System.«

»Ich halte es für gut.«

»Es könnte gut werden, heute jedoch brauchen wir ein Polizeiministerium.«

»Das kann sein, gut!«, warf Girardin ein, »es muss einem Ihnen ergebenen Mann, einem, der Ihr zweites ›Ich‹ ist, anvertraut werden, einem Mann, dessen Geschick mit dem Ihren verknüpft ist, mit einem Wort, einem Ihrer Brüder oder Ihrer nächsten Verwandten.«

»Das ist eine sehr schlechte Politik, seinen Brüdern Ministerien anzuvertrauen; Sie haben es ja gesehen wie ich mit Lucien reingefallen bin.«[1]

»Und doch General, werden Sie niemand finden, dessen Interessen mehr mit den Ihren übereinstimmen als die Ihres Bruders.«

»Gehen wir zu etwas anderm über. Ich habe den Tribun Leroy, den Sie

---

1 Lucien Bonaparte war vom Dezember 1799 bis November 1800 Minister des Innern.

mir vorgestellt haben, durch Cambacérès ausfragen lassen: Er sagte mir, Leroy sei ein Metaphysiker, der stets vom Pöbel von 89 spräche.«

»Da hat er Sie getäuscht. Leroy ist das nicht. Er ist ein offener Mensch und ein geschworener Feind aller Bösewichte; er kennt Paris. Da ich ihn indes erst kenne, seitdem wir zusammen im Tribunat sind, kann ich Ihnen nicht alle Auskunft geben, die Sie über ihn brauchen. Ich kann Ihnen aber sagen, dass er sich für eine erste Stellung nicht eignen würde. Er wird, wie ich glaube, ein ausgezeichneter Polizeipräfekt, aber vielleicht kein guter Minister sein.«

»Was halten Sie von Régnier?«

»Ich kenne ihn nicht; ich weiß nur, dass er einen sehr guten Ruf genießt. Sie sind in der Lage ihn zu schätzen, da er ja Mitglied des Staatsrates ist.«

»Kennen Sie Béranger?«

»Ja, General; er ist ein kluger und mutiger Mann, wie er am 18. Fructidor und am 18. Brumaire bewiesen hat. Er ist der Regierung ergeben, und ich glaube, Sie können auf seine Anhänglichkeit zählen. Der einzige Vorwurf, den man ihm vielleicht machen könnte, ist der, dass er Paris nicht genügend kennt. Ich werde mich nach ihm erkundigen, wenn Sie es wünschen.«

»Es sollte mich sehr freuen.«

»Doulcet, der Präfekt von la Dyle, wäre eine gute Wahl; er ist Ihnen sehr ergeben.«

»Ja, aber wir brauchen da einen tüchtigen Arbeiter.«

»Doulcet würde viel arbeiten.«

»Es muss ein Neuling in der Revolution sein«, meinte Bonaparte.

»Ist es ein neuer Mann«, entgegnete Girardin, »so wird er die Revolution nicht kennen, und diese Kenntnis ist für einen Polizeiminister unentbehrlich. Cochon hat sein Ministerium gut versehen.«[1]

---

1 Charles Cochon de L'Apparent, 1750–1815, ersetzte im Germinal des Jahres IV Merlin im Polizeiministerium und zeigte in diesem Amt viel Geschicklichkeit, um Ruhe und Ordnung in der Hauptstadt wiederherzustellen.

»Cochon gehört einer Clique an; er ist ein verbrauchter Mann.«

»Miot«, schlug Girardin vor, »würde, wie ich denke, sehr geeignet und fähig sein, diesen wichtigen Posten einzunehmen.«

»Miot ist gut«, sagte Bonaparte.

»Zu diesem Posten brauchen Sie, General, einen ergebenen Mann, einen Mann, auf dessen Treue Sie rechnen können.«

»Wir brauchen einen fähigen, treuen und ergebenen Mann: Das alles weiß man jetzt zu schätzen.«

»Fouché hat Talent«, sagte Girardin, »aber die öffentliche Meinung ist nicht für ihn.«

»Die öffentliche Meinung ist eine Dirne. Wenn der Mann, den ich zu diesem Posten ernenne, Fähigkeiten besitzt, so wird er sie schnell erobern.«

»Wenn der Mann, den Sie an diese Stelle setzen, durch ein Zurück der Männer von 89 und 93 umkommen soll, so würden Sie eine gute Wahl getroffen haben, denn Fouché hat alles von den Schreckensmännern zu fürchten.«

»Da aber die Schreckensmänner nichts von ihm zu fürchten haben, waren sie am 3. Nivôse in Paris.«

»Das ist allerdings wahr«, gab Girardin zu.

»Wie aber wollen Sie es machen, um keine von irgendeiner Partei abhängigen Agenten zu haben?«

»Indem an der Spitze des Ministeriums ein Mann steht, General, der keiner Partei angehört. Er darf nicht fürchten, sich Feinde zu machen; er muss, will er seine Pflicht tun, mit gleicher Wucht auf die beiden äußersten Parteien losschlagen.«

»Dieser Minister kann viel Gutes schaffen.«

»Ja, er kann den Staat retten, Ihre für das Wohl des Vaterlandes so nötigen Tage verlängern und die öffentliche Ruhe befestigen. Nachher muss er Ihnen das Ministerium zurückgeben und Sie veranlassen, es aufzuheben. Wenn Sie seiner noch zwei Jahre nach dem Frieden bedürfen, so würden Frankreich und Sie gleich zu beklagen sein.«

»Fouché ist ein guter Kerl«, wandte Bonaparte ein; »er hat ein gutes Herz. Hat er nicht eine Menge Bewachungsmannschaft ausgehoben?«

»Viel zu viel. Aber die Leute seiner Partei glauben stets, wenn sie angestellt sind, nicht genug tun zu können, um ihr früheres Verhalten vergessen zu machen. Darin liegt ohne Zweifel auch ein Nachteil, der mit den Wahlen dieser Art verknüpft ist.«

»Das ist möglich. Ein tüchtiger Arbeiter wird stets ein guter Polizeiminister sein. Er muss Ordnung, Methode und ein alphabetisches Verzeichnis aller Tunichtgute haben. Er besitzt bereits ein Buch, das mehr als 1500 Namen enthält.«

»Noch ein anderes wäre Ihnen auch von Nutzen, General; eins, das Ihnen geschichtliche Einzelheiten über alle Männer gäbe, die während der Revolution eine Rolle gespielt haben.«

»Und dieses Buch?«

»Würde Ihnen die Mittel zu vortrefflichen Wahlen verschaffen.«

»Existiert dieses Werk?«

»Ja, Bürger Konsul; es ist in den Händen Penières’.«[1]

»Das müssen wir uns verschaffen.«

»Das wird schwer sein.«

»Überlegen Sie sich alles, was ich Sie gefragt habe; ich denke, ich brauche Ihnen nicht Verschwiegenheit anzuempfehlen.«

»In sechsunddreißig Stunden sehe ich Sie wieder, Bürger Konsul.«

Discours et opinions, journal et souvenirs de S. Girardin.

---

1   Jean Augustin Penières, Mitglied des Tribunats.

DER ERSTE KONSUL UND DER SCHWEIZER BEVOLLMÄCHTIGTE STAPFER IN PARIS, MÄRZ 1801

Während der Audienz der Gesandten am 23. März 1801 zeichnete der Erste Konsul besonders den schweizerischen bevollmächtigten Minister Philipp Albert Stapfer durch eine längere Unterredung aus, die sich in der Hauptsache um die Abtretung des Kantons Wallis drehte.

Bonaparte: »Weshalb ziehen Sie diese Unterhandlung so in die Länge? Ich möchte so bald wie möglich zu einem Ende damit kommen.«

Stapfer: »Ich versichere Sie, Erster Konsul, wir wünschen ebenso wie Sie diese Angelegenheit sowie all die andern noch schwebenden so bald wie möglich zu beenden. Der provisorische Zustand, in dem wir uns gegenwärtig befinden, ist auf jede Weise peinlich und schädlich.«

Bonaparte: »Vor allem müssen Sie den Kanton Wallis abtreten; diese Präliminarie ist unvermeidlich. Haben Sie Vollmachten, um abzuschließen?«

Stapfer: »Der Bürger Glayre ist allein mit dieser Unterhandlung beauftragt und besitzt die nötigen Vollmachten dafür.«

Bonaparte: »Nun, und warum schließt er nicht ab? Es ist von unbedingter Notwendigkeit für uns, dass wir unsere Verbindungen mit der Cisalpinischen Republik über den Kanton Wallis einrichten können, und dass wir in dieser Gegend eine Heerstraße haben.«

Stapfer: »Meine Regierung befindet sich umso mehr in einer für Ehrenmänner schwierigen und fatalen Lage, als Ihr Verlangen durch die Unterhaltungen des Bürgers Reinhard ruchbar geworden ist, der es jedem sagte, der es hören wollte; die Walliser sind darüber von Kummer und Schrecken erfasst worden. Durch die energischsten und rührendsten Adressen haben sie den Wunsch ausgedrückt, mit ihren Brüdern, den Schweizern, vereint bleiben zu wollen.«

Bonaparte: »Ein Grund mehr, um sofort abzuschließen. Man muss ihnen nicht noch zu mehr Adressen Zeit lassen.«

Stapfer: »Zum Mindesten ist ihre Regierung ihnen das schuldig, dass sie nicht über ihr Dasein und alles, was ihnen lieb und wert ist, verfügt, ohne alles versucht zu haben, was von ihr abhängt, um ihnen das von ihnen bevorzugte Schicksal zu bewahren.«

Bonaparte: »Man kann nicht immer auf den Wunsch eines Teils eines ganzen Volkes Rücksicht nehmen! Ließe man sich auf diese Weise durch den Willen eines kleinen Bruchstücks von einem Volk lähmen, so würde niemals weder etwas Gutes noch Großes zustande kommen.«

Stapfer: »Abgesehen von dieser Betrachtung hat die helvetische Regierung ihren Pflichten gegenüber der ganzen Nation nachzukommen, von der das Wallis einen wesentlichen, außerordentlich wichtigen Teil bildet; es umfasst mindestens ein Fünfzehntel des ganzen schweizerischen Gebiets. Ohne sich zu entehren und eine große Verantwortlichkeit auf sich zu nehmen, darf die helvetische Regierung einen so bedeutenden Teil der ganzen Republik nicht veräußern, wenn sie dieses Opfer in den Augen des Volkes nicht durch Gebietsentschädigungen oder höhere politische Vorteile rechtfertigen kann.«

Bonaparte: »Wir geben Ihnen ja das Fricktal dafür.«

Stapfer: »Das Opfer und sein Preis stehen in keinem Verhältnis zueinander: eine Bevölkerung von 15 000 Köpfen gegen eine von 90 000; ein ausgebeuteter Boden gegen einen jungfräulichen!«

Bonaparte: »Wir verlangen von Ihnen ja nur das uns für unsere Heerstraße nötige Gebiet.«

Stapfer: »Das sind mehr als zwei Drittel des ganzen Kantons.«

Bonaparte: »Das Wallis ist ein gebirgiges Land, ohne jeden Wert.«

Stapfer: »Es ist das an Produkten reichste Land der ganzen Schweiz, und sogar das einzige, das von seinen Erzeugnissen leben und auch noch davon andern Ländern abgeben kann. Unter einer guten Verwaltung würde es Metalle aller Art im Überfluss liefern.«

Bonaparte lächelnd: »Ja, wenn Sie von Zukunftsplänen sprechen, dann kommen wir überhaupt nicht zu einem Ende.«

Stapfer: »Die Zeitungsschreiber und Mineralogen werden Ihnen meine Worte bestätigen. Meine Regierung kann ein so bedeutendes Land nicht abtreten, ohne der Nation äquivalente Entschädigungen angesichts des Opfers zu zeigen. Unter den von ihnen verlangten scheint besonders die Herausgabe von Biel und Sankt Immerthal, die beide im Gürtel der Schweiz jenseits des Juragebirges gelegen sind, ebenso gerecht als natürlich und durchaus nicht für Frankreich nachteilig, dessen System hinsichtlich der Grenzen eine solche Vergrößerung verwirft.«

Bonaparte: »Mir sind in dieser Hinsicht die Hände gebunden durch ein Gesetz, das Biel mit der französischen Republik vereinigte.«

Stapfer: »Das Gesetz, von dem Sie sprechen, betraf nicht Biel, und der Beweis dafür liegt darin, dass die französische Republik mit diesem kleinen Staat wie mit einem unabhängigen Schweizer Staat, zur Zeit als das Gesetz über die Vereinigung von Pruntrut ausgegeben ward, verhandelte. Wie dem auch sei: Biel ist stets ein bedeutender Teil des helvetischen Staatskörpers gewesen.«

Bonaparte: »Das Gesetz kann nur auf alle Staaten des Bischofs von Basel bezogen werden. Wir müssen unbedingt das Wallis haben!«

Stapfer: »Unter den von Ihnen verlangten Entschädigungen sind viele, die zu erfüllen sehr wohl in Ihrer Macht steht, ja es liegt sogar in Ihrem eigenen Interesse, sie uns zu gewähren, und zwar als gutheißende Antwort auf die Ihnen vom Bürger Glayre gemachte Mitteilung von dem Projekt der helvetischen Verfassung und der Erneuerung des Allianzvertrags auf der Neutralitätsbasis.«

Bonaparte: »Vor allem muss uns das Wallis abgetreten werden. Das muss unbedingt geschehen, Sie verstehen! Es hat keinen Sinn, Ausflüchte zu suchen und eine so vollkommen einfache Angelegenheit in die Länge zu ziehen. Ich versichere Sie, Sie verzögern dadurch nur Ihre andern Angelegenheiten.«

Und damit verabschiedete der Erste Konsul den Schweizer Bevollmächtigten.

Bonaparte, Talleyrand et Stapfer.

DER ERSTE KONSUL UND FRAU CAMPAN IN PARIS, 1801

Im Jahre 1801 wurden der Arzt Dubreuil und Frau de l'Hôpital, die beide den Faubourg Saint-Germain bewohnten, auf Fouchés Befehl verhaftet und nach dem Temple gebracht; Dubreuil, weil er dem Sohn des Emigranten Talon bisweilen den Puls gefühlt, und Madame de l'Hôpital, weil sie Herrn von Talon bei sich empfangen hatte. Die Gegenwart des Herrn von Talon hatte der Regierung Besorgnis eingeflößt. Und da die Polizei seiner selbst nicht habhaft werden konnte, hielt sie sich an seine Freunde.

Dubreuil, der auch der Arzt der Frau Campan war, bat diese, sie möchte doch ein gutes Wort für ihn beim Ersten Konsul einlegen. Frau Campan begab sich deshalb nach den Tuilerien, um sogleich ihre Angelegenheit zu plädieren. Der Erste Konsul schien ihre Absicht erraten zu haben.

»Sie kommen«, sprach er sie an, »um mich wegen der Bewohner von Saint-Germain zu sprechen. Ihre Madame de l'Hôpital ist eine Intrigantin.«

»Gestatten Sie, General«, erwiderte Madame Campan, »man hat ihr früher vorwerfen können, dass sie ein wenig leichtsinnig war, aber mit 76 Jahren bleibt davon wohl nicht mehr viel übrig. Eine Intrigantin ist sie nicht; Koketterie würde sie besser kleiden, aber sie ist blind. Allabendlich empfängt sie ein paar Personen, und da sie fürchtet, es an Höflichkeit fehlen zu lassen, verneigt sie sich grüßend selbst vor den Abwesenden.«

Als Bonaparte das vernahm, wurde er sehr ärgerlich und sagte in Gegenwart Josephines:

»Eine blinde Frau von 76 Jahren ist in der Politik immer unschuldig. Der Minister hat eine barbarische Handlung begangen, die meiner Regierung unwürdig ist. Wenn Fouché mit meinen Feinden unter einer Decke steckte, hätte er nichts Besseres tun können; er hat diesen Fehler in einem Anfall von Wahnsinn begangen. Ich will nicht, dass meine Gewalt zur Ausführung solcher Handlungen missbraucht werde! Ich will, dass alles, was von meiner Macht ausgeht, mit Vernunft geschieht. Eine Regierung muss einen weiten Blick und hochherzige Ideen haben. Das eben Geschehene ist der Mätresse eines Herrschers würdig, wenn sie wütend ist. Nicht auf diesem Fuße sollen meine Angelegenheiten behandelt werden. In dem Verhalten eines Ministers darf nichts von Leidenschaft zu finden sein, denn man könnte glauben, die Leidenschaft bewege auch das Staatsoberhaupt. Die Geschichte darf nichts außer Acht lassen; was aber würde sie zu einem solchen Angriff sagen? Was hat der Arzt getan?«

»General«, antwortete Frau Campan, »er hat den Sohn des Herrn von Talon gepflegt. Schon seit Jahren verkehrt er im Haus seiner Gefährtin im Temple.«

»Es ist unglaublich! Ein Arzt hat das Recht, den Puls zu fühlen, ohne dass ein Minister etwas dahinter finden darf! Ein solcher Missbrauch beraubt die Autorität ihrer Achtung und stellt sie bloß; ich werde mich mit dem Minister auseinandersetzen und die beiden Opfer befreien.« Und darauf schellte er dem Bedienten und befahl, sofort Fouché holen zu lassen.

Journal anecdotique de Madame Campan.

DER ERSTE KONSUL UND DER
STAATSRAT THIBAUDEAU IN MALMAISON, JUNI 1801

Seit mehreren Monaten bereits wusste man, dass Bonaparte mit dem römischen Hof wegen eines Konkordats unterhandelte, und in den Pariser Salons war von nichts anderm die Rede. Am 21. Prairial des Jahres IX [10. Juni 1801] war der Staatsrat Thibaudeau in Malmaison zum Abendessen eingeladen. Nach dem Diner begab der Erste Konsul sich mit ihm allein in den Park und brachte das Gespräch auf die Religion. Er bekämpfte lange Zeit die verschiedenen Ansichten der Philosophen über den Kultus, den Deismus, die natürliche Religion usw. und meinte, das alles sei nichts als Ideologie. An der Spitze der Ideologen nannte er zu verschiedenen Malen den Senator Garat.

»Sehen Sie«, sagte er zu Thibaudeau, »letzten Sonntag ging ich hier in dieser Einsamkeit ebenfalls spazieren, um mich herum nur die schweigende Natur. Plötzlich tönte der Klang der Glocke von Rueil an mein Ohr. Ich war bewegt; so stark ist die Macht der ersten Gewohnheiten und Erziehung des Menschen! Da sagte ich mir: Welchen Eindruck muss dies erst auf einfache, gläubige Charaktere machen! Können darauf Ihre Philosophen, ihre Ideologen antworten? Das Volk braucht eine Religion! Und diese Religion muss sich in den Händen der Regierung befinden. Heute führen den französischen Klerus fünfzig emigrierte und von England bezahlte Bischöfe. Ihr Einfluss muss zerstört werden, und dazu ist die Autorität des Papstes nötig! Er setzt sie ab oder lässt sie ihren Abschied einreichen. Man erklärt, dass, da die katholische Religion diejenige der Mehrzahl der Franzosen sei, sie auch ausgeübt werden müsse. Der Erste

Konsul ernennt fünfzig Bischöfe, und der Papst setzt sie ein. Sie ernennen die Geistlichen, und der Staat besoldet sie. Sie müssen einen Eid leisten. Diejenigen Priester, die sich nicht unterwerfen, verbannt man. Den höheren Geistlichen erteilt man die Vollmacht, diejenigen zu bestrafen, die gegen die Regierung predigen. Der Papst bestätigt den Verkauf der Güter der Geistlichkeit; er weiht die Republik. Man wird »salvam fac rem gallicam« singen. Die Bulle ist eingetroffen. Es sind nur einige Ausdrücke darin zu ändern. Man wird denken, ich sei päpstlich gesinnt; ich bin aber gar nichts. In Ägypten war ich Mohammedaner, hier werde ich zum Wohl des Volkes Katholik sein. Ich glaube nicht an Religionen ... Aber der Gedanke an einen Gott!«, und seine Hände zum Himmel erhebend, setzte er hinzu: »Wer hat das alles gemacht?«

Nun sprach der Staatsrat Thibaudeau, der bis dahin ruhig zugehört hatte.

»Über die Notwendigkeit einer Religion zu reden«, sagte er, »hieße den Standpunkt der Sache verrücken. Ich lasse sogar die Nützlichkeit des Kultus gelten. Aber ein Kultus kann auch ohne Klerus bestehen. Denn Prediger und eine Geistlichkeit sind zwei verschiedene Dinge. In dieser herrscht eine Hierarchie, ein gleicher Geist, ein gleiches Ziel: Es ist eine Körperschaft, eine Macht, ein Koloss! Wenn diese Körperschaft zum Oberhaupt das Staatsoberhaupt hätte, wäre das Übel nur halb so schlimm; wenn sie aber dazu einen fremden Fürsten anerkennt, so ist das eine rivalisierende Macht. Niemals war die Lage Frankreichs günstiger für eine große religiöse Umwälzung. Sie haben jetzt die konstitutionellen Geistlichen, die apostolischen Vikare des Papstes, die nach England ausgewanderten Bischöfe und eine Menge Abstufungen unter diesen drei Abteilungen. Bürger und Geistliche sind entzweit, und der größte Teil der Bevölkerung steht der Kirche gleichgültig gegenüber.«

»Da irren Sie sich«, erwiderte Napoleon. »Der Klerus ist noch immer vorhanden und wird so lange existieren, als es im Volk einen religiösen Geist gibt; dieser aber ist von ihm unzertrennlich. Wir haben Republiken, Demokratien, alles gesehen, aber niemals einen Staat ohne Religion, ohne Kultus, ohne Geistlichkeit! Ist es nicht geeigneter, den Kultus besser zu organisieren und die Geistlichen an Gehorsam und Ordnung zu gewöhnen, als die Dinge so gehen zu lassen wie sie sind? Jetzt predigen die Geistlichen gegen die Republik. Soll man sie verbannen? Nein, denn um das zu erreichen, müsste das ganze Regierungssystem geändert werden. Um ihnen dieses lieb und wert zu machen, muss die Republik ihre Achtung vor dem Kultus beweisen. Man weist Engländer und Österreicher aus, aber keine Franzosen, die ihre Familie haben und denen man weiter nichts vorwerfen kann als ihre religiöse Meinung; das ist unmöglich. Man muss sie daher an die Republik zu fesseln suchen.«

»Niemals wird man sie ernstlich an sie fesseln können«, wandte Thibaudeau ein. »Die Revolution hat sie ihrer Ehren, ihrer Güter beraubt. Das werden sie ihr nie verzeihen: Sie werden fortwährend im Kampf mit ihr liegen. Und dieser wird weniger gefährlich sein, solange sie zerstreut, als wenn sie organisiert und vereinigt sind. Von Verbannung oder Verfolgung einer Person soll keine Rede sein, sondern man kann jeden Geistlichen seine Messe lesen lassen wie er will und jeden Franzosen in die Kirche oder in den Tempel gehen lassen wann er will. Wenn aber schließlich die Unverträglichkeit zwischen den Geistlichen und der Republik so weit getrieben würde, dass der Staat darunter litte, so würde ich nicht zögern, sie zum Wohl der öffentlichen Ruhe zu opfern.«

»Also würden Sie sie ächten?«

»Sollte man die Revolution ächten?«

»Das heißt mit den Worten Spiel treiben.«

»Nein, das heißt nur die Dinge präzisieren. Übrigens glaube ich nicht, dass man bei einer guten Zucht und aufgeklärten Überwachung zu derartigen Schritten genötigt sein würde.«

»Und ich sage Ihnen«, nahm Napoleon wieder das Wort, »die Priester, welche ein Amt annehmen, werden schon dadurch allein von den ehemaligen Amtsinhabern abgesondert und sind selbst darauf bedacht, deren

Rückkehr zu verhindern und die neue Ordnung der Dinge zu begünstigen.«

»Das wünsche ich, aber ich rechne nicht darauf. Übrigens ist dies ein sehr nichtiger Punkt in der großen Frage. Die katholische Religion ist intolerant geworden, und ihre Geistlichen sind gegenrevolutionär gesinnt. Der Geist unserer Zeit ist dem ihren vollkommen entgegen, und wir befinden uns dem Evangelium näher als sie.«

»Das, was wir tun, wird dem Papsttum einen tödlichen Schlag versetzen.«

»Im Gegenteil, man belebt es aufs Neue und gibt ihm neue Kräfte.«

»Muss ich denn nicht gerade das Gegenteil von dem tun, was Heinrich IV. tat?«

»Andere Zeiten, andere Sitten. Ich für meinen Teil würde, wenn es schon ein beherrschender Kultus sein müsste, dies (die protestantische Religion) vorziehen.«

»Mein Lieber, das verstehen Sie nicht.«

»Alles ist dazu vorbereitet. Wir sind in einer ganz andern Lage, als England und Deutschland damals waren, und die Zeiten der Reformation hatten keinen Bonaparte. Wie die Dinge jetzt liegen, brauchen Sie nur ein Wort zu sagen, und das Papsttum hat aufgehört zu sein: Frankreich wird protestantisch!«

»Ja, die eine Hälfte, die andere bleibt katholisch, und es wird unendliche Streitigkeiten und Zwiste geben.«

»Wenn wir während der Revolution ebenso gefolgert hätten, würde die Konstituierende Versammlung vor dem Adel und der Konvent vor dem Königtum und der Dynastie zurückgewichen sein. Jede Umwälzung, sei sie politisch oder religiös, bringt Widerstand mit sich.«

»Weshalb aber soll man den Widerstand von Seiten des Volkes und der Geistlichen herausfordern? Die aufgeklärten Leute werden sich nicht gegen den Katholizismus erheben. Sie gehen gleichgültig darüber hinweg. Ich werde mir also große Unannehmlichkeiten im Innern ersparen und kann außerhalb durch den Papst ...« Hier hielt Napoleon inne.

Diese Pause benutzend, fiel Thibaudeau ein: »Das heißt, wenn Sie Opfer bringen, die Sie noch obendrein vom Papst abhängig machen. Sie haben es hier mit einem schlauen Feind zu tun, der stärker ist gegen die, welche ihn schonen, als gegen die, welche einmal mit ihm gebrochen haben. Heute zeigt sich alles nur von der schönen Seite. Wenn Sie aber glauben, dass Sie mit dem Papst fertig sind, so täuschen Sie sich: Sie werden ja sehen, was geschieht. Die Gelegenheit ist einzig: wenn Sie die vorübergehen lassen.«

Nachdem Napoleon einen Augenblick nachgedacht, sagte er: »Mein Lieber, weder Vertrauen noch Gläubigkeit haben hier etwas zu tun … Vom Klerus ist nichts mehr zu holen … Es ist eine rein politische Angelegenheit … Sie ist bereits zu weit vorgeschritten, und der Entschluss, den ich gefasst, scheint mir der sicherste.«

»In der Tat«, antwortete Thibaudeau etwas gereizt; »da die Bulle eingetroffen ist, ist alles, was ich sage, unnütz.«

Comte A. C. Thibaudeau, Mémoires sur le consulat.

Der Erste Konsul und der
päpstliche Gesandte Kardinal Consalvi in Paris,
Juni 1801

Im Juni 1801 schickte der Papst Pius VII. den Kardinal Consalvi zum Ersten Konsul nach Paris, um nochmals Rücksprache wegen des Konkordats zu nehmen, das noch immer nicht zustande gekommen war. Consalvi war wegen der Geradheit seines Charakters, seiner Entschlossenheit und seines Wunsches, zu einer Übereinstimmung zu gelangen, bekannt. Er nahm die Mission an, ohne sich ein Hehl daraus zu machen, wie schwierig und verantwortungsreich seine Aufgabe war. Er berichtet über die erste Audienz bei dem Ersten Konsul Folgendes:

Mein erster Gedanke am Morgen nach meiner Ankunft in Paris (am 20. Juni) war, sie dem General Bonaparte zu melden und mich zu erkundigen, wann ich die Ehre haben würde ihn zu sehen. Gleichzeitig ließ ich ihn fragen, in welchem Kostüm er wünschte, dass ich vor ihm erschiene. Diese Frage war notwendig, denn zu jener Zeit war das Priestergewand in Paris, wie übrigens in ganz Frankreich, außer Gebrauch.

Die Antwort des Ersten Konsuls traf schneller ein, als es jemand wünschen konnte, der lieber einen gewissen Zeitraum zwischen der Ankunft und der Vorstellung vor sich gehabt hätte, weniger wegen der Ermüdung der Reise, als um Zeit zu einigen nötigen und nützlichen Erkundigungen zu finden. Der Abbé Bernier[1] kam sofort mit der Antwort zurück, dass

---

1 Der Abbé Etienne Alexandre Bernier war früher ein eifriger Anhänger des Kriegs in der Vendée gewesen, hatte sich aber nach deren Pazifikation mit der Regierung ausgesöhnt

der Erste Konsul mich noch an demselben Tag mittags 2 Uhr empfangen wolle; hinsichtlich des Kostüms sollte ich so viel wie möglich mit den äußeren Abzeichen der Kardinalswürde bekleidet erscheinen.

Darüber war ich nun doch in Verlegenheit. Obgleich ich wohl verstanden hatte, dass er wünschte, ich solle im großen Purpur in den Tuilerien erscheinen, überlegte ich mir doch, dass die Kardinäle dieses Kleid nur vor dem Papst trügen und nur manche Kardinäle missbräuchlich so gekleidet vor Monarchen erschienen, die durch ihre Geburt auf dem Thron saßen. Ich entschloss mich daher, zu dieser Audienz nur im schwarzen Frack, jedoch mit roten Strümpfen, rotem Barett und rotem Kragen zu gehen, wie dies gewöhnlich die Kardinäle tun, wenn sie nicht im Amt sind.

Zur festgesetzten Stunde war der Zeremonienmeister des Hofes in meinem Hotel. Er führte mich zu seinem Wagen, und so gelangte ich allein mit ihm nach den Tuilerien. Ich wurde zuerst in einen Salon im Erdgeschoss geführt, den man »salon des ambassadeurs« nannte. Der Zeremonienmeister bat mich, hier einige Augenblicke zu verweilen, bis er meine Ankunft gemeldet habe. Ich blieb allein, ohne um mich herum etwas anderes als tiefe Ruhe und Einsamkeit zu bemerken. Man hatte mich wahrscheinlich in diese stille Ecke des Schlosses mit der Absicht geführt, mein Erstaunen und den verlegenen Eindruck, der natürlich die Folge davon sein musste, von Schritt zu Schritt zu vergrößern. Und in der Tat, als der Zeremonienmeister nach einigen Augenblicken zurückgekehrt war und mir gemeldet hatte, dass ich vor dem Ersten Konsul erscheinen könne, indem er durch eine Handbewegung auf eine kleine Tür hinwies, die nach dem Vestibül der großen Freitreppe des Schlosses führte, hatte ich wirk-

und ward von Bonaparte vergeblich in der Absicht verwendet, seinen einstigen Einfluss auf die Vendéer im Sinne der Regierung auszuüben. Im Jahr 1801 glaubte der Erste Konsul ihm die Anknüpfung der Unterhandlungen wegen des Konkordats mit den päpstlichen Bevollmächtigten in die Hände geben zu können.

lich das Gefühl des Erstaunens, das einen beschleicht, wenn plötzlich auf der Bühne die Szene sich verändert.

Wie ich später erfuhr, war es die Stunde, in der in den Tuilerien die Parade abgehalten wurde, die zu jener Zeit alle vierzehn Tage wiederholt ward und bei der die drei Konsuln, die Spitzen des Staates, das heißt also der Senat, das Tribunat, die Gesetzgebende Körperschaft, die Würdenträger des Hofes, die Minister, die Generale und andere Beamte, sowie eine ungeheure Menge Truppen und Zuschauer zugegen waren. Der Erste Konsul wollte mir ohne Frage die erste Audienz bei dieser feierlichen Gelegenheit gewähren, um mir einen Begriff von seiner Macht zu geben, vielleicht wollte er mir auch Erstaunen und wohl gar Furcht einflößen.

Da ich mir nicht vorstellen konnte, dass meine erste Audienz mir öffentlich gewährt werden sollte, und da ich keine Ahnung von der Ursache zu jener Feierlichkeit hatte, glaubte ich, die das Vestibül und die Treppen anfüllende Menge sei aus Neugierde, als sie meine Vorstellung in den Tuilerien vernommen, herbeigeeilt. Das Schlagen der Trommeln auf den obersten Stufen der Treppe, die mit reichgekleideten Personen angefüllten Salons und Vorzimmer, die in Menge anwesenden Großwürdenträger, die man auf den ersten Blick an ihrem Anzug und ihrer Haltung erkennen konnte, alles das steigerte mein Erstaunen von Minute zu Minute.

Endlich gelangte ich in einen Salon, wo ich nur einen einzigen Herrn bemerkte, der auf mich zukam, mich begrüßte, ohne ein Wort zu sprechen, vor mir herschritt und mich in ein anstoßendes Zimmer führte. Damals wusste ich noch nicht, wer diese Persönlichkeit war, später erfuhr ich, dass es der Minister der auswärtigen Angelegenheiten, Herr von Talleyrand, gewesen.

Ich glaubte, er werde mich in das Arbeitszimmer des Ersten Konsuls führen, und die Hoffnung, endlich mit diesem allein sein zu können, gab mir Sicherheit. Aber wie groß war mein Erstaunen, als sich diese letzte Tür öffnete und ich einen großen Salon bemerkte, in dem eine Menge

Leute wie zu einer Theatervorstellung aufgestellt waren! Im Hintergrund des Saales sah man symmetrisch geordnet die verschiedenen Staatskörper, und an den Seiten standen die Generale, die Offiziere aller Grade, die Minister, die höchsten Staatsbeamten, und vor allen diesen Persönlichkeiten, abgesondert und allein, drei Herren, wie ich später erfuhr: die drei Konsuln der Republik.

Der in ihrer Mitte Stehende kam einige Schritte auf mich zu, und ich fühlte, dass dies Bonaparte sei, eine Vermutung, die bald durch die Haltung des Ministers Talleyrand, der mich ihm vorstellte, bestätigt wurde. Ich wollte nun einige Worte der Begrüßung vorbringen und von dem Gegenstand meiner Reise sprechen, aber Bonaparte ließ mir nicht die Zeit dazu, denn kaum stand ich vor ihm, als er sofort das Wort ergriff und in schroffem Ton sagte: »Ich kenne den Grund Ihrer Reise nach Frankreich. Ich will, dass man sofort die Konferenzen eröffne. Ich lasse Ihnen fünf Tage Zeit und mache Sie darauf aufmerksam, dass wenn nach Ablauf des fünften Tages die Unterhandlungen nicht beendet sind, Sie wieder nach Rom zurückkehren können; wohlverstanden habe ich im Fall einer solchen Annahme meinen Entschluss gefasst.«

Das waren in der Tat, ohne eine Silbe mehr, die ersten Worte, die Bonaparte nicht gerade liebenswürdig, aber auch nicht grob an mich richtete. Darauf schwieg er, meine Antwort erwartend. Ich sagte nun, dass Seine Heiligkeit durch die Sendung seines ersten Ministers nach Paris bewiese, welches Interesse er an der Abschließung eines Konkordats mit der französischen Regierung nähme; ich selbst hege die Hoffnung, so glücklich sein zu können, es in der von ihm (Bonaparte) gewünschten Zeit abzuschließen.

Sei es nun, dass diese erste Antwort ihm nicht missfiel, sei es, dass er von mir eine zu gute Meinung gefasst hatte, als er sah, dass ich mich mithilfe Gottes durch ein so ungewöhnliches und imposantes Schauspiel nicht hatte verwirren lassen, sei es, dass er schon im Voraus entschlossen war, das zu tun, was er tatsächlich nach unserer Zusammenkunft tat, kurz er ging sofort nach den ersten Worten auf den Gegenstand ein. Eine halbe Stunde lang sprach er immer in derselben Haltung und vor aller Welt über das Konkordat, den Heiligen Stuhl, die Religion, den gegenwärtigen Zustand der Dinge, ja sogar über die zurückgewiesenen Artikel, und zwar sprach er mit Ungestüm und einer unbeschreiblichen Beredsamkeit, jedoch ohne Zorn noch Härte.

Ich antwortete auf alle Punkte das, was ich glaubte, sagen zu müssen, ohne Verwirrung, ohne aber auch irgendwelche Klage gegen Rom nicht mit der angebrachten Rechtfertigung hingehen zu lassen. Unter anderem sagte er, er könne nicht umhin, die Verbindung des Papstes mit einer nichtkatholischen Macht wie Russland mit Erstaunen und Empörung anzusehen; sie wäre durch die Wiederzulassung der Jesuiten auf Verlangen Pauls I. erwiesen.[1] »Diese Verbindung«, fügte er hinzu, »muss begreiflicherweise den katholischen König (den König von Spanien) verletzen, weil sie nur zustande gekommen ist, um einem schismatischen Fürsten zu gefallen.«

Ich antwortete ihm sehr freimütig, dass er darüber sehr schlecht unterrichtet sei. Wenn der Heilige Vater es für gut befunden hätte, dem Kaiser von Russland die Wiedereinsetzung der Jesuiten in seinen Staaten nicht zu verweigern, so hätte er dies nicht ohne die achtungsvolle Ehrerbietung getan, die ihm seine väterliche Zuneigung und hohe Wertschätzung gegen den König von Spanien vorschrieb. Der Beweis dafür läge übrigens in dem Zeitraum von mehreren Monaten, der zwischen der Forderung Pauls und der Übersendung der Bulle vergangen sei. Diese sei erst geschickt worden, nachdem der Papst sich versichert habe, dass der spanische Hof darin keinen Gegenstand zur Klage fände.

Nach einigen ähnlichen Antworten meinerseits und vielen andern Dingen, die mir Bonaparte in dieser ersten öffentlichen Audienz sagte, schloss er mit der wiederholten Bemerkung, dass man sofort mit den

---

1 Paul I. von Russland war kurz vorher, am 23. März 1801, ermordet worden.

Unterhandlungen beginnen werde, da er in Anbetracht der großen Angelegenheiten, die auf ihm lasteten, keine Zeit zu verlieren habe. Darauf verneigte er sich als wenn er mich grüßte, trat einige Schritte zurück auf denselben Platz, wo die beiden anderen Konsuln standen, und verabschiedete mich auf diese Weise. Ich machte eine Verbeugung, wie ich es bereits bei meinem Eintritt getan hatte, und verließ den Saal; Talleyrand begleitete mich in das Zimmer, in dem er mich empfangen hatte. Dort nahm mich wieder derselbe Zeremonienmeister in Empfang und führte mich nach meinem Hotel.

Mémoires du cardinal Consalvi.

Wenige Tage später waren die Unterhandlungen zum Konkordat auf dem Punkt, abgebrochen zu werden, als der Kardinal Consalvi eine zweite persönliche Unterredung mit dem Ersten Konsul hatte:

Kaum waren wir[1] in den Salon eingetreten, in dem der Erste Konsul sich aufhielt und der angefüllt war von einer Menge Beamter, Offiziere, Staatswürdenträger, Minister, Gesandter und zum Diner eingeladener, berühmter auswärtiger Persönlichkeiten, so empfing er uns wie vorauszusehen war, denn er hatte bereits mit seinem Bruder gesprochen. Sobald er meiner ansichtig ward, rief er mit zornentflammten Zügen und verächtlich erhobener Stimme:

»Nun, Herr Kardinal, es hat Ihnen gefallen, die Unterhandlungen abzubrechen! Gut! Ich brauche Rom nicht. Ich werde nach meinem eigenen Gutdünken handeln. Ich brauche den Papst nicht! Wenn Heinrich VIII., der nicht den zwanzigsten Teil meiner Macht besaß, es verstanden hat, eine andere Religion in seinem Land einzuführen, so wird mir das noch weit besser gelingen. Und wenn ich die Religion in Frankreich ändere, wird dies auch in ganz Europa geschehen, wenigstens überall da, wohin sich der

---

1 Consalvi, Monseigneur Spina und Pater Caselli.

Einfluss meiner Macht erstreckt. Rom wird fühlbare Verluste erleiden; es wird sie beklagen, aber dann ist es zu spät! Sie können abreisen, das ist das Beste, was Ihnen zu tun übrig bleibt. Sie wollten die Unterhandlungen abbrechen, nun gut, sei es; Sie haben es gewollt. Wann reisen Sie also ab?«

»Nach dem Diner, General«, antwortete ich in ruhigem Ton.

Diese wenigen Worte brachten eine unerwartete Wirkung auf den Ersten Konsul hervor. Er sah mich starr an, und auf seine heftigen Worte erwiderte ich, indem ich sein Erstaunen benutzte, dass ich meine Vollmachten weder überschreiten noch mich über Punkte einigen könne, die den Grundsätzen des Heiligen Stuhls entgegen wären. »In geistlichen Dingen«, fügte ich hinzu, »kann man nicht immer das tun, was man in weltlichen bei Ausnahmefällen tut. Trotz alledem scheint es mir nicht möglich, zu behaupten, dass ich gesucht habe, von Seiten des Papstes die Unterhandlungen abzubrechen, sobald man über alle Artikel im Einvernehmen war mit Ausnahme eines einzigen, über den ich bat, den Rat des Heiligen Vaters selbst einzuholen; denn Napoleons eigene Kommissare haben diesen Vorschlag nicht verworfen.«

Etwas milder gestimmt, unterbrach mich der Erste Konsul und sagte, er wolle nichts unvollkommen lassen, und entweder statuiere er alles oder nichts.

Ich erwiderte, ich hätte nicht das Recht, über den fraglichen Artikel zu unterhandeln, solange er ihn so aufrecht erhielte, wie er ihn vorgeschlagen, und ich keinerlei Abänderung treffen dürfe.

Er antwortete sehr heftig, er verlange ihn so wie er sei, ohne eine Silbe mehr oder weniger.

Ich entgegnete, in diesem Fall würde ich ihn niemals unterzeichnen, da ich nicht wüsste, in welcher Weise ich es tun könne.

Er rief: »Ich habe es Ihnen ja gesagt, dass Sie die Unterhandlungen abzubrechen suchten und dass ich die Angelegenheit als beendet betrachte, dass Rom es aber fühlen und blutige Tränen über diesen Bruch vergießen wird.«

Während er noch sprach, wandte er sich plötzlich mit außerordentlicher Lebhaftigkeit an den neben ihm stehenden Grafen von Cobenzl, den österreichischen Gesandten. Er wiederholte ihm ungefähr dasselbe, was er mir eben gesagt, und versicherte mehrmals, er werde die Denkungsweise und die Religion in allen europäischen Staaten ändern. Niemand werde die Kraft haben, ihm zu widerstehen, und sicher werde er nicht der Einzige sein, der ohne die römische Kirche existieren wolle; lieber setze er ganz Europa von oben bis unten in Flammen, und der Papst allein sei daran schuld und habe noch obendrein den Schmerz darüber zu erleiden.

Darauf mischte er sich plötzlich unter die Menge der Gäste und wiederholte gegen mehrere Personen dasselbe. Graf Cobenzl eilte betroffen auf mich zu und flehte mich an, doch irgendein Mittel zu finden, das ein solches Missgeschick abwenden könne. Er malte mir nur zu beredt die sichern Folgen aus, die daraus für die Religion, den Staat, für ganz Europa entstehen würden. Ich gestand ihm, dass ich das alles leider nur zu gut vor Augen sähe, dass ich darüber verzweifelt wäre, aber um nichts in der Welt etwas unterzeichnen könne, was mir nicht gestattet sei. Er gab zu, dass er sehr wohl verstände, wie recht ich habe, meinen Pflichten nachzukommen, nur wundere es ihn, dass man kein Mittel zur Aussöhnung finden und zu keinem Einvernehmen kommen könne, umso mehr, da nur ein einziger Artikel streitig sei … In diesem Augenblick taten sich die Türen des Speisesaals auf, und man ging zu Tisch, wodurch unsere Unterhaltung unterbrochen wurde.

Das Diner war kurz und, wie man sich denken kann, für mich eins der unangenehmsten, an denen ich je teilgenommen. Als wir wieder den Salon betraten, nahm der Graf Cobenzl die unterbrochene Unterhaltung wieder mit mir auf. Als der Erste Konsul uns im Gespräch sah, näherte er sich uns und sagte, zum Grafen Cobenzl gewendet, er verlöre nur seine Zeit, wenn er etwa hoffe, die Hartnäckigkeit des päpstlichen Gesandten zu besiegen. Und dann wiederholte er teilweise das, was er bereits gesagt, mit derselben Heftigkeit und Kraft.

Der Graf antwortete, er möge ihm gestatten, zu erklären, dass er in dem Gesandten des Kirchenfürsten nichts von Hartnäckigkeit sähe, wohl aber den aufrichtigen Wunsch, zu einem Einvernehmen zu gelangen; er bedaure diesen Bruch außerordentlich, es sei jedoch die Sache des Ersten Konsuls, den Weg zu einer Aussöhnung anzubahnen.

»Und auf welche Weise?«, entgegnete dieser lebhaft.

»Indem Sie«, fuhr der Graf fort, »eine neue Sitzung zwischen den beiderseitigen Kommissaren gestatten und ihnen Zeit lassen, um die Mittel zu den in dem streitigen Artikel vorzunehmenden Veränderungen zu suchen, die beide Teile befriedigen. Denn ich hoffe, Ihr Wunsch, Europa den Frieden zu geben, wie Sie es mir so oft versprochen, wird Sie bestimmen, auf jenen Entschluss, dass keinerlei Zusatz oder Abkürzung hinsichtlich dieses Artikels gestattet werden, zu verzichten, umso mehr, da es wirklich ein Unglück wäre, wenn ein so bedauerlicher Bruch wegen eines einzigen Artikels stattfände, während man alles übrige im Guten erwogen hat.«

Die Rede des Grafen Cobenzl war noch von vielen andern Worten eines echten Hofmannes begleitet und voll von Höflichkeiten und Liebenswürdigkeiten, in denen er sehr erfahren war. Und er war dabei so geistvoll, dass der Erste Konsul nach einigem Zögern endlich rief: »Nun, meinetwegen! Um Ihnen zu beweisen, dass nicht ich es bin, der die Unterhandlungen abbrechen möchte, bin ich einverstanden, dass die Kommissare morgen zum letzten Mal zusammenkommen. Mögen sie sehen, ob ein Einvernehmen möglich ist. Trennt man sich aber, ohne die Angelegenheit zu Ende gebracht zu haben, so ist der Bruch entschieden, und der Kardinal kann abreisen. Auch erkläre ich, dass ich den Artikel so haben will, wie er ist, und keinerlei Änderungen gestatte!« Und damit wandte er uns den Rücken.

Mémoires du cardinal Consalvi.

Der Erste Konsul und der Zweite Konsul Cambacérès in Paris, 1801

Die kühnste Tat Bonapartes, sagte einer seiner Minister, der Graf Chaptal, ist die Wiederherstellung des Kultus auf seinen alten Grundlagen gewesen. Und obgleich diese Handlung durchaus nicht die Billigung der ihn umgebenden Personen fand, führte er sie doch aus.

Über die Opposition und die Feindseligkeit, die ihn deswegen am Konsularhof umgaben, legt die folgende Unterhaltung, die der Kammerdiener Constant mit anhörte, während er den Ersten Konsul für ein großes Te Deum ankleidete, das in Notre Dame aus Anlass des Konkordats gesungen werden sollte, Zeugnis ab. Joseph Bonaparte und der Konsul Cambacérès waren bei der Toilette Napoleons zugegen.

»Nun«, sagte dieser zu Cambacérès, »wir gehen zur Messe. Was denkt man darüber in Paris?«

»Viele Leute«, entgegnete Cambacérès, »nehmen sich vor, der Premiere beizuwohnen und das Stück auszupfeifen, wenn sie es nicht unterhaltend finden.«

»Wenn sich jemand untersteht, es auszupfeifen, werde ich ihn durch die Konsulargarde zur Kirchentür hinauswerfen lassen.«

»Wenn nun aber die Gardegrenadiere mitpfeifen?«

»In dieser Hinsicht habe ich nichts zu fürchten. Meine alten Schnauzbärte werden Notre Dame genauso betreten, wie sie in Kairo die Moscheen besucht haben. Sie werden mich beobachten, und wenn sie sehen, dass ihr General sich ernst und anständig verhält, werden sie das Gleiche tun und sich sagen: Das ist Vorschrift!«

»Ich fürchte«, nahm Joseph Bonaparte das Wort, »dass die Generale nicht ebenso willfährig sind. Eben komme ich von Augereau, der Feuer und Flammen speit gegen Ihre Kapuzinerstreiche, wie er es nennt. Er und noch einige andere werden nicht leicht zum Schoß unserer heiligen Mutterkirche zurückzuführen sein.«

»Bah! Augereau ist nun einmal so. Ein Großmaul, das viel Geschrei um sich macht. Und wenn er ein paar dumme Vettern hat, so soll er sie aufs Seminar tun, damit ich Almoseniers aus ihnen mache.«[1]

Mémoires de Constant.

---

[1] Es brachen indes doch auf dem Weg nach Notre Dame Streitigkeiten unter den Generalen aus. Denn als Lannes und Augereau sahen, dass man sie in die Kirche führte, wollten sie unterwegs ihre Wagen verlassen. Und als der Erste Konsul am nächsten Tag Augereau fragte, wie er die Feier gefunden habe, soll dieser geantwortet haben: »Sehr schön; nur fehlte die eine Million Menschen, die ihr Leben hergab, um das zu vernichten, was wir wiederherstellen.«

Der Erste Konsul und die Schauspielerin George in Saint-Cloud, 1802

Die junge und schöne Schauspielerin George[1] hatte die Iphigenie gespielt und den Ersten Konsul, der der Aufführung beigewohnt, nicht allein durch ihr Spiel, sondern auch durch ihre körperlichen Vorzüge entzückt. Als sie in ihre Wohnung zurückgekehrt war, fand sie dort den Kammerdiener des Ersten Konsuls, Constant, vor. Bonaparte hatte ihn geschickt, um den aufgehenden Stern an der Comédie-Française für den nächsten Abend ein halb neun Uhr zu sich nach Saint-Cloud einzuladen, um, wie er sagen ließ, sie persönlich zu ihrem Erfolg zu beglückwünschen.

George sagte klopfenden Herzens zu, und am folgenden Tag kam zur bestimmten Stunde Constant mit dem Wagen Napoleons, um die junge Schauspielerin zu seinem Herrn zu führen. Sie hatte Angst vor dem großen Mann, dem ganz Frankreich zu Füßen lag. Aber Constant beruhigte sie und meinte, so schlimm sei der Erste Konsul nicht, und sie werde sehen, wie gut und liebenswürdig er sein könne. Endlich fuhren sie in den Schlosshof von Saint-Cloud ein. Der Wagen hielt. Fräulein George war am Ziel. Lassen wir sie selbst ihre erste Begegnung mit Bonaparte erzählen:

Wir durchschritten die Orangerie, dann gelangten wir an die Tür eines Zimmers, wo uns Rustam erwartete. Constant ließ mich eintreten und sagte: »Ich werde den Ersten Konsul benachrichtigen.«

---

1 Mademoiselle George – ihr eigentlicher Name war Weimer – stand zu jener Zeit in ihrem sechzehnten Jahr.

Nun war ich allein in diesem großen Zimmer. Im Hintergrund ein großes Bett mit grünseidenen Vorhängen und ein breiter Diwan vor dem Kamin. Schwere Kronleuchter, über und über mit Lichtern beladen, erhellten das Zimmer wie zu einem Fest. Nichts kann den Blicken entgehen, nicht einmal die kleinste Sommersprosse! Alles ist groß hier, nicht die geringste geheimnisvolle Ecke, in der man sich verbergen könnte; alles ist so offen, viel zu schön für mich! Ich werde mich in diesen Lehnstuhl setzen. Dort, zwischen dem Bett und dem Kamin, wird man mich nicht gleich sehen. Ah! das beruhigt. Und nun noch meinen Schleier herunter – so – ich habe mehr Mut.

Ich höre Schritte. Oh, wie mir das Herz klopft.

Er ist es! Der Konsul trat durch die dem Kamin gegenüberliegende Tür ein, die nach der Bibliothek führte. Er trug Seidenstrümpfe, eine kurze weißseidene Hose, einen grünen Uniformrock mit roten Aufschlägen und seinen Hut unterm Arm. Ich erhob mich. Er kam auf mich zu, sah mich mit jenem berückenden Lächeln an, das nur ihm eigen, nahm mich bei der Hand und ließ mich auf dem ungeheuren Divan niedersitzen. Dann nahm er mir den Schleier vom Gesicht und warf ihn ohne Weiteres auf die Erde. Meinen schönen Schleier! Das ist nett, wenn er nun drauftritt! Er wird ihn mir zerreißen!

»Wie Ihre Hand zittert! Haben Sie denn Angst vor mir? Erscheine ich Ihnen denn so fürchterlich? Ich habe Sie gestern sehr schön gefunden, Madame, und wollte Sie beglückwünschen. Wie Sie sehen, bin ich liebenswürdiger und höflicher als Sie.«

»Wieso, mein Herr?«

»Wieso? Ich habe Ihnen 3000 Francs geschickt, nachdem ich Sie in Emilia gesehen hatte, um Ihnen zu beweisen, welches Vergnügen Sie mir bereiteten. Ich hoffte, Sie würden von mir die Erlaubnis erbitten, sich vorzustellen, um mir zu danken. Aber die schöne und stolze Emilia ist nicht gekommen.«

Ich stammelte etwas, ich wusste nichts zu antworten.

»Aber ich wusste nicht – ich wagte nicht – mir die Freiheit zu nehmen.«

»Schlechte Entschuldigung; Sie hatten also Angst vor mir?«

»Ja.«

»Und jetzt?«

»Noch mehr.«

Der Konsul lachte aus vollem Hals.

»Sagen Sie mir Ihren Vornamen.«

»Joséphine-Marguerite.«

»Joséphine gefällt mir. Ich liebe diesen Namen, aber ich möchte Sie Georgina nennen, ja? Wollen Sie? Ich will es.«

Der Name ist mir in der kaiserlichen Familie geblieben.

»Sie sprechen nicht, meine liebe Georgina?«

»Weil all die Lichter mich ermüden. Lassen Sie sie auslöschen, ich bitte; es scheint mir, als wenn ich Sie nachher besser hören und Ihnen unbefangener antworten könnte.«

»Befehlen Sie, liebe Georgina.«

Er schellte Rustam.

»Lösche die Lichter aus! – Ist es so genug?«

»Nein, noch die Hälfte von diesem ungeheuren Kronleuchter.«

»Gut! Lösche aus, Rustam! – Sieht man jetzt immer noch zu viel?«

»Nicht zu viel, aber genug.«

Der Konsul schien Vergnügen daran zu finden, sich mit einem jungen Mädchen zu unterhalten, das ihm ganz einfach gefiel. Es war, glaube ich, etwas Neues für ihn.

»Nun, Georgina, erzählen Sie mir alles, was Sie getan haben; Seien Sie offen und gut, sagen Sie mir alles!«

Er war so gut, so einfach, dass meine Furcht verschwand.

»Ich werde Sie langweilen, und dann, wie soll ich Ihnen das alles erzählen? Ich bin nicht geistreich; ich werde eine schlechte Erzählerin sein.«

»Sprechen Sie nur.«

Ich berichtete ihm nun von meinem sehr, sehr kleinen Dasein, wie ich nach Paris kam, kurz von allen meinen kleinen Leiden.[1]

»Liebe Kleine, Sie waren nicht reich; aber jetzt, wie geht es Ihnen jetzt? Wer hat Ihnen diesen schönen Kaschmir, den Schleier usw. gegeben?«

Er wusste alles. Ich erzählte ihm die ganze Wahrheit vom Fürsten Sapieha.[2]

»Es ist gut. Sie lügen nicht. Sie werden mich besuchen und verschwiegen sein; versprechen Sie es mir.«

Er war sehr zärtlich, sehr zurückhaltend und verletzte mein Schamgefühl nicht durch Zudringlichkeit. Er war glücklich, einen schüchternen Widerstand zu finden. Mein Gott, ich will nicht sagen, dass er verliebt war, aber sicher gefiel ich ihm. Daran konnte ich nicht zweifeln. Hätte er sonst meine Kinderlaunen hingenommen? Hätte er sonst eine ganze Nacht dazu verwendet, mich zu besiegen? Es lag ihm viel daran, mir zu gefallen, und er gab meinem Wunsch nach, mich nach Hause gehen zu lassen.

»Sie müssen müde sein, liebe Georgina. Auf morgen; Sie müssen kommen!«

»Ja, mit Vergnügen; Sie sind zu gut, zu liebenswürdig, als dass man Sie nicht lieben müsste … und ich liebe Sie von ganzem Herzen«, sagte ich.

1 Mademoiselle George war die Tochter eines kleinen Theaterdirektors, der, mit seiner Truppe umherziehend, mühsam den Unterhalt für sich und seine Familie verdienen musste. Mit fünf Jahren trat die Tochter zum ersten Mal auf der Bühne des Vaters in »Deux chasseurs et la laitière« auf, ihr eigentliches Debüt als Schauspielerin jedoch feierte sie in ihrem zwölften Jahr in »Paul et Virginie« in Amiens. Dorthin führte der Zufall die berühmte Schauspielerin Raucourt von der Comédie-Française, die in einer Gastrolle auftrat. Sie entdeckte das Talent des Kindes und nahm es mit nach Paris, um es auf ihre Kosten für die Bühne ausbilden zu lassen.

2 Der Fürst Sapieha, ein reicher Pole, hatte erfahren, dass die kleine George ohne Mittel sei, und sich zu ihrem Mäzen erboten. Er ließ ihr eine Wohnung einrichten, ohne – wie George selbst beteuert – einen Gegendienst zu verlangen, nur nahm er – – – den Schlüssel zu dieser Wohnung mit sich! Er sorgte überhaupt für ihren und ihrer Mutter Unterhalt, die inzwischen auch nach Paris gekommen war.

Er legte mir meinen Schal, meinen Schleier um. Ich war weit entfernt daran zu denken, was diesen armen Gegenständen noch passieren sollte: Als er von mir Abschied nahm, küsste er mich auf die Stirn. Ich war sehr dumm, lachte und sagte:

»Oh! das ist gut, Sie haben eben den Schleier des Fürsten Sapieha geküsst.«

Da nahm er den Schleier, zerriss ihn in tausend kleine Stücke; der Kaschmir wurde zu Boden geworfen und mit Füßen getreten. Am Hals trug ich eine kleine Kette mit einem sehr, sehr bescheidenen Medaillon aus Karneol, am kleinen Finger einen noch viel bescheideneren Kristallring, in den Frau von Ponty[1] ein paar weiße Haare des Fräulein von Raucourt eingelegt hatte. Der Ring wurde mir vom Finger gerissen, und der Konsul zertrat ihn. Ah! Jetzt war er nicht mehr sanft! Ich war sprachlos und zitterte. Da kam er sehr lieb zu mir und sagte:

»Liebe Georgina, Sie sollen nichts an sich haben, was nicht von mir ist. Sie dürfen nicht schmollen, das wäre schlecht, und ich würde eine schlechte Meinung von Ihren Gefühlen bekommen.«

Man konnte diesem Mann nicht lange böse sein; seine Stimme war so zart, er sprach so einschmeichelnd, dass man gezwungen war, sich zu sagen: Im Grunde hat er recht getan.

»Sie haben recht; nein ich bin nicht böse, aber ich werde frieren.«

Er klingelte Constant.

»Bringe einen weißen Kaschmir und einen großen englischen Schal!«

Er begleitete mich bis an die Orangerie.

»Auf morgen, Georgina, auf morgen!«

Das war meine erste Begegnung mit diesem großen Mann.

Mémoires inédits de Mademoiselle George.

---

1 Frau von Ponty war eine intime Freundin der Schauspielerin Raucourt.

DER ERSTE KONSUL UND DER EHEMALIGE DIREKTOR REUBELL IN PARIS, FEBRUAR 1802

Das ehemalige Mitglied des Direktoriums, Jean Baptiste Reubell, von dem Bonaparte in seiner Beurteilung der fünf Direktoren sagte: »Ich liebe Reubell nicht, aber nichtsdestoweniger ist er doch der einzige Mann, der im Direktorium an seinem Platze ist«, hatte mit dem Ersten Konsul am 3. Ventôse des Jahres X (22. Februar 1802) eine längere Unterredung, zu der er durch einige Zeilen von Bourriennes Hand befohlen worden war. Reubell erzählt:

Ich begab mich also zur angegebenen Zeit[1] nach den Tuilerien. Im Erdgeschoss musste ich den Zettel dem Portier zeigen, der, nachdem er ihn gelesen, mir sagte, wo ich mich hinzubegeben hätte. Im ersten Stock angelangt, betrat ich ein Vorzimmer. Nachdem ich meinen Brief der Schildwache gezeigt, fand ich drei oder vier Lakaien in blaugrauer, mit Goldtressen verzierter Livree vor. Der eine setzte seine Brille auf, um meinen Brief zu lesen, und ließ mich in einen zweiten Saal eintreten, wo ich den Adjutanten Caffarelli und einen jungen Mann, den Bibliothekar, wie ich später erfuhr, vorfand. Caffarelli bot mir einen Sessel an und meldete mich dem Ersten Konsul, Er kam bald darauf wieder zurück und führte mich in einen dritten Salon. Kaum war ich hier durch die eine Tür eingetreten, als der Erste Konsul in der gegenüberliegenden erschien. Wir gingen aufeinander zu, und er begann sofort die Unterhaltung mit den Worten:

1 11½ Uhr mittags.

144

»Guten Tag, Bürger Reubell, wie geht es Ihnen?«

»Und Ihnen, Bürger Erster Konsul?«

»Sehr gut; und was macht Madame Reubell?«

»Sie wird sich durch Ihre Nachfrage sehr geehrt fühlen; gestatten Sie, dass ich mich nach dem Befinden von Madame Bonaparte erkundige?«

»Es geht ihr gut. Sie hat mir oft erzählt, wie freundschaftlich Madame Reubell sich während meiner Abwesenheit bewiesen hat. Wir sprachen oft von Ihnen, und sie könnte Ihnen sagen, welch großes Interesse ich an allem nahm, was Sie anging. Ich habe auch oft mit andern Leuten von Ihnen gesprochen und Sie jederzeit verteidigt. Ich habe Sie stets als einen klugen Mann betrachtet, der eng mit seinem Vaterland verknüpft und infolge seines Charakters der Stellung, die er einnimmt, würdig ist. Ich habe nie, auf keinerlei Weise ein Vorurteil gegen Sie gehabt.«

»Es wäre jedoch nicht erstaunlich, wenn Sie es gehabt hätten, denn Sie waren von meinen ärgsten Feinden umgeben. Ich will nur einen nennen: Kléber. Niemand hat seinen Tod[1] weniger bedauert als ich. Er ging in seiner Wut gegen mich so weit, dass er mich in ganz gemeiner Weise bedrohte. Niemand hätte ihn lieber getötet als ich!«

»Woher kam denn sein Hass gegen Sie?«

»Woher er kam? Weil er von allen Menschen derjenige war, der mir am meisten verdankte. Er verdankte mir das Brot, die Ehre und das Leben, und das konnte er mir nicht verzeihen! In seiner Jugend hatte er in Österreich gedient, war dann nach Belfort zurückgekommen, wo er in der Intendantur für Brücken und Chausseen angestellt war. Nach der Aufhebung der Intendanturen kam er 1792 nach Colmar. Ich war damals von der Konstituierenden Versammlung zurückgekehrt und übte dort das Amt eines Generalsyndikus des Departements aus. Kléber wurde mir von seinen Freunden vorgestellt, die sich bei mir verwendeten, damit er als

---

1 General Jean Baptiste Kléber war in Ägypten im Jahr 1800 von einem Türken namens Suleiman meuchlings ermordet worden.

Departements-Geometer vereidigt würde. Damit hofften sie ihm einige Aufträge zu verschaffen, die ihm etwas Geld einbrachten. Er kam täglich in die Verwaltungsräume und beschäftigte sich mit der Skizzierung des Plans zu einer neuen Einteilung der Bureaus. Da sah er eines Tages mehrere Offiziere des 4. Bataillons Nationalfreiwilliger vom Oberrhein eintreten, die ich verlangt hatte. Sie lagen in Rappoltsweiler und Bergheim in Garnison, und man hörte von diesem Bataillon immer nur von Zuchtlosigkeit und Streitigkeiten sprechen. Ich wollte der Sache auf den Grund gehen, und sie gestanden mir, dass sie noch nicht viel vom Dienst verständen; einer ihrer Bataillonschefs sei zu alt und der andere zu krittlig und zu wenig Soldat; es fehle ihnen ein guter Bataillonsadjutant. Kléber, der aufmerksam zugehört hatte, nahm mich beiseite und sagte: Herr Generalsyndikus, Sie könnten mir mein Brot verschaffen und mein Glück machen! Lassen Sie mich zum Bataillonsadjutanten ernennen. Ich kenne den Dienst genau und schwöre Ihnen: In zwei Monaten kennen Sie Ihr Bataillon nicht wieder!

Das will ich gern tun, antwortete ich ihm, aber erst müssen die Herren darum nachsuchen. Gehen Sie mit ihnen speisen; sie setzen mir dann ein Gesuch auf, und ich schicke Sie mit ihnen und einem Brief zu Herrn Franz Wimpfen, der als Kommandant des Oberrheins[1] Sie dem Gesetz gemäß ernennen kann, und ich glaube, er wird es Ihnen nicht abschlagen. Gesagt, getan! Die Offiziere verlangten Kléber von mir zu ihrem Bataillonsadjutanten. Ich schickte sie zu Wimpfen, der ihn sofort ernannte, indem er mir antwortete, er sei sehr froh, etwas tun zu können, was mir Vergnügen mache.

Vom Bataillonsadjutanten rückte Kléber zum Bataillonschef auf, und er befand sich mit mir bei der Belagerung von Mainz. Ich ernannte ihn zum Brigadekommandeur und übergab ihm den Befehl über das Lager.

---

1 General Baron von Wimpfen befehligte nur eine Division der Rheinarmee unter dem General Alexandre von Beauharnais, dem ersten Gatten Josephines.

146

Da seine Verhaftung mit der Mehrzahl der Mitglieder des Generalstabes der Festung beschlossen war, hätte ein einziges Wort von mir genügt, und sie wären alle geopfert worden, wir hingegen hätten uns besser aus der Schlinge ziehen können. Dieses Wort wäre leicht zu sprechen und nicht ohne Wahrheit gewesen; denn mit Ausnahme des alten Chevalier und Verine hatten alle andern Offiziere zur Übergabe gedrängt. Aber ich wollte lieber alles auf mich nehmen. Merlin de Thionville unterstützte mich dabei, und wir selbst waren die Übermittler des Beschlusses, der ihnen die Freiheit gab. Darauf war ich mit Kléber und der Armee in der Vendée. Er war dort zuerst Brigadegeneral und dann Divisionsgeneral. Als ich Mitglied des Direktoriums war, ließ ich ihm zu verschiedenen Malen den Oberbefehl über die Armee anbieten. Er antwortete darauf durch so oft wiederholte Bitten um Verabschiedung, dass das Direktorium ihn schließlich beim Wort nahm und ich mich dem nicht widersetzte. Dies gab ihm Veranlassung, seinen Hass gegen mich zu entfesseln. Ich erfuhr, dass er dies in Ägypten durch so gemeine Äußerungen und Drohungen getan hatte, dass ich seine Rückkehr mit der größten Ungeduld förmlich ersehnte: Ich hätte ihn getötet!«

»Kléber war nicht das, was ich glaubte«, erwiderte Bonaparte. »Ein Prahler und doch sich nie für stark genug haltend, hatte Jourdan ganz recht, wenn er von ihm sagte, dass er weder befehlen noch gehorchen könne. Auch ich habe mich sehr über ihn zu beklagen, denn die Briefe, die die Engländer drucken ließen, waren in Wahrheit von ihm.«

»Daran habe ich nie gezweifelt.«

»Er hat mich stets beim Direktorium verleumdet, und ich erhielt immer alle Vorwürfe. Er ist die Hauptursache an dem Einfall der Engländer in Ägypten gewesen, denn wenn Kléber nicht hinsichtlich der Truppenstärke, die ich ihm gelassen, gelogen hätte, wenn er sie nicht absichtlich herabgesetzt hätte, so hätten die Engländer niemals eine Landung gewagt.«

»Das kann wohl sein.«

»Es ist lange her, dass wir uns nicht gesehen haben, ich glaube beinahe fünf Jahre? Was machen Sie jetzt; Sie sind ja jetzt Privatmann.«

»Was ich mache? Ich schlage mich kümmerlich durch, denn alle die Millionen, die man mir in den Flugschriften angedichtet, verhindern nicht, dass es bei mir sehr knapp zugeht. Übrigens hatten sie ihr Spiel abgekartet: Wenn diese Elenden ein Opfer erwürgen wollten, begannen sie stets damit, dass sie es in den Morast der Verleumdung zogen. Da sie mich nicht in meiner Bürgertugend angreifen konnten, vermuteten sie, ich sei reich, um die Welt zu überzeugen, dass ich korrumpiert wäre. In Paris verbreiteten sie das Gerücht, dass ich die Hälfte des Departements Ober- und Niederrhein besäße, und im Oberrhein sagten sie, ich habe die herrlichsten Besitztümer in der Umgegend von Paris. Außer hundert Millionen sollte ich auf den Banken in Hamburg, Bremen, Altona, England, Holland, Venedig und so weiter vierzig, fünfunddreißig oder wenigstens sechs Millionen liegen haben. Einer meiner Landsleute, der einen der großen Hamburger Kaufleute kannte, bat diesen, ihm im Vertrauen zu sagen, wie viel ich Geld auf der Hamburger Bank liegen habe. Der Hamburger antwortete: Er hat weder bei uns noch auf irgendeiner anderen Bank etwas, dass wir wüssten; aber das wissen wir genau, dass ihm die Hälfte der Rheindepartements gehört.«

»Ich habe wohl von Ihrem Reichtum sprechen hören«, antwortete der Erste Konsul, »aber da dies auf keine Tatsachen begründet war, habe ich diesen Gerüchten keinerlei Aufmerksamkeit geschenkt. Übrigens wünschte ich, Sie wären reich. Ein guter Bürger wie Sie würde nur einen für sein Vaterland nützlichen Gebrauch davon machen, denn Reichtum ist auch Macht. Darum habe ich auch den Emigranten nicht ihre Wälder zurückgeben wollen; sie sind schon reich genug.«

»Und Sie taten recht darin. Ja, wenn ich reich wäre, würde ich mich nicht verstecken.«

»Sie haben nur zwei Kinder?«

»Ja, zwei Söhne; der jüngste hat einen Feldzug in der Vendée mit mir mitgemacht; ich hatte ihn in unsere Garde getan. Sieyès hatte Angst vor ihm und ließ ihn entfernen. Der älteste ist der, mit dem wir uns gegenwärtig beschäftigen. Ich sage Ihnen nochmals seinen besten Dank, wie ich es Ihnen schon geschrieben.[1] Sie hatten keine Ahnung, dass er an Ihrer Seite war, als Sie im Rat der Fünfhundert sich mit den Herren herumstritten. Er wäre beinahe erdrückt worden, hat aber nicht damit geprahlt, wie so viele andere, die keinen Anteil daran gehabt. In der Aufregung sagte ich zu ihm, als er fortging: ›Wenn *er* sie nicht hinaustreibt, so werden *sie* ihn davonjagen! Das kannst Du ihm von mir aus sagen, wenn es nötig sein sollte.‹ − Werden Sie ihn bald verwenden?«

»Wir werden das schon machen, Sie können darauf zählen«, entgegnete Bonaparte. »Übrigens, wegen Saint-Cloud hatten Sie recht. Ich hatte meinen Entschluss gefasst in dieser Beziehung. Auf welche Weise sie sich auch benommen haben würden, ich hätte doch stets einen Vorwand ersonnen, um sie aufzulösen. Dies war unbedingt nötig. Glauben Sie vielleicht, die Alten wären schwächer geworden und hätten die Partei schon gewechselt?«

»Das erstaunt mich nicht, ich habe selbst gesehen, wie weibisch sie waren: Niemand konnte sich schlechter gegen die Angriffe einiger Parteigänger verteidigen als sie. Ich wollte mich nicht hineinmischen. Meine Chancen waren gering. Hätte die besiegte Partei triumphiert, so wäre ich entweder gehangen oder ins Wasser geschmissen worden. Aber die andern trugen den Sieg davon, und die Anhänger Sieyès' hatten das Recht, mich wegzujagen, aber schließlich ist es immer noch besser verjagt als gehangen zu werden.«

»Ja, ja, es sind dieselben Leute, die den Fall des Direktoriums provoziert, die versucht haben, auch die gegenwärtige Regierung anzugreifen;

---

[1] Reubells ältester Sohn war als Offizier nach dem 18. Brumaire aus dem Heer ausgeschieden und gedachte jetzt wieder den Dienst aufzunehmen, er hatte daher durch Vermittlung des Generals Lefèbvre beim Ersten Konsul eine Bittschrift eingereicht.

sie sind Feinde jeglicher Regierungsform. Sie haben ihre Anhänger sogar in den Salons gesucht, wo sie Besorgnis erregten. Es sind dieselben Männer, die mich zu Schritten gezwungen haben, die ich beklage; sie haben mich eine ganz andere, meiner Neigung entgegengesetzte Richtung einschlagen lassen. Denn es hat den Anschein, als werde ich gegen die royalistische Partei hingetrieben, während ich doch nur auf die patriotische mein Auge richten darf und will, sobald ich die Zänker schadlos gemacht habe. Es ist umso beklagenswerter, bis zum Äußersten getrieben worden zu sein, als gerade jetzt alles den Anschein gegen den Republikanismus nimmt.«

»Ja, ja! Wir stehen im Gesichtskreis des ...«

»Des Royalismus, wollen Sie sagen?«

»Leider ist das nur allzu wahr; es gibt ganze Gegenden, in denen man die Leute zu überzeugen versucht hat, dass der Herzog von Angoulême den Thron besteige. Sie behaupten sogar, dass wenn Sie dies nicht bald veranlassten, Sie des Connétablepostens verlustig gehen würden, den man Ihnen versprochen.«

»Die Maßnahmen, die man mich gezwungen hat, gegen die Parteigänger zu nehmen, sind ganz dazu geeignet, diesen lächerlichen Gerüchten Glauben zu schenken; aber ich will sie schon Lügen strafen!«

Reubell et Bonaparte, 1802. Publ. par F. Masson. In: Nouvelle Revue rétrospective.

DER ERSTE KONSUL UND FRAU CAMPAN IN PARIS, 1802

Während einer Unterhaltung, die Madame Campan mit dem Ersten Konsul hatte, sagte dieser zu ihr:

»Madame, bei einer Regierung müssen nicht die Kleinen, sondern die Großen überwacht werden; nur auf sie muss man seine ganze Aufmerksamkeit verwenden. Wenn man sie nicht im Zaum hält, überfallen sie die Herrscher im Handumdrehen. Ich ziehe ihnen die Zügel straff und halte sie mir immer in gewisser Entfernung; sie haben zu viel Ehrgeiz! Und es sind keine Kostverächter. Beschützen Sie die Kleinen, damit man sie nicht erdrückt! Der Reiche besitzt alle Vorteile der Gesellschaft. Seine Vermögenslage allein bietet ihm genügenden Schutz. Die Macht des Throns ist in den Kleinen, und die Gefahren, denen er ausgesetzt sein kann, sind in den Großen.«

Journal anecdotique de Madame Campan.

Der erste Konsul und der englische Minister Fox in Paris, März 1802

Der Frieden von Lunéville und der von Amiens hatten nach achtjährigen Kriegen Frankreich die Tore Europas wieder geöffnet. Von allen Seiten strömten die Neugierigen herbei, um den erloschenen Vulkan zu besuchen und in seine Krater hinabzusteigen, die ehedem Ströme von Rauch und Flammen spien. In erster Reihe unter den Kundschaftern über Frankreich und seine neue Regierung standen die Engländer, die eine so lange Feindschaft vom französischen Boden ferngehalten hatte. General Fitz-Patrick, Erskine, Samuel Romilly, Lord Spencer und der berühmte Fox kamen in Paris an, einige zwar mit einem gewissen Misstrauen und Erstaunen über manche willkürliche Handlungen des Ersten Konsuls, aber im Allgemeinen unter dem Eindruck großer Achtung vor seinem Genie und befriedigten Vertrauens über den von ihm geschlossenen Frieden.

Schon gaben die großen Levers in den Tuilerien einen Vorgeschmack von dem sich bald errichtenden Kaiserreich. Es fanden sich zu diesen Levers des Ersten Konsuls die auswärtigen Gesandten, die Minister und Generale und die hohen Persönlichkeiten des Konsularhofs ein, ganz wie bei einem fürstlichen Herrscher. Auch der englische Minister Fox hatte sogleich nach seiner Ankunft in Paris anfragen lassen, wann er dem Ersten Konsul seine Aufwartung machen könne, und die Antwort erhalten, dass der Erste Konsul mit Vergnügen Herrn Fox zu jeder Stunde des Tages und der Nacht empfangen würde.

Aber dieser hatte seinen Ehrgeiz so weit beschränkt, dass er eines Tages zu einem gewöhnlichen Empfang nach der Parade erschien, und zwar in Begleitung des englischen Gesandten.[1] Sobald ihn der Erste Konsul gewahrte, blieb er wohlgefällig bei ihm stehen und sagte:

»Ah! Herr Fox, ich habe mit Vergnügen Ihre Ankunft vernommen und wünschte sehr, Sie zu sehen. Ich habe lange Zeit in Ihnen den großen Redner, den Freund seines Vaterlandes bewundert, der stets seine Stimme für den Frieden erhob und damit gleichzeitig den Interessen seines eigenen Landes und denen Europas und der Humanität diente. Die beiden großen Nationen Europas bedürfen des Friedens; sie haben nichts zu fürchten, nichts zu beneiden; sie verstehen sich beide und wissen sich gegenseitig zu achten. In Ihnen, Herr Fox, sehe ich mit aller Genugtuung den großen Staatsmann, der den Frieden empfahl, weil kein wahrer Grund zum Kriege vorlag. Ich sehe in Ihnen den Mann, der mit Schmerz Europa den ziellosen Verheerungen ausgesetzt sah, das nur für die Verminderung seiner Leiden kämpfte.«

Auf diese nicht ohne einen gewissen Schwulst hingeworfenen Worte des Ersten Konsuls verbeugte sich der englische Minister und Redner und wusste nichts darauf zu antworten, vielleicht aus Furcht, zu viel des Guten zu sagen. Nach einigen kurzen Fragen verließ ihn der Erste Konsul und wandte sich an andere Persönlichkeiten.

Selbstverständlich wurde Fox noch bei verschiedenen Empfängen vom Ersten Konsul angeredet und auch zu seiner Tafel gezogen. Bei einer solchen Gelegenheit wandte er sich einmal an ihn mit den Worten: »Ah, Herr Fox, wann werde ich es einmal erleben, zwischen den Menschen einen Allianzvertrag abgeschlossen zu sehen, der durch zwei miteinander verschlungene Hände, eine weiße und eine schwarze, besiegelt ist?«

Villemain, Souvenirs contemporains.

---

1 Lord Withworth.

DER ERSTE KONSUL UND DER DICHTER
CHATEAUBRIAND IN PLESSIS-CHAMANT, APRIL 1802

Nach der Annahme des Konkordats durch die Gesetzgebende Körperschaft am 8. April 1802 gab der Minister des Innern, Lucien Bonaparte, zu Ehren seines Bruders, des Ersten Konsuls, ein Fest. Bei diesem Fest war auch Chateaubriand, dessen »Génie du Christianisme« vor Kurzem viel Aufsehen erregt hatte, anwesend. Er sah den Ersten Konsul zum ersten Mal in der Nähe. Sein Lächeln erschien ihm zärtlich und schön; sein Auge wundervoll, besonders die Art, wie es von den Augenbrauen umrahmt war.

Als Bonaparte den Dichter bemerkte, erkannte er ihn und ging auf ihn zu. Niemand wusste, wen er wohl mit seiner Begrüßung auszeichnen würde. Die Reihen der neugierigen Menge öffneten sich, und jeder hoffte, Napoleon werde bei ihm stehen bleiben. Chateaubriand verbarg sich eher hinter seinem Nachbar, als dass er sich vordrängte. Plötzlich sagte Bonaparte mit erhobener Stimme: »Herr von Chateaubriand.«

Die Menge trat zurück und ließ den Dichter vor. Bonaparte redete ihn in einfacher Weise an, ohne ihm Schmeicheleien zu sagen, ohne unnütze Fragen zu stellen, ohne vorherige Einleitung in das Thema. Er sprach sofort über Ägypten und die Araber, als wenn ihm der Dichter ein alter Bekannter wäre und als wenn er eine bereits mit ihm begonnene Unterhaltung fortsetzte.

»Es erstaunte mich immer«, sagte er, »wenn ich die Scheiks in der Wüste zur Erde fallen sah, sie sich dann gen Osten wandten und mit ihrer Stirn den Sand berührten. Welch unbekannten Gott beteten sie im Osten an?«

Ohne irgendwelchen Zusammenhang ging er dann zu einem andern Gegenstand über:

»Das Christentum! Wollten die Ideologen nicht ein Sternensystem daraus machen? Wenn dies geschehen wird, glauben sie mich etwa überzeugen zu können, dass das Christentum klein sei? Wenn das Christentum die Allegorie der sphärischen Bewegung, die Geometrie der Sterne ist, haben die großen Geister schön reden: Gegen ihren Willen haben sie doch der ›Infamen‹[1] noch genügend Größe gelassen.«

Und Bonaparte entfernte sich.

Chateaubriand, Mémoires d'outre-tombe.

1 Damit meinte Napoleon die Kirche.

Der Erste Konsul und Bourrienne in Malmaison, 1802

Kurz vor der Ernennung zum Konsul auf Lebenszeit verbrachte Bonaparte einige Tage in Malmaison. Er schien seiner Umgebung sehr mit seinen Gedanken beschäftigt und ging meist nachdenklich einher. Eines Tages nahm er Bourrienne nach dem Essen beiseite und zog ihn mit sich in den Park. Er war sehr ernst, und beide gingen einige Minuten schweigend nebeneinander her. Plötzlich nahm Bonaparte das Wort und sagte:

»Bourrienne, glauben Sie, dass der Thronprätendent von Frankreich auf seine Rechte verzichten würde, wenn ich ihm eine bedeutende Entschädigung oder gar eine italienische Provinz anbieten ließe?«

Über diese Frage, die er am wenigsten erwartet hatte, aufs Höchste erstaunt, antwortete Bourrienne, er glaube es nicht. Es wäre übrigens sehr unwahrscheinlich, dass die Bourbonen wieder nach Frankreich kämen, solange *er* die Regierung in den Händen habe; dass sie aber ihre Rückkehr als wahrscheinlich betrachteten, wäre möglich,

»Wieso?«

»Aus einem ganz einfachen Grund, General. Sehen Sie nicht täglich, dass Ihre Gewährsmänner, Ihre Präfekten Ihnen die Wahrheit verschweigen und Ihnen schmeicheln, um sich in Ihre Gunst zu setzen? Und sind Sie nicht empört, wenn Sie endlich die Wahrheit erfahren?«

»Ja, und –?«

»Nun, General, es wird dasselbe mit den Gewährsmännern Ludwigs XVIII. in Frankreich sein. Es liegt in der Natur der Sache, dass sie die Bourbonen in dem Gedanken einer möglichen Rückkehr aufrechterhalten, und sei es auch nur, um sie von ihrer Geschicklichkeit, ihrer Unentbehrlichkeit zu überzeugen.«

»Ja, Sie haben recht, Ihre Idee ist gut. Aber beruhigen Sie sich, Bourrienne, ich fürchte die Bourbonen nicht. Aber vielleicht ließe sich doch etwas machen, ich will es mir überlegen, und dann werden wir sehen.«

Mémoires de Bourrienne.

Der Erste Konsul und der Senator Thibaudeau in Malmaison, Mai 1802

Wenige Tage nachdem ein Senatsbeschluss Bonaparte zum Konsul auf Lebenszeit ernannt hatte, begab sich der Senator Thibaudeau [am 6. Prairial des Jahres X (26. Mai 1802)] nach Malmaison in geschäftlicher Angelegenheit. Er traf den Ersten Konsul in seinem Arbeitskabinett allein an, die Zeitungen lesend. Nachdem Thibaudeau seine Sache vorgebracht, hatte er mit Bonaparte noch eine private Unterhaltung von beinahe einer Stunde, deren Hauptinhalt ungefähr folgender war:

Bonaparte: »Nun, was gibt's Neues in Paris?«

Thibaudeau: »Nichts, was Sie nicht wüssten.«

Bonaparte: »Was erzählt man sich?«

Thibaudeau: »Man spricht viel über den Senatsbeschluss.«

Bonaparte: »Ah! Ah! Nun – und?«

Thibaudeau: »Jeder spricht so, wie er empfindet: die einen für, die andern *gegen*.«

Bonaparte: »Und Sie, wie denken Sie darüber?«

Thibaudeau: »Jetzt ist ja alles gesagt; es ist ein abgeschlossener Prozess!«

Bonaparte: »Und ein verlorener, nicht wahr?«

Thibaudeau: »Sie haben es leicht erraten.«

Bonaparte: »Ich bin Ihnen deshalb nicht böse; ich weiß, Sie sind ein Ehrenmann. Aber, mein Lieber, Sie werden schon noch von Ihren Illusionen geheilt werden. So konnte es nicht weitergehen … Frankreich wird deshalb nicht weniger frei sein … Es wird die erste Macht der Welt sein.«

Thibaudeau: »Glauben Sie wohl, dass der Senatsbeschluss und eine Volksabstimmung so sichere Garantien sind und dass Sie sich das Konsulat nicht auch ohne diese bewahrt hätten?«

Bonaparte: »Ich weiß wohl, dass dies ein schwacher Schutz für das Innere des Landes ist, aber nach außen hin ist es sehr vorteilhaft. Von diesem Augenblick an stehe ich auf der gleichen Höhe mit den andern Herrschern, denn im Grunde genommen sind sie ja auch weiter nichts als Staatsoberhäupter auf Lebenszeit. Sie und ihre Minister werden mich jetzt mehr achten. Die Gewalt eines Mannes, der alle Angelegenheiten Europas in seiner Hand hat, darf weder unsicher sein noch so scheinen.«

Thibaudeau: »Die Meinung des Auslandes ist viel weniger wichtig als die Meinung Frankreichs.«

Bonaparte: »Mit Ausnahme einiger Unsinniger, die nur Unordnung wünschen, und einiger ehrbarer Leute, die eine spartanische Republik erträumen, will Frankreich Beständigkeit und Kraft in seiner Regierung haben.«

Thibaudeau: »Es gibt mehr Träumer, als Sie glauben, und zwar träumen sie nicht von einer spartanischen, wohl aber von einer französischen Republik. Der Eindruck, den die Revolution hinterlassen, ist noch ganz frisch, und der Übergang zu einer andern Ordnung der Dinge und Ideen zu rasch.«

Bonaparte: »Die Revolutionsmänner haben nichts zu fürchten; ich bin für sie die beste Bürgschaft.«

Thibaudeau: »Die Angelegenheit ist schlecht geführt worden. Es wäre zu wünschen gewesen, dass der Senat wenigstens nur die Initiative zu dieser Maßnahme ergriffen hätte; das wäre wenigstens gesetzlicher gewesen.«

Bonaparte: »Das ist wahr. Die Kommission des Senats tat unrecht, sich nicht mit mir darüber zu verständigen. Wenn der Präsident mir den Beschluss vorgelegt hätte, anstatt ihn sogleich der Gesetzgebenden Körperschaft und dem Tribunat zu übergeben, hätte ich meine Bemerkungen dazu machen können, und man wäre vielleicht zu einem andern Resultat gekommen. Aber Sie wissen ja, wie das ist mit den Körperschaften, man kann sie nicht immer so handhaben, wie man will. Ich würde mich in ihre Hand gegeben haben, denn derjenige, der das Recht hat, zu ernennen, hat auch das Recht abzusetzen. Die Zuflucht zum Volk hat den doppelten Vorteil, nicht allein die Verlängerung zu bestätigen, sondern auch den Ursprung meiner Macht zu läutern. Andernfalls wäre ich immer zweideutig geblieben. Ich habe das getan, was Sie im Konvent nach den Beschlüssen vom 5. und 13. Fructidor getan haben.«

Hierauf ging Bonaparte zu der Frage über die Bestimmung seines Nachfolgers über.

»Ich bin sehr froh, dass Sie in dieser Angelegenheit mehr Mut als der Staatsrat gezeigt und diese Maßnahme verworfen haben.«

Thibaudeau: »Sie wissen, wir sind ihrer fünf, die nicht dafür gestimmt haben. Cambacérès hat uns den Gegenbeweis erspart. Wir meinten, dies sei eine Zerrüttung der Volksherrschaft …«

Bonaparte, ihn lebhaft unterbrechend: »Roederer ist es gewesen, der diesen Vorschlag offiziös gemacht hat. Ich wusste gar nichts davon. Ich hatte Cambacérès beauftragt, dass er dem Rat vorstände, um über die Ernennung auf Lebenszeit zu beraten, aber durchaus nicht über eine andere Frage. Gleich wie sie mir den Beschluss brachten, teilte ich ihre Grundsätze und sagte ihnen: ›Gut! Auf wen wünschen Sie, dass meine Wahl falle? Auf einen meiner Brüder? Die Nation ist wohl einverstanden gewesen, von mir regiert zu werden, weil ich mir großen Ruhm erworben und dem Vaterland bedeutende Dienste erwiesen habe, aber sie wird einwenden, dass sie sich nicht einer Familie veräußert habe. Soll ich den Konsul Cambacérès dafür bezeichnen? Wird er den Mut in sich fühlen, dies auf sich zu nehmen? Es genügt nicht nur, dass man das Recht habe, seinen Nachfolger zu bestimmen, sondern das Schwerste ist, ihn zu bestimmen, und ich kenne niemand, der die nötigen Eigenschaften besäße und den das Volk möchte.‹[1] Da waren sie ebenso betreten wie ich. Man glaubte, Joseph dränge mich dazu.«

Thibaudeau: »Nein, sondern Lucien, und dieser Gedanke erschreckte ein wenig.«

Bonaparte: »Meine Brüder haben ihr Vermögen, und sie verlangen nichts mehr, als dasselbe in Ruhe zu genießen.«

Thibaudeau: »Kurz und gut, die Erwartung irgendwelcher Ereignisse ruft überall die größte Besorgnis und ein gewisses Unbehagen hervor. Es würde vielleicht unangebracht gewesen sein, diese Lage noch hinauszuziehen.«

Bonaparte: »Was wollen Sie? Man verlangt Garantien für die Nation: Man will große, aus großen Männern zusammengesetzte Körperschaften auf Lebenszeit, womöglich erblich. Wenigstens habe ich wie Sie so etwas in der Gesellschaft gehört. Es ist aber darüber noch nichts eröffnet worden.«

Thibaudeau: »Das ist nun schon die vierte Verfassung seit 12 Jahren! Wenn man auch die noch ändert, wohin soll das führen? Unbeständigkeit ist immer ein großer Nachteil, selbst wenn man glaubt, etwas besser zu machen. Wenn man der Neuerungssucht keinen Einhalt tut, wird man bald zu nichts mehr Vertrauen haben.«

Bonaparte: »Allerdings; es wäre viel besser, der gegenwärtigen Verfassung mehr Aufmerksamkeit zu schenken. Übrigens sage ich Ihnen: Ihre großen Körperschaften werden wie alle andern Einrichtungen sein; sie besitzen kein unumschränktes Wohlwollen, ihr Erfolg hängt von Menschen ab, und da nichts veränderlicher ist als deren Meinungen und Leidenschaften, so wird ihnen das, was Sie im Prinzip gut zu machen glaubten, binnen sechs Monaten verabscheuungswürdig erscheinen, be-

---

1 Diese Frage war zwischen den drei Konsuln und Talleyrand verhandelt worden. Der Erste Konsul nannte die drei Namen: Cambacérès, Lucien und Moreau, von denen er die beiden letzten nicht wünschte. Talleyrand war sehr für die Bestimmung eines Nachfolgers.

sonders bei einem Volk wie die Franzosen. In England ist die Majorität des Parlaments immer dieselbe in einer Sitzungsperiode; in Frankreich wechselt sie täglich. Bezeichnen Sie mir doch Ihre zwei- bis dreihundert Leute, die eine Körperschaft bilden sollen; Sie werden sehen, dass es viele darunter gibt, an denen etwas auszusetzen ist. Es sind die Männer von 91, die wieder heraufkommen wollen: Roederer, Mounier und andere. Man wird große Körperschaften aus allen diesen Männern, aus Lafayette, Latour-Maubourg u. a. bilden! Gut! Gerade die beiden letzten haben mir wegen des Konsulats auf Lebenszeit geschrieben, dass sie ›ja‹ sagten unter der Bedingung, dass die Pressefreiheit wieder eingerichtet werde. Und nun urteilen Sie, was man von Männern zu hoffen hat, die immer auf ihrer Metaphysik von 89 herumgeritten sind! Die Pressefreiheit! Ich brauchte sie nur wiederherzustellen und hätte sofort 30 royalistische und ein paar jakobinische Zeitungen! Ich müsste dann noch immer mit der Minderheit regieren, mit einer Partei, und die Revolution würde von Neuem beginnen, während doch all mein Streben darauf gerichtet ist, mit dem Volk zu regieren. Und dann würde auch die Meinung dieser Herren, dieser Großgrundbesitzer gegen die Revolution sein; sie haben mehr oder weniger darunter gelitten und empfinden gegen alles, was mit der Revolution zusammenhängt, einen maßlosen Schrecken. Ich höre sie täglich. Da, sehen Sie: Es wird mir in diesem Augenblick eine Denkschrift von sechs Zuckersiedern vorgelegt. Gut, der Zucker ist eine Schmähung der Revolution, eine fortwährende Reaktion; man glaubt, ich liebäugle mit ihm. Würde ich also den großen, auf diese Weise zusammengesetzten Körperschaften eine Konskription oder Kontributionen vorschlagen, so würden sie Widerspruch erheben und die Interessen des Volkes vorbringen. Hätte ich bei schwierigen Gelegenheiten eine kräftige Maßnahme nötig, so würden sie Angst haben und mich aus Feigheit im Stich lassen. Bringe ich den revolutionären Prinzipien Widerspruch entgegen, so ist das nicht weiter gefährlich, denn das Volk wird sich nicht dafür begeistern. Setzten jedoch diese großen Körperschaften der Revolution Widerstand entgegen, so würden sie das ganze Volk auf ihrer Seite haben. Sie würden ganz willkürlich herrschen und mir heute den und morgen den Minister denunzieren. Wenn sich heute eine Intrige gegen einen Minister anspinnt, lasse ich die Leute reden und gehe meinen eigenen Weg. Die Regierung darf nicht tyrannisch sein, denn sie wäre es nicht ungestraft. Es ist jedoch ganz unmöglich, dass sie nicht einige willkürliche Handlungen begeht. Ich habe 200 gefangene Chouans: Ich lasse über sie Gericht halten, man spricht sie frei!«

Thibaudeau: »Sie werden leicht begreifen, dass ich Ihre Meinung über die Menschen vollkommen teile, und ich versichere Sie, dass das allgemeine Interesse und das Ihre mit dem meinen darin übereinstimmen. Es liegt mir fern, etwas über die Männer von 91 noch über die von 93 zu sagen. Jede Epoche hatte ihr Gutes und Schlechtes. Ich spreche nur von den Männern der Revolution, und darüber ist es leicht, sich zu verständigen. Man weiß, was sie im Großen und Ganzen bedeuten. Nur sie sind imstande, Ihr Werk und die große Veränderung, die es in den Ideen Frankreichs und Europas hervorgebracht hat, zu verteidigen. Nur sie sind Ihre wahren Freunde, denn Sie sind einer der ihrigen und ihre stärkste Stütze. Die Privilegierten jedoch sind unversöhnlich. Wohl werden sie Stellungen annehmen, denn sie wünschen nichts mehr als das, werden sich verstellen, geschmeidig und kriechend sein, denn das ist ihr Beruf; sobald aber eine Katastrophe eintritt, werden sie ihren wahren Charakter zeigen und Sie ihren früheren Götzenbildern opfern. Sie werden Sie niemals als Ihresgleichen betrachten!«

Bonaparte: »Ich weiß wohl, jene Leute und die auswärtigen Kabinette hassen mich mehr als Robespierre …«

Thibaudeau: »Hinsichtlich der nationalen Garantien weiß ich nicht recht, was man damit sagen will. Ich kenne keine andern als ein gutes Repräsentativsystem der nationalen Interessen, in dem die öffentliche Meinung und die Bedürfnisse ausgesprochen werden können, ohne dadurch die Regierung zu erschüttern noch ihrer Tätigkeit zu schaden. Die Einrichtungen folgen nach und nach, diesen Bedürfnissen und dieser Meinung entsprechend. Ich weiß, die gegenwärtige Verfassung ist durchaus nicht vollkommen. Heftige Erschütterungen sind stets ärgerlich ...«

Bonaparte: »Das alles hat Sieyès getan; ein Hohlkopf, ein mittelmäßiger Mensch! Ich war so schwach und ließ ihn die Gesetzgebende Körperschaft organisieren; glücklicherweise beschäftigte ich mich mehr mit der Regierung. Er wollte seinen Großwahlherrn in Versailles mit 6 Millionen Einkommen residieren lassen. Ich aber sagte ihm: ›Glauben Sie etwa, dass das Volk mit Vergnügen sähe, wenn ein Schwein so viel ausgäbe, ohne etwas zu tun?‹ Und seine beiden Konsuln: der eine fürs Innere, der andere fürs Äußere! Auch darauf antwortete ich ihm: ›Und wenn ich Großwahlherr wäre, der das Recht hätte, zu ernennen und abzusetzen, glauben Sie wohl, dass sie etwas ohne meine Zustimmung zu machen wagten?‹ Der Senat hat einen Fehler begangen; er hat nicht genug zu tun. In Frankreich liebt man es nicht, gutbezahlte Leute zu sehen, die weiter nichts tun als ein paar schlechte Wahlen treffen. Regnault war einer von denjenigen, die am lautesten schrien, dass die stärkste Stütze der Nation der Senat sei; dazu hätte man ihm jedoch andere Befugnisse erteilen müssen.«

Thibaudeau: »Diesem Fehler könnte abgeholfen werden, indem man den Senat wirklich nützlich in dem Repräsentativsystem verwendete.«

Bonaparte: »Möchten Sie ein Oberhaus?«

Thibaudeau: »Mir wäre es lieber als nichts, und der Senat ist nichts.«

Bonaparte: »Sehen Sie wohl, man kann die Dinge nicht lassen wie sie sind. Es ist besser, man bessert das Gebäude sofort aus, als dass man wartet, bis es ganz zusammenfällt.«

Thibaudeau: »Wenn Sie das denken, so wird es geschehen; nur handelt es sich darum, zu wissen, wie.«

Bonaparte: »Ja, das ist die Frage. Haben Sie irgendwelche Ideen darüber?«

Thibaudeau: »Ich bitte mir ein paar Tage Bedenkzeit aus.«
Bonaparte: »Sie werden sie mir unterbreiten.«
Thibaudeau: »Gestatten Sie mir, ganz frei und offen zu sprechen?«
Bonaparte: »Das ist selbstverständlich.«

Comte A. C. Thibaudeau, Mémoires sur le consulat.

Der Erste Konsul und der
Polizeiminister Fouché in Paris, August 1802

Das Konsulat auf Lebenszeit fand bei dem französischen Volk nicht ungeteilten Beifall. Viele, besonders die eifrigen Republikaner sahen darin eine Gefahr für die Freiheit, die sie erst mühsam errungen. Und diese Stimmung machte sich besonders am 15. August 1802, der Feier des Tages der Geburt Napoleons bemerkbar. An diesem Tag fand ein großes Dankfest statt, dafür, dass Gott in seiner unendlichen Güte Frankreich einen Mann gegeben hatte, der gesonnen war, sein ganzes Leben hindurch die Staatsmacht auf seine Schultern zu nehmen.

Gleichzeitig hatte ein Senatsbeschluss vom 6. August dem Ersten Konsul die Befugnis erteilt, dem Senat zu präsidieren. Am 21. August begab sich daher Bonaparte in Begleitung seiner beiden Kollegen Lebrun und Cambacérès, seiner Minister und des Staatsrats im prunkvollen Zug nach dem Luxembourgpalast. Von den Tuilerien bis zum Luxembourg standen die Truppen in Paradeuniform Spalier. Aber merkwürdig, der Zug wurde weder auf dem Hin- noch auf dem Herweg mit Beifalls- und Freudenrufen von Seiten des Volkes begrüßt, trotz der Bemühungen des Ersten Konsuls und besonders seiner Brüder, die nach allen Richtungen hin grüßten. Dieses stumme Schweigen der Menge verletzte den Ersten Konsul aufs Tiefste. Vielleicht erinnerte er sich bei dieser Gelegenheit des Grundsatzes: Das Schweigen der Völker ist eine Lehre für Fürsten!

Er verfehlte natürlich nicht, diesen frostigen Empfang dem Ungeschick der Verwaltung und der geringen Begeisterung seiner Anhänger zuzuschreiben, und ließ seinen Ärger vor allen Dingen an Fouché aus, dem er vorwarf, die Gemüter nicht genügend vorbereitet zu haben. Dieser hatte jedoch vorher strikten Befehl erhalten, keine künstliche Begeisterung hervorzurufen. Er verteidigte sich daher, als ihn der Erste Konsul rufen ließ, und sagte:

»Trotz der Verschmelzung von Galliern und Franken sind wir doch immer dasselbe Volk geblieben; wir sind noch immer die alten Gallier, von denen man sagte, dass sie weder die Freiheit noch die Unterdrückung ertragen konnten.«

»Was wollen Sie damit sagen«, erwiderte Bonaparte lebhaft.

»Dass die Pariser in den letzten Verfügungen der Regierung den gänzlichen Verlust der Freiheit und eine zu sichtliche Neigung zur absoluten Gewalt zu erblicken glaubten.«

»Ich würde nicht sechs Wochen in dieser Friedenszeit regieren«, entgegnete Napoleon, »wenn ich, anstatt der Herr, nur ein Schatten von einem Machthaber wäre.«

»Aber«, wandte Fouché ein, »seien Sie zugleich väterlich, human, stark und gerecht, und Sie werden leicht wieder das erobern, was Sie verloren zu haben scheinen.«

»In der sogenannten öffentlichen Meinung liegt viel Seltsamkeit und Laune«, sagte der Erste Konsul; »ich werde sie besser machen.« Und darauf wandte er Fouché den Rücken.

Kurze Zeit nach dieser Unterredung ward von der Regierung beschlossen, das Polizeiministerium, das seit der Einrichtung des Konsulats auf Lebenszeit als unnütz und gefährlich betrachtet wurde, abzuschaffen. Man kam zu dem Schluss, dass es unpolitisch sei, eine so große Macht in den Händen eines einzigen Mannes zu lassen und dass das Polizeiministerium lieber mit dem der Justiz zu vereinigen sei. Fouché war auf seine Verabschiedung vorbereitet und nicht besonders überrascht, als ihm der Erste Konsul in einer Audienz sagte:

»Herr Fouché, Sie haben der Regierung gute Dienste geleistet; sie wird sich nicht auf die Ihnen zuerkannte Entschädigung beschränken, denn von heute ab zählen Sie zu den Mitgliedern des ersten Staatskörpers. Nur mit Bedauern trenne ich mich von einem so verdienstvollen Mann wie Sie, aber Europa musste bewiesen werden, dass ich mich aufrichtig einer friedlichen Politik hingebe und mich auf die Liebe der Franzosen stütze. In der von mir bestimmten neuen Anordnung ist die Polizei nur noch ein Zweig des Justizministeriums, und dort können Sie keine Ihnen angemessene Rolle spielen. Seien Sie jedoch versichert, dass ich weder auf Ihren Rat noch auf Ihre Dienste verzichte. Es handelt sich hier durchaus nicht um eine Ungnade, und hören Sie nicht auf das Geschwätz in den Salons des Faubourg Saint-Germain noch auf das in den Kneipen, in denen sich die ehemaligen Klubredner versammeln, über die Sie sich so oft mit mir lustig gemacht haben.«

Nachdem der Polizeiminister ihm für die Beweise seiner Zufriedenheit gedankt, verhehlte er ihm nicht, dass ihn die getroffenen Veränderungen durchaus nicht erstaunten und ihm nicht überraschend kämen.

»Was!«, rief da Napoleon, »Sie haben es geahnt?«

»Ohne jedoch ganz gewiss zu sein«, antwortete Fouché; »durch gewisse Hinweise und die mir zu Ohren gekommenen Tuscheleien war ich darauf vorbereitet.« Darauf bat er um die Erlaubnis, dem Ersten Konsul seine Beobachtungen über die gegenwärtige Lage in einer Denkschrift niederlegen zu dürfen.

»Teilen Sie mir alles mit, was Sie wollen, Bürger Senator«, sagte Bonaparte; »alles, was von Ihnen kommt, wird stets meine Aufmerksamkeit auf sich ziehen.« Und er gewährte ihm eine Audienz für den nächsten Tag, bei welcher Fouché ihm das Memoir vorlegen sollte.

Zur festgesetzten Stunde erschien der verabschiedete Polizeiminister beim Ersten Konsul, der mit sichtlichem Interesse das Schriftstück entgegennahm. Darauf unterbreitete Fouché ihm eine Abrechnung seiner geheimen Verwaltung, und als Bonaparte mit Erstaunen sah, dass sein Minister einen ungeheuren Reservefonds von beinahe 2 400 000 Franken hatte, rief er aus:

»Bürger Senator, ich werde freigebiger und gerechter sein als Sieyès gegen den armen Roger-Ducos[1], als sie sich in die Kasse des sterbenden Direktoriums teilten. Behalten Sie die Hälfte der Summe, die Sie mir übergeben; es ist nicht zu viel als Zeichen meiner persönlichen Zufriedenheit mit Ihnen. Die andere Hälfte soll der Kasse meiner Privatpolizei überwiesen werden, die dank Ihrer weisen Ratschläge noch größeren Aufschwung nehmen wird und für die ich Sie oft um Ihre Ideen bitten werde.«

Fouché verließ den Ersten Konsul lebhaft berührt von so viel Liebenswürdigkeit.

Mémoires de Joseph Fouché.

---

[1] Sieyès war sehr geizig und habsüchtig. Als das Direktorium gestürzt worden war, machte er den Ersten Konsul darauf aufmerksam, dass in einem Pult 800 000 Franken lägen, die für den Fall aufgehoben worden seien, dass ein Direktor plötzlich verabschiedet würde und ohne einen Pfennig ins Privatleben zurückkehren müsse. Er schlug Bonaparte indirekt vor, diese Summe mit ihm zu teilen, aber Napoleon schlug es kalt ab und gab ihm den Rat, sie mit Roger-Ducos zu teilen. Sieyès ließ sich das nicht zwei Mal sagen, gab jedoch Ducos nur 200 000 Franken, während er den Rest für sich behielt.

Der Erste Konsul und der englische Gesandte Lord Whitworth in Paris, 18. Februar 1803

Der Bruch des Friedens von Amiens, der durch die Erklärung Georgs III. im Unterhaus, dass die Sicherheit Englands durch Frankreich bedroht sei, am 8. März 1803 zur Gewissheit wurde, stand vor der Tür, und die Beziehungen beider Mächte waren äußerst gespannt. Am 18. Februar 1803 befahl der Erste Konsul den englischen Gesandten, Lord Whitworth, zu einer Audienz, während welcher er mit ihm folgende lebhafte Unterhaltung hatte, die der Gesandte in einer Depesche an Lord Liverpool berichtet:

Meine letzte Depesche, in der ich Ihnen über meine Zusammenkunft mit Herrn von Talleyrand berichtete, war kaum fort, als ich durch ein Billet von ihm benachrichtigt wurde, dass der Erste Konsul mich zu sprechen wünsche und mich um 9 Uhr in den Tuilerien empfangen wolle. Er empfing mich in seinem Arbeitszimmer mit ziemlicher Höflichkeit und lud mich, nachdem er einige Minuten über verschiedene Gegenstände gesprochen, zum Sitzen ein. Er setzte sich gleichfalls an der gegenüberliegenden Seite des Tisches nieder, auf den er beide Ellenbogen stützte, und begann. Er sagte, er halte es nach allem, was zwischen mir und Herrn von Talleyrand vorgegangen, für nötig, mir in der denkbar klarsten und richtigsten Weise seine Ansichten zu wissen zu tun, damit ich sie Seiner Majestät mitteilen könne. Er meinte, dies würde durch ihn selbst besser geschehen können als durch irgendeine andere Mittelsperson. Für ihn, sagte er, sei besonders das ein Gegenstand großer Ärgernis, dass der Frieden von Amiens, anstatt Versöhnung und Freundschaft herbeigeführt zu haben, die doch die natürlichen Folgen des Friedens wären, nur eine immer mehr zunehmende Eifersucht und beständiges Misstrauen hervorgerufen habe. Und dieser Argwohn sei jetzt so weit gediehen, dass man unbedingt zu einer Aufklärung kommen müsse.

Darauf zählte er die verschiedenen Herausforderungen auf, die, wie er behauptete, England ihm gemacht habe. In erster Linie erwähnte er unsere Nichträumung von Malta und Alexandrien, zu der wir durch den Vertrag gezwungen wären. Hinsichtlich dieser beiden Punkte, meinte er, könne ihn nichts auf der Welt dazu bestimmen, auf sie zu verzichten; und lieber sähe er uns im Besitz des Faubourg Saint-Antoine als im Besitz von Malta. Darauf kam er auf die in den englischen Zeitungen gegen ihn verbreiteten Beschimpfungen zu sprechen. Er sagte indes, er mache sich weniger daraus als aus den Beleidigungen, die gegen ihn in den in London erscheinenden französischen Blättern veröffentlicht würden, besonders in einem, das von Lord Pelham bestochen würde. Diese Blätter betrachte er als weit gefährlicher, weil sie das Land gegen ihn und seine Regierung aufhetzen könnten. Er beklagte sich über den Schutz, den man Georges und Konsorten gewährte, die, anstatt nach Kanada geschickt zu werden, sich in England aufhielten und noch dazu reich pensioniert würden, obgleich sie täglich an den Küsten und im Innern von Frankreich aller Art Verbrechen begingen. Als Beweis dafür erzählte er mir, dass kürzlich zwei Männer in der Normandie verhaftet worden und jetzt auf dem Weg nach Paris seien. Sie wären nichts anderes als bezahlte Verbrecher, die im Dienst des Bischofs von Arras, des Barons von Rolle, Georges Cadoudals und Duteilles ständen, wie das in dem angestrengten Prozess gegen sie bewiesen und der ganzen Welt kundgegeben würde. Er gestand, dass sich seine Entrüstung gegen England täglich vergrößere, weil der Wind, der von England herwehe – ich bediene mich soviel wie möglich seiner eigenen Ausdrücke – nichts anderes brächte als Feindschaft und Hass gegen ihn.

Nachher ging er auf Ägypten zurück und sagte, dass wenn er nur die leiseste Neigung gefühlt hätte, das Land mit Gewalt zu erobern, er dies vor einem Monat getan haben würde, indem er nach Abukir 25 000 Mann schickte, die sich trotz der in Alexandrien befindlichen 4000 Engländer des ganzen Landes bemächtigt haben würden. Anstatt dass diese Garnison Ägypten beschützte, lieferte sie ihm (Napoleon) nur einen Vorwand zu einem Einfall in das Land. Er habe es aber nicht getan, wie sehr er auch wünschte, Ägypten als Kolonie zu besitzen, denn er halte es nicht der Mühe wert, einen Krieg zu wagen, in welchem er vielleicht als der Angreifende betrachtet werden und mehr verlieren als gewinnen könne. Früher oder später würde ja Ägypten sowieso, entweder durch den Fall des türkischen Reichs oder durch eine andere Vereinbarung mit der Pforte, Frankreich zufallen.

Als Beweis seiner friedlichen Absichten wünschte er von mir die Vorteile zu wissen, die für ihn aus einem Krieg mit England entständen. Das einzige Mittel, uns zu schaden, sei eine Landung, und er sei entschlossen gewesen, sich selbst an die Spitze dieser Expedition zu stellen. Aber wie könne man annehmen, dass er, nachdem er zu der Höhe gelangt, auf der er sich jetzt befände, nachdem er sich selbst vom einfachen Offizier zum Oberhaupt des mächtigsten Landes des Kontinentes emporgeschwungen, sein Leben und seinen Ruf in einem so gewagten Unternehmen preisgeben wolle, wenn ihn nicht gerade die Notwendigkeit dazu zwänge? Er sprach sehr viel über dieses Thema, suchte jedoch niemals die in Betracht zu ziehende Gefahr zu schmälern. Er gab zu, dass sich für ihn die Aussicht auf Erfolg dieses Unternehmens wie eins zu hundert verhielte, sei aber nichtsdestoweniger entschlossen, es zu wagen, wenn ein Krieg die Folge der jetzigen Streitigkeiten sein würde. Die Disposition seiner Truppen – er hatte vielleicht die vier oder fünf Generale im Auge, die träge in seinem Vorzimmer herumstanden – sei so, dass für dieses Unternehmen Armeen auf Armeen aus dem Boden wachsen würden.

Darauf verbreitete er sich eingehend über die natürliche Stärke der beiden Länder. Frankreich mit einem Heer von 480 000 Mann – denn er sagte mir, dass es sofort auf diese Zahl gebracht werden könne –, einer Armee, die für die kühnsten Unternehmungen vorbereitet wäre; England, das durch seine Flotte, die er, wie er bescheiden hinzufügte, nicht vor Ablauf von 10 Jahren erreichen könne, Herr der Meere sei: zwei solche Länder wären wohl fähig, die Welt zu regieren, wenn sie in gutem Einvernehmen lebten. Sie könnten sie aber auch durch ihre Streitigkeiten umstürzen. Er fügte hinzu, dass wenn er nicht bei jeder Gelegenheit seit dem Frieden von Amiens den Hass Englands herausgefühlt hätte, er nichts unterlassen haben würde, was seine versöhnenden Absichten bewiesen hätte, z. B. die Teilung in die Entschädigungen sowohl als in den Einfluss auf dem Kontinent, Handelsverträge, kurz alles, was seine freundschaftlichen Gesinnungen bewiese. Nichts jedoch hätte den Hass der britischen Regierung besiegen können, und so wäre man jetzt auf dem Punkt angelangt, wo man sich zwischen Krieg oder Frieden entscheiden müsse. Zur Aufrechterhaltung des Friedens sei die Erfüllung des Vertrags von Amiens unbedingt nötig, die von der Presse verbreiteten Verleumdungen müssten, wenn nicht ganz unterdrückt, so doch wenigstens in Schranken gehalten und auf die englischen Zeitungen beschränkt werden. Die so öffentlich seinen grausamsten Feinden – Anspielung auf Georges und Genossen – bewilligte Protektion müsse man ihnen entziehen. Um Krieg zu haben, genüge es, ihn zu erklären und die Erfüllung des Vertrags von Amiens zu verweigern.

Darauf hielt er in Europa Umschau, um mir zu beweisen, dass es, wie die Dinge jetzt lägen, keine einzige Macht gäbe, mit der wir uns verbünden könnten, um mit Frankreich Krieg zu führen. Infolgedessen läge es in unserm eigenen Interesse, Zeit zu gewinnen und, wenn wir glaubten, Vorteil daraus zu ziehen, den Krieg erst dann wieder zu beginnen, wenn uns die Umstände günstiger wären. Er sagte, es wäre durchaus unrichtig, wenn man vermutete, dass er sich über alle Meinungen seines Landes und Europas für erhaben betrachte. Er wolle sich weder der Gefahr aussetzen, Europa durch einen Gewaltakt gegen sich zu vereinigen, noch wäre er selbst so mächtig in Frankreich, als dass er die Nation von der Notwendigkeit dieses Krieges anders als durch gute Gründe überzeugen könne. Ferner sagte er, dass wenn er die Bewohner Algeriens nicht gehörig bestraft hätte, dies nur nicht geschehen wäre, um nicht die Eifersucht der andern Mächte zu erwecken, aber er hoffe, dass England, Russland und Frankreich eines Tages in ihrem eigenen Interesse fühlen würden, wie notwendig es sei, ein solches Räubernest zu zerstören und die Bewohner zu zwingen, ihren Unterhalt durch Ackerbau und nicht durch Räuberei zu bestreiten.

In dem Wenigen, das ich ihm sagte – denn er ließ mich während des zweistündigen Gesprächs nur sehr wenig zu Wort kommen –, beschränkte ich mich durchaus auf die Instruktionen Eurer Lordschaft. Er wiederholte, wir müssten schon allein dadurch von seiner Friedensliebe überzeugt sein, dass ihm einerseits eine Erneuerung des Krieges sehr wenige Vorteile biete und er sich anderseits mit großer Leichtigkeit Ägyptens hätte bemächtigen können, und zwar mit denselben Schiffen und denselben Truppen, die jetzt vom Mittelmeer nach San Domingo abgingen. Und dies wäre mit der Billigung von ganz Europa geschehen, ganz besonders aber im Einverständnis mit den Türken, die ihn zu wiederholten Malen aufgefordert hätten, sich mit ihnen zu verbinden, um uns zur Räumung ihres Territoriums zu zwingen.

Hinsichtlich des Misstrauens und der Eifersucht, die, wie er behauptet, sich seit dem Friedensschluss von Amiens täglich verschlimmert hätten, bemerkte ich, dass nach einem so langen, mit so großem Hass und auf eine Art und Weise geführten Krieg, von der die Geschichte kein Beispiel kennt, ganz natürlicherweise eine bedeutende Erregung noch lange anhielte, dass aber dieser gereizte Zustand sich wie die Wellen nach dem Sturm nach und nach beruhige, wenn er nicht von der Politik einer der beiden Parteien unterstützt würde. Ich wolle nicht mit Bestimmtheit behaupten, wer der Anstifter im Krieg der Schmähschriften gewesen sei, über den er sich beklage und der noch immer bestehe, aber so viel müsse man wohl bedenken, dass dieser Federkrieg in England von der Regierung unabhängig geführt würde, während sich in Frankreich die Regierung selbst damit befasse. Ich fügte hinzu, es müsse zugegeben werden, dass wir gegen Frankreich Gründe zum Misstrauen hätten, die man gegen uns nicht vorbringen könne. Darauf führte ich die Vergrößerung des Gebiets und des Einflusses an, die sich Frankreich seit dem Friedensschluss verschafft habe, als er mich mit den Worten unterbrach:

»Ich vermute, Sie meinen Piemont und die Schweiz? Das sind Kleinigkeiten. Das hätten Sie voraussehen müssen, als die Unterhandlungen im Gange waren; heute haben Sie nicht mehr das Recht, darüber zu sprechen.«

Ich hätte meine Argumente weiter verfolgen sollen, aber ich sah, er verlor die Geduld, und dachte, es sei besser, sie noch ein wenig länger aufrecht zu erhalten. Ich führte daher als Grund des Misstrauens und Neides die Tatsache an, dass es keinem Untertan seiner britischen Majestät möglich wäre, in Frankreich Gerechtigkeit oder eine Art Genugtuung zu erlangen. Er fragte mich, inwiefern, und ich antwortete, dass seit der Unterzeichnung des Friedens nicht die geringste Rücksicht auf die Gesuche oder Bittschriften der in Frankreich lebenden Engländer genommen worden, während bei uns den Franzosen, die sich in derselben Lage befanden, Genugtuung gegeben worden sei. Solche Zustände, sagte ich, seien nicht geeignet gewesen, Vertrauen einzuflößen, sondern müssten im Gegenteil Misstrauen hervorrufen.

»Das«, erwiderte er, »muss den Schwierigkeiten zugeschrieben werden, die natürlicherweise stets bei solchen Angelegenheiten eintreten, in denen beide Parteien recht zu haben glauben.«

Es folgte noch vieles über denselben Gegenstand, worauf sich Napoleon, nachdem er während der zwei Stunden fast ganz allein gesprochen hatte, sichtlich gut gelaunt zurückzog.

England and Napoleon in 1803. Despatches of Lord Whitworth and others. Edited by O. Browning.

Der Erste Konsul und Graf Markoff
in Paris, Mai 1803

Die Sektion des Innern hatte dem Staatsrat einen Gesetzesentwurf vorgelegt, der die Einsetzung von Generalpolizeikommissaren in Brest und Toulon betraf; sie bevorzugte in den Häfen Polizeiinspektoren ohne öffentlichen Charakter. Bonaparte jedoch war nicht derselben Meinung, sondern wünschte Beamte, die alle Vollmacht hatten, ihre Macht auszuüben. Hatte er doch gesagt: »Kein Engländer darf, und sei es auch ein Lord oder selbst ein Gesandter, sich unsern Häfen nähern.« Um diese Zeit ward das Gerücht von einem nahen Krieg mit England immer bestimmter. Bei der Audienz vom 11. Floréal 1803 sprach der Erste Konsul ganz offen darüber. Der englische Gesandte war nicht zugegen, nur der Gesandtschaftssekretär und einige Privatpersonen seiner Nation. Als sich die Gesandten zurückgezogen hatten, unterhielt Bonaparte sich mit dem Grafen Markoff über eine Stunde lang und sagte:

»Da die Engländer uns zwingen wollen, nach langem Zögern diesen gewagten Entschluss zu fassen, so werden wir es tun. Sie können uns wohl ein paar Schiffe, ein paar Kolonien nehmen, aber ich werde Schrecken in London verbreiten und ihnen vorhersagen, dass sie blutige Tränen über diesen Krieg vergießen werden. Die Minister haben den König Europa gegenüber zur Lüge veranlasst. Es fanden keine Rüstungen in Frankreich statt. Es ist keinerlei Unterhandlung angeknüpft worden. Sie haben mir nicht eine einzige Note überreicht. Lord Whitworth konnte nicht anders als dies einräumen. Und doch sucht eine Regierung mithilfe so niedriger Unterschiebungen die Leidenschaften herauszufordern! Seit zwei

Monaten leide ich unter den Frechheiten Englands. Ich wollte das Maß seines Unrechts voll werden lassen; die Engländer nahmen das für Schwäche und wurden immer zudringlicher. Es ging so weit, dass der Gesandte zu sagen wagte: ›Tun Sie das, oder ich reise in acht Tagen ab!‹ Spricht man so zu einer großen Nation? Man antwortete ihm: ›Schreiben Sie, und man wird Ihre Bemerkungen der Regierung unterbreiten.‹ – ›Nein‹, meinte er, ›ich habe Befehl, es mündlich auszurichten.‹ Ist das nicht eine unerhörte Art zu unterhandeln? Sie irren sich, wenn sie meinen, sie können einer Nation von 40 Millionen Menschen Gesetze vorschreiben! Sie haben geglaubt, ich fürchtete den Krieg um meiner Autorität willen. Wenn es sein muss, werde ich 2 Millionen Mann haben. Das Ergebnis des ersten Krieges war die Vergrößerung Frankreichs durch Belgien und Piemont; das Resultat dieses Krieges soll die Befestigung unseres Föderativsystems sein. Zwei große Nationen können nur durch die Gerechtigkeit und die genaue Beobachtung der Verträge miteinander verbunden sein. Und die Nation, der gegenüber man die Verträge bricht, darf das nicht dulden, wenn sie sich nicht erniedrigen will. Ist sie einmal davon abgewichen, so ist sie von der andern abhängig. Für das französische Volk wäre es besser, ein Lehnsvolk zu sein und in Paris den Thron des Königs von England zu errichten, als dass es sich unter die willkürlichen Launen dieser Regierung beugte. Eines Tages würden sie den Gruß unserer Schiffe fordern, ein andermal unsern Seeleuten verbieten, über diese oder jene Breite hinauszusegeln. Heute sogar sehen sie mit Neid, dass wir unsere Häfen baggern und unsere Marine wieder vervollständigen; sie beklagen sich und verlangen Garantien. Vor einigen Tagen fuhr der Konteradmiral Lesseigues Malta an; er hatte zwei Fahrzeuge und fand dort fünfzehn englische Schiffe vor. Sie wollten ihn zum Gruß zwingen, aber Lesseigues weigerte sich, wofür er ein paar Beleidigungen einstecken musste. Wenn er nachgegeben hätte, würde ich ihn auf einem Esel reitend haben spazieren führen lassen, denn das ist schimpflicher als die Guillotine. Und wenn man unser Verhalten erfahren wird, so bin ich sicher, dass es keinen

Winkel in Europa gibt, dessen Zustimmung wir nicht hätten. Als England Frieden schloss, glaubte es, wir würden uns im Innern zerfleischen und die Befehlshaber würden Unruhe in Frankreich stiften. Die Engländer mochten so viel sie wollten intrigieren: Es war alles vergebens! Ein jeder war nur damit beschäftigt, seine Verluste wiedergutzumachen. Ein wenig früher, ein wenig später müssen wir Krieg haben! Und es ist besser, wir führen ihn jetzt, da unser Seehandel noch nicht wiederhergestellt ist.«

Diese Unterhaltung, an der nur einige Senatoren wie Laplace und Bougainville teilnahmen, währte eine Stunde lang. Am 12. kam er in einer Privataudienz nochmals auf denselben Gegenstand zurück und fügte hinzu:

»Die Engländer haben keine Allianz auf dem Kontinent. Der Wiener Hof ist mit ihrem Benehmen sehr unzufrieden. Der Kaiser hat das nach London und Paris geschrieben; aber das englische Ministerium ist aus Einfaltspinseln zusammengesetzt. Nicht ein einziger Mann ist darin, mit dem man sich verständigen könnte!«

Comte A. C. Thibaudeau, Mémoires sur le consulat.

Der Erste Konsul und der preussische Gesandte Lombard in Brüssel, Juli 1803

Der preußische Gesandte J. W. Lombard hatte am 23. Juli 1803 in Brüssel mit dem Ersten Konsul eine Unterredung[1], während welcher er Bonaparte einen Brief Friedrich Wilhelms III. übergeben sollte. In diesem Brief drückte der König von Preußen den Wunsch aus, dass der Druck, der durch die Anwesenheit der französischen Truppen auf dem niedersächsischen Kreis lastete, bald erleichtert werde. Außerdem sollte Lombard den Ersten Konsul über seine Absichten hinsichtlich der Besetzung Hannovers ausholen. Bonaparte gab ihm wohl beruhigende Versicherungen für Preußens Zukunft, aber keine Genugtuung für die Gegenwart. Lombard schrieb darüber seinem König:

Nach verschiedenen persönlichen Fragen über Eure Majestät, über die Königin und die königliche Familie öffnete General Bonaparte den Brief und las ihn in meiner Gegenwart. Hierauf trat er etwas näher zu mir und sagte:

»Sie haben mir vielleicht noch einige Aufklärungen hinsichtlich dieses Briefes zu geben, wollen Sie?«

Ich ging sofort auf die Interessen Preußens in den nordischen Angelegenheiten, auf die doppelte Übertretung, die sich Frankreich gegen die Gesetze der Neutralität erlaubt hatte, ein, und je mehr seine vertrauensvolle Miene und seine Aufmerksamkeit alles, was ich von der Heftigkeit

---

1 Lombards Sendung hatte vor allem den Zweck, zu wissen, ob Preußen rüsten solle oder nicht.

dieses außerordentlichen Mannes gehört hatte, Lügen zu strafen schien, desto feuriger sprach ich mich über die Folgen der ersten Schritte, die die Republik sich gestattet hatte, aus, ohne ihm indes zu missfallen. Ich erspare Eurer Majestät alle Einzelheiten, um desto schneller zu der Antwort zu kommen, die Bonaparte mir gab, als er sich einige Augenblicke gesammelt hatte.

»Vom Beginn meines Streites mit England an habe ich gefühlt«, sagte er, »dass die Invasion Hannovers dem König unangenehm sein würde. Vor allem liebt man weder Truppen noch Verwirrung in seiner Nachbarschaft. Ferner, obwohl Sie kein eigentliches Recht hätten, sich meinem Marsch zu widersetzen, so hatten Sie doch eine Art Anspruch darauf, sich für das Kurfürstentum zu interessieren. Die Oberherrschaft, die Sie sechs Jahre lang im Norden von Deutschland ausgeübt haben, obwohl sie von Frankreich nur während der Dauer des Krieges anerkannt war, verschaffte Ihnen eine Art historischen Anspruchs, den ich schonen musste. So habe ich mich denn auch zuerst an Sie gewandt und Sie gebeten, mit mir über den Modus der Okkupation übereinzukommen, damit die Interessen Preußens so wenig wie möglich darunter litten. Ich hegte einen Augenblick die Hoffnung, uns alle zufrieden zu sehen, aber als England die Vorschläge des Königs, die für Sie, für mich und für England selbst sehr vorteilhaft gewesen sein würden, verwarf, blieb mir nichts weiter übrig, als mein Ziel zu verfolgen. Wenn ich dies getan habe, ohne Sie ein zweites Mal darauf aufmerksam zu machen, so will ich Ihnen natürlich gern den Grund dafür sagen. Sie waren übelgelaunt; ich merkte das aus dem ersten Brief des Königs, kurz aus allem, was von Berlin kam. Ich vermied es geflissentlich, Ihnen ein zweites Mal Gelegenheit zum Unwillen zu geben, aber indem ich dies tat, überlegte ich mir ganz genau, was bei dieser Besetzung Seiner Majestät nicht missfallen könne. Um keine Wolke des Unfriedens aufkommen zu lassen, lief ich Gefahr, ich gestehe es, meine Waffen bloßzustellen. Der General Mortier hatte, als er in Deutschland einzog, nicht mehr als 16 000 Mann; das war wenig gegen eine tapfere, verzweifelte Armee, und auch dann noch, als der König von England beinahe den Schauplatz mit Blut gedüngt hätte, bestand jene berühmte Reservearmee, von der man so viel gesprochen hat, nur aus 6–7000 Mann. Ich hätte Sie gleich anfangs ins Vertrauen ziehen können, und Sie hätten gewiss mit Freuden gesehen, aus welchem Grund ich meine Mittel so beschränkte; aber Sie wissen ja, wie es um das militärische Geheimnis steht. Es kam vor allem darauf an, Blut zu sparen; der Schrecken musste meinen Truppen vorausgehen, und er allein hat ihre Zahl vergrößert. Es sind heute nicht mehr Soldaten im Kurfürstentum anwesend als für die Besetzung unbedingt nötig ist.

Ich begreife und entschuldige die Aufregung, die eine Schilderhebung überall hervorrufen muss. Man kann in die Herzen der Menschheit nicht hineinsehen. Ich würde nicht erstaunt gewesen sein, wenn Sie selbst, in der Ungewissheit der Ereignisse, militärische Vorbereitungen getroffen haben würden, obwohl ich das Gefühl, das Sie davon abhielt, sehr hoch schätze. Übrigens sind meine Feinde so unermüdlich im Verbreiten eines falschen Lichts über meine Absichten, dass ich mich nicht wundere, wenn ich nicht überall auf das gleiche Vertrauen stoße. Das ist die unvermeidliche Folge großer Rüstungen. Noch zur selben Stunde lasse ich für die Expedition nach England 10 000 Kavalleriepferde kaufen. Man wird wieder schreien und sinnen, ich weiß nicht welch ungeheure Pläne ich beabsichtige. Österreich, das, wie man sagt, bereits in Italien Zusammenziehungen bewerkstelligt, hat jetzt vielleicht doppelte Angst: Unsere eigenen Zeitungen erheben die Zahl meiner Truppen in Italien bis auf 100 000 Mann! Sie sind von der Wahrheit weit entfernt, aber was tun? Ich kann weder die falschen Gerüchte noch die falschen Auslegungen verhindern. Ich habe kein anderes Ziel als das von mir verkündete. Ist man nicht so weit gegangen, zu behaupten, ich wolle Dänemark auffordern, den Sund zu schließen? Ich wäre ohne Zweifel sehr froh, wenn es dies täte, und bin allerdings überzeugt, dass, um wirklich große und energische Maßnahmen zu treffen, die Vereinigung der vier nordischen Mächte das einzige Mittel wäre, den Despotismus Englands mit einem Schlag zu zermalmen, aber das ist Ihre Sache und nicht die meinige. Ich habe kein Recht, es zu verlangen, und würde auch niemals etwas fordern, wozu ich kein Recht hätte. Von der Strenge dieses Grundsatzes habe ich mich nur einen einzigen Augenblick entfernt, und zwar in jener unglücklichen Angelegenheit von Cuxhaven, von der man viel zu viel Gerede gemacht hat … Ein elendes Nest, wo die Engländer ungestraft ihre Bedrückungen ausübten, das ich jedoch zur Deckung meiner linken Flanke gegen die Angriffe ihrer Flotte nötig hatte, war nicht der Mühe wert, dass man die Stimme erhob. Aber leider begegne ich stets einer unglücklichen Neigung, dass alles, was von mir ausgeht, falsch ausgelegt wird, während ich dies niemals gefunden habe, wenn es sich um England handelte. Es unterdrückt den Handel der ganzen Welt, aber kein Mensch sagt ein Wort. Ich besetze ein Dorf, und jedermann schreit. Meine Truppen nehmen im Königreich Neapel ihre Stellungen wieder ein, die sie nur infolge der England auferlegten Bedingungen verlassen hatten, und Russland widersetzt sich dieser vorgeblichen Übertretung! England kommt, indem es sich weigert, Malta abzutreten, der Hauptverpflichtung seines Vertrags nicht nach, und Russland macht ihm nicht den geringsten Vorwurf darüber. Welchen Wert hat Cuxhaven? Und dabei bin ich gern bereit, mich mit Ihnen zu verständigen, um auch noch diesen letzten Grund zur Unzufriedenheit aus dem Weg zu schaffen. Sobald die Engländer die Blockade der Elbe aufheben, bin ich bereit, meine Truppen aus dem Hamburger Gebiet zurückzuziehen. Aber wenigstens könnten die Mächte in ihren Vorschlägen mir gegenüber so gerecht sein, dass sie nicht immer alles von Frankreich und niemals etwas von seinem Feind verlangen. Sie sollten von diesem fordern, dass er auf die willkürliche und harte Maßnahme, die er sich gegen die Neutralen herausnimmt, verzichtet. Man lege ihm Gesetze auf, durch die das Gedeihen Europas gewinnen kann, und dann wird man sehen, ob ich im Rückstand bleibe und ob ich nicht bereit wäre, für alle die Opfer, die man meinem Rivalen abverlangt, nicht das gleiche zu tun.

Denn es sind gewiss nicht meine Stellungen an der Elbe, welche die Engländer berechtigen, so zu handeln, wie sie es tun; ich habe ihnen durchaus nicht die Elbe verschlossen, sondern ihre Entfernung vom Handel auf diesem Fluss war eine natürliche Folge der Besetzung seiner Ufer. Ich begreife nicht, wie man nur einen Augenblick denken konnte, dass die englische Flagge innerhalb der Schussweite französischer Kanonen wehen müsse, ohne dass diese ihr etwas anhaben durften. Das ist eine Sache der Ehre, und es ist ganz unmöglich, darin nachzugeben. Sie wollen mich doch nicht glauben machen, dass wenn der König von Preußen an meiner Stelle gewesen wäre, er nicht ebenso gehandelt hätte. Hier sind Wirkung und Ursache dermaßen unzertrennlich voneinander, dass es falsch ist, zu behaupten, ich habe den Engländern die Elbe verschlossen; sie im Gegenteil sind die ersten gewesen, die eine solche Absicht vermuteten, und haben die Blockade erklärt, ohne dass eine Erklärung meinerseits sie von diesen Gewässern formell ausgeschlossen hätte. Es würde nicht einmal in meiner Macht stehen, anders zu handeln. Die Truppen würden niemals mit Ruhe diese verhasste Flagge unter ihren Augen dahinziehen sehen, und trotz meiner Befehle würden die französischen Soldaten und englischen Seeleute in kurzer Zeit die Ufer mit ihrem Blut tränken. Ich begreife wohl, dass man sich zu beklagen gehabt hätte, wenn ich die Freiheit des Handels der Neutralen antasten und die Durchsuchung ihrer Schiffe oder irgendeine andere willkürliche Maßnahme hätte ergreifen wollen; aber niemals ist mir der Gedanke dazu gekommen. Wenn die Interessen Preußens unter einer Maßnahme leiden, die den Engländern als Vorwand für ihre Bedrückungen gedient hat, so darf sich der Vorwurf nicht gegen mich richten; übrigens sind das die unzertrennlichen Folgen der Kriege, unter denen die Neutralen stets indirekt zu leiden haben und die auch Frankreich erleiden müsste, wenn Preußen einen Streit hätte, der die gewöhnlichen Verbindungen der Industrie nachteilig beeinflusste. Übrigens haben Sie ja noch andere Verbindungen: Sie haben den Hafen von Emden; Sie haben die Ostseehäfen. Habe ich jemals daran gedacht, deren Schließung von Ihnen zu verlangen? Ich wäre wohl entzückt, wenn dies in Ihrer Politik läge, aber ich wiederhole: Ich habe kein Recht es zu wollen, und ich wünsche stets nur das zu tun, was sich mit der Gerechtigkeit vereinbart.«

Ich versichere Eurer Majestät die genaue Übereinstimmung dieses Berichts mit der Rede des Generals Bonaparte; was ich jedoch darin nicht wiedergeben kann, Sire, ist der gütige Ton und die edle Freimütigkeit, mit denen er stets auf seine Achtung vor Ihren Rechten und denen Ihrer Nachbarn zurückkam und mit denen er die Einwürfe seiner Feinde voraussah. Er wollte damit, Sire, in Ihrem Herzen das Vertrauen erwecken, das er so gut versteht einzuflößen.

Nach diesen Erklärungen, die ich soeben berichtet, ging der Erste Konsul zu einem heikleren Gegenstand über. Er sprach von den engeren Beziehungen, die er zwischen Preußen und Frankreich anzuknüpfen gewünscht hätte, auf die er jedoch niemals, Sire, wenn er eine Andeutung gemacht hatte, eine Antwort von Ihrer Seite erhalten. Sie haben mir zwar nicht befohlen, diesen Gegenstand zur Sprache zu bringen, aber ich hatte im Allgemeinen den Befehl, dem Ersten Konsul über die Interessen Preußens jegliche Aufklärung zu geben, die er von mir verlangte …

»Preußen«, sagte ich, »das durch sein Föderativsystem zum Schutz des Kontinentalfriedens da ist, hegt von der Republik sehr verschiedene Interessen. Diese kennt auf dem Kontinent nur zwei zu fürchtende Mächte: Preußen und Österreich, und Verbindungen mit einer von ihnen genügen ihr. Preußen hingegen, das an drei mächtige Staaten grenzt, hat mit Frankreich allein nicht genug; es braucht unbedingt Russland. Eine isolierte Politik, deren Interessen nicht mit denen seiner beiden Nachbarn übereinstimmen, die es zu fürchten hat und sich zum Freund machen muss, wäre ein sehr unvollkommenes oder gefährliches Werk.«

Ich hatte die Genugtuung, zu sehen, dass meine Freimütigkeit dem Ersten Konsul durchaus nicht missfiel. Er antwortete, es handele sich augenblicklich nur darum, sich zu versichern, dass während dieses Krieges

Frankreich nicht von einer andern Macht angegriffen werde. Wenn Österreich sich noch einmal an England verkaufte, würden wir uns durch unsere gegenwärtigen Allianzen durchaus nicht verpflichtet fühlen, die Sache Frankreichs zu ergreifen. Er hätte gewünscht, mit uns einen Pakt zu schließen, der uns nur diese Verpflichtung auferlege, und es wäre ein Leichtes gewesen, Preußen Vorteile in Aussicht zu stellen, die es für diese Last genügend entschädigten. Er drückte sich über all diese Dinge mit einer so edlen Einfachheit, einer so rührenden Hingabe aus, dass ich nicht umhin konnte ihm zu sagen:

»Ich habe nur einen Wunsch, Bürger Konsul: dem König meinem Herrn einen jeden Ihrer Sätze in demselben Ton wiederholen zu können, den Sie hineinlegen. Ich bin gewiss, er würde sich doppelt beglückwünschen über die Gerechtigkeit, die er Ihnen stets zuteil hat werden lassen.«

Der Erste Konsul verallgemeinerte hierauf die Unterhaltung und durcheilte rasch das ganze politische Gemälde Europas und seiner verschiedenen Kabinette. Und hierbei hatte ich wiederum Gelegenheit, seinen sicheren und tiefen Scharfblick, seine einfache, immer aufrichtige Ausdrucksweise zu bewundern.

»Niemand glaubt wahrscheinlich«, sagte er, »dass Malta der Grund des Krieges ist; England hat niemals mit mir mit gleichen Kräften verhandeln wollen. Seit dem Frieden suchte es mit mir Streit und wollte den Krieg um jeden Preis. Und dies beweist es noch immer durch die Art, mit welcher es die Angebote der Mediationen empfängt. Die Ihre stößt es öffentlich von sich und wollte, dass die Russlands nicht allein sich auf den Streitpunkt, sondern auf alles, was sich in Europa seit zehn Jahren ereignet hat, bezog. Urteilen Sie selbst, ob ihre Annahme nicht illusorisch bleiben muss! Aber heute ist alles in der Politik außerordentlich, und man sieht Verhältnisse, die alle Berechnungen umzustoßen scheinen. England, das von Ihnen nichts zu befürchten hat und weiß, dass Sie als kontinentale Macht Interessen haben können, die die unsern beschränken, will Sie nicht als Vermittler. Und ich will es, dass Sie es seien, ich, dem Ihre

200 000 Mann mit den 100 000 Russen vereint Gesetze auferlegen könnten, wenn Sie, nachdem Sie mir gerechte Vorschläge gemacht, mich entschlossen fänden, diese nicht anzunehmen.«

Darauf sprach er mit hoher Achtung von dem Charakter Ihres erhabenen Freundes und beklagte nur, dass seine Diener so wenig fürchteten, ganz anders zu handeln als wie er befehle. »Alexander«, sagte einer von ihnen, »hat seine Meinung, aber die Russen haben die ihrige.« – »Niemals«, sprach der Erste Konsul, »habe ich einen Russen gesehen, der preußisch oder französisch gesinnt gewesen wäre; sie sind alle englisch oder österreichisch gesinnt.«

Zum Schluss sprach er auf eine seiner würdige Weise von Preußen, von Friedrich II., von Ihnen, Sire, Ihrem Ministerium, von der Aufnahme, die alle Franzosen bei Ihnen fänden, von Ihrer herrlichen Armee, ja er ging sogar so weit, mich an die Vorteile zu erinnern, welche Ihre Truppen über die der Republik davongetragen hatten.

Preußen und Frankreich von 1795 bis 1807. Diplomatische Korrespondenzen, herausgegeben von Paul Bailleu.

Der Erste Konsul im Kreise
seiner Umgebung, 1803

Napoleon sagte oft, dass die Völker wie die Menschen ihre Krankheiten hätten und deren Geschichte nicht weniger interessant zu beschreiben sei als die Krankheiten des menschlichen Körpers. Alles, was die soziale Körperschaft in ihren Bedürfnissen, ihrem Glauben, ihren Neigungen und ihrer Unabhängigkeit angreife und störe, rufe einen Zustand von Unbehagen hervor, der sich durch Klagen ankündigt und durch einen Aufruhr entscheidet.

»Das französische Volk«, sagte er ferner, »war in seinen teuersten Interessen verletzt. Der Adel und die Geistlichkeit erniedrigten es durch ihren Hochmut und durch ihre Privilegien. Sie saugten es durch die Rechte, die sie sich über seine Arbeit anmaßten, aus. Es schmachtete lange unter dieser Last, aber endlich schüttelte es das Joch ab, und die Revolution begann. Der Sturz der Monarchie ist nur eine Folge von Schwierigkeiten gewesen, die man dem Volk entgegensetzte; er lag durchaus nicht in der Absicht der Revolutionäre.«

Napoleon betrachtete den Anteil, den jeder mehr oder weniger tätig an der Revolution genommen, als die Wirkung eines politischen Fiebers, das alle Köpfe ergriffen. Er sah darin nichts Schlechteres als in den Handlungen eines Rasenden und verzieh aller Welt, ausgenommen einigen Adligen, die, mit der Gunst des Hofes überschüttet, dazu beigetragen hatten, den Monarchen vom Thron zu stoßen. Er sah darin entweder Undankbarkeit oder niedrigen Ehrgeiz. Wohl begriff er, dass sie sich von den revolutionären Ideen hatten hinreißen lassen, aber er tadelte sie hart, dass sie noch darauf bestanden, als der Thron in Gefahr war. »Von diesem Augenblick an«, meinte Napoleon, »war ihr Ehrenplatz weder in den Klubs noch in dem Konvent, sondern in Koblenz!«[1]

Comte Chaptal, Mes souvenirs sur Napoléon.

---

1 Dem wichtigsten Zufluchtsort der Emigranten.

Der Erste Konsul, Portalis, Lebrun, Girardin und Lemercier in Paris, Januar 1804

Madame Bonaparte gab einen Ball, zu dem nur sehr wenige Leute eingeladen waren. Unter ihnen befanden sich der Präfekt Stanislaus Girardin, der Konsul Lebrun, der Staatsrat Portalis und der Senator Lemercier. Während getanzt wurde, unterhielt der Erste Konsul sich mit den ebengenannten Personen und sagte zu Portalis:

»Sind Sie eifrig bei den Arbeiten des Instituts?«[1]

Portalis: »Meine Beschäftigung gestattet mir nicht, sie mit Aufmerksamkeit zu verfolgen.«

Bonaparte: »Was macht Ihre Abteilung jetzt?«

Portalis: »Sie beschäftigt sich noch immer mit der Anfertigung des Dictionnaires und wird sich noch lange damit beschäftigen, wenn Sie nicht Ordnung schaffen.«

Bonaparte: »Was soll ich tun?«

Portalis: »Ich wünschte, Sie wären geneigt, die Verhandlungen darüber zu regeln.«

Bonaparte: »Ich, und warum?«

Portalis: »Um zu verhindern, dass die Zeit nicht mit unnützen Streitereien verloren werde.«

Bonaparte: »Möchten Sie ernstlich, dass ich mich in die Streitigkeiten der Gelehrten menge? Ich habe weiß Gott anderes zu tun.«

Portalis: »Ohne Zweifel, aber Sie wissen für alles Zeit zu finden.«

---

1 Jean Etienne Marie Portalis war Mitglied des Instituts.

Bonaparte: »Welches von den Mitgliedern Ihrer Abteilung arbeitet am meisten?«

Portalis: »Der Abbé Morellet.«

Bonaparte: »Ich höre immer von diesem Abbé Morellet sprechen; er muss schon sehr alt sein.«[1]

Lebrun: »Nicht so alt; er ist noch sehr rüstig.«

Bonaparte: »Er ist Nationalökonom?«

Portalis: »Ja, ein Narr.«

Girardin: »Ein Narr! Niemals!«

Lebrun: »Nein, gewiss nicht.«

Bonaparte: »Sie verteidigen immer die Nationalökonomen, Bürger Lebrun.«

Lebrun: »Ich gestehe, dass ich ihrem Freihandelssystem nicht abgeneigt bin.«

Bonaparte: »Mit diesem Grundsatz würde man viele Dummheiten begehen. Um die nationale Industrie zu fördern, muss man sie durch prohibitive Gesetze schützen: viel Gesetze und noch mehr Vorschriften, das sind die einzigen Mittel, zu regieren! Es ist an der Zeit, die Erfahrung zu befragen, darauf zurückzukommen, was vor uns üblich war und was überall üblich ist. Unnütze Theorien müssen wir beiseite lassen. – Wenn Sie diesen Grundsatz befolgen, so lassen Sie also die Seide ruhig ausführen?«

Lebrun: »Manchmal gibt es in der Volkswirtschaft keine absoluten Grundsätze.«

Bonaparte: »Lassen Sie die Ströme fließen, ohne ihnen Dämme entgegenzusetzen, und Sie werden sehen.«

---

1 Der Abbé André Morellet war 1727 geboren und starb 1819, 92 Jahre alt. Er wurde 1785 Mitglied der Académie-Française und war einer ihrer produktivsten und geistreichsten Arbeiter. Voltaire, der ihn persönlich kannte, sagte von ihm: »Ich kenne niemand, der fähiger wäre, der Vernunft größere Dienste zu leisten.«

Lebrun: »Das sage ich nicht, aber die Flüsse, die auf kein Hindernis stoßen, fließen ruhig.«

Bonaparte: »Mein lieber Lebrun, wenn Sie heute die Reden wiederlesen würden, die Sie in der Konstituierenden Versammlung gehalten, so fänden Sie eine Menge Torheiten darin.«

Lebrun: »Das kann sein.«

Bonaparte: »Um einen großen Staat zu regieren, braucht man viele Richter, viele Verwaltungsbeamte, viele Gendarmen und viele Soldaten.«

Girardin: »Viele Taler.«

Bonaparte: »Gewiss, viel Geld. Können Sie etwa mit der Territorialsteuer allein all das für die Staatsausgaben nötige Geld erheben?«

Lebrun: »Hm, hm!«

Bonaparte: »Nein, das ist auch noch so ein Wahnwitz Ihrer Nationalökonomen. Um die Last der Steuern zu erleichtern, muss man sie in den verschiedensten Formen auferlegen. Sie sind nicht der Ansicht, Lebrun?«

Lebrun: »Ja und nein.«

Bonaparte: »Sie halten noch an Ihren sogenannten Grundsätzen von Ihrer Konstituierenden Versammlung fest. Sie hat Frankreich viel Schaden zugefügt, diese Versammlung! Zuerst hat sie das Land durch die Unterdrückung aller Steuern seiner Hilfsquellen beraubt. Dann hat sie dem Staat all seine Kraft dadurch genommen, dass sie einen Marschall von Frankreich, einen Mann wie Herrn von Broglie, unter die Befehle eines Schuhflickers, der zum Munizipalbeamten erhoben worden war, stellte.«

Lebrun: »Sie wollte eben der Zivilbehörde den Vorrang geben; das war vielleicht nicht schlecht.«

Bonaparte: »Es war eine Dummheit: Jeder Beruf ist dem Staat nützlich, und folglich darf keiner abgeschafft werden. Die bürgerlichen wie die militärischen Grade müssen gleichberechtigt sein, und keiner darf den Vorrang haben. Mein lieber Lebrun, in dieser Konstituierenden Versammlung gab es viele Theoretiker und keine Politiker.«

Lebrun: »Auf der Rechten wie auf der Linken gab es Übertriebene, aber es waren auch sehr vernünftige Leute da. Man kann sie nicht nach den Ergebnissen beurteilen, da ihre Ratschläge nicht befolgt worden sind.«

Bonaparte: »Welche Gewalt konnte die königliche Autorität haben, da ihr nicht das Ernennungsrecht der Richter und Verwaltungsbeamten zustand?«

Lebrun: »Sie war sicherlich viel zu schwach konstituiert, aber die Schuld daran kann niemals den Gemäßigten zugeschrieben werden; man hat ihnen niemals vorwerfen können, dass sie nicht royalistisch gesinnt waren.«

Bonaparte: »Das war auch so eine extravagante Idee von Sieyès, Frankreich in große Gemeinden einteilen zu wollen und zu glauben, dass eine auf ähnliche Grundsätze gestützte Zentralregierung sich halten könne.«

Lebrun: »Sieyès hatte ein vollständiges System, aber er hat es nie weder vollkommen entwickelt noch ausgeführt.«

Bonaparte: »Sieyès ist ein Metaphysiker. Man regiert nicht mit Metaphysik, sondern mit dem Ergebnis der Erfahrung der Jahrhunderte. Es gibt nur einen Agenten der Regierung: die Politik. Sie rät heute dies, morgen das. Sie besitzt verschiedene Heilmittel für ganz sich ähnelnde Leiden: Das eine, das bei diesen Umständen heilen kann, kann bei jenen nicht mit Nutzen angewendet werden. Aber ich wiederhole Ihnen nochmals: Sie verstanden in Ihrer Konstituierenden Versammlung nichts von Politik.«

Lebrun: »Das kann sein.«

Bonaparte: »Sie haben dort weiter nichts als Metaphysik getrieben.«

Lemercier: »Aber diese Metaphysik, gegen die Sie losziehen, ist der Erfahrung vorausgegangen. Und wenn wir diese Schlussfolgerung auf die Revolution anwenden, so müssen wir zugeben, dass sie in diesem Fall große und nützliche Resultate hervorgerufen hat.«

Bonaparte: »Sie hat die gesellschaftliche Ordnung angegriffen; diese wäre ohne den 18. Brumaire nicht allein in Frankreich, sondern in ganz

Europa vollständig untergraben worden. Erinnern Sie sich, wie viel Dinge nötig waren, um diesen Staatsstreich auszuführen?«

Portalis: »Es bedurfte eines großen Mannes, um ein großes Ereignis vorzubereiten und sein Erbe zu sein!«

Bonaparte: »Es bedurfte außerordentlicher Erfolge in Italien, fast fabelhafter Siege in Ägypten und einer Rückkehr, die sozusagen wunderbar war! Ich musste zu einer Zeit zurückkehren, wo die französischen Heere geschlagen, die Finanzen erschöpft, die Bürger enttäuscht waren; wo die Gewalt ein Bedürfnis geworden war. Das Zusammentreffen so vieler Umstände war notwendig; um sich ihrer zu bemächtigen, brauchte man etwas persönlichen Ruhm. Nun, das alles hatte sich vereinigt, um den Staat und vielleicht Europa zu retten. Nichtsdestoweniger bekannte man sich wenige Tage nach dem 18. Brumaire überall laut zu den Prinzipien, die die einzigen und Hauptursachen der Wunden bildeten, welche ich berufen war zu heilen; selbst in meinem Rat wurden sie öffentlich anerkannt. Die blutigen Lehren der grausamsten Erfahrung schienen vergessen und nicht einmal denen zustatten gekommen zu sein, die ihnen zum Opfer fielen. Die Freiheit der Presse wurde wie eine heilige Sache angesehen, die anzugreifen man nicht zu denken wagte. Ich erinnere mich noch, welche Einwände ich zu bekämpfen hatte, um die alle Morgen erscheinenden 104 Zeitungen der Polizei zu unterstellen. Um die Metaphysiker des Rates dazu zu bestimmen, war ich genötigt, ebenfalls Metaphysik zu treiben, denn ein Staatsmann muss alle Sprachen sprechen und auf jeden Ton einzugehen wissen. Ich sagte ihnen also: ›Glauben Sie, dass in der Lage, in der sich Frankreich gegenwärtig befindet, es nicht außerordentlich gefährlich ist, Versammlungen zu gestatten und auf Volkstribünen oder auf öffentlichen Plätzen gegen die Regierung losziehen zu lassen? Es ist Ihre Pflicht, dies zu verhindern. Seien Sie konsequent; denn wenn ich Sie bitte, die Presse den Verordnungen der Polizei zu unterstellen, so wünsche ich nichts anderes, als dass es in meiner Macht stehe, die gefährlichen Versammlungen aufzulösen und die heftigsten Redner zum Schweigen zu bringen. Ist ein Journalist nicht ein Redner, bilden seine Abonnenten nicht einen richtigen Klub? Wird das, was er druckt, nicht zuerst von ihnen gelesen, und dann bildet ein jeder der Abonnenten Privatgesellschaften, in denen er nun seinerseits zum Redner wird? Sie wollen, dass ich Reden, die von 4–500 Personen gehört werden können, untersage, aber solche gestatte, die mehrere Tausende vernehmen?‹ ... Diese Schlussfolgerung war unabweislich, man musste sich ihr fügen.«

Lemercier: »Die Pressefreiheit konnte mit Vorteil verteidigt werden, denn sie ist an sich eine sehr gute Sache; sie kann den Schaden wieder heilen, den sie imstande ist zuzufügen.«

Bonaparte: »Das ist ein Irrtum; die Verleumdung ähnelt dem Ölfleck: Sie lässt stets Spuren zurück.«

Lemercier: »In England besteht die Pressefreiheit in ihrer ganzen Ausdehnung, und Sie sehen, man erhebt keinen Einspruch.«

Bonaparte: »Es ist ein großer Unterschied zwischen England und Frankreich! Die englische Regierung ist alt, unsere ist neu. In England besteht eine hohe Aristokratie, hier gibt es keine, und sie wird sich auch schwer hier niederlassen. Die Ungleichheit des Vermögens hat dort auch zur Bildung kleinerer Aristokraten beigetragen, die ziemlich mächtig sind. Die großen Staatskörper kümmern sich wenig um die Angriffe der Journalisten, und die Privatleute, die einflussreichen Familien angehören oder von ihnen protegiert werden, haben auch nicht viel von ihnen zu fürchten. Hier aber, wo die Körperschaften noch nicht befestigt, wo die auf einer Stufe stehenden, wenig begüterten Bürger nicht sehr mächtig sind, wo die Regierung sich noch in einem Zustand von Kraftlosigkeit befindet, würden die Journalisten den öffentlichen Einrichtungen, den Privatleuten und dem Staat tödliche Schläge versetzen.«

Lemercier: »Es gäbe dann eben schützende Gesetze und rächende Gerichtshöfe der Privatleute und Beamten.«

Bonaparte: »Dann gäbe es auch keine Pressefreiheit mehr, denn wenn

Sie die Freiheit durch die Zügel der Gewalt zu verbannen suchen, so töten Sie sie. Die Engländer würden diese Freiheit, die Sie verlangen, sehr teuer bezahlen und sich ihrer bedienen, um die absurdesten und besorgniserregendsten Gerüchte zu verbreiten. Man würde jeden Tag Schlechtes von mir sagen. Man würde zum Beispiel verkünden, dass die Soldaten in Boulogne sich geweigert hätten, sich einzuschiffen, dass ich aus Furcht, vergiftet zu werden, tagelang nichts esse. Sie glaubten es natürlich nicht, aber die Mehrheit würde wenigstens etwas davon glauben.«

Lemercier: »Wenn ein Schriftsteller die Feder ergriffe, um Sie anzugreifen, würden sich sofort tausend andere anschicken, Sie zu verteidigen.«

Bonaparte: »Ihre Werke würden nicht gelesen, aber um die andern risse man sich.«

Girardin: »Gewiss, Bürger Konsul, denn es gehört viel Mut dazu, Sie anzugreifen, während man nur wenig braucht, um Sie zu verteidigen. Übrigens ist man hier zur Bosheit geneigt und ziemlich eifriger Anhänger der Opposition. Man liebt die Regierung, freut sich aber, Schlechtes über sie zu hören. Man macht auf ihre Oberhäupter Spottlieder, schlägt sich jedoch gern für sie.«

Bonaparte: »Die Zeitungen sind auf 21 vermindert, und doch habe ich noch Mühe genug, mit ihnen fertigzuwerden. Ich war genötigt, mehrere zu unterdrücken, aber es gibt immer noch einige, deren böswillige Absichten in jedem Artikel hervorbrechen. Das ›Journal des Débats‹ ist fast immer von England bestochen worden. Es ist noch nicht lange her, dass die Hintermänner dieser Macht es Bertin, einem der Hauptbesitzer der Zeitung, abkaufen wollten. Ich habe ihn zu mir kommen lassen und ihm klargemacht, was er zu befürchten hat, wenn er die ihm angebotenen Guineen annimmt. Und glauben Sie, dass Geoffroy[1] mir den Hof macht,

---

1 Julien Louis Geoffroy verfasste und redigierte das Feuilleton des »Journal des Débats« und war infolge seines beißenden Sarkasmus der Schrecken der Philosophen.

wenn er täglich die Philosophen angreift? Nein, gewiss nicht; nichtsdestoweniger dulde ich es, weil diese das ›Journal de Paris‹ zu ihrer Verteidigung haben.«

Lebrun: »Übrigens wird das Volk keinen Anteil an ihren Streitigkeiten nehmen.«

Bonaparte: »Das ist wahr. Und dennoch bringen sie eine unangenehme Wirkung hervor; sie erwecken nämlich den Hass, den zu unterdrücken von großer Wichtigkeit ist. Die Parteien werden nur im Zaum gehalten, weil ihnen kein Schlachtfeld mehr zur Verfügung steht. Wenn die Zeitungen alles sagen könnten, würden sie da nicht erzählen, dass Portalis ein Bourbone[1] gewesen ist, dem ich misstrauen müsse? Dass er den Bourbonen bei der oder der Gelegenheit günstig gesinnt gewesen? Alles aber, mein lieber Portalis, ist vergessen.«

Portalis räusperte sich verlegen.

Bonaparte: »Alles, was ich soeben gegen die Gefahren der unbegrenzten Pressefreiheit gesagt habe, bezieht sich übrigens nur auf die Zeitungen und nicht auch auf Werke von einem oder mehreren Bänden.«

Girardin: »Das haben Sie durch die Tatsache bewiesen, dass der ›Esprit de l'histoire‹ öffentlich verkauft worden ist.«

Bonaparte: »Gewiss, dieses Werk hatte keinen andern Zweck, als mir zu raten, die Rolle Moncks zu spielen.«[2]

Lebrun: »Sobald ein Buch einen Taler kostet, kann man es getrost in den Handel bringen lassen.«

Girardin: »Ihre Ansicht ist durch das Gedicht ›La Pitié‹ bewiesen.«

Lebrun: »Es hat nur den Tod seines Verfassers verschuldet.«

Bonaparte: »Diese unbegrenzte Freiheit der Zeitungspresse würde sehr

1 Portalis hatte früher der royalistischen Partei angehört, sich aber später der Sache der Republik gewidmet.
2 Englischer Feldherr des 17. Jahrhunderts, der im Bürgerkrieg eine große Rolle zuerst auf royalistischer, dann auf parlamentarischer Seite spielte. Durch Monck erhielt Karl II. seine Krone wieder.

bald wieder zur Anarchie führen, besonders in einem Land, wo noch alle Elemente dazu vorhanden sind, wo die Zahl der Besitzlosen durch die vermehrt worden ist, die einst viel besaßen, wo es weder im Klerus noch im Bürger- und Soldatenstand, noch in den Finanzen ein Amt gibt, das nicht zwei Inhaber, den ehemaligen und den neuen, hätte, kurz, wo in jeder Beziehung die früheren Eigentümer sich in Gegenwart der neuen Erwerber befinden. Erblicken Sie in dem Bild, das ich Ihnen vor Augen führe, nichts als Gärungsstoffe der Revolution! In Wahrheit werden sie durch die Macht der Regierung zurückgehalten, und die Ruhe, die man genießt, verdanken wir dem Umstand, dass nicht mehr konspiriert wird. Die Parteien zetteln keine Verschwörungen mehr an, denn ihr Erfolg ist unmöglich und die Bestrafung gewiss. Aber alle komplottieren! Das Ziel ihrer Komplotte bin *ich*, *ich* allein. Bourbonen, Terroristen, alle vereinigen sich, um mich zu ermorden! Zu meiner Verteidigung habe ich mein Glück, mein Genie und meine Garden. Meine Feinde wissen, dass, solange ich lebe, kein Versuch glücken kann, und dieser tiefen Überzeugung ist die Masse der Bürger Dank schuldig für eine Ruhe, die nicht einmal der auswärtige Krieg zu stören vermochte. Mit dieser Ruhe würde es aber bald vorbei sein, wenn ich den Parteigängern die Befugnis überließe, in den Zeitungen zu schreiben.«

Lemercier: »Sie haben mich überzeugt. Von dem Augenblick an, wo die Verfasser der einbändigen oder mehrbändigen Werke nicht die stets beunruhigende Polizeizensur zu befürchten haben, finde ich, dass die Presse ihre ganze Freiheit bewahrt, deren sie bedarf, um zur Aufklärung beizutragen.«

Bonaparte: »Man wundert sich, dass sich nicht der leiseste Schein von Widerspruch in den bestehenden Behörden erhebt, und vielleicht sind Sie, Bürger Lemercier einer der ersten, die diese Beobachtung gemacht haben. Man meint, dass das von dem vollkommenen Mangel an Freiheit und von der Furcht käme, die jedes Mitglied dieser Behörden vor der Regierung habe. Da ist man jedoch vollkommen im Irrtum! Nein, es kommt daher, dass ein Widerspruch durchaus nicht volkstümlich wäre, dass man keinerlei Nutzen daraus zöge, wenn man von einer Regierung Schlechtes sagte, von der man überall nur Gutes hört. Man griffe sie erfolglos an, denn alle Bürger verteidigten sie. Fragen Sie die Mitglieder der Gesetzgebenden Körperschaft; sie kommen aus allen Gegenden der Republik herbei, und sie werden Ihnen sagen, dass überall die Einwohner glücklich und zufrieden sind und die Regierung segnen.«

Girardin: »Die beste Regierung ist die, die am besten verwaltet, und die unsere tut dies.«

Bonaparte: »Gewiss. Wenn ich aber aufhörte, meine Zeit in den Dienst der öffentlichen Sache zu stellen, wenn ich aufhörte, die Ratschläge der mich umgebenden klugen Männer zu hören und zu befolgen, wenn ich die Staatsschätze vergeuden ließe, mich meinen Launen hingäbe, kurz, wenn die Extravaganz in dem Charakter der Regierung die Oberhand gewönne, würden Sie sehr bald erkennen, dass das Geheimnis ihrer gegenwärtigen Kraft in ihrer Klugheit liegt. Sie würden plötzlich im Volk einen Widerspruchsgeist bemerken, und das Tribunat, die Gesetzgebende Körperschaft und der Senat würden die Vermittler sein. Diese Behörden, die Ihnen heute so schwach erscheinen, würden dann sehr mächtig sein. Man müsste entweder die Missbräuche, die zur Klage Anlass geben würden, ändern, oder ganz unterliegen. Wie könnte ich ihnen widerstehen, wenn sie alles wiederholen würden, was sie auf den Straßen, in den Salons, in den Vorzimmern hörten und was die gewöhnliche Unterhaltung meiner Diener und Garden wäre? Die Zeit allein kann die öffentlichen Einrichtungen befestigen und dauerhaft machen! Es wird eine Zeit kommen, wo die Regierung und die Behörden genügend Sicherheit gewonnen haben und ein verschwenderischer Minister durch das Tribunat angeklagt, durch die Gerichte verurteilt und bestraft werden kann, ohne dass die Macht dadurch geschwächt wird.«

Girardin: »Diese Zeit liegt noch in weiter Ferne. Wir brauchen und werden noch lange Zeit eine starke Regierung nötig haben. Sie ist zur

Unterdrückung aller Parteien und zur Verteidigung gegen die Fremden unbedingt nötig.«

Bonaparte: »Ohne Zweifel. Wäre sie nicht stark, so würde sie von den Ministern der fremden Mächte bis in die Tuilerien beschimpft werden; weil sie aber zu fürchten und sehr tätig ist, so scheitern an ihr alle Intrigen der Kabinette, und der Einfluss ihrer Hintermänner wird unschädlich gemacht. Das Ausland ist stets der Schürer unserer innern Zwistigkeiten gewesen, und die Engländer, jene Todfeinde des französischen Namens, haben mächtig an dem Sturz der alten Regierung mitgewirkt!«

Darauf zog sich der Erste Konsul in den Ballsaal zurück.

Discours et opinions, journal et souvenirs de S. Girardin.

Der Erste Konsul und Frau von Rémusat in Paris, Februar 1804

Seit geraumer Zeit ging das Gerücht von einer aufsehenerregenden Verhaftung in Paris um. Als Frau von Rémusat sich am 17. Februar 1804 nach den Tuilerien begab, fand sie den Ersten Konsul im Zimmer seiner Frau. Josephine schien geweint zu haben; ihre Augen waren gerötet. Bonaparte saß neben ihr und hielt den kleinen Napoleon, Hortenses und Ludwigs Sohn, auf seinen Knien. Sein Blick war ernst, aber er schien nicht aufgeregt zu sein. Er spielte ohne Aufmerksamkeit mit dem Kind.

Als Frau von Rémusat eintrat, rief er ihr entgegen:

»Wissen Sie, was ich soeben getan habe?« Und auf die verneinende Antwort fuhr er fort: »Ich habe Befehl gegeben, Moreau zu verhaften.«

Frau von Rémusat machte eine Bewegung.

»Ah, das erstaunt Sie!«, rief er. »Das wird ein schöner Skandal werden, nicht wahr? Man wird nicht verfehlen zu behaupten, ich sei auf Moreau eifersüchtig, es sei nur Rache und tausend solche Erbärmlichkeiten. Ich und eifersüchtig auf Moreau! Du lieber Gott! Er verdankt mir den größten Teil seines Ruhmes. Ich überließ ihm eine schöne Armee und behielt in Italien nichts als Rekruten, denn ich wollte weiter nichts, als im guten Einvernehmen mit ihm leben. Ich fürchtete ihn sicher nicht! Ich habe überhaupt vor niemandem Furcht, und vor Moreau am allerwenigsten! Ich habe ihn so oft verhindert, eine Dummheit zu begehen, und ihm im Voraus gesagt, dass wir auseinanderkommen würden; er hat es ebenfalls gefühlt. Aber er ist schwach und eingebildet; er lässt sich von Weibern leiten[1], und die Parteien hetzen ihn auf ...«

Bei diesen Worten hatte sich der Erste Konsul erhoben. Er näherte sich Josephine, fasste sie unterm Kinn und hob ihr Köpfchen mit den Worten: »Nicht jeder hat eine so gute Frau wie ich! Du weinst, Josephine? Warum? Hast du Angst?«

»Nein, aber ich mag das Gerede nicht.«

»Was willst du daran ändern?« Dann wandte er sich an Frau von Rémusat und sagte:

»Ich hege weder Hass noch den Wunsch nach Rache; ich habe mir alles wohl überlegt, ehe ich Moreau verhaften ließ. Ich hätte ein Auge zudrücken und ihm Zeit zur Flucht lassen können, dann aber hätte man behauptet, ich habe nicht gewagt, ihn vor den Richterstuhl zu stellen. Ich habe Mittel, ihn zu überführen; er ist schuldig, *ich* bin die Regierung! Das alles muss sich ganz einfach abspielen.«

Mit diesen Worten verließ er die beiden Damen.

Mémoires de Madame de Rémusat.

---

1 Moreau wurde von seiner Frau und seiner Schwiegermutter außerordentlich beherrscht.

Der Erste Konsul und der Dichter Fontanes in Paris, 21. März 1804

Am Tag nach der Hinrichtung des Herzogs von Enghien war man in den Tuilerien allgemein sehr niedergeschlagen. Die Stunde des Diners nahte. Außer den Personen, die ihr Dienst zur Tafel des Konsuls heranzog, waren noch Ludwig Bonaparte und seine Frau Hortense, Eugen Beauharnais, Herr von Caulaincourt, der General Hulin[1] und Frau von Rémusat geladen. Die Anwesenheit Hulins verwirrte alle anderen. Er aber machte ein vollkommen gleichgültiges Gesicht.

Der Erste Konsul schritt aus seinem Kabinett heraus zu Tisch. Er trug an diesem Tag keine gemachte Fröhlichkeit zur Schau. Im Gegenteil, während der ganzen Mahlzeit blieb er in tiefes Nachdenken versunken; auch die anderen verhielten sich still. Als er die Tafel aufhob, sagte er plötzlich wie als Antwort auf seine Gedanken:

»Wenigstens sehen sie [die Royalisten], wessen wir fähig sind, und von nun an hoffe ich, dass man uns in Ruhe lässt!«

Darauf begab er sich in den Salon und sprach leise auf seine Frau ein. Kurz darauf kamen auch Joseph Bonaparte, Herr und Frau Baciocchi,[2] begleitet von Herrn von Fontanes[3] an, und im Lauf des Abends erschie-

---

1 General Pierre Auguste Hulin, ein Genfer von Geburt, war 1803 zum Kommandeur der Konsulargarde ernannt worden und präsidierte als solcher am 21. März 1804 dem Kriegsgericht, das den jungen Herzog von Enghien zum Tode verurteilte.

2 Elisa Bonaparte hatte sich im Jahr 1797 mit dem Fürsten Felice Baciocchi verheiratet.

3 Der Schriftsteller Fontanes war mit der Familie Baciocchi, besonders mit Elisa, eng befreundet.

nen noch Murat, der Polizeipräfekt Dubois, verschiedene Staatsräte und andere. Alle Gesichter schienen verstört. Die Unterhaltung war zuerst unbedeutend und wenig lebhaft; die Damen saßen schweigend da, und die Herren standen im Halbkreis um sie herum. Bonaparte ging von einer Ecke des Salons zur anderen auf und ab. Zuerst begann er mit Herrn von Fontanes eine halb literarische, halb historische Unterhaltung, wozu ihm einige ausgesprochene geschichtliche Namen Gelegenheit gegeben hatten. Er entwickelte seine Meinung über einige Könige und Feldherren Frankreichs. Er lobte Karl den Großen, behauptete, dass Frankreich stets unter dem Geschlecht der Valois im Verfall gewesen sei. Er drückte die Größe Heinrichs IV. herab, indem er meinte:

»Es fehlte ihm an Strenge. Ein Herrscher muss immer Gutmütigkeit vermeiden. Was will er? Will er etwa seiner Umgebung beweisen, dass er ein Mensch wie ein anderer ist? Welcher Unsinn! Sobald ein Mann König ist, unterscheidet er sich von den anderen, und ich habe stets die wahre Politik Alexanders des Großen begriffen, der sich als von einem Gott abstammend ausgab.«

Und dann fügte Napoleon hinzu, Ludwig XIV. habe die Franzosen besser gekannt als Heinrich IV., beeilte sich jedoch, ihn als von den Geistlichen und einer alten Frau unterdrückt darzustellen, dabei seine Meinung ein wenig auf etwas vulgäre Art äußernd. Von da kam er auf einige Generale Ludwigs XIV. und auf die Militärwissenschaften im Allgemeinen zu sprechen.

»Die militärische Wissenschaft«, sagte er, »besteht vor allem in einer guten Berechnung aller Vorteile und ferner in der genauen, fast mathematischen Erwägung des Zufalls. Besonders in diesem Punkt darf man sich nicht irren, und der geringste Bruchteil mehr oder weniger kann alles verändern. Aber diese Teilung zwischen der Wissenschaft und dem Zufall kann nur in einem genialen Kopf stattfinden, denn überall da, wo etwas geschaffen wird, braucht man Genie, und die größte Improvisierung des menschlichen Geistes ist sicher die, welche einer Sache Bestand verschafft, die keinen hat. Für mittelmäßige Geister wird daher der Zufall stets ein Geheimnis bleiben, während er für höhere zur Wirklichkeit wird. Turenne dachte nicht daran und besaß nichts als Methode. Ich glaube«, fügte er lächelnd hinzu, »ich würde ihn geschlagen haben! Condé hatte schon mehr Ahnung davon. Aber bei ihm überwog das Ungestüm. Der Prinz Eugen (von Savoyen) ist einer von denjenigen, die den Zufall am meisten geschätzt haben. Heinrich IV. hat immer den Wagemut allem voran gesetzt; er hat nur Gefechte geliefert, wusste sich aber nicht aus einer geordneten Schlacht herauszuziehen. Dass man Catinat so sehr gerühmt, geschah mehr aus Demokratie; ich habe zum Beispiel da einen Sieg davongetragen, wo er geschlagen wurde. Die Philosophen haben seinen Ruf so gestaltet, wie sie ihn haben wollten, und das war umso leichter, als man von mittelmäßigen, durch unvorhergesehene Umstände in ein gewisses Licht gesetzten Leuten alles sagen kann, was man will. Um ein wirklich großer Mann, welcher Art es auch sei, zu sein, muss man auch wahrhaft einen Teil seines Ruhmes improvisiert haben und sich vor allem über die Ereignisse zu stellen wissen, die man verursacht hat. Cäsar z. B. hat bei mehreren Gelegenheiten eine Schwäche gezeigt, die mir Misstrauen gegen das Lob einflößt, welches die Geschichte ihm zollt. Herr von Fontanes, Ihre Freunde, die Historiker, sind mir oft verdächtig, sogar Ihr Tacitus gibt keinerlei Aufklärung. Er schließt nach gewissen Resultaten, ohne jedoch auf die Wege hinzuweisen, die verfolgt worden sind. Er ist, glaube ich, ein sehr geschickter Schriftsteller, aber durchaus kein Staatsmann. Er beschreibt uns Nero als einen abscheulichen Tyrannen und sagt uns fast zur selben Zeit, als er uns beschreibt, mit welcher Freude Nero Rom verbrannte, dass das Volk ihn außerordentlich liebte. Das alles ist nicht deutlich. Glauben Sie mir, wir lassen uns ein wenig von unseren Schriftstellern, die uns die Geschichte je nach der persönlichen Neigung ihres Geistes fabrizieren, an der Nase herumführen. Wissen Sie aber, von wem ich eine gut geschriebene Geschichte lesen möchte? Vom König von

Preußen, vom Großen Friedrich! Ich glaube, dass er einer von denjenigen gewesen, die ihren Beruf in jeder Hinsicht am besten verstanden haben. Die Damen freilich«, wandte er sich an die anwesenden Hofdamen, »werden nicht meiner Ansicht sein und sagen, er sei trocken und selbstsüchtig gewesen. Darf jedoch ein Staatsmann gefühlvoll sein? Ist er nicht eine vollkommen für sich stehende Persönlichkeit, einerseits immer allein, andererseits immer mit der Welt? Sein Fernglas ist seine Politik, er muss nur darauf achtgeben, dass es die Dinge in nichts verkleinert noch vergrößert. Und während er die Gegenstände mit Aufmerksamkeit beobachtet, muss er gleichzeitig darauf bedacht sein, die Fäden, die er in seiner Hand hält, zu bewegen. Der von ihm geführte Wagen ist oft mit ungleichen Pferden bespannt; urteilen Sie selbst, ob er sich erlauben kann, gewisse Übereinstimmungen der für das gemeinsame Wohl der Menschen oft so wichtigen Gefühle zu schonen! Kann er z. B. die Blutsbande, Neigungen und kindische Rücksichten der Gesellschaft in Betracht ziehen? Und wie oft muss er in seiner Lage Handlungen begehen, die mit dem Ganzen nichts zu tun haben, die man tadelt, obwohl sie zu dem großen Werk beitragen müssen, von dem die Allgemeinheit nichts gewahrt! Eines Tages aber werden diese Handlungen die Schöpfung des ungeheuren Kolosses beenden, der der Nachwelt Bewunderung entreißt. Oh, ihr Unglücklichen! Ihr haltet euer Lob zurück, weil ihr fürchtet, dass die Bewegung jener ungeheuren Maschinen auf euch dieselbe Wirkung haben möchte wie auf Gulliver, der, wenn er einen Schritt tat, die Liliputaner zertrat. Geht in euch, schreitet der Zeit voraus, erweitert eure Fantasie, schaut vorwärts, und ihr werdet sehen, dass jene großen Persönlichkeiten, die ihr für heftig, grausam und was weiß ich alles haltet, nichts weiter als Politiker sind! Sie kennen sich, sie beurteilen sich besser als ihr, und sind sie wirklich geschickt, so wissen sie auch ihre Leidenschaften zu beherrschen, denn sie gehen so weit, dass sie deren Wirkungen berechnen.«

Napoleon hatte während des Sprechens nicht aufgehört, im Zimmer auf und ab zu gehen. Plötzlich unterbrach er seinen Gedankengang und befahl Herrn von Fontanes, Auszüge aus dem Briefwechsel Drakes vorzulesen, die sich alle auf die Verschwörung bezogen.

Als Fontanes fertig war, sagte der Erste Konsul:

»Da haben wir die Beweise, an denen nicht zu zweifeln ist. Jene Leute wollten Unordnung in Frankreich säen und die Revolution in meiner Person töten; ich musste sie verteidigen, musste sie rächen! Ich habe also gezeigt, wessen sie fähig ist. Der Herzog von Enghien konspirierte wie ein anderer und wurde daher auch wie jeder andere behandelt. Übrigens ist dies alles ohne Vorsicht, ohne Kenntnis des Terrains angezettelt worden. Ein paar dunkle Korrespondenten, ein paar alte abergläubische Weiber haben geschrieben, und man glaubte ihnen. Die Bourbonen werden stets nur alles durch das Oeil de boeuf[1] sehen und fortwährend nur in Illusionen leben. Die Polignacs zweifelten nicht einen Augenblick daran, dass ihnen alle Pariser Häuser offenständen, und als sie kamen, wollte kein einziger Adliger sie aufnehmen. All diese Wahnwitzigen suchen mich zu töten, ohne dass sie Vorteile daraus ziehen können, denn sie würden gereizte Jakobiner an meine Stelle setzen. Die Zeiten der Etikette sind vorüber, aber die Bourbonen können sich nicht davon freimachen. Sollten sie wirklich zurückkehren, so wette ich, dass dies das erste ist, womit sie sich beschäftigen. Ah, es wäre etwas anderes, wenn man sie wie Heinrich IV. blut- und staubbedeckt auf einem Schlachtfeld gesehen hätte! Mit einem aus London datierten und *Louis* unterzeichneten Brief erobert man kein Königreich zurück! Und doch stellt ein solcher Brief gewisse Unvorsichtige bloß, die ich gezwungen bin, zu bestrafen, obwohl sie mir leid tun. Ich habe Blut vergossen, ich musste es. Ich werde vielleicht noch mehr vergießen; aber ohne Zorn, ganz einfach nur, weil ein Aderlass der politischen Heilkunde nötig erscheint. *Ich bin*

---

1 So nannte man das Wartezimmer der Hofkavaliere der Bourbonen, in welchem aller Hofklatsch erzählt wurde.

der Mann des Staates, *ich* bin die Französische Revolution und wiederhole, dass ich sie schützen werde!«

Nach diesen letzten Worten verabschiedete Bonaparte alle Anwesenden; jeder zog sich zurück, ohne einen Meinungsaustausch zu wagen.

Mémoires de Madame de Rémusat.

DER KAISER NAPOLEON UND HERR UND FRAU VON RÉMUSAT IN PARIS, MAI 1804

Wenige Tage, nachdem Napoleon den Kaiserthron bestiegen, sprach er sich über seine neue Lage ziemlich offen gegen Herrn und Frau von Rémusat aus.

Ich sehe ihn noch – erzählt Frau von Rémusat – in der Fensternische in einem der Salons in Saint-Cloud rittlings auf einem Stuhl sitzend, das Kinn auf die Stuhllehne gestützt, während Madame Bonaparte einige Schritte von ihm entfernt auf einem Sofa Platz genommen hatte. Ich saß vor ihm, und Herr von Rémusat stand hinter meinem Sessel. Napoleon hatte lange geschwiegen, plötzlich ergriff er das Wort.

»Sie haben mir«, wandte er sich an mich, »also den Tod des Herzogs von Enghien sehr übel genommen?«

»Allerdings, Sire, und heute noch grolle ich Ihnen. Wie es mir scheint, haben Sie sich dadurch sehr geschadet.«

»Wissen Sie aber auch, dass er nur darauf wartete, bis man mich umgebracht hätte?«

»Das kann sein, Sire, aber er war doch nicht in Frankreich.«

»Ach, es schadet durchaus nichts, wenn man sich von Zeit zu Zeit einmal als Herrn bei den andern zeigt.«

»Sire, sprechen wir nicht mehr davon, denn Sie machen mich weinen.«

»Ach, die Tränen! Die Frauen haben nur diese Zuflucht. Genau wie Josephine; sie glaubt, alles sei gewonnen, wenn sie weint. Nicht wahr, Herr von Rémusat, die Tränen sind das wichtigste Argument der Frauen?«

»Sire«, antwortete mein Mann, »es gibt solche, die man nicht tadeln kann.«

»Ah! Ich sehe, auch Sie nehmen die Sache ernst. Das ist übrigens ganz einfach; Ihnen ist die Erinnerung etwas wert, Sie haben andere Zeiten gesehen. Meine Erinnerung reicht jedoch nur bis zu jener Zeit, in der ich anfing, etwas zu werden. Was ist ein Herzog von Enghien für mich? Ein Emigrant, bedeutender als andere, das ist alles; aber das genügt, um gegen ihn einen derberen Schlag zu führen. Hatten die verrückten Royalisten nicht das Gerücht verbreitet, ich würde den Bourbonen ihren Thron zurückgeben? Die Jakobiner befürchteten es sehr, und Fouché ist einmal gekommen, um mich in ihrem Auftrag über meine Absichten auszufragen. Seit zwei Jahren ist mir die Gewalt auf so natürliche Weise in die Hand gegeben worden, dass man manchmal im Zweifel sein konnte, ob ich wirklich ernstlich Lust gehabt hätte, sie offiziell zu empfangen. So habe ich auch gedacht, es sei meine Pflicht, Nutzen daraus zu ziehen und die Revolution rechtmäßig zu beenden. Und darum zog ich das Kaisertum der Diktatur vor, weil man sich dadurch, dass man sich in ein bekanntes Gebiet setzt, rechtfertigt. Anfänglich wollte ich die beiden Parteien, die ich bei meiner Machterhebung im Kampf miteinander liegend fand, versöhnen. Ich dachte, indem ich durch dauernde Einrichtungen die Ordnung begründete, sie von ihren fantastischen Unternehmungen abzubringen. Die Parteien lassen sich jedoch nicht so leicht entmutigen, solange sie sehen, dass man sie fürchtet, und man hat stets den Anschein, sie zu fürchten, solange man sucht, sie miteinander zu versöhnen. Schließlich kann man bisweilen mit Gefühlen fertigwerden; mit Meinungen niemals! Ich begriff also, dass ich *zwischen* ihnen keinen Pakt schließen konnte, wohl aber *mit* ihnen zu meinem Vorteil. Das Konkordat, die Streichungen von der Emigrantenliste haben mich den Emigranten näher gebracht, und bald werde ich ihnen ganz nahe sein, denn Sie werden sehen, wie die Hofetikette sie anzieht. Mit der Sprache, die an die alten Gewohnheiten erinnert, gewinnt man den Adel; die

Jakobiner jedoch wollen Taten sehen. Sie lassen sich nicht durch Worte fangen. Meine notwendige Strenge hat sie befriedigt. Nach dem 3. Nivôse,[1] nebenbei bemerkt, im Augenblick einer ganz royalistischen Verschwörung, habe ich eine große Anzahl Jakobiner verbannt. Sie wären im Recht gewesen, sich zu beklagen, wenn ich diesmal nicht eine so energische Maßnahme ergriffen hätte. Sie alle haben geglaubt, dass ich grausam, blutdürstig werden würde, aber Sie haben sich getäuscht. Ich kenne keinen Hass und bin nicht fähig, etwas aus Rache zu tun. Ich entferne das, was mich stört, und wenn es sein muss, können Sie mich morgen selbst Georges[2] verzeihen sehen, der schlecht und recht mit der Absicht kam, mich zu ermorden.

Wenn man erst sehen wird, wie diesem Ereignis die Ruhe folgt, wird man mir nicht mehr grollen und nach einem Jahr den Tod des Herzogs von Enghien als eine große politische Handlung betrachten. Allerdings hat er mich gezwungen, die Krise abzukürzen, denn das, was ich getan, sollte erst heute in zwei Jahren geschehen. Ich rechnete, das Konsulat noch zwei Jahre lang zu bewahren, obgleich diese Regierungsform durchaus mit den Dingen im Widerspruch stand und die Unterschriften, die ich unter alle meine Gewaltakte setzte, eine ununterbrochene Lüge waren. Wir würden jedoch, Frankreich und ich, noch eine Zeit lang unsern Gang gemacht haben, weil es Vertrauen zu mir hatte und alles wollte, was ich wollte. Aber diese Verschwörung gedachte Europa in Bewegung zu bringen; man musste daher Europa und die Royalisten von ihrem Irrtum überzeugen. Ich hatte zwischen einer Verfolgung im Einzelnen und einem großen Schlag zu wählen; meine Wahl konnte nicht zweifelhaft sein. Ich habe also für immer die Royalisten sowohl wie die Jakobiner zum Schweigen gebracht. Bleiben noch die Republikaner, jene querköpfigen Grübler, die meinen, man könne eine Republik auf einer ehemali-

---

1 Attentat der Höllenmaschine.
2 Georges Cadoudal, vgl. die Anmerkung auf Seite 105.

gen Monarchie errichten und Europa ließe uns ruhig eine bundesmäßige Regierung von 20 Millionen Menschen gründen. Sie, sie werde ich nie für mich gewinnen, aber ihre Zahl ist gering, und sie genießen kein besonderes Ansehen. Ihr Franzosen, Ihr liebt die Monarchie, das ist die einzige Regierung, die Euch zusagt. Ich wette, Herr von Rémusat, dass Sie sich hundert Mal wohler fühlen, seit Sie mich ›Sire‹ nennen und ich Sie ›Monsieur‹ anrede?«

Da in dieser Beobachtung etwas Wahres lag, lachte mein Mann und antwortete, dass ihn [Napoleon] die souveräne Macht sehr gut kleide.

»Wahrhaftig«, nahm der Kaiser, dessen gute Laune anhielt, wieder das Wort, »ich glaube, ich würde sehr schlecht gehorchen. Ich erinnere mich noch sehr gut, dass wir, Herr von Cobenzl und ich, zur definitiven Abschließung des Friedens von Campo Formio in einem Saal zusammenkamen, wo man nach österreichischer Sitte über einem Sessel einen Baldachin errichtet hatte, der den Thron des Kaisers von Österreich darstellen sollte. Als ich den Saal betrat, fragte ich, was das bedeute, und sagte nachher zu dem österreichischen Gesandten: ›Ehe wir beginnen, lassen Sie diesen Sessel da wegnehmen, denn ich habe niemals einen Sitz gesehen, der höher als die andern war, ohne dass mich die Lust anwandelte, mich darauf zu setzen.‹ – Wie Sie sehen, hatte ich schon damals das Vorgefühl von dem, was mir eines Tages begegnen würde.

Ich habe mir jetzt eine große Leichtigkeit in der Verwaltung von Frankreich angeeignet, sodass wir uns gegenseitig nicht täuschen. Talleyrand wollte, dass ich mich zum König mache; dies Wort stammt aus seinem Wörterbuch. Er sah sich schon wieder als Grandseigneur unter einem König. Aber ich will nur Grandseigneurs, die ich selbst geschaffen. Dann ist auch der Titel ›König‹ verbraucht; er bringt alte Ideen mit sich und hätte aus mir eine Art Erbe gemacht. Ich will von niemand abstammen oder abhängen! Der Titel, den ich trage, ist größer, er ist noch ein wenig unerklärlich und wirkt auf die Einbildung. Die Revolution also ist beendet, und ich rühme mich dessen ein ganz klein wenig. Wissen Sie, weshalb? Weil sie kein Interesse an den unrechten Platz gestellt hat und viele andere erregt. Man muss stets Eure Eitelkeit in Atem erhalten; die Strenge der republikanischen Regierung würde Euch zu Tode gelangweilt haben. Was hat die Revolution ins Leben gerufen? Die Eitelkeit! Wodurch ist sie beendet worden? Wiederum durch die Eitelkeit! Die Freiheit ist nur ein Vorwand. Die Gleichheit ist Euer Steckenpferd, und das Volk ist zufrieden, einen Mann zum Fürsten erwählt zu haben, der aus den Reihen der Soldaten hervorgegangen. Männer wie der Abbé Sieyès«, fügte er lachend hinzu, »können immerhin schreien: Despot! Meine Macht wird stets populär bleiben. Ich habe heute das Volk und die Armee für mich; wer unter solchen Bedingungen nicht regieren könnte, wäre sehr dumm.«

Nach diesen Worten erhob sich Bonaparte. Bis dahin war er sehr aufgeräumt gewesen; seine Stimme, sein Gesicht, seine Gesten, alles an ihm war durch eine ermutigende Einfachheit vereint. Er lächelte, sah uns lächeln und amüsierte sich über die Bemerkungen, die wir ab und zu machten. Kurz, er hatte es vermocht, dass wir uns alle sehr wohlfühlten. Als wenn er jedoch plötzlich seine Rolle als Biedermann ausgespielt hätte, ward sein Gesicht augenblicklich ernst, er erhob seinen strengen Blick, unter dem seine kleine Gestalt zu wachsen schien, und erteilte Herrn von Rémusat ich weiß nicht was für einen unbedeutenden Befehl mit der ganzen Trockenheit eines absoluten Herrschers, der keine Gelegenheit vorübergehen lassen will, zu befehlen, wenn er etwas verlangt.

Mémoires de Madame de Rémusat.

DER KAISER NAPOLEON UND DER GENERAL RAPP IN PARIS, JUNI 1804

Georges Cadoudal und seine Mitschuldigen waren verurteilt worden. Die Kaiserin Josephine hatte bei Napoleon ein gutes Wort für die beiden Polignacs eingelegt, Murat war für Herrn von Rivière eingetreten und der General Rapp nahm es auf sich, für den ehemaligen Schweizermajor von Rousillon beim Kaiser um Gnade zu bitten.

Es war sieben Uhr morgens. Napoleon befand sich bereits mit seinem Leibarzt Corvisart in seinem Arbeitskabinett, als sich der General Rapp melden ließ.

»Sire«, begann er, als er vorgelassen wurde; »es ist noch nicht lange her, dass Eure Majestät sich zum Vermittler der Schweiz gemacht haben.[1] Sie wissen, nicht alle Schweizer waren gleichmäßig zufrieden; besonders die Berner … Es bietet sich eine Gelegenheit, ihnen zu beweisen, dass Sie groß und edelmütig sind. Einer ihrer Landsleute soll heute hingerichtet werden. Er gehört zu den Besten seines Landes, und Ihr Gnadenakt wird sicherlich viel Aufsehen erregen und Ihnen viele Freunde erwerben.«

»Wer ist dieser Mann? Wie heißt er?«

»Rousillon.«

Bei Nennung dieses Namens wurde Napoleon zornig.

»Er ist gefährlicher als Georges selbst!«, rief er.

»Ich weiß, was Eure Majestät mir sagen wollen; aber die Schweizer,

---

1 Anspielung auf die am 19. Februar 1803 unterzeichnete Mediationsakte der Schweiz.

seine Familie, seine Kinder werden Sie segnen. Begnadigen Sie ihn, nicht um seiner selbst willen, sondern um so vieler tapferer Leute willen, die durch seine Dummheiten genug gelitten haben!«

»Hören Sie?«, sagte der Kaiser zu Corvisart gewendet, und gleichzeitig riss er Rapp die Bittschrift aus den Händen, überflog sie und gab sie ihm mit demselben Ungestüm zurück, indem er hinzufügte:

»Schicken Sie sofort einen Kurier ab, damit die Hinrichtung aufgehoben werde!«

Rousillon wurde mit seinen Mitschuldigen noch einige Zeit gefangen gehalten und erhielt später seine Freiheit.

Mémoires du général Rapp.

Der Kaiser Napoleon und der Staatsrat Miot de Mélito in Paris, Juli 1804

Sonntag, den 8. Juli 1804 war der Kaiser von Saint-Cloud nach Paris gekommen, um eine große Parade abzunehmen und den auswärtigen Gesandten, die ihre neuen Kreditive vorlegten, Audienz zu erteilen. Zu dieser feierlichen Audienz hatte man alle ehemaligen Formen der Etikette von Versailles eingeführt, und Herr von Ségur, der erst kürzlich zum Großzeremonienmeister ernannt worden war, gab sich die größte Mühe, dass dieser Tag ohne Zwischenfall ablief. Auch der Staatsrat Miot de Mélito, der eben aus Boulogne gekommen, wo Joseph Bonaparte sich als Oberst eines Regiments aufhielt, war anwesend. Als ihn der Kaiser unter seinen Kollegen gewahrte, schritt er freudig überrascht auf ihn zu, fragte ihn nach seiner Reise und seinem Bruder und bestellte ihn für den nächsten Tag nach Saint-Cloud zu einer Privatunterredung.

Ich begab mich, erzählt Miot, am 9. Juli früh neun Uhr nach Saint-Cloud und hatte mit ihm eine lange Unterredung, deren Hauptinhalt ich hier wiedergeben will.

Gleich anfangs verkündete mir der Kaiser, dass er es für nötig erachte, wieder ein Polizeiministerium einzurichten,[1] er habe jedoch ganz neue Ideen dafür.

»Ich will«, sagte er, »das ganze Gebiet der Republik unter vier Staatsräte verteilen, und zu einem von ihnen habe ich Sie bestimmt. Ich glaube, heute in dreißig Jahren wird es unmöglich sein, dass Frankreich ohne ein

---

1 Vgl. die Unterhaltung auf Seite 166, besonders den Abschnitt Seite 168.

Polizeiministerium auskommt, und dem muss vorgebeugt werden. Aber ich beabsichtige, diesen Teil der Verwaltung in ganz anderem Sinne zu leiten, als es bis jetzt der Fall war; ich gedenke es sogar ganz anders zu nennen. Durch die von mir geplante Einrichtung will ich die wahrheitsgetreuesten und genauesten Mitteilungen über die Meinungen in den Departements erhalten, will ich wissen, aus was für Männern die Tribunale, die Verwaltungsbehörden und die Wahlkollegien zusammengesetzt sind. Kurz, man beschäftigt sich augenblicklich in Frankreich eifrig mit der materiellen Statistik, ich aber will die moralische Statistik haben. Sie können mir in der Ausführung meines Planes nützlich sein, und deswegen habe ich mein Auge auf Sie geworfen.«

Als er meine Zustimmung erhalten und er mir die Versicherung gegeben hatte, dass ich durchaus nichts mit der Geheimpolizei zu tun haben würde, nahm der Kaiser die Unterhaltung von Neuem auf und teilte mir mit, dass er daran gedacht habe, Fouché an die Spitze des Ministeriums zu stellen. »Dieser Mann«, sagte er, »hat mir bedeutende Dienste erwiesen; er ist mit den polizeilichen Angelegenheiten aufs Beste vertraut und besitzt weitgehende Kenntnisse auf diesem Gebiet.«

»Zweifellos«, erwiderte ich, »kann man nicht leugnen, dass Fouché dieses Lob Eurer Majestät verdient; aber sein Name ist außerordentlich gefürchtet, und das würde die öffentliche Meinung verletzen.«

»Wenn ich Ihnen jedoch«, entgegnete der Kaiser, »einen andern Staatsrat nenne, der die gleichen Gesinnungen hat wie Sie, z. B. Dauchy, Pelet de la Lozère, Bigot de Préameneu, so würden diese beiden Ernennungen die Wahl Fouchés und die Fortsetzung der Amtstätigkeit Réals mäßigen.[1] Dieser soll auch einer von den vier Staatsräten sein.«[2]

---

1 Der Staatsrat Réal ward infolge der Geschicklichkeit, die er in der Angelegenheit Pichegrus und Georges' bewiesen hatte, dem Polizeiministerium beigeordnet.
2 Der vierte Staatsrat war der Polizeipräfekt Dubois; er hatte jedoch nur das Seinedepartement unter seinen Befehlen.

Als er meine Beobachtungen verworfen und sich für Pelet de la Lozère entschieden hatte, mit dem im Amt zu sein ich mich nur freuen konnte, nahm das Gespräch eine andere Wendung. Der Kaiser führte es auf meine Reise nach Boulogne zurück. Er fragte mich neugierig nach dem Verhalten seines Bruders aus. Nachdem ich verschiedenes von Joseph mitgeteilt und meine Rede mit Lobsprüchen begleitet hatte, beklagte er sich darüber, dass der Prinz Joseph gegen die Ereignisse in Paris opponiert und republikanische Sitten und Gewohnheiten herausgesteckt habe, gerade in einem Augenblick, wo er, Napoleon, hätte hoffen sollen, dass er von seinem Bruder bei den großen stattgefundenen Veränderungen unterstützt werde.

»Glaubt er etwa«, rief der Kaiser, »glaubt er etwa, dass ich diese Veränderung für mich getroffen habe? Dass mir an diesen Titeln, die er verachtet, so viel liegt? Dass ich nicht wie er die wahren Verdienste und den wahren Wert schätze? Ich habe mir diese Titel nur beigelegt, um in Europa Einkehr zu halten. Man muss auf die Einbildungskraft der Völker durch die Mittel wirken, die den größten Einfluss auf sie haben. Ist es nicht ein schönes Resultat, bis zu jener Höhe gelangt zu sein wie ich; sich von Königen mit ›mein Bruder‹ anreden zu lassen, von Kurfürsten in ihren Briefen allen ›Respekt‹ zu fordern und zu erhalten? Und Joseph, anstatt alle diese Vorteile der neuen Ordnung zu empfinden, verbringt seine Zeit mit Schreiben von philosophischen Briefen an Regnault[1] und Jourdan.[2] An Jourdan! Glaubt er etwa, sich auf den verlassen zu können und in ihm eines Tages eine Stütze zu finden? Er soll sich nur nicht täuschen! Joseph trägt einen Namen, der weder den Anhängern der Bourbonen noch den Schreckensmännern angenehm sein kann. Er wird nirgends eine Stütze finden. Nach mir entweder der Thron oder das Nichts! Mir hingegen schreibt er trockene Briefe, die mir Schmerz bereiten. Das

1 Regnault de Saint-Jean d'Angely, Staatsrat.
2 Jean Baptiste Jourdan, Marschall von Frankreich.

kommt aber daher, weil er im Grunde nicht so gut ist wie ich. In Wahrheit bin ich nur im ersten Augenblick heftig, im nächsten aber schon wieder versöhnlich gestimmt; Joseph hingegen ist nachtragender.«

Ich antwortete auf diese Klagen mit großer Vorsicht und versicherte dem Kaiser, dass kein Mensch ihm mehr zugetan sei als sein Bruder. Die Verschiedenheit der Meinungen, die sich zwischen ihnen bekundete, sei durchaus nicht so ausgesprochen, als er vermute, und käme hauptsächlich von ihrer beiderseitigen Entfernung her. Da sie beide geschaffen wären, sich immer zu lieben, würde eine Stunde freundschaftlichen Beisammenseins alle Meinungsverschiedenheiten, die nur durch die Abwesenheit entstanden wären, aufheben.

Der Kaiser erwiderte, dass er an meiner Sprache die wahren Freunde seines Bruders erkenne. Er selbst habe sich nicht über die Gefühle zu beklagen, die sie bei verschiedenen Gelegenheiten an den Tag gelegt, aber er könne noch immer nicht verstehen, wie sein Bruder trotz dieser Freunde, denen er das größte Vertrauen entgegenbrächte, stets ihren Ratschlägen entgegen handle. Diese Beobachtung veranlasste den Kaiser, mit mir von der Weigerung Josephs, vor einigen Monaten die Stelle des Kanzlers im Senat anzunehmen, zu sprechen.

»Ich hatte«, sagte er, »alles vorbereitet, um ihn in den Luxembourg zu bringen und durch diese Würde ihn die erste Stufe seiner jetzigen Stellung erklimmen zu lassen. Mit Willen habe ich, um mein Spiel zu maskieren und um niemand zu erschrecken, ihm die Prätoren vorangestellt. Sie wissen, was er damals getan hat; Sie kennen die Reden, die er bei sich und in demselben Luxembourg gehalten hat, nach welchem er heute wieder zurückgekehrt ist, und zwar in derselben Eigenschaft, die er damals verwarf.[1] Seine Weigerung hat mich gezwungen, ihn ins Heer eintreten zu lassen; zwar eine seltsame Idee, aber es war das einzige Mittel,

---

1 Als Großwahlherr musste Joseph bei gewissen Gelegenheiten dem Senat vorstehen, und dieses Amt hatte in der Tat viel Ähnlichkeit mit dem eines Kanzlers des Senats.

das mir blieb. Übrigens ist der Schaden nicht groß. Heute in dreißig Jahren brauchen wir einen Soldaten, um Frankreich zu regieren; und Joseph hatte es nötig, einer zu werden. Jetzt wenigstens weiß er, was es bedeutet; die Achselstücke erschrecken ihn nicht mehr. Er könnte zu Pferde steigen und ebenso wie ein anderer befehligen. Er soll diesen Beruf fortsetzen, sich einen militärischen Rang, eine tüchtige Wunde und einen guten Ruf erwerben! Es ist nicht so schwer, wie Sie glauben. Ich will für ihn tun, was ich für Moreau getan habe: Ich werde ihm mehr Truppen geben, als der Feind hat; ich werde ihn nur mit den leichtesten Dingen beauftragen und das Übrige auf mich nehmen. Auf diese Weise kann er eine Schlacht gewinnen, und dann ist er auf der Höhe aller Befehlshaber.«

Gegen diesen letzten Gedanken erhob ich laut Einspruch. »Ich glaube nicht«, sagte ich zum Kaiser, »dass der Prinz Joseph noch in seinem Alter[1] daran denken kann, ernstlich die militärische Laufbahn einzuschlagen und sich durch sie Ruhm zu erwerben. Es gibt heute zu viel wahren militärischen Ruhm, als dass man hoffen könnte, ihn auf so leichte Weise zu erwerben. Was im Anfang der Revolution möglich war, ist jetzt unmöglich. Der Platz des Prinzen Joseph ist naturgemäß an der Spitze der Zivilverwaltung; dort allein gehört er hin, und obgleich ich mir einen guten Erfolg von seinem Aufenthalt im Lager verspreche, so ist doch sein wahrer Posten, wie ich glaube, die Präsidentschaft des Senats und der Räte.«

»Deshalb«, unterbrach mich der Kaiser, »ist es meine Absicht, ihn sofort zurückzurufen und ihn in die Stellung einzusetzen, die ihm zukommt.«

Endlich, nachdem er die Zuneigung, die er für seinen Bruder stets empfunden, und die Vorliebe, die er immer für ihn gehabt, nochmals beteuert hatte, entließ er mich.

Mémoires du comte Miot de Mélito.

---

1 Joseph war zu jener Zeit 36 Jahre alt.

DER KAISER NAPOLEON UND FRAU CAMPAN
IN DEN TUILERIEN, 1804

Eines Tages sagte Napoleon zu Frau Campan in den Tuilerien:

»Ich kenne keine andern Titel als persönliche; umso schlimmer für die, welche keine haben. Die Männer, die mich umgeben, haben sie sich auf dem Feld der Ehre erworben; sie haben bewiesen, was sie können. Im Sittlichen allein findet sich wahrer Adel! Ich habe keine Partei ergriffen; das Verdienst allein entscheidet meine Wahl, und ich mache mich zum Vormund des Talents.«

Journal anecdotique de Madame Campan.

Der Kaiser und der Minister des Innern, Graf Chaptal, in Malmaison, 1805

Der Kaiser liebte es, dass man ihm sofort gehorchte, und gestattete keinen Grund des Aufschubs. Er befahl Denkmäler und bedeutende Arbeiten und ließ oft damit beginnen, ehe noch der Plan dazu völlig entworfen war.

Eines Tages sagte er im Garten von Malmaison zum Minister des Innern, dem Grafen Chaptal:

»Ich habe die Absicht, aus Paris die schönste Stadt der Welt zu machen. Ich will, dass es in zehn Jahren zwei Millionen Einwohner hat.«

»Man improvisiert keine Bevölkerung«, entgegnete Chaptal. »Ohne Zweifel kann ein großer Herrscher, der seine Residenz auf einen gewissen Punkt verlegt, um den sich die Hauptverwaltungen gruppieren, der zahlreiche Einrichtungen zur Förderung der Künste, der Wissenschaften und des Handels gründet, auf diesem Punkt eine große Bevölkerung anhäufen, aber das allein genügt noch nicht, um zwei Millionen Einwohner zusammenzubekommen. Dazu bedarf es großer Leichtigkeit für die Verproviantierung, Absatzwege für die Produkte der Industrie, und von alledem gibt es nichts in Paris. Unsere Hauptverproviantierung geschieht durch einen Fluss, der während dreier Monate im Winter und dreier Monate im Sommer nicht schiffbar ist. Paris steht stets vor dem Augenblick, an dem es ihm an Subsistenzmitteln fehlt. In der Halle gibt es niemals mehr als 5000 Säcke Mehl täglich; und davon sind 2000 für den täglichen Gebrauch nötig. Ludwig XIV., der wohl wusste, wie es stand, hatte eine große Idee gefasst, er wollte nämlich einen Teil der Loire in die Seine leiten. Dadurch würde die Seine zehn Monate im Jahr schiffbar, und der zwischen Orléans und dem Gebirge von Velay gelegene Teil Frankreichs lieferte alle seine Erzeugnisse nach Paris. Gegenwärtig jedoch kann Paris kaum eine Million Einwohner ernähren. Die Existenz einer größeren Anzahl sähe sich jeden Augenblick aufs Spiel gesetzt. Überlassen Sie den Zuwachs der Bevölkerung sich selbst; er wird sich so entwickeln, wie er sich entwickeln muss. Paris bietet den reichen Leuten genug Lockspeise und dem Arbeitsmann genügend Hilfsquellen, sodass sich die Regierung nicht hineinzumischen braucht.«

»Gut! Ich lasse die Gründe gelten, aber ich will für Paris etwas Großes und Nützliches tun. Wie denken Sie darüber?«

»Verschaffen Sie Paris Wasser.«

»Bah! Wasser! Es gibt mehrere Brunnen und einen großen Fluss in Paris.«

»Es ist allerdings wahr, dass Brunnen und ein großer Fluss in Paris fließen, aber es ist nicht weniger wahr, dass man dort das Wasser in Flaschen verkauft. Und das Volk bezahlt eine ungeheure Wassersteuer, denn jede Familie braucht täglich eine Tracht Wasser, was, da jede Tracht 2 Sous kostet, 36 Francs im Jahr ausmacht. Und Sie haben heute weder öffentliche Brunnen noch Schwemmen, noch Mittel, die Straßen zu waschen.«

»Welche Mittel schlagen Sie vor, um Paris mit Wasser zu versorgen?«

»Ich schlage Ihnen zwei vor: erstens drei Feuerpumpen zu 40 HP. bauen und die eine im Zentrum von Paris, die andern beiden außerhalb der Stadt aufstellen zu lassen. Für die Kosten kommt die Stadt auf, zu welchem Zweck sie von den Einwohnern eine geringe Gebühr erhebt. Der zweite Vorschlag besteht darin, dass man den Ourcq nach Paris leitet. Dieser zweiundzwanzig Meilen von Paris fließende Fluss ergießt sich in die Marne, diese mündet in die Seine, sodass der Ourcq mit Leichtigkeit bis oberhalb von La Villette geleitet werden kann, von wo aus sich seine Gewässer über Paris verbreiten.«

»Gut!«, erwiderte Napoleon; »ich nehme diesen Vorschlag an. Lassen Sie Herrn Gauthey holen[1] und sagen Sie ihm, er solle morgen 500 Leute nach La Villette schicken, um den Kanal zu graben.«[2]

Comte Chaptal, Mes souvenirs sur Napoléon.

1 Er war Ingenieur der Brücken und Chausseen.
2 Ganz so schnell ging es mit der Ausführung nicht. Aber am nächsten Tag erhielt Gauthey den Befehl, sich an Ort und Stelle zu begeben und Bericht zu erstatten. Nach seiner Rückkehr wurde der Bericht geprüft und die Ausführung befohlen. Die Arbeit kostete ungefähr 15 Millionen Francs.

Der Kaiser Napoleon und Graf Comeau de Charry in Bayern, 1805

Der ehemalige Regimentskamerad Napoleons und Emigrant, Sébastien Joseph de Comeau de Charry, der sich später als Offizier in der Armee Condés hervorgetan hatte, war vom Kurfürsten von Bayern 1799 in dessen Armee berufen worden. Als 1805 Bayern durch die Österreicher gezwungen war, sich mit Frankreich zu verbünden, bezeichnete der Kaiser Napoleon den Hauptmann de Comeau trotz seines niedrigen Grades als bayerischen Militärattaché in seinem Generalstab. Der ehemals eifrige Royalist wurde also der direkte Vermittler zwischen dem Kaiser und dem damaligen König Maximilian von Bayern. Seine erste Begegnung mit seinem früheren Kameraden hinterließ einen tiefen Eindruck auf ihn.

Ich hatte keine Vorstellung von dem Mann, den ich seit 1791 nicht mehr gesehen und der einer so entgegengesetzten Richtung angehörte wie der, die ich selbst verfolgt hatte, berichtet Comeau. Seine Siege, seine Handlungen, besonders der Tod des Herzogs von Enghien beschäftigten sehr unangenehm meinen Geist. Wie sehr aber war ich überrascht, als ich in ihm einen Mann in einem ganz einfachen Anzug sah, der mir gegenüber das Wesen und den Ton eines lieben, geschätzten Kameraden anschlug, der sich freute, jemand wiederzusehen, von dem er einige Zeit durch unsern gemeinsamen Beruf getrennt gewesen war.

Er war zu Pferd in seinem grauen Mantel inmitten seines glänzenden Generalstabs. Ich befand mich in großer bayerischer Uniform mit der kreuzweise übereinandergelegten Schärpe. Als ich mich der Gruppe näherte, legte ein Posten sein Gewehr an und zielte auf mich. Der Kaiser löste sich von seinem Gefolge los und kam lebhaft auf mich zu. Er stieg ab und setzte sich auf einen Grenzstein, in der Hand die Zügel seines Pferdes haltend. Ich trat sofort an ihn heran und wollte ihm das Pferd halten, er aber sagte: »Lassen Sie, lassen Sie; das ist nicht Ihre Sache.«

Da sprengte ein Jäger herbei; Napoleon warf ihm die Zügel zu und bedeutete ihm, er möge sich entfernen. Ich war bewegt, nahm jedoch alle meine Sinne zusammen, damit nicht etwa diese Bewegung dem Posten zugeschrieben werden möchte, der auf mich gezielt hatte.

»Nun, da sind Sie ja«, begrüßte mich Napoleon, mich dabei scharf anblickend. »Seit Straßburg erwarte ich Sie. Nicht allein, dass ich Sie kenne, sondern ich *habe* Sie gekannt. Sie waren es, der in Besançon an der Leutnantstafel meine Serviette in die Mitte des Tisches warf und dem bedienenden Burschen sagte, sie wollten nicht neben einem Offizier sitzen, der den Klub besuche! Das ist eine alte Sache, die wir heute beilegen müssen. Songis! Songis!« [Das war der Generalinspektor der Artillerie.] »Hier, das ist eine der Kapazitäten unserer alten Schule! Lassen Sie ihn nicht aus dem Auge. In seinem kahlen, obgleich noch jungen Kopf finden Sie alles, was Sie mich in Boulogne fragten. Da ist was drin. Sparen Sie nicht; und dass mein erstes Feuer gut unterhalten wird! – Haben Sie Munition im Überfluss? Wie ist Ihre Artillerie? Wird sie bereit sein? Sie sind etwas langsam, meine Herren Deutschen!«

»Sire, wir sind bereit. Ich habe sechs Stunden von hier zwei Armeen von 25 000 Mann stehen.«

»Zweifellos auch Kavallerie?«

»Zwölf prächtige Schwadronen.«

»Gut! Und Artillerie?«

»Zehn Feld- und zwei leichte Batterien. Aber besser als alles, Sire: Munition für drei Schlachten, wie Eure Majestät sie liefern, für drei Marengos!«

»Ah, ausgezeichnet! Sie hören, meine Herren, ich habe überall Freunde, wie Sie sehen. Er gehört der alten Schule an, aus der ich hervorgegangen bin. Wir haben zusammen Gleichungen gemacht. Songis, ich gebe Ihnen Comeau. Und was machen die beiden Colonges?«[1]

»Sire, Sie befehligen die Artillerie der beiden Armeekorps.«

»Gut. Oh, ich stehe dafür, dass die Artillerie gut bedient ist. Songis, ich empfehle Ihnen Comeau von der alten Schule! Er hat in seiner Tasche das Material von drei Marengos. Lassen Sie anfahren; lassen Sie Munition verteilen! Man säume nicht! Man stehe ihm bei, lasse ihn aber im Allgemeinen machen, wie er's für gut hält!«

Darauf rief er den Generalstabschef Berthier herbei. Dieser erschien sofort, und Napoleon befahl: »Also lassen Sie aufmarschieren, nicht gesäumt! … Er kennt die Sprache, er kennt das Land … Er ist kein Kind, nicht wahr, Andréossy? Ich kannte ihn als Leutnant, ehe die Politik uns auseinanderbrachte, und mochte ihn sehr gern … Und nun vorwärts!«

Ein Händedruck des ernsten Andréossy, der wenigstens Generalleutnant war; und der Kaiser nahm seinen Marsch mit Berthier und Songis wieder auf, dabei oft den Blick zu mir wendend.

Baron de Comeau, Souvenirs des guerres d'Allemagne pendant la révolution et l'empire.

---

[1] Der Vater der beiden Colonges war 1785 Napoleons erster Oberst im Regiment »La Fère« gewesen.

Napoleon und seine Umgebung
vor Austerlitz, 1805

Der Kaiser erzählte eines Tages, dass er vor der Schlacht von Austerlitz ein Grenadierkorps besichtigt habe und einen der Soldaten wegen seiner schlechten Haltung mit Arrest bedrohte. Der Soldat jedoch habe ihm erwidert:

»Oh, Arrest ist zu wenig, degradieren Sie mich, das heißt aber erst übermorgen, denn ich will nicht entehrt sein.«

Darauf fügte der Kaiser hinzu, er sei überzeugt, dass Hartnäckigkeit allein oft Schlachten gewinne. Und dann erzählte er, wie er sich fünf Tage hintereinander mit dem General Alvinczy herumgeschlagen, ohne dass einer von ihnen Verluste oder Vorteile gehabt.

»Da ich jünger und eigensinniger war als er«, sagte Napoleon, »zweifelte ich nicht daran, dass er mir schließlich doch weichen müsse, und hielt an dieser Überzeugung fest. Am fünften Tag gegen fünf Uhr abends entschloss er sich zum Rückzug.«

Der Kaiser sagte gern vom General Alvinczy, er sei der beste Feldherr, mit dem er sich je geschlagen, und gerade aus diesem Grund habe er niemals weder Gutes noch Schlechtes in seinen Bulletins von ihm gesagt, während er stets Beaulieu, Wurmser und den Erzherzog Karl, die er nicht fürchtete, gelobt hätte.

»Ein eingeschüchterter Feind«, sagte er, »bringt alle Opfer, die man von ihm verlangt. Nachdem ich bei meinem Einzug in Italien Beaulieu geschlagen, befand sich Piemont vollkommen ungedeckt, und die Verwirrung war groß. Um alle Festungen zu erobern, hätte ich mindestens sechs

Monate gebraucht, und mein Feldzug zur Eroberung Italiens wäre verloren gewesen. Ich bedrohte daher den König mit einer Invasion. Er öffnete mir seine Festungen, und ich konnte Beaulieu verfolgen, ohne dass dieser Zeit hatte, sich zu sammeln.

Die Einnahme Roms in demselben Feldzug hätte mich einen Zeitverlust von zwanzig Tagen gekostet, aus dem der Erzherzog Karl sofort Nutzen gezogen haben würde. Ich bedrohte also den Papst, der seine Staaten für die Summe von dreißig Millionen, die ich sehr nötig hatte, zurückkaufte, und ich verfolgte den Erzherzog. Mit einem Herrscher, der seine Hauptstadt nicht verlassen und den man bedroht, hat man immer leichteres Unterhandeln als mit einem, den man daraus verjagt hat. Mein Vertrag von Campo Formio ist auf den gleichen Grundsätzen vorgeschlagen und abgeschlossen worden. Ich habe Moskau nur in der Absicht bedroht, ein ähnliches Resultat zu erzielen. Aber in diesem Fall war das Ergebnis gegen mich!«

Comte Chaptal, Mes souvenirs sur Napoléon.

Der Kaiser Napoleon und seine Adjutanten bei Austerlitz, 1805

Der Tag von Austerlitz rückte näher! Im Hauptquartier des Kaisers Napoleon war viel Leben und Bewegung, Napoleon selbst äußerst aufgeräumt. Mit seinen Adjutanten und Offizieren setzte er sich in der Bauernhütte, wo er wohnte, fröhlich zu Tisch. Murat und Caulaincourt nahmen an seinen beiden Seiten Platz, dann folgten Junot, der General Mouton, Rapp, Lemarois, Lebrun, Macon, Thiard, der Chirurg Yvan und der Graf Ségur. Die Mahlzeit war ganz gegen die Gewohnheit des Kaisers, der nicht länger als zwanzig Minuten bei Tisch saß, lang, denn die Unterhaltung hielt ihn zurück. Obwohl man hätte vermuten können, dass sie sich hauptsächlich um die bevorstehende Schlacht handelte, war dies durchaus nicht der Fall, denn der Kaiser hatte mit Junot, der in der Literatur nicht unbewandert war, ein literarisches Gespräch angeknüpft. Die Namen einiger neuer Tragödien waren gefallen. Als wenn er die russische Armee, den Krieg und die kommende Schlacht vollkommen vergessen hätte, rief der Kaiser plötzlich mit sichtlichem Interesse aus: In seinen Augen habe keiner der Autoren die neuen Grundsätze verstanden, die unsern modernen Tragödien zur Basis dienen müssten! Er habe auch dem Verfasser der »Templiers« gesagt[1], seine Tragödie sei vollkommen verfehlt. Dass ihm dieser Dichter das niemals verzeihen könnte, wüsste er wohl, denn in diesem Punkt sei die Eigenliebe eines

---

1 Es war der Dichter François Juste Marie Raynouard, Mitglied der französischen Akademie.

Autors unerbittlich. Man müsse diese Herren stets loben, um von ihnen gelobt zu werden. In dem erwähnten Stück sei nur ein einziger Charakter gut ausgearbeitet, und das sei der eines Mannes, der zu sterben wünschte. Aber das sei nicht natürlich und tauge nichts, denn man müsse leben wollen und zu sterben wissen!

»Sehen Sie Corneille an«, rief er, »welche Kraft der Konzeption! Der hätte einen Staatsmann abgegeben! Aber die ›Templiers‹ – diesem Stück fehlt die Politik! Er hätte Philipp August müssen in die Notwendigkeit versetzen, sie zu vernichten; er hätte, indem er das Publikum für ihre Erhaltung interessierte, durchfühlen lassen müssen, dass ihre Existenz mit der der Monarchie unverträglich war, dass sie durch ihre große Anzahl, ihren Reichtum und ihre Macht gefährlich wurden und dass die Sicherheit des Throns ihre Vernichtung erforderte.

Heute, wo das Ansehen der heidnischen Religion nicht mehr vorhanden ist, bedürfen wir zu unserer Tragödie eines anderen Beweggrundes. Die Politik muss jetzt die große Triebfeder der modernen Tragödie sein! Sie muss heute auf unserem Theater das antike Verhängnis ersetzen, jenes Verhängnis, welches Ödipus zum Verbrecher machte, ohne dass er schuldig war; jenes Verhängnis, das uns bei Phädra so lebhaft interessiert, indem es die Götter eines Teils ihrer Verbrechen und Schwächen beschuldigt. Und diese beiden Grundsätze finden wir auch in Iphigenie wieder, dem Meisterwerk der Kunst, dem Meisterwerk Racines, das man mit Unrecht des Mangels an Kraft beschuldigt!«

Außerdem, fügte Napoleon hinzu, sei es ein großer Irrtum, wenn man glaube, die tragischen Sujets seien erschöpft; es gäbe deren noch eine Menge in der Politik, man müsse nur den Punkt zu berühren wissen. Es handle sich nur darum, die betreffenden Personen im vollkommenen Widerspruch zu anderen Leidenschaften, anderen Neigungen unter dem Einfluss des mächtigen Bedürfnisses hinzustellen. Auf diese Weise würde alles, was man Staatsstreich und politisches Verbrechen nenne, zu einem tragischen Gegenstand werden, in welchem, wenn der Schrecken durch die Notwendigkeit etwas gemildert sei, ein neues und lebhaftes Interesse sich entwickele.

Und nun folgten einige Beispiele, jedoch nicht den Erinnerungen entnommen, die ihn augenblicklich am meisten inspirieren mussten. Das eine führte ihn in die Zeiten des ägyptischen Feldzugs zurück.

»Ja«, begann er, »hätte ich mich damals Akkas bemächtigt, so würde ich mir den Turban aufs Haupt gesetzt haben, meine Armee hätte große, weite Hosen bekommen, ich hätte sie nur im allernötigsten Fall dem Feuer ausgesetzt und mein geheiligtes Bataillon, meine Unsterblichen daraus gemacht! Den Krieg gegen die Türken würde ich durch die Araber, die Griechen und die Armenier beenden haben lassen! Anstatt eine Schlacht in Mähren hätte ich eine bei Issus gewonnen; ich wäre Kaiser des Orients geworden und über Konstantinopel nach Paris zurückgekehrt!«

Er begleitete diese letzten Worte mit einem Lächeln, wie um anzudeuten, dass er sich von einem seiner Jugendträume habe hinreißen lassen.

Comte de Ségur, Histoire et Mémoires.

KAISER NAPOLEON UND KAISER FRANZ VON ÖSTERREICH BEI DER MÜHLE VON SARUCHITZ, 1805

Nach der Schlacht von Austerlitz blieb dem Kaiser von Österreich, Franz I., nichts anderes übrig, als mit Napoleon Unterhandlungen wegen des Friedens anzuknüpfen. Er schickte daher den Fürsten Johann von Liechtenstein in das Hauptquartier Napoleons, um eine Zusammenkunft zu erbitten. Der französische Kaiser fühlte sich nicht allein durch die Wahl des Abgesandten, sondern auch dadurch geehrt, dass Franz ihn persönlich sprechen wollte, und die Zusammenkunft ward auf den 4. Dezember 1805 bei der Mühle von Saruchitz festgesetzt.

Als Napoleon den Kaiser von Österreich zu seinen Biwakfeuern führte, sagte er höflich: »Ich empfange Sie in dem einzigen Palast, den ich seit zwei Monaten bewohne.«

Und Franz I. erwiderte: »Sie ziehen daraus so viel Vorteil, dass es Ihnen schon darin gefallen muss.«

Die Unterhaltung der beiden Kaiser währte fast zwei volle Stunden, in denen man über die Grundsätze eines Waffenstillstands übereinkam. Die Bedingungen zur Regelung desselben wurden den Bevollmächtigten überlassen, die noch zu ernennen waren. Der heikelste Punkt der Konferenz indes war ein Waffenstillstand für die bereits zum Teil von den Franzosen eingeschlossenen Überreste der russischen Armee. Napoleon bewilligte auch diesen und sagte:

»Ich werde den Marsch meiner Kolonnen einstellen, aber Eure Majestät müssen mir versprechen, dass die russische Armee nach Russland zurückkehrt.«

232

»Das ist auch die Absicht des Kaisers Alexander«, entgegnete Franz, »das kann ich Ihnen versichern. Übrigens können Sie sich in der Nacht durch Ihre Offiziere selbst davon überzeugen.«

Am nächsten Tag aber schon erschien ein Bulletin, in welchem Napoleon seine Nachsicht gegen die Russen zu bereuen schien. Es hieß darin, Napoleon habe nach der Zusammenkunft mit Franz I. gesagt:

»Dieser Mann hat mich einen Fehler begehen lassen, denn ich würde meinen Sieg noch weiter verfolgen und die ganze russische oder österreichische Armee haben gefangen nehmen können; aber schließlich sind dadurch ein paar Tränen weniger vergossen worden.«

Baron L. P. Bignon, Histoire de France.

Kaiser Napoleon und sein Grossstallmeister, Graf Caulaincourt, in Paris, 1805

Napoleon liebte es, sich mit seinem Großstallmeister Caulaincourt über alle möglichen Gegenstände zu unterhalten. Sie waren nicht immer derselben Meinung, besonders nicht, wenn das Gespräch auf die Frauen kam, deren Partei der galante Herzog von Vicenza stets zu nehmen pflegte.

Auf die Einwände Caulaincourts antwortete der Kaiser meist:

»Die Liebe ist weiter nichts als ein wahnsinniges Hoffen, das ist alles; seien Sie dessen versichert.«

Eines Tages arbeiteten sie zusammen, und Caulaincourt schlug dem Kaiser die Beförderung eines der Bürovorsteher der Marstallverwaltung vor. Er war ein sehr pünktlicher und rechtschaffener Beamter, der längst seine Beförderung verdient hatte.

»Nein, Caulaincourt«, antwortete Napoleon, »M… mag da bleiben, wo er ist.«

»Aber Sire, dieser Mann hat Fähigkeiten, Kenntnisse, er ist eifrig und fleißig, und seine Beförderung ist nur ein Akt der Gerechtigkeit.«

»Mein lieber Caulaincourt, Ihr M… ist ein Esel.«

Caulaincourt war darüber sehr erstaunt.

»Ja, sage ich Ihnen, ein Esel; ein Mann, der sich von seiner Frau beherrschen lässt, steht bei mir nicht gut angeschrieben.«

»Aber«, rief Caulaincourt lachend, »woher wissen Eure Majestät denn diese Einzelheiten, die durchaus nichts mit der Marstallverwaltung zu tun haben?«

»Ah! Ah! Herr Großstallmeister, ich weiß besser als Sie, was unter dem

Personal meines Hauses vorgeht.« Und dabei rieb der Kaiser sich vergnügt die Hände. Dann fuhr er im neckenden Ton fort: »Cagliostro ist ein kleiner Hexenmeister im Vergleich zu mir!«

Beide lachten, aber Caulaincourt gab sich nicht zufrieden, bis er wirklich die Beförderung seines Schützlings erlangt hatte.

»Gut!«, bemerkte Napoleon, »aber sagen Sie ihm, dass ich es liebte, wenn ein Mann Herr in seinem Hause wäre.«

»Sire, Eure Majestät wissen, dass ich wohl den Dienst der Marställe überwache, aber sicher nicht den in den Wohnungen der Beamten.«

»Ach was! Das geht mich nichts an, Herr Großstallmeister, ich will alles wissen, was vorgeht.« Und das Lachen begann von Neuem.

Souvenirs du duc de Vicence.

Der Kaiser Napoleon und Graf Miot de Mélito
in den Tuilerien, Januar 1806

Nach der Unterzeichnung des Friedens von Preßburg hatte der Kaiser Schönbrunn verlassen und sich über München nach Paris begeben, wo er am 26. Januar abends neun Uhr eintraf. Am nächsten Morgen erhielt der Staatsrat Miot de Mélito den schriftlichen Befehl, Ende des Monats nach Neapel zum Prinzen Joseph abzureisen, der die Armee von Neapel befehligte. Miot, der ein Freund Josephs war, sollte von diesem in der Verwaltung des Königreichs Neapel verwendet werden, und zwar in der Eigenschaft, die er für gut hielt. Am 30. Januar 1806 begab sich Miot kurz vor seiner Abreise zum Kaiser in die Tuilerien, wo er folgendes Gespräch mit ihm hatte:

»Sie reisen also zu meinem Bruder. Sagen Sie ihm, dass ich ihn zum König von Neapel mache, er jedoch Großwahlherr bliebe, und ich nichts in seinen Beziehungen zu Frankreich ändere. Aber sagen Sie ihm auch, dass das geringste Zögern, die geringste Ungewissheit seinen vollkommenen Untergang bedeute. In meinem tiefsten Innern habe ich bereits einen andern, der, wenn Joseph sich weigert, ihn ersetzen wird. Ich werde ihn ›Napoleon‹ nennen, und er wird mein Sohn heißen. Das Benehmen meines Bruders in Saint-Cloud[1] und seine Weigerung, die Krone von Italien anzunehmen, haben mich veranlasst, Eugen meinen Sohn zu nennen. Ich bin entschlossen, denselben Titel einem andern zu geben, wenn er mich wieder dazu zwingt. Augenblicklich muss jedes Gefühl der Zuneigung

---

1 Bei Gelegenheit der Krönungsfeier.

den Staatsgründen weichen. Ich erkenne nur die als Verwandte an, die mir dienen. Nicht an den Namen ›Bonaparte‹ knüpft sich mein Glück, sondern an den Namen ›Napoleon‹! Mit meinen Händen und meiner Feder schaffe ich mir Nachkommen. Ich kann heute nur *die* lieben, die ich achte. Joseph muss alle Familienbande und alle Kindheitserinnerungen vergessen. Er soll sich Achtung verschaffen! Ruhm erwerben! Soll sich im Kriege Lorbeeren holen! Dann werde ich ihn achten. Er soll auf seine alten Ansichten verzichten und keine Strapazen scheuen! Nur dadurch, dass man ihnen trotzt und sie aufsucht, kann man etwas werden, aber nicht wenn man hinter den Hasen in Mortfontaine[1] herläuft. Sehen Sie mich an! Der Feldzug, den ich eben beendet, Tätigkeit und Bewegung haben mich fett gemacht! Ich glaube, wenn alle Fürsten von Europa sich gegen mich vereinigten, würde ich einen geradezu lächerlichen Wanst bekommen.

Ich gebe meinem Bruder eine schöne Gelegenheit. Möge er seine neuen Staaten weise und energisch regieren! Möge er sich alles dessen, was ich für ihn tue, würdig zeigen! Allein damit, in Neapel, wo Sie ihn wahrscheinlich finden werden, eingezogen zu sein, ist es nicht abgetan; man muss sich auch noch Siziliens bemächtigen. Er soll diesen Krieg mit allem Nachdruck führen! Er muss streng sein, das ist das einzige Mittel, sich beim Soldaten Achtung zu verschaffen. Ich lasse ihm vierzehn Infanterieregimenter und fünf Regimenter Kavallerie: ungefähr 40 000 Mann. Die einzige Bedingung, die ich dagegen stelle ist: für den Unterhalt dieses Teils meiner Armee zu sorgen.

Vor allem aber soll er Massena am Stehlen verhindern. Ich wünsche, dass die Summen, die er das Volk des Königreichs Neapel bezahlen lässt, meinen Truppen und dem Staat zugutekommen und nicht zur Bereicherung von Spitzbuben beitragen. Was Massena in den venezianischen Staaten gestohlen hat, ist entsetzlich. Aber die Sache ist noch nicht zu Ende.

---

1 Mortfontaine war die Besitzung Josephs, die er über alles liebte.

Joseph soll ihn bei dem ersten Beweis seiner Spitzbübereien fortschicken. Ich fürchte die Generale nicht und fasse sie nicht mit Handschuhen an.

Auf S. [Solignac?] habe ich meinen Bruder schon aufmerksam gemacht und ihm gesagt, dass er ihn nicht so viel stehlen lassen soll. Ich wollte ihm jedoch meine Erlaubnis, ihn mitzunehmen, nicht verweigern; er ist ein kluger Mann und kann ihm von Nutzen sein. Aber er ist nur dahin gegangen, um noch ein paar Millionen zusammenzuscharren. Er ist reich genug. Überwachen Sie diese beiden Männer und lassen Sie den Charakter meines Bruders nicht entehren. Er wird Sie zum Kriegsminister machen.

Sie haben gehört: Ich kann keine unbedeutenden Verwandten mehr brauchen. Diejenigen, die sich nicht mit mir erheben, werden nicht mehr zu meiner Familie zählen. Ich werde aus ihnen eine Familie von Königen, oder besser von Vizekönigen gründen, denn der König von Italien, der König von Neapel und andere, die ich nicht nenne, werden einem Bundessystem unterworfen sein. Ich will indes gern das vergessen, was zwei meiner Brüder mir angetan haben: Lucien mag seine Frau verlassen, und ich gebe ihm ein Fürstentum,[1] Jérôme hat bereits sein Unrecht zum Teil wiedergutgemacht.[2] Nach einer einjährigen Kreuzerfahrt werde ich ihn mit einer Prinzessin verheiraten.[3] Aber niemals werde ich dulden, dass Luciens Frau, dass eine Metze an meiner Seite Platz nimmt!«

---

1 Lucien Bonaparte war in zweiter Ehe mit der Witwe eines Wechselagenten, Madame Alexandrine Jouberthon, verheiratet, einer Dame, die sich nicht gerade des besten Rufes erfreute und mit der er vorher in freier Ehe gelebt hatte. Dies erregte den ganzen Zorn Napoleons, umso mehr, als ihn Lucien nicht vor seiner Verheiratung um Erlaubnis gebeten hatte.

2 Auch der jugendliche Jérôme hatte die Pläne des großen Bruders durchkreuzt und sich heimlich in Amerika mit Fräulein Elisabeth Patterson, der Tochter angesehener, aber bürgerlicher Leute verheiratet. Er war jedoch schwächer als Lucien, gab den Drohungen Napoleons nach und ließ seine junge Frau und sein Kind im Stich. Darauf diente er in der Marine und söhnte seinen Bruder durch sein Verhalten wieder aus.

3 In der Tat verheiratete sich Jérôme im Jahr 1807 mit der württembergischen Prinzessin Katharina, der Tochter des Königs Friedrich I.

Miot unterbrach diesen langen Worterguss nur durch ein paar Worte. Er versuchte den Kaiser auf sanftere und geneigtere Gedanken zu bringen, aber seine heftigen Antworten überzeugten ihn mehr und mehr, dass dieser außerordentliche Mann ganz und gar seiner ehrgeizigen Politik verfallen war und die Stimme der Natur nicht achtete, sobald sie seine Pläne durchkreuzen wollte. Der Staatsrat zog sich zurück, überzeugt, dass dem Prinzen Joseph nichts anderes übrig bleiben werde, als sich vollkommen unterzuordnen.

Mémoires du comte Miot de Mélito.

Der Kaiser Napoleon und seine Umgebung in Paris, 1806

»Der Ehrgeiz«, sagte eines Tages der Kaiser, »ist der Hauptbeweggrund des Menschen. Man gibt seine Fähigkeiten aus, solange man hofft, emporzukommen; hat man aber die höchste Stufe erreicht, so verlangt man nur nach Ruhe. Ich habe Senatorenstellen und Fürstentitel gegründet, um den Ehrgeiz zu fördern und dadurch die Senatoren und Marschälle von mir abhängig zu machen.

Das Genie ist bisweilen nur ein Instinkt, der sich nicht vervollkommnen lässt. In den meisten Fällen wird die Kunst des Kombinierens nur durch die Beobachtung und Erfahrung vervollkommnet. Ein guter Gedanke ist nicht immer mit einem guten Urteil verbunden, aber ein gutes Urteil setzt stets einen guten Gedanken voraus!

Man kann niemals die Grenzen des Vermögens bestimmen. Derjenige, der seinen Bedürfnissen mit dreißig Francs täglich genügen kann, ist reicher als der, welcher bei einer Rente von 300 000 Francs Entbehrungen erleidet. Oft besteht der ganze Unterschied des Reichtums darin, dass man grüne Erbsen vierzehn Tage früher als der andere essen kann.«

Comte Chaptal, Mes souvenirs sur Napoléon.

Der Kaiser Napoleon und der Engländer John Sinclair in Auma, 1806

Als der junge Sinclair, der Sohn des bedeutenden englischen Agronomen Sir John Sinclair, im Oktober 1806 Deutschland bereiste, wurden er und sein Begleiter, der gothaische Pastor Regel, auf dem Weg von Gotha nach Leipzig von den französischen Truppen aufgehalten. Ursache dieser Unterbrechung ihrer Reise waren ihre vom Herzog von Weimar unterzeichneten Pässe. Man wollte sie nicht weiterreisen lassen, ohne sie vorher vor den Kaiser geführt zu haben, und so mussten sie den Weg nach Gera einschlagen, wo Napoleon sein Hauptquartier hatte.

In Gera angelangt, führte man sie vor den Prinzen Murat. Dieser fragte sie besonders darüber aus, wo sich der Feldmarschall von Möllendorf befände. Der junge Sinclair teilte ihm mit, was er darüber wusste, und bat darauf um die Ausstellung seiner Pässe. Murat sagte, er könne sie ihnen ohne die Erlaubnis des Kaisers nicht geben, und er müsse sie von Napoleon selbst erbitten. Augenblicklich befände sich der Kaiser in Auma.

Noch ehe sich der junge Sinclair von seinem Erstaunen erholt hatte, schon so bald vor dem großen Mann stehen zu müssen, hatte Murat geschellt und dem Diener einen Befehl gegeben. Danach trat ein Offizier in grüner Uniform ein.

»Graf«, sagte Murat zu diesem, »hier ist ein junger Engländer, der bei unseren Vorposten aufgegriffen worden ist.«

Der Mann in der grünen Uniform wandte sich gegen Sinclair, richtete einige unbedeutende Fragen in englischer Sprache an ihn und sagte dann zu Murat: »Ja, ich sehe in der Tat, er ist ein Engländer.«

»Gut«, erwiderte Murat, »da Sie sich nach Auma begeben, so nehmen Sie bitte diesen jungen Mann mit, damit ihn der Kaiser ausfragen kann.«

Der Offizier in der grünen Uniform war der bayerische Graf von Frohberg. Am nächsten Morgen kamen beide in Begleitung des Herrn Regel sehr früh in Auma an. Frohberg begab sich sofort zum Kaiser, der sie in einer Stunde zu sich befahl. Die Aufregung des jungen Sinclair bei dieser Nachricht war groß, aber Frohberg beruhigte ihn mit den echt soldatischen Worten: »Haben Sie nur keine Angst, der Kaiser frisst Sie nicht.«

Ein wenig beruhigter begaben sich die beiden Reisenden mit ihrem Begleiter nach dem Haus, wo der Kaiser wohnte. Bald befanden sie sich in einem mit Offizieren angefüllten Vorzimmer, wo man Vorbereitungen zur Frühstückstafel traf. Graf Frohberg öffnete eine Tür und forderte den jungen Sinclair auf, einzutreten. In diesem Zimmer befand sich ein kleiner, mit einem Schlafrock bekleideter Mann, der noch die weiße Nachtmütze auf dem Kopf hatte. Es war Napoleon. Neben ihm stand ein Offizier, der Marschall Berthier.

Sinclair verbeugte sich tief, ohne dass er jedoch wagte, die Augen zum Kaiser zu erheben. Dieser stand mit auf der Brust gekreuzten Armen da, in der einen Hand eine Kaffeetasse haltend. Nachdem er den jungen Mann aufmerksam betrachtet hatte, fragte er:

»Wer sind Sie?«

Sinclair erwiderte: »Sire, ich bin ein Untertan Seiner Majestät des Königs von England.«

»Wo kommen Sie her?«

»Von Gotha in Thüringen. Ich befand mich auf dem Weg nach Leipzig, als ich bei den Vorposten von Soldaten aufgehalten wurde, die mich nach Gera zum Prinzen Murat führten. Seine Hoheit hat mich hierhergeschickt, damit mich Eure Majestät ausfragen möchten.«

»Welchen Weg hatten Sie eingeschlagen?«

»Sire, ich war durch Weimar, Erfurt und Jena gereist, aber nur bis Gleinau vermochte ich mir Pferde zu verschaffen.«

»Was ist das, Gleinau?«

»Gleinau ist ein Dörfchen im Herzogtum Sachsen-Gotha.«

Nachdem er eine Weile geschwiegen, fuhr Napoleon fort: »Bezeichnen Sie mir Ihren Weg auf dieser Karte.« Und dabei setzte er sich an einen Tisch, auf dem eine große Karte ausgebreitet lag. Berthier hatte an einem kleinen Tisch in einer Ecke des Zimmers Platz genommen und brachte die Angaben des jungen Sinclair zu Papier. Sinclair stand links vom Kaiser und der Graf Frohberg ihm gegenüber. Sobald Napoleon sich gesetzt hatte, stützte er sich mit den Ellenbogen auf den Tisch und sagte:

»Wann haben Sie Gotha verlassen?«

»Sinclair konnte sich nicht sofort an den Tag seiner Abreise erinnern und rechnete in Gedanken nach. Diese kleine Pause machte den Kaiser ungeduldig, und er sagte übelgelaunt:

»Ich habe Sie nach dem Tag Ihrer Abreise von Gotha gefragt.« Glücklicherweise hatte der Engländer seine Berechnung beendet und konnte ihm Antwort stehen. Darauf betrachtete der Kaiser auf seiner Karte die Lage von Gotha und stellte eine Menge Fragen über die Stärke der Preußen, ihre Bewegungen usw. an den jungen Mann. Dann suchte er Erfurt auf und fragte ihn, ob er zwischen diesen beiden Städten Truppen in Bewegung gesehen habe. Er schien allem, was in Erfurt vorging, große Bedeutung beizulegen. Endlich fragte er, wie stark die Garnison der Stadt sei.

Sinclair antwortete, er habe noch keine Gelegenheit gehabt, sich darüber zu informieren.

»Sind Sie bei der Parade zugegen gewesen?«, fragte der Kaiser weiter. Und auf die bejahende Antwort fuhr er fort: »Wie viele Regimenter waren es?«

»Sire, ich weiß es nicht. Der Herzog von Braunschweig befand sich dort, und er schien ebenso viele Offiziere wie Soldaten zu haben.«

»Ist Erfurt befestigt?«

Der junge Mann antwortete, er verstünde sich sehr wenig auf Befestigungen.

»Hat Erfurt eine Zitadelle?«

Sinclair hatte in dieser Beziehung einige Zweifel, aber in seiner Angst, eine neue negative Antwort möchte verdächtig sein, antwortete er kühn: »Ja.«

Nachdem Napoleon ihn gefragt, ob er einige Beobachtungen auf dem Weg von Erfurt nach Weimar gemacht habe, erkundigte er sich aufs Genaueste über die letzte Stadt, über die Anzahl der dort befindlichen Truppen, über die vermutlichen Pläne des Herzogs usw.

Als Sinclair von Jena sprach, konnte Napoleon nicht sofort die Stadt auf der Karte finden, und der junge Mann bezeichnete ihm mit dem Finger den Ort, wo Napoleon bald einen der glänzendsten und entscheidendsten Siege davontragen sollte. Dann fragte der Kaiser, wer Jena befehligte, wie groß die Garnison sei, und stellte ähnliche Fragen über Gleinau usw.

Nachdem er aufmerksam die Antworten des Engländers angehört, betrachtete er ihn nochmals sehr aufmerksam, ohne jedoch eine Frage über seine Familie und seine soziale Stellung an ihn zu richten. Plötzlich sagte er:

»Was beweist mir die Wahrheit Ihrer Antworten? Im Allgemeinen reisen die Engländer nicht zu Fuß und ohne Diener und in einem solchen Aufzug.«

Sinclair war in der Tat mit einem alten Überrock bekleidet und hatte eine sehr grobe braune Decke umgehangen, deren er sich als Reisedecke bediente.

»Allerdings, Sire«, antwortete er, »mein Verhalten mag ein wenig seltsam erscheinen, aber höhere Umstände und die Unmöglichkeit, mir Pferde zu verschaffen, zwangen mich dazu. Ich habe übrigens Briefe bei mir, die die Wahrheit meiner Behauptungen beweisen können.«

Bei diesen Worten zog er aus der Tasche seines alten Rockes ein paar

Briefe älteren und neueren Datums hervor und reichte sie dem Kaiser. Dieser schob sie lebhaft dem Grafen Frohberg zu, damit dieser sie lese. Graf Frohberg überflog sie und sagte darauf:

»Diese Briefe, Sire, sind von keinerlei Bedeutung und ganz privater Natur. Zum Beispiel schreibt der Vater des Herrn Sinclair, er hoffe, sein Sohn lerne, nachdem er in England Griechisch und Lateinisch gelernt, ebenso gut Französisch und Deutsch während seines Aufenthaltes auf dem Kontinent.«

Da huschte ein Lächeln über die Lippen des Kaisers, und unvergesslich war der Ausdruck der Güte, mit dem er sagte:

»Ah, Sie haben Griechisch und Lateinisch gelernt? Welche Schriftsteller haben Sie gelesen?«

Über diese unerwartete Frage ein wenig erstaunt, nannte Sinclair Homer, Thukydides, Cicero und Horaz. Worauf der Kaiser erwiderte:

»Es ist gut, sehr gut!« Dann, sich gegen Berthier wendend:

»Ich glaube nicht, dass dieser junge Mann ein Spion ist; aber der andere ist vermutlich weniger unschuldig, und er wird sich ihm nur angeschlossen haben, um den Verdacht von sich abzulenken.«

Darauf neigte er leicht den Kopf, um Sinclair anzudeuten, dass er entlassen sei. Dieser grüßte und zog sich ins Vorzimmer zurück, worauf Regel vorgelassen wurde.

Interview of Napoleon and the young Sinclair. In: The Representative.

Der Kaiser Napoleon und der Grossstallmeister Graf Caulaincourt vor der Schlacht bei Jena, 1806

Der Herzog von Vicenza, Graf Caulaincourt, empfand eine leidenschaftliche, jedoch nicht blinde Bewunderung für Napoleon. Selbst mit einem höheren Geist ausgestattet, gründete sich seine Begeisterung für diesen seltenen Mann auf dessen unbestrittene Superiorität. »Ich habe«, pflegte er zu sagen, »viele gekrönte Häupter kennengelernt und in ihrer Gemeinschaft gelebt; ich habe urteilen und vergleichen können. Aber keiner konnte mit diesem Mann verglichen werden; wer anders urteilt, hat Napoleon nie verstanden.«

Am Tag der Schlacht von Jena ließ der Kaiser gegen drei Uhr morgens Caulaincourt zu sich rufen. Er war die ganze Nacht wach geblieben. Caulaincourt fand ihn unruhig und ungeduldig; die am Abend vorher nach allen Richtungen abgesandten Befehle waren noch nicht zur Ausführung gekommen. Dennoch war nichts im Rückstand, aber der Gedanke, dass es der Fall sein könnte, regte ihn auf.

»Sire«, sagte Caulaincourt, »es wird heute ein heißer Tag werden; es ist erst vier Uhr, Eure Majestät haben sich nicht einen Augenblick Ruhe gegönnt …«

»Unmöglich, Caulaincourt … ich habe meinen Plan hier …«, sagte er, langsam seine Hand an die Stirn führend, »aber noch nichts, nichts auf meinen Karten … Rustam, rufen Sie d'Albe[1] …; er soll sofort kommen.«

---

1 Bacler d'Albe war der Chef des topographischen Büros.

Die Karte des für die zu liefernde Schlacht ausgesuchten Terrains war am vorhergehenden Abend aufgenommen worden. Über den Tisch gebeugt, auf dem sie ausgebreitet lag, entwarf der Kaiser seinen Plan und entwickelte ihn auf eine erstaunlich rasche und genaue Weise.

»Jetzt geht alles gut ... Sie haben verstanden, Caulaincourt? ... Sie haben meine Dispositionen im Kopf ... Setzen Sie sich aufs Pferd und wählen Sie mir einen Platz aus, von dem aus ich das Schlachtfeld beherrschen kann. Um sechs Uhr bin ich im Sattel.«

Damit warf er sich auf sein Feldbett, und einige Minuten später war er fest eingeschlafen.

Souvenirs du duc de Vicence.

Der Kaiser Napoleon und die Herzogin Luise von Weimar in Weimar, 1806

Nach der Entscheidungsschlacht von Jena wurde die Armee Napoleons in Weimar erwartet. Die reichsten und vornehmsten Einwohner der Stadt, vor allem die Mitglieder der herzoglichen Familie waren nach Braunschweig geflüchtet, weil der Herzog in der preußischen Armee diente und die Rache des Siegers fürchtete. Nur die Herzogin entschloss sich, zu bleiben. Sie zog sich mit ihren Damen in einen Flügel des Schlosses zurück und ließ die Prunkgemächer für den Kaiser herrichten. Als er ankam, verließ sie ihre bescheidenen Zimmer, um Napoleon mit dem üblichen Zeremoniell an der großen Freitreppe zu empfangen.

»Wer sind Sie?«, fragte er, als er sie bemerkte.

»Ich bin die Herzogin von Weimar.«

»Da bedaure ich Sie, denn ich werde Ihren Mann vernichten!« Napoleon schenkte ihr darauf weiter keine Aufmerksamkeit und zog sich in die für ihn bestimmten Gemächer zurück. Am nächsten Morgen vernahm die Herzogin, dass die Plünderung in der Stadt bereits ihren Anfang nehme. Sie sandte einen ihrer Kammerherrn zum Kaiser, um sich nach seinem Befinden zu erkundigen und ihn um eine Audienz zu bitten. Das gefiel Napoleon, und er ließ der Herzogin sagen, er werde zu ihr zum Frühstück kommen.

Kaum war er bei ihr eingetreten, als er sie seiner Gewohnheit gemäß über alles Mögliche ausfragte.

»Wie konnte Ihr Mann, Madame, so dumm sein, mit mir Krieg zu führen?«

»Eure Majestät würden ihn verachtet haben, hätte er anders gehandelt.«

»Und warum?«

»Mein Mann hat dreißig Jahre in preußischen Diensten gestanden. Er konnte den König nicht mit Ehren verlassen, wo dieser gegen einen so mächtigen Feind wie Sie, Majestät, zu kämpfen hatte.«

Diese ebenso geschickte als vornehme Entgegnung wirkte besänftigend auf den Kaiser.

»Aber wie kommt es, dass der Herzog sich Preußen und nicht Österreich angeschlossen hat?«

»Majestät wissen, dass die jüngeren Zweige des Hauses Sachsen stets dem Beispiel des Kurfürsten gefolgt sind. Da nun die Politik Friedrich Augusts mehr zu Preußen als zu Österreich neigte, war der Herzog genötigt, dasselbe zu tun.«

Die Unterhaltung ging noch eine Weile in demselben Ton und über denselben Gegenstand fort, wobei die Herzogin Luise ebenso viel Geist als Seelengröße zeigte. Schließlich erhob sich Napoleon und sagte:

»Madame, Sie sind die achtenswerteste Frau, die ich jemals kennengelernt habe; Sie haben Ihren Mann gerettet. Ich verzeihe ihm, aber nur Ihnen hat er das zu verdanken.«

Madame Durand, Mes souvenirs sur Napoléon, sa famille et sa cour.

Der Kaiser Napoleon und der weimarische Kanzler Friedrich von Müller in Berlin, 1806

Napoleon war in Weimar eingezogen, und seine Gegenwart verbreitete allgemeinen Schrecken, denn man fürchtete die Rache des Siegers, weil der Herzog Karl August auf Seiten der Preußen stand. Am 5. November 1806 hatte der weimarische außerordentliche Gesandte und spätere Kanzler Friedrich von Müller, dem zum großen Teil die Erhaltung und Selbstständigkeit Weimars zu danken ist, eine Unterredung mit dem Gewaltigen im königlichen Schloss zu Berlin, worüber er Folgendes erzählt:

Wir[1] wurden zum Warten ins Vorzimmer beschieden. Schwerlich hätte man in einem andern kaiserlichen oder königlichen Vorzimmer so ungezwungene und lebhafte Unterhaltung gefunden.

Der General Dombrowski, die kaiserlichen Generaladjutanten Rapp, Mouton, Bertrand und der Palastmarschall Duroc gingen ab und zu, sprachen über die Neuigkeiten des Tages bald mit humoristischer Laune, bald mit lakonischem Ernst, sodass ich mich wohl aufs Interessanteste unterhalten finden mochte, hätte nur die innere Ungeduld mich nicht verzehrt.

Endlich kam der ersehnte Moment. Ich wurde in das kaiserliche Kabinett gerufen, in dessen Mitte Napoleon in der schlichten grünen Jägeruniform, den Hut unter dem Arm, in ziemlich trotziger Stellung stand, etwas weiter zurück Talleyrand, der Fürst von Benevent.

Hatte ich bei meinen beiden früheren Audienzen mich des freund-

---

1 Müller und der mecklenburg-schwerinsche Gesandte, Oberhofmeister von Lützow.

lichsten Empfangs zu erfreuen gehabt, so wurde ich jetzt durch die Heftigkeit überrascht, mit der der Kaiser mir die bittersten Vorwürfe über das Benehmen des Herzogs, meines Herrn, entgegenrief.

Ich beeilte mich, das Schreiben der Herzogin zu übergeben und zu bemerken, dass der angefügte Originalbrief des Herzogs an seine Gemahlin wohl ein besseres Licht über jenes Benehmen verbreiten würde.[1] Der Kaiser überblickte diese Papiere nur äußerst flüchtig und fuhr fort, mir die Stellung eines weimarischen Truppenkontingents an Preußen und die vom Herzog persönlich übernommenen Kriegsdienste mit Ungestüm vorzuwerfen.

Vergebens machte ich alles das geltend, was zur Entschuldigung dieser Verhältnisse dienen konnte, und bat wiederholt aufs Dringendste, den Inhalt des Schreibens der Herzogin und seine Beilage näher zu würdigen.

»Mein Herr Rat!«, sagte der Kaiser zu mir, »ich bin zu alt, um auf Worte zu bauen, ich halte mich an Tatsachen. Weiß Ihr Herzog auch, dass ich ihn billig der Regierung entsetzen sollte? Wenn ich gleichwohl dies bis jetzt noch nicht getan, so liegt die Ursache nur in meinem Wohlwollen für die Frau Herzogin und darin, dass ich, gastlich in ihrem Schloss

---

1 Am 27. Oktober 1806 hatte der Herzog von Havelberg aus an seine Gemahlin einen Brief in französischer Sprache geschrieben, dessen wesentlicher Inhalt folgender war. »Ich habe den in sächsischen Diensten stehenden Hauptmann von Bose zum König von Preußen gesandt, um seine Majestät zu bitten, mein Bataillon sofort nach Weimar zurückzusenden. Ich habe dem König auch meinen Wunsch ausgedrückt, er möchte entscheiden, ob ich mit Ehren jetzt seinen Dienst verlassen kann oder nicht …
Seit zwanzig Jahren diene ich ihm. Ich konnte mich nicht ohne Tadel davon befreien, und die Gewissheit, seine Pflicht getan und einen guten Ruf zu haben, sind der einzige Trost, der uns niemals verlässt, auch wenn das Unglück uns der Annehmlichkeiten des Lebens beraubt.
Es ist mir bekannt, dass der Kaiser den Soldaten ehrt, der mit Eifer seinen Beruf ausübt; er wird mich daher niemals verachten können. Sein hoher Wille wird das Schicksal meiner Familie und das meines Landes entscheiden.« – Diesen Brief überreichte Müller nebst einem Schreiben der Herzogin dem Kaiser Napoleon.

aufgenommen, einer Fürstin, die schon so viel gelitten, gern noch grö-ßern Schmerz ersparen wollte. Sie, mein Herr, bemühen sich zwar, Ihren Herzog zu entschuldigen; das ist Ihre Pflicht, und Sie tun recht daran. Aber auch mir ist es Pflicht, Fürsten, die so gegen mich handeln wie der Ihrige, ohne Weiteres abzusetzen. Wenn man nicht mehr als ein paar hundert Mann aufstellen kann, so muss man sich ruhig verhalten. Nicht einmal der Herzog von Braunschweig, der verbissenste meiner Feinde, hat ein Truppenkontingent an Preußen gestellt.« – Hier sah er den Fürsten von Benevent fragend an. – »Der Herzog von Gotha hat es sich nicht im Traum einfallen lassen; aber ich weiß schon, man hat dem Ehrgeiz Ihres Herzogs durch ein Kommando geschmeichelt und so ein Netz um sein Haupt gesponnen. Es wäre fürwahr jetzt die beste Zeit, dass er seine Staaten verlöre. Sie sehen, wie ich's mit dem Herzog von Braunschweig gemacht habe. Ich will diese Welfen in die Sümpfe Italiens zurückjagen, aus denen sie hervorgegangen! Wie diesen Hut« – er warf seinen Hut zornig zur Erde – »will ich sie zertreten und vernichten, dass ihrer in Deutschland nie mehr gedacht werde! Ich habe große Lust, es mit Ihrem Fürsten ebenso zu machen.

Beim Himmel! Wenn man nicht wenigstens 100 000 Mann und eine gute Anzahl Kanonen hat, soll man sich nicht unterstehen, mit mir Krieg führen zu wollen. Und diese Preußen hatten wohl so viel und mehr: Was aber hat es ihnen geholfen? Ich habe sie zerstreut wie Spreu im Winde, ich habe sie niedergeschmettert, und sie werden fürwahr sich nicht mehr aufrichten. Und was will ich denn? Führe ich denn Krieg nur zum Spaß? Hat man mich nicht durch höhnische Herausforderung dazu gezwungen?

Wäre Ihr Herzog klug gewesen, so hätte er sich ganz ruhig verhalten und sich an den Rheinbund anschließen sollen. Ich hätte ihn wohl gar mit Bevorzugung darin aufgenommen, und es würde jetzt ganz anders mit ihm stehen.«

»Sire«, fiel ich ein, als er einen Augenblick zu toben aufhörte, »wie hätte der Herzog von Weimar sich an den Rheinbund anschließen können, zu welchem ihm auch nicht die leiseste Aufforderung zukam; dessen Abschluss ihm erst kund wurde, als die preußischen Armeen schon ganz Sachsen in kriegerischer Haltung überzogen? Von Friedrichs II., seines Großoheims Zeiten her war das politische Verhältnis unseres kleinen Staates eng an Preußens Politik geknüpft, wie es die geographische Lage, Religions- und Familienverwandtschaft und die ganze Natur des preußischen Übergewichts in Norddeutschland mit sich brachten. Schon lange war der Herzog preußischer General gewesen, ehe die leiseste Spannung zwischen Preußen und Frankreich, die man ja immer für natürliche Verbündete hielt, bemerkt wurde. Jetzt, wo sie, überraschend hervorgetreten, plötzlich zu unseligem Krieg ausbrach, wie konnte da der Herzog seinem früheren Bündnis und seiner ritterlichen Ehre untreu werden? Und hätte nicht Preußen in solcher Krise ihn und sein Land alsobald feindlich behandeln müssen?«

»Ach was!«, rief der Kaiser noch immer höchst zornig, »die nahe Verwandtschaft Russlands mit Weimar hätte es wohl nicht dazu kommen lassen. In dieser Verwandtschaft musste der Herzog, wenn ihn nicht eigene Leidenschaft gegen mich verblendete, die sicherste Schutzwehr gegen alle Gefahr und gegen alle Übel finden, die ihm von Preußen her irgend drohen konnten. Aber nein, sein Ehrgeiz überwog, er wollte seine Rolle spielen. Nun mag er dafür büßen, da er seine Familie und sein Land ins größte Elend gestürzt hat.«

»Wohlan«, entgegnete ich im leidenschaftlichen Eifer, »Eure Majestät können gerade daraus entnehmen, welch ein guter und edler Fürst unser Herzog sein muss, dass noch jetzt, nachdem wir die unglücklichen Opfer dieser unvermeidlichen Verbindung mit Preußen geworden, wir dennoch alle, seine Untertanen und Diener, willig Blut und Leben daran setzen wollen, um nur unsern Fürsten uns zu erhalten!

Mit meinem Kopf möchte ich dafür bürgen, dass Eure Majestät den Herzog Ihrer ganzen Achtung wert finden werden, sobald Sie ihn näher kennenlernen. Wohl hätten vielleicht auch wir in dem Rheinbund eine sichere Stütze und Garantie unserer politischen Existenz finden mögen, aber gebieterische Pflichten hemmten die Freiheit jeder diesbezüglichen Äußerung.

Kaum hatten die ersten preußischen Rüstungen begonnen, als der König in einem eigenhändigen Brief den Herzog aufforderte, sich, gleich dem Kurfürsten von Sachsen, ihm anzuschließen. Wie konnte der Herzog, der wohl früher die preußischen Kriegsdienste zu verlassen gewünscht hatte, jetzt seinen Abschied fordern, ohne feig und treulos zu erscheinen? Und wie können Sie, Sire, der Sie die Ehrenlegion geschaffen haben, einen Fürsten darum verdammen, dass er die Gesetze der Ehre unverbrüchlich befolgt hat? Eure Majestät sehen doch, dass der Herzog der Partei, die er einmal, wenn auch ohne seinen Willen ergriff, treu zu bleiben weiß, solange die Ehre es fordert. Von einem solchen Fürsten können auch Eure Majestät, wenn jene früheren Verbindungen einmal gelöst sind, nur die treueste Ergebenheit und das loyalste Benehmen erwarten.«

»Nun gut«, versetzte Napoleon in milderem Ton, »ich sehe wohl, dass Sie ein guter Advokat sind. Wo ist Ihr Herzog in diesem Augenblick?«

»In Güstrow war er zuletzt«, antwortete ich, »wie ich durch einen mecklenburgischen Edelmann, den Baron von Kettenburg, erfahren habe.«

»Warum aber kommt er nicht hierher?«, fiel der Kaiser ein.

»Weil er die Befehle Eurer Majestät und die nötigen Pässe zu seiner Herreise erst abwarten muss«, entgegnete ich.

Hierauf wandte sich der Kaiser zum Fürsten von Benevent mit den Worten:

»Wohlan, so mögen denn die Pässe ausgefertigt werden, die der Herr Rat hier verlangt, und zwar für alle Mitglieder der herzoglichen Familie, auch für die Großfürstin-Erbprinzessin. Man soll ihr überall unterwegs mit der Auszeichnung begegnen, die ihr hoher Rang erheischt, aber« – hier sprach er mich wieder mit feierlichem Nachdruck an – »aber machen Sie es Ihrem Herzog recht einleuchtend, dass er sein Land und seine politische Existenz einzig und allein der hohen Achtung, ja der innigen Freundschaft verdankt, die ich für seine Gemahlin, die Frau Herzogin gefasst habe, sowie auch den freundschaftlichen Gesinnungen und der Anhänglichkeit, die ich für ihre würdige Schwester, die Frau Markgräfin hege, überhaupt für das ganze badensche Haus. Dieses vortreffliche Schwesternpaar sollte allen Fürstenhäusern in Europa zum Beispiel und zur Nacheiferung dienen; alles, was ich für Weimar noch irgend tun werde, wird ganz allein aus Rücksicht für sie geschehen.«

Hiermit endigte diese denkwürdige Audienz, und in ziemlicher Erschöpfung eilte ich ins Vorzimmer zurück.

Friedrich von Müller,
Erinnerungen aus den Kriegszeiten von 1806–1813.

DER KAISER NAPOLEON UND DER GESCHICHTSSCHREIBER JOHANNES VON MÜLLER IN BERLIN, 1806

Der berühmteste Geschichtsforscher seiner Zeit, Johannes von Müller, Verfasser der bekannten Geschichte der Schweiz, hatte am 20. November 1806 abends 7 Uhr im Schloss von Berlin beim Kaiser Napoleon eine Privataudienz, über die er in einem Brief vom 25. November 1806 an seinen Bruder Johann Georg Müller berichtete:

Ich fuhr auf die bestimmte Stunde zum Minister Maret und wurde vorgestellt. Der Kaiser saß auf einem Sofa; wenige mir nicht bekannte Personen standen entfernt im Zimmer. Der Kaiser fing an, von der Geschichte der Schweiz zu sprechen: dass ich sie beenden solle, dass auch die späteren Zeiten ihr Interesse haben. Er kam auf das Vermittlungswerk zu sprechen und gab sehr guten Willen zu erkennen, wenn wir uns in nichts Fremdes mischen und im Innern ruhig bleiben wollten. Wir gingen von der schweizerischen auf die altgriechische Verfassung und Geschichte über, auf die Theorie der Verfassungen, auf die gänzliche Verschiedenheit der asiatischen, die entgegengesetzten Charaktere der Araber (die der Kaiser sehr rühmte) und der tatarischen Stämme. Er sprach weiterhin von dem eigentlichen Wert der europäischen Kultur, alsdann wie alles verkettet und in der unerforschlichen Leitung einer unsichtbaren Hand ist und er selbst durch seine Feinde groß geworden sei; von der großen Völkervereinigung, deren Gedanken nicht Heinrich IV. gehabt; von dem Grund aller Religionen und ihrer Notwendigkeit; dass der Mensch für vollkommen klare Wahrheit wohl nicht gemacht ist und bedarf, in Ordnung gehalten zu werden; von der Möglichkeit eines gleichwohl glücklichen Zustandes, wenn die vielen Fehden aufhörten, die durch allzu verwickelte Verfassungen (dergleichen die deutsche) und unerträgliche Belastung der Staaten durch die übergroßen Armeen veranlasst worden. Es ist noch sehr viel und in der Tat über fast alle Länder und Nationen gesprochen worden.

Der Kaiser sprach anfangs wie gewöhnlich; je interessanter aber die Unterhaltung wurde, immer leiser, sodass ich mich ganz bis an sein Gesicht bücken musste und kein Mensch verstanden haben kann, was er sagte (wie ich denn auch Verschiedenes nie sagen werde). Ich widersprach bisweilen, und er ging in die Diskussion ein. Ganz unparteiisch und wahrhaft wie vor Gott, muss ich sagen, dass die Mannigfaltigkeit seiner Kenntnisse, die Feinheit seiner Beobachtungen, der gediegene Verstand (nicht blendender Witz), die große umfassende Übersicht mich mit Bewunderung, sowie seine Art, mit mir zu sprechen, mit Liebe für ihn erfüllte. Ein paar Marschälle, auch der Herzog [Fürst] von Benevent,[1] waren indes gekommen. Er unterbrach sich aber nicht. Nach fünfviertel oder anderthalb Stunden ließ er das Konzert anfangen, und ich weiß nicht, ob zufällig oder aus Güte, er begehrte Stücke, deren zumal eines auf das Hirtenleben und den schweizerischen Kühreihen sich bezog. Nach diesem verbeugte er sich freundlich und verließ das Zimmer.

Seit der Audienz bei Friedrich dem Großen (1782) hatte ich nie eine mannigfaltigere Unterredung, wenigstens mit keinem Fürsten. Wenn ich nach der Erinnerung richtig urteile, so muss ich dem Kaiser in Ansehung der Gründlichkeit und Umfassung den Vorzug geben; Friedrich war etwas voltairisch. Im Übrigen ist in seinem Ton viel Festes, Kraftvolles, aber in seinem Mund etwas ebenso Einnehmendes, Fesselndes wie bei Friedrich. Es war einer der merkwürdigsten Tage meines Lebens. Durch sein Genie und seine unbefangene Güte hat er auch mich erobert.

Johannes von Müller, Sämtliche Werke.

1 Talleyrand.

Kaiser Napoleon und Monseigneur Arezzo, päpstlicher Nuntius in Dresden, in Berlin, November 1806

Der Aufenthalt des französischen Kaisers in Berlin im Feldzug von 1806 war reich an Audienzen, die Napoleon bedeutenden Persönlichkeiten erteilte. So empfing er im November den päpstlichen Nuntius am Dresdner Hof, Monseigneur Arezzo, den er als seinen persönlichen Feind betrachtete, weil er überzeugt war, dass der Kardinal den Papst gegen ihn aufhetze. Napoleon war daher ziemlich gereizt, als er den Nuntius mit den Worten empfing:

»Ah, Monseigneur Arezzo, woher stammen Sie?«

»Meine Familie, Majestät, ist sizilianisch«, sagte ich, »doch ich bin in Neapel geboren; seit meinem achten Lebensjahr lebte ich in Rom und wurde auch dort erzogen.«

»Was machen Sie in Dresden?«

»Eure Majestät wissen, dass ich nach der unglücklichen Affäre von Vernegues Petersburg verließ, und da der russische Hof, als er seinen Gesandten[1] von Rom abberief, ihm befahl, sich in Venedig aufzuhalten, so hat der Heilige Vater gewünscht, dass ich in Dresden bliebe, damit ich in der Lage wäre, sobald die aufgehobenen Beziehungen wiederhergestellt sein würden, nach Russland zurückzukehren.«

»Und was hat der Papst mit Russland zu tun?«

»Es ist Eurer Majestät nicht unbekannt«, antwortete ich ihm, »dass es in

---

1   Graf Cassini; er reise am 9. Mai aus Rom ab.

Russland über vier Millionen Katholiken gibt. Deshalb hält der Heilige Vater dort einen Nuntius.«

»Gibt es denn dort keine Bischöfe? Wozu braucht er dort einen Nuntius?«

»Bischöfe gibt es überall, auch in Frankreich; aber in vielen Fällen müssen sich die Bischöfe an das Kirchenoberhaupt wenden.«

»Oh, kurz gesagt, es ist an der Zeit, damit ein Ende zu machen; der Papst darf keinen Nuntius in Petersburg haben. Die Orthodoxen waren immer Feinde Roms, und ich weiß nicht, aus welchem Grund Rom es lieber mit seinen Feinden als mit seinen Freunden hält. Sie werden Dresden verlassen und nach Rom reisen! Glauben Sie, es sei mir unbekannt, dass Sie zu meinen Feinden zählen? Glauben Sie, dass ich das, was Sie geschrieben haben und schreiben, nicht kenne? Ich habe Ihre Depeschen in Händen. Die Geheimschrift Roms ist bekannt. Wo haben Sie sie bei Ihrer Abreise von Petersburg versteckt? Haben Sie sie vielleicht verbrannt?«

»Verzeihen, Majestät, unter meinen Papieren habe ich nichts, worüber ich erröten müsste. Weit entfernt, Ihr Feind zu sein, bin ich das Opfer einer Verpflichtung in einer Angelegenheit, die sicherlich zu Ihrer Zufriedenheit ausgefallen wäre. Ich würde meinem Souverän wohl schlecht dienen, wenn ich gegen Eure Majestät andere Empfindungen als seine eigenen hegen würde.«

»Aber ich habe Ihre chiffrierten Briefe in Händen. Wenn ich sie kenne und Ihnen ihren Inhalt zeigen kann?«

»Nun gut, ich wünsche, dass Eure Majestät mir sagen, wo ich gewagt hätte, Sie herunterzusetzen, oder wo ich irgendetwas gesagt habe, was Sie hätte beleidigen können.«

»Wenn ich sage, dass Sie mein Feind sind (umsonst sind Sie nicht Sizilianer), so will ich damit nicht behaupten, dass Sie mich beschimpft hätten. Aber Sie hätten gewünscht, dass ich vernichtet, dass meine Armeen geschlagen worden wären, dass meine Feinde triumphieren würden; kurz, ich meine, dass Sie mit Russland verdächtige Beziehungen unterhalten.

Und Sie sind nicht der einzige, der mir Böses wünscht. Der Nuntius von Wien[1] und alle Ihre Gesandten tun dasselbe. Sie haben darin vielleicht weniger Erbitterung gezeigt, weil Sie einige Male gute Ratschläge erteilt haben. Der Nuntius von Wien hat sich mit Schreiben von Hirngespinsten seine Zeit vertrieben. Zum Beispiel hat er glauben machen wollen, ich möchte Kaiser des Weströmischen Reiches werden; ich habe diese Absicht nie gehabt. Ich will damit nicht sagen, dass dies nicht möglich sein könne, aber damals dachte ich sicherlich nicht daran. Und was bedeuten seine Zusammenkünfte mit dem englischen und russischen Gesandten und seine Mitteilungen über den Widerstand des Papstes an den Grafen Stadion?[2] Ferner der ihm vom Grafen Stadion bezeigte Beifall? Kurz und gut, alle Ihre Agenten und Gesandten sind meine Feinde. Und in Rom denkt man nicht besser als anderswo. Der Papst ist ein heiliger Mann, den man glauben macht, was man will. Man bringt ihm meine Forderungen in einem andern Lichte vor, wie es der Kardinal Consalvi tat; und dann nimmt er es übel und sagt, er ließe sich eher umbringen, als dass er nachgäbe. Wenn er mir nicht zu Willen sein wird, werde ich ihm wohl den Kirchenstaat nehmen, werde ihn aber immer als Kirchenoberhaupt verehren. Es ist gar nicht nötig, dass der Papst Souverän von Rom sei. Die heiligsten Päpste waren es nicht. Ich werde ihm eine Apanage von drei Millionen geben, damit er seinem Stand gemäß auftreten kann, und werde in Rom einen König oder einen Senator einsetzen, oder ich werde den Staat in verschiedene Herzogtümer einteilen. Das Wesentliche ist, dass der Papst der Konföderation beitrete, dass er Freund meiner Freunde und Feind meiner Feinde sei. Ich bin der Beschützer der Kirche, und der Papst muss es mit mir halten, wenn er weltlicher Souverän bleiben will. Und er wird es sicher bleiben, wenn er das tut, was ich will. Ich habe nie die Absicht gehabt, ihm, wie man ihn glauben machte, die welt-

---

1 Monseigneur Severoli.
2 Seit 1805 Hof- und Staatskanzler an Stelle von L. Cobenzl.

liche Macht über Rom zu nehmen. Ich bin einverstanden, dass der Papst Rom haben soll, wie er es immer gehabt hat.

Um zur Sache zu kommen: Ich habe Sie rufen lassen, um Ihnen zu sagen, dass Sie innerhalb 3 Tagen Dresden verlassen und sich unverzüglich nach Rom begeben sollen (in 14 Tagen können Sie dort sein), um Sr. Heiligkeit ganz entschieden zu bedeuten, dass ich *will*, dass er der Konföderation beitrete.«

»Eure Majestät werden mir erlauben, dass ich Ihnen das wiederhole, was Ihnen schon mehrere Male gesagt wurde, nämlich, dass der Heilige Vater, als Vater sämtlicher Gläubigen, nicht die einen außer Acht lassen kann, um mit anderen verbunden zu sein. Sein Ministerium kann als ein Friedensministerium gegen niemand Krieg führen oder sich, ohne seine Pflichten zu verletzen und seinen heiligen Charakter zu kompromittieren, zum Feind erklären.«

»Ich verlange auch nicht, dass er gegen jemanden Krieg führe. Ich will nur, dass er den Engländern[1] seine Häfen schließe, dass er ihnen in seinen Staaten keinen Zutritt gewähre, und wenn er seine Festungen und seine Seehäfen nicht selbst verteidigen kann, dass er mir die Verteidigung derselben überlasse. Ich versichere Sie, in Rom hat man den Kopf verloren. Große Männer wie Leo X. sind nicht mehr da. Ganganelli hätte sich niemals so aufgeführt. Wie können Sie nur auf den Gedanken kommen, dass ich zwischen meinem Königreich Italien und dem Königreich von Neapel Häfen und Festungen lasse, die in Kriegszeiten von den Engländern besetzt werden können, und dadurch das Wohl und die Sicherheit meiner Untertanen gefährde? Ich will bei mir zu Hause sicher sein.

Ganz Italien gehört von Rechts wegen mir, da ich es erobert habe. Der Papst hat mich nicht als König, sondern als Kaiser von Frankreich gekrönt, und ich habe nicht die Rechte der Könige angetreten, sondern

---

1 Schon vor August 1806 hatte Napoleon durch den Kardinal Fesch dem Papst dieselben Vorschläge machen lassen, auf die der Papst aber nicht eingehen wollte.

die Karls des Großen. Wenn ich in Italien andere Souveräne dulde, so geschieht es nicht, damit sie meine Feinde begünstigen und mich beunruhigen. Ich will, dass Sie dem Papst dies alles vom richtigen Gesichtspunkt aus vorführen und dass sie ihm seine wirklichen Interessen klarmachen. Ich hatte dem Papst gegenüber die besten Absichten und hätte sie auch ausgeführt, ja ich würde sie noch jetzt ausführen. Aber der Papst zieht vor, armselig zu bleiben. Er setzt unrichtigerweise seinen Kopf auf und nimmt mir die Möglichkeit, ihm Gutes zu erweisen. Wenn es Ihnen gelingt, ihn zu überzeugen, werden Sie ihm einen großen Dienst erweisen. Ich bemerke Ihnen aber, dass alles bis zum 1. Januar entschieden sein muss. Entweder willigt der Papst ein, und dann wird er nichts einbüßen; oder er willigt nicht ein, und ich werde ihm seinen Staat nehmen. Der Kirchenbann ist jetzt außer Mode, und meinen Soldaten wird es nicht schwerfallen, dorthin zu marschieren, wohin ich sie beordere. Denken Sie an Karl V., der den Papst im Castel Sant-Angelo gefangen hielt und für ihn in Madrid beten ließ. Ich werde dasselbe tun, wenn man mich dazu zwingt. Der Papst soll bedenken, dass ich in Frankreich die Altäre wieder aufgerichtet, die Religion wiederhergestellt habe, sie in Deutschland beschütze und anderswo beschützen werde. Fast der ganze Katholizismus ist unter meinem Zepter. Die Hand Gottes beschützt meine Waffen, und das scheint der Papst übelzunehmen. Er widersetzt sich mir in allem. Als ich im vorigen Jahr in Italien war, nahmen die Bischöfe und Priester ihre Zuflucht zu mir, damit ich ihre Lage befestige und ihre Vorteile begünstige. Um ihnen entgegenzukommen, schrieb ich nach Rom, man solle mir sofort eine Person senden, mit der man unterhandeln, oder jemanden bestimmen, mit dem man alles dem Konkordat gemäß verabreden könne. Niemand kam, und ich handelte allein. Ich setzte für die Bischöfe hohe Jahrgehälter aus. Dem Erzbischof von Mailand[1] ließ ich seine Güter zurückerstatten, und er hat 40 000 oder 50 000 Schildtaler Jahres-

1 Kardinal Giambattista Caprara.

einkommen. Ebenso viel hat der Erzbischof von Ravenna;[1] allen andern Erzbischöfen und Bischöfen geht es gut. Ich habe den Pfarrern das Einkommen verdoppelt und habe viele andere nützliche Einrichtungen zugunsten der Kirche gemacht. Alle waren damit zufrieden. Und Rom? Rome s'est fâchée! Aber nicht der Papst ist es, sondern einige Kardinäle, die ihm in die Ohren blasen. Antonelli und der andere, den der Papst nach Paris mitnahm, wie heißt er doch?«

Hier zählte ich ihm die Kardinäle auf, die Seine Heiligkeit nach Paris begleiteten, und bei dem Namen de Pietro unterbrach er mich.

»Ja, de Pietro, er ist ein Aftertheologe, der keinen politischen Blick hat. Der Papst beklagt sich, im Elend zu sein und nicht weiterkommen zu können. Es ist seine Schuld. Alle durch den ersten Durchmarsch meiner Truppen verursachten Spesen sind bezahlt worden, même au delà de ce qu'on devait. Ich hätte auch die des zweiten, dritten und von allen andern Durchmärschen bezahlt, aber, on a voulu se brouiller, eh bien, qu'on se brouille, je ne payerai plus rien![2] Der Papst soll machen was ich verlange, und das Vergangene und Zukünftige wird bezahlt.«

Ich hatte nicht Gelegenheit gehabt, ihn während dieser langen Rede zu unterbrechen, außer um ihm einen kurzen Überblick über den Kirchenstaat der Päpste zu geben, und sagte ihm, es wäre der Kirche in ihren Anfängen nicht notwendig erschienen, dass der Papst unabhängiger, weltlicher Herrscher sei, weil damals die ganze Welt unter der Macht eines Einzigen stand. Aber dies sei unumgänglich notwendig geworden, als sich aus den Ruinen des römischen Reiches viele verschiedene Monarchien und Verfassungen entpuppt hätten, und man müsse darin einen Zug jener wunderbaren Vorsehung erblicken, die auf Gottes Kirche ein wachsames Auge hat. Dieser Bemerkung schenkte der Kaiser wenig Gehör. Er setzte

---

1 Anton Codronchi, 1785–1826.
2 Man hat sich zanken wollen, nun gut, man zanke sich, ich werde aber nichts mehr bezahlen.

seine Rede fort, die von Zeit zu Zeit durch verbindliche Ausdrücke gemildert und immer in familiärem Ton gehalten war.

Als er geendet hatte, bat ich Napoleon, mir zu erlauben, ihm einige Bemerkungen machen zu dürfen, und sagte, da es sich um eine so wichtige Angelegenheit handle wie die, mit der mich Se. Majestät betraute, würde ich in größter Eile nach Rom abreisen, ohne Befehle seitens des Heiligen Vaters zu erwarten. Er solle jedoch bedenken, dass es mir infolge meines Alters und besonders infolge meiner Unpässlichkeiten nicht möglich sein würde, in Eilmärschen, wie es seine Soldaten getan hätten, nach Rom zu reisen. Ich erbäte daher von ihm eine längere Frist für die Reise von Dresden nach Rom, da ich nicht vor Ende Dezember dort anlangen könne. Rom brauche ebenfalls eine längere Frist, um die Angelegenheit zu prüfen und um seine Entschließungen zu treffen.

»Nun«, sagte er, »ich lasse Ihnen den ganzen Januar Zeit, aber am 1. Februar muss alles entschieden sein.«

»Ich bitte auch Eure Majestät«, fügte ich bei, »mir zu sagen, wohin der Bevollmächtigte kommen soll; nach Berlin, Warschau oder Petersburg, da Eure Majestät so schnell vordringen.«

»Nein, nach Paris«, sagte er lächelnd. »Der Papst kann den Kardinal Legaten,[1] der ein braver Mann ist, oder den Kardinal Spina[2] mit dieser Angelegenheit betrauen. Spina war der Gefährte Pius VI. Beide sind in Paris. Oder er soll einen andern schicken, cela m'est égal.«

»Es tut mir wirklich leid«, sagte ich, »dass Eure Majestät so eine schlechte Meinung von unseren Kardinälen und besonders vom Kardinal Consalvi haben, und ich erlaube mir, Sie zu versichern, dass er es nicht verdient.«

»Oho! In diesem täusche ich mich nicht. Ich weiß, dass die Kardinäle meine Gegner sind und dass sie den Papst bewegen, mir gegenüber auch

---

1 Giambattista Caprara.
2 Giuseppe Spina.

feindlich gesinnt zu sein. Ich wiederhole aber, dass man in Rom den Kopf verloren hat und dass sie nicht wissen, was sie tun.«

»Eure Majestät muss sich überzeugen, dass weder der Kardinal Consalvi noch der Kardinal Casoni,[1] noch andere im Mindesten auf die Entschließungen des Heiligen Vaters eingewirkt haben. Er hat sie aus eigener Überzeugung laut Gutachten des ganzen heiligen Kollegs getroffen.«

»Ach, ich weiß schon, wie es dabei zugeht. Man führt vor, was man will, lässt es von zwei oder drei befürworten, die andern kommen nach. Rom hat keine Ursache, so mit mir zu verfahren. Ich fand alles vernichtet, und alles ward wieder hergestellt. Jetzt gedenkt man Seminarien einzurichten und es so zu machen, dass es Zöglinge gäbe, welche die Priester, die in vielen Kirchen fehlen, ersetzen. Mit der Zeit wird alles gemacht.«

»Dieses Werk ist Eurer Majestät würdig, aber die Priester allein genügen nicht. Man braucht auch irgendeinen kirchlichen Orden, der sie unterstützt.«

»Die Ordenspriester«, sagte er, »sind zum großen Teil in meinem Königreich Italien geblieben; ich habe sie trotz der Vernünftler nicht aufgelöst.«

»Aber viele Klöster wurden auch letzthin aufgehoben«, setzte ich hinzu.

»Nein«, antwortete der Kaiser, »ich *fand* sie aufgehoben.«

(Diese Behauptung verwirrte meine Ideen, und ich hatte nicht mehr den Mut fortzufahren, deshalb ging ich auf ein anderes Thema über.)

»Erlauben, Eure Majestät, mir zu sagen, dass, um die Kirche aufzurichten, man auch die Würde des Kirchenoberhauptes erheben muss. Der arme Papst erhält nichts mehr vom Ausland, jede Hilfsquelle ist versiegt, und die Ausgaben sind geblieben: Missionen in ungläubige Länder, Nun-

---

1 Nachfolger Consalvis im Staatssekretariat.

tien an den Höfen, geistliche Anstalten usw. Wie kann er allen diesen Verpflichtungen nachkommen, und wie soll er weiterkommen mit dem kleinen Stück Land, das ihm noch bleibt? Es hängt von Eurer Majestät als Beschützer der Kirche ab, dies wiedergutzumachen, indem der Kirchenstaat vergrößert wird.«

»Und wie?«

»Wie wäre es denn, wenn man ihm die Legationen zurückerstatten würde?«

»Die römische«, sagte er mir, »beabsichtigte ich ihm zurückzugeben, aber das Benehmen Roms hat mich davon abgehalten.«

»Nun gut!«, wiederholte ich, »ich hoffe, dass Ihnen diese gute Absicht wiederkommen werde.«

»Der Papst soll nach meinem Willen handeln, und ich verspreche ihm, dass alle rückständigen, durch den Durchmarsch meiner Truppen verursachten Unkosten sofort bezahlt werden.«

»Aber im Wesentlichen: Was muss Se. Heiligkeit tun, und wie beschränken sich, in letzter Analyse betrachtet, die Grenzen Ihrer Absichten?«

»Ich verlange, dass der Papst zu Kriegszeiten seine Seehäfen den Engländern versperre (den Russen nicht, sie sind zu entfernt, um mich zu beunruhigen) und sie in seinen Ländern nicht zulasse, da ich nicht will, dass die Engländer im Kirchenstaat Klubs gründen, und da ich nicht zugeben kann, dass man meine italienischen Staaten in zwei Hälften teilt, und meine Völker durch die päpstliche Neutralität einer Gefahr ausgesetzt werden.«

»Man hatte mir gesagt, dass Eure Majestät auch die Einführung des ›Code Napoléon‹ im Kirchenstaat gefordert hätte.«

»Das sind die alten Geschichten; ich habe so etwas nie erträumt. Ich weiß, dass der Papst ihn wegen der Ehescheidung nicht einführen kann, und verlange auch nicht, dass er ihn einführe. Er halte sich an das Gesetzbuch, das ihm am besten passt. In Frankreich ist das Ehescheidungsgesetz

Zivilgesetz, ein Gesetz, das dort, wo Kultusfreiheit herrscht, notwendig ist. Die gallikanische Kirche braucht es nicht zu befolgen, und man zwingt keinen Priester, die Ehescheidung gutzuheißen oder die Heiraten zwischen Geschiedenen zu segnen.«

»Also nichts anderes als die Verschließung der Seehäfen und die Ausschließung der Engländer in Kriegszeiten?«

»Nichts anderes als dies. Sie werden überrascht sein, wie es die Kardinäle Caprara, Spina und Caselli waren, die über die Verblendung Roms, et sur cet esprit de vertige, funeste avant-coureur de la chute des rois,[1] übereinkommen mussten.«

»Ich bin zu unbedeutend, um über die Entschließungen Unseres Herrn urteilen zu können und mir etwas zu erhoffen«, sagte ich. »Das aber, was ich Eurer Majestät versprechen kann, ist, über Ihre Meinungen genau Sr. Heiligkeit zu berichten, damit er beschließen kann, wie es am besten sein wird, sowohl wegen der Sendung eines Unterhändlers nach Paris als auch für den Abschluss eines Traktates, durch welchen dem Papst und der Kirche die Ruhe wiedergegeben wird und der andererseits Eure Majestät befriedigt.«

»Reisen Sie also ab, und reisen Sie schnell. In vierzehn Tagen können Sie in Mailand sein. Dort werden Sie den Vizekönig sehen; Sie werden mit der dortigen Geistlichkeit sprechen und sich selbst überzeugen, wie diese mit den ihr durch mich verschafften Vorteilen zufrieden ist. Dann werden Sie nach Rom weiterfahren, um Sr. Heiligkeit alles zu berichten. Sagen Sie ihm, dass Sie im Palais des Königs von Preußen mit mir gesprochen haben.«

»Eure Majestät lassen mich mit allzu großer Schnelligkeit reisen, besonders in dieser Jahreszeit. Ich bin nicht mehr jung, wiederhole ich Ihnen, und bin oft unpässlich.«

»Wieso? Mir kommt es vielmehr vor, dass Sie jung und rüstig sind.«

---

1 und jenen Taumel, den verhängnisvollen Vorläufer des Sturzes der Könige.

»Sire«, antwortete ich ihm, »der Anschein trügt manchmal; mit 51 Jahren und mit ganz ergrauten Haaren ist man nicht mehr jung.«

»Ich verlange ja nicht, dass Sie wie ein Kurier reisen, wünsche aber, dass die Sache bald erledigt werde.«

Relazione dell' abboccamento del nunzio in Berlino coll' imperatore Napoleone nel novembre 1806. Veröffentlicht in italienischer Sprache von G. Kupke in der Zeitschrift für Kirchenrecht.

Der Kaiser Napoleon und der Intendant Daru bei Eylau, 1807

Die Schlacht von Eylau war geschlagen. Wie man weiß, war sie sehr blutig, lange Zeit unentschieden und ohne ein anderes Ergebnis aufzuweisen, als dass die Franzosen das Schlachtfeld behaupteten, außerstande, die russische Armee auf ihrem Rückzug zu beunruhigen. Am nächsten Morgen versammelte der Kaiser seine Marschälle um sich, zeigte sich durchaus nicht niedergeschlagen, sprach mit ihnen in einer Weise, die ihre Energie aufrechterhalten sollte, teilte ihnen jedoch keinerlei Plan für den nächsten Tag mit. Darauf blieb er mit dem Armeeintendanten Daru allein.

»Können wir eigentlich«, fragte er ihn, »hierbleiben?«

Daru setzte ihm den Zustand der Armee auseinander. Die Soldaten hätten als einzige Nahrung nur Kartoffeln, die sie aus der Erde scharrten, die Pferde fräßen das Stroh von den Dächern, und dabei sei kein Fouragetransport zu erwarten. Die Magazine und die Verproviantierungspunkte seien zu weit entfernt, Polen mit kranken Soldaten, Nachzüglern oder Vereinzelten überfüllt; nicht ein Marschall, ja nicht einmal ein Oberst könne sagen, wie viel er Kombattanten habe.

Das alles wusste der Kaiser und legte sich darüber mit der größten Kaltblütigkeit Rechenschaft ab. Er hatte alles bedacht; sein Plan war berechnet und festgesetzt.

»Wir werden«, sagte er, »noch zwei oder drei Tage hierbleiben und uns dann einige Meilen weit zurückziehen. Sie setzen sich in Thorn fest; auf allen Brücken über die Weichsel müssen Gendarmen aufgestellt werden, und niemand, weder Kranke noch Verwundete, dürfen hinüber, nur die Amputierten. Wir werden die Nachzügler nicht verfolgen, und niemand soll bestraft werden. Thorn wird der Mittelpunkt der Verwaltung: Sie werden dahin alle Hospitäler, alle Magazine, alle Transporte kommen lassen, die Sie dann nach den verschiedenen Kantonierungen dirigieren. Den Soldaten geben wir Wein, liefern ihnen Schuhe und Kleider, und so wird ein jeder lieber zu seinem Korps zurückkehren, als vor Hunger und Entbehrung im Schnee sterben. Die verwundeten Offiziere erhalten Belohnungen. In wenigen Wochen haben wir wieder eine Armee; es kommen Leute aus Deutschland, wir nehmen Danzig, und wenn der Winter vorüber ist, ziehen wir wieder mit einer glänzenden Armee ins Feld!«

Daru liebte es sehr, diese Unterhaltung zu berichten. Bei keiner andern Gelegenheit erschien ihm der Kaiser so groß.

Souvenirs du baron de Barante.

Der Kaiser Napoleon und der Chirurg Baron Percy nach Eylau, 1807

Nach der äußerst blutigen Schlacht bei Eylau ließ Napoleon den bei der Armee sehr beliebten Chirurgen Baron P. F. Percy zu sich in sein Zelt rufen, um sich über den Zustand der Verwundeten und Kranken zu erkundigen. Der Kaiser empfing Percy vollständig angekleidet auf seiner Matratze liegend; seine Züge waren ernst, aber zuversichtlich.

»Haben Sie viele Verwundete?«, war seine erste Frage.

»Sire, ich glaube, wir haben ungefähr viertausend verbunden.«

»Sind die Wunden gefährlich?«

»Tausend davon sind sehr ernst.«

»Wie viele werden an ihren Wunden sterben?«

»Ein Drittel, denn die Kartätschen und Granaten haben ungeheure Verheerungen angerichtet.«

»Haben Sie auch solche, die durch blanke Waffen verwundet wurden?«

»Viele, Sire. Die Lanze, der Säbel und das Bajonett haben viel Unheil angerichtet. Einer Ihrer Gardisten hatte oberhalb des Schenkels und im Gesäß die ganze Klinge eines russischen Bajonetts sitzen, dessen Röhre durch die Wucht des Stoßes abgebrochen war. Wir haben sie ihm ohne Anstrengung herausgezogen, und dieser Verwundete wird geheilt werden.«

»Haben Sie unsere verwundeten Generale gesehen?«

»Ich habe den General Levasseur getroffen, der einen Knochenbruch des linken Oberarms hat. Der General Léval ist durch eine Kugel an der Achillessehne verwundet, und der General Heudelet hat eine in den Unterleib erhalten. Dem General d'Hautpoul ist der linke Schenkel durch eine Kartätschenkugel zerschmettert worden; General Augereau hat eine Wunde am Bein und der General d'Allemagne hat zehn Lanzenstiche erhalten, davon einen in den Unterleib, wodurch das Darmnetz zerrissen worden ist.«

»Glauben Sie den General d'Allemagne retten zu können?«

»Nein, Sire: Der blutuntermischte Urin, die krampfartigen Erbrechungen, der niedrige Puls, die unüberwindliche Kälte der Extremitäten, die Beklemmungen usw. sind alles Vorboten eines nahen, unglücklichen Endes.«

»Und wird der General d'Hautpoul davonkommen?«

»Ich wünschte es, Sire; er liegt in einem Schloss zwei Stunden von hier und erwartet mich heute Morgen.«

»Sie können nicht hingehen. Sie müssen sich allen und nicht einem Einzelnen widmen. Warum haben Sie ihm nicht den Schenkel amputiert?«

»Mein Kollege Larrey[1] hat ihn untersucht und verbunden und mir gesagt, es sei sehr wahrscheinlich, das Bein erhalten zu können.«

Darauf wandte sich der Kaiser an den Percy begleitenden Chirurgen Lombard und fragte, ob er Leute zu seiner Hilfe zur Verfügung habe. Lombard antwortete, nein; es gäbe weder Verwalter noch Angestellte, noch Wärter, aber es fehle weder an Wäsche noch Scharpie, noch Instrumenten.

»Was ist das für eine Wirtschaft! Welche Barbarei!«, rief der Kaiser.

»Sire«, antwortete Lombard, »wenn man sicher ist, nach dem Krieg seines Amtes entsetzt zu werden, wie gut man sich auch während des gefahrvollsten Krieges geführt haben mag, so kann man sich schwer entschließen, einer Armee als Angestellter oder Krankenwärter zu folgen.

---

1 Dominique Jean Larrey, 1766–1842, war einer der geschicktesten und aufopferndsten Chirurgen der napoleonischen Armee.

Ja, dieser Titel ist sogar nach unserer Rückkehr nach Frankreich eine schlechte Empfehlung.«

»Das ist wahr«, erwiderte der Kaiser, »weil in der Tat nur Abenteurer und dunkle Existenzen eine Anstellung in den Lazaretten annehmen, die sie dann wieder verlassen, sobald sie sehen, dass sie keine Geschäfte machen.«

»Eure Majestät«, glaubte Percy einwerfen zu müssen, »vergleichen hoffentlich Ihre Chirurgen nicht mit solchen Leuten, wenn sie auch keine sicherere Aussicht als diese haben.«

»Nein, nein, ich bin mit ihren Bemühungen, ihrer Aufopferung, ihrer guten Haltung sehr zufrieden, und von nun an soll alles besser angeordnet werden. Jeder soll der Dauer seines Amtes gewiss sein, und es wird eine beständige militärische Organisation eingerichtet werden.«

»Sire, dass eine solche Organisation von größter Notwendigkeit ist, darüber ist nicht zu streiten, ebenso wenig über deren Vorteile. Wenn man in Ihrer Garde trotz der Zeit und des Ortes einen recht guten Ambulanzdienst eingerichtet hat, so kommt es daher, dass Sie ihr Beamte und Wärter gegeben haben, von denen die einen Offiziere und die andern Soldaten sind. Das Gleiche tut auch uns not, und vor allem müssen unsere Chirurgen ein Korps bilden, wie ich die Ehre hatte, es Eurer Majestät vorzuschlagen.«

»Gut. Was ist aus Ihren Verwundeten geworden?«

»Sire, ein falscher Alarm gegen ein Uhr hat mit einem Mal fünfzehnhundert verjagt, die alle auf einmal verbunden sein wollten, obgleich sie nur leicht verwundet waren. Ich kenne kein besseres Mittel, um eine überlastete Ambulanz zu befreien.«

Der Kaiser und der Marschall Berthier lächelten, und die beiden Chirurgen wurden daraufhin verabschiedet.

Baron de Percy, *Journal des Campagnes.*

DER KAISER NAPOLEON,
KAISER ALEXANDER UND GENERAL UWAROFF
AUF DEM NIEMEN, 1807

Napoleon konnte außerordentlich liebenswürdig sein, wenn ihm daran lag, jemandem zu gefallen. Bei jener Zusammenkunft mit dem Kaiser Alexander auf dem Niemen nach der Schlacht bei Friedland entfaltete er ein Wesen, das alle Anwesenden bis zur Begeisterung entzückte. Er, der Sieger, der in seiner Hand das Geschick zweier großer Mächte hielt, bot seinen besiegten Feinden seinen Schutz und seine Freundschaft an!

Alexander kam auf einem Floß in Begleitung des Großfürsten Constantin, des Generals Bennigsen, des Fürsten Lubanoff und des Generals Uwaroff an, Napoleon war von Murat, den Marschällen Berthier und Bessières, dem General Duroc und dem Grafen Caulaincourt begleitet.

Die beiden Herrscher umarmten sich mehrmals außerordentlich herzlich.

»Mein Bruder«, begann Napoleon, die Hand Alexanders in der seinen haltend, »das Waffenglück ist Ihnen abhold gewesen, aber Ihre Armee hat sich heldenmütig und aufopfernd gezeigt; Ihre Truppen haben Wunder von Mut getan … Die Russen sind ganz besonders tapfer … Wer befehligte die Kavallerie?«, fragte er, sich an den General Bennigsen wendend!

»Je, Sire«, sagte ein rasch vortretender noch junger Mann.[1]

Die beiden Kaiser und alle Anwesenden lachten aus vollem Herzen, und Napoleon meinte: »Wenn Sie auch nicht sehr gut Französisch sprechen, so haben Sie sich doch wunderbar geschlagen.«

Souvenirs du duc de Vicence.

1   Es war der General Uwaroff.

Der Kaiser Napoleon und der Chirurg Percy
in Tilsit, 1807

Auch in Tilsit hatte der Chirurg der Großen Armee, Baron Percy, eine Audienz beim Kaiser. Napoleon nahm gerade sein Mittagsmahl ein, als der Chirurg vorgelassen wurde. Es bestand aus einer sehr einfachen Suppe, Koteletts, Reis und einer Nachspeise.

»Guten Tag, Herr Percy«, begrüßte Napoleon den Arzt. »Wie geht es Ihnen?« Dann wandte er sich wieder den Speisen zu und sagte: »Welches Glück, essen zu können!«

»Ja, Sire«, antwortete Percy, »es ist ein großes Glück, wenn man Hunger hat.«

»Oh, ich verschlinge alles«, meinte Napoleon; »seit einiger Zeit habe ich einen wahren Wolfshunger; ich glaube, wir sind alle gut bei Appetit in der Armee.«

»Man arbeitet auch im gleichen Maß, Sire, und Eure Majestät haben in letzter Zeit vieles vollbracht.«

»Wie finden Sie das?«

»Sire, hierbei könnte man wirklich sagen, unsere Sprache sei zu arm, dies auszudrücken, denn sie liefert mir nicht einen einzigen Ausdruck, der das wiedergeben könnte, was wir alle empfinden. Erlauben Sie, dass ich mich lateinisch ausdrücke: Tu solus altissimus.«[1]

Seine Majestät lachte. Alsdann beschwerte er sich über das schlechte Wasser des Landes und fragte:

---

1 Du bist allein der Höchste.

»Herr Percy, wo gibt es das beste Wasser?«

»In Paris, Sire.«

»Ja, das ist wahr«, bestätigte Berthier, »kein Wasser ist so gut wie das der Seine.«

»Ich trinke Selterswasser«, sagte der Kaiser, »aber ich finde es recht scharf …«

»Sire, Sie müssen die Flaschen zwei Stunden vorher öffnen lassen, damit ein Teil der Kohlensäure entweicht.«

»Haben Sie gehört?«, sagte Napoleon zu seinem Haushofmeister.

»Wie geht es den Verwundeten?«, fragte er darauf den Chirurgen.

»Sire, wir haben alle die Verwundeten auf Elbing, Marienburg, Marienwerder usw. geräumt, denen der Transport nichts schaden konnte, und im großen Heilsberger Schloss ist ein Hospital von 1200 Betten für Amputierte oder Schwerverletzte errichtet worden. Es bleiben 1400 Russen in Friedland, 600 in Heilsberg usw.«

»So viele?«

»Ja, Sire, und ich glaube, die russische Armee hat uns wenigstens noch einmal so viel hinterlassen.«

»Haben Sie wohl ebenso viele Verwundete gehabt als in Preußisch Eylau?«

»Ja, Sire, aber im Ganzen, seit dem 5. bis zum 14.«

»Ich glaube es und habe immer so gerechnet. Sie haben doch das Schlachtfeld von Friedland durcheilt; nicht wahr, es ist ein entsetzlicher Anblick?«

»Wenn man nur Tote dort fände, würde der Anblick eines Schlachtfeldes weniger schrecklich sein, aber die unglücklichen Verwundeten, denen man nicht helfen, die man nicht alle auf einmal wegschaffen kann, jene Sterbenden, deren Qualen man nicht abkürzen darf, brechen ein empfindsames Herz.«

»Das ist wahr. Sie sind ein Soldatenkind?«

»Beinahe, Sire; mein Vater war Militärchirurg.«

»Bei welchem Regiment?«

»Bei der Tallart-Infanterie.«

»Ich habe nie von diesem Regiment gehört.«

»Sire, es existiert seit mehr als fünfzig Jahren nicht mehr; ich glaube, man hat es dem Regiment Beauvoisis einverleibt.«

»Und Sie haben den Beruf Ihres verstorbenen Vaters ergriffen?«

»Sire, ich bin eine Zeit lang Gendarm des Königs gewesen, nachher Chirurg im selben Korps und dann Oberchirurg bei der Kavallerie. Aber in Wirklichkeit bin ich erst etwas geworden, seit Eure Majestät geruht haben, mich mit Ihrem Vertrauen und Ihrer Güte auszuzeichnen.«

»Es gibt hier eine Art von preußischem Chirurgen«, sagte Napoleon, »der sich mit seinen Kenntnissen breitmacht und behauptet, die französischen Chirurgen verständen nichts vom Verbinden.«

»Sire, dieser Mann, der mir durchaus nicht bekannt ist, kann nur ein mittelmäßiger Chirurg sein, weil er seine Kunst nur in Hinsicht auf die Hilfswerkzeuge und mechanischen Mittel beurteilt, die jedoch nicht die Hauptsache sind. Freilich hängen die Deutschen außerordentlich an jenen kleinen Einzelheiten, die weder Genie noch Geisteskraft erfordern. Sie befimmern ihre Kunst wie ihre Kleider, ihre Möbel, wie alles, was sie machen. Sie haben Bandagenläden und Bandagisten, fertige Bandagen, Kompressen, Holzbeine; man macht bei ihnen breite Zwirnbänder, die sie Binden nennen, die jedoch, da sie zwei gewebte Kanten haben, sich schlecht verwenden lassen, drücken und einschneiden und nur den schwachen Vorzug haben, dass sie hübsch aussehen.«

»Sind die Engländer bessere Chirurgen als die Deutschen?«

»Ja, Sire, und wenn ich nicht fürchtete, vorlaut zu erscheinen, so möchte ich sagen, sie kommen uns fast in den Kenntnissen und der Geschicklichkeit gleich. Sie übersetzen unsere chirurgischen Werke, und wir tun dasselbe mit den ihrigen. Es herrscht sehr viel Ähnlichkeit zwischen der chirurgischen Praxis der beiden Nationen. Sie haben übrigens bessere Instrumente als wir …«

»Wieso? Haben wir bei der Armee nicht ebenso gute Instrumente wie sie?«

»Wir haben einige Verbandkästen, die von geschickten Messerschmieden in Straßburg angefertigt wurden, aber die andern taugen durchaus nichts, und es fehlen mehr als fünfzig.«

»Ah, verwünschte Verwaltung! Wie empört bin ich über alles, was bei dieser Verwaltung vorgeht! … Haben wir vorherrschende Krankheiten?«

»Ja, Sire, augenblicklich herrscht die Ruhr im Heer, aber sie ist weder tödlich noch ansteckend.«

»Die Ruhr? Da muss man sich in Acht nehmen. Gibt es genug Reis in den Hospitälern? Das ist das einzige Mittel dagegen. Übrigens«, wandte er sich an Berthier, »haben wir selbst Reis für uns?« Berthier antwortete bejahend.

Und nun kam das Gespräch wieder auf die russischen Verwundeten. Der Kaiser, der ihre Zahl bedeutend fand, sagte:

»Im Grunde genommen ist es mir lieber, dass es diese ›Viecher‹ sind und nicht unsere braven Leute. Wir brauchen sie ihnen nur zurückzulassen und sie zu benachrichtigen, dass sie für ihre Verwundeten Sorge tragen. Was meinen Sie, Herr Percy?«

»Ich meine, Sire, nichts ist uns angenehmer als diese Maßnahme, denn es lasten mehr als dreitausend russische Verwundete auf uns, und das ist für uns nur ein Zuwachs von Mühen und Ausgaben.«

Darauf zog der Kaiser sich in sein Kabinett zurück, den Chirurgen freundlich verabschiedend.

Baron de Percy, Journal des Campagnes.

Der Kaiser Napoleon und die Königin Luise von Preussen in Tilsit, 6. Juli 1807

Prinzessin Luise Radziwill, die Schwester der Königin Luise von Preußen, die im täglichen vertrauten Verkehr mit ihr lebte, beschreibt in einem Brief an ihren Gemahl, Fürst Anton Radziwill, der sich damals in Wien aufhielt, die Zusammenkunft Napoleons und ihrer Schwester in Tilsit. Die Königin Luise selbst streift die Unterhaltung mit Napoleon nur flüchtig in einigen Zeilen an Frau von Berg aus Königsberg am 8. Juli 1808.

Nachdem Prinzessin Radziwill im Allgemeinen von der Zusammenkunft der Fürsten auf dem Niemen gesprochen, fährt sie fort:

Am Tag nach dieser Zusammenkunft[1] begab sich der Kaiser Alexander nach Tilsit; die französischen Truppen manövrierten vor ihm, und er aß bei Napoleon zu Abend. Man sprach die ganze Zeit von Geschäften und trennte sich erst spät in der Nacht. Napoleon wiederholte mehrmals, man müsse sehr bald Unterhändler und Bevollmächtigte beauftragen, denn er merke, wie stark der Einfluss Alexanders auf sein Herz sei, sodass er vielleicht dadurch die Interessen des Volkes, die ihm anvertraut seien, außer Acht lassen könne.

Nachdem man über den Waffenstillstand übereingekommen war, nahm auch der König (von Preußen) die Einladung an, nach Tilsit zu kommen, wo er sich eine Wohnung reservierte, denn auf die Dauer blieb er in Piktupönen ... Der Marquis (Marschall) Bessières und der Prinz

---

1   27. Juni.

Murat hatten Befehl, ihm entgegenzugehen. Sie verfehlten ihn und entschuldigten sich. Nachher begleiteten sie ihn mit einigen Abteilungen Gardejägern bis zur Tür Napoleons. Alexander war bereits dort … Man setzte sich zu Tisch und erhob sich um 9 Uhr. Vor dem Essen erkundigte sich Napoleon nach der Königin und ihrem kranken Kind[1] und fügte hinzu:

»Ich weiß, die Königin hasst mich; wenn Sie jedoch mit mir Frieden schließen, wird sie sich wohl auch mit mir aussöhnen.«

Der König (Friedrich Wilhelm III.) antwortete ohne Verlegenheit:

»Nicht die Königin hat Eure Majestät beleidigt.«

Man setzte sich darauf zu Tisch: Der Kaiser von Russland saß in der Mitte, Napoleon an seiner Linken und der König von Preußen zur Rechten, der Großfürst Nikolaus und der Prinz Murat hatten an beiden Seiten des Tisches Platz genommen. Duroc befand sich den Fürsten gegenüber und bediente stehend. Weder Pagen noch Diener waren zugegen; die Offiziere der Adjutantur, den Degen an der Seite, im gestickten Rock, bedienten. Nach der Suppe erhob sich Napoleon und trank auf die Gesundheit der Königin von Preußen. – Das ganze Diner dauerte nur dreiviertel Stunden. Der König zog sich sofort danach zurück, und die Unterhaltung Napoleons mit dem Kaiser Alexander dehnte sich noch bis spät in die Nacht hinein.

… Diners und Zusammenkünfte folgten in Menge. Napoleon bewahrte gegen den König über die Ereignisse und seine Absichten stets vollkommenes Schweigen. Man ließ den König glauben, dass seine Zurückhaltung, die bei ihm eine Folge von Verlegenheit ist, Napoleon missfiele und dass er sie als einen Beweis der Nichtachtung und Feindschaft betrachte. Der König gewann es daher über sich, Napoleon etwas näherzukommen, ja er sprach ihm sogar von Friedensplänen. – Er erhielt nur ausweichende Antworten. Unter anderem sagte er zu ihm: »Hinsichtlich

---

1 Prinzessin Alexandrine, die kurz zuvor von den Masern genesen war.

Polens müsste man einen König einsetzen, der weder Österreich noch Russland in den Schatten stellte.«

Die Diners vergehen auf Seiten Napoleons unter Fragen aller Art, die oft die Anwesenden in die größte Verlegenheit brachten. Zum Beispiel fragt er Alexander: »Wie viel bringt Ihnen die Zuckersteuer jährlich ein?« Ein andermal kommt die Religion an die Reihe, und er stellt Fragen wie ein Geistlicher an seine Konfirmanden. Alle diese Fragen sind hauptsächlich an den Kaiser Alexander gerichtet; der König wird seltener in die Lage versetzt, darauf zu antworten. Einmal sprach er mit dem Kaiser Alexander in Gegenwart des Königs sein Bedauern darüber aus, dass er gezwungen gewesen sei, diesen Krieg zu unternehmen, der alle seine Pläne gestört habe. Er sagte: »Den Grafen von Hardenberg betrachte ich als einen Mann, der mir durch die Art und Weise, wie er sich gegen Herrn von Laforest[1] benommen, eine Ohrfeige gegeben hat.«

Bei einer der letzten Zusammenkünfte Napoleons mit Alexander und dem König hat Napoleon ihnen angekündigt, dass er seine auf die Friedenspräliminarien bezüglichen Ideen (der König nennt sie: volontés) zu Papier gebracht habe. Heute, am 3. Juli, melden die Briefe des Königs, dass der Marschall von Kalckreuth nicht aufhöre, ihm die Anwesenheit der Königin in Tilsit eindringlich zu machen. Er schreibt Ihrer Majestät, dass mehrere bedeutende Persönlichkeiten ihn davon benachrichtigt hätten, welche Wirkung die Gegenwart Ihrer Majestät hervorbringen würde. Als Nachschrift fügt er hinzu, am Abend habe Berthier, der eben von Napoleon kam, noch beim Marschall vorgesprochen, der bereits ausgekleidet war. Er habe zwar den Vorwand einer anderen Angelegenheit gebraucht, aber im Grunde wollte er ihn nur versichern, dass das Wohl und die Existenz Preußens von der Ankunft der Königin abhinge. Ihre Leutseligkeit, ihre Sanftmut und Anmut würden in kurzer Zeit mehr ausrichten als alle Unterhändler. Und damit er wüsste, wie sehr Napoleon

---

1 Gesandter in Berlin von 1803 bis 1806.

diese Ankunft wünschte, hatte er ihm (Kalckreuth) gesagt, dass Seine Kaiserliche Majestät bei der Nachricht von dem Besuch der Königin beim König in Piktupönen geantwortet habe: »Ah, desto besser!«, und sehr zufrieden schien.

Dieses Wort war entscheidend; und man wünscht, dass die Königin ohne Zeitverlust aufbricht. Morgen, den 4. Juli begibt sich die Königin auf die Reise, um sich 5–6 Tage in Piktupönen niederzulassen! Sie ist jedoch davon unterrichtet, dass Napoleon sie nicht besuchen wird, da er den Niemen nicht überschreiten will ... Sie also wird nach Tilsit gehen und in dem vom König reservierten Appartement absteigen. Dort wird sie Napoleon empfangen und wahrscheinlich von ihm zum Diner oder Souper eingeladen werden ...

Die Königin ist am 4. abends in Piktupönen angekommen ... Am 5. morgens ist Herr von Caulaincourt gekommen, um sich nach der Gesundheit der Königin zu erkundigen. Er hat sie zu ihrer Ankunft beglückwünscht und ihr das Bedauern des Kaisers ausgedrückt, ihr nicht einen Besuch in Piktupönen machen zu können, da er Tilsit, die einzige freie Stadt, nicht verlassen könne. – Er wünschte zu wissen, wann die Königin nach Tilsit käme, um sie persönlich zum Diner zu sich einzuladen, und zwar möchte sie die Zeit dazu bestimmen; und man setzte den nächsten Tag für diese Zusammenkunft fest.

... Die Königin wollte in der Wohnung absteigen, die sich der König in Tilsit reserviert hatte. Napoleon hatte ihr ein anderes kleines Haus mit allem Luxus, der in Tilsit aufzutreiben war, einrichten lassen; an den Türen standen Schildwachen. Als Napoleon es Alexander zeigte, sagte er zu diesem: »Sagt Ihnen Ihr Herz nichts?« Die Königin aber nahm es nicht an und war am 6. um 4 Uhr in Tilsit, in großer Toilette, ihr Wagen von den Gardes du corps umgeben. Als sie vor dem Haus des Königs abstiegen, wurden sie dort vom Kaiser Alexander empfangen, der jedoch nur einen Augenblick verweilte. Zehn Minuten später langte Napoleon, umgeben von allen seinen Marschällen und mit einem ungeheuren Gefolge an. Er war zu Pferd und stieg mit großer Lebhaftigkeit ab, als er vor der Tür den König und die Damen erblickte, die Seine Majestät ihm vorstellte. Er begrüßte sie und eilte dann die Treppe hinauf. Oben wurde er von der Königin, die ganz besonders schön aussah, empfangen; sie war glücklicherweise weder bestürzt noch verlegen. Die Unterhaltung dauerte fast eine Stunde. Napoleon lud die Königin zum Diner um acht Uhr ein. Frau von Voß ward mit zur Tafel des Kaisers hinzugezogen, und dieser unterhielt sich während der Mahlzeit viel mit ihr sowie mit der Königin. Diese antwortete mit Würde und Offenheit. Napoleon hat versichert, er sei sehr zufrieden gewesen …

In den vorhergehenden Unterhaltungen mit Alexander und dem König sprach Napoleon oft von seinem Glück, an dem er abergläubisch festhält. – Er sagte, dass die Vorsehung stets für ihn sei, denn diejenigen, die er zu besiegen habe, griffen ihn immer da an, wo er am stärksten wäre, und zögen niemals aus den sich ihnen darbietenden Vorteilen Nutzen. – Als er von Ägypten sprach, erzählte er, dass er sich eines Nachts unter der Mauer eines alten Gebäudes zur Ruhe niedergelegt habe, und als er fest eingeschlafen war, sei die Mauer zusammengestürzt, ohne dass auch nur ein Stein ihn traf. Als er erwachte, lag einer der Steine in seiner Hand. Er betrachtete ihn mechanisch und entdeckte darin schließlich eine Kamee des Augustus von wunderbarer Schönheit. So bringt ihm alles, was ihm schaden könnte, nur angenehme und oft unerwartete Ereignisse. – Napoleon hat dem König Herrn von Zastrow für die auswärtigen Angelegenheiten vorgeschlagen, als aber der König ihm sagte, er habe Herrn von Zastrow persönliches Unrecht vorzuwerfen, kam er davon ab.

… Die erste Zusammenkunft der Königin mit Napoleon ist unter großer Zuvorkommenheit von seiner Seite und ohne Verlegenheit von ihrer Seite vorübergegangen. Man hatte gewünscht, dass die Königin von den geschäftlichen Angelegenheiten spreche, und ihr so ungefähr alle Punkte genannt, auf denen der König bestand. Nach den ersten Höflichkeitsphrasen sagte sie:

»Sire, ich weiß, Sie haben mich beschuldigt, dass ich mich in die Politik mische.«

»Ah, Madame, glauben Sie es nicht.«

»Doch, Sire, ich bin dessen sicher und möchte Sie über den Schritt, den ich augenblicklich unternehme, aufklären.«

»Madame, glauben Sie nicht, dass ich verleumderischen Einflüsterungen mein Ohr leihe.«

»Sire, ich bin Gattin und Mutter, und in dieser Eigenschaft empfehle ich Ihnen das Schicksal Preußens, eines Landes, mit dem mich so viele Bande verknüpfen und das uns rührende Beweise der Anhänglichkeit liefert. Der König hängt mehr als an einer andern Provinz an Magdeburg, an dem linken Elbufer, das durch die ersten Vorschläge Eurer Kaiserlichen Majestät ihm genommen würde. Zu Ihrem großmütigen Herzen nehme ich meine Zuflucht, von Eurer Majestät erwarte ich das Glück!«

»Sie werden froh sein, Madame, wieder in Berlin zu sein?«

»Ja, Sire, aber nicht unter allen Bedingungen. Es hängt von Eurer Kaiserlichen Majestät ab, uns ohne Schmerz dahin zurückkehren zu lassen und mit Dankbarkeit Ihrer zu gedenken.«

»Madame, ich würde gewiss sehr glücklich sein! – Sie haben ein entzückendes Kleid an, Madame; wo haben Sie es machen lassen?«

»Bei uns, Sire.«

»In Breslau?«

»In Berlin.«

»Wird in Ihren Fabriken auch Krepp gemacht?«

»Nein, Sire; aber Eure Majestät sagen mir nicht ein einziges tröstendes Wort über die mir teuren Interessen, die allein mein Herz berühren in diesem Augenblick, wo ich von Eurer Majestät für alles, was mir lieb ist, ein glücklicheres Dasein zu erlangen hoffe. Das Herz Eurer Kaiserlichen Majestät ist zu edel, es vereinigt mit seinen übrigen Eigenschaften einen zu großen Charakter, als dass es gegen meine Schmerzen unempfindlich bleiben könnte.«

Napoleon hörte ihr mit Interesse zu; die Königin bemerkte in seinem Gesichtsausdruck etwas Mildes, ein gütiges Lächeln spielte um seine Mundwinkel, das sie auf einen Erfolg schließen ließ. Da trat der König ins Zimmer, und die Unterhaltung ward unterbrochen. Als Napoleon darauf Alexander wiedersah, sagte er zu diesem:

»Der König von Preußen ist zur rechten Zeit dazugekommen, denn eine Viertelstunde später hätte ich der Königin alles versprochen.«

Dieses Wort gab der Königin mehr Hoffnung und Mut. – Napoleon war gegen sie außerordentlich aufmerksam, sagte ihr viel Schmeicheleien, und nach dem Diner begann die Unterhaltung von Neuem über die geschäftlichen Angelegenheiten. – Endlich sagte Napoleon: »Madame, was wünschen Sie? Sagen Sie mir deutlich Ihre Ansichten.«

Darauf erklärte ihm die Königin eingehend die Wünsche des Königs, sagte ihm, auf welche Provinzen er nicht verzichten wolle, die Gründe, aus welchen ihm diese oder jene Provinz für den Handel oder für die Versorgung Berlins von größerem Wert sei.

Napoleon gab ihr keine positive Zusicherung, bewies ihr sehr viel Rücksicht und Aufmerksamkeit, versicherte sie seiner Zuneigung, und als die Königin immer wieder auf die Geschäfte zu sprechen kam, sagte er:

»Madame, man hat mir immer gesagt, Sie mengten sich in die Politik, und jetzt bedaure ich nach allem, was ich gehört habe, dass es nicht der Fall ist.« – Man täuschte sich, wie ich glaube, über den Sinn dieses Kompliments, das man wörtlich nahm. Und da Napoleon nach dem Weggang der Königin zu Alexander gesagt hat: »Die Königin von Preußen ist eine reizende Frau; ihre Seele entspricht ihrem Gesicht, und wahrhaftig, anstatt ihr eine Krone zu nehmen, möchte man versucht sein, ihr eine andere zu Füßen zu legen!«, so gingen diese Worte von Mund zu Mund und veranlassten zu den schönsten Hoffnungen …

Der Fürst von Neuchâtel wurde am zweiten Tag zur Königin geschickt, um sie zum Diner abzuholen; dieselben Förmlichkeiten, dieselben Aufmerksamkeiten wie am Tag vorher, aber der Schmerz der Königin, die Niedergeschlagenheit des Königs, die Verlegenheit Alexanders, der Zorn Napoleons, das alles war sehr sichtbar. Vor dem Essen sprach man wenig miteinander und nur unbedeutende Dinge. Desgleichen während des Diners. Als die Königin im Begriff war, zu gehen, sagte sie zu Napoleon:

»Sire, nach den Gesprächen, die wir gestern zusammen gepflogen, nach allem, was Eure Majestät mir Liebenswürdiges und Verbindliches gesagt haben, verließ ich Sie getröstet und glaubte Ihnen unser Glück, das Glück meines Landes und meiner Kinder, zu verdanken. Heute sind alle meine Hoffnungen vernichtet, und ich scheide von Ihnen mit ganz anderen Gefühlen.«

Napoleon hatte nicht Zeit, ihr zu antworten, da die Fürsten sich ihr näherten, um von ihr Abschied zu nehmen. Als Napoleon der Königin den Arm bot, um sie zu ihrem Wagen zu führen, sagte er:

»Madame, Sie haben es sich vorbehalten, mich bis zuletzt zu ›schinden‹!«

»Sire, ich habe Ihnen nur meinen Schmerz ausgedrückt.«

»Glauben Sie, Madame, dass ich alles, was in meiner Macht steht, tun werde, um Ihnen das Interesse und die Achtung zu beweisen, die Sie mir eingeflößt haben.«

»Sire, das hängt von Ihnen ab, noch ist es Zeit; unser Glück ist in Ihren Händen.«

In diesem Augenblick stieg die Königin in ihren Wagen, Napoleon nahm Abschied von ihr, und sie haben sich nicht wiedergesehen.

Paul Bailleu, Königin Luise in Tilsit. In: Hohenzollernjahrbuch. – Schreiben der Prinzessin Radziwill (französ. Urtext).

Über dieselbe Unterhaltung berichtet der schwedische Gesandte Brinckmann dem König von Schweden am 10. Juli 1807:

Als Bonaparte in Tilsit bei der Königin eintrat, verließen alle, auch der König selbst, das Zimmer Ihrer Majestät [der Königin Luise]. Nach den ersten Komplimenten und einigen nichtssagenden Redensarten begann die Königin eine sehr ernste Unterhaltung:

»Ich lerne Eure Majestät in einem für mich höchst peinlichen Augenblick kennen. Ich sollte vielleicht Bedenken tragen, zu Ihnen über die Interessen meines Landes zu sprechen. Sie haben mich einst angeklagt, mich zu viel in Politik zu mischen, obgleich ich wirklich nicht glaube, diesen Vorwurf verdient zu haben.«

»Seien Sie ganz überzeugt, Majestät, dass ich niemals das alles geglaubt habe, was man während unserer politischen Zwistigkeiten so indiskret verbreitet hat.«

»Sei dem, wie ihm wolle, ich würde es mir nie verzeihen, wenn ich diesen Augenblick nicht benutzte, freimütig mit Ihnen zu sprechen, als Gattin und als Mutter. Ich schmeichle mir, dass alle, die mich kennen, mir die Gerechtigkeit widerfahren lassen, dass ich beständig die Pflichten zu erfüllen gesucht habe, die mir diese Eigenschaften auferlegten.«

»Alle Welt, Majestät, muss das zugeben.«

»Nun wohl, wäre ich dem König aufrichtig ergeben, wenn ich nicht in diesen grausamen Augenblicken seinen Kummer und seine Besorgnisse teilte? Wir haben einen unglücklichen Krieg geführt. Sie sind der Sieger. Soll ich aber annehmen, dass Sie Ihren Sieg missbrauchen wollen?«

»Eure Majestät wollen mir gestatten, offen zu antworten. Warum haben Sie mich gezwungen, die Dinge aufs Äußerste zu treiben? Wie oft habe ich Ihnen Frieden angeboten? Österreich, das sich ungefähr in derselben Lage befand wie Sie nach der Schlacht von Auerstedt, glaubte vernünftige Bedingungen nicht zurückweisen zu dürfen, obgleich es noch zwei unversehrte Königreiche hatte; Sie aber haben stets jedes freundschaftliche Abkommen abgelehnt. Man hat die Vorschläge, mit denen ich Bertrand nach der Schlacht von Eylau beauftragt hatte, kaum anhören wollen.«

»Was die ersten Verhandlungen nach der Schlacht von Auerstedt betrifft, so war es gewiss der König, der sie abgebrochen hat, und in letzter Zeit – Sie wissen es ja besser als ich – hing es nicht mehr von uns ab, auf Sonderverhandlungen einzugehen. Doch genug. Ich wage nicht, die großen politischen Interessen zu erörtern; ich spreche Ihnen nur meine Besorgnisse über das Schicksal meiner Familie und meiner Kinder aus. Die Geschichte unserer Tage stellt mir schreckliche Beispiele vor Augen, und ich könnte den Gedanken nicht ertragen, unglücklichen Wesen das Leben geschenkt zu haben. Sie haben selbst eine zahlreiche Familie und bei jeder Gelegenheit bewiesen, wie sehr Ihnen das Schicksal der Ihrigen am Herzen liegt. Müssen Ihnen die Besorgnisse einer Mutter hierüber nicht gerecht und achtenswert erscheinen?«

»Aber Majestät glauben doch nicht etwa, dass von der Vernichtung Preußens die Rede sei?«

»Nein, aber der Friede, den man uns in Aussicht stellt, kann die Vernichtung für die Zukunft vorbereiten. Sonderinteressen könnten mit unseren Wünschen im Widerspruch stehen, aber wenn von Ihnen allein dieser Frieden abhängt …«

»Oh, Sie dürfen überzeugt sein, Majestät, dass ich allein zu entscheiden habe.«

»Ich kenne Sie nur nach Ihrem Ruf, aber ich möchte Ihnen nicht das Unrecht antun, zu glauben, dass Sie gegen das Vergnügen unempfänglich wären, zu dem Glück derjenigen beizutragen, die man beklagen mag, aber die man nicht verachten kann. Ist die Rache dessen würdig, der sie widerstandslos ausüben darf? Eine Frau darf Ihnen sagen, was einem Mann nicht wohl anstehen würde. Erwerben Sie sich ein Anrecht auf unsere Dankbarkeit, und Ihre Siege werden Ihnen doppelt Ehre machen.«

»Aber haben Eure Majestät nicht selbst meine Freundschaft für Preußen zurückgewiesen?«

»Allerdings habe ich daran nicht geglaubt in einem Augenblick, wo Sie, der Sie uns erst gezwungen hatten, Hannover anzunehmen, allein mit England über die Rückgabe dieses Landes verhandelten. Damals habe ich vielleicht zu warm *gegen* Ihre Interessen oder vielmehr *für* die des Königs gesprochen.«

»Ja, ich weiß, Sie haben damals den Irrtum Ihres Kabinetts geteilt; aber ich habe niemals die Absicht gehabt, den Engländern Hannover zurückzugeben.«

»Gegenwärtig handelt es sich nicht mehr um dieses Land, sondern nur allein um einen Zustand der Dinge, der uns nicht gerade den Frieden, den wir so sehr nötig haben, unerträglich macht.«

»Und was wünschen Sie vorzugsweise zu diesem Zweck?«

»Ich gebe mich keiner Täuschung hin über unsere Lage. Ich weiß, dass wir Opfer bringen müssen; aber wenigstens trenne man nicht von Preußen Provinzen, die ihm seit Jahrhunderten gehörten. Wenigstens nehme man uns nicht Untertanen, die wir wie Lieblingskinder lieben und die unter jeder anderen Herrschaft unglücklich sein werden. Der Krieg ist nicht zu unserem Vorteil ausgefallen, aber er hat die Anhänglichkeit unserer Völker an uns nicht vermindert – ich rufe Sie selbst zum Zeugen auf –, und das ist ein großer Trost, der uns bleibt.«

»Leider, Majestät, stehen die allgemeinen Kombinationen oft den besonderen Rücksichten entgegen.«

»Ich verstehe nichts von den großen politischen Kombinationen; aber ich glaube der Würde einer Frau nichts zu vergeben, wenn ich den schrecklichen Schmerz des Königs betone, falls er einige der ältesten Provinzen seines Hauses abtreten müsste. Trotzdem Sie mir einen Vorwurf wegen der Verlängerung des Krieges gemacht haben, so kann ich mir doch nicht denken, dass Standhaftigkeit im Unglück in Ihren Augen ein Unrecht ist. Aber Sie lassen mich immer allein sprechen, ohne auf meine Hauptfrage etwas zu erwidern, und doch kostet es Sie nur ein Wort, um einen vernünftigeren Frieden zu schließen.«

Die Verhandlungen in Tilsit [1807]. Briefwechsel König Friedrich Wilhelms und der Königin Luise. Veröffentlicht von Paul Bailleu. In: Deutsche Rundschau.

Der Kaiser Napoleon und der bayerische Gesandte Graf François Gabriel de Bray in Dresden, Juli 1807

Nach Abschluss des Friedens von Tilsit war François Gabriel de Bray vom bayerischen Hof in das französische Hauptquartier gesandt worden, um den Sieger von Friedland und Eylau zu beglückwünschen und gleichzeitig an das Versprechen zu mahnen, das Napoleon dem König Maximilian Joseph in Sachen der Abtretung des im Jahre 1792 preußisch gewordenen Fürstentums Bayreuth gegeben hatte. In Bromberg traf Bray mit Napoleon zusammen, der auf der Reise nach Dresden begriffen war und den bayerischen Gesandten dahin beschied. Über diese Audienz berichtete Bray Folgendes an seinen König in einer vom 20. Juli 1807 datierten Depesche:

Nachdem ich dem Kaiser den Brief Eurer Majestät überreicht und die herkömmlichen Komplimente ausgesprochen hatte, fand eine Privataudienz von dreiviertelstündiger Dauer statt.

Der Kaiser begann mit der Versicherung, dass er immerdar auf die Freundschaft Eurer Majestät gerechnet, deren Aufrichtigkeit und Beständigkeit anerkannt habe, mit der Wahl, die Eure Majestät unter Ihren Dienern getroffen, zufrieden gewesen sei und dass er die Hoffnung hege, Eure Majestät würden die Empfindungen, die er für das gesamte königliche Haus hege, anerkennen.

Darauf sprach der Kaiser von der Beendigung des Feldzuges und den Tilsiter Verhandlungen. »Alles, was ich für Preußen getan habe«, äußerte er, »ist aus Rücksicht für Russland geschehen.« Über den König von Preußen äußerte er sich höchst ungünstig und in Ausdrücken, die ich nicht wiedergeben mag. Der Kaiser hielt diesen Monarchen für beschränkt, charakter- und talentlos. Bis zu der äußeren Haltung und dem »bizarren« Aufzug des unglücklichen Fürsten (Husarenuniform, Tschapka und spitzer Schnurrbart) fand er alles an demselben zu tadeln. – Auch der preußischen Nation ist der Kaiser sehr übel gesinnt, indem er sie feige und eitel nannte. »Immer wieder geschlagen und immer wieder unverschämt haben die Preußen unsere Gefangenen misshandelt, während die Russen dieselben mit Sorgfalt überschütteten und gegen die Preußen in Schutz nahmen. Wenn sie sich dabei nur zugleich tapfer gezeigt hätten – das aber sind sie nirgends gewesen. Tapferen Leuten kann ich verzeihen und ihnen ihr Los erleichtern – feige kann ich nicht leiden. – Es ist eine schlechte Nation! In Berlin haben sie aufs Neue angefangen, Dummheiten zu begehen. Ich bin aber entschlossen, ihnen nichts durchgehen zu lassen und ihnen, wenn sie sich der geringsten Farce schuldig machen, eine um zehn Millionen erhöhte Kontribution aufzuerlegen. Magdeburg habe ich behalten, um vor ihrer Tür zu bleiben und mich unverzüglich nach Berlin zu begeben, wenn sie etwas gegen mich versuchen sollten.«

Ich bemerkte darauf, dass der Kaiser doch wohl von der Königin einen günstigeren Eindruck empfangen habe. »Ja«, erwiderte er, »mit der Königin ist es etwas anderes; sie ist eine Frau von Geist und Haltung, sie ist ihrem Gemahl weit überlegen und wird ihn schwerlich lieben. Der Kaiser Alexander hat sie im Jahre 1805 ins Unglück gestürzt. Der hat ein liebenswürdiges und angenehmes Wesen und ist ein Romanheld. Es kann kein Zweifel darüber bestehen, wem von beiden man den Vorzug geben muss. Die Königin«, fuhr der Kaiser fort, »hat alles getan und alle Mittel angewandt, um mir Magdeburg zu entreißen – Bitten, Tränen und Überredungen! Ich habe das mit der Kaltblütigkeit eines alten Soldaten angesehen und der Szene ein Ende gemacht, als dieselbe unwürdig zu werden anfing. Ich sagte der Königin, dass Magdeburg von mir als Bürgschaft angesehen werde und dass ich es behielte, um diejenigen bestrafen zu können, die aufsässig werden könnten. Übrigens bedürfe ich der Elbe, die gegenwärtig die Grenze des Rheinbundes bilde.«

Ich fragte den Kaiser, ob die Königin nicht *mehr* ausgerichtet haben würde, wenn sie unmittelbar nach der Schlacht bei Jena bei ihm erschienen wäre. »Ja«, erwiderte der Kaiser, »in diesem Fall hätte ich alles bis zur Elbe wiedergegeben. Danzig und Graudenz hätte ich nur behalten, weil ich ihrer Russland gegenüber bedurfte. Sie konnten aber zu keinem Entschluss gelangen. Zastrow ist der einzige, der eine gute Rolle gespielt hat. Als Hardenberg in seine frühere Stellung zurückkehrte, hat Zastrow den Abschied verlangt, um an den Extravaganzen jenes Menschen keinen Anteil zu nehmen. Hardenberg ist ein armseliger Mensch; das hat auch der Kaiser von Russland zugeben müssen. Im Übrigen hat er es mir gegenüber versehen, und niemals wird ein Franzose mit ihm reden.«

Ich benutzte diese Gelegenheit, um Lombard zu empfehlen, von dem Seine Majestät mit Anteil gesprochen hatte. Der Kaiser kam aber nochmals auf Hardenberg zurück, indem er sagte, derselbe habe kurz vor den letzten Ereignissen dem Kaiser von Österreich einen Brief geschrieben, von dem er durch Österreich selbst Kenntnis erhalten und in dem Hardenberg sich wie ein Mensch ohne gesunden Verstand ausgesprochen habe.

Der Kaiser kam dann auf die inneren Verhältnisse Bayerns und Tirols sowie auf die Bewegung zu reden, die in Vorarlberg stattgefunden hat. Seine Majestät meinten, dass, wenn daselbst strenge Maßregeln gegen diese Leute ergriffen und einige Beispiele statuiert würden, die Verwaltung besser vonstatten gehen werde. »Ihr seid zu milde«, fuhr er fort, »man muss fest auftreten! Niemals lässt ein Volk sich besser regieren, als wenn dasselbe, nachdem es gemuckst hat, gehörig gepresst wird!« – Ich bemerkte darauf, dass es doch wohl gefährlich sein könnte, gerade da, wo die gesamte Armee sich außer Landes befände, einen Insurrektionsherd in Gärung zu bringen und Österreich die Gelegenheit zum Losbruch in einem für uns unbequemen Augenblick zu bieten. »Eine schwache Regierung, wie es die österreichische ist«, gab der Kaiser zur Antwort, »lässt es immerdar bei halben Maßregeln bewenden. Außerdem bestehen in Österreich einander entgegengesetzte Parteien – Russen, Engländer und Österreicher; die Ersteren lassen sich's häufig etwas kosten, um zu tun, was den anderen missfällig ist.«

Im weiteren Verlauf der Unterredung sprach der Kaiser von Seiner Königlichen Hoheit dem Kronprinzen [Ludwig Karl August von Bayern]. Mit Seiner Königlichen Hoheit und mit der Armee ist er zufrieden. Das in voriger Nacht stattgehabte Eintreffen des Prinzen Jérôme, der für die bayerische Armee eine lebhafte Zuneigung besitze, werde dazu beitragen, diese Empfindungen zu verstärken.[1]

Ich bin auf die Einzelheiten dieses Gesprächs eingegangen, weil alles bemerkenswert erscheint, was ein Mann wie der Kaiser sagt.

Graf François Gabriel de Bray, Aus dem Leben eines Diplomaten alter Schule.

---

[1] Jérôme befehligte in Schlesien das IX. Armeekorps, das meist aus Bayern bestand.

Der Kaiser Napoleon und Caulaincourt in Charenton, 1807

Im Jahre 1807 begleitete Caulaincourt den Kaiser nach der Irrenheilanstalt von Charenton. Napoleon besichtigte das Haus bis auf die kleinsten Einzelheiten, ließ sich über die angewandten Versuche zur Heilung und über die mögliche Heilung selbst von dieser oder jener fixen Idee Bericht erstatten und empfahl besonders, man solle »die armen Menschen sanft behandeln«.

Auf dem Rückweg von Charenton nach Paris sagte er zu Caulaincourt: »Dieser Besuch hat mich traurig gestimmt. Der Wahnsinn ist eine scheußliche Erniedrigung der Menschheit ... Ich, ich werde einmal nicht verrückt ... Mein Kopf ist von Eisen! ... Im gegebenen Augenblick« – er wandte diesen Ausdruck sehr oft an – »würde ich meiner Verzweiflung auf andere Weise ein Ende machen ... Sie könnten vielleicht einmal erfahren, Caulaincourt, dass ich plötzlich aus dem Leben geschieden, aber niemals, dass ich wahnsinnig geworden bin.«[1]

Souvenirs du duc de Vicence.

---

1 Vor der Abdankung 1814 versuchte der Kaiser wirklich seinem Leben gewaltsam ein Ende zu machen, indem er Gift nahm. Die Dosis war jedoch nicht stark genug.

Der Kaiser Napoleon und der badische Gesandte Freiherr von Berckheim in Paris, Oktober 1807

Der alte Herzog Karl Wilhelm Ferdinand von Braunschweig erlag seinen Wunden, die er bei Auerstedt erhalten, am 10. November 1806 in Ottensen bei Altona. Sein Sohn und Thronfolger, Friedrich Wilhelm, wurde durch den Vertrag von Ratekau zum Kriegsgefangenen gemacht und ging seiner Staaten verlustig. Vergebens bemühte sich seine Schwiegermutter, die Markgräfin Amalie von Baden, die 1806 wegen ihres energischen Auftretens von Napoleon sehr ausgezeichnet worden war, um vom Kaiser eine Entschädigung für den Herzog zu erlangen. Einen letzten Versuch, ihn für das Haus Braunschweig günstig zu stimmen, machte sie durch die Sendung ihres Oberhofmeisters, des Geheimen Rats Freiherrn Christian von Berckheim, an den Hof des französischen Kaisers. Unter großen Schwierigkeiten wurde Berckheim am 12. Oktober 1807 von Napoleon eine Audienz gewährt, während der sich folgendes Gespräch entspann:

Napoleon: »Ah, guten Tag, Herr Berckheim; wie geht es Ihnen?«

Berckheim: »Gut, Sire! Ich komme im Auftrag Ihrer Hoheit der Markgräfin von Baden, die mich beauftragt hat, Eurer Majestät ihre Empfehlungen zu überbringen, um …«

Napoleon: »Was macht die Frau Markgräfin? Wie geht es ihr? Es freut mich, von ihr zu hören.«

Berckheim: »Sie hat mich beauftragt, Eurer Majestät diesen Brief zu übergeben, sowie einen ihres Schwiegersohns, des Herzogs von Braunschweig. Dieser hat mir den Orden der Ehrenlegion anvertraut, den Eure Majestät …«

Napoleon: »Ah, sehr gut! Ich weiß, es ist der Orden der Ehrenlegion des verstorbenen Herzogs von Braunschweig. Gut. Geben Sie her!«

Er nahm Berckheim den Orden und die Briefe aus der Hand und legte alles auf einen Marmortisch in der Nähe. Dann wandte er sich wieder an Berckheim und fragte:

»Was macht die Markgräfin?«

Berckheim: »Sie beauftragte mich, Sire, noch einmal mündlich Ihre Güte für ihren unglücklichen Schwiegersohn anzurufen, ebenso für ihre Tochter, die Herzogin von Braunschweig. Sie ist überzeugt, dass Eure Majestät, nachdem Sie ihr die Versicherung gegeben, dass Sie niemals eine der Prinzessinnen von Baden ins Unglück stürzen wollten, dies nicht in Bezug auf die liebenswürdigste der Prinzessinnen dieses Hauses wünschten.«

Napoleon: »Aha!« – er begann mit Berckheim im Zimmer auf und ab zu gehen – »es tut mir leid, dass ich nichts für sie tun kann, aber der Würfel ist gefallen, sein Land ist vergeben, er kann es nicht wiederhaben! Sie wissen nicht, mein lieber Berckheim, dass, was die politischen Grundlagen anbetrifft, man niemals etwas ändert, wenn sie einmal festgesetzt sind.«

Berckheim: »Aber der Herzog befindet sich in einer höchst unglücklichen Lage. Seiner Staaten beraubt, nehmen Eure Majestät ihm auch noch seine Privatbesitzungen, seine Domänen.«

Napoleon: »Ich habe darüber bereits verfügt, das ist unwiderruflich; übrigens hat er doch eine Pension, die man ihm, soviel ich weiß, in Tilsit bewilligt hat. Weiß er das?«

Berckheim: »Außer den öffentlichen Zeitungen, die aber keineswegs offiziell sind, hat es ihm keiner gemeldet. Und übrigens ist eine Pension, besonders in unsern Zeiten, eine sehr unsichere Sache. Heute gewährt, bezahlt man sie vielleicht morgen, aber schon übermorgen nicht mehr.«

Napoleon: »Nun, was wollen Sie; das ist mir gleichgültig.«

Berckheim: »Wenn aber der Beschluss gegen das Herzogtum Braunschweig unwiderruflich ist, so haben doch Eure Majestät Mittel genug, um ihn zu entschädigen; das schon verstümmelte Hannover, Fulda, Bayreuth, Hanau bieten Hilfsquellen.«

Napoleon: »Warum hat der Herzog von Braunschweig mit mir Krieg führen wollen? Er, der Nestor von Deutschland, hätte niemals in den Krieg einwilligen sollen. Er und Kassel sind ausgestoßen; sie haben geglaubt, mich zu verschlingen. Der Herzog von Braunschweig hat diesen Krieg verschuldet; ohne ihn hätte ihn der König von Preußen niemals unternommen; der ist von allen der Unschuldigste daran. Er ist ein Mann, der von seiner Umgebung geleitet wird, der nicht zu regieren versteht; ich habe ihm die Hälfte seines Königreichs genommen, ich habe den Herzog aus seinem Reich verjagt.«

Berckheim: »Die Lage Kassels ist von der Braunschweigs sehr verschieden. Ich kenne die Fehler des Kurfürsten von Hessen-Kassel nicht; der Herzog von Braunschweig aber hat sich keine Vorwürfe zu machen. Ich kannte den verstorbenen Herzog persönlich und kannte seine politische Denkungsweise. Er war niemals der Ansicht, dass Preußen einen Krieg mit Frankreich beginnen solle. Vor fast drei Jahren hat er seinen Ausbruch verhindert, dann wieder vor zwei Jahren durch seine Reise nach Russland. Seit dem letzten Krieg hat er stets abgeraten, und erst auf die dringendsten Bitten Preußens hat er, da er von allen Seiten von diesem Königreich eingeschlossen ist und weil er nicht das Opfer sein wollte, sich gezwungen gesehen, das Kommando zu übernehmen.«

Napoleon: »Sie verteidigen Ihre Sache gut, aber in der Politik kann man nicht Hofmann sein.«

Berckheim: »Ich bitte Eure Majestät um Verzeihung wegen der Freiheit, mit der ich spreche. Wenn ich jedoch die Ehre hätte, von Ihnen näher gekannt zu sein, würden Sie wissen, dass ich niemals ein Höfling gewesen bin. Die Rechtschaffenheit allein leitet mich, und übrigens ist mein ergrautes Haupt Bürge für die Wahrheit von allem, was ich sage. Wenn jedoch Eure Majestät dem Vater die Schuld zuschreiben, weshalb muss dann der Sohn darunter leiden? Im Waffenhandwerk groß geworden und noch nicht souveräner Fürst, war er genötigt, seine Pflicht als Untergebener zu tun. Und wenn er auch gegen den Krieg gewesen wäre und die Folgen vorausgesehen hätte, so konnte er doch zu jener Zeit als preußischer General den Dienst nicht quittieren, ohne sich die größten Unannehmlichkeiten zuzuziehen.«

Napoleon: »Das alles ist gleichgültig; warum haben sie Krieg geführt? Ich habe gar nichts gegen ihn, und warum sollte ich auch etwas gegen ihn haben? Aber kennen Sie nicht den alten Spruch: Die Kinder müssen für die Fehler ihrer Väter büßen? Es ist nichts mehr daran zu ändern. Ich will den deutschen Fürsten zeigen, wie sie sich zu verhalten haben. Jemand der nicht *für* mich ist, ist *gegen* mich, und ich entferne ihn. Es tut mir leid, dass ich nicht auch den Herzog von Weimar und alle jene kleinen Fürsten vertrieben habe. Warum sind sie nicht ruhig geblieben?« Darauf wiederholte er von Preußen ungefähr dasselbe, was er bereits gesagt, und fügte hinzu: »Wehe, wenn es sich rührt!«

Berckheim: »Aber Sire! Der Herzog von Braunschweig konnte in Anbetracht der lokalen Stellung seines Landes nicht anders handeln, und der Sohn hat sich politisch tadellos verhalten. Obgleich er durch Blutsbande mit England verbunden war, obgleich man ihn sozusagen als jüngsten Sohn des Königs von England betrachtete, weil er durch die zwischen den beiden Häusern bestehenden Familienverträge der Thronfolger von Hannover war und obgleich seine Kinder nach dem Aussterben des männlichen Zweiges vom Hause England eines Tages Anspruch auf die Krone machen könnten, hat er doch bis jetzt vermieden, mit ihnen in Beziehung zu treten. Er hat sich vielmehr an das Haus Baden angeschlossen, mit dem er ebenfalls durch verwandtschaftliche Bande verbunden ist,[1] im Innern ebenso wie die Frau Markgräfin überzeugt, dass Eure Majestät, wenn Sie ihm auch nicht das Herzogtum Braunschweig wiedererstatten können, so doch ihn durch die eben genannten Länder entschädigen würden.«

Napoleon: »Nein, nein, das kann nicht sein. Ich habe die Absicht, mich bis an die Elbe auszubreiten, und ich kann auf dieser Seite nur Länder an Personen abgeben, die mir ganz sicher sind. Ich werde doch nicht meinen Feinden Waffen in die Hände geben, damit sie sich ihrer gegen mich bedienen!«

Berckheim: »Aber er ist niemals Ihr Feind gewesen, und wenn Eure Majestät ihm Waffen geben, so wird er sich ihrer nur für Sie und Ihre Sache bedienen, da er Ihnen seine Existenz verdankt. Sie können seiner Dankbarkeit sicher sein, ich stehe dafür.«

Bei diesen Worten warf Napoleon seinen Hut und die Briefe, die er in der Hand hielt, auf den Tisch.

»Was!«, rief er. »Ist dieser Herzog von Braunschweig nicht derjenige gewesen, der vor zwölf Jahren jenes gemeine Manifest verfasst hat[2], in dem er sagt, er wolle Paris zerstören, nicht einen Stein auf dem andern lassen? Was hatte ihm diese Stadt getan? Ist das wohl ein Grund, dass ein paar Einfältige sich dort schlecht benahmen? Diese Beleidigung muss gerächt werden; und glauben Sie etwa, dass sie mich geschont hätten, wenn sie bei mir gewesen wären, wie ich bei ihnen gewesen bin? Sie würden es nicht getan und ich würde es nicht verlangt haben. Im Krieg tut jeder seine Pflicht!«

Berckheim: »Sire, das Manifest unterzeichnete nicht der Herzog von

---

1 Herzog Friedrich Wilhelm von Braunschweig war mit der Prinzessin Marie von Baden vermählt.

2 Der Herzog Karl Wilhelm Ferdinand hatte als Oberbefehlshaber über die österreichisch-preußische Armee am 25. Juli 1792 das berühmte Manifest von Koblenz erlassen.

Braunschweig, sondern der preußische Feldmarschall, der infolge der Befehle seines Königs dazu gezwungen war. Übrigens scheint es mir, dass damals ganz andere Umstände mitspielten und …«

Napoleon: »Ich erkenne keine souveränen Fürsten im Dienst einer fremden Macht an. Die Umstände jenes Krieges waren allerdings andere, aber dieser hier war unverzeihlich. Ohne den Herzog von Braunschweig hätte Preußen niemals gewagt, ihn zu beginnen; er hätte ihn verhindern müssen, aber gerade *er* hat ihn gewollt!«

Berckheim: »Nein, Sire! Er hat sich soviel er konnte dagegen gesträubt, aber Eure Majestät wissen, dass die Stimme eines 70-jährigen Greises in unserer Zeit kein Gehör findet. Und nach dem Einfluss zu urteilen, den Eure Majestät selbst vor einigen Jahren Preußen auf den Norden zuzuschreiben schien, stellten Sie den Herzog von Braunschweig unter den ganzen Einfluss der preußischen Politik, Nach all diesem musste der Herzog auf eine oder die andere Weise zum Opfer werden, besonders da Preußen, das das Herzogtum ganz willkürlich behandelte, den verstorbenen Herzog vor einigen Jahren an seinem Wunsch verhinderte, sich Eurer Majestät zu nähern, indem er Ihnen einen Gesandten schickte. Aber warum muss nun gerade der unglückliche Sohn das unschuldige Opfer sein? Eure Majestät nehmen ihm nicht allein seine Staaten, sondern auch seine Privatbesitzungen, seine Güter, wie Sie aus dieser Denkschrift hier sehen können.«

Napoleon: »Wenden Sie sich deswegen an Herrn von Champagny; ich kann mich nicht um alle diese Kleinigkeiten kümmern. Die Welfen wurden aus Italien vertrieben, nun gut: Ich vertreibe ihre Nachkommen aus den braunschweigischen Sümpfen. – Es ist unnötig, nochmals darauf zurückzukommen; ich habe bereits über die Güter verfügt.«

Berckheim: »Das ist sehr hart für die fürstliche Familie. Von allem entblößt, wovon soll sie leben? Was soll aus des Herzogs beiden Söhnen werden?«

Napoleon: »Wie man sagt, besitzt er in Schlesien Güter, und dann hat er auch seine Pension, die Sie ihm ankündigen können.«

Berckheim: »Eure Majestät wissen genau, dass ich nicht gekommen bin, um eine Beköstigungspension zu erbitten, die er von seinen Verwandten erhalten kann, und wegen der schlesischen Güter ist man stark im Irrtum. Sie sind dermaßen verschuldet, dass er vor Ablauf von fünfzig Jahren nichts herausziehen kann, ohne in Betracht zu ziehen, dass er sich dadurch von Neuem in peinlichen Beziehungen befindet und gezwungen ist, sich wieder ganz dem preußischen Einfluss zu überlassen. Majestät, gewähren Sie ihm einige Entschädigungen! Es steht in Ihrer Macht: Fulda und Bayreuth sind noch nicht vergeben; im Norden stehen Ihnen noch Länder zur Verfügung.«

Napoleon: »Ich habe Ihnen schon gesagt, dass ich im Norden nur jemand hinsetze, auf den ich mich vollkommen verlassen kann. Die Intrigen und Pläne Englands müssen auf dieser Seite zerstört werden, und Fulda und die andern von Ihnen genannten Länder würde ich lieber Baden oder einem meiner Verbündeten geben als dem Herzog von Braunschweig.«

Berckheim: »Wenn Eure Majestät den Herzog von Braunschweig kennten, würden Sie sich vielleicht anders entscheiden; er hat viele Fähigkeiten, ist tätig und energisch und würde nicht eine der gleichgültigsten Stützen Ihrer Sache sein. Majestät, kommen Sie seinen Wünschen entgegen, gestatten Sie ihm, dass er, was er so sehr wünscht, hierherkommt, sich Ihnen vorstellt, um selbst für die Gerechtigkeit seiner Sache einzutreten!«

Napoleon: »Das alles ist unnütz. Er braucht nicht zu kommen, es ist unnötig, sein Los ist entschieden; nein, nein! Oh, ich glaube schon, dass er ein sehr interessanter, ja sehr liebenswürdiger junger Mann ist, wenn Ihnen das Spaß macht.«

Berckheim: »Ich habe nicht von diesen Fähigkeiten gesprochen; ich habe nur die wesentlichsten genannt, die Eure Majestät zu schätzen wissen.«

Napoleon: »Bei Gott! Selbst Russland wollte nichts von ihm wissen, es hat nicht einmal seinen Namen ausgesprochen; und auch Preußen hat sich von ihm losgesagt.«

Berckheim: »Gerade auf dieses Imstichlassen, Sire, gründeten die Markgräfin und der Herzog ihre Hoffnungen, überzeugt, dass nach der formellen Versicherung Eurer Majestät, keiner badischen Prinzessin ein Leid zuzufügen, Sie das Unrecht Russlands wiedergutmachen und Europa beweisen würden, dass Eure Majestät die Bande, die Sie mit dem Haus Baden verknüpfen,[1] nicht vergessen haben.«

Napoleon: »Aha! Jetzt kommen Sie auf diese Verbindungen zu sprechen! Nun, warum haben Sie denn die Verbindung Karls und Stephanies nicht verhindert, gegen mich Krieg zu führen? Oh, ich weiß wohl, vor einem Jahr kümmerte man sich sehr wenig um sie, und man verhehlte auch nicht, dass man sie nicht mochte.« Er nahm seinen Hut wieder auf. »Das alles ist unnütz«; er begab sich zur Tür; »ich habe Kassel und Braunschweig vertrieben und wiederhole Ihnen: Sie werden nicht mehr regieren! Ich will es nicht und will allen diesen Prinzen zeigen, wie sie sich zu benehmen haben!«

Berckheim: »Eure Majestät ist also entschlossen, alles zu verweigern?«

Napoleon: »Ja!«

Berckheim: »Keine Hoffnung mehr?«

Napoleon: »Nein!«

Berckheim: »Ist das Ihr letzter Wille, Majestät?«

Napoleon: »Ja!«

Berckheim: »Soll ich ihn als Ihr Ultimatum der Markgräfin übermitteln?«

Napoleon: »Ja, Sie können ihr sagen, es sei unwiderruflich; meine Empfehlungen an die Frau Markgräfin.«

Und er ging.

---

1 Napoleon hatte 1806 Josephines Nichte, Stephanie de Beauharnais, mit Karl Ludwig Friedrich von Baden vermählt.

K. Obser, Die Sendung des Obersthofmeisters Freiherrn C. von Berckheim nach Paris im Jahre 1807. In: Zeitschrift für die Geschichte des
Oberrheins.

KAISER NAPOLEON UND GRAF CAULAINCOURT IN PARIS, 1807

Als Graf Caulaincourt im Jahre 1807 zum Gesandten am russischen Hof ernannt wurde, stand Napoleon auf dem Gipfel seines politischen Glücks. Frankreich kannte keine andern Grenzen als die von seinem Herrscher vorgeschriebenen. Der Name Napoleon war ein Talisman, der jeden Nacken und jeden Willen beugte. Es war also eine besondere Ehre, Frankreich in einem fremden Land zu vertreten. Dazu kam, dass der Kaiser es liebte, wenn seine Gesandten mit einem gewissen Luxus repräsentierten. Selbst sparsam für seine eigene Person, ein Feind aller Verschwendung und Vergeudung, liebte er doch die Pracht in allem, was mit der Würde der Krone verbunden war.

Daher sagte er zu Caulaincourt: »Ich lasse Ihnen freie Hand in Bezug auf die Ausgaben der Gesandtschaft. Natürlich dürfen wir uns nicht den Anschein reichgewordener Protzen geben … Aber der Hof von Frankreich darf weder knauserig noch kleinlich sein … Unser Bruder in Russland liebt den Luxus und Feste … Treten Sie prächtig auf und geben Sie ihnen Feste für ihr Geld.«

Und dann lachte er wie ein Schulknabe über seine hinterlistige Anspielung. Er war selten lustig, aber wenn er es war, dann war seine Fröhlichkeit ansteckend.

»Sire, wenn ich es wagen dürfte, mich eines recht allgemeinen, aber sehr zu Ihrer schalkhaften Bosheit passenden Ausdrucks zu bedienen, so würde ich sagen …«

»Dass sie die Musik zum Ball schon im Voraus bezahlten«, unterbrach ihn der Kaiser, und das Lachen begann von Neuem. Dann fuhr er mit echt italienischer Beweglichkeit fort:

»Jetzt aber, Caulaincourt, wollen wir ganz ernsthaft Kabinettdiplomatie treiben. Sie, Herr Herzog, werden als Grandseigneur vortrefflich die Diplomatie des Salons beherrschen … Widmen Sie mir Ihre ganze Aufmerksamkeit, Caulaincourt; dringen Sie gründlich in meine Instruktionen ein, dringen Sie besonders in meine politischen Absichten, in mein politisches System ein. Wenn Sie mich nicht vollkommen verstehen, können Sie mir nur schlecht dienen. Der Buchstabe tötet den Geist; Takt und offenes Spiel glücken in der Diplomatie besser als List. Jene Gaunereien der alten Diplomaten sind verbraucht; alle ihre Finessen sind längst aufgedeckt. Und übrigens, wenn man laut und klar sprechen kann«, fügte er, sich stolz aufrichtend, hinzu, »wozu dann eine List gebrauchen? Nichts kennzeichnet die Schwachheit mehr als die Falschheit.«

Darauf legte der Kaiser seinem Gesandten seine ganze Politik mit dem russischen Hof auseinander und stellte ihm die Konsequenzen mit einer Klarheit, einem Scharfblick dar, die erstaunlich waren. Sein Plan war großartig und sollte zu unberechenbaren Ergebnissen führen.

Souvenirs du duc de Vicence.

Der Kaiser Napoleon und Talleyrand, Minister des Äussern, in Paris, 1807

Napoleon ärgerte sich seit Langem über die Meinung, die sein Minister Talleyrand von des Kaisers Unternehmungen in Spanien hatte und ihm nicht verhehlte. Er hatte auch die Maßnahmen, die Talleyrand bei der Ankunft des spanischen Prinzen in Valençay getroffen, als für zu sicher befunden. Sie gerieten daher mehr als einmal aneinander. Eines Tages hatte Napoleon wieder einmal Talleyrand zu sich befohlen, um sich mit ihm über das beliebte Thema zu unterhalten. Sich die Hände reibend und mit großen Schritten im Zimmer auf und ab gehend, begann Napoleon:

»Nun, sehen Sie, zu welchem Ziel Ihre Prophezeiungen hinsichtlich der Schwierigkeiten, die ich in Spanien zur Regelung meiner Angelegenheiten zu überwinden haben würde, geführt haben; und dennoch bin ich mit diesen Leuten fertiggeworden. Sie sind alle in das Netz gegangen, das ich ihnen ausgelegt habe, und ich bin Herr über die Lage in Spanien wie in dem übrigen Europa …«

Talleyrand war nicht derselben Meinung und antwortete etwas gereizt, jedoch noch immer ruhig, dass er die Dinge von einem andern Standpunkt aus betrachte und glaube, dass der Kaiser durch die Ereignisse in Bayonne mehr verloren als gewonnen habe.

»Wie meinen Sie das?«, erwiderte Napoleon.

»Mein Gott«, antwortete Talleyrand, »das ist sehr einfach, und ich werde es Ihnen durch ein Beispiel beweisen. Wenn ein Mann von Welt Dummheiten begeht, wenn er Mätressen hat, wenn er sich schlecht gegen seine Frau benimmt, wenn man ihm schweres Unrecht gegen seine

Freunde vorzuwerfen hat, so wird man ihn ohne Frage tadeln; ist er reich, mächtig und gewandt, so könnte er in der Gesellschaft Nachsicht finden. Betrügt aber dieser Mann im Spiel, so ist er sofort aus der guten Gesellschaft ausgestoßen, und man wird ihm niemals verzeihen.«

Der Kaiser erbleichte, war verlegen und richtete an diesem Tag nicht wieder das Wort an seinen Minister.

Mémoires du prince de Talleyrand.

Der Kaiser Napoleon und sein Bruder Lucien Bonaparte in Mantua, Dezember 1807

Napoleon hatte am 12. Dezember 1807 einen Versuch gemacht, sich mit seinem Bruder Lucien auszusöhnen,[1] und war dem von Rom Kommenden bis Mantua entgegengegangen, wo das Zusammentreffen der beiden feindlichen Brüder stattfand.

Wir waren ungefähr vor 36 Stunden von Rom aufgebrochen, beginnt Lucien einen der interessantesten Berichte seiner Memoirenfragmente: Der Gedanke, wenn er mich nun als Gefangener zurückbehält, beschäftigte mich unaufhörlich. Ich kam erst wieder zu mir, als sich vor meinen Augen eine kleine Tür öffnete, aus der ein ungeheurer Lichterglanz strahlte, hervorgerufen von mehreren Kerzenpyramiden, die hier und da in einem großen Saal aufgestellt waren. Ich hörte deutlich eine leise Stimme sagen: »Sire, Ihr Bruder Lucien!« Nach späterer Überlegung schien es mir, als müsste es der Mameluck Rustam gewesen sein. Wer es aber auch gewesen sein mag, es kam mir so vor, als wenn die Person, der diese Meldung galt, sie nicht gehört hätte.

Diese Person saß vor einem großen runden Tisch, der vollkommen von einer ungeheuren Karte von Europa, der größten, die ich je gesehen, bedeckt war. Der Mann hatte die linke Wange auf die linke Hand

---

1 Lucien Bonaparte hatte sich 1803 gegen den Willen Napoleons mit der Witwe eines Wechselagenten, Alexandrine Jouberthon, verheiratet und sich dadurch mit seinem Bruder verfeindet, sodass er Frankreich verlassen musste. In Rom hatte er mit seiner Familie Zuflucht gesucht und gefunden.

gestützt, und mit der andern besteckte er die ungeheure Karte mit, wie es mir schien, schwarzen, roten und gelben Stecknadeln, die ohne Frage verschiedene Armeekorps oder vielleicht gar die Heere der Völker darstellen sollten. Wie dem auch sei: Obgleich ich vollkommen meiner Verwirrung Herr geworden war, was mir gestattete, alles zu beobachten, sagte ich doch kein Wort. Überzeugt, dass der, den ich sah, nur der Kaiser sein konnte, war ich doch ein wenig geneigt, daran zu zweifeln, so sehr fand ich ihn verändert. Er war zwar noch nicht so dick geworden, wie ihn jetzt einige Bilder darstellen, aber er ähnelte durchaus nicht mehr jenem schmächtigen Korporal, den ich zu groß gefunden hatte, um Kaiser zu werden. Ich bin heute noch im Zweifel, ob er mich gehört hatte oder nicht.

Ich mochte wohl sechs Minuten so unbeweglich vor ihm gestanden haben, als er gähnend und sich den Rücken an seinem Stuhl reibend eine kleine Glocke ergriff, die neben ihm auf dem Tisch stand. Er schüttelte sie mit einer einzigen Bewegung, aber der Klang war sehr stark. Nun tat ich ein paar Schritte vorwärts und sagte: »Sire, ich bin es, Lucien!«

Er erhob sich sehr schnell; in demselben Augenblick öffnete sich eine Tür, und ein Kopf mit schwarzem Schnurrbart erschien.

»Es ist gut!«, sagte der Kaiser; »es ist gut; lassen Sie uns allein, und dass niemand uns störe!«

Darauf nahm er mit einem etwas zurückgehaltenen Gefühl von Zärtlichkeit oder wenigstens Freundschaft meine Hand. Ich glaubte Anstalten machen zu müssen, ihn zu umarmen; er wehrte sich nicht, blieb jedoch kalt stehen, als wenn er diese vertrauten Beziehungen schon längst nicht mehr gewöhnt sei. Dann nahm er mich wieder bei der Hand, schob mich ein wenig von sich fort und sagte, mich anblickend:

»Also Sie sind es? … Wie geht es Ihnen? Wie geht es Ihrer Familie? Seit wann haben Sie Rom verlassen? Haben Sie eine gute Reise gehabt? Und der Papst? Wie geht es ihm? Er liebt Sie, der Papst?«

Obgleich ich deutlich merken musste, dass seinerseits eine Art schlecht verhehlter Verlegenheit in diesem Überfluss von Fragen lag und ich selbst nicht wusste, auf welche ich zuerst antworten sollte, entschied ich mich zu sagen, dass es mir gut ginge und ich mit Freuden sähe, dass dies auch bei Seiner Majestät der Fall sei.

»Ja, es geht mir gut«, erwiderte er, sich leicht mit der Hand den Leib klopfend: »Ich werde zu dick und fürchte, noch dicker zu werden.«

Hierauf sah er mich scharf an und sagte, indem er ein wenig Tabak schnupfte: »Und Sie? Wissen Sie, dass Sie gut aussehen? Früher waren Sie zu mager, jetzt finde ich Sie beinahe schön.«

»Eure Majestät belieben zu scherzen.«

»Nein, es ist die Wahrheit; aber setzen wir uns und plaudern wir ein wenig.«

Da saßen wir nun vor jenem Tisch, wo er jetzt sichtlich ohne Aufmerksamkeit die Nadeln auf die große Karte bald hier- bald dahin steckte. Ich erwartete, er werde das Wort an mich richten, und da dies nicht geschah, ich aber in seinen Augen ebenso wenig schüchtern als zutraulich erscheinen wollte, öffnete ich den Mund, um zu sagen: »Sire …« Aber ich hatte noch nicht das Wort ausgesprochen, als er plötzlich mit einer Bewegung der flachen Hand alle Nadeln niederriss und zu mir sagte:

»Nun, was haben Sie mir zu sagen?«

»Sire, ich warte auf das, was Eure Majestät mir selbst mitzuteilen haben. Sie haben die Güte gehabt, den Wunsch auszudrücken, mich zu sehen. Nach allem, was unsere Mutter und Joseph schreiben, kann ich Ihnen nicht verbergen, dass ich auf die Verzeihung Eurer Majestät zu zählen wage.«

»Und das können Sie umso mehr, als es vollkommen von Ihnen abhängt.«

»In diesem Fall werden alle meine Wünsche erfüllt werden, denn ich wünsche und will nichts mehr, als Eurer Majestät in allem, was sich mit meiner Ehre vereinbart, zu gefallen.«

»Sehr gut, aber man muss wissen, womit Sie augenblicklich Ihre Ehre in Einklang bringen.«

»Aber, Sire, augenblicklich, wie immer, mit der Erfüllung der mir von der Natur und Religion auferlegten Pflichten.«

»Und die Politik, mein Herr, und die Politik? … Gilt sie Ihnen nichts?«

»Sire, die Politik, jene Kunst, die Menschen gut zu regieren, die eine besondere Tugend der Könige und Eurer Majestät ist, kann sich nicht auf mich, einen unbedeutenden Privatmann beziehen, dem alle Politik des Staatsmannes vollkommen unbekannt geworden ist und sein muss.«

»Nur an Ihnen hat es gelegen, ebenso wie Ihre Brüder König zu sein.«

»Sire! Die Ehre meiner Frau, der Stand meiner Kinder …!«

»Sie sprechen immer von ›Ihrer Frau‹ und wissen doch genau, dass sie es nicht ist, dass sie es niemals gewesen und niemals sein wird, denn ich erkenne sie nicht an, ich habe sie niemals anerkannt und werde sie auch nie anerkennen.«

»Ah! Sire!«

»Nein, ich werde meine Meinung über sie nie ändern, und fiele auch der Himmel auf mich herab, ich ändere sie nicht! Ihnen, der Sie mein Bruder sind, konnte ich Ihr Unrecht verzeihen, aber ihr! … Mein Fluch und der unserer Familie wird sie stets verfolgen!«

Diese Schmährede war noch sehr lang, und wenn ich zuerst freudig erstaunt über die Frage gewesen »wie geht es Ihrer Familie«, so musste ich mich jetzt überzeugen, dass er damit nur meine beiden ältesten Töchter meiner ersten Frau[1] gemeint hatte. Er hatte schließlich Christine sehr geachtet, obgleich er zuerst auch sehr ärgerlich über diese Heirat gewesen war, aber damals war er noch nicht einmal Oberbefehlshaber der Italienischen Armee!

Diese gegen meine Frau ausgestoßenen Flüche begannen mir stark in den Ohren zu klingen, und da ich trotz meines Entschlusses, ihn nicht

---

1 Christine Boyer, die Lucien im Mai 1794 geheiratet hatte und im Jahr 1800 durch den Tod verlor; sie war die Tochter eines Gastwirts.

herauszufordern, nicht ganz und gar unempfindlich dagegen erscheinen konnte, weil er mich sonst verachtet hätte, sagte ich mit erzwungenem Lachen, das glaube ich wie das Fauchen einer Katze klang:

»Ah! Sire, mäßigen Sie sich in Ihren Verwünschungen. Ein italienisches Sprichwort sagt: La processione torna dove esce.« Und da ich vermutete, dass er dieses Italienisch vergessen hatte, wiederholte ich es ihm auf Französisch: »La procession retourne d'où elle sort.« »Und in diesem Fall möchte ich das gewiss nicht.«

Er sah mich durchdringend an und sagte dann:

»Wahrhaftig – trotz all Ihres guten Willens – ich werde niemals eine Frau, die gegen meinen Willen in meine Familie gekommen, eine Frau, um derentwillen Sie mich getäuscht haben, als meine Schwägerin anerkennen! Dabei ziehe ich noch gar nicht das in Betracht, was man von ihr gesagt hat und was mir noch heute täglich über sie zu Ohren kommt.«

Als er aber den Eindruck sah, den diese hässlichen Worte auf meinem Gesicht hinterließen, fügte er, wie um sie etwas zu mildern, hinzu:

»Ich weiß wohl, dass man mir das alles sagt, weil man meint, es mache mir Vergnügen. Ich kenne die Welt zur Genüge, um zu verstehen, dass viel Verleumdung in ihr ist; doch das ist gleichgültig: Der Himmel kann herabfallen, sie wird doch niemals meine Schwägerin werden! … Übrigens ist dies ein festgelegtes Gesetz. Es ist jetzt eins unserer französischen Fundamentalgesetze wie das salische Gesetz: ›Jede von den Mitgliedern der kaiserlichen Familie ohne die Zustimmung des Kaisers geschlossene Ehe ist ungültig.‹ Verstehen Sie das wohl?«

»Sire, meine Heirat ist *vor* diesem Gesetz geschlossen worden.«

»Ja, aber dieses Gesetz ist Ihretwegen, weil Sie die Veranlassung dazu waren, erlassen worden.«

Und da er ein leichtes Lächeln bemerkte, das ich bei diesem Argument napoleonischer Logik nicht unterdrücken konnte, sagte er:

»Warum lachen Sie? Mir ist nicht lächerlich zumute. Ich weiß genau, was Sie, Ihre Frau und meine Feinde, die Ihre einzigen Freunde sind, darauf zu antworten haben ... Ja, mein Herr, es gibt keinen guten Franzosen, der Ihnen nicht Unrecht gäbe; die ganze Nation hat ihr Urteil über Sie gefällt. Hat man gegen meinen organischen Senatsbeschluss, der dem Willen des Volkes unterstellt war und Sie und Jérôme[1] ausschloss, nur den geringsten Einspruch erhoben? Nein, weil jedermann Ihre lächerlichen Verbindungen getadelt und verurteilt hat. Machen Sie sich daher über die öffentliche Meinung keinerlei Hoffnung: Sie können sie nur wiedergewinnen, wenn Sie sich mir anschließen. Jérôme hat sie wiedergewonnen und genießt größere Achtung als Sie, u. a. m. ...«

Ich hatte schon zu lange zugehört, und trotz meines Entschlusses, viel zu ertragen, denn ich hatte mich ja schließlich in seine Hände gegeben, konnte ich mich nicht mehr halten und antwortete, nicht ich, sondern er mache sich über die öffentliche Meinung Illusionen. Wenn die Höflinge sein Verhalten gegen mich als Dank für die Dienste, die ich ihm mit Freuden geleistet, gebilligt hätten, so wären sie nur ihrem Beruf nachgekommen; meine Bedienten fänden auch, dass ich recht hätte.

Bei diesen Worten verfinsterte sich seine Stirn, seine Augen funkelten, seine Nasenflügel bebten, ein sicheres Zeichen des Zorns unserer Rasse. Aber ich war in meiner Rede drin und weit entfernt, mich auf so schönem Weg aufzuhalten. Ich fügte hinzu:

»Die Nation konnte mich nicht zurückfordern. Wozu brauchte sie mich? Welchen Dank schuldete sie mir? Sie durfte in mir den Retter des-

---

1 Auch Jérôme Bonaparte hatte während seines Aufenthalts in Amerika im Jahr 1803 gegen den Willen des mächtigen Bruders eine Kaufmannstochter von Baltimore, Elisabeth Patterson, geheiratet. Er aber trennte sich auf Napoleons Befehl im Jahr 1805 von ihr, obwohl sie ihm einen Sohn geboren, und vermählte sich 1807 zum zweiten Mal mit der Prinzessin Katharina von Württemberg.

jenigen sehen, der sie zu retten vermochte,[1] und wenn sie in ihrem Senatsbeschluss nicht nach mir verlangte, so denke ich nichtsdestoweniger mit Stolz, dass sie geneigter ist, mich mit Ihnen auf die gleiche Stufe zu stellen als mit Jérôme. Nein, Sire, die öffentliche Meinung, die viel mächtiger ist als alle Könige der Erde, stellt uns jeden an unsern Platz, was auch die Höflinge darüber sagen mögen!«

Hier jedoch muss ich zugeben, dass Napoleon sich zum ersten Mal in dieser Zusammenkunft mir überlegen zeigte, mir, der ich ein besonderes Interesse haben musste, meinen Zorn zu unterdrücken, und dennoch hatte ich mich hinreißen lassen. Trotz allem, was ich ihm gesagt hatte, und besonders trotz des heftigen Tons, an den er ohne Frage nicht gewöhnt war, sah ich, wie er sich bezwang, ruhig zu bleiben, und es ihm gelang, mir im gemäßigten Ton zu antworten:

»Talleyrand hat recht: Sie legen in diese ganze Geschichte ein Feuer, das des Klubs würdig ist. Aber diese Beredsamkeit ist längst nicht mehr an der Tagesordnung. Ich weiß genau, dass Sie mir am 18. Brumaire nützlich gewesen sind; dass Sie mich aber gerettet haben, dafür habe ich keine Beweise. Und was ich noch sehr wohl weiß, dessen ich mich noch sehr genau erinnere, ist, dass Sie mir die Einheit der Macht, die ich zur Rettung Frankreichs brauchte, streitig machten und dass ich die Hälfte der Nacht mit Joseph damit zubrachte, von Ihnen endlich Ihr Schweigen im Rat zu erlangen, wenn über die Frage verhandelt werden würde.«

Das war allerdings wahr, und ich habe mir die Schwachheit vorzuwerfen, dass ich damals mein Wort zum Schweigen gab, denn es musste für eine deutliche, interessierte Zustimmung meinerseits wegen meiner Verwandtschaft mit dem Ersten Konsul angesehen werden.

---

1   Lucien hatte seinem Bruder bei der Durchführung des Staatsstreiches vom 18. Brumaire dadurch beigestanden, dass er als Präsident des Rates der Fünfhundert den Truppen den Befehl erteilte, die gegnerischen Deputierten zu vertreiben. Nachher ließ er von der ihm geneigten Minderheit der Abgeordneten die Verfassung des Konsulats beschließen.

»Und endlich«, fuhr Napoleon fort, »waren Sie nach dem Sieg, den Sie nur bewirkten, um mir behilflich zu sein, geneigt, meine persönliche Erhebung zu bekämpfen, was mir allein schon das Recht gäbe, mich von aller Dankbarkeit gegen Sie zu befreien. Und sind Sie mir nicht selbst auch Dank schuldig? Wenn es wahr ist, dass Sie mich in Saint-Cloud retteten, setzte ich mich nicht auch der größten Gefahr aus, als ich meine Grenadiere schickte, um Sie aus den Händen Ihrer Mörder zu befreien? Und wenn Sie auch, schlechter Bürger, entarteter Bruder, der Sie so blind für Ihre eigenen Interessen sind, wenn Sie auch nicht gefürchtet hätten, jenen Vorschlag, mich für ›vogelfrei‹ zu erklären, zur Abstimmung bringen zu lassen, glauben Sie wohl, dass ich so dumm gewesen wäre, mich ruhig darein zu fügen? Blieben mir nicht noch genug Anhänger, die mir mit Gott diesen Kopf verteidigen halfen, der für so viele Kronen bestimmt war?«

In diesem Punkt stimmte ich ganz mit der Ansicht Napoleons überein, aber darin hatte er unrecht, dass er den Dienst, den ich ihm leistete, auf meinen Widerstand seiner Vogelfreierklärung beschränkte. Aber jene Zeiten lagen so fern von uns! Und unsere gegenseitige Lage hatte sich dermaßen verändert, dass ich es noch beizeiten für gut hielt, nichts weiter diesen Erinnerungen hinzuzufügen.

Es war bereits Mitternacht, und ich wartete besorgt darauf, was er mir zu sagen habe. Er sprach noch ein paar Augenblicke von unsern berühmten Tagen, wiederholte mehrmals, dass der Oberst Sébastiani derjenige Offizier gewesen sei, auf den er vor der Handlung am meisten gerechnet habe. Da ich gleichfalls der Ansicht war, dass Sébastiani mit seinem Regiment einer unserer besten Mitwirker, im Allgemeinen der für uns am besten Geeignetste gewesen, bemerkte ich, wie erstaunt ich wäre, ihn nicht in so hoher Gunst bei ihm (Napoleon) stehen zu sehen wie so viele andere. Napoleon antwortete:

»Die Korsen muss man sich in gewisser Entfernung vom Leib halten, sonst fressen sie Ihnen aus der Hand; dann muss man ärgerlich werden,

und Sie wissen ja, was es heißt, sich einen Korsen zum Feind machen …
Sébastiani gefällt mir übrigens persönlich nicht. Er ist kalt und pedantisch.«

Dann sprach er von der Sanftmut Durocs, der Ergebenheit und Gefälligkeit Davouts, der zarten Bewunderung Monceys, der von ihm nicht ohne Rührung sprechen könne. Kurz, er war mit seiner Umgebung und seinen Generalen sehr zufrieden, ausgenommen mit Soult, der, wie er sagte, einen ziemlich harten Kopf und ein kaltes, für tiefe und aufrichtige Ergebenheit wenig empfängliches Herz habe. Er sprach noch von vielen andern Personen und Ereignissen. Mir selbst warf er ohne Bitterkeit meinen Widerstand vor und sprach von dem Verkauf von Louisiana an die Amerikaner,[1] indem er hinzufügte:

»Wie Sie sehen, bin ich jetzt besser als Sie über die Gleichgültigkeit der französischen Nation gegen ihre Kolonien unterrichtet; mit Kolonien muss man auch eine Flotte haben, und die besitzen wir nicht mehr.«

Auf diese Behauptung war ich diplomatisch genug, nicht zu antworten, dass wir diese Flotte um jene Zeit, von der er sprach, wohl noch besaßen und dass, wenn wir sie damals auch nicht mehr besessen hätten, dies kein Grund sei für einen Volksbeamten, der er damals war, irgendeine Provinz ohne die Zustimmung der Volkskammern zu verkaufen und den Erlös dafür ohne Abrechnung zu verwenden, etc.

Endlich meinte er: »Doch genug. Das alles ist, wie Ihr großer Tag des 18. Brumaire, ›alte Geschichte‹, und ich habe Sie nicht zu sehen gewünscht, um für uns beide eine Vorlesung zu halten. Hören Sie, Lucien, erwägen Sie genau meine Worte. Wir wollen uns vor allem nicht aufregen … Ich bin zu mächtig, als dass ich Lust hätte, mich zu ärgern.«

Er musste wohl annehmen, dass ich die Tragweite dieser Worte fühlte,

---

1 In der Befürchtung, das durch den Vertrag von San Ildefonso im Jahr 1800 an Frankreich zurückgekommene Louisiana möchte von der englischen Seemacht wieder erobert werden, hatte es Napoleon 1803 an Nordamerika für 16 Millionen Dollars verkauft.

und da er vielleicht befürchtete, sie möchten mich mehr als er wünschte bekümmern oder erregen, beeilte er sich, hinzuzufügen:

»Sie sind mit Vertrauen zu mir gekommen. Die korsische Gastfreundschaft darf vom Kaiser der Franzosen nicht verleugnet werden … Möge diese Tugend unserer Vorfahren und unseres Landes Ihnen eine Bürgschaft für das, was ich Ihnen zu sagen habe, sowie für Ihre volle Sicherheit sein.«

Diese Einleitung schien mir ein gutes Zeichen. Ich hatte mich gleichzeitig mit ihm erhoben, oder besser, ich war stehen geblieben, seitdem ich im Gefühl der Empörung bei dem Vergleich mit Jérôme aufgestanden war.

Napoleon schritt von einem Ende des Zimmers zum andern hin und her. Jedes Mal, wenn er in meine Nähe kam, drehte er sich wieder um, und ich konnte deutlich bemerken, dass er seine Gedanken sammelte. Als er, wie es schien, sich genügend Rechenschaft abgelegt hatte, nahm er meine Hand, schüttelte und drückte sie fest und sagte:

»Wir sind allein hier. Nicht wahr? Wir sind allein? … Niemand hört uns … Hinsichtlich Ihrer Heirat habe ich unrecht. Ja, ich war eben zu weit von Ihnen entfernt;[1] da ich Ihren eigensinnigen Charakter, Ihre Eigenliebe kannte – denn das alles, verstehen Sie, ist nichts als Eigenliebe, die Sie mit Ihren eigenen Augen als Tugend betrachten, genauso wie wir Fürsten alles Politik nennen, was sich auf unsere Leidenschaften bezieht – da ich eben Ihren Charakter kannte, hätte ich mich nicht in Ihre Verbindung mischen sollen. Diesen Eindruck habe ich zu verschiedenen Malen gehabt. Ich wiederhole Ihnen, ich bin überzeugt, dass man Ihre Frau gegen mich sehr verleumdet hat … Einige haben auch gewagt, von ihr Gutes zu sagen. Unter diesen befindet sich Mama, die sie liebt, wie sie sagt, weil sie Sie glücklich macht und Ihren Kindern eine gute Mutter ist.«

---

1 Zur Zeit, in der Lucien sich in Paris verheiratete, befand Napoleon sich auf einer Reise nach dem Norden von Frankreich und Belgien.

»Ah! Sire, das ist wahr.«

»Desto besser! Desto besser!«, erwiderte er ziemlich kurz. Dann fuhr er fort, dass auch noch verschiedene andere Personen den Mut gehabt hätten, nicht in die Verleumdungen mit einzustimmen. Besonders sei der Konsul Lebrun mehrmals auf sein Lob zurückgekommen, sodass Josephine den guten Kerl beschuldigte, er sei selbst in meine Frau verliebt. Das aber verschwieg er mir, dass an diesem Tag mein neidischer Nachfolger im Ministerium des Innern, der Graf Chaptal zu Josephine, um ihr den Hof zu machen, gesagt hatte, meine schöne Witwe müsse eine sehr stolze Intrigantin sein, dass sie es vermocht hätte, ein so unbeständiges Herz wie das meinige zu fesseln. Darauf hatte mein vortrefflicher Freund, der Konsul Lebrun geantwortet, dass er (Lebrun) ganz besondere Gründe habe zu glauben, die Seele dieser Frau sei ebenso schön wie ihr Gesicht. Es gab sicher nichts Schmeichelhafteres und meiner Ansicht nach nichts Wahreres in Bezug auf meine liebe Frau als diese Behauptung, und wenn mein Bruder mir jetzt auch nicht die Freude machte, sie mich aus seinem eigenen Mund hören zu lassen, so bewies mir doch die Fortsetzung der Unterhaltung, dass dieses Lob aus dem Mund eines ebenso achtbaren wie gut angeschriebenen Mannes wie der Konsul Lebrun Eindruck auf ihn gemacht hatte. Er sagte nämlich darauf, wie gewöhnlich recht liebenswürdig lächelnd:

»Ich will nicht sagen, dass der Erzschatzmeister[1] ihr mit diesen Worten den Hof machte. Ich amüsierte mich dabei sehr über meine Frau, die viel boshafter ist als man glaubt, trotz des Rufes ihrer großen Güte. Allerdings«, fügte er hinzu, »muss ich zugeben, dass Josephine mir gegenüber niemals die Krallen zeigt. Ich bin weit entfernt, Ihre Frau zu missachten, aber ich liebe sie nicht, ja ich hasse sie, weil die Leidenschaft, die sie Ihnen einflößt, mich desjenigen meiner Brüder beraubt, auf dessen Fähigkeiten ich am meisten gezählt hatte. Gewiss aber ist, mein lieber Lucien,

---

1 Lebrun.

dass diese Schönheit vergehen wird und Sie über diese Liebe enttäuscht sein werden. Sie aber werden dann meiner Politik entgegenstehen, und ich werde genötigt sein, Sie gegen meinen Willen zu verfolgen, denn das sage ich Ihnen: Wenn Sie nicht *für* mich sind, ist Europa zu klein für uns beide.«

»Sire, Sie machen sich über mich lustig!«

»Nein, ich meine es ernst: Freund oder Feind!«

»Sire, Eure Majestät besitzt keinen ergeberenen Freund als mich.«

»Nicht auf diese Weise verstehe ich es, solange Sie nicht auf meine Politik eingehen, und das ist Ihnen heute leichter als je. Meine Familienpolitik hat sich geändert; das wird Sie wundern. Ja, sie hat sich geändert, wie Sie gleich sehen werden.«

Diese Erklärung konnte mich nicht weiter bekümmern, denn die Politik, auf die Napoleon, wie er sagte, verzichtet hatte, war nicht besonders vorteilhaft für mich.

»Ja«, begann er von Neuem, »meine Familienpolitik hat sich verändert. Aus diesem Grund können mir Ihre Kinder, die ich bis jetzt von meinem dynastischen System ausschließen musste, von großem Nutzen sein. Aber sie müssen dynastisch anerkannt werden. Wie Sie wissen, sind sie, da sie aus einer Ehe hervorgegangen, die von mir nicht anerkannt wurde, nicht in der Lage, Rechtsansprüche zu machen oder im gegebenen Fall die Krone zu erben. Ist das nicht auch Ihre Ansicht? ... Sagen Sie mir also, was Sie an meiner Stelle täten.«

»Sire«, antwortete ich, »wenn Eurer Majestät daran liegt, dass meine Kinder in Ihr Erbrecht mit einbegriffen werden, so scheint mir ein Senatsbeschluss nötig, durch den Sie ganz einfach erklären, dass die Kinder Ihres Bruders Lucien, obwohl aus einer von Ihnen nicht anerkannten Ehe hervorgegangen, erbberechtigt werden ... Eure Majestät könnten diese Handlung sogar dadurch begründen, dass meine Ehe vor dem darauf bezüglichen Gesetz geschlossen worden ist.«

»Ich weiß wohl«, unterbrach mich der Kaiser, »dass ich das tun *kann,* aber ich *darf* es nicht; die öffentliche Meinung, wie Sie vorher bemerkten, die öffentliche Meinung ist auch noch da! ... Was würde die Familie dazu sagen, was der Hof, was Frankreich? Was ganz Europa, das die Augen über meine kleinsten Handlungen, die geringsten Bewegungen offen hält? Eine solche Palinodie würde mir mehr schaden als eine verlorene Schlacht.«

»Aber schließlich, Sire«, erwiderte ich ziemlich heftig, »bin ich ja bereit, Ihnen jede Genugtuung zu geben, die Sie im Interesse meiner Kinder verlangen. Sollen ich und meine Frau Sie um Verzeihung bitten, dass wir uns verheiratet haben ohne Ihre Einwilligung, ohne daran zu denken, dass einmal ein Tag kommen würde, wo, zum Kaiser erhoben, Ihre Politik ein Gesetz benötigte, das den Verwandten Eurer Majestät verböte, sich ohne Ihre Einwilligung zu vermählen?«

Während der ganzen Zeit, in der ich sprach, hörte Napoleon nicht auf, aus seiner Dose Tabak zu nehmen, von dem er jedoch kaum den vierten Teil schnupfte, was ihm, wie es mir schien, zur Gewohnheit geworden war.

»Sire«, sprach ich, »kommen Sie meinen Bitten entgegen; Sie werden keinen treueren Diener haben als mich. Mein ganzes Leben will ich darauf verwenden, Ihnen meine Dankbarkeit zu beweisen.«

Er schien durch meine Bitten bewegt, ja selbst dermaßen beängstigt, dass er in Verlegenheit geriet. Endlich sagte er:

»Ah! Mein Gott, Sie werden dringend, und ich bin schwach! ... Ich werde jedoch nicht so schwach sein, um den Senatsbeschluss zu bewirken, den Sie für Ihre Kinder wünschen. Ich kann das ebenso wenig tun, als Ihre Frau anerkennen, die, wie ich Ihnen bereits sagte und jetzt wiederhole, niemals meine Schwägerin sein wird, und fiele auch der Himmel auf mich herab.«

Ich war auf eine solche Antwort so wenig gefasst, dass ich einen Augenblick unbeweglich blieb und nicht wusste, ob ich erstaunt, gekränkt oder wütend sein sollte.

»Nun, Sire«, sagte ich, ohne meine grenzenlose Aufregung verbergen zu können, »was wollen Sie dann eigentlich von mir?«

»Was ich will? Ganz einfach eine Scheidung!«

»Aber Sire, Sie haben doch immer behauptet, ich sei nicht verheiratet. Sie lieben es, wenn Sie von meiner Frau sprechen, sie mit dem Namen ihres ersten Gatten zu benennen. Wenn wir in Ihren Augen nicht verheiratet sind, wie können wir uns dann scheiden lassen? Unter einer Scheidung denkt man sich eine zerrissene Ehe, um aber diese zu zerreißen, muss sie erst geschlossen worden sein.«

»Gut, darauf wartete ich nur. Habe ich Ihnen nicht gesagt, dass meine Politik eine Änderung erfahren hat? … Mit einem Wort: Was mussten Sie aus der Scheidung, die ich von Ihnen verlangte, schließen? Nämlich das, dass ich durch diese Scheidung wohl Ihre Ehe, aber nicht Ihre Frau anerkennen wollte. Und merken Sie wohl: Die Scheidung ist für Ihre Kinder nicht von Nachteil, wie überhaupt alles, was Sie bis jetzt verweigert haben zu tun und was ich so gern möchte, dass Sie es täten. Nämlich die Nichtigkeitserklärung der Ehe, Trennung und alles, was damit zusammenhängt!«

»In meinen Augen, Sire«, erwiderte ich ihm entschlossen, »erscheinen mir Trennung, Scheidung, Nichtigkeitserklärung, überhaupt alles, was sich auf eine Trennung von meiner Frau bezieht, für mich und meine Kinder entehrend, und ich werde niemals etwas Ähnliches tun, das versichere ich Sie.«

»Wie ist es möglich«, sagte er in ungeduldigem Ton, aber ohne Zorn, »dass Sie mit all Ihrem Geist den Unterschied nicht merken, der zwischen dem, was ich Ihnen heute vorschlage, und meinen früheren Forderungen liegt? Damals wären Ihre Kinder durch die Nichtigkeitserklärung Ihrer Ehe bürgerlich wie dynastisch zu Bastarden geworden; eine Trennung hätte dasselbe ergeben, denn sie wäre die Folge meiner Nichteinwilligung und dadurch allein nichtig gewesen.«

»Nichtig in Ihren Augen, Sire, das kann sein, in Bezug auf das Erbe Ihrer Krone, denn seien Sie überzeugt, dass meine Kinder von ganz Europa anerkannt sind. Meine auf dem Standesamt geschlossene und von der Kirche gesegnete Ehe ist ein geheiligtes Bündnis vor den Augen Gottes und der Menschen. Gewiss, Sie sind berechtigt, über einen Thron zu verfügen, den Sie mit der Spitze Ihres Degens erobert und befestigt haben; wenn es sich jedoch darum handelt, nach meinem Tod das bescheidene Erbe Carlo Bonapartes, unseres Vaters, zu teilen, so kann es keinem Menschen, wer es auch sei, einfallen, meine Kinder darum zu betrügen, weil sie in den Augen des Gesetzes und der Kirche ebenso legitim wie andere sind. Und als der Papst mir die Ehre gab, einer meiner Töchter den Namen seiner Mutter zu geben, kam es ihm nicht in den Sinn, sie für illegitim zu halten, obwohl er den Widerspruch Eurer Majestät gegen meine Heirat kannte.«

»Beruhigen Sie sich«, sagte der Kaiser. »So verstehe ich es auch, und nur, ich wiederhole es Ihnen, um sie dynastisch zu legitimieren, verlange ich die Scheidung, denn, muss ich es Ihnen nochmals sagen: Die Scheidung, eine Scheidung, die ich wünsche, begreift natürlich meine Anerkennung Ihrer Ehe in sich, da man sich doch nicht scheiden kann, ohne verheiratet zu sein! Ich verstehe, was Sie mir einwenden werden: ›Meine Frau soll also meinen Kindern geopfert werden und ich selbst wohl auch?‹ – Nein, ich zwinge Sie nicht, sich von Ihrer Frau zu trennen; sie soll, wie sie es verdient, geehrt werden, wenn sie bereitwillig meiner Politik, dem zukünftigen Interesse Frankreichs dieses Opfer bringt. Ich würde ihr sogar selbst meinen Besuch machen. Willigt sie aber nicht ein, so wird man sie, ebenso wie Sie, beschuldigen, die wahre Größe Ihrer Kinder dem Egoismus geopfert zu haben. Ihre Kinder, die durch Ihre Schuld stets in der Unbedeutendheit des Privatlebens bleiben, werden das Recht haben, Sie zu verfluchen, und *werden* auch Ihr Andenken verfluchen: Erwägen Sie dies wohl.«

»Sire«, erwiderte ich ohne Zögern, »ich hoffe, dass meine Kinder stets meiner und ihrer Mutter würdig sein werden. Die Geschichte wird sie mit der unsern bekannt machen, und wären sie der Gefühle fähig, mit denen Sie mir drohen, so verleugne ich sie im Voraus als nicht von meinem Geblüt.«

»Nun, nun, ich sehe, Sie sind unverbesserlich; Sie nehmen immer alles tragisch. Ich, ich will keine Tragödien, verstehen Sie? ... Sie werden es sich überlegen.«

»Ich habe alles überlegt: ich weiche keinen Schritt von dem Weg ab, den ich für den der Ehre halte. Wenn Sie das unverbesserlich nennen, Sire, so bin ich es in der Tat.«

Napoleon antwortete nichts weiter darauf als:

»Meine Schuld ist es nicht; Sie wollen nicht nachgeben ... Sie ziehen eine Frau vor ...«

»Die meine, Sire!«

»Mir, Ihren Kindern, Ihrer ganzen Familie ziehen Sie sie vor; es ist nicht meine Schuld, und meine Neffen werden erfahren, dass es die Ihre ist.«

Ich hatte mich schon mehrmals von Napoleon verabschiedet, aber er brachte das Gespräch immer wieder auf unsere Beziehungen zurück. Unter anderm sagte er mir, er habe sich den Verwandten seiner Frau erst seit unserer Entfernung von ihm genähert, und er wollte mir die Cisalpinische Republik geben, die er Eugen nur aus Notwendigkeit, jemand Zuverlässigen dort zu haben, gegeben habe. Mit Hortense war er nicht recht zufrieden, noch weniger mit Louis. Mama sogar, sagte er, sei auf Karoline neidisch, weil sie Königin wäre, und auf Elisa, die Fürstin von Lucca. Und diese selbst wären nie zufrieden. Pauline sei schließlich, das verstehe sich von selbst, die Vernünftigste, wenigstens hinsichtlich des Ehrgeizes, »denn sie ist die Königin des Flitterkrams«. Und er fügte hinzu, dass sie, je älter desto schöner würde. Josephine wäre entschieden alt und, da sie keine Kinder mehr haben könnte, sehr traurig und besorgt, weil sie die Scheidung oder Schlimmeres befürchtete.

»Denken Sie sich«, sagte der Kaiser, »diese Frau weint jedes Mal, wenn sie eine Verdauungsstörung hat, weil sie sich dann von denen vergiftet glaubt, die möchten, dass ich mich mit einer andern verheirate. Das ist verächtlich.«

Dann sagte er mir noch, er müsse sich schließlich doch scheiden lassen, hätte dies schon viel früher tun sollen, denn da hätte er schon jetzt große Kinder.

»Denn«, fügte er ernst hinzu, »es ist gut, dass Sie es wissen: An mir liegt es nicht, dass wir keine Kinder haben, wie Sie alle meinen.«

»Ich habe das niemals behauptet, Sire, weil ich Grund habe, gerade das Gegenteil zu glauben.«

Er sagte mir auch, er habe früher keine Kinder gehabt – das wusste ich wohl –, aber jetzt habe er mehrere. Von zweien sei er sicher, der Vater zu sein; das wusste ich nun freilich nicht, aber es schien mir glaubhaft. Eins dieser beiden Kinder sei von einer sehr jungen Person, die mit Hortense bei Madame Campan erzogen worden wäre.[1] Das andere von einer an einen alten Mann verheirateten Polin;[2] die arme Frau war Plutus geopfert worden.

»Sie ist eine reizende Frau, ein Engel! Ja, von ihr kann man wohl sagen: Ihre Seele ist ebenso schön wie ihr Gesicht!«

Und als ich lächelte, meinte er:

»Sie lachen, weil Sie mich verliebt sehen; ja, ich bin es in der Tat, aber

---

1   Es war Eléonore Denuelle de la Plaigne, eine junge, zwanzigjährige Vorleserin Caroline Murats. Bei Caroline lernte Napoleon sie kennen. Am 13. Dezember 1806, während der Kaiser sich in Posen befand, gab Eléonore in Paris, rue de la Victoire 29, einem Knaben das Leben, der den Namen Léon erhielt und später als »Graf Léon« bekannt war.

2   Marie Walewska. Napoleon machte ihre Bekanntschaft 1806 in Warschau auf einem ihm zu Ehren gegebenen Ball. Sie war 18 Jahre alt und mit dem 70-jährigen Anastasius Colonna von Walewice Walewski verheiratet. Sie folgte 1807 Napoleon nach Schloss Finkenstein und dann nach Paris und gab am 4. Mai 1810 auf ihrem Schloss in Polen seinem Sohn, dem unter dem zweiten Kaiserreich so berühmten Grafen Walewski, das Leben. Der Kaiser setzte diesem 1812 eine Rente von 169 516 Francs aus.

niemals vergesse ich meine Politik, die verlangt, dass ich eine Prinzessin heirate, obwohl ich lieber meine Geliebte auf den Thron erheben möchte. Und so möchte ich auch, dass Sie Ihrer Frau gegenüber handelten.«

»Sire, ich würde ebenso denken wie Eure Majestät, wenn meine Frau nur meine Geliebte wäre.«

Dann fuhr Napoleon fort, dass er wohl fest entschlossen sei, sich von Josephine scheiden zu lassen, aber er habe noch keine andere Wahl getroffen. Er bereue es noch immer, nicht die Prinzessin Augusta, die Tochter seines besten Freundes, des Königs von Bayern, genommen zu haben. Er habe leider die Dummheit begangen, sie Eugen zu geben, der sie nicht zu schätzen wisse, ihr untreu sei, obgleich sie die schönste und beste Frau der Hofgesellschaft wäre, wie man in Deutschland selbst vor ihm gesagt habe.

Darauf fragte er mich, wie alt meine älteste Tochter Charlotte sei. Ich antwortete: »Bald 14 Jahre alt.« Und er entgegnete:

»Wenn Sie auf meine Politik eingegangen wären, hätte ich sie schon längst mit dem Prinzen von Asturien oder einem andern großen Fürsten verlobt, ja vielleicht gar mit einem großen Kaiser.«

Er brach das Thema ziemlich kurz ab und kam nochmals auf meine und seine Scheidung zu sprechen und meinte, man würde weniger Lärm um die seinige machen, wenn meine Scheidung vorher oder zu gleicher Zeit stattfände. Meine Scheidung würde die öffentliche Meinung weit mehr beschäftigen als die seinige, weil ich ihm einen so hartnäckigen Widerstand entgegengesetzt hätte, und ich sollte ihm doch diesen Dienst erweisen.

»Ja«, fügte er ernsthaft hinzu, »Sie sollten dies tun.«

Als ich ihn darauf mit einem Blick ansah, der ihn erstaunen musste, sah er mich selbst von oben bis unten an und sagte:

»Warum nicht?«

Ich konnte mich über die Zumutung eines solchen Übermaßes von Ergebenheit für seine Person eines Lächelns nicht erwehren. Er verstand dieses Lächeln und schien sichtlich verlegen, dass ihm die Worte »warum nicht« entschlüpft waren. Ich glaube, er hatte durch die Gewohnheit, in seiner kaiserlichen Allmacht alles sagen zu können, was ihm in den Sinn kam, vergessen, dass er sich mit mir unterhielt.

Wie dem aber auch sei, er kam bald wieder zu sich, und zu verschiedenen Malen Tabak nehmend, sagte er unerschütterlich:

»Ja, Sie sollten das für mich tun … aber dann, mein lieber Präsident[1]: Dienst gegen Dienst, das muss sein, und diesmal werde ich mich nicht undankbar zeigen.«

Der Grausame! Er gestand, dass er undankbar gewesen war! Ich hatte einen Augenblick den Gedanken, dass er es nie mehr sein wollte …

Ich war in eine Art Träumerei versunken, die nicht ohne Süßigkeit für mich war, sodass ich Napoleons Worte hörte, ohne direkt darauf zu achten. Ich weiß nicht, ob er den Eindruck, den sein Versprechen, nicht mehr undankbar zu sein, auf mich gemacht, für ein Schwanken in meinen Grundsätzen nahm. Er gestand, dass er auf eine Trennung von meiner Frau nur bestände, weil er dadurch den schlechten Eindruck seiner eigenen Scheidung, wenigstens in der öffentlichen Meinung, die er bis zu einem gewissen Punkt respektieren müsse, etwas zu mildern suche. Als Vorwand zu seiner Scheidung diente ihm die Unfruchtbarkeit der Kaiserin Josephine.

Ich ließ ihn so schonend wie möglich den ungeheuren Vorteil fühlen, den meine Frau durch ihre Jugend und Fruchtbarkeit über die seinige hätte, und dass in beiden Fällen durchaus nicht die vermeintliche Notwendigkeit einer Scheidung wegen Kinderlosigkeit vorläge, ich sagte vermeintliche Notwendigkeit, denn ich war der vollkommenen Überzeugung, dass die Nachfolge durch die Zahl seiner Neffen und außerdem durch das Recht der Adoption, das er sich vorsichtigerweise vorbehalten hatte, genügend gesichert sei.

---

1 Lucien war Präsident des Rates der Fünfhundert gewesen.

Als ich den Vergleich zwischen meiner Frau und der Kaiserin aufgestellt hatte, war Napoleon durchaus nicht beleidigt gewesen, im Gegenteil, er sagte im Vergleich zu dem früher angeschlagenen Ton, wenn er von meiner Alexandrine sprach, recht wohlwollend:

»Ihre Frau … nun Ihre Frau … habe ich es Ihnen nicht bereits mitteilen lassen? … Sie wird Herzogin von Parma werden, und der älteste Ihrer Söhne wird ihr Erbe sein, ohne jedoch Anspruch auf Ihre Erbschaft als französischer Prinz zu haben. Dies soll die erste Stufe sein, zu der ich Sie erhebe, bis wir etwas Besseres, das heißt eine unabhängige Souveränität für Sie finden werden.«

Und als ich bei dem Wort »unabhängig« lächelte, indem ich an die Unabhängigkeit denken musste, die er die Könige, unsere Brüder, genießen ließ, sagte er:

»Ja, unabhängig … denn Sie, Sie werden zu regieren verstehen; die andern sind …«

Ich finde es unnütz, hier alles zu wiederholen, was er von den andern sagte, umso mehr, da es mir äußerst schlecht begründet und ungerecht erschien … Nachdem Napoleon für meine Frau vor meinen Augen die Krone der Herzogin von Parma hatte glänzen lassen, glaubte er wahrscheinlich mich vollständig verführen zu können, indem er hinzufügte:

»Sie aber, Sie brauchen nur zu wählen …«

Während er diese Worte sprach, sprühten seine Augen förmliche Funken von Ehrgeiz, der mir wahrhaft satanisch erschien. Er schlug mit der Hand heftig auf die ungeheure Karte von Europa, die auf dem Tisch ausgebreitet lag, an dem wir beide standen.

»Ja, wählen Sie«, sagte er. »Sie sehen, ich rede nicht in den Wind. Das alles gehört mir oder wird bald mir gehören; ich kann schon heute darüber verfügen. Wollen Sie Neapel? … Ich würde es Joseph wegnehmen, der sich übrigens nichts daraus machen würde: Er zieht Mortfontaine vor … Italien, das schönste Kleinod meiner Kaiserkrone? … Eugen ist nur Vizekönig, und weit entfernt, es zu verschmähen, hofft er stark, dass ich es ihm gebe oder wenigstens überlasse, wenn er mich überlebt. Er wird wohl in diesem Punkt in seinen Erwartungen getäuscht werden, denn ich lebe 90 Jahre; die brauche ich zur vollständigen Befestigung meines Reichs! ... Übrigens passt mir Eugen mit seiner verstoßenen Mutter nicht mehr in Italien ... Spanien? ... Sehen Sie es nicht schon, dank der Schnitzer Ihrer geliebten Bourbonen und der Albernheit Ihres Freundes, des Friedensfürsten,[1] in meiner Hand? Möchten Sie nicht dort König sein, wo Sie einst nur Gesandter waren? ... Also, was wollen Sie? ... Sprechen Sie. Alles, was Sie wollen oder möchten, steht Ihnen zur Verfügung, wenn Ihre Scheidung der meinigen vorausgeht.«

Diese letzten Worte vermochten endlich meine Zunge zu lösen, die durch die ungestüme, fast fieberhafte Schnelligkeit, mit der mein Bruder zu mir sprach, wie festgebannt war.

»Oh! Sire«, begann ich, »nicht einmal Ihr schönes Frankreich würde mich verführen, als Preis dafür meine Scheidung einzusetzen, und dann ...«

Hier hielt ich inne. Aber, als wenn er meine Gedanken erraten, sagte der Kaiser im trockenen Ton und mit einer prachtvollen Miene, die ich bei ihm während unserer Unterhaltungen noch nicht gesehen hatte:

»Glauben Sie sich vielleicht auf dem Gebiet Ihres Privatlebens sicherer – dessen Sie zu berauben übrigens in meiner Macht steht – als mich auf meinen Thronen?«[2]

Ich hätte ihm antworten können, es sei mir noch nicht bekannt gewesen, dass, um fester zu sitzen, man mehrere Sitze auf einmal haben müsse, aber ich hütete mich wohl, dies auszusprechen ... Hinsichtlich des Wortspiels »ma vie *privée* dont il ne tenait qu'à lui de me *priver*« muss ich allerdings gestehen, dass mich diese Art Witz aus dem Mund meines Bruders

---

1 Godoy.

2 Hier wandte Napoleon ein Wortspiel an, das im Deutschen nicht wiederzugeben ist: Vous croiriez-vous plus solide pour votre terrain de vie *privée*, dont, au reste, il ne tient qu'à moi de vous *priver*.

Napoleon erstaunt haben würde, wenn ich ihn nicht schon von Joseph und dem Kardinal Fesch gehört hätte, denen er dasselbe gesagt hatte. Ich konnte jedoch das Gefühl nicht loswerden, dass der Kaiser, nicht zufrieden, mir meine politische Laufbahn abgeschnitten zu haben, eines Tages der Versuchung unterliegen würde, mich in meinem Privatleben zu stören.

In der Tat begann er sich bereits über die Beweise persönlicher Achtung, die mir in Italien zuteilwurden, und besonders über die ehrenvolle und wohlwollende Gastfreundschaft zu ärgern, die mir der Papst Pius VII. in Rom bewiesen hatte.

»Glauben Sie vielleicht«, sagte er, »dass Ihr Freund, der Papst, mächtig genug sei, Sie gegen mich zu schützen, wenn ich Sie ernstlich beunruhigen wollte?«

»Sire«, erwiderte ich, »ich hoffe, er wird es nicht nötig haben.«

Zu meinem großen Ärger und Verdruss musste ich immer wieder dieselben Dinge mit denselben Argumenten mit anhören, als wenn ich überhaupt nichts gesagt hätte. Ich kam mehrmals auf den ihm vorgeschlagenen Senatsbeschluss zurück, aber er umging diese Frage stets äußerst listig. Als ich zum letzten Mal davon anfing, sagte er im feierlichen Ton: »Nun, seien Sie gewiss: alles für den *geschiedenen* Lucien, nichts für den *nichtgeschiedenen*!«

Auf diesen Ausspruch antwortete ich nur mit einer Bewegung nach der Tür hin, denn ich wollte meinen Weggang nicht gerade über den Zaun brechen, ja trotz meiner Aufregung lag mir daran, meinem Bruder gegenüber die Etikette nicht zu verletzen, die darin besteht, sich verabschieden zu lassen. Und da ich mich mit ihm über den Hauptgegenstand unserer Unterredung nicht ins Einvernehmen setzen konnte, wollte ich ihn wenigstens durch äußere Gründe nicht noch misslauniger machen. Er schien meine Gedanken zu ahnen, nahm mich plötzlich bei der Hand, als wolle er mich zu sich zurückführen, und sagte in unbestimmbarem Ton und mit einer Miene, der man alles entnehmen konnte:

»Wenn ich mich scheiden lasse, so werden Sie nicht der Einzige außer mir sein, denn auch Joseph wartet auf meine Scheidung, um die seinige erklären zu lassen.«

Und er fügte hinzu, Frau Julie[1] sei zu nichts anderm nütze gewesen, als Mädchen zur Welt zu bringen, während er doch Knaben brauche. Mädchen taugten nur zur Schließung von der Politik mehr oder weniger vorteilhaften Allianzen. Zenaide und Charlotte[2] böten ihm nicht einmal diesen Vorteil, da sie noch zu jung seien.

»Aber«, fügte er hinzu, »sagten Sie mir nicht, dass Ihre Älteste 14 Jahre alt sei? Nun, das ist gerade das richtige Alter. Möchten Sie sie nicht zu Mama schicken?«

Erstaunt wie ich war, ja sogar ein wenig verwirrt darüber, dass er nochmals auf das Thema zu sprechen kam, das er bereits abgebrochen, antwortete ich ihm, er wüsste genau, dass ich ihm in allem gefällig zu sein wünschte, was sich mit meinen Grundsätzen vereinbarte.

»Gut! Gut!«, erwiderte er ziemlich kurz; »im gegebenen Fall werde ich sie von Ihnen durch Mama erbitten.«

Und ohne mir Zeit zu einer Antwort zu lassen, fügte er in einem Ton hinzu, der mir bewies, dass er nichts von unseren früheren Streitigkeiten vergessen hatte:

»Nicht wahr, Sie fürchten doch nichts für Ihr verwöhntes Kind? Sagen Sie ihr, dass wir gute Freunde sein wollen und ich sie nicht mehr an den Ohren ziehen würde.«

Um diese Worte zu verstehen, muss man wissen, dass ich mich zu verschiedenen Malen beinahe ernsthaft mit dem Ersten Konsul gezankt hatte, weil er damals die meiner Ansicht nach schlechte Gewohnheit hatte, seine Neffen und Nichten als Zeichen seiner Zärtlichkeit so sehr an den Ohren zu ziehen, dass sie stets weinten. Und besonders meine Charlotte konnte etwas davon erzählen …

---

1 Julie Clary, Josephs Frau.
2 Die beiden Töchter Josephs.

Was mir aber in dieser Zusammenkunft zur Gewissheit wurde, war, dass er außer der vorherrschenden Idee seiner Scheidung noch den Gedanken hegte, Neffen zu haben, die er zwischen die Kinder Louis' und Hortenses und zwischen die, welche er selbst zu bekommen hoffte, stellen konnte.

»Denn«, sagte er zu mir, mit auf dem Rücken verschränkten Armen im Zimmer auf und ab gehend, »die verstoßene Kaiserin Josephine, die Großmutter der Kinder Hortenses und Eugen, den ich leider schon zu mächtig gemacht habe, werden stets die Feinde meiner legitimen und meiner Adoptivsöhne sein. Nein«, murmelte er leise, wie zu sich selbst sprechend, »es muss sein, es bleibt mir kein anderes Mittel, um die Macht der Kinder Louis'« – von denen Napoleon in Wahrheit nur den Erstgeborenen und in Holland Gestorbenen geliebt hatte – »zu lähmen.«

Infolge dieses Schlusses und immer mit demselben Schein von Vertrauen zu mir sagte er, er sei nicht abgeneigt, die außerehelichen Kinder, von denen er bereits gesprochen, zu legitimieren oder wenigstens zu adoptieren. Er ging darüber in Einzelheiten ein, die mich sehr erstaunten, die ich jedoch schweigend anhörte, bis er rief:

»Glauben Sie denn, ich hätte nicht die Macht, meine außerehelichen Kinder ebenso gut zu legitimieren, wie Ludwig XIV. seine doppelt ehebrecherischen Bastarde legitimierte und sie für die Thronfolge fähig erklärte?«

Ich war drauf und dran, ihm zu antworten, dass die testamentarischen Verfügungen Ludwigs XIV. wenige Tage nach seinem Tod für null und nichtig erklärt worden seien, ich widerstand jedoch der Versuchung, dachte es mir aber nichtsdestoweniger.

Jetzt begriff ich zum ersten Mal klar, warum er meine Kinder in seiner Nähe haben wollte. Mehr als einmal sprach er noch als wie von der einfachsten Sache der Welt, dass er sicher auf die Scheidung Josephs rechne. Darauf antwortete ich ihm freilich stets, ich glaubte dies nicht früher, als bis ich mich davon überzeugt hätte. Endlich sagte er, sich vergnügt die Hände reibend:

»Doch doch! Joseph und auch Sie werden sich scheiden lassen; wir lassen uns alle drei scheiden und verheiraten uns dann wieder an ein und demselben Tag!«

Er war heiter und guter Laune. Er fügte noch viele lustige Dinge hinzu, unter anderm auch, dass ich sehr ernst geworden und er wahrhaftig versucht sei, mich für einen Weisen des Altertums zu nehmen.

»Sie sollten«, fuhr er fort, »die drei Tage Ihres Aufenthaltes bei mir bleiben; ich lasse Ihnen neben meinem Schlafzimmer ein Bett aufschlagen.«

Ich dankte ihm, glaubte es ihm aber abschlagen zu müssen, weil ich mich mehr vor seinen Verführungen fürchtete als vor seinen Drohungen! Um aber diese Weigerung etwas zu mildern, sagte ich ihm schließlich, ich könne besser über alles, was er gesprochen, nachdenken, und versprach ihm, mir alles reiflich überlegen zu wollen, und zwar ohne den Fanatismus, den er mir zu verschiedenen Malen vorgeworfen. Er schien zufrieden, bestand aber von Neuem darauf, dass ich bliebe. Da sagte ich ihm, dass ich ein krankes Kind zu Hause hätte und mit dieser Sorge im Herzen nicht ruhig würde leben können.

»Sie wollen sich mit Ihrer Frau verständigen; nun dann, adieu, ihr Annäherungspläne!«

»Sire, ich wage Ihnen zu sagen, dass Sie sich irren. Die Pläne Eurer Majestät finden keinen besseren Bundesgenossen als meine Frau, und wenn sie darin das wohlerwiesene Interesse ihrer Kinder erblickt, so glauben Sie mir, dass sie nichts mehr wünscht, als die Lage, in der sie sich befindet, zu verlassen. Der Gegenstand des persönlichen Hasses Eurer Majestät zu sein, bekümmert sie tief. Ich fürchte manchmal, dass sie den Aufregungen und dem Nachgrübeln über ihre Lage unterliegt, trotz aller meiner Bemühungen, sie zu beruhigen.«

»Wirklich!«, rief er. »Oh! Das tut mir leid. Aber geben Sie acht, sie darf vor allem nicht vor der Scheidung sterben, denn dann könnte ich Ihre Kinder nicht mehr legitimieren.«

Er sprach das im Ton des Scherzes, als er aber sah, dass es mir wenig gefiel, bestand er nicht weiter darauf, sondern sagte: »Nun gut! Reisen Sie ab, da Sie es wollen, aber halten Sie Wort!«

Ich glaube, er hatte genug von mir, ebenso wie ich genug von ihm hatte. Ich beeilte mich, so bald wie möglich den Salon zu verlassen; er reichte mir die Hand und hielt mir gleichzeitig seine Wange hin. Ich drückte ihm einen mehr respektvollen als brüderlichen Kuss darauf.

Ich befand mich bereits im zweiten Zimmer hinter dem Salon, denn ich ging sehr rasch zu meinem Wagen, den ich für Mitternacht bestellt hatte, als ich die Stimme des Kaisers hörte, der rief:

»Méneval! Méneval!« Da beschleunigte ich meine Schritte noch mehr, in der Befürchtung, dass Méneval meinetwegen gerufen worden sei.

Seit diesem Tag habe ich Napoleon nicht wieder gesehen.[1]

Lucien Bonaparte et ses mémoires.

---

1 Das heißt, bis zu jenem Tag, an welchem Lucien diese Aufzeichnungen niederschrieb, denn im Jahr 1815 bot er dem bedrängten Bruder die Hand zum Beistand dar und kehrte nach Frankreich zurück.

ZWEITER BAND

VORWORT

Zwanzig Jahre hindurch hatte Napoleon unumschränkten Einfluss auf Menschen und Dinge seiner Zeit. Zwanzig Jahre lang war er der Mittelpunkt, um den sich alles drehte: Krieg und Frieden, Gesetze und Politik, Sitten und Gewohnheiten. Ein Blick, ein Wink, ein Wort von ihm wirkten wie magischer Zauber auf die Leute, die sich ihm näherten, und wenige haben es unterlassen, die Worte, die dieser außergewöhnliche Mann an sie richtete, in ihren Memoiren oder Briefen niederzuschreiben, um der Nachwelt aufzubewahren, welcher Meister der Sprache Napoleon war, wenn es ihm darauf ankam, eine Wirkung zu erzielen!

In den Unterhaltungen, die der General Bonaparte und der spätere Kaiser der Franzosen mit hundert und aberhundert Personen hatte, ist es uns möglich, diesen Riesengeist zu erfassen und uns ein Urteil darüber zu bilden, mit welchen Mitteln er seine Gegner bekämpfte. Und nicht immer waren sie schwächer als er! Manchmal hatte er es ebenfalls mit Beherrschern des Worts zu tun – wie mit dem Fürsten Talleyrand, dem Fürsten Metternich, dem Dichter Wieland, dem weimarischen Kanzler Friedrich von Müller –, gegen die er scharfe Waffen zur Hand haben musste. Aber auch wenn er nicht als Triumphator hervorging, müssen wir über seinen Scharfblick erstaunen und die Sicherheit bewundern, mit denen er seine vorzügliche Menschenkenntnis bewies. Diese Gespräche muten uns wie ein Schauspiel an, in dem die Personen mit verteilten Rollen auftreten, und ein jeder trägt zur Vervollständigung des Bildes bei, das wir uns von dem großen Feldherrn und Staatsmann entwerfen.

Natürlich sind die Aufzeichnungen dieser Unterhaltungen je nach der

Auffassung und der Eitelkeit des betreffenden Memoirenschreibers gefärbt, und ein jeder wird so viel wie möglich bemüht gewesen sein, sein eigenes Ich und seine Lage ins beste Licht zu stellen. Nichtsdestoweniger aber bleibt der Grundton der Echtheit bestehen, und wir zweifeln nicht, dass Napoleon zum österreichischen Gesandten gesagt hat: »Ich bin ein Usurpator. Um dahin zu gelangen, musste ich den besten Kopf und den besten Degen von Europa haben … Ich darf das Ansehen dieses Kopfes und dieses Degens niemals sinken lassen.« Oder zu Goethe, während er auf die Schicksalsstücke der Bühne zu sprechen kam: »Diese haben einer dunkleren Zeit angehört. Was will man jetzt mit dem Schicksal? Die Politik ist das Schicksal!« Oder wenn er dem überraschten Wieland Zweifel über die Existenz Christi ins Ohr flüstert!

Außerordentlich charakteristisch für Napoleon aber ist die Einleitung des Gesprächs, das er mit dem Fürsten Metternich in Dresden im Jahre 1813 hielt: »Sie wollen also den Krieg?«, fuhr er den Minister an, »gut, Sie sollen ihn haben. Ich habe bei Lützen die preußische Armee vernichtet; ich habe die Russen bei Bautzen geschlagen; auch Sie sollen an die Reihe kommen. Es sei! In Wien sehen wir uns wieder!« Welche Zuversicht, welche Sicherheit! Das alles ist ganz napoleonisch, und man könnte zahllose von derartigen originellen und wuchtigen Sätzen aus den Unterhaltungen aufzählen, die uns von Napoleon überliefert werden. Sie verfehlen nie ihre Wirkung.

Der erste Band der »Gespräche Napoleons« reichte bis zum Jahre 1807. Der zweite, vorliegende, umfasst den Zeitraum von 1808 bis 1814, und der letzte soll den Jahren 1815 bis 1821 gewidmet werden.

F. M. K.

Genf, im Sommer 1912

Der Kaiser Napoleon und der Polizeiminister Fouché in Saint-Cloud, Juli 1808

Durch die Ereignisse in Spanien waren die Gemüter in Paris aufs Höchste erregt. Der unersättliche Ehrgeiz des Staatsoberhauptes rief eine Entfesselung aller unzufriedenen Elemente hervor, die Ende Juli 1808, nach der Kapitulation von Bayonne, kaum noch zu bändigen war. Die Polizei und die Berichterstatter des Kaisers schlugen Lärm und gingen schließlich so weit, dass sie behaupteten, es sei eine Verschwörung gegen die Regierung in Paris im Gange. In höchster Aufregung und unbeschreiblichem Zorn verließ Napoleon Bayonne, um sich nach seiner Hauptstadt zu begeben und Fouché, den Polizeiminister, über diese Zustände zur Rede zu stellen. Er befahl ihn nach Saint-Cloud.

»Sie waren zu nachsichtig, Herzog von Otranto«, waren die ersten Worte, die er an seinen Minister richtete. »Wie konnten Sie zulassen, dass sich in Paris eine solche Menge Klatsch- und Intrigenherde entwickelten?«[1]

»Sire, wenn sich ein jeder hineinmengt, kann man unmöglich streng verfahren. Übrigens hat die Polizei kein Recht, sich in die innern Familienangelegenheiten zu mischen.«

»Aber Paris ist vom Ausland aus aufgewühlt worden.«

»Nein, Sire, die öffentliche Unzufriedenheit hat sich ganz von selbst ergeben. Alte Leidenschaften sind erwacht; und in diesem Sinne ist auch

1 Napoleon meinte damit die Salons des Faubourg Saint-Germain und der Chaussée d'Antin.

Böswilligkeit entstanden. Man wühlt nicht Nationen auf, ohne Leidenschaften zu erwecken. Es wäre unpolitisch, ja sogar unvorsichtig, durch unangebrachte Strenge die Gemüter zu verbittern und aufzuregen. Übrigens hat man Eurer Majestät diese Aufregung übertrieben geschildert; sie wird sich wie alle andern wieder legen. Alles wird von dem Ausgang der Angelegenheiten in Spanien und von der Haltung des kontinentalen Europas abhängen. Eure Majestät haben schon schroffere Hindernisse überstiegen und stärkere Krisen bewältigt!«

Mit großen Schritten ging Napoleon in seinem Zimmer auf und ab. Er sprach von dem Krieg in Spanien als von einem tollen Streich, der kaum eine Geschützsalve wert sei. Dabei ließ er seinem Zorn gegen den Prinzen Murat, gegen den Marschall Moncey, besonders aber gegen den General Dupont freien Lauf, dessen Kapitulation er eine Gemeinheit nannte. Er sei fest entschlossen, im Heer ein Exempel zu statuieren.

»Diesen Krieg von Bauern und Mönchen«, rief er, »werde ich ganz allein bewältigen, und ich hoffe darin die Engländer tüchtig durchzuprügeln. Ich werde mich mit dem Kaiser Alexander verständigen, damit die Verträge ausgeführt werden und Europa nicht beunruhigt wird. In drei Monaten will ich meinen Bruder nach Madrid führen und in vier Monaten selbst in Lissabon einziehen, wenn die Engländer es wagen sollten, handgemein zu werden! Ich werde dieses Gesindel bestrafen und die Engländer vertreiben!«

Mémoires de Joseph Fouché, duc d'Otrante.

Der Kaiser Napoleon und Graf Metternich in Paris, 15. August 1808

Napoleon beschäftigte sich mit der Umwälzung Spaniens. Er schickte sich an, persönlich dem Schauplatz näher zu kommen, auf dem das große Drama gespielt werden sollte. Dies konnte Aussichten eröffnen, die das Wiener Kabinett nicht außerhalb seiner Berechnungen lassen durfte. Die in Österreich getroffenen Vorbereitungen deuteten auf kriegerische Absichten. Ehe Napoleon Paris verließ, wollte er gegen Österreich einen Schlag ausführen und wählte zu diesem Zweck die feierliche Audienz, die er dem diplomatischen Korps am 15. August, seinem Namenstag, zu bewilligen gewohnt war.[1]

Diese Audienzen gingen unmittelbar dem Gottesdienst voraus, zu dem sich der Kaiser mit großem Gefolge in die Schlosskapelle von Saint-Cloud begab. Kurz vor der Mittagsstunde wurde das diplomatische Korps in den Audienzsaal geführt. Auch der österreichische Gesandte, Graf Klemens Metternich, war anwesend und stand neben dem russischen Gesandten, Graf Peter Tolstoi. Das übrige diplomatische Korps war im Halbkreis herum geordnet, dessen Mittelpunkt der Kaiser bildete. Bei derlei Festlichkeiten reihten sich hinter ihm die Prinzen seiner Familie, die Minister, die Hofchargen und die Adjutanten an.

---

1 Bis zur Zeit des Konkordats hatte der heilige Napoleon keinen bestimmten Tag im Kalender. Der Kaiser erbat sich vom Papst Pius VII. die Erlaubnis, dass das Fest seines Schutzheiligen auf den Tag von Mariä Himmelfahrt, gleichzeitig Napoleons Geburtstag, festgesetzt würde.

Nach einigen Augenblicken ungewohnten Stillschweigens schritt Napoleon mit berechnetem Ernst auf Metternich zu. Er blieb zwei Schritte vor ihm stehen und richtete mit lauter Stimme und in feierlichem Ton die Frage an ihn:

»Wohlan, Herr Botschafter! Was will der Kaiser, Ihr Herr? Will er, dass ich nach Wien komme?«

Diese Anrede brachte Metternich nicht aus der Fassung; er antwortete ihm mit Gelassenheit und in nicht minder erhobenem Ton. Das Gespräch nahm, je länger es dauerte, vonseiten Napoleons immer mehr den Charakter einer öffentlichen Manifestation an. Er erhob immer mehr seine Stimme, wie er jedes Mal zu tun pflegte, wenn er den doppelten Zweck verfolgte, den Angesprochenen einzuschüchtern und auf die Zuhörer eine Wirkung hervorzubringen. Metternich änderte seinen Ton nicht und wies die Beweisgründe des Kaisers ironisch ab. Von Zeit zu Zeit rief Napoleon den Grafen Tolstoi zum Zeugen an; da er aber sah, dass dieser ein unerschütterliches Stillschweigen beobachtete, drehte er sich, mitten im Satz abbrechend, um und schritt auf die Kapelle zu, ohne seinen gewöhnlichen Rundgang gemacht zu haben.

Mémoires, documents et écrits divers laissés
par le prince de Metternich.

DER KAISER NAPOLEON UND GRAF METTERNICH, 25. AUGUST 1808

Metternich schreibt an den Minister Stadion am 26. August 1808:

Der Kaiser empfing mich gestern Abend 7 Uhr in Saint-Cloud vor Beginn des Theaters.

Ich begann damit, dass der Kaiser, mein Herr, mich ausdrücklich beauftragt habe, um eine Audienz nachzusuchen. Seine kaiserliche Majestät bezwecke mit diesem Schritt nichts weiter, als ihm durch seinen Gesandten die wiederholte Versicherung seiner guten Gesinnungen zu übermitteln.

»Ich führe diesen Befehl meines hohen Herrn«, fuhr ich fort, »umso lieber aus, als ich dies in einem Augenblick tue, wo ich alle Streitigkeiten der letzten Zeit als beendet betrachten kann. Eure Majestät haben mir den Rückzug Ihrer Truppen von den Österreich bedrohenden Punkten versprochen. Ich verspreche Ihnen im Namen meines Herrn die strikteste Erfüllung dessen, was die bei uns im Mai veröffentlichten Patente angekündigt haben. Bis zum 1. September werden unsere Reserven alle wieder der Landwirtschaft zurückgegeben sein, und die Ausbildung der Miliz hat mit dem Beginn der schönen Jahreszeit ein Ende. Hat etwa die Zusammenziehung der fünf Regimenter bei Krakau das Missfallen Eurer Majestät erregt? Dieses Missfallen wird hinfällig werden. Eine andere Maßnahme ist nicht zu widerrufen, weil keine solche gegen die drohende Haltung der französischen Truppen und ihrer Verbündeten getroffen worden ist.«

»Wollen wir einmal weder Kaiser der Franzosen noch österreichischer

Gesandter sein«, erwiderte der Kaiser. »Ich will zu Ihnen wie zu einem Mann sprechen, den ich schätze; machen wir keine schönen Reden. Wir sind hier nicht, wie vor Kurzem, in Gegenwart einer großen Zuhörerschaft. Ich betrachte alles als beendet, und so brauchen wir nicht mehr auf diesen Gegenstand zurückzukommen. Ich habe niemals geglaubt, dass der Kaiser, noch der Graf Stadion, noch der Erzherzog Karl den Krieg wünschten. Sie stehen mit Russland nicht gut und können ohne dasselbe mit mir nicht Krieg führen; ich habe indes befürchtet, dass Sie, ohne es zu wollen, durch falsche Maßnahmen in den Krieg gestürzt würden. Man muss sich nicht in eine Lage begeben, die durch einen Funken entschieden wird. Ein einziges böses Wort von Ihnen persönlich, ein falscher Schritt hätten den Krieg herausgefordert. Ich spreche offen mit Ihnen; Sie sehen, wie nahe er vor der Tür stand. Ich verstehe zu regieren, ich bin Soldat, und so werde ich, was Sie mir auch sagen mögen, Ihre Rüstungen und den gegenwärtigen Zustand Ihrer Armee niemals anders betrachten, als sie wirklich sind. Nicht die Macht, die Lager aufschlägt, will den Krieg. Man kann sich auf einem einzigen Punkt ohne vorläufige Lager versammeln, ja man kann die Heere auf dem Marsch selbst erst bilden. Gestehen Sie doch, dass die Angelegenheiten in Spanien Ihnen Furcht eingeflößt haben. Sie sahen sich schon gestürzt, wie ich diesen Thron auch gestürzt habe. Und das wäre nicht einmal erstaunlich, denn im Pariser Volk geht dasselbe Gerücht um. Aber welcher Unterschied! Wissen Sie, warum ich in Spanien eine Änderung getroffen? Weil ich hinter meinem Rücken absolute Ruhe haben musste; weil seit der berühmten Proklamation[1] während des Feldzugs in Preußen der elende

---

1 Im August 1806 landete in Lissabon ein englisches Geschwader. Gleichzeitig bemühte sich der russische Gesandte Baron Stroganoff in Madrid, die Spanier in die gegen Frankreich gebildete Koalition mit hineinzuziehen. Godoy sah nichts lieber als dies, und am 6. Oktober 1806 erschien ein von ihm verfasstes kriegerisches Manifest an die spanische Nation, das zum Kampf gegen einen nicht näher bezeichneten, aber leicht zu erratenden Feind herausforderte.

Friedensfürst selbst – man sollte es kaum glauben – die Landarmee um 50 000 Mann vermehrt hatte; weil Spanien, anstatt seine Kapitalien auf die Marine zu verwenden, deren ich bedarf, um England zum Frieden zu zwingen – denn es wird täglich unzugänglicher –, sein Geld zur Verstärkung seiner Armee ausgab, die nur gegen mich dienen konnte. Ich kann die Spanier deshalb nicht tadeln; ich war ihnen eben zu stark geworden. Und dann war ja der spanische Thron von einem Bourbonen eingenommen; die Bourbonen sind meine persönlichen Feinde: Sie und ich können nicht gleichzeitig in Europa regieren. Die andern Dynastien haben das mit dieser nicht gemeinsam. Ich mache einen großen Unterschied zwischen dem Haus Lothringen und dem Haus Bourbon. Warum dieser Glaube an meinen außerordentlichen, übermäßigen Ehrgeiz? Sie sehen, es ist weiter nichts als vorsichtige Berechnung, aufrichtiges politisches Interesse, die mich aus den in dem königlich spanischen Haus herrschenden Misshelligkeiten Nutzen ziehen ließen. Man hat behauptet, ich habe sie erst heraufbeschworen; das ist nicht wahr! Aber ich brauche auf dem Thron von Spanien einen Fürsten, der mich nicht fürchtet und den ich nicht zu fürchten habe; das verlangt das Interesse Spaniens, ja selbst das Interesse Amerikas.«

Ich unterbrach diese Rede nur durch ein paar Bemerkungen zur Berichtigung der Behauptungen des Kaisers hinsichtlich unserer Rüstungen, die, wie ich erklärte, keinen andern Zweck gehabt und noch hätten, als Österreich Sicherheit und innere sowie äußere Achtung zu verschaffen, auf die es ein Recht hat, Anspruch zu machen.

»Was mich am meisten schmerzte«, sagte der Kaiser, »ist, dass man in Wien diese Rüstungen geleugnet hat.«

»Wie hätte man«, fragte ich, »das leugnen können, was man infolge der gedruckten, angeschlagenen und in ganz Europa verbreiteten Patente getan hat?«

»Nein«, warf der Kaiser ein, »der Graf Stadion hat es in seinen Unterhaltungen mit Andréossy geleugnet.«

»Er musste das leugnen, was nicht Tatsache war, nämlich die offensiven und feindlichen Absichten; aber die von uns getroffenen ganz einfachen Maßnahmen zur Verteidigung konnte er nicht leugnen. Ich kenne übrigens die Worte des Grafen Stadion.«

Darauf ging der Kaiser zu einem Gespräch über die geringe Liebenswürdigkeit über, die in den Beziehungen der beiden Höfe bestände. Er beklagte sich – indem er mich bat, meinem Hof über so unbedeutende Dinge keine Mitteilung zu machen –, dass der Kaiser und die Kaiserin bei den Hofkuren niemals den französischen Gesandten nach seinem, Napoleons, Befinden fragten.

»Glauben Sie«, sagte er, »dass man durch solche Fragen wirklich wissen möchte, was ein Fürst tut? Nein, das ist nur für die Öffentlichkeit, um ihr zu beweisen, dass zwischen den beiden Souveränen ein gutes Einvernehmen besteht. Sehen Sie doch, auf welchem Fuß ich mit dem Kaiser Alexander stehe. Wir machen uns Geschenke; diese Geschenke bereichern uns nicht, aber sie befestigen das Band, das uns verbindet. Ich wollte Ihrer Kaiserin ein Hochzeitsgeschenk machen,[1] aber sie hat noch nicht ein einziges Mal meinen Namen ausgesprochen. Glauben Sie nicht, dass mir diese Geschenke hier von Nutzen sind? Aber niemals geschieht von Ihrer Seite eine Aufmerksamkeit! Wir behandeln Sie hier persönlich besser, als wir sollten, weil wir es gut mit Ihnen meinen. Bei Ihnen aber in Wien hat man nie ein wenig Rücksicht für meinen Gesandten übrig, oder wenigstens ist sie sehr verschieden von der, die man einem Gesandten von Bayern oder Württemberg entgegenbringt. Selbst der russische Gesandte genießt mehr Achtung bei Ihnen als der meinige. Sie haben ja gesehen, was wir alles aufgeboten haben, um hier einen Ihrer Erzherzöge zu empfangen. Diese kleinen Dinge sind schließlich doch von großer Bedeutung.«

Ich nahm die Sache von der spaßhaften Seite, obwohl sie wirklich ei-

---

1 Kaiser Franz hatte sich 1808 zum dritten Mal mit Maria Ludovica, Prinzessin von Modena, vermählt.

nen guten Teil Wahrheit in sich schloss, wenn auch nicht in ihrer gegenwärtigen Anwendung, so doch im Prinzip. Ich sagte ihm, dass, wenn wir nur das geringste Entgegenkommen von seiner Seite gesehen, wenn man sich bei uns nicht gefürchtet hätte, sich durch Taten zu kompromittieren, die keine Entgegnung fänden, wir nichts lieber gewünscht hätten, als mit ihm ein wenig zu kokettieren, was weit süßer sei als die ewigen und ärgerlichen Auseinandersetzungen. »Ich stehe dafür, Sire«, setzte ich hinzu, »dass ich binnen Kurzem mit der Überreichung von einigen Vasen beauftragt werde, wenn diese dazu beitragen können, die guten Beziehungen zwischen uns zu befestigen.«

Der Kaiser erwiderte: »Aber ich habe Ihnen doch dazu so schöne Gelegenheiten gegeben! In Tilsit habe ich einen General empfangen, den der Kaiser Alexander nicht empfangen wollte! Aber man hat niemals diesen Faden ergreifen wollen; man ist bei Ihnen sehr ungeschickt! Sie hätten sich damals auf die gleiche Stufe der Freundschaft zu mir stellen können wie Russland, aber Sie wollten nicht. Für Ihre Finanzen wäre das von großem Vorteil gewesen.«

»Wünschen Sie eine Allianz?«, unterbrach ich den Kaiser. »Ich bin bereit, über die Grundlagen übereinzukommen, und ich versichere Eure Majestät, dass ich meinem Hof kein schmeichelhafteres Ergebnis unserer Unterhaltungen zu melden wüsste.«

»Einer solchen Lage der Dinge müssen Präliminarien vorausgegangen sein; Verträge sind nichts, das gute Einvernehmen ist alles!«

»Aber«, begann ich, »gerade zwischen Frankreich und Russland habe ich bis zum Frieden von Tilsit die bittersten und boshaftesten Beziehungen bemerkt; an ihre Stelle traten plötzlich das intimste Einvernehmen, ja selbst die raffinierteste Koketterie.«

Der Kaiser wusste nicht recht, was er darauf antworten sollte. Er sprach von dem persönlichen Charakter des Kaisers Alexander, von seiner außerordentlichen Zuneigung zu ihm und von den Beweisen, die sie sich gegenseitig von ihrer besonderen Achtung füreinander gegeben. Er versicherte mir, er würde ihm sein ganzes Leben lang geneigt bleiben und halte ihn trotz allem, was man im Allgemeinen glaube, für einen klugen, in seiner Regierung festen und den einmal angenommenen Grundsätzen treuen Fürsten. Er fügte hinzu, die guten Beziehungen zwischen Russland und Frankreich müssten allein Alexander zugeschrieben werden; es gäbe in Petersburg eine große Partei, die gegen Frankreich wäre.

Nach einer Unterhaltung von Fünfviertelstunden, die mehr einem Streit zwischen einem Liebespaar als einer Auseinandersetzung zwischen einem Souverän und einem Gesandten ähnelte, meldete man dem Kaiser, dass man im Theater bereits seit einer Stunde auf ihn warte. Er sagte zu mir: »Heute tragen Sie die Schuld daran; aber fassen wir noch einmal alles zusammen: Am 1. September werden Sie also Ihre Reserven zurückberufen, das Lager bei Krakau abbrechen, im Innern Ihres Reiches vollkommene Ruhe schaffen und endlich, nach Ihrer Aussage, die Könige anerkennen.[1] Will dies der Hof nicht, so soll er es sofort sagen, andernfalls mag er die Gewogenheit haben und dem spanischen Geschäftsträger in Wien ein paar liebenswürdige Worte sagen. Der Kaiser Alexander hat nicht erst meine Aufforderung dazu abgewartet, sondern mir sofort einen Brief geschrieben, als er die Veränderungen in Spanien erfahren hatte. Sagen Sie dem Kaiser (Franz), dass ich meinerseits alles für beendet ansehe, dass ich meine Truppen in Preußen und dem Herzogtum Warschau bis hinter die Elbe zurückziehen werde. Ich wünsche einen direkten Einfluss in Europa nur bis zum Rheinufer zu haben, einen indirekten aber bis zur Elbe, zum Inn und Isonzo. Die Sache ist ganz einfach: Ich halte mich für stärker, wenn ich meinen Einfluss nicht bis an die Weichsel ausdehne, wenn ich meine Macht mehr konzentriere. Preußen wird wieder die stärkste Macht zweiter Ordnung werden und sofort mit Ihnen einen Freundschaftsbund schließen; dies gebietet ihm sein eigenes Interesse und das Ihrige, dagegen habe ich nichts einzuwenden. Ich kann meinen Ein-

---

1 König Louis von Holland, König Murat von Neapel und König Jérôme von Westfalen.

fluss nicht über die Ihnen eben bezeichnete natürliche Linie hinaus ausdehnen. Russland ist augenblicklich auf die Berechnungen seiner eigenen Politik angewiesen. Es macht Eroberungen in Schweden und möchte in der Türkei auch einen Gewinn haben; es räumt nicht Fürstentümer, ich aber, *ich* räume Preußen! Um meine Armee in Spanien zu verstärken, brauche ich eine Konskription, denn wir werden noch manchen Sturm auszuhalten haben. Hätten Sie sich anders verhalten, so würde ich nur eine kleine Aushebung gemacht haben, jetzt aber habe ich eine Massenaushebung nötig. Ich habe den Rheinbund bewaffnet, um 50–60 000 Mann zu ersetzen, die ich aus meiner Armee in Deutschland zurückgezogen habe. *Ein* Punkt in Europa müsste vor allem unsere gemeinsamen Blicke fesseln: Sie sehen, was in Konstantinopel vorgeht. Hätten Sie sich in der letzten Zeit anders benommen, so würden wir uns jetzt verstehen; da aber die Dinge jetzt so stehen, wie es infolge Ihres Benehmens nicht anders sein konnte, so muss ich mich mit Russland ins Einvernehmen setzen. Auf dieser Seite habe ich jedoch nur ein indirektes Interesse und wenig von der Pforte zu fordern. Etwas mehr Liebenswürdigkeit, ein größeres Entgegenkommen in kleinen Dingen können manche Veränderungen zu Ihren Gunsten herbeiführen! Sie erklären wohl Ihrem Kaiser, dass mich nicht der Ehrgeiz in den spanischen Angelegenheiten geleitet habe, sondern allein die Frage der Bourbonen und die Unverträglichkeit ihrer Existenz mit der meinigen, ein Grundsatz, der auf kein anderes regierendes Haus in Europa anzuwenden ist. Und sagen Sie ihm, dass ich zwischen uns alles als beendet betrachte.«

Mémoires du prince de Metternich.

Der Kaiser Napoleon und der österreichische ausserordentliche Gesandte, Baron von Vincent, in Paris, September 1808

Die Ereignisse in Spanien wurden immer ernster. Der Kaiser war zwar nicht entmutigt, aber er musste seine große Armee aus Deutschland zurückrufen, da sie jetzt in Spanien gebraucht ward. Dabei wusste er genau, dass Österreich in bedrohlicher Weise rüstete. Ja, er hatte sogar bereits einige Maßnahmen getroffen, weil er einen Bruch befürchtete. Die bevorstehende Zusammenkunft der beiden Kaiser in Erfurt, zu der Österreich nicht eingeladen worden war, beunruhigte jedoch ein wenig diesen Staat. Ohne irgendwelche offiziellen Schritte zu tun, hatte der Kaiser Franz den Baron von Vincent, der sich als Lothringer bei seinen Verwandten aufhalten konnte, beauftragt, dem Kaiser einen Brief zu überreichen, wenn dieser auf seiner Reise nach Erfurt durch Metz käme. Der Brief enthielt nur freundschaftliche Begrüßungsformeln und behandelte keinerlei geschäftliche Fragen noch die gegenwärtige Lage Europas.

Herr von Vincent kannte den Kaiser seit Langem. Er hatte während der italienischen Kriege zahlreiche Beziehungen zu dem General Bonaparte gehabt, der ihn sehr schätzte. Vincent war auch mehrere Jahre Gesandter unter dem Konsulat gewesen.

Nach den ersten Höflichkeitsformeln sagte der Kaiser:

»Nun! Man hat Sie in Wien beauftragt, mir etwas zu sagen. Um was handelt es sich?«

»Sire, man hat mit Bedauern das Unternehmen Eurer Majestät in Spanien gesehen.«

»Sicherlich sind sie in Wien nicht ärgerlicher als ich darüber, denn das ist die größte Dummheit, die ich je in meinem Leben gemacht habe.«

»Könnte man in diesem Fall, Sire, nicht sagen, dass die kürzesten Dummheiten die besten sind, und es klug wäre, auf jene zu verzichten?«

»Und wie, mein lieber General? Lassen Sie uns gemeinsam das Mittel dazu suchen; bringen Sie mich auf eine Idee, wie ich mich aus einer so großen Verlegenheit herausziehen kann.«

»Aber es ist doch nicht so schwer, auf etwas zu verzichten, das für Eure Majestät und für ganz Europa so große Nachteile hat.«

»Ah, Sie haben gut reden. Bedenken Sie doch meine Lage. Ich bin ein Usurpator; um bis dahin zu gelangen, musste ich den besten Kopf und den besten Degen von Europa haben. Und um mich nun zu halten, muss jedermann ferner davon überzeugt sein. Ich darf das Ansehen dieses Kopfes und dieses Degens niemals sinken lassen! Ich kann mich nicht angesichts des Universums hinstellen und sagen, dass ich mich ernstlich getäuscht habe und mich nun mit einer geschlagenen Armee zurückziehe. Urteilen Sie selbst: Ist das möglich? Einen guten Rat, ich bitte!«

Darauf zogen sie diese Frage ernstlich in Betracht, und in der Tat war es schwer, eine andere Lösung zu finden. Ein allgemeiner Frieden schien das einzige Mittel. Spanien wäre einer der zu regelnden Punkte gewesen, nicht allein im Interesse einer Dynastie, sondern zur Herstellung des europäischen Gleichgewichts. Aber der Kaiser wusste im Voraus, dass Österreich niemals auf seine Vorschläge eingehen werde, und Österreich sah unannehmbare Bedingungen voraus.

Souvenirs du baron de Barante.

Der Kaiser Napoleon, Talleyrand, Duroc, Rémusat und Dazincourt in Paris, September 1808

Napoleon wollte seine Reise nach Erfurt besonders glänzend gestalten und liebte es, sich darüber mit den ihn umgebenden Personen zu unterhalten. Talleyrand war damals noch Großkammerherr. Diesen sowie den Palastmarschall Duroc und Herrn von Rémusat, der damals an der Spitze der Theater stand, ließ der Kaiser alle Augenblicke zu sich rufen, um sich mit ihnen wegen der bevorstehenden Reise zu besprechen.

»Meine Reise soll sehr schön werden«, wiederholte er ihnen täglich. Und eines Tages, als alle drei bei ihm zur Mittagstafel hinzugezogen waren, fragte er Talleyrand, wer die drei diensttuenden Kammerherren seien, und fügte hinzu:

»Wie es mir scheint, tragen sie keine besonders hervorragenden Namen; aber gerade solche wünsche ich, denn, aufrichtig gesagt, verstehen nur sie an einem Hof zu repräsentieren. Man muss gegen den französischen Adel gerecht sein: In dieser Hinsicht ist er bewunderungswürdig.«

»Sire, Sie haben Herrn von Montesquiou.«[1]

»Gut.«

»Den Fürsten Sapieha.«[2]

---

1 Graf Pierre de Montesquiou-Fezensac war 1764 geboren. Während der Revolution lebte er zurückgezogen. 1804 wurde er Deputierter in der Gesetzgebenden Körperschaft, und 1808 wurde er an Talleyrands Stelle Großkammerherr. Er starb 1834.
2 Fürst Alexander Sapieha entstammte einer alten, berühmten polnischen Familie und ward 1773 in Straßburg geboren. Er starb 1812.

»Nicht schlecht.«

»Zwei scheinen mir zu genügen, da die Reise nur kurz ist. Eure Majestät können sie stets in Ihrer Nähe haben.«

»Schön … Rémusat, ich muss jeden Tag eine Theateraufführung haben. Lassen Sie Dazincourt[1] holen; ist er nicht der Direktor?«

»Ja, Sire.«

»Ich will Deutschland durch meinen Aufwand in Erstaunen setzen.«

Da Dazincourt nicht zu Hause war, wurden die Bestimmungen hinsichtlich des Theaters auf den nächsten Tag verschoben.

»Es ist sicherlich die Absicht Eurer Majestät«, begann Duroc, »einige hohe Persönlichkeiten zu veranlassen, nach Erfurt zu kommen, und die Zeit drängt.«

»Ein Adjutant Eugens reist heute ab«, erwiderte der Kaiser, »man könnte ihm das Nötige sagen lassen, damit er es seinem Schwiegervater[2] (dem König von Bayern) zu verstehen gibt; und wenn einer der Könige kommt, dann werden sie alle kommen wollen. Aber nein«, fügte er gleich darauf hinzu, »dazu darf man sich nicht Eugens bedienen. Er hat nicht genug Geist; er weiß wohl genau das auszuführen, was ich will, aber jemandem einen Wink zu geben, dazu taugt er nicht. Talleyrand eignet sich besser dazu«, fuhr er lachend fort; »er kann meinetwegen sagen, dass es mir viel Vergnügen machen würde, wenn man käme. Nachher ist es meine Sache, zu zeigen, dass es mir vollkommen gleichgültig ist, ob man erscheint, ja, dass es mir sogar unangenehm ist.«

Am nächsten Tag ließ der Kaiser zum Frühstück Dazincourt zu sich rufen, der bereits seiner Befehle harrte.

---

1 Joseph Albouis Dazincourt, geboren 1747, war früher Bibliothekar des Marschalls Richelieu gewesen. 1778 wurde er Schauspieler des Théâtre Français und 1808 zum Professor der Deklamation am Konservatorium, dann zum Direktor der Hoftheateraufführungen ernannt. Er starb 1809.

2 Eugène de Beauharnais hatte 1806 die Prinzessin Auguste Amalie, Tochter des Königs von Bayern geheiratet.

»Dazincourt«, begann Napoleon, »Sie haben gehört, dass ich nach Erfurt gehe.«

»Ja, Sire.«

»Ich möchte, dass die Comédie Française auch dorthin kommt.«

»Um Komödien und Tragödien aufzuführen?«

»Ich will nur Tragödien; unsere Komödien würden zu nichts dienen.
Jenseits des Rheins versteht man sie nicht.«

»Eure Majestät wünschen sicherlich einige der glänzendsten Aufführ-
rungen?«

»Ja, unsere schönsten Stücke.«

»Sire, man könnte vielleicht ›Athalie‹ geben.«

»›Athalie‹! Pfui! Dazincourt, Sie verstehen mich nicht. Gehe ich etwa
nach Erfurt, um diesen Deutschen ein paar Könige von Juda (Joas) in
den Kopf zu setzen? ›Athalie‹! Wie dumm! Genug, mein lieber Dazincourt. Benachrichtigen Sie Ihre besten tragischen Schauspieler, dass
sie sich zur Reise nach Erfurt bereit machen, und ich werde Ihnen
meine Befehle für den Tag Ihrer Abreise und für die zu spielenden Stücke zukommen lassen. Gehen Sie! – Wie dumm sind doch diese alten Leute. ›Athalie‹! Freilich ist es auch mein Fehler, warum frage ich
sie um Rat? Ich sollte keinen Menschen um Rat fragen. Wenn er mir
noch ›Cinna‹ vorgeschlagen hätte! Darin werden wenigstens große Interessen in Tätigkeit gesetzt, und es spielt sich eine Begnadigungsszene
ab; das ist immer gut. Ich habe fast den ganzen ›Cinna‹ auswendig gekonnt, aber ich verstand niemals gut zu deklamieren. Rémusat, ist dies
nicht aus Cinna:

Tous ces crimes d'Etat qu'on fait pour la couronne,
  Le ciel nous en absout, lorsqu'il nous la donne.[1]

---

1 Cinna, 5. Akt, 2. Szene.

Ich weiß nicht, ob ich die Verse richtig sage?«

»Sire«, antwortete Rémusat, dies ist aus ›Cinna‹, aber ich glaube es heißt: ›Alors qu'il nous la donne.‹«

»Wie heißen die folgenden Verse? Nehmen Sie einen Corneille zur Hand.«

»Sire, das ist nicht nötig, ich erinnere mich ihrer:

Le ciel nous en absout, alors qu'il nous la donne;
   Et dans le sacré rang où sa faveur l'a mis,
   Le passé devient juste et l'avenir permis.
   Qui peut y parvenir ne peut être coupable;
   Quoi qu'il ait fait ou fasse, il est inviolable.«

»Das ist ausgezeichnet!«, rief der Kaiser; »und besonders für die Deutschen, die immer auf den gleichen Ideen herumreiten und noch heute vom Tod des Herzogs von Enghien sprechen. Man muss ihre Moral erweitern! Ich meine das nicht auch in Bezug auf den Kaiser Alexander: So etwas ist für einen Russen gar nichts, wohl aber für Leute mit melancholischen Ideen, wie die Deutschen. Man wird also ›Cinna‹ aufführen; da haben wir schon ein Stück für den ersten Tag. Rémusat, Sie suchen mir die Tragödien aus, die man an den folgenden Tagen spielen kann, und berichten mir darüber, ehe Sie etwas festsetzen.«

»Wünschen Eure Majestät, dass einige Schauspieler in Paris zurückbleiben?«

»Ja, aber die besten müssen nach Erfurt geschickt werden; es ist besser, zu viel als zu wenig dort zu haben.«

Darauf wurde sofort an die Schauspieler Saint-Prix, Talma, Lafont, Damas, Desprès, Lacave, Varennes, Dazincourt, Fräulein Raucourt, Frau Talma, Fräulein Bourgoin, Duchesnois, Gros, Rose Dupuis und Patrat der Befehl gesandt, dass sie am 22. September in Erfurt sein sollten. Die dort aufzuführenden Stücke waren »Cinna«, »Andromaque«, »Britannicus«, »Zaïre«, »Mithridate«, »Oedipe«, »Iphigénie en Aulide«, »Phèdre«, »La Mort de César«, »Les Horaces«, »Rodogune«, »Mahomet«, »Radamiste«, »Le Cid«, »Manlius« und »Bajazet«.

Mémoires du prince de Talleyrand.

DER KAISER NAPOLEON UND WOLFGANG VON GOETHE IN ERFURT, 2. OKTOBER 1808

In den ersten Tagen seines Aufenthalts in Erfurt hatte es Napoleon, dem viel daran lag, die Angelegenheiten in die Länge zu ziehen, so eingerichtet, dass man keinen Augenblick Zeit fand, von Geschäften zu sprechen. Ganz gegen seine Gewohnheit dehnte er die Mittagstafel, zu der er viele Leute hinzuzog oder sonstige Besucher empfing, mit denen er sich gern unterhielt, außerordentlich lange aus. Nach der Tafel besuchte er verschiedene öffentliche Gebäude der Umgegend, dann ging es zu den Truppenbesichtigungen außerhalb der Stadt, bei denen auch stets der Kaiser von Russland und der Großfürst, sein Bruder, zugegen waren. Diese Besichtigungen dauerten gewöhnlich so lange, dass man kaum Zeit hatte, sich zum Diner umzuziehen, nach welchem man den Rest des Tages im Theater zubrachte.

Während dieser langen Mahlzeiten ließ Napoleon oft die bedeutendsten und verdienstvollsten Männer, die nach Erfurt gekommen waren, um ihn zu sehen, zu sich rufen. Jeden Morgen las er mit Wohlgefallen die Liste der neuangekommenen Personen durch. Als er eines Tages auch den Namen Goethes darauf fand, ließ er den Dichter sofort zu sich rufen.

»Herr Goethe, ich bin erfreut, Sie zu sehen«, begrüßte er ihn.

»Sire, ich sehe, dass wenn Eure Majestät reisen, Sie nicht versäumen, Ihre Blicke selbst auf die kleinsten Dinge zu richten.«

»Ich weiß, Sie sind der erste dramatische Dichter Deutschlands.«

»Sire, Sie beleidigen unser Land; wir glauben unsere großen Männer zu haben: Schiller, Lessing und Wieland müssen Eurer Majestät bekannt sein.«

»Ich gestehe, dass ich sie nicht kenne. Ich habe jedoch den ›Dreißigjährigen Krieg‹ gelesen; dieses Werk, verzeihen Sie, schien mir nur dramatische Sujets für unsere Boulevards zu liefern.«

»Sire, ich kenne Ihre Boulevards nicht, aber ich vermute, dass sich dort Szenen für das Volk abspielen. Es schmerzt mich, Sie eins der herrlichsten Genies der Neuzeit so streng beurteilen zu hören.«

»Sie wohnen für gewöhnlich in Weimar; kommen nicht dort alle berühmten Schriftsteller von Deutschland zusammen?«

»Sire, sie werden dort sehr protegiert, aber augenblicklich haben wir von in ganz Europa bekannten Männern nur Wieland in Weimar, denn Müller[1] wohnt in Berlin.«

»Ich würde mich sehr freuen, Herrn Wieland zu sehen.«

»Wenn Eure Majestät mir gestatten, ihm dies mitzuteilen, so bin ich sicher, dass er sofort hierherkommt.«

»Spricht er Französisch?«

»Er versteht es und hat selbst verschiedene französische Übersetzungen seiner Werke korrigiert.«

»Während Ihres Aufenthalts hier müssen Sie jeden Abend in unser Theater gehen. Es wird Ihnen nichts schaden, gute französische Tragödien aufführen zu sehen.«

»Sire, mit Vergnügen, denn ich muss Eurer Majestät gestehen, dass dies auch meine Absicht war. Ich habe einige französische Theaterstücke übersetzt, oder besser nachgedichtet.«

»Welche?«

»›Mahomet‹ und ›Tancrède‹.«

»Ich will Rémusat fragen lassen, ob wir hier Schauspieler haben, die diese Rollen spielen können. Ich würde mich sehr freuen, wenn Sie diese Stücke in unserer Sprache aufgeführt sehen könnten. Sie sind in den Regeln der dramatischen Kunst nicht so streng wie wir.«

---

1 Johannes von Müller, der berühmte Historiker.

»Sire, die Einheiten sind bei uns nicht so wesentlich.«

»Wie finden Sie unsern Aufenthalt hier?«

»Sire, äußerst glänzend, und ich hoffe, er wird unserm Lande von Nutzen sein.«

»Ist Ihr Volk zufrieden?«

»Es hegt große Hoffnungen.«

»Herr Goethe, Sie sollten hier die ganze Zeit bleiben und die Eindrücke niederschreiben, die Sie von dem großen Schauspiel, das wir Ihnen geben, gewinnen.«

»Ah! Sire, es bedürfte der Feder irgendeines Schriftstellers des Altertums, um eine solche Arbeit zu unternehmen.«

»Gehören Sie zu den Verehrern des Tacitus?«

»Ja, Sire, ich liebe ihn sehr.«

»Nun, ich nicht, aber darüber sprechen wir ein andermal. Schreiben Sie Herrn Wieland, er möchte hierherkommen. Ich werde ihm seinen Besuch in Weimar erwidern, wohin mich der Herzog eingeladen hat. Ich würde mich sehr freuen, die Herzogin zu sehen; sie ist eine Frau von großem Verdienst. Der Herzog hat sich eine Zeit lang ziemlich schlecht betragen, aber er ist dafür bestraft worden.«[1]

»Sire, wenn er sich schlecht benommen hat, so war doch die Strafe etwas hart – aber ich bin nicht Richter über solche Dinge. Er beschützt die Künste und Wissenschaften, und wir können alle nur Lobendes von ihm sagen.«

»Herr Goethe, gehen Sie heute in ›Iphigénie‹. Es ist ein gutes Stück, wenn auch nicht eins von denen, die ich am meisten liebe, aber die Franzosen schätzen es außerordentlich. Im Parterre werden Sie eine hübsche Anzahl Souveräne finden. Kennen Sie den Fürst-Primas?«

---

1 Der Herzog von Weimar hatte 1806 für Preußen Partei genommen. Bei Jena wurden seine Truppen von den Franzosen stark mitgenommen, und die auf der Rückzugslinie der preußischen Truppen liegende Stadt Weimar litt außerordentlich.

»Ja, Sire, ich kenne ihn beinahe als intimen Freund; er besitzt großen Geist, viel Kenntnisse und viel Edelmut.«

»Gut. Sie werden ihn heute Abend auf der Schulter des Königs von Württemberg schlafen sehen. Haben Sie schon den Kaiser von Russland gesehen?«

»Nein, Sire, niemals, aber ich hoffe ihm vorgestellt zu werden.«

»Er spricht vorzüglich Ihre Sprache; wenn Sie etwas über die Zusammenkunft in Erfurt schreiben, müssen Sie es ihm dedizieren.«

»Sire, das ist nicht meine Gewohnheit; als ich anfing zu schreiben, machte ich es mir zum Grundsatz, niemals etwas zu dedizieren, damit ich nie etwas zu bereuen hätte.«

»Die großen Schriftsteller aus dem Zeitalter Ludwigs XIV. waren anders.«

»Das ist wahr, Sire, aber Eure Majestät wissen nicht, ob sie niemals bereut haben.«

»Was ist aus diesem schlechten Kerl, dem Kotzebue[1] geworden?«

»Sire, man sagt, er sei in Sibirien, und Eure Majestät würden vom Kaiser Alexander seine Freilassung erbitten.«

»Aber wissen Sie auch, dass er durchaus nicht mein Mann ist?«

»Sire, er ist sehr unglücklich und hat sehr viel Talent.«

»Adieu, Herr Goethe.«[2]

Mémoires du prince de Talleyrand.

---

1 August Friedrich Ferdinand von Kotzebue war im April 1800 auf seiner Reise nach Russland daselbst aus noch nicht aufgeklärten Gründen verhaftet und nach Sibirien verbannt worden. Aber schon im folgenden Jahr gab ihm der Kaiser Paul I. die Freiheit wieder. Nach dem Tod Pauls lebte er in Deutschland und von 1806 ab wieder auf seinem Gut in Estland. In einer Anzahl Broschüren und in seinen Zeitschriften »Die Biene« und die »Grille« hatte er Napoleon und das französische Kaiserreich scharf angegriffen.

2 Talleyrand, der Goethe nach der Audienz bei Napoleon zu sich zum Abendessen einlud, schrieb diese Unterhaltung im Beisein des Dichters nieder und legte sie dann Goethe vor, der sich persönlich von ihrer Richtigkeit überzeugte.

DER KAISER NAPOLEON
UND GOETHE IN ERFURT,
2. OKTOBER 1808

Der weimarsche Kanzler Friedrich von Müller erzählt:

Bei Frau von der Recke lernte Goethe den Minister Maret kennen, auf den er einen außerordentlichen Eindruck machte und der davon dem Kaiser erzählte, worauf Napoleon ihn sogleich am 2. Oktober zu sich einladen ließ. Die Audienz dauerte fast eine volle Stunde. Ich hatte Goethe bis ins Vorzimmer begleitet und harrte da seiner Rückkehr. Nur Talleyrand, Berthier und Savary waren bei dieser Audienz gegenwärtig. Gleich nach Goethes Eintritt in das kaiserliche Kabinett kam auch noch der Generalintendant Daru hinzu.

Der Kaiser saß an einem großen runden Tisch frühstückend. Zu seiner Rechten stand Talleyrand, zu seiner Linken Daru, mit dem er sich zwischenhindurch über die preußischen Kontributionsangelegenheiten unterhielt. Er winkte Goethe, näher zu kommen, und fragte, nachdem er ihn aufmerksam betrachtet hatte, nach seinem Alter. Als er erfuhr, dass er im sechzigsten Jahre stehe, äußerte er seine Verwunderung, ihn noch so frischen Aussehens zu finden, und ging alsbald zu der Frage nach Goethes Trauerspielen über, wobei Daru Gelegenheit nahm, sich näher über sie auszulassen und überhaupt Goethes dichterische Werke zu rühmen, namentlich auch seine Übersetzung des »Mahomet« von Voltaire.

»Das ist kein gutes Stück«, sagte der Kaiser und setzte umständlich auseinander, wie unschicklich es sei, dass der Weltüberwinder von sich selbst eine so ungünstige Schilderung mache. »Werthers Leiden« versicherte er sieben Mal gelesen zu haben und machte zum Beweis dessen eine tief eindringende Analyse dieses Romans, wobei er jedoch an gewissen Stellen eine Vermischung der Motive des gekränkten Ehrgeizes mit denen der leidenschaftlichen Liebe finden wollte.

»Das ist nicht naturgemäß und schwächt bei dem Leser die Vorstellung von dem übermächtigen Einfluss ab, den die Liebe auf Werther gehabt hat. Warum haben Sie das getan?«

Goethe fand die weitere Begründung dieses kaiserlichen Tadels so richtig und scharfsinnig, dass er ihn späterhin oftmals gegen mich mit einem kunstverständigen Kleidermacher verglich, der an einem angeblich ohne Naht gearbeiteten Ärmel bald die fein versteckte Naht entdeckt.

Dem Kaiser erwiderte er, es habe ihm noch niemand diesen Vorwurf gemacht, allein er müsse ihn als ganz richtig anerkennen; einem Dichter dürfte jedoch zu verzeihen sein, wenn er sich mitunter eines nicht leicht zu entdeckenden Kunstgriffs bediene, um eine gewisse Wirkung hervorzubringen, die er auf einfachem, natürlichem Weg nicht hervorbringen zu können glaube.

Nun auf das Drama zurückkommend, machte Napoleon mehrfache sehr bedeutende Bemerkungen, die den Beweis lieferten, dass er die tragische Bühne mit der größten Aufmerksamkeit, gleich einem Kriminalrichter, betrachte und die deutlich genug zeigten, wie tief er das Abweichen des französischen Charakters von Natur und Wahrheit empfinde. Auf die Schicksalsstücke übergehend, missbilligte er sie außerordentlich: »Sie haben einer dunkleren Zeit angehört. Was will man jetzt mit dem Schicksal? Die Politik ist das Schicksal!«

Hierauf sprach er lange mit Daru über die Kontributionsangelegenheiten, währenddessen der Marschall Soult hereintrat, den der Kaiser scherzend über einige unangenehme Ereignisse in Polen befragte. Auf einmal stand Napoleon auf, ging auf Goethe zu und fragte mit gemäßigter

Stimme nach Goethes Familie und seinen Verhältnissen zu den verschiedenen Personen des herzoglichen Hauses.[1]

Doch bald wieder auf das Trauerspiel zurückkommend, sagte er:

»Das Trauerspiel soll die Lehrschule der Könige und der Völker sein, das ist das Höchste, was der Dichter erreichen kann. Sie z. B. sollten den Tod Cäsars auf eine vollwürdige Weise, großartiger als Voltaire, schreiben. Das könnte die schönste Aufgabe Ihres Lebens werden. Man müsste der Welt zeigen, wie Cäsar sie beglückt haben würde, wie alles ganz anders geworden wäre, wenn man ihm Zeit gelassen hätte, seine hochsinnigen Pläne auszuführen. Kommen Sie nach Paris, ich fordere es durchaus von Ihnen. Dort gibt es größere Weltanschauung! Dort werden Sie überreichen Stoff für Ihre Dichtungen finden.«

Jedes Mal, wenn er über etwas sich ausgesprochen hatte, setzte er hinzu: »Qu'en dit Monsieur Goet?«

Als nun Goethe endlich abtrat, hörte man den Kaiser bedeutsam zu Berthier und Daru sagen:

»Voilà un homme!«

Erinnerungen aus den Kriegszeiten von 1806–1813.
Von Friedrich von Müller.

---

1 Von hier an ist die Unterhaltung vermutlich erst am 6. Oktober geführt worden.

Der Kaiser Napoleon und Wieland in Erfurt, 6. Oktober 1808

Goethe hatte sich des Auftrages an Wieland, den ihm Napoleon erteilt hatte, pünktlich entledigt, und Wieland war in Erfurt angekommen. Der Kaiser lud sie beide zum Mittagessen zu sich ein. Auch der Fürst-Primas und viele andere Fürstlichkeiten und hochgestellte Persönlichkeiten waren anwesend. Bei solchen Gelegenheiten bereitete der Kaiser sorgfältig seine Unterhaltungen vor; es kam ihm darauf an, durch Geist und Schlagfertigkeit zu glänzen und besonders der Person, mit der er sprach, durch unerwartete Gesprächsgegenstände zu imponieren. Er ließ sich selten durch allzu heftigen Widerspruch in Verlegenheit bringen, denn es war ihm ein Leichtes, irgendeinen Grund zu finden, denjenigen plötzlich zu unterbrechen, der mit ihm sprach. Besonders wenn er im Ausland war, liebte er es, auf Themen einzugehen, die einem Feldherrn gewöhnlich fernliegen, sodass er eine ganz besondere Rolle einnahm. Und er hätte sich auch durch die größten Gelehrten oder Dichter nicht aus der Fassung bringen lassen.

Er hatte drei oder vier Gegenstände, über die er besonders gern sprach. 1807 hatte er in Berlin in einer Unterhaltung mit Johannes von Müller versucht, die Hauptepochen der höchsten Entwicklung des menschlichen Geistes festzustellen. Müller war sehr überrascht gewesen, als er aus dem Mund des Kaisers hörte, dass die Verbreitung und die rasche Entwicklung des Christentums eine wunderbare Reaktion des griechischen Geistes gegen den römischen hervorgerufen habe. Dann verbreitete Napoleon sich mit Wohlgefallen über die Geschicklichkeit, mit der das von der physischen Kraft besiegte Griechenland sich die geistige Herrschaft erobert habe. Dies sei eine Eroberung, fügte er hinzu, die Griechenland dadurch gemacht habe, dass es sich des segensreichen Keims bemächtigte, der seitdem so großen Einfluss auf die gesamte Menschheit gehabt habe. Müller antwortete darauf nichts; er war ganz in Bewunderung und Staunen versunken, was Napoleon sofort dazu benutzte, ihm vorzuschlagen, seine Geschichte zu schreiben.

Als Wieland bei Napoleon war, sagte dieser ihm viel verbindliche Dinge.

»Herr Wieland, wir lieben in Frankreich Ihre Werke sehr. Sie sind der Verfasser von ›Agathon‹ und ›Oberon‹. Wir nennen Sie den deutschen Voltaire.«

»Sire, diese Ähnlichkeit wäre für mich sehr ruhmreich, aber leider entspricht sie nicht der Wahrheit; vonseiten wohlwollender Personen ist dies ein zu übertriebenes Lob.«

»Sagen Sie, Herr Wieland, warum sind Ihr ›Diogenes‹, Ihr ›Agathon‹ und Ihr ›Peregrinus‹ so doppelsinnig geschrieben? Sie versetzen den Roman in die Geschichte und die Geschichte in den Roman. Bei einem so hochstehenden Mann, wie Sie sind, müssen die Gattungen vollkommen geschieden sein. Jede Vermischung führt leicht zu Verwirrungen. Deswegen lieben wir auch in Frankreich so wenig das Drama. Aber ich fürchte, mich hierin zu weit zu wagen, denn ich habe es mit einer starken Partei zu tun, umso mehr, als sich meine Worte ebenso an Herrn Goethe als an Sie richten.«

»Sire, Eure Majestät mögen uns gestatten, zu bemerken, dass es im französischen Theater sehr wenige Tragödien gibt, in denen Geschichte und Roman nicht vermengt sind. Übrigens bin ich da auf dem Gebiet des Herrn Goethe; er wird selbst darauf antworten und sicher gut antworten. Ich hingegen wollte den Menschen ein paar nützliche Lehren geben, und dazu bedurfte ich der Macht der Geschichte. Ich wollte, dass die von mir entliehenen Beispiele leicht und angenehm nachzuahmen wären, und deshalb musste ich das Ideale mit dem Romanhaften vereinigen. Die Gedanken der Menschen sind bisweilen mehr wert als ihre Handlungen, und die guten Romane taugen mehr als die Menschen. Vergleichen Sie, Sire, das ›Zeitalter Ludwigs XIV.‹ mit dem ›Telemach‹, in dem sich die besten Lehren für Fürsten und Völker befinden. Mein ›Diogenes‹ ist rein auf dem Grunde seines Fasses.«

»Aber wissen Sie auch«, sagte der Kaiser, »was denen geschieht, die immer nur die Tugend in der Dichtung zeigen? Man glaubt ihnen schließlich nur noch, dass die Tugend nichts als ein Hirngespinst sei. Die Geschichte ist sehr oft von den Historikern selbst verleumdet worden.«

Die Unterhaltung wurde durch das Eintreten des Herrn von Nansouty unterbrochen, der dem Kaiser meldete, dass ein Kurier mit Briefen aus Paris eingetroffen sei.[1]

Mémoires du prince de Talleyrand.

---

[1] Wieland schrieb das Gespräch sofort auf und brachte es zum Fürst-Primas, bei dem er mit Goethe und Talleyrand zum Abendessen eingeladen war. Dort kopierte es Talleyrand, dessen Memoiren es entnommen ist.

DER KAISER NAPOLEON UND WIELAND IN WEIMAR, 6. OKTOBER 1808

Während der berühmten Zusammenkunft der beiden Kaiser Alexander und Napoleon in Erfurt im Oktober 1808 machten diese auch dem Herzog und der Herzogin von Weimar einmal einen Besuch. Die Stadt Weimar hatte zu Ehren der beiden Monarchen ihr Festkleid angezogen. Am Abend war Hofball im großen Saal des Schlosses. Dieser war reich geschmückt, am reichsten durch die große Zahl juwelenstrahlender Fürstinnen und anderer ausgezeichneter Damen. Alles aber überstrahlte die vornehme Gestalt des Kaisers Alexander, der durch sein liebenswürdiges Benehmen alle Zuschauer bezauberte.

Napoleon trug die einfache Uniform seiner Gardejäger. Er bemühte sich, jeder Dame, die in seine Nähe kam, durch ein paar Worte seine Aufmerksamkeit zu bezeigen. Aber es gelang ihm nicht sonderlich, ja manche seiner Fragen und Äußerungen konnten schroff und wenig freundlich erscheinen. Eine einzige Anrede an eine Dame machte Ausnahme hiervon. Als er hörte, dass sie von Erfurt sei, sagte er ihr: »Ich hätte nicht geglaubt, dass es in Erfurt so schöne Frauen gäbe. Aber sind Sie auch eine geborene Erfurterin?«

»Nein, Sire, ich bin in Stettin geboren.«

»Also Preußin?«

»Ja, Sire, und Preußin mit Herz und Seele.«

»Gut, man soll zu seinem Vaterland halten«, worauf er sich mit einem verbindlichen Gruß von Frau von der Recke – denn sie war es – entfernte.

Nachdem er sich dann einige Zeit lang mit Goethe unterhalten hatte, ging er plötzlich auf den Kanzler Müller zu und fragte:

»Wo ist denn Wieland? Warum führt man ihn mir nicht zu?«

Müller erwiderte, dass sein hohes Alter ihn von Bällen zurückhalte, er würde aber sogleich veranlassen, dass er erscheine. Der Herzog ließ Wieland alsbald durch einen Wagen holen. Wieland war sehr überrascht, doch konnte er bald zu Napoleon geführt werden. Dieser stand gerade an einer der hinteren Säulen, die den Durchgang zu den offenen Nebenzimmern bilden.

Nach einigen freundlichen Eingangsworten fragte ihn der Kaiser, welches seiner Werke er wohl für das beste halte.

»Sire«, erwiderte der ehrwürdige Greis, »ich lege auf keins derselben großen Wert. Ich habe geschrieben, wie es mir ums Herz war.«

»Welches aber«, fuhr der Kaiser fort, »ist dasjenige Ihrer Werke, das Sie mit der meisten Vorliebe geschaffen haben?« Worauf Wieland »Agathon« und »Oberon« nannte.

Nun ging der Kaiser auf Gegenstände der Weltgeschichte über und stellte dieselbe Frage, die er schon vor zwei Jahren nach der Schlacht bei Jena an Johannes von Müller[1] in Berlin gestellt hatte, nämlich: welches Zeitalter er [Wieland] wohl für das glücklichste der Menschheit halte?

Wieland antwortete: »Das entscheidend zu bestimmen ist schwer. Die Griechen hatten oft glückliche Zeiten, wenn man nur auf Bildung und bürgerliche Freiheit sieht. Rom hatte neben vielen schlechten Kaisern auch mehrere vortreffliche, die es wohl verdienen, Genien der Menschheit genannt zu werden. Auch andere Völker und Staaten können sich mitunter weiser und milder Herrscher rühmen, aber im Ganzen scheint mir die Weltgeschichte sich in einem großen Kreislauf zu bewegen. Das Gute und das Schlechte, Tugend und Laster wechseln immerfort ab, und

---

1 Der berühmte Geschichtsschreiber hatte die Regierung der Antonine für die glücklichste Zeit erklärt.

es ist die Aufgabe der Philosophie, überall das Beste hervorzusuchen und durch Hervorhebung des Guten das Üble erträglich zu machen.«

»Schön«, sagte der Kaiser, »aber es ist nicht recht, alles ins Schwarze zu malen, wie Tacitus getan hat. Wohl ist er ein geschickter Maler, ein kühner und verführerischer Kolorist, doch es war ihm nur um den Effekt zu tun. Die Geschichte will keine Illusionen; sie soll aufklären und belehren, nicht bloß eindrucksvolle Gemälde entwerfen. Tacitus hat die Ursachen und die innern Motive der Begebenheiten nicht genugsam entwickelt. Er hat das Mysterium der Handlungen und Gesinnungen, ihre wechselseitige Verkettung nicht tief genug erforscht, um ein gerechtes und unbefangenes Urteil der Nachwelt zu begründen. Ein solches Urteil muss die Menschen und die Völker nur so nehmen, wie sie inmitten ihrer Zeit und der Umstände, die ihre Handlungsweise bedingten, sein konnten. Man muss klar sehen können, wie jede Handlungsweise sich unter den gegebenen Umständen entwickelte und wie sie bedingt wurde. Die römischen Kaiser waren lange nicht so schlecht, als Tacitus sie uns schildert. In dieser Hinsicht ziehe ich Montesquieu bei Weitem vor. Er ist gerechter und der Wahrheit getreuer.«

Hierauf ging der Kaiser auf die christliche Religion und ihre Geschichte über, besonders aber auf die Gründe ihrer schnellen Verbreitung.

»Ich finde«, äußerte er, »darin zunächst eine bewunderungswürdige Reaktion des griechischen Geistes gegen den römischen. Griechenland, durch physische Stärke überwunden, eroberte sich die geistige Herrschaft wieder, indem es jenen wohltätigen Keim in sich aufnahm und pflegte, den jenseits des Meeres die Vorsehung zum Glück der Menschheit ausgestreut hatte. Übrigens« – und hier trat Napoleon ganz nah an Wieland heran und hielt die Hand vor den Mund – »übrigens ist es noch eine große Frage, ob Jesus Christus gelebt hat.«

Wieland, der bisher nur aufmerksam zugehört hatte, erwiderte rasch und lebhaft: »Ich weiß wohl, Sire, dass es einige Unsinnige gab, die daran zweifelten, aber es kommt mir ebenso töricht vor, als wollte man bezweifeln, dass Julius Cäsar gelebt hat und dass Eure Majestät leben.« Worauf der Kaiser Wieland auf die Schulter klopfte und »gut, gut« sagte. Darauf fuhr er fort:

»Die Philosophen quälen sich ab, Systeme aufzubauen, aber sie suchen vergeblich ein besseres als das Christentum, durch welches der Mensch mit sich selbst versöhnt und zugleich die öffentliche Ordnung und die Ruhe der Staaten gleich stark verbürgt wird wie das Glück und die Hoffnungen des Einzelnen.«

Napoleon schien die größte Lust zu haben, noch länger zu sprechen, allein Wieland ließ deutlich merken, dass ihm das lange Stehen allzu beschwerlich falle, daher er denn freundlichst entlassen wurde. Die Antwort Wielands schien den Kaiser sehr frappiert, aber ihm auch wohl gefallen zu haben.

Erinnerungen aus den Kriegszeiten von 1806–1813.
Von Friedrich von Müller.

Der Kaiser Napoleon und Wieland in Weimar, 6. Oktober 1808

Kaiser Napoleon war der Aufforderung des Herzogs Karl August von Weimar gefolgt und hatte sich von Erfurt nach Weimar begeben. Die Schauspieler der Comédie-Française waren ihm vorausgeeilt, um am ersten Tag seines Aufenthalts den »Tod Cäsars« zu spielen. Bei dieser Aufführung waren alle Fürsten und Prinzen anwesend, die mit Napoleon von Erfurt nach Weimar gekommen waren. Nach dem Theater begaben sich die hohen Herrschaften in den Ballsaal. Dort wurde der Eindruck, den die Tragödie hinterlassen, bald durch den Anblick vieler junger und schöner Frauen verwischt, die anwesend waren.

Nachdem Napoleon einen Rundgang durch den Saal gemacht und an verschiedene junge Damen, deren Namen er sich vom Kammerherrn des Herzogs, Friedrich von Müller, sagen ließ, das Wort gerichtet hatte, bat er Herrn von Müller, dass er ihm Goethe und Wieland zuführe. Müller kam augenblicklich dem Wunsch des Kaisers nach.

»Ich hoffe, Sie sind mit unserm Theater zufrieden«, sagte der Kaiser zu Goethe; »sind diese Herren auch bei der Aufführung gewesen?« Er meinte die ihm von Goethe vorgestellten Mitglieder der literarischen Gesellschaft von Weimar.

»Ja, heute waren sie im Theater, aber nicht bei den Aufführungen in Erfurt.«

»Das tut mir leid; eine gute Tragödie muss als die würdigste Schule hochstehender Männer betrachtet werden. Von einem gewissen Standpunkt aus betrachtet steht sie höher als die Geschichte. Selbst mit der besten Geschichte wird man immer nur eine geringe Wirkung erzielen. Der Mensch, wenn er allein ist, wird immer nur schwach bewegt sein, aber viele Menschen zusammen empfangen Eindrücke, die stärker und dauernder sind. Ich versichere Sie, dass der Geschichtsschreiber Tacitus, den Sie fortwährend zitieren, mich stets kaltgelassen hat. Kennen Sie wohl einen größeren und ungerechteren Verkleinerer der Menschheit? Selbst in den einfachsten Handlungen findet er verbrecherische Motive. Er macht aus allen Kaisern die größten Bösewichte, nur um das Genie, das sie durchdrungen, mehr hervortreten zu lassen. Man hat recht, dass seine ›Annalen‹ nicht eine Geschichte des Kaiserreichs sind, sondern ein Verzeichnis der Gerichtsschreiber Roms. Es sind nichts als Anklagen, Beschuldigte und Leute darin, die sich im Bad die Pulsader öffnen. Er, der fortwährend über Angeberei spricht, ist der größte der Angeber! Und welcher Stil! Welch undurchdringliche Nacht! Ich bin kein großer Lateiner, aber die Unklarheit des Tacitus zeigt sich in einigen italienischen und französischen Übersetzungen, die ich gelesen habe. Und daraus schließe ich, dass sie ihm eigen ist, dass sie aus dem, was man sein Genie nennt, ebenso geboren wird wie aus seinem Stil. Sie ist von seiner Art sich auszudrücken unzertrennlich, weil sie in seiner Art der Auffassung liegt. Ich habe ihn loben gehört, weil er den Tyrannen Furcht einjagt; er flößt ihnen Furcht vor den Völkern ein, und das ist ein großes Übel für die Völker selbst. Habe ich nicht recht, Herr Wieland? Aber ich störe Sie; wir sind nicht hier, um von Tacitus zu sprechen. Sehen Sie, wie gut der Kaiser Alexander tanzt.«

»Ich weiß nicht, warum wir hier sind, Sire«, erwiderte Wieland, »aber ich weiß, dass Eure Majestät mich in diesem Augenblick zum glücklichsten Menschen der Welt machen.«

»Nun, dann antworten Sie.«

»Sire, durch die Art und Weise, in der Eure Majestät mit mir sprechen, lassen Sie mich vergessen, dass Ihnen zwei Throne gehören. Ich sehe in Ihnen nur noch den Schriftsteller. Und ich weiß, Eure Majestät verschmähen diesen Titel nicht, denn ich erinnere mich, dass, als Sie sich nach Ägypten begaben, Sie Ihre Briefe mit ›Bonaparte, membre de l'Institut et géneral en chef‹ unterzeichneten. So werde ich also versuchen, Sire, dem Schriftsteller zu antworten. In Erfurt habe ich gefühlt, dass ich mich gegen Ihre Kritik schwach verteidigte, hingegen glaube ich Tacitus besser verteidigen zu können. Ich gebe zu, dass sein Hauptstreben war, die Tyrannen zu bestrafen; wenn er sie aber denunzierte, so denunzierte er sie doch nicht ihren Sklaven, die sich nur erhoben, um die alte Tyrannei mit einer neuen zu vertauschen. Er denunzierte sie der Gerechtigkeit der Jahrhunderte und der Menschheit. Das Menschengeschlecht aber muss, wie es scheint, von genügender Dauer sein und viel Unglück hinter sich haben, damit seine Vernunft die Kraft erwerbe, die seine Leidenschaften allein bis auf diesen Tag gehabt haben. – Dies ist die Meinung aller unserer Philosophen. Aber eben diese Kraft der Vernunft suche ich und finde sie nirgends. – Sire, es ist noch nicht lange her, dass Tacitus viele Leser gefunden, und das ist ein bemerkenswerter Fortschritt des menschlichen Geistes, denn jahrhundertelang wollten die Akademien ebensowenig etwas von ihm wissen wie die Höfe. Die Sklaven des Geschmacks fürchteten sich ebenso vor ihm wie die Diener des Despotismus. Erst seit Racine ihn den ›größten Maler des Altertums‹ genannt hat, haben Ihre und unsere Universitäten gedacht, dass dies wohl wahr sein könnte. Eure Majestät sagen, dass Sie im Tacitus nichts als Denunzianten, Mörder und Räuber finden? Aber, Sire, da eben das römische Reich von lauter Ungeheuern regiert wurde, fielen sie unter die Feder des Tacitus. Das Genie des Titus Livius durcheilte das Universum mit den Legionen der Republik; das Genie des Tacitus musste sich fast immer in der Kanzlei Roms konzentrieren, denn gerade in dieser Kanzlei fand man die ganze Geschichte des römischen Reichs. Ja, nur da«, sagte er mit bewegter Stimme, »kann man bei allen Nationen Kenntnis nehmen von jenen unglücklichen Zeiten, wo Fürsten und Völker, entgegen allen Grundsätzen, in steter Furcht voreinander lebten. Da ist alles Strafprozess, und der Tod scheint öfter von Zentauren und Henkern gegeben worden sein als von der Zeit und der Natur. Sire, Sueton und Dion Cassius erzählen weit mehr Verbrechen als Tacitus, aber sie berichten sie in kraftlosem Stil, während nichts grausamer ist als der Pinsel des Tacitus. Dennoch ist sein Genie nicht weniger unerbittlich als die Justiz. Sobald er nur etwas Gutes sieht, selbst in der grässlichen Regierung des Kaisers Tiberius, so sondert er es ab, erfasst es und lässt es mit dem ganzen Glanz hervortreten, den er allem zu verleihen versteht. Ja, er findet sogar ein Lob für den einfältigen Claudius, der in der Tat nur infolge seines Charakters und seiner Ausschweifungen einfältig war. Diese Unparteilichkeit, die erhabenste Eigenschaft der Gerechtigkeit, übt Tacitus selbst auf die entgegengesetztesten Dinge aus, auf die Republik wie auf das Kaiserreich, auf die Bürger wie auf die Fürsten! Infolge der Art seines Genies könnte man glauben, er liebe nur die Republik und würde darin durch die Worte über Brutus, über Cassius und Kodros bestärkt, die so tief im Gedächtnis unserer Jugend eingegraben sind. Spricht er jedoch von den Kaisern, die das so glücklich vereinigten, was man stets als für unvereinbar gehalten hatte, nämlich das Kaiserreich und die Freiheit, so fühlt man, dass ihm diese Kunst zu regieren als die herrlichste Entdeckung der Erde erscheint.«

Der Fürst-Primas, der sich Wieland genähert hatte, sowie die ganze weimarsche Akademie, die den Dichter umgaben, konnten ihr Entzücken nicht zurückhalten.

»Sire«, fuhr Wieland fort, »wenn es wahr ist, dass Tacitus die Tyrannen bestrafte, als er sie beschrieb, so entspricht es noch viel mehr der Wahrheit, dass die guten Fürsten dadurch belohnt werden, dass er uns ihr Bild entwirft und sie mit allem Glanz umgibt.«

»Herr Wieland«, erwiderte der Kaiser, »ich habe es hier mit einem zu starken Partner zu tun, und Sie vernachlässigen keinen Ihrer Vorteile. Ich glaube, Sie wussten, dass ich Tacitus nicht liebe. Stehen Sie im Briefwechsel mit Johannes von Müller, den ich in Berlin gesehen?«

»Ja, Sire, durch ihn habe ich gehört, dass Eure Majestät gern von Tacitus sprechen und ihn nicht mögen.«

»Nun, ich betrachte mich noch nicht für geschlagen; ich gebe so etwas nur schwer zu. Morgen kehre ich nach Erfurt zurück; dort wollen wir unsere Unterhaltung wieder aufnehmen. Ich habe in meinem Arsenal eine große Menge Waffen, womit ich meine Behauptung aufrechterhalten kann, dass Tacitus in die Entwicklung der Ursachen und inneren Beweggründe der Ereignisse nicht genügend eingedrungen ist, dass er das Mysterium der von ihm erzählten Handlungen und ihre gegenseitige Verkettung nicht genügend hervortreten hat lassen, um dadurch das Urteil der Nachwelt vorzubereiten, welche die Männer und die Regierungen nur so beurteilen soll, wie sie zu ihrer Zeit und inmitten der sie umgebenden Umstände waren.«

Der Kaiser schloss die Unterhaltung mit der Versicherung, dass das Vergnügen, sich mit Wieland zu unterhalten, ihn der Gefahr aussetze, ein Gegenstand des Ärgers für die Tanzenden zu sein, und er entfernte sich mit dem Fürst-Primas.

Mémoires du prince de Talleyrand.

Der Kaiser Napoleon, der Kaiser Alexander und Talleyrand in Erfurt, 9. Oktober 1808

Von Weimar nach Erfurt zurückgekehrt, zeigte sich Napoleon gegen den Kaiser Alexander noch vertrauter, noch freundschaftlicher als zuvor, und es schien ihm nur darauf anzukommen, seinem Verbündeten angenehm zu sein. Das geräuschvolle Leben ermüde ihn, sagte er zu Alexander; er habe Ruhe nötig und sehne sich nach dem Augenblick, wo er sich ohne Sorge den Freuden des Familienlebens werde hingeben können; das sei ganz nach seinem Geschmack. Aber nachdenklich fügte er hinzu: »Dieses Glück ist nicht für mich geschaffen. Gibt es ein Familienleben ohne Kinder? Und kann ich Kinder haben? Meine Frau ist zehn Jahre älter als ich.[1] Verzeihen Sie mir; alles, was ich da sage, ist vielleicht lächerlich, aber ich gebe der Stimme meines Herzens nach, das das Bedürfnis hat, sich Ihnen anzuvertrauen.«

Darauf sprach er von der langen Trennung, der weiten Entfernung, der Schwierigkeit, sich öfter zu sehen usw. »Aber wir haben ja nur noch wenige Augenblicke zum Diner!«, rief er plötzlich; »ich muss alle meine Trockenheit wieder aufnehmen, um Herrn von Vincent[2] seine Abschiedsaudienz zu erteilen.«

Am Abend war Napoleon, der mit seinem Tag sehr zufrieden zu sein

---

1 Entweder irrt sich Talleyrand, dessen Memoiren dieses Gespräch entnommen wurde, oder Napoleon: Josephine war nur sechs Jahre älter als der Kaiser, denn sie wurde 1763 geboren.

2 Er war außerordentlicher österreichischer Gesandter.

schien, sehr erregt, und eine nervöse Unruhe schien sich seiner bemächtigt zu haben. Er hatte Talleyrand zurückgehalten, um mit ihm zu plaudern. Aber es kam keine rechte Unterhaltung zustande; Napoleon stellte Fragen, ohne die Antwort abzuwarten, sagte Dinge, die er gar nicht sagen wollte, bis er endlich das Wort »Scheidung« hervorbrachte.

»Meine Bestimmung erfordert sie«, sagte er, »und die Ruhe Frankreichs ebenfalls. Ich habe keinen Nachfolger. Joseph kommt nicht in Betracht und hat nur Mädchen. *Ich, ich* muss eine Dynastie gründen! Das kann ich aber nur, indem ich mich mit einer Prinzessin aus einem der großen regierenden Häuser Europas verbinde. Der Kaiser Alexander hat Schwestern; darunter ist eine, deren Alter mir zusagt.[1] Sprechen Sie darüber mit Romanzoff.[2] Sagen Sie ihm, sobald meine Angelegenheiten in Spanien erledigt seien, würde ich mich mit der Teilung der Türkei beschäftigen, wegen der andern Argumente werden Sie nicht verlegen sein, denn ich weiß, dass Sie *für* die Scheidung sind; Josephine ist auch der Meinung, ich mache Sie darauf aufmerksam.«

»Sire«, erwiderte Talleyrand, »wenn es Eure Majestät gestatten, so sage ich nichts zu Romanzoff; ich finde, er ist nicht intelligent genug. Und dann müsste er ja auch, nachdem man ihm alles schön beigebracht, dies dem Kaiser wiederholen. Und da ist es die Frage, ob er es richtig und gut wiederholt. Wird er es überhaupt wiederholen? Ich weiß es nicht. Jedenfalls ist es natürlicher, und ich könnte meine Sache auch viel leichter vorbringen, wenn ich über diese große Angelegenheit eine eingehende Unterhaltung mit dem Kaiser Alexander selbst hätte. Sind Eure Majestät derselben Meinung, so will ich es auf mich nehmen, die Unterhandlungen zu eröffnen.«

»Gut«, sagte der Kaiser, »aber vergessen Sie nicht, dass Sie nicht von mir

---

1   Es war die Großfürstin Anna; sie stand in ihrem 15. Lebensjahr.
2   Graf Nikolai Petrowitsch Romanzoff, russischer Reichskanzler, begleitete den Kaiser Alexander 1808 nach Erfurt.

aus zu ihm sprechen. Sie wenden sich als Franzose an ihn, damit er mich zu einem Entschluss veranlasse, der das Bestehen Frankreichs sichert, dessen Geschick nach meinem Tode unsicher sein würde. Als Franzose können Sie alles, was Sie wollen, sagen. Joseph, Lucien, meine ganze Familie bieten Ihnen ein weites Feld; sagen Sie von ihnen alles, was Ihnen beliebt: Sie sind für Frankreich nichts! Selbst mein Sohn – aber das brauchen Sie nicht zu sagen – wird es oft nötig haben, mein Sohn zu sein, um in Ruhe mein Nachfolger sein zu können.«

Es war sehr spät, als der Kaiser den Minister nach diesen Worten verabschiedete.

Mémoires du prince de Talleyrand.

Der Kaiser Napoleon und der General Legendre in Valladolid, Januar 1809

Das Drama der Misserfolge Napoleons in Spanien spielte im zweiten Akt. Der Kaiser hatte sein Hauptquartier in Valladolid aufgeschlagen, um persönlich die Operationen zu leiten. Die Schmach der im Sommer 1808 erfolgten Kapitulation von Bailen, infolge deren sich der General Dupont de l'Étang mit 8000 Mann ergab und die Generale Védel und Dufour sich verpflichteten, mit 10 000 Mann Andalusien zu räumen, lastete immer noch schwer auf ihm; er konnte diese Schande nicht verwinden. Als er daher bei der Parade, die er täglich in Valladolid über seine Truppen selbst abnahm, den General Legendre, ehemaligen Generalstabschef der Armee Duponts bemerkte, blieb er wie vom Donner gerührt vor diesem stehen, der es gewagt, vor ihm zu erscheinen. Napoleons Blicke bohrten sich förmlich in die Legendres, und mit weithin schallender Stimme schrie er ihn an:

»Wie, Sie haben wirklich gewagt, vor mir zu erscheinen?«

Aller Augen richteten sich auf Legendre, der auf diese Anrede hin erbleichte. Er antwortete aber so leise, dass niemand etwas verstehen konnte.

Napoleon jedoch mit zornentstelltem Gesicht, flammendem Auge, drohender Gebärde und lauter, weithin schallender Stimme, damit der letzte Offizier, der letzte Soldat ihn sehen und hören möge, begann sofort von Neuem, dabei zwischen dem General Legendre und den Truppen unaufhörlich nervös auf und nieder schreitend:

»Wie, Sie wagen noch immer, sich öffentlich zu zeigen, obgleich Ihre Schande weit und breit bekannt ist? Obgleich Ihre Unehre auf der Stirn aller Tapfern geschrieben steht? Ja, bis ins Innere von Russland ist man über Sie errötet, und Frankreich wird sich noch viel mehr schämen, wenn es erst durch das Verfahren des Hohen Gerichtshofs Ihre Kapitulation kennt.[1]

»Hat man je gesehen, dass eine Truppe auf einem Schlachtfeld kapituliert? Man ergibt sich in einer Festung, wenn alle Hilfsmittel erschöpft sind, wenn Widerstand nicht mehr möglich ist, wenn man sein Missgeschick mit drei wohlausgehaltenen und durch die Breschen zurückgeworfenen Stürmen gerechtfertigt hat, wenn alle Mittel, sich noch länger zu halten, aufgebraucht sind, und alle Hoffnung auf Hilfe vergebens ist … Auf einem Schlachtfeld aber schlägt man sich, mein Herr, und wenn man, anstatt sich zu schlagen, kapituliert, so verdient man erschossen zu werden …! Wohin sollte denn das führen, wenn die Armeekorps sich auf freiem Feld ergeben würden? Auf dem Schlachtfeld kann man nur auf zwei Arten unterliegen: entweder sterben oder gefangen genommen werden – aber auch das nur mit dem Kolben in der Faust! … Das Kriegsglück ist launisch, man kann besiegt werden … Man kann gefangen genommen werden. Morgen schon kann ich es sein … Franz I.[2] ist gefangen genommen worden, aber mit Ehren; und wenn mir das jemals begegnete, so würde es nur mit dem Kolben in der Hand sein!«

Ein jeder dieser oft unterbrochenen und nicht immer zusammenhängenden Sätze ward laut und deutlich gesprochen, damit es alle hören konnten. In den Zwischenräumen wagte Legendre dann und wann eine Bemerkung einzuwerfen.

»Wir hatten«, sagte er, »vor uns einen uns um das Doppelte überlegenen Feind und wurden von der gleichen Truppenstärke verfolgt.«

»Nun, dann mussten Sie es machen wie der Marschall Mortier in

---

1 Erst 1812 erließ Napoleon das Dekret, das den Generalen bei Todesstrafe verbot, im freien Feld zu kapitulieren.
2 Franz I., König von Frankreich, wurde 1525 bei Pavia gefangen genommen.

Krems,[1] der sich mit einer Handvoll eng zusammenhaltender Leute durch vier Reihen russischer Truppen Durchgang verschaffte. Aber dazu hätte man in Massen und nicht in abgerissenen Abteilungen anrücken müssen, in Kolonnen marschieren, anstatt sich auszubreiten, sich in ein Handgemenge einlassen und nicht in Reih und Glied kämpfen, den Kampf rasch fortsetzen und nicht in die Länge ziehen! Sich in einem solchen Fall auszubreiten beweist die Unkenntnis aller Regeln der Kriegskunst. In Kolonnen hätten Sie die Spanier über den Haufen geworfen, denn sie waren nicht ein Viertel Ihrer Truppen wert.«

»Wir hatten nur Rekruten.«

»Unter guten Befehlshabern werden Rekruten stets gute Soldaten.«

»Wir wollten die Artillerie retten.«

»Nicht die Artillerie wollten Sie retten, sondern Ihre Gepäckwagen, das heißt den Ertrag Ihrer Räubereien. Glauben Sie mich vielleicht hinters Licht zu führen? Wenn Sie nicht am unlauteren Gold, womit Ihre Wagen beladen waren, mehr gehangen hätten als an der Ehre, so würden Sie gewusst haben, was Ihnen die Pflicht gebot; aber Sie waren nicht mehr Franzosen, nicht mehr Befehlshaber, sondern Diebe und Verräter!«

»Sire, wir haben nur Frankreich Soldaten zu erhalten gesucht.«

»Frankreich ist der Ehre, aber nicht der Leute bedürftig.«

»Die Kapitulation ist nicht befolgt worden.«

»Wollte der Himmel, dass sie in nichts befolgt worden wäre, dass die Spanier sie alle erschossen hätten, ich nichts darüber erfahren hätte, und dass besonders die Übergabe nicht bekannt gemacht worden wäre! ... Aber Sie wundern sich, dass sie übertreten worden ist? ... Wussten Sie nicht, dass die Engländer Herren des Meeres waren? ... Und welche Garantien hatten Sie? ... Hatten Sie wenigstens den Schutz eines englischen Konsuls angerufen? ... Nein! So etwas steht einzig in der Geschichte da: 18 000 Mann, 18 000 Franzosen begeben sich in die Gewalt des Feindes,

---

1   Im Jahre 1805.

anstatt zu kämpfen! Die Übergabe noch ungebrauchter Waffen, während der Soldat nur danach verlangt, sich ihrer zu bedienen, kennt kein Beispiel! Auch wenn der Sieg unmöglich gewesen wäre, hätte man sein Leben verkaufen müssen. Man ist nur dann Soldat, wenn man den Tod der Schande vorzieht … Ein Soldat muss zu sterben wissen! … Und was ist der Tod? Müssen wir ihn nicht immer erleiden? Wer nicht zu sterben weiß, der soll nicht den Rock und die Waffen der Tapferen entehren!«

Alle meinten, diese Strafpredigt sei nun zu Ende, aber plötzlich, nachdem er eine Pause gemacht, begann der Kaiser von Neuem:

»Wie haben Sie schreiben und unterzeichnen können, dass die Soldaten Altargefäße gestohlen hätten? Inmitten der Verwirrung und des Missgeschicks einer mit dem Bajonett genommenen Stadt kann man verstehen, dass sich Männer darunter finden, die fähig sind, Abendmahlskelche zu stehlen. … Dass aber die Befehlshaber, wenn sie sich ergeben, es eingestehen, es niederschreiben und unterzeichnen – das ist der Gipfel der Gemeinheit!

Ist Ihnen denn die Hand nicht sofort vertrocknet, als Sie Védel den Befehl zur Niederlegung der Waffen schrieben? Mit welchem Recht haben Sie all diesen Tapfern die Waffen entrissen, die sie mit Ehren trugen? Mit welchem Recht haben Sie ihren Mut und ihre Treue gelähmt? Warum mussten Sie sie auch noch mit Ihrer Schande beflecken? Warum verwendeten Sie die Macht der Mannszucht und die von mir erhaltenen Vollmachten dazu, den Feinden Frankreichs ein Armeekorps zu überliefern? Auch als Untertan ist Ihre Kapitulation ein Verbrechen; als General ist es eine Albernheit, als Soldat eine Feigheit, als Franzose aber ist es die verruchteste Verletzung des edelsten Ruhmes.

Und wenn Sie, frei von einem schmutzigen Interesse, frei von entehrendem Schrecken gekämpft hätten, anstatt zu kapitulieren, wenn Sie Angriffskolonnen gebildet hätten, anstatt sich auszubreiten, wenn Sie Ihre Truppen zusammengehalten hätten, anstatt sie zu zerstückeln, wenn Sie die Spanier geschlagen hätten und Herren des Rückzugs gewesen wären, so würde Madrid nicht geräumt, die Erhebung Spaniens würde nicht durch einen unerhörten Erfolg gesteigert worden sein, England würde keine Armee auf der Halbinsel haben – überhaupt, welcher Unterschied in allen Ereignissen und vielleicht im Geschick der Welt!«

Nachdem er diese letzten Worte gesprochen hatte, wandte er dem General den Rücken. Legendre entfernte sich sofort von der Parade und verließ wenige Augenblicke später Valladolid. Der Kaiser hingegen gab mit dem Kopf das Zeichen und stellte sich vor das Zentrum der Linie. Ein allgemeiner Trommelwirbel ließ sich hören; die Truppen defilierten im Sturmschritt vor ihm. Aber kaum war das erste Peloton vorüber, so sprengte auch der Kaiser davon und kehrte in sein Hauptquartier zurück.

Mémoires du général baron Thiébault.

Der Kaiser Napoleon und der General Thiébault in Valladolid, Januar 1809

Einige Tage nach dem Zwischenfall mit dem General Legendre hatte der General Thiébault in Valladolid im Schloss Karls V., in dem Napoleon einen Teil des ersten Stockwerks nach dem Waffenplatz zu bewohnte, eine längere Unterhaltung mit dem Kaiser über die Angelegenheiten Portugals. Als Thiébault in den Salon trat, wo er empfangen werden sollte, ging der Kaiser, die Hände auf dem Rücken verschränkt, darin auf und ab. Als er den General gewahrte, hielt er in seiner Wanderung inne, ging jedoch nicht wie gewöhnlich ein paar Schritte auf ihn zu, sondern ließ ihn an sich herankommen. Darauf begann er wieder im Zimmer auf und ab zu gehen, sodass der General gezwungen war, mit ihm Schritt zu halten. Inzwischen entspann sich nach einem trockenen »Guten Tag, mein Herr«, das Gespräch:

Napoleon: »Nun, Sie haben sich also den Engländern ergeben und Portugal geräumt?«[1]

Thiébault: »Sire, der Herzog von Abrantes [Junot] hat nur der Notwen-

---

1 Der General Junot hielt Portugal seit dem November 1807 besetzt. Auf die Nachricht, dass die Engländer eine bedeutende Armee nach Portugal schicken wollten, wurde das ganze Land aufständig. Zuerst siegten die französischen Truppen über die Volkshaufen der Portugiesen, aber am 6. August 1808 landete Wellesley, der spätere Lord Wellington, bei der Mondegomündung und marschierte zwei Tage später zusammen mit General Spencer nach Lissabon. Am 21. August kam es bei Vimeiro zur Schlacht, die zum Nachteil der Franzosen ausfiel. Einige Tage später unterzeichnete Junot die Kapitulation von Cintra, infolge deren die Franzosen Portugal räumen mussten.

digkeit gehorcht. Er hat die Leute, die von ihm befehligt wurden und nie mit einer Kapitulation einverstanden gewesen wären, zu einem ehrenhaften Vertrag gezwungen.«

Napoleon: »Das in Lissabon Vorgefallene ist nur die Folge von den Ereignissen in Vimeiro. Dort, mein Herr, hätten Sie den Feind schlagen sollen, und Sie würden ihn geschlagen haben, wenn nicht so große Fehler gemacht worden wären.«

Offenbar wollte er den Namen Junot nicht aussprechen, und deshalb bediente er sich des allgemeineren »Sie«. Als Thiébault, der sich dadurch nicht getroffen fühlte, nichts darauf erwiderte, fuhr der Kaiser fort:

»Aber Sie haben weder verstanden, Ihre Mittel und Kräfte zu gebrauchen, noch die der Engländer zu erkunden, deren Armee nur aus 24 000 Mann bestand.«

Thiébault: »Sire, wir haben aufgrund der Berichte der Einwohner, der Erklärungen der Gefangenen und Deserteure, der von den englischen Offizieren selbst erhaltenen Erkundigungen, der Zahl der für den Transport der englischen Armee verwendeten Schiffe, von denen zwei Drittel genügt haben, um alle Ihre Truppen hinwegzuführen, das englische Heer stärker geschätzt, als es Eure Majestät vermuten.«

Napoleon: »Ich habe in dieser Beziehung offizielle Beweise in Händen.«

Thiébault: »Der Oberst Desroches, der als Geisel 14 Tage im Hauptquartier des Generals Dalrymple verbracht hat, ist mit der Überzeugung zurückgekommen, dass die Armee dieses Generals wenigstens aus 32 000 Mann bestehe.«

Napoleon: »Sie umfasste 24 000. Moore hat übrigens seine Landung erst am 22. begonnen und sie am 23. beendet; und Dalrymple hatte am 21. nur 13 000 Engländer und 6000 Portugiesen.«[1]

Thiébault: »Am 8. landeten 14 000 Engländer an der Mündung des

1 Die Beweise, die der Kaiser von der feindlichen Heeresstärke bei Vimeiro in Händen

Mondego, und die Landung einer dritten englischen Division *während* der Schlacht *von* Vimeiro nach einigen, *vor* dieser Schlacht nach anderen, ist von niemandem bestätigt worden, aber die englischen Generale haben sie selbst zugestanden!«

Napoleon: »Worin bestand Ihre Artillerie auf dem Schlachtfeld von Vimeiro?«

Thiébault: »Aus dreiundzwanzig Geschützen, Sire.«

Napoleon: »Von welchem Kaliber?«

Thiébault: »Aus Drei- und Vierpfündern.«

Napoleon: »Und die des Feindes?«

Thiébault: »Aus dreißig Sechs- und Neunpfündern.«

Napoleon: »Weshalb hatten Sie keine stärkeren?«

Thiébault: »Es fehlte der Artillerie an Bespannung, Sire, und der Herzog von Abrantes hielt es für vorteilhafter, eine ziemlich leichte Artillerie zu besitzen, mit der er den Feind überall hin verfolgen und auf jedem Terrain manövrieren konnte, ohne sich der Gefahr auszusetzen, die Geschütze im Stich lassen zu müssen.«

Napoleon: »Es gab und man hatte mehr Pferde zur Verfügung als nötig waren, um, abgesehen von den erwähnten Geschützen, eine Batterie vom stärksten Kaliber zu bespannen.[1] Man musste also wenigstens eine haben, die Ihnen von großem Nutzen gewesen wäre. Was schadet es übrigens, wenn man einige Kanonen im Stich lassen muss, wenn sie nur ihren Zweck erfüllten und man sie unbrauchbar gemacht hat?

Sie sprechen von Manövern. Haben Sie denn manövriert? Sie hatten

---

hatte, waren weit davon, richtig zu sein. Sir Hew Dalrymple vereinigte sich erst am 22. mit Wellesley bei Vimeiro, bis dahin befehligte Wellesley allein. Wellesley, Spencer, Anstruther und die portugiesische Brigade bildeten zusammen ein Heer von 22 000 Mann; General Freyre hatte 4000, Moore und Hope hatten zusammen 16 000, im ganzen also 42 000 Mann. Moore landete seine Truppen erst am 23. und 24. August.

1   Junot selbst hatte 150 prächtige Pferde in seinem Stall; ohne Frage spielte der Kaiser auf diese an.

kaum den Feind bemerkt, als Sie schon auf ihn zumarschierten und unsere Soldaten dadurch irreführten, dass sie die feindliche Stellung auf dem einzigen Punkt angriffen, wo sie unangreifbar war. Und wo haben Sie je gesehen, mein Herr, dass, wenn der Feind eine bedeutende Stellung einnimmt, man ihn in der Front angreift? Das heißt den Stier bei den Hörnern fassen oder mit dem Kopf gegen die Mauer rennen. Und hat etwa der Marschall Soult bei Lugo so gehandelt? Er hat den Feind umgangen und ihn von der Halbinsel verjagt.«

Thiébault: »Sire, der Marschall Soult hat in Lugo gegen einen Feind gekämpft, der, da er von Eurer Majestät dermaßen geschlagen worden war, dass er sich nicht mehr in Spanien halten konnte, seine Truppen so schnell wie möglich einschiffte und sich in dem Maße schwächte, als der Marschall sich durch die Ankunft der verschiedenen Brigaden seines Armeekorps verstärkte. Der Herzog von Abrantes hingegen, nicht imstande, Portugal noch länger zu halten, bekämpfte in Vimeiro einen Feind, der, ohne dass es vorauszusehen war, für die Schlacht durch 5000 ganz in der Nähe seines Zentrums landende Soldaten verstärkt wurde und dadurch sein Zentrum um das Doppelte vermehrte.[1] Und wenn übrigens der Herzog von Abrantes die Stellung von Vimeiro nicht genommen, so hat der Marschall Soult die Ausschiffung der englischen Armee nicht verhindert.«

Napoleon: »Nichts kann den Angriff einer Stellung rechtfertigen, die nicht rekognosziert worden ist. Unvorhergesehene Schicksalsschläge machen nicht das Wesen des Kriegs aus, dessen Resultate viel mehr von der Macht der strategischen Berechnungen abhängen als von der materiellen Kraft und jenen Kämpfen, wo Mann gegen Mann ringt; diese sind der am wenigsten edle Teil des Kriegsberufs.«

Thiébault: »Diese großen Grundsätze, Sire, sind für immer durch die unsterblichen Schlachten Eurer Majestät bewiesen, die auf dem

---

1 Es war die Division Anstruther, durch die Wellington verstärkt wurde.

Axiom begründet waren, dass man viel mehr Schlachten dadurch gewinnt, indem man die Stärke des Feindes durch gute Berechnungen von vornherein nichtig macht als durch wirklich geschlagene Truppen.«

Napoleon [Ein durchdringender Blick – und dann einen Augenblick Schweigen]: »Ja, mein Herr, wenn Sie auf dem linken Flügel des Feindes manövriert hätten, würden Sie ihn geschlagen, und er würde sich wieder eingeschifft haben. Er besaß keine Lebensmittel, war in der denkbar schlechtesten Lage, und in England hatte man diese Expedition bereits für eine Tollheit angesehen.«

Thiébault: »Wir waren weit entfernt zu glauben, dass die Lage der Engländer eine verzweifelte sein könnte; sie waren stärker als wir und hatten ganz Portugal als Bundesgenossen. Wir hingegen waren viel schwächer als sie, hatten 5000 Spanier zu bewachen, Festungen, Forts und eine Flotte zu beobachten und noch obendrein eine ganze Bevölkerung und eine ungeheure Stadt im Zaum zu halten. Hinsichtlich der Lebensmittel waren ihre Transportschiffe dermaßen verproviantiert, dass sie, ohne neue herbeischaffen zu müssen, genügt haben, um die ganze Armee von Portugal nach Frankreich zurückzubefördern. Ich weiß nicht, Sire, ob es möglich gewesen wäre, über die englische Armee einen Sieg davonzutragen, aber ich glaube, es war unmöglich, sie zur Wiedereinschiffung zu zwingen, und auch zu gefährlich, dies mit den uns zur Verfügung stehenden Kräften zu wagen.«

Napoleon: »Sehr gut, mein Herr, aber durften Sie mit den Bruchstücken Ihres Heeres vor dem Feind erscheinen, wo man doch an einem Schlachttag die letzte seiner Abteilungen hinzugezogen haben soll? Sie hatten 26 000 Mann und stellten ihm nur 10 000 Mann entgegen. Und das nur, weil Sie mehr als 12 000 Mann in Peniche, Almeida, Elvas, Santarem, Lissabon, auf den Schiffen und auf dem linken Tejoufer verstreut hatten.«

Thiébault: »Entweder irre ich mich vollkommen, oder die Zusammenziehung jener Garnisonen und Abteilungen war unvermeidlich. Wenn aber Eure Majestät gestatten, dass ich Ihnen in Bezug auf diese Garnisonen einige Beobachtungen unterbreite, so wage ich anzunehmen, dass Sie darin die Rechtfertigung finden werden, zu welchem Zweck der Herzog von Abrantes diese Abteilungen bildete.« Und als der Kaiser schwieg, fuhr Thiébault fort:

»Die in Portugal gelandete Armee hatte keinen Stützpunkt; eine einzige unglückliche Schlacht konnte ihr alles Kriegsmaterial und die Verwundeten kosten. Es war daher für den General Dalrymple umso wichtiger, sich Peniches zu bemächtigen, für den Herzog von Abrantes dagegen, ihn daran zu verhindern, denn diese Halbinsel ist sozusagen uneinnehmbar. War Peniche einmal im Besitz der Engländer, so wären wir aus dem ganzen Norden von Portugal verjagt worden. Dies sind die Betrachtungen, die den Herzog von Abrantes veranlassten, dort 800 Mann des Schweizerregiments zurückzulassen.

Eure Majestät hatten befohlen, alle Fahrzeuge ausbessern und bewaffnen zu lassen, sodass sie imstande waren, sich auf dem Meer zu halten. Schon hatten wir ein Schiff von 80 Kanonen unter Segel, und ein zweites war bereit, zum Geschwader zu stoßen, sowie zwei Fregatten von 50 Kanonen und eine dritte, die eben in den Hafen einlief. Außerdem besaßen wir noch einige Korvetten und Briggs. Diese Fahrzeuge, Sire, waren nicht allein zur Verteidigung der Tejomündung und im gegebenen Fall zur Unterstützung der russischen Flotte gegen die Unternehmungen der uns blockierenden englischen Flotte nötig, sondern auch zur Bewachung der von den spanischen Truppen besetzten Pontons und um Lissabon in Respekt zu halten. Das waren die Gründe, Sire, weshalb wir zum Schutz der Schiffsmannschaft 1000 Soldaten zurückließen. Von den Forts gar nicht zu sprechen.«

Napoleon: »Diese Forts mussten bewacht werden. Welche Notwendigkeit lag jedoch vor, 2000 Mann auf das linke Tejoufer zu werfen?«

Thiébault: »Sire, an diese Verfügung knüpfen sich ebenso ernste wie heikle Betrachtungen.« Der Kaiser antwortete darauf nichts, sondern ging eine Zeit lang schweigend im Zimmer auf und ab. Nachher nahm er das Gespräch über die portugiesischen Angelegenheiten wieder auf und kam nochmals auf alles zu sprechen, was er bereits erwähnt.

Mémoires du général baron Thiébault.

Der Kaiser Napoleon und der Schweizer Landammann Reinhard in Regensburg, 25. April 1809

Napoleon war mit geflügelten Schritten aus Spanien nach Paris und von da nach Deutschland geeilt. Schnell wie der Blitz durchzog er Schwaben, und unmittelbar nach seinem Eintreffen in Bayern wurden die Österreicher in drei großen Schlachten bei Abensberg, Landshut und Eggmühl geschlagen. Durch die Erhebung Österreichs und Tirols waren auch die Grenzen der Schweiz bedroht, ja es war bereits eine französische Heeresabteilung unangemeldet über die Brücke von Basel gezogen und hatte somit die Westgrenze der Schweiz verletzt. Um die in der Osterwoche von 1809 von der Tagsatzung zu Freiburg erklärte Neutralität geltend zu machen, wurde der ehemalige Landammann Reinhard in der Eigenschaft eines außerordentlichen Gesandten nach dem kaiserlichen Hauptquartier abgeordnet, um von Napoleon selbst Instruktionen über die Stellung der Schweiz einzuholen. Der Kaiser hatte sein Hauptquartier damals in Regensburg im Schloss des Fürst-Primas aufgeschlagen.

Nach vielem Hin- und Herlaufen wurde Reinhard am 25. April 1809 um ein Uhr nachmittags in das Kabinett des Kaisers berufen. Das Vorzimmer war mit Offizieren aller Grade angefüllt. Mehrere, wie z. B. der Marschall Lannes, lagen schlafend auf den Stühlen umher. Nach Verlauf einer Stunde, die Napoleon mit dem Fürsten von Neuchâtel [Berthier] zubrachte, öffnete sich die Tür des Kabinetts, und Napoleon begrüßte den Abgesandten mit einem lauten »Ah! Da ist ja der Landammann von Zürich! Wie geht es in der Schweiz?«

Reinhard konnte jedoch nicht zu Wort kommen, denn der Kaiser nahm ihm die mitgebrachten Schreiben ab, las sie durch und äußerte sogleich:

»Ich sehe in diesem Augenblick nichts, was Sie beunruhigen könnte. Ich verlange nichts von der Schweiz. Was sollte ich auch von Ihnen fordern? Etwa durch die Schweiz nach Deutschland vordringen? Die Straßen durch das mir verbündete Bayern stehen mir offen. Nach Italien? Dafür habe ich ja den Simplon; das Wallis gehört nicht mehr der Schweiz an.

Ich bin mit der Schweiz und mit der Tagsatzung zufrieden. Würde ich geschlagen – alle Heere können geschlagen werden –, so wäre ich darum noch nicht überwunden. Was sind hunderttausend Mann für Frankreich? Ja dann, dann würde ich durch die Schweiz ziehen, ich verhehle es nicht, und müsste ich auch dafür einen Vorwand, selbst den einer Schmähschrift, gebrauchen. Wir haben die Österreicher jetzt geschlagen, alle ihre Kriegsfuhrwerke umzingelt und den Erzherzog nach Böhmen zurückgeworfen. Ich denke, es ist mit dieser Monarchie zu Ende; zwei Mal habe ich sie verschont, aber jetzt soll sie Europa keinen Schaden mehr zufügen.

Ich werde die drei Kronen von Österreich, Böhmen und Ungarn voneinander trennen. Österreich hat gewagt, mich zu überrumpeln, weil meine Hauptarmee sich in Spanien befindet. Hierin liegt die einzige Ursache des Kriegs. Haben Sie die österreichischen Erklärungen gelesen?«

»Nur die des Erzherzogs Karl«, erwiderte Reinhard.

»Die Österreicher schlagen sich schlecht; es sind Horden. Kaum der dritte Teil meiner Truppen stand im Feuer.«

Reinhard einfallend: »Noch hat die Schweiz keinen Schritt Österreich gegenüber getan, und so, wie die Sachen liegen, scheint dies überflüssig.«

»Die Österreicher sind nie Ihre Freunde gewesen«, erwiderte Napoleon. »Die Dokumente des Jahres 1805 beweisen zur Genüge, dass sie der Schweiz gegenüber nicht Wort gehalten haben würden. Sollte ich geschlagen werden, so müsste sich die Schweiz kraft unseres Bündnisses zur Verteidigung ihres Bodens und ihrer Neutralität bewaffnen. Wie stark ist Ihr Kontingent?«

»Fünfzehntausend Mann.«

»Wäre es nicht möglich, vierzigtausend aufzubringen?«

»So viel für den innern Dienst und für kurze Zeit aufstellen: ja; sie bewaffnen: schwer; sie bezahlen: ganz unmöglich!«

»Ah! Man müsste Ihnen also zu Hilfe kommen; es ist jedoch unnötig; ich kann Ihnen diese Ausgaben ersparen. Stellen Sie einige Bataillone Tirol gegenüber auf, um die Insurgenten im Zaum zu halten: Das genügt. Wer ist Ihr General?«

»Wattenwyl.«

»Ah! Sie haben ihn also wieder bestätigt?«

»Die Tagsatzung hat dem Landammann die Vollmacht erteilt, die schon gewählten Stabsoffiziere wieder in Tätigkeit zu berufen.«

Nach einer kleinen Unterbrechung bezeugte Reinhard seinen Dank für die infolge des Ersuchens des Landammanns eingestellten Truppenmärsche über die Baseler Brücke.

»Diese Geschichten zu Basel«, antwortete Napoleon, »geschahen ohne mein Wissen. Der die Befehle erteilende General hat die für Sie daraus entstehenden Folgen nicht gehörig zu würdigen gewusst. Man kann dort eine Brücke bauen. Ich hätte nur zwei Wünsche hinsichtlich der Schweiz, nämlich, dass nirgends als in meinem Dienst Schweizer Truppen geduldet und dass die Vervollständigung meiner Regimenter mehr beschleunigt würde.«

Dann dem zu antworten beginnenden Reinhard in die Rede fallend:

»Aber das sind nur untergeordnete Gegenstände. Ist man im Innern der Schweiz ganz ruhig?«

»Vollkommen.«

»Gibt es dort keine solchen Hitzköpfe wie zum Beispiel hier in Bayern?«

»Allerdings kann man nicht für jeden Einzelnen gut sagen, wohl aber für die Gesamtheit.«

»Und die innere Verwaltung?«, fuhr der Kaiser fort.

»Alle Kantone sind der Mediation aufrichtig zugetan; wohl mögen vielleicht einige Abweichungen in der Art ihrer Anwendung je nach dem Geist der Kantone stattfinden.«

Hier folgten einige Bemerkungen über innere Verwaltungsgegenstände; darauf fragte Napoleon wieder:

»Welcher Kanton grenzt an Tirol?«

»Graubünden.«

»Die Umstände könnten es mit sich bringen, dass die Schweizer Grenzen besser abgerundet würden; vielleicht auf der Seite der unruhigen Tiroler. Vielleicht mit Lindau!«

»Auf jener Seite besitzt die Schweiz eine natürliche Grenze«, erwiderte Reinhard; »besser wäre es bei Konstanz, nebst einer Abrundung für den Kanton Schaffhausen.«

»Wem würde Konstanz zufallen?«

»Dem Kanton Thurgau.«

»Was ist das für ein Kanton? Ist Sankt Gallen seine Hauptstadt?«

»Nein, Frauenfeld. Werden Eure Majestät geruhen, mir Aufträge oder eine Antwort an den Landammann zu übergeben?«

»Ja, ich werde einen Brief an den Landammann bereithalten lassen. Wann sind Sie angekommen?«

»Gestern Abend.«

»Nun denn, morgen können Sie wieder abreisen.«

»Dürfte ich meinen Legationsrat vorstellen?«[1]

»Lassen Sie ihn hereinkommen. Woher ist er?«

»Aus Zürich.«

Hirzel, durch Reinhard gerufen, trat ein.

---

1   Es war der zürcherische Ratsherr J. J. Hirzel.

»So, die ganze Gesandtschaft ist also von Zürich?«, rief Napoleon.

Und Reinhard antwortete: »Der Landammann beauftragte mich, bei meiner Ernennung jemand aus meiner näheren Umgebung mitzunehmen.«

»Wäre es möglich, meine Kuriere über den Gotthard zu senden? Gibt es dort auch keine Räuberbanden?«

»Dies könnte mit der größten Sicherheit geschehen, nur sind dort keine Einrichtungen getroffen, und es bestehen keine Pferdestationen. Räuber gibt es keine.«

»Mein Minister kann zu diesem Zweck Vereinbarungen mit Privatleuten abschließen. Jetzt sende ich die Stafetten über Schaffhausen und Chambéry; allein der Weg über den Gotthard wäre viel kürzer. Aber gibt es dort auch gewiss keine Räuber?«

»Nein, Sire.«

»Wie man sagt, sind Eure Bauern sehr reich?«

»Eure Majestät wollen verzeihen, aber sie leiden im Gegenteil stark an den Hemmungen der Industrie und dem ihnen dadurch abgehenden Absatz ihrer Waren und Erzeugnisse.«

»Ja, ich habe so etwas gehört von gehemmtem Handel und Absatz wegen der französischen und italienischen Zölle.«

Auf ähnliche Weise folgten noch mehrere Fragen über die Kontingente, über Lindau, Konstanz und anderes mehr, bis der Abgeordnete mit einer höflichen Verbeugung und mit einem »es ist gut« entlassen wurde.

Gegen Abend ließ Napoleon den Gesandten abermals zu sich rufen. Reinhard wartete wieder in dem stets gleich belebten Vorzimmer eine Stunde lang, worauf er um 8 Uhr abends beim Kaiser eingeführt wurde, der, am Tag vorher leicht an der Ferse verwundet, bald stand, bald saß, bald den Fuß auf einen Lehnstuhl stützte.

Weit ernster als am Morgen sprach Napoleon sehr hastig, lange anhaltend, oft zu den nämlichen Gegenständen zurückkehrend und an denselben festhaltend. Er begann mit der einfachen Frage, ob Reinhard seine Schreiben empfangen habe. Und nachdem sich dieser für das kostbare ihm zugedachte Geschenk[1] geziemend bedankt hatte, äußerte der Kaiser in weitläufiger Rede:

»Ich habe über Ihre Neutralität nachgedacht. Ich werde sie respektieren und nichts von Ihnen verlangen. Sollte aber wieder Krieg ausbrechen und Österreich gewänne die Oberhand, so wären Sie verloren. Mir gegenüber ist Ihre Neutralität ein Wort ohne Sinn; sie kann Ihnen nur so lange dienen, als ich will. Wie wäre es, wenn ich Ihnen stattdessen durch Vereinigung Tirols mit der Schweiz Kraft und Halt verliehe? Eigentlich sollte ich dieses Land [Tirol] einäschern; könnte ich es jedoch wieder zur Ordnung bringen, ohne es zugrunde zu richten, so würde ich diesem Ausweg den Vorzug einräumen. Es hat in seinen Sitten und physischen Mitteln viel Ähnlichkeit mit dem Ihren und würde bei allen zukünftigen Ereignissen Ihre Kräfte verstärken. Es besitzt den gleichen Freiheitsdurst wie die Schweiz; es würde sich mit Ihrer Verfassung gut vertragen. Man würde einen oder zwei Kantone daraus machen. Für mich würde ich mir nur freie Heer- und Etappenstraßen für die Verbindungen Deutschlands mit Italien vorbehalten. Sie würden dagegen eine neue Handelsstraße und Absatz für Ihre Fabriken gewinnen. Dadurch würde die Schweiz auch wieder zu ihrer natürlichen Verbindung mit den deutschen Staaten gelangen. Schon von alters her war sie mit Deutschland verknüpft; sie hatte ihre Reichsstädte, kurz, sie würde wieder einen Teil des Deutschen Reichs bilden, das nun ohnehin seine alten Rechte auf die Schweiz wird geltend machen. Wie war es doch?«

Reinhard einfallend: »Ja, der Abt von St. Gallen hatte den Titel Reichsfürst.«

»Nein, nein, das meine ich nicht. Weiter!«

---

1   Napoleon hatte Reinhard durch Duroc sagen lassen, dass er ihm sein Bildnis auf einer mit Edelsteinen besetzten Dose schenken werde.

»Allerdings waren mehrere unserer Städte Reichsstädte.«

Napoleon fuhr fort: »Sie könnten sich einst über sich selbst täuschen. Alle übrigen Staaten vergrößern sich, schließen Sie ein und werden kriegerisch in meiner Schule. Sie, Sie allein bleiben schwach und klein. Wollen Sie sich der Gefahr aussetzen, dass ich Ihnen eines Tages einen beständigen Landammann hinsetze? Bei dem Ausbruch des ersten künftigen Kriegs sind Sie verloren. Es hält allerdings schwer, einen neuen Krieg vorauszusetzen, denn wer soll nach dem Untergang Österreichs diesen Krieg beginnen? Für die Schweiz erblicke ich nur Vorteile in dem, was ich ihr vorschlage. Eröffnen Sie nach Ihrer Rückkehr diese meine Absichten einigen Ihrer ausgezeichnetsten Männer und beraten Sie miteinander recht gründlich darüber.«

Reinhard, überrascht, doch nicht eingeschüchtert, bat sich nun die Erlaubnis aus zu antworten und stellte alle Gründe dar, um eine solche Vergrößerung seines Vaterlandes und dessen Wiederanknüpfung an das Deutsche Reich, worin er den Untergang der Schweiz erblicken musste, aus den Gedanken des Kaisers zu verdrängen.

Unter anderm führte er an: Allerdings besitze unter den obwaltenden Umständen die Neutralität der Schweiz nicht mehr ihre ehemalige Bedeutung, sondern beschränke sich einfach auf Abwendung der Plagen des Kriegs. Ohne Zweifel würde sie sich entschlossen gegen den Angreifer verteidigen, dagegen würde der Anschluss an Deutschland sie als Teilhaberin in alle zukünftigen Kriege verwickeln, was die traurigsten Folgen nach sich zöge. Er beschwöre Se. Majestät, diesen Gedanken zu verbannen. Was die Vereinigung mit Tirol anlangt, so sei dieses Land allein schon halb so groß als die ganze Schweiz, mithin würde ein unerhörtes Missverhältnis zwischen ihm und den übrigen Kantonen erwachsen. Die Interessen dieses neuen Landes wären mit denen der alten Schweiz nicht zu verschmelzen, würde man doch dort nie treue Anhänglichkeit finden. Die den Schweizern erst kürzlich gegebene Verfassung müsste wieder zerstört werden. Sie würden der Habsucht beschuldigt und dem gerechten Vorwurf ausgesetzt bleiben, sich unverhältnismäßig auf Kosten friedlicher Nachbarn vergrößert zu haben. Alles gebiete den Schweizern, ihre bescheidene Stellung nie zu verlassen. Besser wäre es, wenn Tirol zu einem eigenen Staat wie das Wallis gebildet und durch freundschaftliche Bande mit der Schweiz verknüpft würde. Dabei läge nichts im Weg, um die Unabhängigkeit und eine für alle gleich nützliche Neutralität auch bei allgemeinem Kriegszustand fortbestehen zu lassen.

Napoleon erwiderte, dies alles seien erst vorläufig hingeworfene Gedanken in der Voraussicht, dass Österreich aufhöre fortzubestehen. Noch sei nichts entschieden, Reinhard solle davon einstweilen nur in allgemeinen Ausdrücken sprechen.

Dieser versuchte nochmals, den Kaiser auf bessere Gedanken zu bringen, wurde dann aber ziemlich trocken entlassen.

C. von Muralt: Hans von Reinhard.

DER KAISER NAPOLEON UND GRAF BUBNA, ANFANG SEPTEMBER 1809 IN SCHÖNBRUNN

Als der Graf Bubna am 16. September von Schönbrunn in das kaiserliche Hauptquartier nach Totis zurückkam, konnte er sich nur lobend über den schmeichelhaften und liebenswürdigen Empfang Napoleons aussprechen. Er hatte ihm einen Brief des Kaisers Franz überreicht, in welchem dieser günstigere Friedensbedingungen zu erlangen suchte.

Nachdem Napoleon dem Grafen die Bedingungen genannt hatte, die er den Österreichern bewilligen wollte, sagte er:

»Da haben Sie mein Ultimatum. Wenn Sie mich schlagen, werde ich Ihnen günstigere Bedingungen vorschlagen, aber wenn Sie unterliegen, ist es klar, dass ich Ihnen noch härtere auferlege. Denken Sie daran. Ich will den Frieden! Ich will ihn wirklich, umso mehr, als ich noch sehr viel in anderen Gegenden Europas zu tun habe. Ich habe mich übrigens überzeugt, dass Sie verteufelt stark sind; ich glaubte nicht, dass Sie so viel Hilfsquellen besäßen. Sie schlagen sich sehr gut; ich hätte jedoch genügend Kräfte Ihnen entgegenzusetzen. Ich weiß wohl, dass ich keine Freunde bei Ihnen habe, aber glauben Sie nur, ich werde mir welche zu schaffen wissen.«

Er gab dem Grafen Bubna zu verstehen, dass er nur die Grundbesitzer in Österreich zu wechseln brauche. Dann fuhr er fort:

»Wie hoch schätzen Sie meine Streitkräfte?«

Und auf die Antwort Bubnas setzte er hinzu:

»Sie scheinen gut unterrichtet zu sein. Wollen Sie mein Heer sehen?«

Da Graf Bubna fürchtete, Zeit zu verlieren, entschuldigte er sich, und der Kaiser entgegnete:

»Sehen Sie sich wenigstens meine Stellung an.« – Darauf ließ er sich von Berthier eine Karte geben, um ihm die Befestigungen bei Wien, auf der Insel Lobau usw. zu zeigen.

Graf Bubna fragte den Kaiser seinerseits, wie stark er die österreichische Armee halte. Und nachdem Napoleon geantwortet hatte, erlaubte sich Bubna zu sagen:

»Eure Majestät täuschen sich. Wir sind viel stärker.«

Napoleon sagte ganz einfach:

»Das kann sein, aber ich habe immerhin große Vorteile. Sehen Sie, zunächst hält sich mein Heer für unbesiegbar, da es mich an der Spitze weiß. Wenn mir der Sieg bei Essling entgangen ist, so war das meine Schuld. Ich hatte zu sehr auf meinen Stern vertraut. Zweifellos kann man mir den Vorwurf machen, dass ich zu kühn gewesen war, die Donau angesichts des Feindes zu überschreiten. Ich bin, wie ich es verdiente, bestraft worden; aber das Vertrauen meiner Truppen hat sich nicht verändert. Und dann ist es ein gewaltiger Unterschied, ob man als Kaiser Armeen befehligt oder nur als einfacher General. Ich kenne das, denn ich habe es selbst durchgemacht. Als ich vom Direktorium Truppen erbat, erhielt ich zur Antwort: ›Frankreich ist erschöpft; es fehlt an Truppen!‹ Wenn ich Geld haben wollte, antwortete man mir: ›Es gibt keins!‹ Wenn mir aber Berthier jetzt sagt: ›Wir sind schwächer als der Feind‹, so gebe ich diesem oder jenem Armeekorps Befehl, zu mir zu stoßen.

Wenn mir mein Minister Vorstellungen macht, dass es Frankreich an Menschen mangele, so antworte ich ihm: ›Ach was! Einer Bevölkerung von dreißig Millionen Menschen darf es nicht an Soldaten fehlen!‹, und ordne diese oder jene Aushebung an. Wenn ich Geld brauche, und der Finanzminister macht mir Vorstellungen, dass er keine Steuern mehr auferlegen kann, antworte ich: ›Verkauft die Spitzen der Kaiserin!‹ Und so fehlt es mir weder an Menschen noch an Geld!

Bei Ihnen geht das alles viel langsamer und unter tausend Schwierigkeiten vonstatten. Für mich gibt es das alles nicht.«

Als der Graf Bubna sich zu bemerken erlaubte, dass es wohl anders werden könne, und es nicht unmöglich sei, dass Napoleon eines Tages einem seiner würdigen Gegner an der Spitze des Staates begegnen könne, sagte der Kaiser:

»Wenn das einmal eintreffen sollte, so habe ich doch immer den Vorteil, der Erste und vor ihm dagewesen zu sein. Ich werde immer das Vertrauen des Soldaten besitzen, das der andere erst erwerben muss!«

Da der Kaiser auf seinem Wunsch, Frieden zu machen, beharrte, bemerkte Bubna, dass es bisher schwierig gewesen sei, daran zu glauben. Die ersten Bedingungen und das »Uti possidetis«, die der Graf Champagny vorgeschlagen habe, seien derart gewesen, dass sie ohne Schande von Österreich nicht hätten angenommen werden können. Hier unterbrach ihn Napoleon und sagte:

»Ach was, ›Uti possidetis‹, in meinem ganzen Leben habe ich nicht daran gedacht; das ist nur ein schlechter Scherz von Champagny! Übrigens sind meine gegenwärtigen Bedingungen keineswegs entehrend, und Österreich wird, wenn es sie annimmt, nach Frankreich immer die erste Macht auf dem Kontinent sein.«

Er fragte darauf, warum die Österreicher eine so große Anzahl Kanonen aufgestellt hätten.

Bubna: »Weil das Geschütz besonders den Ausgang der letzten Schlachten entschieden hat, und weil die französische Artillerie so beträchtlich ist, dass wir gezwungen sind, uns derselben Mittel zu bedienen, so blutig sie auch sein mögen! Muss man nicht auch ein wenig Mitleid mit der armen Menschheit haben, Sire?«

Auf diese Frage näherte Napoleon sich dem Grafen, nahm ihn vertraulich beim Arm und sagte:

»Sie haben recht, aber was soll ich tun? Ich habe meine beste Infanterie in Spanien. Diese Truppen hier sind kampfesmüde und verlangen

403

nach Frieden. Ich bin infolgedessen gezwungen, mich der Artillerie zu bedienen. Auch ich, ich wiederhole es, ich wünsche aufrichtig den Frieden, denn ich habe gesehen, dass es nicht leicht ist, mit Ihnen zu tun zu haben. Bis jetzt habe ich den Beistand Russlands gehabt, da mir der Kaiser gegen den Willen des ganzen Volkes ergeben ist. Das muss ich loben, denn einem Herrscher muss die Meinung seines Volkes gleichgültig sein. Wer garantiert mir aber, dass dieser Zustand andauern wird? Was Preußen anlangt, so weiß ich seit Langem, dass es zwischen Ihnen und mir schwankt.«

Als man auf den Erzherzog Karl zu sprechen kam, drückte er sich folgendermaßen über ihn aus:

»Sie hätten ihn an der Spitze des Heeres lassen sollen, denn er verstand nun einmal Krieg zu führen. Meine Ansicht ist die: Man soll die Brüder des Kaisers gut behandeln und es ihnen an nichts fehlen lassen. Sie mögen einen gut eingerichteten Hofstaat und beträchtliche Einkünfte haben, aber den Oberbefehl der Armeen sollte man ihnen nicht anvertrauen.«

Napoleon sprach darauf von den Kriegen, die Österreich seit dem Dreißigjährigen Krieg geführt hat; er sprach sich sehr eingehend über den Siebenjährigen Krieg aus, ebenso über alle Schlachten des letzten Feldzugs. Als er auf die Schlacht von Regensburg zu sprechen kam, sagte er:

»Ich hätte vielleicht besser getan, den Erzherzog Karl bis nach Cham zu verfolgen und Ihnen keine Ruhe zu lassen. Als Feldherr kann man mir deswegen Vorwürfe machen, denn allem Anschein nach würde dann die Schlacht von Essling nicht stattgefunden haben. Ich habe allerdings einige Augenblicke lang gezaudert, aber ich habe an die europäische Lage gedacht und welchen Eindruck es machte, wenn ich zu schnell in Wien eindringen würde. Ich habe mich darauf zu dem letzten Marsch entschlossen.«

In folgender Weise sprach sich Napoleon über sein Schlachtensystem aus:

»Sehen Sie, ich werde Ihnen ganz offen meine Taktik in der Schlacht entwickeln und Ihnen den Fehler sagen, den Sie immer wieder begehen. Sie gehen stets in kleinen Abteilungen vor, für die Ihre Schlachtordnung das Ganze bildet. Dann treffen Sie Ihre Anordnungen am Tag *vor* der Schlacht, wo Sie noch gar nicht die Bewegungen Ihres Gegners kennen. Sie haben weiter nichts als Ihr Terrain im Auge. Ihre Schlachtordnung ist immer dem Terrain entsprechend gut gebildet, aber niemals nach den Bewegungen Ihres Gegners; allerdings muss ich gestehen, dass es keine besseren dem Terrain angepassten Bewegungen gibt als die Ihrigen.

Ich dagegen treffe niemals *vor* dem Kampf meine Anordnungen, und besonders während der Nacht bin ich sehr ängstlich. Ich halte mein Heer in geschlossenen Massen, und so erwarte ich den Tag. Bei den ersten Sonnenstrahlen sende ich meine Aufklärer aus, mache meine eigenen Rekognoszierungen, um mich selbst überzeugen zu können und der Bewegungen des Feindes sicher zu sein. Solange ich im Ungewissen bin, bleibt das Gros meines Heeres zusammen. Sobald ich aber über alles im Klaren bin, ist meine Schlachtordnung gebildet und viel mehr auf den Bewegungen meines Gegners aufgebaut als auf dem Terrain selbst. Wie der Blitz falle ich in seine Kolonnen ein, und so greife ich seine Schlachtordnung an, indem ich mich des Terrains bediene.«

Während dieser ganzen Unterhaltung, die sieben Stunden ununterbrochen gewährt hatte, blieb Napoleon immer gleich ruhig und kaltblütig.

Kaiser Franz hatte die von Napoleon angebotenen Bedingungen nicht angenommen. Bubna hatte sich von Neuem nach Wien begeben, um eine Änderung derselben herbeizuführen. Bei seiner Ankunft hatte man ihm gesagt, dass er schlecht empfangen werden würde.

Seit zwei Uhr nachts hatte Napoleon an einem Brief an den österreichischen Kaiser gearbeitet, der in so derben Ausdrücken abgefasst war, dass er sie wieder durchstrichen hatte und damit beschäftigt war, einen anderen zu diktieren. Sobald Napoleon den Grafen Bubna empfangen hatte, begann er sich gegen die Umgebung des Kaisers Franz zu ereifern, die sich dem Friedensschluss entgegensetzte. Er nannte verschiedene Minister, Generale und Gentz. Dann begann er dem Grafen, ohne den Brief zu lesen, den dieser mitgebracht hatte, sein eigenes langes Schreiben vorzulesen, das nützliche Lehren und Erläuterungen auf seine Art und Weise enthielt.

Als er bei der fünften Seite angelangt war, stieß er auf Worte, die er in seiner Aufregung nicht sofort entziffern konnte. Sofort warf er den Brief auf den Boden, verabschiedete den Grafen und bat ihn, ein andermal wiederzukommen.

Am anderen Tag ließ Napoleon den Grafen Bubna kommen, sagte ihm, dass er den Brief von gestern widerrufe, und fuhr fort:

»Hunderttausend Seelen mehr oder weniger, darauf kommt es mir nicht an! In dieser Hinsicht werden Sie immer leicht mit mir verhandeln können; diese unbedeutenden Einzelheiten können Sie mit Murat regeln. Aber eine Angelegenheit, auf der ich immer bestehen bleiben und wegen der ich Ihnen den Krieg erklären würde, wenn wir gegenwärtig in Frieden lebten, ist Triest und Fiume. Diese beiden Städte muss ich unbedingt haben. Ich habe bei Abschluss des Friedens von Preßburg einen großen Fehler begangen, dass ich nicht darauf bestanden habe. Glauben Sie mir, dass mir viel daran liegt, sie von Ihnen zu verlangen, denn sie sind Ihre einzigen Seehäfen. Ich würde Ihnen fünf andere Hafenstädte an ihrer Stelle geben, aber ich brauche eine Verbindung mit Dalmatien, um meine alten Freunde, die Türken, unterstützen zu können und um Herr über das Mittelländische Meer zu sein. Ich befinde mich in der verwünschten Lage, dass die Engländer, da ich alle meine Flotten verloren habe, im Besitz des Mittelländischen wie auch der anderen Meere sind. Ich sollte es ihnen nicht überlassen.

Übrigens glauben Sie nicht, dass ich Sie schikanieren und von Ihnen Geld verlangen will. Ich erkläre Ihnen und gebe es Ihnen schriftlich, dass ich keins von beiden beabsichtige. Das sind Unannehmlichkeiten, die nur Zänkereien unter den Staaten hervorrufen. Ich habe diese Erfahrung mit

Preußen gemacht, das trotz des abgeschlossenen Vertrags mich nicht bezahlt hat und das ich gezwungen sein werde zu pfänden.«

Der Kaiser sprach diese Worte in einer Weise aus, die durchblicken ließ, dass ihm die Sache, ohne großes Gewicht darauf zu legen, unangenehm sei.

Napoleon ließ die neuen Friedensbedingungen schriftlich formulieren, in denen er sich in folgenden bemerkenswerten Worten über Galizien aussprach:

»Um zu beweisen, dass ich nicht die Absicht habe, Polen wiederherzustellen, werde ich dieses oder jenes Stück Sachsen geben!«

Eine diplomatische Trilogie aus dem Leben C. Friedrichs von dem Knesebeck.

DER KAISER NAPOLEON UND GRAF BUBNA IN SCHÖNBRUNN, 20. SEPTEMBER 1809

Am 20. September 1809 langte Graf Bubna in Schönbrunn an, um Napoleon nochmals Friedensvorschläge und gegen sein Ultimatum Einwendungen zu machen. Der Hofmarschall Duroc, den er sogleich von seiner Ankunft in Kenntnis setzte, forderte ihn auf, sich um 7 Uhr abends in Schönbrunn einzufinden.

Napoleon empfing den Grafen mit finsterem Ernst; seine Haltung verriet böse Laune.

»Was bringen Sie, Krieg oder Frieden?«

»Darüber können nur Sie entscheiden, Sire«, erwiderte Bubna. »Kaiser Franz hat in dem Protokoll zu Altenburg seine Bereitwilligkeit zur Herstellung der Ruhe kundgegeben und in alles, was nur mit dem Fortbestand der Monarchie verträglich ist, eingewilligt.«

»Diese Note beweist klar«, entgegnete Napoleon heftig, »dass Österreich keinen Frieden schließen und keine billigen Opfer bringen will; man beurteilt eben österreichischerseits die Lage nicht richtig. Stadion hat das Entschädigungsobjekt in Galizien erdacht, um Missverständnisse zwischen Frankreich und Russland hervorzurufen.«

Hierauf folgten lange und heftige Auseinandersetzungen über den Krieg, dessen Gang, die Notwendigkeit, die Kronen zu trennen, die Feudalrechte abzuschaffen und dergleichen mehr. Geduldig hörte Bubna die Ausfälle und Drohungen an. Erst als Napoleon sich etwas beruhigt zu haben schien, bemerkte der Graf, dass Österreich unmöglich in die geforderte Abtretung der deutschen Provinzen willigen könne, ohne die Hilfsmittel des Staates zu untergraben und seinen ganzen Handel zu schädigen. Napoleon fand seine Ansprüche mäßig und mit französischem Blut teuer erkauft; die österreichische Monarchie bleibe noch immer groß und achtunggebietend, er wolle den österreichischen Seehandel nicht vernichten, aber er müsse die Verbindung Dalmatiens mit dem Königreich Italien dauernd sicherstellen oder auf den Besitz des ersteren verzichten. Dies könne er schon wegen des Zusammenhangs mit der Türkei nicht tun, auch habe er sein Ultimatum Russland schon mitgeteilt, könne daher nicht davon abgehen.

Bubna benutzte die ruhigere Stimmung Napoleons, um zu erklären, dass der Kaiser Franz die Verbindung mit der Küste nicht aufgeben werde.

»Also ist der Krieg unvermeidlich!«, rief Napoleon; »werden Sie mir den Waffenstillstand kündigen, oder soll ich es tun? Nein, ich will der Welt das Schauspiel Ihrer Torheit geben, dass Sie den Waffenstillstand aufkündigen, die Existenz des Staates bloßstellen, nur um nicht Opfer zu bringen, die ich als Sieger, als Herr über 9 Millionen österreichischer Untertanen billig fordern kann.«

Hierauf folgte eine lange Pause. Napoleon legte seinen Hut nieder, stellte sich düster vor sich hinblickend in die Fensterecke und blieb eine Zeit lang stumm und in sich gekehrt. Bubna unterbrach das Schweigen, indem er die Neigung des Kaisers Franz zum Frieden und zur Annahme mäßiger Bedingungen hervorhob. Napoleon, gleichsam aus seinem Nachdenken erwachend, fiel ihm in die Rede:

»Wissen Sie was, wenn man meine Forderungen übertrieben findet, so soll der Kaiser von Österreich die russische Vermittlung annehmen. Wir schließen einen Waffenstillstand auf sechs Monate, der Zar sendet einen Unterhändler nach Altenburg, auf dessen Vorschlag ich eingehen will.«

Bubna bemerkte, dass sich auf diese Weise der Abschluss des Friedens nur verzögern könne; die Entscheidung müsse binnen einigen Tagen erfolgen, Zögerung und Ruin des Staates seien gleichbedeutend. Die Unterredung hatte fast drei Stunden gedauert. Napoleon sprach jetzt über alles Mögliche.

»Kaiser Franz«, sagte er unter anderm, »soll seine Marschälle und Generale fragen, ob es möglich sei, mich von hier zu entfernen. Leute, welche die Feder führen, verstehen das nicht; nicht in vier Feldzügen vermag Österreich mich aus seinen Staaten fortzubringen! Sie werden noch 14 Tage verlieren und dann doch auf meine Bedingungen eingehen; Sie können die Ihnen drohende Gefahr gar nicht übersehen. Ich habe 200 Millionen Bankzettel in Frankreich machen lassen, die ich in Umlauf bringen werde; sobald der Krieg beginnt, werde ich hier die Fabrikation einrichten.«

Als Napoleon den österreichischen General ein Viertel vor 10 Uhr nachts entließ, beauftragte er ihn, zu melden, dass eine Verbindung zwischen Dalmatien und Italien eine »conditio sine qua non« sei, die er beim Frieden von Preßburg nur aus Mangel an Lokalkenntnis außer Acht gelassen habe. Selbst wenn er in vollem Frieden mit Österreich stände, müsste er eigentlich den Krieg beginnen, um dies Ziel zu erreichen; hierauf lege er das Hauptgewicht, sonst komme es ihm auf einige Menschen mehr oder weniger nicht an. Sachsen würde in Galizien, Bayern durch Salzburg entschädigt werden. Finde der Kaiser diese Bedingungen zu hart, so möge er die Vermittlung Russlands annehmen. Endlich trug er Bubna auf, in seinem Bericht hervorzuheben, dass diese Vorschläge gemacht worden seien, ohne den Brief des Kaisers Franz – den Napoleon uneröffnet in die Tasche steckte – gelesen zu haben.

A. Beer, Zehn Jahre österreichischer Politik 1801–1810.

Der Kaiser Napoleon und Friedrich Stapss in Schönbrunn, 13. Oktober 1809

Der Friede zwischen Österreich und Frankreich ließ noch immer auf sich warten. Napoleon befand sich in Schönbrunn, aber die Friedensunterhandlungen zogen sich in die Länge. Währenddessen hatte Deutschland schwer unter den Folgen des Kriegs zu leiden. Ein junger Patriot namens Friedrich Stapss, der Sohn eines protestantischen Geistlichen aus Naumburg, fasste den Plan, die Welt von demjenigen zu befreien, den er als die Ursache aller Leiden ansah.

Am 13. Oktober 1809, als der französische Kaiser im Schlosshof von Schönbrunn eine große Parade abhielt, wollte der junge Fanatiker seinen Plan zur Ausführung bringen. Er wurde jedoch vom General Rapp bemerkt und verhaftet. Man fand bei Stapss ein großes Küchenmesser, ein Bild einer jungen Dame und eine Börse mit einigen alten Louisdors.

Napoleon hatte selbst nichts von dem Vorgang bemerkt, und als man ihn ihm meldete, befahl er, den jungen Mann zu ihm zu führen. Zwei Gendarmen brachten Stapss mit auf den Rücken gebundenen Händen vor den Kaiser. Er schien sehr ruhig, und die Gegenwart Napoleons machte nicht den geringsten Eindruck auf ihn. Dennoch grüßte er den Kaiser ehrfurchtsvoll. Dieser fragte ihn, ob er Französisch spräche, und Stapss antwortete ohne Scheu: »Sehr wenig.«

Napoleon ließ daher die Fragen und Antworten durch Rapp, einen geborenen Elsässer, übersetzen, und das Verhör begann.

»Aus welcher Stadt sind Sie?«

»Aus Naumburg.«

»Was ist Ihr Vater?«

»Protestantischer Pfarrer.«

»Wie alt sind Sie?«

»Achtzehn Jahre alt.«

»Was wollten Sie mit dem Messer machen?«

»Sie töten.«

»Sie sind wahnsinnig, junger Mann; sind Sie Illuminat?«

»Ich bin nicht wahnsinnig; ich weiß nicht, was das ist: Illuminat.«

»Dann sind Sie also krank?«

»Ich bin nicht krank; es geht mir sehr gut.«

»Warum wollten Sie mich töten?«

»Weil Sie das Unglück meines Landes sind.«

»Habe ich Ihnen denn ein Leid zugefügt?«

»Wie allen Deutschen.«

»Von wem sind Sie abgesandt? Wer hat Sie zu diesem Verbrechen verleitet?«

»Niemand. Nur die innerste Überzeugung, dass ich, wenn ich Sie töte, meinem Vaterland und ganz Europa den größten Dienst erweise, hat mir die Waffe in die Hand gedrückt.«

»Ist es das erste Mal, dass Sie mich sehen?«

»Ich habe Sie in Erfurt nach der Zusammenkunft gesehen.«

»Hatten Sie denn da nicht die Absicht, mich zu töten?«

»Nein, denn ich glaubte, Sie würden nun mit Deutschland nicht mehr Krieg führen; ich war einer Ihrer größten Bewunderer.«

»Seit wann sind Sie in Wien?«

»Seit zehn Tagen.«

»Warum haben Sie so lange mit der Ausführung Ihres Plans gewartet?«

»Vor acht Tagen kam ich mit der Absicht, Sie zu töten, nach Schönbrunn, aber die Parade war gerade zu Ende, und so schob ich es bis heute auf.«

»Sie sind verrückt, sage ich Ihnen, oder krank.«

»Weder das eine noch das andere.«

»Lassen Sie Corvisart kommen«, wandte der Kaiser sich an Rapp.

»Wer ist Corvisart?«, fragte der junge Stapss.

»Ein Arzt«, antwortete Rapp.

»Den brauche ich nicht!«

Alle schwiegen bis zur Ankunft des Arztes. Stapss blieb ruhig und unbeweglich. Corvisart kam; Napoleon sagte, er solle den jungen Mann untersuchen, ob er Fieber habe. Der Arzt tat es.

»Nicht wahr, ich bin nicht krank?«, fragte ihn Stapss.

»Der junge Mann ist ganz gesund«, sagte der Doktor zu Napoleon gewandt.

»Ich habe es Ihnen ja gleich gesagt«, erwiderte Stapss mit einer gewissen Genugtuung.

Ein wenig durch die große Sicherheit des jungen Menschen in Verlegenheit gebracht, begann der Kaiser sein Verhör von Neuem.

»Sie haben einen heißen Kopf und werden Ihre Familie ins Unglück stürzen. Ich will Ihnen das Leben schenken, wenn Sie mich um Verzeihung bitten und Ihre verbrecherische Absicht bereuen.«

»Ich will keine Verzeihung! Ich bedaure unendlich, dass mir mein Plan nicht geglückt ist.«

»Teufel! Wie es scheint, ist in Ihren Augen ein Verbrechen gar nichts!«

»Sie zu töten ist kein Verbrechen, sondern eine Pflicht.«

»Was ist das für ein Bild, das man bei Ihnen gefunden?«

»Das Bild eines jungen Mädchens, das ich liebe.«

»Es wird von dem, was Sie getan, sehr niedergedrückt sein.«

»Nein, es wird nur traurig sein, dass mir mein Vorhaben missglückt ist, denn es verabscheut Sie ebenso wie ich.«

»Wenn ich Sie aber doch begnadige, werden Sie mir Dank dafür wissen?«

»Ich werde Sie dennoch töten.«

Napoleon war sprachlos. Er gab Befehl, den Gefangenen wegzuführen.

Er unterhielt sich noch einige Zeit mit seinen Offizieren und sprach viel über die Illuminaten. Am Abend ließ er seinen Adjutanten, den General Rapp zu sich rufen.

»Wissen Sie, dass das Ereignis von heute Morgen ganz außerordentlich ist?«, sagte er zu diesem. »Ich vermute unter alledem geheime Umtriebe von Berlin und Weimar.«

Rapp wies diesen Verdacht zurück.

»Aber die Frauen sind zu allem fähig.«

»Weder Männer noch Frauen dieser beiden Höfe würden jemals einen so fürchterlichen Plan fassen.«

»Sehen Sie doch die Geschichte mit Schill.«

»Sie hat mit einem solchen Verbrechen nichts gemeinsam.«

»Sie haben gut reden, mein Herr General; man liebt mich weder in Berlin noch in Weimar.«

»Das unterliegt keinem Zweifel; und warum sollte man Sie auch an diesen beiden Höfen lieben? Muss man Sie aber gleich ermorden, weil man Sie nicht liebt?«

Am Tag seiner Abreise aus Schönbrunn, am 16. Oktober, kam Napoleon nochmals mit Rapp auf Stapss zu sprechen. »Dass ein junger, wohlerzogener Mann diesen Alters, Deutscher, Protestant, ein solches Verbrechen begehen wollte«, sagte er, »dafür gibt es kein Beispiel! Erkundigen Sie sich, Rapp, wie er gestorben ist.«[1]

Mémoires du général Rapp.

---

[1] Stapss wurde am 17. Oktober erschossen.

Napoleon und der Herzog von Cadore in Schönbrunn am 13. Oktober 1809

Während seines Aufenthaltes in Schönbrunn hielt Napoleon täglich im großen Schlosshof Paraden ab, die viele Zuschauer aus Wien herbeizogen. Es war dem Kaiser nicht unangenehm, sich bei dieser Gelegenheit den Einwohnern der österreichischen Hauptstadt in seiner ganzen Macht zu zeigen. Und da er ihnen ebenso gefallen als imponieren wollte, entfaltete er seine ganze Liebenswürdigkeit.

An einem dieser Tage – es war am 13. Oktober – war der Minister Champagny, Herzog von Cadore, aus Wien gekommen, um mit Napoleon zu arbeiten. Nach einer kurzen Unterhaltung sagte der Kaiser zu ihm:

»Ich gedenke die Parade abzunehmen, bleiben Sie währenddessen in meinem Kabinett. Sie können dieses Schriftstück redigieren, das ich mir nach der Parade ansehen werde.«

Der Herzog von Cadore blieb in dem Kabinett des Kaisers mit Méneval, seinem Privatsekretär, zurück. Nicht lange darauf kam Napoleon wieder.

»Hat der Fürst Liechtenstein«, sagte er, »Ihnen nicht erzählt, dass man ihm oft den Vorschlag gemacht habe, mich ermorden zu lassen?«

»Gewiss, Sire, er hat zu mir von ähnlichen Vorschlägen gesprochen, die er jedoch mit Abscheu verworfen hat.«

»Nun, soeben hat man den Versuch gemacht, mich zu ermorden. Folgen Sie mir!«

Der Herzog von Cadore trat mit dem Kaiser in den Salon ein. Dort befanden sich einige Personen, die sehr aufgeregt zu sein schienen und einen jungen Mann von etwa 18 Jahren umringten. Er hatte ein angenehmes, zartes Gesicht, das eine gewisse Freimütigkeit verriet, und schien der einzige zu sein, der große Ruhe besaß. Er war der Mörder! Er wurde mit großer Güte von Napoleon selbst verhört; General Rapp machte den Dolmetsch. Ich erwähne nur einige seiner Antworten, die mir besonders bemerkenswert schienen:

»Warum wollten Sie mich ermorden?«

»Weil es, solange Sie leben, niemals Frieden für Deutschland geben wird.«

»Wer hat Ihnen diesen Plan eingegeben?«

»Die Liebe zu meinem Vaterland.«

»Haben Sie ihn mit niemandem verabredet?«

»Mein eigenes Gewissen hat mir diesen Plan eingegeben.«

»Wussten Sie nicht, welchen Gefahren Sie sich aussetzten?«

»Ich wusste es, aber ich würde glücklich sein, für mein Vaterland sterben zu können.«

»Sie sind religiös; glauben Sie, dass Gott den Mord gutheißt?«

»Ich hoffe, dass mir Gott meiner guten Absichten wegen verzeihen wird.«

»Lehrt man diese Lehre in den Schulen, die Sie besucht haben?«

»Viele von denjenigen, die mit mir in der Schule waren, haben dieselben Ansichten wie ich und sind geneigt, ihr Leben fürs Vaterland zu opfern.«

»Was würden Sie tun, wenn ich Sie in Freiheit setzte?«

»Ich würde Sie töten.«

Und diese wilde Sprache war von einer zarten und bescheidenen Weise zu sprechen begleitet, die ganz frei von Prahlerei und Anmaßung war.

Die schreckliche Naivität seiner Antworten, der kalte und unerschütterliche Entschluss, die sie kennzeichneten, und dieser Fanatismus, der über jede menschliche Furcht erhaben war, machten auf Napoleon einen großen Eindruck, den der Herzog von Cadore umso tiefergehend hielt, je mehr er Kaltblütigkeit zeigte. Der Kaiser verabschiedete seine Umgebung, und der Herzog von Cadore blieb allein mit ihm.

Nach einigen Bemerkungen über einen derart blinden und entschlossenen Fanatismus sagte Napoleon zu Champagny:

»Man muss Frieden schließen. Kehren Sie nach Wien zurück und lassen Sie die österreichischen Bevollmächtigten rufen. Sie sind in den wichtigsten Punkten einverstanden; nur die Frage der Kriegsentschädigung hält sie auf, den Vertrag abzuschließen. Der Unterschied beträgt 50 Millionen. Halbieren Sie diesen Betrag, versuchen Sie, wenn Sie nicht mehr bekommen können, die gegnerischen Bevollmächtigten dahin zu bringen, dass sie 75 Millionen zahlen, und schließen Sie den Vertrag ab. Der letzte Entwurf, den Sie mir vorgelegt haben, gefällt mir. Fügen Sie die Artikel bei, die Ihnen geeignet erscheinen. Ich verlasse mich dabei ganz auf Sie, aber schließen Sie Frieden.«

Champagny verließ Napoleon. Ehe es Nacht wurde, waren der Fürst Liechtenstein und der Graf Bubna bei ihm, und Champagny schloss sich mit ihnen ein. Die Unterhandlungen währten sehr lange. Der Herzog von Cadore nahm den österreichischen Bevollmächtigten Millionen über Millionen ab. Nachdem er die geforderten 75 Millionen erlangt hatte, sah er, dass es möglich sei, noch weiter zu gehen, und so kam er bis auf 85 Millionen. Gegen 2 oder 3 Uhr morgens waren alle Hauptpunkte geregelt. Champagny ließ Herrn von La Bénardière, den Chef der ersten Sektion im Ministerium des Äußern, zur Abfassung des Vertrags und Herrn Baudart als Kopisten eintreten. Die Redaktion des Schriftstückes und die Ausfertigung der Abschriften dauerten nicht sehr lange. Noch vor 5 Uhr morgens war der Vertrag unterzeichnet. Um 6 Uhr kam Champagny im Schloss von Schönbrunn an.

Mit einer gewissen Ungeduld redete ihn Napoleon an:

»Nun, mein Herr, was haben Sie diese Nacht gemacht?«

»Den Frieden, Sire.«

»Was, den Frieden? Und der Frieden ist unterzeichnet?«

»Gewiss, Sire, da ist er.«

Das Gesicht des Kaisers heiterte sich auf; er drückte offen seine Anerkennung darüber aus.

»Lassen Sie den Vertrag sehen.«

Champagny las ihn vor.

»Was, 85 Millionen Kriegsentschädigung, obgleich ich einverstanden war, mich mit 75 zufriedenzugeben?! Das ist sehr gut.«

Jeder Artikel, den der Herzog von Cadore ihm vorlas, fand seine Billigung; der Kaiser fand, dass sie alle recht gut seien.

»Sie sind mit Vorsicht zu Werke gegangen. Auch haben Sie eine Anordnung getroffen, an die ich nicht gedacht habe. Es ist ein guter Vertrag. Seine Abfassung ist ausgezeichnet, und ich bin sehr damit zufrieden.«

Es kam sehr selten vor, dass Napoleon seine Billigung auf diese Weise kundgab; gewöhnlich tat er es, indem er nichts sagte.

Duc de Cadore, Note sur un article des mémoires sur l'intérieur du palais impérial.

Der Kaiser Napoleon und die Kaiserin Josephine in Paris, 30. November 1809

Ermüdet von diplomatischen Unterhandlungen, die er mehrere Stunden lang mit einem auswärtigen Gesandten gehabt hatte, begab Napoleon sich am 30. November 1809 in die Gemächer seiner Gemahlin Josephine. Sie saß in ihrem Boudoir am Klavier und sang:

> L'airain dans les champs de carnage,
> depuis longtemps a cessé de gémir,
> je ne vois plus celui dont je partage
> et la couronne et l'illustre avenir;
> ah! dans son coeur, dans sa mémoire,
> qui donc a pu me remplacer un jour;
> il ne vient plus, le fils de la victoire,
> se délasser dans les bras de l'amour.

Napoleon, von der Traurigkeit des Liedes überrascht, fragte:

»Wer hat dich denn dieses traurige Lied gelehrt?«

»Du – deine Gleichgültigkeit, die ich nicht mehr ertragen kann«, antwortete Josephine.

»Was habe ich dir getan, meine Freundin? Ach, die Zeiten haben sich geändert! Ich sehe viele Tränen voraus ...«

»Großer Gott, was soll diese Sprache bedeuten ...?«

»Es sei, Josephine; ich werde sprechen.«

Bei diesen Worten erbleichte die Kaiserin, ein kalter Schweiß perlte auf ihrer Stirn, und mit fieberhafter Angst erwartete sie die Aussprache.

Napoleon machte darauf den sie umgebenden Damen und Herren ein Zeichen, und die beiden Gatten blieben allein.

Josephines Hand erfassend, begann der Kaiser:

»Als das Geschick und der Wunsch der französischen Nation mich auf den Thron beriefen, ging ich feierliche Verpflichtungen ein; jetzt ist die Stunde gekommen, in der ich sie erfüllen muss. Wie auch die Nachwelt über uns urteilen mag: Die Aufrichtigkeit meiner Seele wird mir Trost gewähren. Ich liebe Frankreich, ich liebe das Volk der Helden, dem ich meinen Ruhm und meine Siege verdanke. Ach … meine Josephine … Beklage mich, aber grolle mir nicht …« Und mit bewegter, zitternder Stimme, Tränen im Auge, fügte er hinzu: »Wir müssen uns trennen! … Du schauderst … oh, meine teure Gefährtin; sieh deinen Gatten an, sieh, wie schwer ihm diese Worte werden … Bedaure ihn … ja, bedaure ihn. Das Land verlangt einen Erben meines Geblüts, der in meiner Familie die Rechte befestigt, die das Volk mir verliehen.«

Das war das erste Mal, dass Napoleon der Kaiserin gegenüber von einer Trennung sprach. Josephine rang verzweifelt die Hände; schluchzend erwiderte sie:

»Es ist also wahr, Bonaparte … dass du mich … verlassen willst? Ich flehe dich an … höre mich … es ist nicht möglich …!«

Die unglückliche Kaiserin sank in die Knie. Sanft zog sie ihren Mann an sich, um ihm die Hände zu küssen. Dann, ihre Tränen trocknend, sagte sie mit trauriger Miene:

»Sire, nicht die Ehren liebte ich in Ihnen, wohl aber Ihren Ruhm. Im Geheimen habe ich das verdiente Lob mitgenossen, das Ihnen zuteilwurde. Als Eure Majestät sich mit mir vereinigten, waren Sie weit entfernt, die hohe Bestimmung, die Sie erwartete, vorauszusehen. Ich habe sie lange Zeit mit Ihnen geteilt. Sire, Sie geruhten bisweilen, Ihrer Gattin zuzulächeln, und wollen sie jetzt verlassen. Wenn dies das Geschick ist, zu dem Sie mich bestimmen, und wenn das Vaterland dies Opfer von mir fordert, wenn es endlich das Glück Frankreichs ausmacht und zu dem Ihrigen beiträgt, so zögere ich nicht, es Ihnen zu Füßen zu legen. Befehlen Sie, Sire, und Josephine wird in ihrem Unglück wenigstens den Trost genießen, dass sie dem französischen Volk nützlich gewesen ist. Und sie wird stolz auf ihr Opfer sein.«

Die Nacht, welche auf diese Szene folgte, war für beide sehr traurig. Der Kaiser schlief nicht, sondern erhob sich mehrmals, um sich bei dem Kammerdiener Constant nach dem Befinden Josephines zu erkundigen. Josephine ihrerseits rief sofort, als die Fensterläden ihres Schlafzimmers geöffnet waren, ihre Kammerfrau, Fräulein Mallet, und erzählte ihr weinend die Szene vom vergangenen Abend. »Es ist das größte Opfer, das ich Frankreich bringen kann, sagte mir der Kaiser«, erzählte sie. »Er will immer derselbe gegen Hortense und Eugen sein … Mir gestattet er, dass ich in Malmaison lebe, wo ich mit der größten Auszeichnung behandelt und ein bedeutendes Einkommen haben werde …«

Vierzehn Tage später, am 15. Dezember 1809 ward die Scheidung der Zivilehe Napoleons und Josephines ausgesprochen. Die Ex-Kaiserin zog sich nach Malmaison zurück, wo sie einst so glücklich gewesen war.

Souvenirs inédits sur Napoléon. D'après les papiers inédits du trésorier Mallet. In: Revue politique et littéraire.

Der Kaiser Napoleon und der Staatsrat Roederer in Paris, 11. Februar 1810

Der König Joseph von Neapel hatte den Staatsrat Roederer, als dieser mit Pérignon und Férino von Napoleon zur Beglückwünschung seiner Thronbesteigung nach Neapel geschickt wurde, bei sich behalten und ihn zu seinem Finanzminister ernannt. Als er dann im Juli 1808 den spanischen Königsthron erhielt, schrieb er an seinen Bruder einen langen Brief, in welchem er ihn bat, Roederer zum Gesandten in Madrid zu machen. Der Kaiser versprach es, ernannte jedoch später Herrn von Laforest zu diesem Posten. Da Joseph den Staatsrat nicht in offizieller Stellung neben sich haben konnte, bat er, man möge ihn ihm als geheimen Rat beigeben. Der Kaiser antwortete einen Monat lang nicht; am 20. Februar aber schrieb er Joseph: »Roederer hat, glaube ich, im Senat um einen Urlaub von vier Wochen gebeten, damit er sich zu Ihnen begeben kann.« Ehe Roederer nach Madrid abreiste, hatte er (am 11. Februar 1809) beim Kaiser eine Audienz in den Tuilerien. Er wurde in sein Arbeitskabinett geführt.

Der Kaiser: »Hat Ihnen der König von Spanien geschrieben?«

Roederer: »Nein, Sire.«

Der Kaiser: »Wie es scheint, hat er viel Vertrauen zu Ihnen. Er möchte Sie gern in seiner Nähe haben.«

Roederer: »Ich stehe Eurer Majestät zu Diensten.«

Der Kaiser: »Aber das hängt von Ihnen ab. Sehen Sie zu, ob Ihnen das zusagt. Sie haben hier nicht viel zu tun; dort können Sie sehr nützlich sein. Er hat einen schlechten Finanzminister; vielleicht möchte er Sie mit diesem Posten beauftragen.«

Roederer: »Sire, ich bin sehr alt geworden, und übrigens hat mir der König von Bayonne aus geschrieben, dass ich in Spanien nicht Minister sein könnte.«

Der Kaiser: »Seitdem haben sich die Dinge gewaltig verändert. Ich habe dieses Land erobert. Es handelt sich jetzt nicht mehr um die vor der Eroberung abgeschlossenen Verträge. Das Land muss französisch und die Regierung französisch sein! Cabarrus ist ein Mann mit verrückten Plänen.[1] In seinem Kopf sieht es liederlich aus … Der König braucht jemand, der stark und Franzose ist. Sie sind aus Metz; haben Sie nicht Lust, Spanier zu werden?«

Roederer: »Nein, Sire, ich bin Franzose, und alle Franzosen in der Umgebung des Königs sind es auch.«

Der Kaiser: »Ich bin mit dem König nicht zufrieden. Er will Soldat sein. Er ist vollkommen König geworden. Man soll ihm immerzu schmeicheln. Jourdan[2] redet ihm ein, er sei ganz und gar Soldat. Zu mir hat er gesagt, die Kriegskunst sei Scharlatanerie. Ich weiß nicht, was ich von Jourdan halten soll. Er hat sich die rote Kokarde angesteckt und ist ein Ignorant, der zu nichts fähig ist. P… ist ein schlechter Kerl; er ist ganz englisch gesinnt; er ist aus Toskana gebürtig, hat aber seine Jugend im Solde Englands verbracht.«

Roederer: »Ich war niemals bei einer Unterhaltung zwischen dem König und dem Marschall Jourdan zugegen; aber ich weiß, dass mehrere der Franzosen, die die Ehre hatten, sich dem König zu nähern, sich die Freiheit nahmen, zu denken und es ihm auch zu sagen, dass der militärische Ruhm nicht der größte Ehrgeiz Sr. Majestät sein dürfte. Das war die Meinung der Generale Saligny und Mathieu.«

Der Kaiser: »Daher verabscheut er auch den einen wie den andern.«

---

1 Graf Cabarrus war unter König Joseph Finanzminister von Spanien.

2 Der Marschall Jourdan war geheimer Rat des Königs Joseph und Generalstabschef der spanischen Armee.

Roederer: »Auch Herr von Girardin[1] sprach oft in derselben Weise.«

Der Kaiser: »Er mag auch Girardin nicht leiden. Der König ist kein Soldat. Er kann es nicht sein. Er hat nicht einmal die nötige Gesundheit dazu. Ich, ich bin es; die Natur hat mir das als besonderes Geschenk bei meiner Geburt gemacht. Mein Beruf ist mein Dasein, meine Gewohnheit. Überall, wo ich war, habe ich befohlen. Mit 23 Jahren habe ich die Belagerung von Toulon befehligt. Am 13. Vendémiaire kommandierte ich in Paris; in Italien habe ich die Soldaten mit fortgerissen, sobald ich mich ihnen zeigte. Ich bin dazu geboren. Sie müssen ihm eindringlich klarmachen, dass er kein Soldat ist. Er ist ganz und gar König geworden. Gut! Sie kennen ihn; er hat Vertrauen zu Ihnen. Man muss seine Worte etwas überzuckern, tun Sie das. Jourdan betrügt ihn.«

Roederer: »Vielleicht ist es das Verlangen, selbst zu befehligen, das Jourdan so sprechen lässt. Er möchte vielleicht gern Konkurrenten aus dem Weg gehen. Ich habe jedoch niemals etwas bemerkt, was verdächtige Absichten verriet.«

Der Kaiser: »Er eignet sich nicht zum Befehlshaber.«

Roederer: »Zum mindesten war er nicht besonders vom Glück begünstigt, und wenn man seine Generale so wählen soll, wie man seinen Arzt wählt, so muss man sie vom Glück begünstigt wissen.«

Der Kaiser: »Der König meint, man sei General, wenn man bloß den Willen dazu habe. Er spricht fortwährend von der Scharlatanerie des Kommandos. Zweifellos gibt es unter den Befehlshabern Scharlatane, aber es gibt auch viele Talente darunter, die unbedingt nötig sind, und Talent geht dem König ab. Scharfblick und Entschlossenheit! Der König besitzt viel durchdringenden Verstand, aber er ist unentschlossen; er hat Mut, aber einen ergebenen und keinen tatkräftigen Mut. Er hat mehr Mut als nötig ist, um lieber zu sterben als sich zu entehren. Und doch handelt es sich oft ums Sterben! Man muss sich und die andern retten.

---

1 Brigadegeneral, der Joseph schon in Neapel gedient hatte.

Corvisart[1] ist im gewissen Sinne auch Scharlatan, aber er besitzt Wissen und Talent. Wenn Sie krank sind, vertrauen Sie sich da einem Scharlatan ohne Kenntnisse an? Würden Sie nicht Corvisart vorziehen? Murat ist ein Mensch ohne Fähigkeiten, aber er besitzt Feuer, Kühnheit! Er hat sein ganzes Leben lang nichts anderes getan als Krieg geführt. Murat ist unfähig und doch ein Held. Und der König weiß nicht einmal die Anfangsgründe seines Berufs. Er weiß nicht einmal, was Situationspläne sind. Als ich in Spanien ankam, hat er sich bei Vitoria umgehen lassen. Hätte er zu manövrieren verstanden, so würde er weder mich noch andere Hilfe nötig gehabt haben. Er ist aus Madrid mit einem unbegreiflichen Ungestüm geflohen! … Er hat 1500 Kranke dort zurückgelassen … Er hätte bleiben und sich halten können, und vor allem durfte er die Kranken nicht im Stich lassen. Als ich mich aus Saint-Jean-d'Acre [Akka] zurückzog, gab ich meinen Kranken meine Pferde; dasselbe taten meine Generale. Wir gingen zu Fuß, während die Soldaten auf den mit Gold bedeckten Pferden saßen. Man hätte in Madrid Wagen und Droschken bestellen und die Kranken fortschaffen müssen. Das alles weiß der König nicht. Ich kenne immer meine Lage; ich habe stets meine Situationspläne vor Augen. Ich kenne immer genau die Stellung meiner Truppen. Ich liebe die Tragödie, wenn aber alle Tragödien der Welt hier auf dieser Seite lägen und meine Situationspläne dort auf der andern, so würde ich die Tragödie nicht eines Blickes würdigen, aber keine einzige Zeile meiner Situationspläne übersehen. Heute Abend finde ich sie in meinem Zimmer; ich gehe nicht früher zu Bett, als bis ich sie gelesen.« [Es war in diesem Augenblick bald Mitternacht.]

Roederer: »Ich denke mir, dass, um ein guter General zu sein, man nicht allein viele Fähigkeiten, sondern auch große Kenntnisse besitzen muss. Der rasche Scharfblick und die schnelle Entschlossenheit großer Generale beweisen nichts anderes als ihre außerordentliche Vertrautheit

---

1 Der Leibarzt des Kaisers.

mit dem Wissen, das man besitzen muss. Aber, Sire, nach allem ist ja doch schließlich die spanische Armee Ihr Heer.«

Der Kaiser: »Ja, und es ist meine Pflicht, es zu bewahren. In zwei Monaten, wenn ich Österreich gezwungen haben werde abzurüsten, mache ich, wenn es sein muss, eine Reise nach Spanien. Man braucht ja nur fünf Tage, um hinzukommen. Ich habe dort meine Pferde. Der König darf nicht daran denken, die Stellung von Andalusien zu nehmen. Ich will nicht, dass er das Schicksal meiner Armee aufs Spiel setzt. Es geht doch nicht, dass einer das Kommando hat und der andere die Verantwortlichkeit. Wenn *ich* meine Truppen befehlige, so verdopple ich ihre Kräfte, er aber, er vermindert sie. Wenn *ich* befehle, so gehorcht man, denn auf mir liegt die Verantwortlichkeit. Vielleicht ist es nicht gut, dass ich persönlich den Oberbefehl übernehme, aber das liegt mir im Blut. Die Könige, die Fürsten sollten vielleicht niemals ihre Armeen befehligen; das ist eine Frage: Kommandiere ich sie, so tue ich es, weil es mein Geschick, mein besonderes Los ist. Das seinige [Josephs] aber ist es nicht.«

Roederer: »Die fortwährenden Siege Eurer Majestät haben diese Frage zugunsten Eurer Majestät gelöst.«

Der Kaiser: »Wenn der König selbst befehligt, glaubt der Soldat nicht befehligt zu sein. Die Armee klatscht zu dem, was er tut, genauso Beifall, wie man der Kaiserin huldigt. Man hat genauso viel Vertrauen zu ihm wie zur Kaiserin. Englische Zeitungen berichten die auf ihn bezüglichen Antworten der französischen Grenadiere: ›Ja‹, sagen sie, ›wir lieben ihn, weil er gut und tapfer und der Bruder des Kaisers ist.‹ Wenn man nicht General, sondern König ist, soll man die Generale gewähren lassen. Alexander I. ist kein General, obwohl er weit mehr Kenntnisse besitzt als der König von Spanien; er weiß im Manöver gründlich Bescheid und befehligt es wunderbar, aber – er war seinen Generalen nur im Weg. Bennigsen hat ihn zehn Mal gebeten, die Armee zu verlassen. Die Generale nehmen die Verantwortlichkeit über Befehle nicht auf sich, zu denen sie kein Vertrauen haben; sie werden schlecht ausgeführt. Alexander sagte oft zu mir:

›Ich fühle, dass ich nicht Kaiser bin wie Sie, denn ich hänge von meinen Generalen ab.‹ Er stellte tausend Fragen über Kriegskunst an mich. Wenn wir gemeinsam spazierenritten, fragte er mich: ›Ist das hier eine Stellung? Wie könnte man sie verteidigen? Wie sie angreifen?‹ Ich erklärte es ihm dann. Führte ich gegen Österreich Krieg, er würde ein Armeekorps von 30 000 Mann unter meinen Befehlen kommandieren, um die Kriegskunst zu erlernen. Und der König von Spanien glaubt sie zu kennen! Und Jérôme auch! Als Murat mich verließ, bat Jérôme, mein Generalstellvertreter sein zu dürfen. Ich antwortete ihm: ›Sie machen sich wohl über mich lustig? Sie! Wenn Sie einmal sechs Feldzüge hinter sich haben, wenn Ihnen sechs Pferde unter dem Leib getötet worden sind, dann werden wir sehen.‹ – ›Aber, wenn ich auch nicht so viel Erfahrung habe, so habe ich doch mehr Geist.‹ – ›Und was nützt mir all Ihr Geist? Ich brauche vor allem Taten und Tatkraft. Es gibt kein Tier, das nicht zu etwas nütze, keinen Geist, der zu allem fähig ist.‹ – Als ich nach Spanien zurückkam, habe ich den König ganz verändert gefunden. Er hat den Kopf verloren. Er ist ganz König geworden und will nur Schmeicheleien hören. Er ist geistvoll und mir zugetan, ich weiß es, und dennoch verzeiht er es mir nicht, dass ich ihm die Wahrheit sage. Ich habe ihm gesagt, er sei nicht Soldat, und habe es ihm auch bewiesen. Er konnte den Prüfungen nicht standhalten, und trotzdem ist er im tiefsten Grunde seines Herzens beleidigt und gekränkt durch das, was ich ihm sage. Jourdan erteilt ihm schlechte Ratschläge, *er* hat ihm diesen Dünkel eingeflößt. Sie wollen die Stellung von Andalusien nehmen, aber ich will nicht, dass sie sich darum kümmern. In Neapel habe ich ihm 20 000 Mann gelassen, mit denen er machen konnte, was er wollte; in Spanien aber handelt es sich um eine Armee von 300 000 Mann. Ich will sie weder opfern noch bloßstellen. Die Stellung von Andalusien geht ihn gar nichts an. Warum sagt ihm sein Gewissen nicht, dass er an dem Tod aller Franzosen schuld sein würde, die durch schlecht getroffene Anordnungen getötet werden? Wenn Unwissenheit da zehn Menschen tötet, wo es höchstens zwei gekostet hätte, ist sie da nicht verantwortlich für die übrigen acht? Und warum lädt er das Unglück des Kriegs auf sich? Warum ist er nicht zufrieden, wenn er die Franzosen nicht auszusetzen und die Spanier nicht zu schlagen braucht? Sie haben gesehen, dass ich in Bezug auf Spanien alles Schändliche des Kriegs auf mich genommen und ihm alle Vorteile des Sieges, alle Freuden der Güte und Gnade überlassen habe. Warum ist er mit dieser Teilung nicht zufrieden? Trotz seines durchdringenden Verstandes und trotz seiner Zuneigung für mich war es ihm sehr unangenehm, in Spanien seine Stellung neben mir einzunehmen. Er wollte eine tätige Rolle spielen. Inwiefern war denn seine Stellung neben mir, als erster nach mir, nicht ehrenhaft genug? Seine Aufgabe war, seine Zeit in meinem Salon zuzubringen, während ich in meinem Kabinett beschäftigt war; und was brauchte er mehr, als dass die beiden Flügeltüren weit geöffnet waren, wenn er eintrat?«

Roederer: »Sire, Eure Majestät haben den militärischen Ruhm so weit in alle Lande getragen, und dieser Ruhm hat Ihnen so mächtig zu allem andern verholfen, dass der König durch dieses Beispiel wohl ein wenig aufgereizt sein und meinen konnte, dass er die durch Waffenruhm erworbene Achtung beim spanischen Volk nötig habe.«

Der Kaiser: »Ferner mache ich ihm zum Vorwurf, dass er Spanier geworden ist. Die Franzosen können sich ihm nicht mehr nähern. Er hat 12 000 spanische Gefangene in die Regimenter eingereiht. Das ist zu früh. Diese Leute erwürgen meine Soldaten. Er hat nur spanische Minister. Azanza ist ein Ehrenmann.[1] Mazarredo taugt nicht viel.[2] Cabarrus ist ein schlechter Mensch, und Jourdan hat die rote Kokarde angesteckt. Der König muss *französisch* und Spanien *französisch* sein. Nur für Frankreich, mit Frankreichs Blut, mit Frankreichs Armeen, mit Frankreichs Gold habe ich Spanien erobert! Ich bin Franzose mit allen Fasern

1 Don Joseph Miguel de Azanza, spanischer Justizminister.
2 Joseph Maria Mazarredo y Salazar, spanischer Marineminister.

meines Herzens, aber ich bin es auch aus Pflichtgefühl. Ich tue alles für Frankreich aus Pflichtgefühl und Zuneigung. Ich habe die Bourbonen nur abgesetzt, weil es in Frankreichs Interesse lag, meine Dynastie zu befestigen. Ich habe darin nur den Ruhm und die Stärke Frankreichs gesehen. Meine ganze Familie muss französisch sein. Als Lucien vergangenen Winter in Mantua[1] wagte, zu mir wie zu einem Fremden zu sprechen, sagte ich ihm: ›Hinweg, Unglücklicher! Aus meinen Augen! Wir haben keine Gemeinschaft mehr miteinander!‹ [Bei diesen Worten erhob der Kaiser gewaltig die Stimme und sprach mit außerordentlichem Nachdruck.] Ich habe Spanien erobert; ich habe es erobert, damit es französisch werde! Wir wollen hier nicht Philipp V. nachahmen!«

Roederer: »Sire, es scheint mir, dass der König hinsichtlich seiner Beziehungen zu Frankreich keine andern Ideen hegen kann, als die er in Neapel hatte. In Neapel glaubte er sein Königreich zu Ihrem Reich gehörig. Hinsichtlich seiner persönlichen Beziehungen aber zu Eurer Majestät bin ich höchst erstaunt, dass Sie sich zu beklagen haben, denn in Neapel sprach der König selbst im engsten Familienkreis stets nur von Ihrem Genie. Immer wieder kam er auf seine Meinungen, sei es als Fürst oder Mensch, zurück und meinte: ›Ich hatte unrecht, aber der Kaiser hatte recht.‹«

Der Kaiser: »Ja, in Neapel war er besser. Aber auch dort war sein Hof und die Regierung nur für die Großen. Er sah nur sie und die Frauen. Er hat sie mit Schenkungen überschüttet. Vielleicht ist eine solche Politik nicht schlecht für jenes Land. Ich meinerseits habe sie hier nicht eingeführt. Ich habe wohl einige Leute des ancien régime in meinem Hofstaat, aber erst nach zwei Jahren dürfen sie das Wort an mich richten, und nach zehn Jahren dürfen sie zur Audienz erscheinen. Übrigens empfange ich niemanden: Ich liebe sie nicht. Sie sind zu nichts zu gebrauchen; ihre Unterhaltung missfällt mir. Ich begegnete einigen bei der Kaiserin Jose-

---

1 Vgl. das Gespräch zwischen Napoleon und seinem Bruder Lucien Seite 310.

phine; ihr leichter Ton passt nicht zu meiner Schwerfälligkeit. Ich bereue täglich einen Fehler, den ich während meiner Regierung begangen, es ist der ernsteste, den ich je gemacht, und täglich sehe ich die Folgen. Das war, als ich den Emigranten ihre Güter wiedererstattete. Ich hätte sie als Gemeingut betrachten und jedem nur eine Rente bis zum Höchstbetrag von 6000 Franken aussetzen sollen. Sobald ich meinen Fehler bemerkte, habe ich für 30–40 Millionen Wälder zurückgezogen. Aber einem großen Teil unter ihnen bleibt immer noch viel zu viel. Als ich Spanien eroberte, geschah es, um dort das Lehnswesen und die Inquisition abzuschaffen. Ich habe die Güter der reichsten Aufrührer beschlagnahmt und sie für mich von meinen Leuten verwalten lassen. Der König hätte das niemals getan, darum tat ich es. Ich habe nur *eine* Leidenschaft, *eine* Geliebte: Frankreich! Mit ihr teile ich mein Lager. Sie ist mir nie untreu geworden; sie gibt ihr Herzblut und ihre Schätze für mich her. Wenn ich 500 000 Mann brauche, so gibt sie sie mir. Ich wünsche, dass meine Brüder ebenso wie ich seien. Spanien muss französisch sein, und wenn es mir einfällt, in einiger Zeit davon einige Provinzen Frankreich einzuverleiben, so tue ich es. Ich brauche weder Stipulationen der Integrität noch Verträge. Ich habe das Recht des Eroberers: König, Vizekönig oder Generalgouverneur von Spanien; der Titel desjenigen, der es regiert, hat gar nichts zu sagen; Spanien aber muss französisch sein. Ich schwöre, dass ich alles nur für Frankreich tue; nur seinen Nutzen habe ich im Auge! Ich schwöre, dass wenn ich ihm nicht mehr Freiheit gebe, so geschieht es, weil es sie nicht mehr nötig hat. [Der Kaiser sprach diese Worte mit starker Stimme und viel Feuer. Mitten in seinem Salon blieb er stehen, schaute Roederer durchdringend an und fuhr fort:] Das ganze Ministerium ist spanisch; die Minister versammeln sich, ehe sie sich in den Rat begeben, im Kabinett des Königs. Er sollte das nicht dulden; die Minister dürften nicht ohne ihn beraten.«

Nach diesen Worten wurde Roederer entlassen.

Oeuvres du comte P. L. Roederer.

Der Kaiser Napoleon und die römischen Kardinäle in Paris, Februar 1810

Nach der Gefangennahme des Papstes im Jahr 1809 ließ Napoleon die in Rom verbliebenen Kardinäle nach Paris kommen sowie auch die Archive der päpstlichen Verwaltung nach der französischen Hauptstadt überführen, als wolle er seinen Plan verwirklichen, Paris zum Mittelpunkt der Christenheit zu machen. Gleichzeitig ernannte er ein »comité ecclésiastique«, das ohne die Zustimmung des Papstes über die Kanonisierung der von ihm ernannten Bischöfe beraten solle. Zu jener Zeit wurde auch der Kardinal Consalvi[1] mit noch vier andern Kardinälen durch den Kardinal Fesch dem Kaiser vorgestellt, und er erzählt Folgendes über diese Audienz:

Der Kardinal Fesch stellte uns im Halbkreis, abgesondert von den übrigen Kardinälen an einer Seite des Saales auf. Dann folgten die Großen des Hofes, die Minister, die Fürsten, die Prinzen und Prinzessinnen, die andern Würdenträger. Der Kaiser erschien. Der Kardinal Fesch schritt auf ihn zu und begann ihm den ersten von uns, den Kardinal Pignatelli, vorzustellen.

Fesch: »Das ist der Kardinal Pignatelli.«

Napoleon: »Neapolitaner!«, und ohne etwas hinzuzufügen, ging er vorüber.

Fesch, ihm den zweiten vorstellend: »Der Kardinal Di Pietro.«

Der Kaiser bleibt einen Augenblick stehen und sagt: »Sie sind dicker

---

1 Consalvi war mit dem Kardinal Di Pietro am 20. Februar 1810 in Paris angelangt.

geworden; ich erinnere mich, Sie hier mit dem Papst bei Gelegenheit meiner Krönung gesehen zu haben«, und geht vorüber.

Fesch: »Der Kardinal Saluzzo.«

»Neapolitaner«, antwortet der Kaiser und geht weiter.

Fesch: »Der Kardinal Despuig.«

»Spanier«, sagt der Kaiser, und der Kardinal antwortet ängstlich: »Aus Majorca«, als verleugne er sein Vaterland.

Der Kaiser schreitet weiter und gelangt zu mir. Noch ehe der Kardinal Fesch meinen Namen genannt, ruft Napoleon: »Oh, Kardinal Consalvi, wie sind Sie mager geworden! Ich hätte Sie beinahe nicht erkannt.« Und auf diese Weise höchst gütig weitersprechend, blieb er vor mir stehen, um meine Antwort zu erwarten.

Ich sagte darauf, um gewissermaßen meine Magerkeit zu erklären: »Sire, die Jahre häufen sich. Sind doch bereits zehn Jahre vergangen, seit ich die Ehre hatte, Eure Majestät zu begrüßen.«

»Es ist wahr«, erwiderte er, »vor fast zehn Jahren kamen Sie wegen des Konkordats hierher. Wir schlossen es in demselben Saal ab. Aber wozu hat es gedient? Es ist alles in Rauch aufgegangen. Rom hat alles verlieren wollen. Ich muss freilich gestehen, dass ich unrecht tat, Ihr Ministerium zu stürzen. Wenn Sie Ihr Amt weiter bekleidet hätten, würden die Dinge nicht so weit getrieben worden sein.«

Diese letzte Bemerkung verursachte mir so viel Schmerz, dass ich nicht mehr wusste, wo ich war. Wie sehr ich auch gewünscht hatte, von Napoleon gut empfangen zu werden, so hätte ich doch niemals zu glauben gewagt, dass er so weit gehen würde. Und konnte es mir auch angenehm sein, zu hören, dass er vor aller Welt sagte, er sei die Ursache meiner Entfernung aus dem Ministerium gewesen, so traute ich doch meinen Ohren kaum, als er behauptete, die Dinge würden nicht so weit getrieben worden sein, wenn ich auf meinem Posten geblieben wäre. Ich fürchtete, dass, wenn ich diese Behauptung unbeantwortet ließ, sie in der Öffentlichkeit zu dem Schluss führe, dass es wirklich so gewesen wäre und ich meine Pflichten vernachlässigt hätte, wie das die natürliche Folge zu sein schien.

Noch unter dem Eindruck dieser Befürchtung zog ich nur meine Ehre und die Wahrheit zurate. Anstatt also mich über die Güte und eines so außerordentlichen und aus dem Mund eines solchen Mannes so bezeichnenden Geständnisses gerührt und dankbar zu zeigen, sah ich mich in die harte Notwendigkeit versetzt, ihm auf eine der liebenswürdigsten Behauptungen von seiner Seite durch eine der energischsten Entgegnungen zu antworten. Ich sagte ihm also:

»Sire, wenn ich auf meinem Posten geblieben wäre, hätte ich nur meine Pflicht getan.«

Er sah mich scharf an, antwortete nicht, und sich von mir abwendend, begann er einen langen Monolog, indem er in dem von uns gebildeten Halbkreis von rechts nach links auf und ab schritt. Er brachte eine Unmenge Beschwerden gegen das Benehmen des Papstes und Roms vor, weil sie nicht auf seinen Willen eingegangen waren und sich geweigert hatten, seiner Politik zuzustimmen. Nachdem er so eine Zeit lang geredet hatte und während seines Auf- und Abschreitens wieder in meine Nähe gelangte, blieb er vor mir stehen und wiederholte nochmals:

»Nein, wenn Sie auf Ihrem Posten geblieben wären, würde es nicht so weit gekommen sein!«

Obwohl es genügte, ihm schon einmal widersprochen zu haben, wagte ich doch, noch immer von denselben Motiven bewegt, ihm von Neuem zu antworten: »Eure Majestät mögen es nur glauben: Ich hätte meine Pflicht getan!«

Er schickte sich an, mich noch schärfer zu fixieren. Aber ohne etwas hinzuzufügen, entfernte er sich von mir und nahm von Neuem seine Wanderung und seine Rede auf. Wiederum beklagte er sich über die Handlungen Roms ihm gegenüber und sagte, leider gäbe es dort keine so großen Männer mehr wie die, welche es früher so berühmt gemacht hätten. Darauf wandte er sich an den Kardinal Di Pietro, den ersten im

Anfang des Halbkreises, während ich am andern Ende stand. Zum dritten Mal wiederholte der Kaiser: »Wenn der Kardinal Consalvi Staatssekretär geblieben wäre, würde es nicht so weit gekommen sein!«

Als Napoleon jene Worte zum dritten Mal aussprach, ließen mich, ich will nicht gerade behaupten, mein Mut, wohl aber meine Unvorsichtigkeit und der Eifer für die Wahrung meiner Ehre alle Grenzen überschreiten. Ich hatte ihm bereits zwei Mal widersprochen, und er richtete daher diesmal nicht direkt das Wort an mich. Nichtsdestoweniger verließ ich jetzt meinen Platz, trat bis zum Kaiser heran, und ihn beim Arm fassend, rief ich: »Sire, ich habe bereits Eurer Majestät versichert, dass, wenn ich auf diesem Posten geblieben wäre, ich ganz gewiss meine Pflicht getan haben würde!«

Bei diesem dritten Glaubensbekenntnis, wenn ich mich so ausdrücken darf, hielt er sich nicht mehr zurück; mich scharf anblickend, brach er in die Worte aus: »Oh! Ich wiederhole es: Ihre Pflicht würde Ihnen nicht erlaubt haben, das Geistliche dem Weltlichen zu opfern.«

Er suchte sich eben innerlich selbst zu überzeugen, dass ich lieber seinem Willen beigestimmt als die Interessen der Kirche der Gefahr ausgesetzt hätte, dass er mit Rom bräche. Hierauf wandte er mir den Rücken, und ich trat an meinen Platz zurück.

Nun fragte er in wenigen Worten die Kardinäle, die auf der gegenüberliegenden Seite des Saales standen, ob sie seine Rede gehört hätten, kam aber dann wieder zu uns fünfen zurück. In der Nähe des Kardinals Di Pietro stehenbleibend, sagte er, das Kollegium der Kardinäle sei so ziemlich vollzählig in Paris, und wir sollten immer in Betracht ziehen, ob irgendetwas hinsichtlich des Gangs der kirchlichen Angelegenheiten vorzuschlagen oder zu regeln wäre. Er fügte hinzu, wir könnten infolgedessen uns entweder alle auf einmal versammeln oder nur einige der Hervorragendsten unter uns. Er erklärte auch, was er unter den »Hervorragendsten« von uns verstand. Es waren die in den theologischen Fragen am meisten Bewanderten, wie dies aus seiner Antithese gegen den Kardinal Di Pietro hervorging, dem er sagte: »Sorgen Sie dafür, dass sich unter dieser Zahl der Kardinal Consalvi befindet, der, wenn er auch nicht viel von Theologie versteht, in den politischen Wissenschaften trefflich Bescheid weiß, wie ich vermute.« Er schloss seine Rede mit dem Wunsch, dass man ihm die Beschlüsse durch die Vermittlung des Kardinals Fesch zukommen lasse, und zog sich zurück.

Mémoires du cardinal Consalvi.

Der Kaiser Napoleon und Graf Metternich in Compiègne, 28. März 1810

In Wien war die provisorische Trauung der Erzherzogin Marie-Louise mit dem Erzherzog Karl als Stellvertreter Napoleons am Altar vollzogen worden, und die junge Kaiserin eilte ihrer neuen Heimat zu. Fast gleichzeitig mit ihr begab sich auch der Graf Metternich, den eine Einladung Napoleons nach Paris berufen hatte, nach Frankreich. Aber in dem Augenblick, als er in Compiègne eintraf, hatte Napoleon das Schloss eben verlassen, um der jungen Kaiserin entgegenzueilen, und so wurde Metternich erst nach seiner ersten Begegnung mit ihr empfangen.

Napoleon nahm mich mit sichtlichen Zeichen der Befriedigung auf, erzählt Metternich. Er gefiel sich darin, mir die Genugtuung auszudrücken, die er über den Abschluss der Angelegenheit, die ihn in diesem Augenblick allein beschäftigte, empfand. Er ging auf alle Einzelheiten über den Verlauf derselben ein und kam immer wieder auf sein Thema zurück, dass wir nichts außer Acht gelassen hätten, um das glückliche Ereignis des Augenblicks so süß und angenehm wie möglich zu gestalten. Er sprach mir von dem gänzlichen Vergessen des Vergangenen, von einer glücklichen und ruhigen Zeit, bei der wir nunmehr angelangt wären, von der Unmöglichkeit, dass fürder etwas die zwischen uns begründeten natürlichen Beziehungen stören werde. Ich hingegen gab dem Wunsch Ausdruck, mich während meines Aufenthalts in Paris über mehrere Gegenstände von großer Wichtigkeit für uns und von gemeinsamer Nützlichkeit für beide Kaiserreiche aussprechen zu dürfen.

Das kirchliche Detail über die Angelegenheit der Scheidung lenkte das

Gespräch auf den bestehenden Zwist mit dem heiligen Stuhl, und ich fühlte mich berufen, unsere guten Dienste zwischen Papst Pius VII. und Napoleon nicht zu verweigern.[1]

Napoleon sprach auch vom letzten Krieg, wobei ihm sehr interessante Geständnisse entschlüpften. »Wenn Ihr«, sagte er unter anderm, »im September die Feindseligkeiten wiederaufgenommen und mich geschlagen hättet, so wäre ich verloren gewesen!«

Als er aber sah, dass er zu viel gesagt hatte, nahm er das Wort »verloren« wieder zurück und ersetzte es durch »in große Verlegenheit gekommen«. Ich ließ ihn jedoch nicht los, sondern versicherte ihm, ich halte mich an seinen ersten Ausdruck, und jene Überzeugung habe mir in meiner Haltung zu Altenburg viel Kraft verliehen.[2] Ich dankte ihm persönlich dafür, dass er mich zur Zeit der Wiener Unterhandlungen abgelehnt habe, und versicherte ihm, dass ich den letzten Frieden nie abgeschlossen hätte.

»Nun, was hätten Sie denn gemacht«, unterbrach mich Napoleon.

»Einen unserer wirklichen Stärke entsprechenderen, also weit besseren Frieden hätte ich gemacht, wo nicht den Krieg!«

»Krieg!«, fiel der Kaiser mir ins Wort; »da hätten Sie unrecht getan. Ich war schwer aus Wien zu vertreiben; aber Frieden, einen bessern, als den Eure Unterhändler[3] in Schönbrunn erzielten – das glaube auch ich.«

Soeben eingetroffene Nachrichten aus Petersburg meldeten, dass Napoleons Vermählung dort sehr unangenehm berührt habe. Ich war davon keineswegs überrascht, doch einigermaßen beunruhigt; denn was wir

---

1 In der Hauptsache war dieser Schritt beim Papst von keinem Erfolg gekrönt.

2 Die Friedensunterhandlungen wurden in Altenburg zwischen den Ministern Champagny und Metternich eröffnet. Napoleons Forderungen waren aber dermaßen hoch, dass Metternich sich weigerte, solche Bedingungen anzunehmen. Er ließ sich deshalb durch den Grafen Liechtenstein ersetzen und erwarb sich durch seine Weigerung, auf die französischen Forderungen einzugehen, die größte Popularität.

3 Fürst Liechtenstein und General Bubna.

wünschten, bemerkte ich, sei lediglich Friede und Ruhe, und es könne daher nicht in unserer Absicht liegen, dass Russland sich kompromittierte.

»Was verstehen Sie darunter?«, fragte Napoleon.

»Russland hat Furcht«, antwortete ich, »und handelt unter diesem Einfluss; es fürchtet Frankreich, es wird unsere Beziehungen zu Frankreich fürchten und vor lauter Unruhe und Besorgnis in Bewegung geraten.«

»Haben Sie keine Angst«, unterbrach mich Napoleon, »wenn die Russen sich kompromittieren wollen, werde ich tun, als verstände ich sie nicht.« Dabei verbreitete er sich weitläufig über seine Beziehungen zu dieser Macht, woraus ich ersah, dass es der ganzen Weisheit und der vollen Bedächtigkeit des Vorgehens vonseiten Österreichs bedürfen werde, um eine Entzweiung mit Russland hinauszuschieben. –

Auch die späteren Unterredungen, die ich mit dem Kaiser hatte, bewegten sich in Erklärungen voll Wohlwollen für Österreich. Wir nahmen sozusagen den Faden des Gesprächs dort wieder auf, wo wir ihn vor dem Krieg abgebrochen hatten. Ich war indes nicht gekommen, um das Vergangene zu studieren, sondern um einen Ausblick in die Zukunft zu gewinnen, und da ich wünschen musste, dass mir das bald gelänge, so machte ich eines Tages dem Kaiser bemerklich, dass mein Aufenthalt in Paris nicht von langer Dauer werde sein können.

»Eure Majestät«, sagte ich ihm, »haben mich als Gefangenen nach Österreich führen lassen, jetzt komme ich als freier Mann, aber nicht auch frei von schweren Pflichten nach Paris zurück. Heute, wo ich mit einer ungeheuren Verantwortlichkeit beladen bin, habe ich in Wien meine Pflichten zu erfüllen. Kaiser Franz hat gewünscht, dass ich der Einführung seiner Tochter in Frankreich beiwohne; ich bin seinen Befehlen nachgekommen, gestehe Ihnen aber offen, dass mein Wunsch weiter geht und ich eine Richtschnur finden möchte für mein politisches Verhalten in einer entfernteren Zukunft.«

»Ich verstehe Sie«, erwiderte Napoleon, »Ihr Wunsch begegnet meinem eigenen. Bleiben Sie noch einige Wochen bei uns, und Sie werden mich befriedigt verlassen.«

Metternich wurde indes statt einige Wochen fast ein halbes Jahr in Paris zurückgehalten. Ungefähr acht Wochen nach seiner Vermählung fragte ihn Napoleon, warum er niemals der Kaiserin Marie-Louise, außer an den öffentlichen Empfangstagen, seine Aufwartung mache. Der Graf antwortete ihm, dass er keinen Grund wüsste, anders zu handeln, im Übrigen fürchte er, man möchte glauben, er wolle bei der Kaiserin intrigieren.

»Bah«, unterbrach ihn Napoleon, »ich wünsche, dass Sie die Kaiserin besuchen. Gehen Sie morgen zu ihr; ich werde ihr sagen, dass sie Sie erwarten möchte.«

Am nächsten Tag begab sich Metternich nach den Tuilerien. Er fand Napoleon bei der Kaiserin. Die Unterhaltung begann über allgemeine Dinge, plötzlich sagte Napoleon: »Ich will, dass die Kaiserin offen mit Ihnen spricht und Ihnen anvertraut, wie sie über ihre Lage denkt. Sie sind ihr Freund; sie darf also keine Geheimnisse vor Ihnen haben.« Bei diesen Worten schloss Napoleon die Tür des Salons ab, steckte den Schlüssel in seine Tasche und verschwand durch eine andere Tür.

Die Zurückgebliebenen sahen sich beide fragend an und schienen nicht zu wissen, was das zu bedeuten habe. Marie-Louise war nicht im Geringsten zu einer Aussprache mit dem ergebenen Diener ihres Vaters vorbereitet, und Napoleon schien nur zu beabsichtigen, dass sie aus freien Stücken ihr Herz gegen Metternich ausschüttete. Aber es erfolgte nichts dergleichen, obwohl sie beide über eine Stunde alleingelassen wurden und über mancherlei sprachen. Darauf trat Napoleon wieder lachend in den Salon.

»Nun«, sagte er, »haben Sie sich gut unterhalten? Hat die Kaiserin viel Schlechtes von mir gesagt? Hat sie gelacht oder geweint? Ich verlange keine Rechenschaft von Ihnen; das sind Geheimnisse zwischen Ihnen beiden, die keinen Dritten etwas angehen, und sei dieser Dritte selbst der Ehemann.«

Die Unterhaltung ward in diesem heiteren Ton fortgesetzt. Am nächsten Tag suchte Napoleon eine Gelegenheit, mit Metternich zu sprechen. »Was hat Ihnen die Kaiserin gesagt?«, fragte er.

»Sie haben gesagt«, antwortete der schlaue Diplomat, »dass unsere Unterhaltung keinen Dritten etwas angehe, und so gestatten Sie mir, dass ich das Geheimnis für mich behalte.«

»Die Kaiserin wird Ihnen gesagt haben«, erwiderte Napoleon, »dass sie mit mir glücklich ist und keinen Grund zur Klage hat. Ich hoffe, Sie sagen das Ihrem Kaiser, denn er glaubt Ihnen mehr als irgendeinem andern.«

Im Laufe des Sommers 1810 hielt Napoleon den Grafen Metternich eines Tages in Saint-Cloud zurück, um mit ihm wiederum über die Kaiserin zu sprechen. Als er mit ihm allein war, sagte er in ziemlich verlegenem Ton, er wäre ihm sehr dankbar, wenn er ihm einen Dienst erweisen wollte.

»Es handelt sich«, meinte er, »um die Kaiserin. Sie ist jung, ohne Erfahrung und kennt weder die Sitten des Landes noch den Charakter der Franzosen. Ich habe ihr als Ehrendame die Herzogin von Montebello [die Frau des Marschalls Lannes] beigegeben; sie ist die Frau, die die Kaiserin braucht, aber sie begeht oft Leichtfertigkeiten. Gestern zum Beispiel, als sie mit der Kaiserin im Park spazierenging, stellte sie ihr einen ihrer Vettern vor. Die Kaiserin hat mit ihm gesprochen und tat unrecht daran, denn wenn sie sich auf diese Weise junge Leute, Vettern usw. vorstellen lässt, wird sie bald eine Beute der Intriganten werden. Jedermann in Frankreich hat eine Gunst zu erbitten. Die Kaiserin wird belästigt, und ohne wirklich Gutes tun zu können, wird sie nur Unannehmlichkeiten ausgesetzt sein.«

Metternich war derselben Meinung, konnte aber nicht verstehen, warum Napoleon ihn zum Vertrauten in dieser Sache machte.

»Weil ich wünsche, dass Sie darüber mit der Kaiserin sprechen«, erwiderte er.

Metternich war erstaunt, dass der Kaiser dies nicht selbst tue, und meinte: »Die Kaiserin ist gut, klug und aufgeklärt genug, um einen solchen Rat anzunehmen.«

»Ich möchte lieber«, unterbrach ihn der Kaiser, »dass Sie dies auf sich nähmen. Die Kaiserin ist jung, sie könnte glauben, ich wolle den grämlichen Ehegatten spielen. Sie sind der Minister ihres Vaters und der Freund ihrer Kindheit; was Sie ihr sagen, wird mehr Eindruck auf sie machen als meine Worte.«

Napoleon liebte es, sich mit dem österreichischen Minister während dessen halbjährigen Aufenthaltes in Paris 1810 oft stundenlang zu unterhalten. Er ging mit großer Offenheit in seine Regierungs- und Organisationspläne ein, berührte aber meist das politische Gebiet nur in geschichtlicher Beleuchtung.

Eines seiner Lieblingsprojekte war damals die Idee der Vereinigung sämtlicher Archive Europas in Paris. Er werde, so sagte er, ein großes Gebäude auf dem Platz zwischen der Militärschule und dem Invalidendom aufführen lassen, nur aus Stein und Eisen, damit jede Feuersgefahr ausgeschlossen sei. Dies Gebäude solle die Archive sämtlicher Staaten Europas aufnehmen.

Auf die Antwort des Ministers, dass er vorerst damit beginnen müsse, sich in den Besitz der Archive zu setzen, erwiderte Napoleon mit treuherziger Miene:

»Und warum sollte ich sie nicht erlangen? Würden nicht alle Mächte sich beeilen, ihre Archive zur Aufbewahrung an einen unbedingt sichern Ort zu schicken? Schon durch das doppelte Interesse der Sicherheit und der Wissenschaft würden sie zweifellos dazu verpflichtet sein. Urteilen

Sie selbst, welch ungeheuren Vorteil die Geschichte daraus ziehen würde! Es versteht sich natürlich von selbst, dass jeder Staat das Recht haben müsste, seine Urkunden unter der Aufsicht von Archivaren zu halten, die alle in der Nähe ihrer Papiere wohnen würden. Jedem stände es überdies frei, bei sich legalisierte Abschriften aufzubewahren. Welch ungeheurer Vorteil wäre es, wenn man nur ein paar Schritte zu tun, einen Korridor zu überschreiten brauchte, um aus den historischen Schätzen Frankreichs, Österreichs, Roms usw. zu schöpfen!«

Metternich konnte sich eines ungläubigen Lächelns nicht enthalten und bat ihn, die Schwierigkeiten nicht zu übersehen, auf die dieser Plan bei den andern Staaten stoßen würde.

»Das sind engherzige Ideen«, entgegnete Napoleon, »von denen die europäischen Staatsmänner nicht loskommen können. Ich werde mein Projekt ausführen; die Pläne für das Gebäude sind bereits angefangen.« Und damit führte er den Minister in sein Kabinett, wo er ihm einen Plan von Paris zeigte, auf dem die fragliche Baustelle eingezeichnet war. Nach dem Grundriss sollte der Archivalpalast acht innere Höfe umfassen.

Ein andermal, es war am 20. September desselben Jahres, hielt der Kaiser Napoleon den österreichischen Minister unter dem Vorwand der letzten Nachrichten aus der Türkei in Saint-Cloud zurück. Er erging sich in einem Gespräch über die Möglichkeit oder Wahrscheinlichkeit eines Friedens zwischen den Türken und Russen. Dabei kam er von Neuem auf die Angelegenheit der Erhebung des Fürsten von Ponte Corvo [Bernadotte] zum Nachfolger auf dem schwedischen Thron zu sprechen.

»Ich erhielt«, sagte der Kaiser, »Nachrichten von St. Petersburg, die dartun, dass dieses Ereignis dort so aufgenommen wurde, wie es aufgenommen werden musste; es wirkte nicht angenehm, allein man nimmt es mit Stillschweigen hin.« Dann sagte er weiter:

»Ich betrachte die Angelegenheit Schwedens als einen mehr oder minder entfernten Anlass zum Krieg mit Russland. Dass sie des Letzteren

442

Neid erregt, ist klar. Ich werde mit Russland Krieg bekommen aus Gründen, die außerhalb jedes menschlichen Könnens liegen, weil sie in der Eigentümlichkeit der Sache selbst wurzeln. Die Zeit wird bald heranrücken – und ich bin weit entfernt, sie mit meinen Wünschen oder durch Tatsachen herbeizurufen –, wo die Feindschaft unvermeidlich ist. Welche Rolle werden Sie dann spielen? Ich spreche von all diesem keineswegs in offizieller Weise mit Ihnen, noch weniger in der Absicht, Ihnen einen Vorschlag zu machen, sondern einfach so, als sprächen wir über einen uns beiden fernliegenden Gegenstand. Bei dieser Gelegenheit müssten Sie sich entweder mit Frankreich verbinden oder es mit Russland halten und im letzteren Fall neutral bleiben. Der zuletzt genannte Weg würde *der* sein, welcher Sie zu nichts führt. Das wäre kein Mittel, sich zu erholen, und wenn Sie eine bloß scheinbare Neutralität bewahren wollten, um sich am Ende des Kampfes der stärkeren Partei anzuschließen, so würde diese Ihnen wenig Dank wissen, und Sie würden wenig Nutzen aus einem solchen Verfahren ziehen können.«

»Ich betrachte«, fuhr Napoleon fort, »das, was gegenwärtig die illyrischen Provinzen ausmacht, als den wichtigsten Landesteil für Österreich. Diese Ihre ehemaligen Provinzen und Dalmatien boten Ihnen alle möglichen Ausfuhrwege, die Ihnen jetzt fehlen. Ich habe das Gefühl, dass ich Sie demütige und unterdrücke, solange ich diese Provinzen besitze; Sie können nur dasselbe fühlen. Es liegt darin also ein immerwährender Keim von Eifersucht und Missstimmung zwischen Ihnen und Frankreich. Würden Sie eines Tages Konferenzen zurückweisen für die Auswechslung eines gleichwertigen Stücks von Galizien gegen diese Provinzen? Am Tag, an welchem ich mich genötigt sehen werde, einen Krieg mit Russland zu führen, würde ich einen großen und mächtigen Verbündeten an einem König von Polen haben. Ich würde Ihrer nicht bedürfen, und Sie würden darum nicht minder Ihren Nutzen bei dieser Kombination finden.«

Metternich bemerkte dem Kaiser, dass er sich nur insofern erlauben dürfe, in ein Gespräch über diesen Gegenstand einzugehen, als dabei wohl verstanden sei, dass alles, was er sagen würde, aus dem Mund eines Kosmopoliten, keineswegs aber aus dem eines österreichischen Ministers komme. Er teilte die Sache in zwei Fragen: in die Wiederherstellung eines Königreichs Polen und die Auswechslung eines Teils von Galizien gegen die illyrischen Provinzen.

»Die erste Frage«, sagte der Minister zu Napoleon, »ist rein politischer Natur. Ein Königreich Polen ist nichts anderes als das Herzogtum Warschau mit einem anderen Namen und mit jenen neuen Grenzen, die dasselbe von dem Augenblick an, als es geschaffen ward, angestrebt hat. Der Tag, an welchem unsere galizischen Provinzen noch mehr geschmälert würden, als sie es jetzt schon sind, müsste unser Interesse an der polnischen Frage sicherlich in demselben Verhältnis vermindern. Allein es scheint mir unmöglich, sich so leichthin einer Sache zu nähern, die so vielseitige politische Ansichten darbietet und den Stand der gegenseitigen Beziehungen in Europa ändert. Die illyrischen Provinzen sind uns unter zwanzig Gesichtspunkten unendlich wichtig. Seinerseits gewährt Galizien Vorteile, die schwer auszugleichen wären. Illyrien bietet nur geringe Einkünfte und erreicht kaum annähernd jene von Galizien; es bietet viel weniger Menschen und Unterhaltsmittel. Galizien hat wichtige Grenzpunkte für die Gesamtmonarchie. Wenn jemals die Idee einer solchen Kombination dem Kaiser, meinem Herrn, in den Sinn kommen könnte, so würde der Austausch sich nur in einem ganz anderen topographischen Verhältnis annehmen lassen und vielen und großen Schwierigkeiten begegnen.«

Napoleon entfaltete in einer langen Darlegung die Vorteile, die für Österreich aus der Wiedergewinnung der illyrischen Provinzen erwachsen würden, anderseits die geringe Sicherheit Galiziens in österreichischen Händen im Fall eines glücklichen Krieges mit Russland, der die Einverleibung der polnisch-russischen Provinzen in das Herzogtum Warschau zur Folge hätte und diesem ein großes Gewicht in der Reihe der Mächte geben müsste.

444

»Was die Einkünfte anbelangt«, setzte der Kaiser hinzu, »so haben Sie ein Mittel der Ausgleichung; verkaufen Sie alle Domänen in Galizien, sie bilden die hauptsächlichsten Einkünfte des Landes. Es könnte sich niemals um das Galizien der *ersten Teilung* handeln; nichts wäre leichter, als die militärischen Grenzen im Norden Ungarns festzustellen.

Alles, was ich Ihnen sage«, fuhr der Kaiser fort, »ist zudem nur ganz und gar vertraulich. Ich will nicht, dass außer dem Kaiser und Ihnen jemand darum wisse. Ich habe niemals mit Champagny darüber gesprochen. Wenn dem Krieg mit Russland auszuweichen ist, so ist mir das ganz recht; im gegenteiligen Fall ist es aber viel besser, die Folgen vorausgesehen zu haben. Was mich betrifft, so stelle ich die Fragen immer sehr einfach, sowohl mir als anderen gegenüber. So sage ich mir im gegenwärtigen Fall: Wenn es in die Hauptberechnungen Österreichs passt, mit Frankreich in Übereinstimmung zu sein, dann können ihm die illyrischen Provinzen – abgesehen von ihren administrativen Vorteilen – mehr abwerfen als Teile von Galizien, denn jene Provinzen sind ein Anlass zur Eifersucht zwischen den beiden Mächten. Wenn Österreichs System sich mehr zu Russland neigt, dann steht ganz Galizien in erster Reihe seiner Politik, weil es ihm als Verbindung dient. Ich begehre von Ihnen keine tätige Mitwirkung, weil ich mich entschieden habe, auf keine Koalition mehr einzugehen. Ich habe an dem Versuch von 1809 genug gehabt. Ich hätte den Krieg mit Ihnen ganz anders geführt, wäre ich allein gewesen. Ich habe niemals viel auf die Russen gerechnet, allein sie haben deswegen doch den Platz von 50–60 000 Franzosen eingenommen, die besser gekämpft hätten als die Russen.

Wenn ich in dieser Weise zu Ihnen spreche«, schloss Napoleon seine interessanten, offenherzigen Ausführungen, »so wollte ich mir die seltene Gelegenheit der Unterredung eines Monarchen mit einem Minister des Äußern einer anderen Macht nicht entgehen lassen, um der anderen Regierung einen neuen Gesichtspunkt zu eröffnen, ohne sie in die Notwendigkeit einer Antwort darauf versetzen zu müssen. Ich erwarte nicht die mindeste Erwiderung auf dasjenige, was ich Ihnen hiermit vor Ihrer Abreise mitzuteilen gewünscht habe. Der Verkauf der Domänengüter in Galizien wird mir beweisen, was der Kaiser Franz davon denkt.«

Fürst Metternich verließ Saint-Cloud mit dem Bewusstsein, hinlängliche Aufklärung erlangt zu haben. Der Zweck seines Aufenthaltes in Paris war erreicht. Er nahm seine Abschiedsaudienz am 24. September 1810 und kehrte nach Wien zurück, wo er in der ersten Hälfte des Oktobers eintraf.

Aus Metternichs nachgelassenen Papieren.

Der Kaiser Napoleon und die katholischen und protestantischen Geistlichen in Breda, April 1810

Der Kaiser Napoleon kam auf seiner Reise nach dem neuerdings Frankreich einverleibten ehemaligen Königreich Holland mit Marie-Louise 1810 auch nach Breda und gab daselbst den öffentlichen Beamten am 6. Mai Audienz. Er machte den gewöhnlichen Rundgang, sprach mit dem Appellationsgerichtspräsidenten einige Worte, fasste die verschiedenen Kollegia ins Auge und blieb zuletzt bei dem katholischen Vicarius apostolicus stehen, der, sein Manuskript in der Hand haltend, dem Monarchen im Namen der katholischen Geistlichkeit sein Kompliment machte. Se. Majestät aber geruhte nicht darauf zu antworten, sondern fragte nur:

»Wo sind die reformierten Prediger?« Worauf der Fürst von Neuchâtel [Berthier] sie dem Kaiser vorstellte und Herr ten Oever, Prediger der Wallonischen Gemeinde, die Erlaubnis erhielt, den Kaiser anzureden. Die Rede war kurz, aber den Umständen angemessen.

»Es ist«, sagte ten Oever, »ein unwandelbarer Grundsatz der Protestanten, in allem, was sich ereignet, die Hand der Vorsehung anzubeten und dem Cäsar zu geben, was des Cäsars ist ... Wir wissen, Sire, dass seit dem Widerruf des Edikts von Nantes die Protestanten in Frankreich nie so viele Rechte genossen haben als unter dem Schutz Eurer Majestät. Diese Überzeugung lässt uns erwarten, dass wir an dem Schutz des großen Monarchen teilnehmen werden, den Gott unter uns gesetzt hat. Wir haben die Ehre, die Erhaltung der von uns bis dahin genossenen Vorteile sowie alle unsere Angelegenheiten Eurer Majestät alleruntertänigst zu empfehlen. Möchten Sie, Sire, nachdem Sie dem festen Lande den Frieden gegeben und durch Ihre Vermählung befestigt haben, der Friedensstifter von ganz Europa werden und uns unter Ihren Auspizien die erwünschtesten Wirkungen dieses Segens genießen lassen.«

Der Kaiser hörte diese Rede sehr aufmerksam an und antwortete:

»Sie haben recht; ich beschütze alle Religionen. Die Protestanten und die Katholiken genießen in Frankreich gleiche Rechte. Es ist billig, dass auch in diesem Departement die Protestanten in gleichen Rechten mit den Katholiken stehen. Sind ihre Kirchen zu groß oder sind deren zu viel, so muss man sie teilen, denn ich will völlige Gleichheit der Rechte der Kirchen; man muss wie Brüder untereinander leben.«

Darauf fragte Napoleon Herrn ten Oever: »Warum, mein Herr, sind Sie im vollen Ornat?«

»Sire«, versetzte ten Oever, »es ist Vorschrift.«

»Nun ja«, erwiderte der Kaiser, »es ist eine Landessitte. Aber«, wandte er sich nach der römisch-katholischen Geistlichkeit, die nicht im Ornat, sondern nur im schwarzen Rock erschienen war, »warum habt Ihr den Priesterrock nicht an? Ihr sagt, Ihr seid Priester? Aber wer seid Ihr? Prokuratoren? Notare? Bauern? … Ich komme in ein Departement, wo die Mehrzahl des Volkes aus Katholiken besteht, die in früheren Zeiten unterdrückt worden sind, nach der Revolution mehr Freiheit erhalten haben und die mein Bruder, der König Ludwig, noch mehr begünstigt hat. Ich komme, um Euch alle den andern gleich zu machen, und Ihr fangt damit an, dass Ihr den Respekt gegen mich außer Acht lasst, und beklagt Euch über die Unterdrückung, die Ihr unter der vorigen Regierung erlitten hättet; aber Euer Benehmen zeigt, dass Ihr sie wohl verdient habt. Der erste Akt meiner Herrschaft, den ich habe vollziehen müssen, bestand darin, dass ich zwei Eurer widerspenstigen Priester, ja sogar den apostolischen Vikar habe verhaften müssen; sie sitzen im Gefängnis und sollen bestraft werden. Dagegen ist das erste Wort, das ich aus dem Mund eines reformierten Predigers höre: Gebt dem Cäsar, was des Cäsars ist! Das ist die Lehre, die Ihr predigen solltet. Von diesem Herrn da« – auf Herrn ten Oever zeigend – »solltet Ihr lernen. Immer habe ich unter den Protestanten getreue Untertanen gefunden. In Paris habe ich deren 6000, in meinem Reich 800 000, und nie habe ich mich über einen zu beklagen gehabt.

Ihr habt die Protestanten verleumdet, indem Ihr sie als Leute darstelltet, die staatsgefährliche Grundsätze lehrten; aber ich habe keine bessern Untertanen als die Protestanten. In Paris lasse ich mich zum Teil von Protestanten bedienen; sie haben freien Zutritt zu mir. Und hier will eine Handvoll brabantischer Fanatiker sich meinen Absichten widersetzen!

Hätte ich nicht in Bossuets Lehre, in den Grundsätzen der gallikanischen Kirche Grundsätze gefunden, die mit den meinigen übereinstimmten, und wäre das Konkordat nicht angenommen worden, ich würde Protestant geworden sein, und 30 Millionen Menschen wären meinem Beispiel gefolgt! Was für eine Religion lehrt aber Ihr? Wisst Ihr nicht, dass Christus gesagt hat: Mein Reich ist nicht von dieser Welt? Und Ihr, Ihr wollt Euch in meine Reichsgeschäfte mischen? Ihr wollt nicht für den Landesfürsten beten? Ihr wollt ungehorsame Bürger sein? Die Beweise habe ich in der Tasche. Wenn Ihr in solchen Grundsätzen verharrt, so wird Strafe in dieser, Verdammnis in jener Welt Euer Teil sein!

Sie sind«, an den Vikar sich wendend, der ihn angeredet hatte, »Sie sind apostolischer Vikar. Wer hat Sie in dieses Amt eingesetzt? Der Papst? Er hat kein Recht dazu. *Ich* mache die Bischöfe!« … Und wieder an alle sich wendend, fuhr er fort: »Ihr wollt nicht für den Monarchen beten? Etwa, weil ein römischer Priester mich in den Bann getan hat? Aber wer hat ihm das Recht gegeben, einen Monarchen in den Bann zu tun? Warum haben Luther und Calvin sich von der Kirche getrennt? Euer infamer

Ablasskram hat sie empört, und die deutschen Fürsten wollten euer Joch nicht mehr tragen. Die Engländer haben recht gehabt, sich von Euch loszusagen; die Päpste haben durch ihre Hierarchie Europa in Feuer und Flammen versetzt. Ihr möchtet wohl gerne wieder von Neuem Blutgerüste und Scheiterhaufen aufrichten? Aber ich will schon dafür sorgen, dass nichts daraus wird.

Seid Ihr von der Religion Gregors VII.? Clemens' XII.? Ich bin es nicht. Ich halte zur Religion Jesu Christi, der gesagt hat: Gebt dem Cäsar, was des Cäsars ist, und demselben Evangelium gemäß gebe ich auch Gott, was Gottes ist. Mein Zepter habe ich von Gott! Ich trage das weltliche Schwert und werde es zu führen wissen. Gott richtet die Throne auf! Nicht *ich* habe mich auf meinen Thron erhoben; Gott hat mich darauf gesetzt! Und Ihr Erdenwürmer wollt Euch dem widersetzen? Ich bin keinem Papst, sondern nur Gott und Jesu Rechenschaft von meiner Regierung schuldig. Meint Ihr, dass ich dazu geschaffen sei, einem Papst den Pantoffel zu küssen?

Wenn es nur von Euch abhinge, Ihr würdet mir die Haare abschneiden, würdet mir eine Glatze machen, würdet mich wie Ludwig in ein Kloster stecken oder mich nach Afrika verbannen … Unwissende Schwachköpfe, die Ihr seid! Beweiset mir aus dem Evangelium, dass Jesus Christus den Papst zu seinem Stellvertreter, zum Nachfolger des heiligen Petrus bestimmt habe und dass er das Recht besitze, einen Monarchen in den Bann zu tun! Ist Euch an meinem Schutz gelegen, so predigt das Evangelium, wie es die Apostel verkündet haben. Ich will Euch beschützen, wenn Ihr gute Bürger seid, wo nicht, so verbanne ich Euch aus meinem Reich und zerstreue Euch wie die Juden in alle Welt …

Ihr gehört zum Bistum Mecheln. Zeigt Euch vor Eurem Bischof, legt Euer Bekenntnis vor ihm ab und unterschreibt das Konkordat. Der Bischof wird Euch meine Willensmeinung kundtun. Herr Präfekt, Sie werden Anstalten treffen, dass die Leute das Konkordat beschwören. – Über-

450

haupt sollen die Kirchensachen in allen Konfessionen nach gleicher Regel behandelt werden, und Sie, Herr Präfekt, werden Verfügungen treffen, dass ich nichts mehr davon hören muss!«

Äußerungen des Kaisers Napoleon gegen die katholische Geistlichkeit zu Breda.

DER KAISER NAPOLEON UND DER GRAF METTERNICH IN SAINT-CLOUD, 8. JUNI 1810

Napoleon hatte den Grafen Metternich am 8. Juni 1810 nach Saint-Cloud rufen lassen, wo er mit ihm eine lange Unterredung über die Kirchenangelegenheiten hatte. Metternich schreibt darüber an seinen Landesherrn, den Kaiser Franz:

Unglücklicherweise musste ich mich davon überzeugen, dass Napoleon sehr wenig geneigt war, auf die versöhnenden Ansichten Eurer Majestät einzugehen, und ich habe guten Grund, mich zu beglückwünschen, dass ich vom ersten Augenblick dieser Unterhaltung an mich ganz unparteiisch benommen habe. Der Kaiser Napoleon begann die Unterhaltung, indem er mir sagte, der Papst wolle keinerlei Einverständnis; seit der Ritter von Lebzeltern bei ihm angekommen sei, habe er an den Kardinal Fesch einen Brief gesandt, der nichts als Drohungen und Schmähungen gegen ihn enthielte. Anderseits höre er nicht auf, mit allen Mitteln der Kirche die Völker der römischen Staaten zum Widerstand und Aufruhr aufzureizen. Die Priester in Rom verweigerten denjenigen Einwohnern der Stadt das Abendmahl, die in die Liste der Nationalgarde eingeschrieben wären usw.

Ich tat dem Kaiser mein Erstaunen über ein Verhalten kund, das der Wirkung, die wir durch unsern Gesandten auf den Geist des Heiligen Vaters hervorgebracht zu haben glaubten, und dem Inhalt des von Sr. Heiligkeit an mich gerichteten Briefes ganz entgegengesetzt sei. Ich glaubte mich nicht zu irren, wenn ich dem Kaiser versicherte, dass er sich in seinen Behauptungen wohl in den Daten getäuscht habe. Aber er verneinte es. Jetzt bin ich jedoch überzeugt, dass ich mich nicht geirrt habe. Der betreffende Brief an den Kardinal Fesch ist von Savona an dem Tag der Ankunft des Herrn von Lebzeltern abgesandt worden, und das Verhalten der römischen Behörden beruht auf den vom Heiligen Vater hinterlassenen Instruktionen, als er sein Land verließ.

Der Kaiser fuhr fort mir zu sagen, dass das Schriftstück, das ich Herrn von Champagny übermittelt, beweise, dass der Papst nicht daran dächte, ihm näher zu kommen. Er sei noch nicht »reif«. Er, Napoleon, werde seinen Geschäften nachgehen, und eines Tages würde es der Heilige Vater bereuen, dass er eine so günstige Gelegenheit habe vorübergehen lassen wie die gegenwärtige, sich der Macht der Umstände zu fügen.

Ich bemerkte Sr. Majestät, es schiene mir, dass der Heilige Vater alles getan habe, was er in seiner alleinstehenden Lage tun konnte. Se. Heiligkeit habe sich, als er den Wunsch aussprach, sich mit dem Kaiser der Franzosen zu verständigen, nicht über die Art der Eröffnungen irren können, die ihm durch meine Vermittlung zugegangen seien. Herr von Lebzeltern habe Befehl gehabt, sich nicht den Anschein eines französischen Unterhändlers zu geben. Er hatte nur den Wunsch des Kaisers, seines Herrn, auszusprechen, der den Interessen der Kirche einen Dienst bei einem Fürsten leisten wollte, der sein Schwiegersohn geworden war.

»Aber«, unterbrach mich der Kaiser, »wie kann ich den ersten Schritt tun und dem Heiligen Vater gestatten, dass er sich mit einem Rat umgibt, mit dessen Hilfe er gegen mich Vorsichtsmaßregeln ergreift?«

»Ich habe diesen Einwand vorausgesehen«, antwortete ich. »Um Eurer Majestät die Initiative zu ersparen, verlangen wir von Ihnen diesen Rat als Freunde der beiden Staaten. Wenn Sie fürchten, dies zu bewilligen, so müssen Sie einsehen, dass Ihre Vorschläge unannehmbar sein werden.«

Der Kaiser war sprachlos über meine Antwort und wusste nichts einzuwenden. Er fragte mich, ob ich glaube, dass der Heilige Vater einen Rat annehmen werde, dessen Zusammensetzung von ihm ausginge. Es war mir ein Leichtes, ihm zu beweisen, dass ein Rat, dessen Mitglieder von einer Gegenpartei ausgewählt würden, niemals den Zweck, den der Papst vor Augen habe, erfüllen könne.

Unsere Unterhaltung drehte sich immer wieder um die kirchlichen Angelegenheiten, und ich verließ den Kaiser bald darauf.

Mémoires du prince de Metternich.

DER KAISER NAPOLEON UND DER GRAF METTERNICH IN PARIS, 8. SEPTEMBER 1810

Der Kaiser brachte in einer Audienz, die er am 8. September 1810 dem Grafen Metternich gewährte, das Gespräch auf die Wahl Jean Bernadottes zum schwedischen Kronprinzen und bemerkte, diese Wahl würde ihm noch viel Händel verursachen.

Metternich: »Eure Majestät haben diese Unannehmlichkeiten vorausgesehen, und wie es scheint, passen sie in Ihre Berechnungen, denn sonst hätten Sie sie vermieden.«

Napoleon: »Ich habe das Volk gewähren lassen. Ich habe sogar den Baron von Rosen,[1] der mir den Brief des Königs von Schweden brachte, sehr schlecht empfangen. Ich habe ihm nicht verhehlt, wie sehr ich über das Vorgehen, das der König mir gegenüber eingeschlagen, erstaunt war. Sein vorletzter Brief enthielt in der Tat nur die Ankündigung des Wunsches, dass er sehr gern den Prinzen von Augustenburg als Nachfolger seines Bruders sähe; der letzte Brief aber unterrichtete mich von der Erwählung des Fürsten von Ponte-Corvo. Ich habe dem Baron von Rosen gesagt, der König hätte mich sehr wohl vorher über diese Frage zurate ziehen können; jetzt ist es zu spät, ich kann die Wahl nicht mehr verweigern. Die Wahl des Fürsten von Ponto-Corvo ist mir von zwei Gesichtspunkten aus unangenehm: Sie kompromittiert meine Beziehungen zu Russland und setzt wiederum einen Privatmann auf den Thron, was den Kronen schädlich ist

---

1 Schwedischer außerordentlicher Gesandter.

Auch der Wechsel der Religion ist nicht gleichgültig, und ich urteile nach der Wirkung, die diese Nachricht auf die Kaiserin hervorgerufen hat. Sie hat ausgerufen: ›Wie! Der Ruchlose verlässt seinen Gott für eine Krone? Niemals würde einer der Meinigen sich dazu hergegeben haben!‹ – Ich hatte«, fuhr Napoleon fort, »die Krone dem Vizekönig von Italien angeboten, aber er hat sie ausgeschlagen.«

Metternich: »Eure Majestät sprechen mit so viel Vertrauen über diese Dinge zu mir, dass ich Ihnen mit derselben Offenheit nicht verhehlen will, wie sehr ich alle Ihre Beobachtungen teile. Ich möchte noch hinzufügen, dass das Beispiel eines auf den Thron erhobenen Marschalls notwendigerweise von schlechtem Einfluss auf dessen Kollegen sein muss. Eure Majestät werden sich sehr bald in die Lage versetzt sehen, einen von ihnen erschießen lassen zu müssen, um die andern von ihrem Größenwahn abzubringen.

Ich bin vollkommen Ihrer Meinung, dass es viele Nachteile hat, wenn die Privatleute sich auf den Thronen vermehren, und wie es mir scheint, sollte Eure Majestät großen Wert darauf legen, der einzige zu bleiben.«

Napoleon: »Sie haben recht. Diese Bemerkung, die mich persönlich und meinen Namen betrifft, hat mich oft bedauern lassen, dass ich Murat auf den Thron von Neapel erhoben habe. Er hat Verwandte, Vettern und Basen, die alle nichts taugen. Ich hätte ihn zum Vizekönig machen und im Allgemeinen auch meinen Brüdern keine Throne verleihen sollen. Aber man wird eben erst klug mit der Zeit! Ich dagegen habe einen Thron bestiegen, den ich erst wiederaufrichten musste; ich habe nicht die Erbschaft eines andern angetreten. Ich habe das genommen, was niemandem gehörte. Dabei hätte ich es bewenden lassen und nur Generalgouverneure und Vizekönige ernennen sollen. Sie brauchen übrigens nur das Benehmen des Königs von Holland in Betracht zu ziehen, um sich zu überzeugen, dass Verwandte oft weit entfernt sind, Freunde zu sein.

Hinsichtlich der Marschälle haben Sie umso mehr recht, als es bereits solche gibt, die von Größe und Unabhängigkeit träumen. Aber ich will Ihnen beweisen, dass ich mich zu der schwedischen Frage vollkommen neutral verhalten habe.«

Darauf schellte der Kaiser seinem Kabinettssekretär und ließ sich den ganzen Briefwechsel mit dem König Karl XIII. bringen.

Nachdem er Metternich die verschiedenen Briefe vorgelesen hatte, sagte er, Russland habe sich sehr dumm benommen, dass es auf die Wahl des schwedischen Prinzen keinen Einfluss gehabt habe.

»Ich hätte nichts lieber gesehen«, fuhr Napoleon fort, »als die Er-nennung des Prinzen von Augustenburg. Der Wahl des Prinzen von Oldenburg hätte ich niemals beigestimmt, und dies musste Russland auch hinsichtlich Bernadottes tun. Und da sehen Sie, was wir von dem ›Zeitgewinn‹ des Herrn von Romanzoff haben! Die Nachrichten, die ich aus Stockholm erhalte, melden mir, dass die Russen nicht das Ge-ringste getan haben, sondern sich ganz einfach auf ihren guten Stern verlassen.

Kennen Sie Bernadotte gut? Und was halten Sie von ihm?«

Metternich: »Ich kenne ihn nur durch oberflächliche Beziehungen in der Gesellschaft, kann mir daher über ihn kein Urteil erlauben.«

Napoleon: »Er ist ein kluger Kopf! Ich wenigstens habe ihn immer so gefunden und beurteilt. Aber ich prophezeie ihm viel Schwierigkeiten in seiner Regierung. Die Nation erwartet alles von ihm: Er ist der liebe Gott, von dem man das tägliche Brot verlangt. Aber ich glaube, er hat kein Ta-lent zum Regieren. Er ist ein guter Soldat, das ist alles. Übrigens bin ich froh, ihn los zu sein, und sehe nichts lieber als seine Entfernung aus Frank-reich. Er ist einer jener alten Jakobiner mit verdrehtem Kopf, wie sie alle sind. Und gerade damit kann man sich nicht auf einem Thron halten. Wenn Sie ihn wiedersehen, so forschen Sie ihn ein wenig aus, und dann werden Sie derselben Meinung sein wie ich. Ich konnte mich der Sache nicht entziehen, und wäre es auch nur, weil ein französischer Marschall auf dem Thron Gustav Adolfs der schönste Streich ist, der den Engländern je gespielt wurde.«

Aus Metternichs nachgelassenen Papieren.

DER KAISER NAPOLEON UND
FRÄULEIN VON CHASTENAY IN PARIS, 1810

Während des Winters 1810 wurden zu Ehren der jungen Kaiserin Marie-Louise von den Ministern und hohen Persönlichkeiten des Hofes öfters Bälle und Festlichkeiten gegeben, zu denen die beiden Majestäten regelmäßig erschienen. Eines Tages veranstaltete der Herzog von Rovigo [Savary] einen solchen Ball, zu dem außer den höchsten Persönlichkeiten auch viele schöne und geistreiche Frauen geladen waren. Unter ihnen glänzten besonders die Herzogin von Brancas, deren Mann Kammerherr bei Napoleon war, und Mademoiselle de Chastenay, dieselbe, die in Châtillon als junges Mädchen mit dem General Bonaparte drei Tage lang in kameradschaftlicher Freundschaft gelebt hatte.[1] Es war sicher, dass er sie wiedererkennen würde.

Der Kaiser und die Kaiserin erschienen, und als die Contretänze begonnen hatten, unternahm der Kaiser seinen Rundgang, begleitet von einer Gruppe Höflinge. Er begann seine Fragen bei der Reihe der Damen, die Mademoiselle de Chastenay gegenüberstand. Darauf wandte er sich nach ihrer Seite. Frau von Brancas erhielt die erste Schmeichelei. Er fragte sie, ob sie tanze. »Nein, Sire«, antwortete sie, »ich tanze nicht mehr.«

»So müssen Sie nicht antworten«, erwiderte sogleich Napoleon, »Sie müssen sagen: Ich tanze nicht. Die Worte: ich tanze nicht mehr, begreifen einen zweiten Gedanken in sich.«

---

1 Vgl. Seite 21.

Mademoiselle de Chastenay lächelte bei diesem Unterschied, und der Kaiser stutzte und sagte, er kenne sie sicher, er erinnere sich, sie schon einmal gesehen zu haben. Fräulein von Chastenay beeilte sich, ihren Namen zu stammeln.

»Ja, ja, ohne Zweifel, ich kenne Sie«, sagte er; »ich habe Sie gekannt. Ich habe Sie in Châtillon gesehen; Sie waren damals Stiftsfräulein. Wie geht es Ihrer Frau Mutter?« Und er fügte hinzu:

»Erinnern Sie sich noch jener langen Unterhaltung, die wir miteinander in Châtillon führten. Erinnern Sie sich noch, sagen Sie? Es sind sechzehn Jahre her, wahrhaftig sechzehn Jahre! Sie war sehr lang, jene Unterhaltung; sagen Sie, erinnern Sie sich noch ihrer?« Und er wiederholte: »Sechzehn Jahre!«

Fräulein von Chastenay antwortete so gut sie konnte, denn sie hatte dieses Gespräch natürlich nicht vergessen. Darauf sagte ihr Napoleon einige Schmeicheleien über die Bücher, die sie geschrieben. Ohne sie gelesen zu haben – denn dazu hätte er nicht die Zeit –, wüsste er ihre Verdienste und infolgedessen auch den Erfolg zu schätzen. Er fügte hinzu, dass Fräulein von Chastenay eine Muse sei, und fragte sie, ob sie ihr schönes musikalisches Talent auf dem Klavier weiter ausgebildet und gepflegt habe, er hätte es nicht vergessen können. Nach zwei oder drei ebenso höflichen Phrasen wandte der Kaiser sich an ihre Nachbarin, sagte ihr ein paar förmliche Worte, durcheilte schnell den übrigen Kreis und zog sich bald darauf zurück.

Mémoires de Madame de Chastenay.

Der Kaiser Napoleon und der Präfekt Barante in Paris, 4. Dezember 1810

Zehn Jahre nach der Explosion der »Höllenmaschine« sprach der Kaiser eines Tages mit Barante über die Vendée und den Krieg in den Westprovinzen.

»Was ist aus den Unteroffizieren dieses Krieges geworden?«, fragte er.

Barante antwortete ihm, dass die ländlichen Sitten der kleinen Grundbesitzer und des Landadels sowie ihre vertrauten Beziehungen zu den Bauern sie in den Stand setzten, gleichzeitig Unteroffiziere und Offiziere in einem solchen Krieg zu sein.

»Das ist unmöglich«, entgegnete er, »Sie haben nicht richtig begriffen, was ein Unteroffizier ist. Er ist aus derselben Klasse, von demselben Holz wie der Soldat, sodass er, obgleich er sein Vorgesetzter ist, mit ihm sympathisiert, ihn überzeugt. Er übt auf ihn einen moralischen Einfluss aus, der den Soldaten nicht allein zum Gehorsam zwingt, sondern ihn mit fortreißt; er weiß, wie er mit ihm reden muss, und beleidigt ihn niemals, weil er seinesgleichen ist. Warum ist die französische Armee heute die gefürchtetste der Welt? Weil die Offiziere emigriert sind, die Unteroffiziere sie ersetzt haben und später Generale und Marschälle von Frankreich geworden sind! Mit den Unteroffizieren leitet man die Welt, das Volk, denn sie sind aus ihm hervorgegangen! Nach dem 3. Nivôse[1] ergriff ich die Gelegenheit und ließ die Unteroffiziere der Revolution, die Septembermänner, die Führer der Vorstädte deportieren. Von da an be-

---

1 des Jahres IX (24. Dezember 1800), nach der Explosion der Höllenmaschine.

gann ich ruhig zu schlafen, denn sehen Sie, ich fürchte mich nicht vor Verschwörern, die um 9 Uhr morgens aufstehen, um ein reines Hemd anzuziehen.«

Souvenirs du baron de Barante.

Der Kaiser Napoleon und der Bischof von Chevigné de Boischollet in Alençon, 1. Juni 1811

Wehe denen, deren Ergebenheit für Napoleon sich nur scheinbar in die Umstände fügte! Dies war der Fall des Herrn von Chevigné de Boischollet, Bischof von Séez. Als ehemaliger Royalist, der an der Pazifikation der Vendée teilgenommen hatte, stand er mit dem Präfekten von Orne und dem Bürgermeister von Séez nicht auf gutem Fuß. Man warf ihm vor, er habe die Absicht gehabt, seinen Geistlichen ein Rundschreiben zu schicken, in dem er sie aufforderte, an den durch das Konkordat unterdrückten Festtagen die Vesper zu singen. Außerdem beschuldigte man ihn, nicht oft genug den Hochzeiten der Rosenmädchen beizuwohnen, die der Bürgermeister von Séez durch sein Wohlwollen auszeichnete.

Als der Kaiser am 1. Juni 1811 durch Alençon kam und den Bischof von Séez in einer Audienz empfing, fuhr er ihn hart an und sagte:

»Ich bin sehr unzufrieden mit Ihnen. Sie sind der einzige Bischof, über den mir Klagen zugegangen sind. Sie schüren die Uneinigkeit. Anstatt die Parteien miteinander zu verschmelzen, machen Sie noch Unterschiede zwischen Konstitutionellen und Nichtkonstitutionellen … Sie wollen den Bürgerkrieg. Sie haben ihn schon einmal geführt; Sie haben Ihre Hände in französisches Blut getaucht. Ich habe Ihnen verziehen, und Sie wollen andern nicht verzeihen? Elender! – Ihre Diözese ist die einzige, in der noch Unordnung herrscht.«

»Sire, alles ist hier ausgezeichnet.«

»Sie haben ein sehr schlechtes Rundschreiben verfasst.«

»Ich habe es geändert.«

»Ich habe Sie nach Paris kommen lassen, um Ihnen meine Unzufriedenheit zu beweisen, aber nichts nützt bei Ihnen. Sie sind ein schlechter Untertan; reichen Sie sofort Ihren Abschied ein!«

»Sire!«

»Man lege sofort auf die Papiere seiner Sekretäre Beschlag!«, sagte Napoleon, sich an den Präfekten wendend, der darauf mit dem Bischof hinausging.

Kurz darauf erschienen die Großvikare und die Mönche des Domkapitels von Séez, nach denen der Kaiser verlangt hatte. Die Mönche fragte er heftig:

»Welcher von Ihnen ist es, der Ihren Bischof beeinflusst? Dieser ist übrigens ein Einfaltspinsel.«

Man bezeichnete ihm den Pfarrer der Parochie, den Ehrengroßvikar des Bischofs, Herrn Le Gallois, der wegen seiner guten Eigenschaften und großen Kenntnisse allgemein bekannt war.

»Also Sie sind es!«, rief der Kaiser. »Und warum haben Sie ihm nicht geraten, der Hochzeit der Rosenmädchen beizuwohnen?«

»Sire«, antwortete der Abbé ein wenig verwirrt, »ich war abwesend.«

»Warum haben Sie Ihren Bischof jenes Rundschreiben hinsichtlich der unterdrückten Festtage verfassen lassen?«

»Sire, auch zu dieser Zeit war ich abwesend, und um die Wahrheit zu sagen, habe ich, sobald ich davon Kenntnis erhielt, mich nach Séez begeben, um zu einem ganz entgegengesetzten Schreiben zu raten; und dieses ist auch wirklich erschienen.«

»Donnerwetter! Wo waren Sie denn?«

»Bei meiner Familie.«

»Wie! Bei einem so dummen Kerl von Bischof waren Sie so oft abwesend? Und warum sind Sie überhaupt als Großvikar zu einem solchen Bischof gegangen?«

»Sire, ich gehorche den Befehlen meiner Vorgesetzten.«

Die Durchsuchung der Papiere des Bischofs hatte zu keinerlei Entdeckung geführt, aber der Kaiser bestand auf der Verabschiedung des Herrn
de Boischollet, der einige Monate darauf starb.

Vicomte de Broc. La vie en France sous le premier empire.

DER KAISER NAPOLEON UND DER HERZOG VON VICENZA IN SAINT-CLOUD, 5. JUNI 1811

Caulaincourt, der Herzog von Vicenza, war am 5. Juni 1811 vom russischen Hof nach Paris zurückgekehrt und begab sich sofort nach Saint-Cloud, um dem Kaiser Napoleon von der Stimmung in Russland und den Gesinnungen Alexanders Mitteilungen zu machen.

Der Kaiser, der eben beim Frühstück war, ließ ihn in sein Kabinett eintreten, wo er ihn freundlich empfing. Ohne ihm Vorwürfe zu machen, aber auch ohne ihm Schmeichelhaftes zu sagen, begann er sofort mit seinen Klagen gegen Alexander. Er zählte alles, was er ihm vorzuwerfen hatte, mit Bitterkeit auf, sprach davon, dass ihn die Russen 1809 im Stich gelassen, erwähnte ihre unverschämten Forderungen von 1810, die Übertretung der Kontinentalsperre, die längst begonnenen Rüstungen, endlich die Handlungen jüngeren Datums sowie die ganze Bewegung, die auf feindliche und angreifende Absichten hindeutete.

»Alexander ist falsch!«, rief er endlich; »er rüstet, um mit mir Krieg zu führen!«

Caulaincourt trat mit großem Mut für die Unschuld Alexanders und die Biederkeit seiner Absichten ein. Er zählte die Dienste auf, die Alexander Napoleon geleistet, die direkten und indirekten Herausforderungen, die bezeichnenden Angriffe und Nadelstiche, die dieser Fürst mit dem ritterlichen Herzen zu ertragen gehabt hätte.

Napoleon hörte ihn an, ohne seine immer zunehmende Ungeduld zu verbergen. Bisweilen, wenn die Antwort kein Nachdenken erforderte, warf er sie in der Art einer lebhaften Unterbrechung ein. Er gestattete

Caulaincourt nicht, zu sagen, dass Russland für seine illusorische Mitwirkung an dem Krieg von Österreich ungenügend entschädigt worden sei. Als der ehemalige Gesandte schließlich den Plan der Offensive, der ohne Frage vorhanden gewesen, nur nicht durchgedrungen war, als lächerliches, von den Polen erfundenes Märchen behandelte, wurde der Kaiser sehr scharf und sagte:

»Alexander und die Russen düpieren Sie; Sie wussten nicht, was vorging. Davout und Rapp hielten mich besser auf dem Laufenden.«

Ohne sich durch diese Worte aus der Fassung bringen zu lassen, beendete Caulaincourt seine Darlegung. Die Gegenwart besser als die Vergangenheit beurteilend, konnte er der Wahrheit gemäß behaupten, dass der Kaiser Alexander den Krieg nicht beginnen werde und ihn zu vermeiden suche. Mit kategorischen Worten bürgte er für diese Behauptung und erhitzte sich dabei so sehr, dass er hinzufügte:

»Ich bin bereit, mich gefangen nehmen zu lassen und meinen Kopf auf den Block zu legen, wenn die Ereignisse mich nicht rechtfertigen.«

Diese Worte wurden mit so großer Überzeugung ausgesprochen, dass sie den Kaiser verwirrten und in Ungewissheit versetzten. Er antwortete nicht, sondern ging nachdenklich in seinem Zimmer auf und ab, alles um sich her vergessend, ganz mit sich selbst beschäftigt. So verging eine Viertelstunde in tiefstem Schweigen. Endlich erwachte der Kaiser aus seiner Träumerei und sagte zu Caulaincourt:

»Sie glauben also, dass Russland den Krieg nicht will; dass es mein Verbündeter bleibt und dem Kontinentalsystem wieder beitritt, wenn ich es wegen Polen zufriedenstelle?«

Caulaincourt wiederholte, was er bereits in seinen Depeschen an den Kaiser gesagt, dass ein großes Opfer auf Kosten Polens den Frieden sichern und zur Wiederbefestigung der Allianz beitragen würde, wenn es außerdem durch eine gemäßigte Politik unterstützt würde. Er fügte auch hinzu, dass nach seinem Ermessen die teilweise Räumung von Danzig und der preußischen Festungen eine große Erleichterung in Petersburg hervorrufen und eine Aufheiterung zur Folge haben würde. Aber der Gedanke, jetzt seine Verteidigungs- und Kriegsmittel zu vermindern, war nicht nach dem Geschmack des Kaisers. Er fuhr Caulaincourt darob scharf an, und nun entspann sich zwischen beiden ein lebhafter Wortwechsel.

»Die Russen haben also Angst?«, fragte Napoleon und wiederholte nochmals: »Die Russen haben also Angst?«

»Nein, aber sie ziehen den Krieg einer Lage vor, die auch keine friedliche mehr ist.«

»Glauben sie mir etwa Vorschriften machen zu können?«

»Nein.«

»Von mir fordern, Danzig zu räumen, heißt jedoch so viel wie mir Vorschriften machen, und noch dazu nur aus Gefälligkeit für Alexander.«

»Alexander fordert zweifellos nichts Bestimmtes, damit man nicht sagen kann, er drohe; er zählt jedoch alles auf, was sich seit Tilsit ereignet hat. Ich habe beobachten können, was ihn beunruhigt, kann daher auch sagen, was ihn beruhigen würde.«

»Bald wird es so weit kommen, dass ich Alexander um Erlaubnis bitten muss, die Parade in Mainz abhalten zu können.«

»Nein, aber die in Danzig ärgert ihn.«

»Die Russen sind sehr eingebildet geworden; man will Krieg mit mir anfangen?«

»Nein, man will weder mit Ihnen Krieg noch Ihnen Vorschriften machen; aber man möchte auch keine Vorschriften empfangen.«

»Glauben die Russen etwa mit mir so umzugehen wie unter Katharina mit ihrem König von Polen?[1] Ich bin nicht Ludwig XV.; das französische Volk würde eine solche Erniedrigung nicht dulden.«

Er wiederholte zwei oder drei Mal diese Bemerkung über Ludwig XV.

1 Stanislaus II. August, der von Katharina II. protegiert und im Jahr 1764 auf ihre Veranlassung hin zum König von Polen gewählt wurde.

mit immer größerer Lebhaftigkeit. Dann trat er ganz dicht an Caulaincourt heran und durchbohrte ihn fast mit seinen feuersprühenden Blicken, als er sagte:

»Sie möchten mich also erniedrigen?«

»Eure Majestät«, erwiderte dieser ruhig, »fragen mich über die Mittel, die Allianz aufrechtzuerhalten, und ich habe sie Ihnen bezeichnet. Man muss sich so viel wie möglich in die Lage zurückversetzen, in der wir uns nach der Zusammenkunft von Erfurt befanden. Wenn Sie aber Polen wiederherstellen wollen, so ist das eine andere Sache.«

»Ich habe Ihnen schon gesagt, dass ich Polen nicht wiederherstellen will.«

»Nun, dann verstehe ich nicht, wozu Eure Majestät die Allianz mit Russland geopfert haben.«

»Russland hat sie gebrochen, weil ihm das Kontinentalsystem nicht passte.«

Caulaincourt bemerkte, dass der Kaiser selbst zuerst das Beispiel einer Übertretung der Kontinentalsperre durch das Lizenzensystem gegeben habe. Durch diese Erwiderung, die den schwachen Punkt seiner Behauptungen berührte, fühlte der Kaiser sich geschlagen. Er hielt diese Antwort für sehr schlagfertig, lächelte und sagte, Caulaincourt am Ohr zupfend:

»Sie sind wohl in den Kaiser Alexander verliebt?«

»Nein, aber in den Frieden.«

»Ich auch, aber ich will nicht, dass die Russen mir befehlen, Danzig zu räumen.«

»Die Russen berühren ja daher auch diese Frage nicht, und es ist doch immerhin etwas anderes, einen Wunsch auszudrücken, als eine Forderung zu stellen.«

Durch das Gespräch über Danzig wurde ein brennender Punkt berührt. Napoleon war überzeugt, dass der Kaiser Alexander unter seinen rätselhaften Phrasen und den absichtlichen Übergehungen einen beharrlichen Hintergedanken, einen unaussprechlichen Ehrgeiz verbarg, kurz, dass hinter der ganzen Geschichte etwas steckte.

»Sie sind ein Narr, Caulaincourt«, sagte er; »ich bin ein alter Fuchs und kenne meine Pappenheimer.«

»Gestatten Eure Majestät noch eine letzte Bemerkung?«

»Sprechen Sie!« (Ungeduldig:) »So sprechen Sie doch!« Und seine Bewegungen, seine Stimme, der fragende Blick forderten eine freie, ungezwungene Antwort.

Und Caulaincourt sagte, was er bereits Maret am 8. Mai 1811 geschrieben: »Eure Majestät müssen zwischen Polen und Russland wählen, denn die Dinge sind auf dem Punkt angelangt, wo die Ernüchterung des einen Landes den Verlust des andern bedeutet.«

»Wozu würden Sie sich entscheiden?«, fragte der Kaiser.

»Zur Allianz, zur Vorsicht und zum Frieden«, war die Antwort.

»Der Frieden! Er müsste dauernd und ehrenhaft sein. Ich will keinen Frieden, der meinen Handel zugrunde richtet, wie etwa der Frieden von Amiens. Um aber den Frieden möglich und dauernd zu machen, müsste England überzeugt sein, dass es auf dem Kontinent keine Bundesgenossen mehr fände. … Dem russischen Koloss und seinen Horden dürfte nicht mehr die Möglichkeit geboten werden, dass sie den Süden überschwemmten.« Und mit Feuer verfolgte der Kaiser diesen Schluss, der ihn auf den Krieg brachte und zu dem Ausruf hinriss, dass er bis nach dem Norden vordringen und dort die Grenzen des ehemaligen Europas wiederfinden und wiederherstellen wolle.

»Eure Majestät sind also zu Polen geneigt?«, sagte Caulaincourt einfach. Diese Worte hielten den Kaiser in seiner kriegerischen Begeisterung auf und brachten ihn in die peinlichste Verlegenheit, denn in der Tat konnte die Grenze gegen Russland, an die er dachte, nur Polen sein. Er gewann jedoch sehr bald seine Fassung wieder und sagte:

»Ich will weder den Krieg noch Polen, aber ich will eine mir nützliche Allianz; sie ist es nicht, seitdem man Neutrale annimmt; sie ist es niemals gewesen.«

Caulaincourt begann von Neuem seine Verteidigung zugunsten Alexanders und war dabei so begeistert und überzeugt, dass der Kaiser halb belustigt, halb ärgerlich meinte:

»Wenn die Pariser Damen Sie hörten, würden sie noch viel verschossener in Alexander sein. Was man ihnen von seinen Manieren, seinen Galanterien in Erfurt erzählt, hat ihnen ganz und gar den Kopf verdreht.«

Der Gesandte glaubte sich dazu berechtigt, sein Vermittlungswerk, dem er sich gewidmet, weiter durchzuführen. Lange erklärte er, dass alles, was Napoleon seit 1808 unternommen hätte, Russland neue Umwälzungen befürchten ließe.

»Wieso!«, rief da der Kaiser. »Welche Absichten schiebt man mir unter? Was kann ich noch wünschen? Ist Frankreich nicht groß genug? Habe ich den Russen nicht Beweise meines guten Willens und meiner Freigebigkeit gegeben? Bedeuten denn die Provinzen, die Gebiete, die ich Russland aus Freundschaft überlassen habe, gar nichts?«

Caulaincourt erwiderte, diese Geschenke seien nicht uneigennützig genug gewesen, als dass man dafür viel Dank empfände. »Die Dinge, die durch die Notwendigkeit bedingt sind, zählt man nicht«, sagte er.

Napoleon wollte nun beweisen, dass er alles getan hätte, den Kaiser Alexander hinsichtlich Polens zu beruhigen, und dass die systematischen oder arglistigen Einwände stets von der andern Seite gekommen wären. Er erwähnte das 1810 unterhandelte Schutzbündnis.

»Man hat sich über die Worte gestritten; ich wollte nur die Abfassung ändern«, sagte er.

»Es wäre besser gewesen, den ganzen Vertrag zu verwerfen, als Veränderungen vorzuschlagen, die nur zu sehr bewiesen, dass man inzwischen die Politik und die Absichten geändert hatte«, erwiderte Caulaincourt.

»Alexander hat den Stolzen gespielt; er wollte nichts mehr von dem Vertrag wissen; er ist es, der ihn verwarf. Gestehen Sie doch offen, dass er es ist, der Krieg führen will!«

»Nein, Sire, ich wette meinen Kopf, dass er weder den ersten Kanonenschuss abgeben noch seine Grenzen überschreiten wird.«

»Nun, dann sind wir ja einig, denn ich werde ihn nicht zuerst aufsuchen.«

»Gut«, sagte Caulaincourt, »aber es muss zu einer Aussprache kommen und ein Mittel gefunden werden, wodurch das gegenseitige Vertrauen wiederhergestellt wird.«

Aber eben dieses Mittel konnte und wollte Caulaincourt nicht aussprechen, und der Kaiser, der es wohl ahnte, wollte es nicht gelten lassen. Er umging wiederum das Hindernis und sprach von den Russen, dem Volk und den verschiedenen Gesellschaftsklassen. Er schien zu glauben, dass der korrumpierte und egoistische Adel, keiner Aufopferung und Disziplin fähig, den Zaren zur Unterzeichnung des Friedens zwänge, sobald die Russen ein oder zwei Schlachten verloren hätten und der Feind ins Land gedrungen sei.

»Eure Majestät sind im Irrtum«, unterbrach Caulaincourt kühn den Kaiser und setzte ihm auseinander, dass der Patriotismus alle andern Gefühle der Russen beherrsche und sie gegen die Franzosen in gewaltige Massen vereinige und bis zum Heldenmut begeistere.

»In Russland«, fuhr er fort, »macht man sich keinerlei Illusionen über das Genie des Gegners und seine unerschöpflichen Hilfsquellen; man weiß, dass man es mit dem großen Schlachtengewinner zu tun haben wird, aber man weiß auch, dass das Land groß und weit ist und genug Spielraum bietet, um sich zurückzuziehen. Man weiß, Sire, dass es Sie schon mit Erfolg schlagen heißt, wenn man Sie in das Innere lockt und Sie auf diese Weise von Frankreich und Ihren Hilfsmitteln entfernt. Eure Majestät können nicht überall sein; und man wird nur da kämpfen, wo Sie nicht sind. Das wird kein Krieg von einem Tag sein. Eure Majestät werden nach einiger Zeit gezwungen sein, nach Frankreich zurückzukehren, um neue Hilfsmittel zu holen, und inzwischen werden alle Vorteile auf die Seite des Gegners übergehen. Außerdem muss man mit dem Winter, mit einem außerordentlich strengen Klima rechnen, und vor allem – mit dem festen Entschluss der Russen, niemals einen fußbreit Land abzutreten!«

Als letztes Argument führte Caulaincourt die eigenen Worte des Kaisers Alexander an, der zu ihm gesagt hatte:

»Wenn der Kaiser Napoleon Krieg mit uns führt, so ist es möglich, ja wahrscheinlich, dass er uns schlägt, wenn wir den Kampf annehmen; aber das verschafft ihm noch lange nicht den Frieden. Die Spanier sind oft geschlagen worden; und dennoch sind sie weder besiegt noch unterjocht. Sie aber sind obendrein nicht so weit von Paris entfernt und haben weder unser Klima noch unsere Hilfsmittel. Wir kompromittieren uns nicht; wir haben Spielraum hinter uns und werden uns eine gut organisierte Armee zu erhalten wissen. Mit solchen Mitteln ist man niemals gezwungen, welche Niederlage man auch erleiden mag, den Frieden anzunehmen; im Gegenteil, man zwingt seinen Sieger, ihn anzunehmen. Der Kaiser Napoleon hat diese Beobachtung gegen Tschernitscheff nach der Schlacht von Wagram gemacht; er selbst hat zugegeben, dass er niemals mit Österreich verhandelt haben würde, wenn es nicht eine Armee bewahrt hätte. Mit etwas mehr Hartnäckigkeit hätten die Österreicher weit bessere Bedingungen erzielt. Der Kaiser braucht ebenso schnelle Erfolge, wie seine Gedanken es sind: Mit uns aber wird ihm das nicht gelingen. Ich werde aus seinen Lehren Nutzen ziehen, sie sind die eines Meisters. Wir überlassen es unserm Klima, unserm Winter, mit ihm Krieg zu führen. Die Franzosen sind tapfer, aber nicht so abgehärtet und ausdauernd wie unsere Soldaten; sie sind schneller entmutigt. Es geschehen nur da Wunder, wo der Kaiser sich befindet. Aber er kann nicht überall sein; übrigens wird er sehr bald notwendigerweise in sein Land zurückkehren müssen. Ich werde nicht zuerst das Schwert ziehen aber es auch als Letzter in die Scheide stecken. Lieber würde ich mich nach Kamtschatka zurückziehen, als Provinzen abtreten oder in meiner eroberten Hauptstadt einen Frieden unterzeichnen, der nur ein Vertrag wäre.«

Je weiter Caulaincourt sprach, desto größer wurde das Erstaunen, das sich auf dem Gesicht des Kaisers widerspiegelte. Er hörte seinen Gesandten bis zu Ende an, ohne ein Wort zu verlieren. Am Ende der Rede schien er bewegt und bis in das Innerste der Seele getroffen zu sein. Aber weit entfernt, dem Sprechenden zu zürnen, schien er dessen Offenheit zu schätzen. Seine Haltung war eine andere geworden: Sein bis dahin hartes, verschlossenes Gesicht begann sich plötzlich aufzuhellen. Trotz der vorgerückten Stunde – es war bereits Mittag vorbei – forderte er Caulaincourt immer noch zum Sprechen auf. Er stellte tausend Fragen über die russische Armee, die Verwaltung, die Gesellschaft, ließ sich die Intrigen der Salons und die Liebeshändel erzählen, und seine Neugier schien an diesen Kleinigkeiten Gefallen zu finden, als wenn sein Geist des Ausruhens bedürfe, ehe er von Neuem das große Problem in Angriff nahm.

Diesen Zustand seines Geistes benutzend, erneuerte Caulaincourt seine Bemühungen mit größerer Hartnäckigkeit. Er bat den Kaiser, doch die Ratschläge der Vernunft anzunehmen.

»Sie irren sich, Sire, über die Russen und über Alexander«, sagte er; »beurteilen Sie Russland nicht nach dem, was andere darüber sagen; beurteilen Sie die russische Armee nicht nach dem, was Sie von ihr nach der Schlacht von Friedland gesehen haben. Seit einem Jahr bedroht, haben die Russen sich vorbereitet und befestigt. Sie haben alles in Betracht gezogen, selbst große Niederlagen; sie sind bereit, Ihnen zu trotzen und sich bis aufs Äußerste zu verteidigen.«

Napoleon gab zu, dass die Hilfsmittel Russlands bedeutend seien, aber er fügte hinzu, seine Kräfte wären bedeutender. Und dann schickte er sich an, alle seine Streitkräfte aufzuzählen. Außer den Franzosen nannte er alle seine Verbündeten, alle die Völker, die er zu diesem Kampf aus allen Himmelsrichtungen herbeirufen würde. Er nannte die Lombarden Eugens und die Neapolitaner Murats, die Spanier und die Portugiesen, Marmont mit seinen Kroaten, Deutschland und die achtzehn Kontingente des Rheinbundes, Jérôme mit den Westfalen, die hannoverschen und hanseatischen Regimenter unter Davout, Poniatowski und seine Polen, und bildete sich so eine Armee, die nicht ihresgleichen in der Geschichte aufzuweisen hatte. Seine Worte vibrierten, seine Augen leuchteten, und sein Blick schien zu sagen: »Was gibt es mit so viel und solchen Menschen Unmögliches?«

Endlich sagte er nach einiger Zeit:

»Bah! Eine gute Schlacht wird den schönen Entschlüssen und Sandfestungen Ihres Freundes Alexander ein Ende setzen!«

Die letzten Worte waren eine Anspielung auf die Schanzen am Dnjepr und der Dwina, welche die Russen zu ihrer Verteidigung aufwarfen. Übrigens fügte er hinzu, dass er den Krieg nicht begänne, aber dass Alexander ihn ganz sicher herausfordere. Dieser wankelmütige Monarch habe leider den Verführungen der Engländer ein Ohr geliehen.

»Er ist falsch und schwach!«, rief Napoleon aus.

»Er ist hartnäckig, er gibt leicht gewissen Dingen nach, aber gleichzeitig zieht er sich einen Kreis, dessen Grenze er nicht überschreitet«, erwiderte Caulaincourt.

»Er ist falsch! Er hat den Charakter eines Griechen.«

»Gewiss«, wandte Caulaincourt ein, »er wird mir nicht immer gesagt haben, was er dachte, aber das, was er mir sagte, hat sich stets bestätigt, und das, was er mir für Eure Majestät versprach, hat er stets gehalten.«

»Alexander ist ehrgeizig«, entgegnete Napoleon; »er hegt eine verborgene Absicht mit diesem Krieg. Er will ihn, sage ich Ihnen, denn er verschmäht jedes Übereinkommen, das ich ihm vorschlage. Er hat einen geheimen Grund. Haben Sie den noch nicht ermitteln können? Ich sage Ihnen, er hat ganz andere Gründe als die Befürchtungen hinsichtlich Polens und Oldenburgs.« Und plötzlich sagte er:

»Nur die österreichische Heirat hat uns auseinandergebracht: Alexander war ärgerlich, dass ich nicht seine Schwester geheiratet habe.«

Aber Caulaincourt erinnerte ihn durch ein paar Sätze daran, dass Russland dieser Vereinigung selbst aus dem Weg gegangen sei.

»Ich hatte diese Einzelheiten vergessen«, erwiderte Napoleon in unbefangenem Ton, fügte aber sofort hinzu:

»Nichtsdestoweniger kann man in Petersburg wegen der Annäherung an Österreich ärgerlich gewesen sein.«

Darauf fasste er alles, was gesprochen worden war, noch einmal zusammen und wiederholte wohl zum zehnten Mal: »Ich will weder den Krieg noch Polen, aber man muss sich über die Neutralen und verschiedene andere Streitpunkte verständigen.«

»Wenn dies Eure Majestät wirklich wünschen«, meinte Caulaincourt, »so wird es nicht schwer sein.«

»Sind Sie dessen sicher?«

»Gewiss, aber dazu gehören annehmbare Bedingungen.«

»Was denn noch?«

»Eure Majestät wissen ebenso gut wie ich, dass dies die Ursache der Entfremdung ist; und Sie wissen besser als ich, welche Mittel dagegen anzuwenden sind.«

»Aber was? Was schlägt man vor?«

Als sich jedoch Caulaincourt über die Mittel zu einem Einverständnis mit Russland verbreiten wollte, unterbrach Napoleon seine Rede und sagte, er habe Lauriston beauftragt, das alles mit dem russischen Hof zu regeln, und er, Caulaincourt, sei jetzt der Ruhe bedürftig.

Trotz dieser Verabschiedung bat Caulaincourt noch um die Erlaubnis einer letzten Bemerkung.

»Sprechen Sie!«, sagte der Kaiser.

»Krieg und Frieden liegen in Ihrer Hand, Majestät. Ich flehe Sie an, sich zu Ihrem eigenen und Frankreichs Wohl alles reiflich zu überlegen.«

»Sie sprechen wie ein Russe«, erwiderte Napoleon streng.

»Nein, Sire, wie ein guter Franzose, wie ein treuer Diener Eurer Majestät.«

»Ich will den Krieg nicht, aber ich kann nicht verhindern, dass die Polen nach mir verlangen und mich zu sich rufen.«

Er fügte hinzu, dass die Polen der russischen Provinzen, besonders die Litauer, die Ungeduld ihrer Warschauer Landsleute teilten; sie flehten ihn an und seien bereit, ihm ein ganzes aufständiges Volk zum Verbündeten zu geben, wenn Krieg entstände.

Caulaincourt antwortete mit großer Sicherheit, dass die Polen Litauens zum großen Teil mit der russischen Regierung einverstanden seien und es sich reiflich überlegen würden, sich einem ungewissen Schicksal in die Hände zu geben. »Übrigens«, fuhr Caulaincourt fort, »können Eure Majestät sich nicht verhehlen, dass heute ganz Europa weiß, dass Sie die Länder mehr für sich selber als im Interesse der andern haben wollen.«

»Glauben Sie, mein Herr?«

»Ja, Sire.«

»Nun, Sie gehen nicht gerade zart mit mir um«, erwiderte der Kaiser etwas pikiert. »Es ist Essenszeit!« Und er zog sich zurück.

A. Vandal, Napoléon et Alexandre Ier.

DER KAISER NAPOLEON
UND DER KARDINAL FESCH
IN PARIS, 18. JUNI 1811

Das Konzilium zum Konkordat von 1811 war für den 9. Juni anberaumt worden, aber wegen der Taufe des Königs von Rom ward die Sitzung erst am 17. Juni in der Kirche von Notre Dame abgehalten. Herr von Boulogne, der Bischof von Troyes, hielt die Predigt. Die Versammlung zählte 95 Bischöfe – fünf davon waren Kardinäle – und neun vom Kaiser ernannte Bischöfe. Der Kardinal Fesch übernahm ohne Weiteres die Präsidentschaft, die niemand ihm streitig machte, und nannte in der Aufzählung seiner Titel auch den des Primas der Gallier, der ihm ganz rechtmäßig als Erzbischof von Lyon zukam.

Am nächsten Abend nach dieser Sitzung verlangte Napoleon einige der Bischöfe zu den sogenannten »Entrées« in Saint-Cloud. Die Kaiserin Marie-Louise und ihre Damen sowie eine Menge anderer Personen waren anwesend.

Der Kaiser war eben im Begriff, den Kaffee zu trinken, den ihm die Kaiserin einschenkte, als die Bischöfe gemeldet wurden. Er ließ den Kardinal Fesch, den Bischof von Nantes, Duvoisin, den Bischof von Trier, Mannay, den Erzbischof von Tours, Barral, und einen italienischen Prälaten eintreten. Als sie erschienen, ergriff Napoleon lebhaft und so, dass es alle bemerken mussten, den wahrscheinlich auf seinen direkten Befehl auf einen Tisch gelegten »Moniteur«. Mit der Zeitung in der Hand ging er auf die Herren zu. Das aufgeregte Wesen, das er annahm, die Heftigkeit und Zusammenhangslosigkeit seiner Worte sowie die Haltung derjenigen, an die sie gerichtet waren, riefen eine Szene hervor, wie er sie gelegentlich zu spielen liebte.

Das Protokoll der ersten Sitzung des Konziliums war in dem »Moniteur« abgedruckt, den der Kaiser in der Hand hielt. Er zerknitterte die Zeitung zwischen seinen Fingern und herrschte zuerst den Kardinal Fesch an. Das Seltsame dabei war, dass er sich ohne Weiteres und mit einer wahren Wollust in eine Auseinandersetzung der Prinzipien und kirchlichen Gebräuche stürzte, ohne die geringsten theologischen oder historischen Vorkenntnisse zu besitzen.

»Mit welchem Recht«, fuhr er den Kardinal Fesch an, »mit welchem Recht, mein Herr, legen Sie sich den Titel ›Primas der Gallier‹ zu? Welch lächerliche Anmaßung! Und noch dazu, ohne mich um Erlaubnis zu bitten! Ich durchschaue Ihre Schlauheit; sie ist nicht schwer zu erraten. Sie wollten sich selbst erhöhen, um die Aufmerksamkeit auf sich zu ziehen und das Publikum auf eine noch höhere Erhebung vorzubereiten. Die Verwandtschaft, die Sie mit meiner Mutter verbindet,[1] benützend, suchen Sie den Glauben zu erwecken, dass ich Sie eines Tages zum Oberhaupt der Kirche machen werde, denn niemand wird annehmen, dass Sie ohne meine Zustimmung so kühn waren, sich den Titel ›Primas der Gallier‹ zuzulegen. Europa wird meinen, ich habe es dadurch darauf vorbereiten wollen, in Ihnen einen zukünftigen Papst zu sehen. … Ein schöner Papst, allerdings! … Mit diesem neuen Titel wollen Sie nur Pius VII. scheu und noch unzugänglicher machen!«

Der beleidigte Kardinal antwortete dem Kaiser mit Festigkeit und sagte, dass es zu allen Zeiten in Frankreich nicht allein einen Primas der Gallier, sondern auch einen der Aquitanier und einen von Neustrien gegeben habe. Ein wenig erstaunt, wandte Napoleon sich an den Bischof von Nantes und fragte ihn, ob das wahr sei.

»Es ist eine unbestrittene Tatsache«, sagte der Bischof. Nun verließ

---

1 Napoleons Mutter Letizia war die Stiefschwester des Kardinals Fesch.

der Kaiser den Kardinal, der bisher allein seinen Zorn auszuhalten gehabt hatte. Sein Missfallen richtete sich jetzt im Allgemeinen auf das in dem Eid enthaltene Wort »obédience« (geistlicher Gehorsam), das er mit »obéissance« verwechselte. Ja, er regte sich so sehr darüber auf, dass er die Geistlichen des Konziliums Verräter nannte, denn, fügte er hinzu, »man ist ein Verräter, wenn man gleichzeitig zwei feindlichen Fürsten Treue schwört«.

Der Bischof von Nantes warf einige Worte ein, die der Kaiser nicht beachtete. Ihn kümmerte weder die traurige, unzufriedene und nachdenkliche Miene des Bischofs Duvoisin noch die Niedergeschlagenheit der Bischöfe Barral und Mannay, noch die Unterwürfigkeit des Italieners, noch die nervöse Unruhe des Kardinals Fesch. Er fuhr noch eine Stunde lang fort, mit einer Zusammenhangslosigkeit zu sprechen, die alle in Erstaunen setzte. Zu wiederholten Malen schrie er:

»Meine Herren, Sie wollen mich behandeln, als wäre ich Ludwig der Fromme. Verwechseln Sie den Sohn nicht mit dem Vater! Sie sehen in mir Karl den Großen! Ja, ich bin Karl der Große, jawohl … ich, ich bin Karl der Große!«

Nachdem die Bischöfe vergebens versucht hatten, ihm den Unterschied zwischen den Wörtern »obédience«, was man nur im geistlichen Sinne anwendet, und »obéissance« klarzumachen, blieb ihnen nichts weiter übrig, als schweigend diesen Worterguss über sich ergehen zu lassen. Endlich benutzte der Bischof von Nantes die Gelegenheit einer Pause und bat den Kaiser um eine Privataudienz. Napoleon ging, und der Bischof folgte ihm sofort in sein Arbeitszimmer. Es war beinahe Mitternacht, und jeder zog sich nun seinerseits zurück, seltsame Eindrücke aus Saint-Cloud mit sich fortnehmend.

Mémoires du prince de Talleyrand.

480

DER KAISER NAPOLEON UND DER GENERAL LEJEUNE IN PARIS, 1. AUGUST 1811

Der General Lejeune war aus seiner Gefangenschaft in England nach Paris zurückgekehrt und wurde gleich nach seiner Ankunft am 1. August 1811 vom Fürsten von Neuchâtel zum Kaiser geführt, der ihn zu sprechen wünschte. Der Kaiser war in Saint-Cloud und arbeitete mit Maret, dem Herzog von Bassano. Als Lejeune ins Arbeitszimmer trat, stand Napoleon auf und führte ihn mit sich in den Park. Nachdem er ihn über das Wie und Was seiner Rückkehr nach Frankreich[1] befragt hatte, erkundigte er sich, ob er die Bourbonen gesehen habe, fragte nach ihren Gewohnheiten, ihren Beziehungen, nach dem Grad der Achtung, die die Prinzen in England genössen usw. Diese Einzelheiten schienen ihn sehr zu interessieren und zu beschäftigen. Man hätte glauben können, ihre Frankreich so nahe Nachbarschaft beunruhige ihn, und er sprach von ihnen mit der größten Rücksicht. Er erkundigte sich nach der Ursache, welche die englische Presse veranlasste, ihn so heftig mit ihren groben Beleidigungen zu verfolgen, wodurch sie sich zum Echo des mehr persönlichen als politischen Hasses John Bulls mache. Der Kaiser war sehr erstaunt, ja nicht wenig geschmeichelt, als Lejeune ihm versicherte, dass das englische Volk weit entfernt sei, ihn zu hassen und zu verachten, wie dies die Zeitungen behaupteten.

»In keiner Hütte und in keinem Schloss Englands«, sagte er, »fehlt das

---

1 Lejeune war mit der geheimen Unterstützung der französischen Regierung aus der englischen Gefangenschaft entflohen.

Bild Bonys – ein Name, den man durch Abkürzung des Wortes Bonaparte Eurer Majestät in England gegeben. Und Ihr Bild ist nicht etwa karikiert, denn alle wollen die wahren Züge des außerordentlichen Mannes kennen, der Europa eine andere Gestalt gegeben. Bei Lord Moyra sah ich das Porträt Eurer Majestät in Lebensgröße nach dem Bild Gérards. Der Lord hatte diese Kopie vor drei Monaten für 10 000 Francs gekauft.«

»Wenn sie jedoch solche Gesinnungen hegen, woher kommt es dann, dass ihre Zeitungen mich mit so unversöhnlichem Hass verfolgen?«

»Sire, die Engländer finden außerordentlich schwer Soldaten, um mit Ihnen Krieg zu führen. Nur indem sie das Volk zum Hass gegen Sie aufreizen, gelingt es ihnen, Soldaten zu rekrutieren, um Sie zu bekämpfen; und dieses Mittel scheint ihnen gerade recht.«

»Haben Sie meinen Bruder Lucien gesehen?«[1]

»Nein, Sire, er ist in Wales, 40 Meilen von dem Ort entfernt, wo ich mich aufhielt.[2] Man hatte mir die Erlaubnis gegeben, ihn zu besuchen, aber die Gelegenheit meiner Rückkehr, die ich Ihrer Güte verdanke, ließ mir nicht die Zeit dazu. Ich weiß jedoch, dass man ihm sehr viel Freiheit gestattet; er hat eine ganze Grafschaft als Gefängnis und arbeitet fleißig an seinem Gedicht ›Charlemagne‹, dessen erste Gesänge beendet sind.«

»Warum musste er sich der Gefahr aussetzen, gefangen genommen zu werden; nur um des Vergnügens willen, Romanzen über Karl den Großen zu schreiben, anstatt Karl XII. nachzuahmen und mir zu helfen!«

Der Kaiser liebte seinen Bruder Lucien sehr, dessen glänzende Fähigkeiten er gern im Dienst für Frankreich verwendet hätte.

»Und haben Sie Lefebvre-Desnouettes gesehen?«[3]

---

1 Lucien Bonaparte war, während er im Begriff stand, mit seiner Familie nach Nordamerika zu übersiedeln, 1810 von englischen Kreuzern gefangen genommen, erst nach Malta, dann nach England gebracht worden. Dort lebte er bis 1814 als Kriegsgefangener.

2 Lejeune wurde in Folkstone gefangen gehalten.

3 Er war im Gefecht von Benavente verwundet worden und ebenfalls in englische Gefangenschaft geraten. Auch ihm gelang es, später nach Frankreich zu entkommen.

»Nein, Sire, aber ich habe ihm geschrieben. Er wünscht sehnlichst, zu Ihnen zurückzukehren. Er hat alle Hoffnung aufgegeben, ausgewechselt zu werden, und würde dasselbe tun, was ich getan habe, wenn er nicht befürchtete, Ihnen zu missfallen.«

»Er soll nur kommen, er soll nur kommen; ich würde mich freuen.«

»Gestatten Eure Majestät, dass ich ihm dies mitteile?«

»Ja, ja, verlieren Sie keinen Augenblick.«

Darauf erkundigte sich der Kaiser nach der Lage der Gefangenen auf den englischen Pontons. Lejeune versäumte nicht, sie ihm in den lebhaftesten Farben zu schildern und überhaupt mehrmals die Unterhaltung auf die Bedürfnisse der Truppen in Spanien zu bringen. Als ihn der Kaiser verabschiedete, beglückwünschte der General ihn zur Geburt seines Sohnes, worauf der glückliche Vater ihn sofort an die Wiege des Kindes führte.

Mémoires du général Lejeune.

Der Kaiser Napoleon und der Ex-Polizeiminister Fouché in Paris, Dezember 1811

Das Gerücht eines Krieges mit Russland gewann täglich mehr an Festigkeit und war der Gegenstand aller Unterhaltungen. Schließlich begann auch die Regierung den Schleier von ihren Handlungen zu lüften. Am 20. Dezember 1811 hatte ein Senatsbeschluss dem Land 20 000 Mann von der Aushebung von 1812 zur Verfügung gestellt. Die Rede des Präsidenten und der Bericht der Senatskommission wurden nicht bekannt gegeben, ein Grund mehr dafür, dass ein Bruch bevorstand. Fouché, der Herzog von Otranto, war ein Gegner dieses Krieges und hatte seine Ideen darüber in einer Denkschrift vereinigt, die er dem Kaiser bei Gelegenheit vorzulegen gedachte. Diese schien ihm jetzt gekommen, und er erbat sich eine Audienz bei Napoleon. Sie ward dem Ex-Polizeiminister gewährt und er in das Arbeitskabinett des Kaisers in den Tuilerien geführt. Kaum hatte Napoleon ihn bemerkt, als er wohlwollend sagte:

»Da sind Sie ja, Herr Herzog; ich weiß, was Sie zu mir führt.«

»Wieso, Sire?«

»Ja, ich weiß, Sie haben mir eine Denkschrift zu unterbreiten.«

»Es ist nicht möglich, dass Sie das wissen.«

»Gleichviel, ich weiß es; geben Sie her, ich werde sie lesen. Es ist mir jedoch nicht unbekannt, dass der Krieg mit Russland ebenso wenig nach Ihrem Geschmack ist wie der Krieg in Spanien.«

»Sire, ich glaube, es ist nicht sehr vorteilhaft, sich gleichzeitig jenseits der Pyrenäen und jenseits des Niemen zu schlagen. Der Wunsch und das Bedürfnis, die Macht Eurer Majestät für immer befestigt zu sehen, haben mich ermutigt, Ihnen einige Bemerkungen über die gegenwärtige Krise zu unterbreiten.«

»Es herrscht keine Krise; es handelt sich hier um einen ganz politischen Krieg. Sie können weder meine Stellung noch den Zusammenhang Europas beurteilen. Seit meiner Heirat hat man geglaubt, der Löwe schlafe; man wird ja sehen, ob er schläft! Spanien fällt, sobald ich in St. Petersburg den englischen Einfluss zunichte gemacht habe! Ich brauche 800 000 Mann und habe sie; ganz Europa werde ich hinter mir herschleifen! Europa ist weiter nichts als ein altes, verdorbenes Weib, mit dem ich mit meinen 800 000 Mann machen kann, was ich will. Haben Sie mir einst nicht selbst gesagt, dass Sie das Genie insofern gelten ließen, als es für dasselbe keine Unmöglichkeiten gäbe? Nun, in sechs bis acht Monaten sollen Sie sehen, was weite und ausgedehnte Kombinationen, wenn sie vereint sind, gegen die sich ins Werk setzende Gewalt vermögen. Ich richte mich lieber nach der Meinung der Armee und des Volkes als nach der Ihrigen, meine Herren; Sie sind zu reich und zittern nur für mich, weil Sie auch Ihren Zusammenbruch befürchten. Seien Sie ohne Sorge; betrachten Sie den Krieg mit Russland als einen vernünftigen, aus wahrem Interesse für die Ruhe und Sicherheit aller notwendigen Krieg. Was kann ich übrigens ändern, wenn eine zu große Macht mich zur Diktatur der Welt treibt? Haben Sie und viele andere, die mich heute tadeln und aus mir einen nachsichtigen, gutmütigen Fürsten machen möchten, nicht mit dazu beigetragen? Ich habe meine Bestimmung noch nicht erfüllt; ich will beenden, was kaum begonnen. Wir brauchen ein europäisches Gesetz, einen europäischen Kassationshof, eine einheitliche Münze, die gleichen Gewichte und Maße, dieselben Gesetze. Aus allen Völkern Europas muss ich *ein* Volk und aus Paris die Hauptstadt der Welt machen! Dies ist, Herr Herzog, die einzige Lösung, die mir zusagt. Heute würden Sie mir nicht mehr gut dienen, weil Sie sich einbilden, dass alles wieder in Frage gestellt werde, aber noch ehe ein Jahr vergangen, werden Sie mir wieder mit demselben Eifer wie zu den Zeiten von Marengo und Austerlitz dienen.[1] Sie werden sogar noch mehr als das tun; das sage *ich* Ihnen. Adieu, Herr Herzog; spielen Sie weder den in Ungnade Gefallenen noch den Tadler, und haben Sie ein wenig mehr Vertrauen zu mir.«

Fouché zog sich höchst erstaunt mit einer tiefen Verbeugung vor dem Kaiser zurück, der ihm den Rücken wandte.

Mémoires de Joseph Fouché, duc d'Otrante.

[1] Nach dem unglücklichen Feldzug von Russland nahm Napoleon wieder seine Zuflucht zu Fouché und übertrug ihm das Gouvernement der illyrischen Provinzen.

Der Kaiser Napoleon und der russische Oberst Tschernitscheff in Paris, 20. Februar 1812

Napoleon hatte alles versucht, um den Krieg in Russland zu vermeiden. Noch am 25. Februar 1812 ließ er den Oberst Tschernitscheff, der so oft den Vermittler zwischen Alexander und dem Kaiser der Franzosen gespielt hatte, zu sich ins Elysée rufen. Er wolle ihn mit einem Brief an seinen Herrn beauftragen, sagte er zu ihm, einem sehr kurzen Brief, denn Souveräne sollten sich nicht viel schreiben, wenn sie sich nichts Angenehmes zu sagen hätten.

Der Zweck dieses Schrittes des Kaisers war, in Petersburg vor allem den Irrtum aufzuheben, in dem man sich hinsichtlich der Absichten Napoleons auf Polen befand. Es lag ihm daran, ein für alle Mal und ganz formell zu erklären, dass er durchaus nicht die Absicht habe, das Königreich Polen wiederherzustellen. Es sei seine Pflicht, den Kaiser Alexander zu unterrichten, dass, wenn zwischen ihnen nur eine Nichtübereinstimmung hinsichtlich Polens bestehe, es wohl noch möglich wäre, zu einem Einvernehmen zu kommen, obgleich die Heere der beiden Reiche sich bald gegenüberstehen würden.

Dann auf die Oldenburger Angelegenheit übergehend, sagte er, er betrachte dies als ein Manifest, als eine richtige Kriegserklärung, denn indem man die Sache allen europäischen Mächten mitgeteilt habe, gewänne es den Anschein, als wenn man ihn, den Kaiser der Franzosen, vor Gericht fordere. Er halte sich jedoch durchaus nicht Europa gegenüber für seine Handlungen verantwortlich.

»Der Kaiser Alexander hat mich durch diese Protestation herausge-

fordert!«, rief Napoleon; »er hat mir sozusagen den Handschuh hinge-
worfen. Da ich jedoch aufrichtig den Frieden mit Russland zu erhalten
wünsche, habe ich ihn nicht aufgehoben und mich enthalten, darauf zu
antworten, denn ich hätte es nur durch eine Kriegserklärung tun können. Kommt es nicht zu einer Einigung mit Russland, so werde ich allen auswärtigen Höfen mitteilen lassen, dass der Herzog von Oldenburg
seine Rechte auf das Herzogtum verloren habe, weil er seinen Pflichten
als Rheinbundfürst nicht nachgekommen sei und im letzten Krieg mit
Österreich sein Kontingent nicht zur Verfügung gestellt habe. Rechte
des kaiserlich-russischen Hauses auf das Herzogtum Oldenburg«, fügte er
hinzu, »erkenne ich nicht an.«

Und nun folgten die Klagen über das lange Schweigen, das Russland
bewahrt hatte.

»Hat mich der Kaiser Alexander schon einmal geschlagen, dass er mich
auf eine so erniedrigende Weise behandelt? Sind wir denn in seinen Augen so verächtlich, dass er uns weder einer Antwort noch einer Aussprache für würdig hält? Wenn es Ihr Stolz nicht zulässt, Paris als Sitz der
Unterhandlungen zu wählen, so bezeichnen Sie doch eine andere Stadt
in Deutschland und schicken Sie dort jemanden hin, der mit den Vollmachten des Kaisers betraut ist. Seit fast fünfzehn Monaten bemühe ich
mich darum, dass man dem Fürsten Kurakin[1] Instruktionen schicke. Man
hat jedoch nichts getan, weil er, wie es scheint, nicht das Vertrauen seiner Regierung besitzt. Weshalb aber schickt man dann nicht den Grafen
Nesselrode? Ich habe seine Sendung nach Paris mit Freuden vernommen,
denn ich hoffte, wir würden uns nun endlich ernsthaft mit unsern Streitigkeiten beschäftigen. Aber seit vier Monaten bereits spricht man von
seiner Ankunft, und er kommt nicht. Warum hat Sie der Kaiser Alexander, als er Sie im vergangenen Jahr zum letzten Mal hierherschickte, nicht
mit seinen Vollmachten ausgestattet? Obwohl Sie nur hier sind, um mi-

[1] Russischer Gesandter in Paris.

litärische Erkundigungen einzuziehen« – Napoleon hob diese Worte absichtlich besonders scharf hervor – »kennen Sie doch den Gang der Geschäfte genügend; Sie hatten viel Klugheit bewiesen, und zu jener Zeit lagen die Sachen so einfach, dass sie sofort hätten geregelt werden können. Meine Politik ist so abgerundet, mein Verhalten so wenig verstellt, dass es auf die Wahl des Unterhändlers gar nicht ankommt, und wenn man will, kann man mir sogar Herrn von Markoff schicken, vorausgesetzt, dass man geneigt ist, das Wort zu ergreifen und die Unterhandlungen in Gang zu bringen.«

Der Kaiser gab auch seine ungeheuren militärischen Vorbereitungen zu.

»Da ich nicht weiß, was ich tun soll, ob ich meine Truppen in Marsch setzen soll oder nicht, habe ich mich, sobald man mir Misstrauen eingeflößt hat, gezwungenermaßen auf den Krieg vorbereitet.«

Er fügte hinzu, dass, da Russland nur an der Spitze einer Armee unterhandeln wollte, er ihm ebenfalls die gleichen Kräfte entgegensetzen müsste. Aus diesem Grund habe er seine Vorposten bis an die Weichsel und seine Truppenmassen bis an die Oder vorgeschoben. Aber er wolle den Krieg in diesem Jahr nicht beginnen, vorausgesetzt, dass Russland nicht im Herzogtum Warschau oder den Staaten des Königs von Preußen einfiele, den er als seinen Verbündeten betrachte.

Die Audienz hatte zwei Stunden gedauert. Der Kaiser sprach immer ruhig und mit kaltem Blut. Es schien, als hätte er seine Worte ganz genau studiert; er beherrschte sich fortwährend, ohne sich hinreißen zu lassen, ja, er suchte sogar sich zusammenzunehmen und sich den Anschein großer Mäßigung zu geben. Zum Schluss sagte er noch:

»Ich gestehe, dass ich vor zwei Jahren niemals an die Möglichkeit eines Bruches zwischen Russland und Frankreich geglaubt hätte, wenigstens nicht zu unserer beider Lebzeiten. Und da der Kaiser Alexander jung ist und ich noch lange leben muss, glaubte ich die Ruhe Europas in unseren beiderseitigen Gefühlen befestigt. Meine Gefühle für den Kaiser Alexander sind immer dieselben geblieben. Sie können ihm dies in meinem Namen versichern und ihm sagen, dass, wenn auch das Verhängnis es gewollt, dass die beiden größten Mächte der Erde sich um kleine Mädchensünden schlügen, ich es als galanter Ritter tun würde, ohne Hass, ohne Feindschaft, und ich ihm, wenn es die Umstände gestatteten, ein gemeinsames Frühstück bei den Vorposten vorschlüge. Der Schritt, zu dem ich mich heute entschlossen habe, wird mir wiederum zur Entlastung meines Gewissens vermerkt werden. Da ich Ihnen nun meine wahren Gesinnungen zu erkennen gegeben habe, schicke ich Sie zum Kaiser Alexander als meinen Bevollmächtigten in der Hoffnung, dass man sich noch verständigen und vermeiden könne, das Blut von hunderttausend Tapferen zu vergießen, nur weil wir uns nicht über die Farbe eines Bandes einig sind. Vor mehr als einem Jahr wäre es ein Leichtes gewesen, sich zu verständigen. Auch jetzt ginge es noch besser als in drei Monaten. Wenn Sie daher einen Bruch mit Frankreich vermeiden wollen, so müssen Sie sich beeilen, einen Unterhändler zu schicken, denn je mehr Sie es hinausschieben, desto umfangreicher werden meine Vorbereitungen. Wenn aber der Krieg bei Ihnen eine beschlossene Sache ist, wenn Sie konsequent bleiben und alles bei Ihnen in Ordnung ist, so hängt die Wahl des Augenblicks nicht mehr von der Politik, sondern einzig und allein von den militärischen Kombinationen ab.«

Alexandre Ier et Napoléon. D'après leur correspondance inédite 1801–1812. Par Serge Tatistcheff.

DER KAISER NAPOLEON UND SEINE UMGEBUNG AUF DER REISE NACH KÖNIGSBERG, 10. JUNI 1812

Napoleon verließ Danzig am 10. Juni 1812 und begab sich nach Königsberg. Murat hatte ihn begleitet, und auch der General Belliard befand sich bei ihm. Der Kaiser sprach mit ihnen viel von Spanien und seinem Bruder Joseph, mit dem er nicht zufrieden war. Der General Flahaut war eben von einer Sendung zum Fürsten Schwarzenberg zurückgekommen und hatte dem Kaiser von dessen Ergebenheit und Ungeduld, die Russen zurückzuwerfen, Bericht erstattet. Napoleon schien seinen Worten nicht allzu viel Glauben zu schenken, ließ sich jedoch allmählich überzeugen und entwickelte darauf seine Pläne und Absichten.

»Wenn Alexander darauf besteht«, sagte er, »die mit uns geschlossenen Verträge nicht einzuhalten, wenn er den letzten von mir gemachten Vorschlägen nicht zustimmen will, so überschreite ich den Niemen, schlage seine Armee und bemächtige mich Russisch-Polens. Dann vereinige ich es mit dem Großherzogtum, mache ein Königreich daraus und lasse dort 50 000 Mann, welche das Land erhalten muss. Die Einwohner wünschen sich in nationale Körperschaften zu vereinigen; sie sind kriegerisch und werden bald zahlreiche und kriegstüchtige Truppen haben. Polen fehlt es an Waffen; ich werde ihm welche verschaffen. Es wird Russland im Zaum halten und eine Schranke gegen den Einbruch der Kosaken sein. Aber ich bin ein wenig in Verlegenheit: Ich weiß nicht, wie ich mich in Bezug auf Galizien verhalten soll. Der Kaiser von Österreich, oder besser sein Ministerrat, will es nicht hergeben. Ich habe die größten Entschädigungen angeboten, aber man hat sie verschmäht. ... Man muss eben die Ereignisse abwarten; sie allein werden uns lehren, was wir tun müssen. Das gut organisierte Polen kann 50 000 Mann Kavallerie liefern. Was meinen Sie dazu, General Belliard?«

»Ich bin auch der Meinung«, erwiderte der General; »wenn Eure Majestät die Weichselinfanterie beritten machte, würde sie eine ausgezeichnete leichte Kavallerie abgeben, die man mit Erfolg diesem Haufen Kosaken entgegenstellen könnte, den die Russen ihrer Armee vorausschicken.«

»Nun, wir werden das später sehen. Sie kehren mit Murat zurück und verlassen Ihre Schweizer. Was halten Sie von den Schweizern?«

»Sie werden marschieren, Sire; Sie werden sich schlagen. Sie haben außerordentlich gewonnen; seit sechs Wochen sind sie nicht wiederzuerkennen. Ich werde sie morgen inspizieren.«

»Nun gut; begeben Sie sich zu Murat und besichtigen Sie mit ihm die ganze Kavallerie.«

Mémoires du général Rapp.

Der Kaiser Napoleon und die Königin von Westfalen in Dresden, 17. Mai 1812

Die Königin von Westfalen kam am 17. Mai 1812 zur großen Fürstenversammlung in Dresden an und ward ganz gegen ihren Wunsch noch in der Nacht aufs Feierlichste empfangen. Am nächsten Morgen galt ihr erster Besuch dem französischen Kaiserpaar, Napoleon und Marie-Louise. Sie fragte sogleich ihren Schwager, ob er nicht den König Jérôme, ihren Gatten, der sich bereits in Warschau bei der Armee befand, nachkommen lassen wolle.

»Oh! Oh!«, antwortete der Kaiser, »meinen Sie, ich würde einen meiner Generale wegen einer Frau bemühen?« Katharina, die Jérôme sehr zugetan war, konnte bei dieser Antwort ihre Tränen nicht zurückhalten.

Am nächsten Tag machte der Kaiser ihr seinen Gegenbesuch. Er dehnte ihn anderthalb Stunden aus und war außerordentlich liebenswürdig zu ihr. Nur wegen Jérôme war er ungehalten, weil er ihm geschrieben hatte, das Gerücht sei im Umlauf, Westfalen solle dem Kaiserreich einverleibt werden.

»Wäre denn so etwas vernünftig, liebe Schwester«, fragte Napoleon Katharina. »Würde ich wohl meinen Bruder gerade in einem Augenblick berauben, wo er mir Opfer bringt, wo das Land aller Truppen entblößt ist? Nein, ich bitte Sie, liebe Schwester, hätte das wohl Sinn?« Und in diesem Sinne führte er die Unterhaltung weiter.

Nach diesem Gespräch richtete der Kaiser mehrere Tage lang nicht mehr das Wort an seine Schwägerin. Erst am 26. Mai hatte er in seinem Salon am Kamin wieder eine längere Unterhaltung mit ihr.

Katharina: »Sire, ich habe Nachrichten vom König.«

Napoleon: »Ich bin mit dem König unzufrieden; er ist ein Kind, das meine Armeen nicht zu befehligen versteht. Ich habe ihm befohlen, nach Pultusk zu marschieren, seine Regimenter in Bewegung zu setzen, alles mit eigenen Augen zu sehen, von jeder Stellung Kenntnis zu nehmen. Er weiß nichts, bleibt viel zu viel zu Hause; er sollte sich viel in Warschau zeigen. Er hätte längst alle Truppen Revue passieren lassen sollen. Aber er hat keine einzige Truppenschau abgehalten. Nicht auf diese Weise erledigt man meine Angelegenheiten!«

Katharina: »Ich glaube, er fürchtet, sich zu sehr in den Vordergrund zu stellen, ohne dass er dazu von Eurer Majestät beauftragt ist. Er möchte den König von Sachsen nicht in den Schatten stellen. Wie ich weiß, hat man ihn in Polen sehr gern, und da hat er sich vielleicht aus Vorsicht zurückgezogen. Er fürchtet auch, dass Eure Majestät den polnischen Thron für ihn bestimmt haben. Übrigens sind das nur Vermutungen von mir; ich weiß nichts Genaues über die Absichten des Königs und seine Pläne.«

Napoleon: »Ich habe dasselbe gedacht wie Sie. Habe ich Jérôme aber jemals Grund gegeben, so etwas zu vermuten? Habe ich jemals davon gesprochen? Nicht dadurch, dass man drei oder vier Frauen den Hof macht und den Kopf verdreht, sichert man sich die Achtung und die Ergebenheit einer Nation.«

Katharina: »Davon weiß ich nichts.«

Napoleon: »Aber warum begeht er Handlungen, die mir missfallen müssen? Er soll sehen, wie tätig ich sein werde, wenn ich dort bin. Ohne dass ich es weiß und ohne dass ich es ihm befohlen habe, wirft er zwei Brücken über die Weichsel und durchkreuzt so meine Pläne. Ferner befehle ich ihm, 200 Zentner Mehl nach Pultusk zu schicken, und er antwortet mir, das könnte er nicht, weil sie nichts zu essen hätten! Das alles sind Flausen. Ja, er hat Geist, aber damit befehligt man keine Armeen; dazu muss man vor allem tätig sein. Sehen Sie den Vizekönig und den König von Neapel an: Das sind andere Männer, andere Generale. Und dann schreibt er mir nichts als Albernheiten und schöne Worte; ich antworte gar nicht darauf. Einen Brief habe ich ihm wieder zurückgeschickt. Er peinigt mich; er glaubt, er sei auf dem Meer und der Zwieback fliege ihm nur so in den Mund.«

Katharina: »Sire, ich bin verzweifelt. Wenn mein Mann nur das Geringste getan hat, was Ihnen missfallen konnte, so ist es gewiss nicht seine Absicht gewesen. Er hat aber doch auch verschiedene Feldzüge hinter sich, die ihm zur Ehre gereichen.«

Napoleon: »Ja, schöne Feldzüge unter meinen Befehlen! Ich war bereits während des österreichischen Feldzugs mit ihm unzufrieden. Er hat sich schlecht benommen. Fragen Sie die Generale Clannon und Joly; sie werden es Ihnen sagen. Bei mir muss man nicht nur Geist, sondern auch Tätigkeit und Glück entfalten. Wenn das so fortgeht, sehe ich mich genötigt, ihn des Kommandos zu entheben. Dann aber wird er entehrt sein, denn ich spaße nicht. Da sind doch der Vizekönig und der König von Neapel andere Kerle!«

Diese für die Königin von Westfalen wenig angenehme Unterhaltung endete mit einem Tränenstrom Katharinas, worauf der Kaiser sie brüsk verließ.

Correspondance inédite de la reine Catherine de Westphalie.

Der Kaiser Napoleon und der Regierungspräsident von Schön in Gumbinnen, 20. Juni 1812

Als Napoleon mit seinem Heer im Frühjahr 1812 nach Russland zog, kam er auch durch die ostpreußische Stadt Gumbinnen, wo der Burggraf Theodor von Schön damals Regierungspräsident war. Kurz vor des Kaisers Ankunft war der Marschall Davout mit seinem Korps eingerückt und eben im Begriff, alles, was Gumbinnen an Lebensmitteln besaß, für seine Truppen mit fortzunehmen. Die Gegenwart des Kaisers ließ ihn sich jedoch anders besinnen.

Theodor von Schön hatte noch an demselben Tag eine Audienz bei dem französischen Kaiser, über die er berichtet:

Der Kaiser kam an, und bald nachdem er aus dem Wagen gestiegen war, setzte er sich zu Pferde und nahm eine Revue über das Davout'sche Korps ab. Dann begab er sich mit Davout zu dem Platz, auf dem die Backöfen für die Armee gebaut wurden, die beinahe fertig waren. Der Landrat folgte unbemerkt und hörte, als der Kaiser seine Unzufriedenheit darüber äußerte, dass der Bau noch nicht beendet sei, wie Davout ihm versicherte, vom Präsidenten ab sei in Gumbinnen alles englisch gesinnt. Darauf habe Napoleon einem Adjutanten den Befehl erteilt, den Präsidenten und den Landrat um 7 Uhr zu ihm zu bestellen.

Als ich gegen 7 Uhr in die Nähe des Hauses kam, in welchem Napoleon wohnte, traf ich den Landrat. Dieser erzählte mir, was er gehört hatte, und sah eine sehr unangenehme Szene voraus.

Wir wurden gleich vorgelassen, und Napoleon fing das Gespräch sofort über unsere Landeseinrichtungen an. Die ersten Worte, die er an mich richtete, waren: ob ich der Präsident sei; welcher Unterschied zwischen einem Präsidenten hier und einem Präfekten in Frankreich wäre? Ich bezeichnete ihm den Präsidenten als den Repräsentanten mehrerer Ministerialdepartements in der Provinz, wobei ihm die Verbindung der Finanzen und des Kultus auffiel; dagegen beschränke sich der Wirkungskreis des Präfekten nur auf die Verwaltung des Innern. Er fragte ausdrücklich, ob ich mit dem auswärtigen Departement nichts zu tun habe. Darauf ging er auf die Geschichte von Preußen über, fragte nach mehreren Umständen über die Eroberung des Landes vonseiten des Deutschordens und behauptete, dass die alten Preußen Slawen gewesen seien.

Dem erlaubte ich mir aber gänzlich zu widersprechen. Der Kaiser wollte seine Meinung nicht fallen lassen und verwies mich am Ende auf die Landkarte, wo die Lage des Landes den Beweis für seine Meinung gebe. Ich wiederholte, dass unsere Urkunden das Gegenteil ergeben und dass die alten Preußen ein von den Slawen ganz verschiedener Urstamm gewesen wären.

Von der Eroberung des Landes kam Napoleon auf den Krieg im Allgemeinen zu sprechen, und nach ein paar Betrachtungen darüber sagte er mir, ich würde wohl schon Mitteilung erhalten haben – was auch kurz vorher der Fall gewesen war –, dass ein Gutsbesitzer in der Nähe von Gumbinnen jetzt, da französische Einquartierung bei ihm wäre, umgekommen sei. Er wolle auch von seiner Seite die Sache aufs Strengste untersucht haben; ein Gendarmerieoffizier sollte den preußischen Kommissar begleiten, und morgen Abend möchte ich ihm Bericht über das Resultat der Untersuchung erstatten, er würde dann, wenn ein französischer Soldat dabei schuldig befunden werden sollte, strenge Gerechtigkeit üben.

Während der Zeit dieses Gesprächs kamen die Marschälle mit ihren Rapporten herein und stellten sich in den Kreis der Anwesenden, zu denen anfangs nur Berthier und der Herzog von Bassano sowie zwei diensttuende Kammerherrn – diese im Hofanzug wie bei der Cour in Paris – gehörten.

Der Kaiser sprach zu jedem der hereinkommenden Marschälle über den Stand der Truppen und deren Verpflegung. Darauf richtete er auf einmal die Frage an mich, ob ich wohl glaubte, dass es wirklich zum Krieg kommen würde; und wenn dieser Fall einträte, wer die Ursache des Krieges wäre?

Ich erwiderte, der Anschein dazu wäre da, und eine Kriegserklärung würde erst die Gründe dieses Kriegs angeben. Napoleon jedoch wiederholte die Frage: was *ich* darüber meinte? Und als ich nach der dritten Wiederholung dieser Frage ihm erst erwiderte, dass ich, wie ich schon zu bemerken die Ehre gehabt hätte, mit der auswärtigen Politik nichts zu tun habe, also ehe ich die Kriegserklärung gelesen, keine begründete Meinung darüber haben könne, brach Napoleon mit einer halb lachenden Miene das Gespräch ab.

Die Frage des Kaisers schien mir gleich anfangs verfänglich und vielleicht die Folge jener Davout'schen Versicherung zu sein. Hätte ich mich für ihn erklärt, so würde er mich für einen feigen Schmeichler angesehen haben, und erklärte ich mich für Russland, so hätte es wahrscheinlich vor dem ganzen Kreis eine Szene gegeben, bei der ich notwendig übel wegkommen musste. Darauf kamen wieder Meldungen und Rapporte. Das Land hatte dem Kaiser gefallen, aber ich sollte ihm Aufschluss geben, wie bei dem kultivierten Land der gemeine Mann, nach der Meldung der Generale, jetzt Mangel leiden könne?

Ich sagte ihm hierauf, dass wir im Jahre 1811 durch beispiellose Dürre eine große Missernte gehabt hätten und dass dies in dem benachbarten Polen derselbe Fall sei. Darauf erwiderte er, das habe auf seine Operationen keinen Einfluss, und nun erzählte er, welch große Massen Getreide er in allen deutschen Seehäfen liegen habe und wie dies nach und nach von seinem Admiral nach Kowno gebracht würde, Mühlen würde er dort doch wohl finden?

Dies verneinte ich, wenigstens wären keine Mühlen da, die für eine Armee Mehl zu bereiten imstande wären.

Napoleon sah darauf Berthier bedenklich an, und es entstand eine Pause, in welcher man dem Kaiser ansah, dass er über etwas nachdachte. Der Marschall Lefèbvre wollte nicht, dass ich das bemerkte, und äußerte: Der Mangel der Mühlen würde keine Schwierigkeiten für die französische Armee veranlassen, denn im äußersten Fall könne die Einrichtung wie bei den Russen getroffen werden, wo jeder Soldat zwei kleine Mahlsteine in seinem Tornister habe. Diese sonderbare Äußerung fertigte Napoleon wegwerfend ab, und er knüpfte mit dem Landrat ein Gespräch an über die Entfernung einiger Städte voneinander.

Darauf wurden wir entlassen, und zwar nicht bloß mit dem Kopfnicken hoher Herren, sondern indem Napoleon aus dem Zimmer ging, trat der eine Kammerherr feierlich vor und machte uns bekannt, dass wir entlassen wären.

Aus den Papieren des Ministers und
Burggrafen von Marienburg Theodor von Schön.

DER KAISER NAPOLEON UND DER RUSSISCHE GENERAL BALASCHOFF IN WILNA, 1. JULI 1812

Am 1. Juli 1812 ließ der Kaiser der Franzosen, der sein Hauptquartier in Wilna aufgeschlagen hatte, durch einen Kammerherrn den Abgesandten des russischen Kaisers, den General Balaschoff zu sich rufen. Balaschoff wurde in denselben Saal geführt, in dem er von seinem Herrn zum letzten Mal empfangen worden war und der jetzt dem Kaiser Napoleon als Arbeitszimmer diente. Nichts hatte sich darin verändert als der Besitzer. Napoleon beendete im Nebenzimmer sein Frühstück. Nach einigen Minuten hörte Balaschoff sehr deutlich ein Geräusch, wie es beim Zurückschieben eines Stuhls geschieht. Die Tür ging auf, und ruhig, als Eroberer, der sich in Feindesland sicher fühlt, schritt der Kaiser Napoleon in das Zimmer, wo er sich seinen Kaffee servieren ließ.

Auf den Gruß Balaschoffs antwortete er freundlich:

»Ich freue mich, General, Ihre Bekanntschaft zu machen. Ich habe viel Gutes von Ihnen gehört. Ich weiß, Sie sind dem Kaiser Alexander aufrichtig zugetan; Sie sind einer seiner ergebensten Freunde. Ich will offen zu Ihnen sprechen und beauftrage Sie, meine Worte getreu Ihrem Fürsten zu berichten. Es tut mir leid, aber der Kaiser Alexander ist schlecht beraten. Was erwartet er von diesem Krieg? Ich bin bereits Herr einer seiner schönsten Provinzen, ohne dass ich einen Flintenschuss abgegeben habe und ohne dass wir beide wissen, warum wir uns eigentlich schlagen.«

Balaschoff antwortete ruhig und mit Würde, dass sein Herr den Krieg nicht wünsche; er habe ihn nicht begonnen. Seine Armeen hätten ihr Land nicht verlassen, während die Napoleons ganz Europa durchquert und an die Grenzen Russlands marschiert wären. Sie hätten die Grenze ohne Kriegserklärung überschritten, ja, sie hätten nicht einmal Widerstand aufseiten der Russen gefunden. Dann entledigte er sich des Auftrags Alexanders und sagte Napoleon, dass der Kaiser von Russland erst am Tag seiner (Balaschoffs) Sendung die vom französischen Kriegsministerium angeführten Gründe zur Motivierung des Krieges mit Russland erfahren habe. Man habe sie darauf zurückgeführt, dass der Fürst Kurakin vom Herzog von Bassano seine Pässe verlangt habe. Der Kaiser Alexander wüsste von diesem Schritt seines Gesandten nichts, und weit entfernt, ihn zu billigen, habe er ihn, sobald er es erfahren, ernstlich deswegen getadelt. Infolgedessen sei der vom Pariser Kabinett angeführte Grund hinfällig. Der General fügte hinzu, dass wenn der Kaiser glaube, Russland etwas vorwerfen zu können, er bereit sei, sich mit ihm unter einer einzigen unveränderlichen Bedingung zu verständigen, nämlich, dass das russische Gebiet von den französischen Truppen geräumt werde. Endlich versicherte er Napoleon, dass trotz allem, was vorgefallen sei, bis jetzt zwischen Russland und Großbritannien, dem Feind Frankreichs, noch keine Annäherung bestehe.

»Oh, das ist bald geschehen!«, unterbrach ihn der Kaiser; »Sie warten nur darauf. Man braucht nur einen Kurier zu schicken, und alles ist im Augenblick fix und fertig. Wie aber kann der Kaiser Alexander behaupten, *er* habe den Krieg nicht begonnen? Habe ich ihn nicht seit 18 Monaten um eine Aussprache gebeten? Ich habe weder eine Aussprache noch eine Antwort erlangen können! War es nicht Ihr Gesandter, der mir ein Schreiben des Ministeriums überreichte, worin stand, dass, wenn ich eine Erklärung wünschte, ich zuerst alle meine Truppen aus Preußen zurückziehen müsste? Schreibt man so etwas an Herrscher, die man achtet, mit denen man nicht Krieg haben will? Ich glaube, so etwas haben Sie nicht einmal an den kleinsten Hof von Europa, nicht einmal an den schwedischen Hof geschrieben? Und der Hof von Frankreich, das versichere ich Ihnen, hat auch noch kein solches Schreiben erhalten! Habe ich dem Fürsten Kurakin nicht gesagt, er solle diese Bedingung ändern, denn sie sei unannehmbar? Selbst wenn man mir Petersburg und Moskau anböte, würde ich diesen Artikel nicht dulden, und ich müsste ihn als eine Kriegserklärung ansehen. Trotz alledem, mein Herr, legt er ihn mir zwei Tage später mit noch andern vor, und diesmal steht der Artikel an der Spitze von allen! Sind Sie es daher nicht, die als erste begonnen haben zu rüsten? Und ist Ihr Kaiser nicht der erste gewesen, der bei der Armee eingetroffen ist? Ich hatte gutmütig geglaubt, der Fürst Kurakin sei der Erfinder dieses Schreibens. Er ist ein rechtschaffener Mann, aber beschränkt. Ein anderer an seiner Stelle hätte nach dem, was ich ihm gesagt, einen solchen Artikel nicht aufgesetzt. Das alles hätte von selbst geschehen können, und nachdem man sich ausgesprochen; warum nicht? Ich habe schon einmal meine Truppen aus Preußen zurückgezogen und hätte dies auch ein zweites Mal tun können, aber dies von mir durch eine Note fordern, das ist beispiellos. Wahrhaftig, man sollte sich bei ähnlichen Gelegenheiten schlauerer Leute bedienen als es der Fürst Kurakin ist. Aber ich habe die ihm gesandte Instruktion und den darin enthaltenen Artikel Wort für Wort mit meinen eigenen Augen gesehen. Ich verstand: man wollte den Krieg! Ich habe diese Note allen Höfen mitgeteilt, und alle sagten mir, es sei eine Kriegserklärung …«

Während dieses Redestroms war Napoleon außerordentlich aufgeregt. Er durchmaß mit großen Schritten das Zimmer und zwang seinen Zuhörer, das gleiche zu tun. Das Geräusch eines schlechtgeschlossenen kleinen Fensters, das vom Wind auf und zu geschlagen wurde, ärgerte ihn sichtlich. Er ging hin und schloss es heftig. Da es sich aber kurz darauf wieder von Neuem öffnete, riss er es heraus und warf es auf die Straße, wo die Scheibe mit großem Krach zerbrach. Darauf setzte der Kaiser seine Philippika fort.

»Ich musste meine geplante Reise nach Spanien aufschieben. Mein Gepäck war bereits unterwegs. Sehen Sie da meine Wagen im Hof; sie kommen eben erst an. Ich musste mich in große Unkosten stürzen. Ich weiß, der Krieg zwischen Frankreich und Russland ist weder für das eine noch für das andere Land eine Kleinigkeit. Ich habe große Vorbereitungen getroffen und bin drei Mal so stark als Sie. Ich weiß ebenso gut wie Sie, ja vielleicht besser, wie viel Truppen Sie zur Verfügung haben. Ihre Infanterie zählt im Ganzen 120 000 Mann und Ihre Kavallerie 60 000 bis 70 000; mit einem Wort, alles in allem haben Sie weniger als 200 000 Mann. Ich habe drei Mal so viel. Der Kaiser Alexander ist sehr schlecht beraten. Schämt er sich denn nicht, so gemeine Menschen seiner Person nahekommen zu lassen: einen Armfelt, diesen verdorbenen, intriganten, ehrlosen und ausschweifenden Menschen, der nur durch seine Verbrechen bekannt und der Feind Russlands ist! Einen Stein, der aus seinem Vaterland wie ein Taugenichts verjagt ist, ein Übelgesinnter, dessen Kopf auf dem Spiel steht! Bennigsen, der, wie man sagt, wohl einige militärische Fähigkeiten besitzt, die ich nicht kenne, der jedoch seine Hände ins Blut seines Souveräns[1] getaucht hat. Was kann er von solchen Leuten erwarten? Es sind seine grausamsten Feinde. Sie werden ihn in den Abgrund stürzen, den sie für ihn graben. Barclay de Tolly kenne ich nicht, aber nach der Eröffnung des Feldzugs zu urteilen, muss ich annehmen, dass er nicht viel militärisches Talent besitzt. Keiner Ihrer Kriege hat mit so viel Unordnung begonnen; es herrscht keinerlei Direktion bis jetzt. Und wie viele Magazine haben Sie bereits verbrannt. Warum das? Entweder mussten gar keine Magazine errichtet werden, oder man musste sie nach ihrer Bestimmung verwenden! Vermutete man etwa bei Ihnen, dass ich nur gekommen sei, um mir den Niemen anzusehen und ihn nicht zu überschreiten? Schämen Sie sich nicht? Seit Peter I., seit Russland eine europäische Macht ist, hat der Feind niemals Ihre Grenzen überschritten, und *ich*, ich bin in Wilna! Ich habe eine ganze Provinz ohne Kampf erobert. Und wäre es auch nur aus Rücksicht auf Ihren Fürsten, der hier zwei Monate lang sein Hauptquartier aufgeschlagen hatte, Sie mussten Wilna

1 Im Original sind die Worte »seines Souveräns« unvollkommen wegradiert.

verteidigen! Mit welchem Geist wollen Sie Ihre Armeen beleben, oder besser, welcher Geist belebt sie schon! Ich weiß, was sie dachten, als sie nach Austerlitz zogen: Sie hielten sich für unbesiegbar. Jetzt aber, jetzt sind sie überzeugt, dass sie von meinen Truppen besiegt werden!«

Balaschoff protestierte energisch. »Ich kann Eurer Majestät versichern«, sagte er, »dass die Ihnen zu Ohren gekommenen Gerüchte jeglicher Begründung entbehren. Der russische Soldat, weit entfernt, Misstrauen in seine Kräfte zu setzen, erwartet nichts sehnlicher als den Augenblick, wo er seine Feinde schlagen kann. Und seine Ungeduld ist ganz unglaublich gewachsen, seit unsere Truppen die Grenzen in Gefahr wissen. Da Eure Majestät mir gestatten, diesen Punkt zu berühren, so wage ich Ihnen ganz formell zu sagen, Sire, dass dieser Krieg, den Sie unternehmen, ein furchtbarer sein wird. Es wird ein Krieg des ganzen Volkes sein, das eine furchtbare Masse bildet. Der russische Soldat ist tapfer und das Volk eng mit dem Vaterland verknüpft und seinem Fürsten ergeben.«

»Nein, mein Herr«, begann Napoleon von Neuem; »ich weiß, niemand wünscht diesen Krieg außer den Räten des Kaisers Alexander. Russland will ihn nicht; keine einzige europäische Macht billigt ihn; selbst England will ihn nicht, denn es sieht für Russland das Unglück voraus, ja vielleicht das schwerste Unglück. Es rechnet damit, dass Russland so wie bisher eine sehr große Macht ist, die allein Frankreich die Spitze bieten kann. Wenn jedoch Russland geschwächt ist – was bleibt dann Europa? Nein, mein Herr, ich kann nicht unterliegen. Ich bin gut unterrichtet. Übrigens weiß ich, dass Ihre Truppen tapfer sind, aber die meinigen sind es nicht weniger, und ich habe unendlich viel mehr als Sie. Ich habe auch mehr Geld als Sie und bessere Anordnungen getroffen als Sie. Bis jetzt habe ich 80 000 Polen; ihre Anzahl wächst täglich, und ich werde sie bis auf 200 000 bringen. Bei allen Treffen, die bis jetzt stattgefunden haben und allerdings nicht von großer Bedeutung waren, hatten Sie stets nur mit Polen zu tun. Mein Gott, was ist das für ein Volk, diese Polen! Welche Begeisterung belebt sie! Sie sind wie rasend; ich schwöre Ihnen, sie kämpfen wie die Löwen. Es gibt nichts in der Welt, was sie nicht unternehmen möchten, um ihr ehemaliges Vaterland wiederzuerobern. Was können Sie von diesem Krieg erwarten? Den Verlust der polnischen Provinzen. Wenn Sie den Krieg fortsetzen, so verlieren Sie sie unverzüglich! Ich habe 50 000 Mann nach Wolhynien geschickt. Wen haben Sie dort? Niemand. Tormassoff mit Rekruten? Das heißt so viel wie niemand. Und was haben Sie hier? Elf Infanterie- und elf Kavalleriedivisionen sowie einige Divisionen in Kowno. Ich habe Ihre Bataillone zu 300 und 400 Mann gesehen. Bagration marschiert wie in Friedenszeiten mit einem und zwei Regimentern; die meinigen verfolgen ihn. Ich versichere Sie, Sie haben noch nie einen Krieg gehabt, der unter so unglücklichen Auspizien begonnen.«

»Sire, wir geben uns der Hoffnung hin, ihn gut zu beenden.«

»Wenn einmal die polnischen Provinzen verloren sind, werden Sie auch Ihre eigenen Provinzen verlieren, und wohin soll das führen? Ich werde bis in Ihre Wüsten vordringen. Ich bin bereit, zwei, drei Feldzüge zu machen, und Sie werden mit Mühe einen zu Ende führen.«

»Sire, ich mache Sie darauf aufmerksam, dass, wenn der Krieg jetzt nicht abgebrochen wird, er leider so bald nicht beendet sein wird. Nachdem ich soeben von den Verfügungen Eurer Majestät Kenntnis genommen habe, kann ich Sie versichern, dass die unsern auf vier, fünf und vielleicht noch mehr Jahre hinaus getroffen sind.«

»Wie wollen Sie denn ohne Verbündete Krieg führen, da sie ja doch, als Sie welche hatten, nicht einmal etwas machen konnten? Als z. B. Österreich auf Ihrer Seite war, musste ich selbst gewärtig sein, in Frankreich auf mehreren Punkten zugleich angegriffen zu werden. Jetzt aber, wo ich ganz Europa hinter mir herschleife, wie wollen Sie mir da widerstehen?«

»Wir tun, was wir können, Sire.«

»Wo wollen Sie Leute hernehmen? Ich kenne alle Ihre Hilfsquellen. Sie müssen 2 Mann auf 500 ausheben, um Ihre Armee in Friedenszeiten zu vervollständigen. Ich weiß, was Ihnen Georgien, die Türkei und

Finnland kosten. Ich weiß das alles, ich habe alles berechnet. Ich weiß, wie viel Rekruten Sie ausgehoben haben und wie viel Sie noch ausheben können. Sie können keine großen Sprünge machen. Und was bedeutet Ihr Rekrut? Er ist kein Soldat. Wie viel Zeit müssen Sie darauf verwenden, um einen Soldaten aus ihm zu machen! … Ist es wahr, dass Sie mit der Türkei Frieden geschlossen haben?«

»Ja, Sire, und der Kaiser, mein Herr, erwartete nur die Ratifikation des Sultans, um Ihnen davon Mitteilung zu machen.«

»Unter welchen Bedingungen haben Sie Frieden gemacht?«

»Ich könnte es nicht sagen, Sire, denn sie sind noch nicht veröffentlicht worden.«

»Wenn Sie ihnen die Moldau und die Walachei ohne Rückhalt überlassen, so wird ihn der Sultan ratifizieren, wenn Sie aber, wie man sagt, den Pruth als Grenze haben wollen, so wird er es nicht tun, seien Sie überzeugt. Im Übrigen achte ich ebenso wenig die Türken wie die Schweden; das sind unbedeutende Nationen. Großer Gott! Welch glänzende Perspektive eröffnete sich dem Kaiser Alexander in Tilsit und besonders in Erfurt! Ich war einverstanden, ihm Finnland und später die Moldau und Walachei zu geben; mit der Zeit hätte er auch das Herzogtum Warschau bekommen – nicht jetzt – oh nein, aber mit der Zeit! Er hat sich selbst die schönste Regierung verdorben, oder besser gesagt: Er hat die Schwachheit gehabt, auf Leute zu hören, die sein Unglück wollen. Ich konnte nicht glauben, dass Rumianzoff die Note geschrieben hätte; ich hielt so etwas für unmöglich! Und wie kann man Krieg führen, ohne zu wissen, warum man ihn führt? Woher will der Kaiser Alexander wissen, dass ich seinen Wünschen nicht nachkommen wollte? Und ich versichere Sie, ich hätte alles getan, was er wollte, alles, vorausgesetzt, dass er sich mit mir verständigte! Habe ich doch in Erfurt eingewilligt, für die Moldau und Walachei zu bürgen, obgleich ich mich in dem Vertrag von Tilsit nicht dazu verpflichtet hatte. Ich bin der Mann der Berechnung. Ich habe gesehen, dass es für mich so vorteilhafter war, als mit Russland zu brechen, und so war ich einverstanden. Dasselbe hätte jetzt geschehen können; wer weiß! Wie kann man unterlassen, sich über etwas auszusprechen! Nach der Aussprache kann es wohl geschehen, dass man nicht zu einem Einvernehmen kommt und jeder auf seiner Meinung beharrt, das ist möglich, das kommt vor; die Interessen meines Landes, die Würde meines Reichs, mein eigener Ruhm könnten es fordern – aber Krieg führen, ohne ein Wort darüber zu verlieren, ich versichere Sie, das ist eine einzig dastehende Tatsache.

Ich bin bereits in Wilna und weiß noch nicht, warum wir uns schlagen. Der Kaiser Alexander nimmt in den Augen seines Volkes die ganze Verantwortlichkeit dieses Kriegs auf sich, und noch dazu auf welche Weise! Er hat mit mir Frieden geschlossen, als es die Nation nicht wollte, und jetzt macht er Krieg mit mir, obgleich das Volk dagegen ist. Wie kann der Kaiser Alexander, er, ein Mann von Ehre, ein durchaus rechtschaffener Mann, den Edelmut und hohe Denkungsart in allen seinen Handlungen auszeichnen, sich mit Menschen umgeben, die weder Treu noch Glauben haben? Wie können wir, ich und die andern, die ihm trotz allem aufrichtig zugetan sind, wie können wir ohne Abscheu vernehmen, dass Armfelt und Stein, Leute, die bereit sind, ihm den Strick um den Hals zu ziehen, frei und ungehindert in sein Kabinett eintreten und von ihm im tête à tête empfangen werden! … Umgäbe er sich mit Russen, so würde ich gar nichts sagen. Wie kann man militärische Operationen durch einen Rat führen? Alle Kriege dieser Art sind unglücklich gewesen. Wenn mir mitten in der Nacht um 2 oder 3 Uhr eine gute Idee durch den Kopf geht, so ist in einer Viertelstunde schon der Befehl dazu gegeben, und eine halbe Stunde später haben ihn die Vorposten bereits ausgeführt. Armfelt hingegen schlägt vor, Bennigsen prüft, Barclay berät und Phull widersetzt sich; schließlich tut keiner etwas, aber alle verlieren ihre Zeit. Und dann, was für Maßnahmen trifft man bei Ihnen? Ich habe hier einen aufgefangenen Brief des Herzogs von Oldenburg, der in russischer Sprache schreibt, um die preußischen Offiziere abwendig zu machen und ihnen irgendeinen Oberst bezeichnet, der sie aufnehmen wird. Schickt sich das für einen Prinzen von Geblüt? Und was gedenken Sie dadurch zu erreichen? Nur ein Schurke kann derartige Vorschläge annehmen, und wenn es Ihnen auch gelingen sollte, eine große Anzahl Offiziere auf diese Weise zu werben, was wäre die Folge davon? Der Kaiser Alexander würde an dem Unglück des Königs von Preußen schuld sein. Ich würde Preußen Frankreich einverleiben. Da haben Sie noch einen aufgefangenen Brief eines gewissen Diwoff an Ihren Kriegsminister. Schämt der sich nicht, solche Briefe zu erhalten, während sein Souverän sagt, er wolle den Krieg nicht? Lesen Sie ihn, oder besser, nehmen Sie ihn mit, damit Sie sich auf der Reise nicht zu sehr langweilen. … Sagen Sie dem Kaiser Alexander, dass ich ihn mit meinem Ehrenwort versichere, 550 000 Mann diesseits der Weichsel zu haben. Der Krieg habe wohl begonnen, aber ich sei nicht gegen den Frieden. Ich hätte alles versucht, mich mit ihm auszusprechen, aber man habe mich achtzehn Monate lang nicht hören wollen; da ich nun die Note, von der ich sprach, erhalten habe, hätte ich sie für eine Kriegserklärung genommen. Aber ich bin ein Mann der Berechnung und nicht der Leidenschaft. Ich habe mich wohl auf den Beginn des Kriegs vorbereitet, aber ehe ich Ihre Grenzen überschritt, habe ich noch einen letzten Versuch gemacht. Ich habe gebeten, man möge Lauriston empfangen und anhören; man hat abgelehnt. Warum wollte man ihn nicht anhören? Vielleicht wollte es der Kaiser Alexander nicht in eigener Person tun. Dann konnte er ja den Grafen Rumianzoff damit beauftragen. Vielleicht will er nicht, dass dies in Wilna geschieht. Alexander kann ja Rumianzoff nach Petersburg gehen lassen. Kurz und gut, man wollte nicht! Ich habe Narbonne, den bedeutendsten meiner Adjutanten gesandt: Es hat gar nichts genützt, sogar Armfelt und die andern haben sich, wie ich glaube, über ihn lustig gemacht. Mit einem Wort, es blieb mir nichts anderes übrig: Ich habe die Grenze überschritten! Und nun bin ich in Wilna, das ich ohne Grund nicht verlassen kann;

aber ich bin weder gegen Unterhandlungen noch gegen den Frieden. Ich habe nicht die Absicht, jemanden zu ihm zu senden, denn er könnte zurückgehalten werden. Wenn aber der Kaiser Alexander es wünscht, so kann er mir ein Kartell schicken, und ich werde es mit Vergnügen beantworten. Oder wenn er mir nicht schreiben will, so soll er Lauriston nach seinem Hauptquartier kommen und mich durch ihn alles, was er wünscht, wissen lassen. … Versichern Sie den Kaiser Alexander meinerseits, dass ich noch immer die gleichen Gefühle für ihn hege, die er während unserer langen Unterhaltungen in Erfurt bemerken konnte. … Mein Gott, mein Gott! Welch herrliche Regierung würde er haben, wenn er nicht mit mir gebrochen hätte! – Ist der Graf Rumianzoff noch immer an der Spitze der auswärtigen Angelegenheiten?«

»Ja, Sire, er ist nach wie vor Reichskanzler.«

»Es ist demnach also unrichtig, dass Kotschubey dieses Portefeuille erhalten hat?«

»Bis zu meiner Abreise war dies nicht der Fall, Sire.«

»Der Graf Rumianzoff ist krank?«

»Er ist nicht ganz wohl.«

»Er hat einen Schlaganfall gehabt?«

»Vielleicht einen sehr leichten oder vielleicht auch nur eine starke Erkältung.«

»Er hat eine schwache Konstitution. – Sagen Sie mir bitte, warum hat man den … den Sie in Ihrem Staatsrat hatten … entfernt? Wie heißt er doch! Spie… Sper…, ich kann mich nicht auf seinen Namen besinnen.«

»Speransky?«

»Ja.«

»Der Kaiser war mit ihm nicht zufrieden.«

»Geschah es nicht wegen Verrats?«

»Ich denke nicht, Sire, denn solche Dinge würden aller Wahrscheinlichkeit nach an die Öffentlichkeit kommen.«

»Also geschah es wegen irgendeines Missbrauchs, einer Dieberei vielleicht. Aber ich will Sie nicht länger Ihrer Zeit berauben, General. Im Laufe des Tages bereite ich Ihnen einen Brief an den Kaiser Alexander vor.«

Balaschoff verneigte sich und ging. Im Nebenzimmer befanden sich eine Menge Generale; seine ehemaligen Bekannten, Caulaincourt und Narbonne, begrüßten ihn. Plötzlich kam der Hofmarschall Duroc hinzu, der Balaschoff für abends sieben Uhr zur Tafel des Kaisers einlud. …

An diesem Diner nahmen vier Gäste teil: der Generalstabschef Berthier, der Marschall Bessières, der Großstallmeister Caulaincourt und Balaschoff. Dieser bemerkte, dass Napoleon gegen ihn einen weit hochmütigeren Ton anschlug als am Morgen in seinem Kabinett. Er bereitete sich daher auf feste Entgegnungen vor, die anzubringen ihm bald Gelegenheit gegeben ward.

Napoleon begann mit der Frage:

»Haben Sie Kirgisenregimenter?«

»Nein, Sire, wir haben keine Kirgisen, aber wir haben als Probe ein oder zwei Baschkiren- und Tatarenregimenter, die den Kirgisen sehr ähneln.«

»Ich weiß es, es kommen Deserteure zu mir. Ist es wahr, dass der Kaiser Alexander in Wilna alle Tage bei einer hiesigen Schönheit den Tee einnahm? Wie hieß sie doch, Turenne?«

Der Kammerherr, der Napoleon bediente, beeilte sich zu antworten: »Sulistrowska.«

»Ja, Sulistrowska«, wiederholte der Kaiser.

»Sire«, antwortete Balaschoff, »gewöhnlich ist der Kaiser Alexander gegen alle Damen zuvorkommend, aber in Wilna habe ich ihn mit ganz andern Dingen beschäftigt gesehen.«

»Nun, warum nicht? Im Hauptquartier ist das noch gestattet. Sagen Sie, Sie haben den Kommandanten von Moskau gewechselt?«

»Ja, Sire. Der Marschall, Graf Gudowitsch, hat wegen seines hohen Alters seinen Abschied verlangt.«

»Nicht doch. Der Kaiser Alexander setzt alle ab, die den Franzosen wohlgesinnt sind.«

»Sire, ich wage Eurer Majestät zu versichern, dass der Graf Gudowitsch nur zu den Russen hielt.«

»Sie brauchen einen Anglomanen; Gudowitsch verabscheute auch die andern Fremden nicht. Sagen Sie, hat Stein mit dem Kaiser diniert?«

»Sire, alle hohen Persönlichkeiten werden zur großen Tafel Sr. Majestät hinzugezogen.«

»Wie kann man einen Stein an der Tafel des Kaisers von Russland dulden! Wenn auch der Kaiser Alexander sich entschlossen hat, ihn in seinem Rat anzuhören, so durfte er ihn doch nicht an seiner Tafel empfangen. Bildete er sich etwa ein, Stein könnte ihm Zuneigung entgegenbringen? Der Engel und der Teufel dürfen niemals zusammen sein. Caulaincourt, waren Sie in Moskau?«

»Ja, Sire«, antwortete der Herzog von Vicenza.

»Was ist Moskau? Ein großes Dorf?«

»Sire, es ist eine Anhäufung großer und schöner Häuser neben alten baufälligen Hütten«, erwiderte Caulaincourt.

Und nun sich an Balaschoff wendend, fragte Napoleon:

»General, wie viele Einwohner zählt Moskau?«

»300 000, Sire.«

»Und Häuser?«

»10 000, Sire.«

»Und Kirchen?«

»Mehr als 240.«

»Warum so viele?«

»Unser Volk geht sehr oft in die Kirche.«

»Woher kommt das?«

»Weil unser Volk sehr fromm ist.«

»Bah! In unsern Tagen ist man nicht mehr fromm.«

»Verzeihung, Sire, nicht überall ist es so. Vielleicht ist man in Deutschland und Italien nicht mehr fromm, aber in Spanien und Russland ist man es noch.«

Napoleon schwieg einen Augenblick. Dann fragte er plötzlich, Balaschoff scharf ansehend:

»Welcher Weg führt nach Moskau?«

Der russische General ließ sich nicht aus der Fassung bringen.

»Sire«, erwiderte er, »diese Frage ist geeignet, mich ein wenig in Verlegenheit zu setzen. Die Russen sagen wie die Franzosen, dass alle Wege nach Rom führen. Man kann ganz nach Belieben nach Moskau gelangen: Karl XII. zum Beispiel marschierte über Poltawa.«[1]

Als die Mahlzeit beendet war, begab der Kaiser sich mit seinen vier Gästen in sein Kabinett. Dort erging er sich von Neuem in Klagen und Drohungen gegen seinen einstigen Freund.

»Der Kaiser Alexander«, sagte er, »hat die schönste Regierung, die Russland je besessen, verdorben. Lieber Gott, was wollen denn die Menschen! Nachdem er bei Austerlitz geschlagen, bei Friedland geschlagen wurde, kurz, nach zwei unglücklichen Kriegen erhält er Finnland, die Moldau, die Walachei, Bielostock und Tarnopol – und doch ist er nicht zufrieden! Hätte das Katharina jemals hoffen können? Er ist in diesen für ihn unglücklichen Krieg entweder durch schlechte Ratschläge oder durch das Verhängnis seines Schicksals gestürzt worden! Aber ich bin ihm wegen dieses Krieges nicht böse. Ein Krieg mehr bedeutet für mich einen Triumph mehr. Übrigens ist das das Recht der gekrönten Häupter. Jedoch muss man ihn auf eine anständige, edle Weise führen. Wie kann man in seiner Umgebung einen Stein, einen Armfelt, einen Wintzingerode aufnehmen? Sagen Sie dem Kaiser Alexander, dass er meine per-

---

1 Geschickte Anspielung auf den unglücklichen Feldzug Karls XII. von Schweden in Russland. Erst bei Poltawa gelang es dem schwedischen König, die Russen zur Schlacht zu zwingen, in welcher die Schweden, da sie schon durch allerlei Entbehrungen sehr erschöpft waren und ihr König wegen Krankheit die Schlacht nicht selbst leiten konnte, gänzlich geschlagen wurden.

sönlichen Feinde in seiner Nähe habe, bedeute, dass er mich persönlich beleidigen wolle, und infolgedessen müsse ich gegen ihn ebenso handeln. Ich werde seine ganze Verwandtschaft von Württemberg, Baden und Weimar aus Deutschland verjagen; er soll ihr nur immer ein Asyl in Russland bereiten. Haben Sie denn nicht genug russische Edelleute, die sicher dem Kaiser Alexander treuer zugetan sind als jene Söldner? Denkt er vielleicht, sie sind in sein Gesicht verliebt? Gäbe er Armfelt das Oberkommando über Finnland, so würde ich kein Wort verlieren, aber dass er ihn in seiner persönlichen Nähe hat – pfui!«

Neues Schweigen. Dann begann Napoleon wieder:

»Auf wen zählen Sie? Die Engländer können Ihnen nichts geben. Sie haben selber kein Geld, und Sie werden Ihre Finanzen, die schon arg mitgenommen sind, noch vollkommen zugrunde richten. Die Schweden? Wenn sie dazu verdammt sind, immer von einem Irrsinnigen regiert zu werden, so können sie Ihnen gar nichts nützen. Ein König von Schweden ist verrückt geworden; darauf hat man für einen andern gesorgt, der das Land regieren soll – aber auch Ponte-Corvo verliert den Verstand![1] Aber warten Sie, wir werden ja sehen, was die Schweden tun, wenn Sie Unglück haben. Desgleichen die Türken. Diese beiden Mächte werden nicht verfehlen, sich auf Sie zu stürzen, sobald die Gelegenheit sich dazu bietet. Es fehlt Ihnen an guten Generalen. Bagration ist noch der beste; er ist nicht gerade ein sehr geistreicher Mann, aber er ist ein guter General. Was Bennigsen anlangt, so versichere ich Sie, dass ich an ihm keinerlei Verdienst habe bemerken können. Wie hat er sich bei Eylau, bei Friedland benommen! Und jetzt ist er fünf Jahre älter; er war immer schwach und machte Fehler über Fehler. Wie soll das erst jetzt werden?

---

1 Der Marschall Bernadotte, souveräner Fürst von Ponte-Corvo, wurde von den Schweden, dessen König Gustav Adolf IV. des Throns für verlustig erklärt worden war, am 21. August 1810 zum Kronprinzen gewählt. Er trat am 19. Oktober in Helsingör zur lutherischen Kirche über und legte den Titel eines Fürsten von Ponte-Corvo nieder.

Und dann, der Kaiser Alexander hat ihn fühlen lassen, dass er seine Verbrechen kenne. … Wie kann man einen solchen Menschen verwenden? Er durfte weder das eine noch das andere tun. Wie ich höre, hat der Kaiser Alexander selbst das Oberkommando seiner Armeen übernommen. Warum das? Er hat alle Verantwortlichkeit für die Niederlage auf sich genommen? Der Krieg ist mein Beruf. Ich bin damit vertraut. Bei ihm ist das nicht der Fall: Er ist Kaiser von Geburt. Er muss regieren und einen Oberbefehlshaber ernennen; wenn er seine Sache gut macht, so soll er ihn belohnen, macht er sie schlecht, so soll er ihn verabschieden oder bestrafen. Der General muss eher eine Verantwortlichkeit vor dem Kaiser haben als dieser vor dem Volk, denn die Fürsten haben schon genug Verantwortlichkeit; das darf nicht vergessen werden.«

Der Kaiser machte einige Schritte und näherte sich Caulaincourt, dem er leicht auf die Wange klopfte und zu ihm sagte:

»Nun, Sie sagen ja gar nichts, alter Höfling des Petersburger Hofes? Sind die Pferde für den General bereit? Geben Sie ihm die meinigen, denn er hat einen langen Weg vor sich.« Dann sich an Berthier wendend, fügte er hinzu: »Alexander, Sie können dem General die Proklamation geben, sie ist kein Geheimnis.«

Darauf verabschiedete sich Balaschoff vom Kaiser.

Alexandre Ier et Napoléon. D'après leur correspondance inédite 1801–1812. Par Serge Tatistcheff.

Der Kaiser Napoleon und der russische Generalmajor von Tutschkow in Smolensk, August 1812

Napoleon hatte sich entschlossen, dem Kaiser Alexander Friedensvorschläge zu machen. Er wählte dazu den Generalmajor Tutschkow, der vom Lubino'schen Schlachtfeld nach Smolensk als Gefangener gebracht worden war, wo ihn die Franzosen sehr freundlich behandelten. Napoleon ließ ihn durch einen Adjutanten sehr höflich in sein Hauptquartier einladen. Dort wimmelte es von einer Menge Militärpersonen. Zu beiden Seiten des Eingangs hielten Wachen zu Pferde; die Treppe und die Vorzimmer waren von Generalen angefüllt; an der Tür des Kabinetts stand ein Lakai in Hoflivree. Als Tutschkow in das Kabinett trat, befand sich Napoleon mit Berthier allein. Am Fenster auf einem Tisch lag die Karte von Russland; die Bewegungen der russischen Truppen waren durch eingesteckte Stecknadeln mit grünen Köpfen, die der Franzosen durch blaue und andersfarbige Nadeln auf derselben bezeichnet. Napoleon stand mitten im Zimmer, erwiderte herablassend den Gruß des Gefangenen und begann mit ihm folgendes Gespräch:

»Von welchem Korps sind Sie?«

»Vom zweiten.«

»Das ist das Korps Baggohofwuds. Ist der Kommandeur des 3. Korps, Tutschkow, ein Verwandter von Ihnen?«

»Mein leiblicher Bruder.«

»Ich werde Sie nicht über die Truppenzahl Ihres Heeres befragen, sondern will Ihnen nur sagen, dass es aus 6 Korps besteht, jedes zu 2 Divisionen von 6 Infanterieregimentern; jedes Regiment von 2 Bataillonen. Ich kann sogar die Anzahl der Mannschaft in jeder Kompanie bestimmen.«

»Ich sehe, Eure Majestät sind von allem gut unterrichtet.«

»Das ist nicht auffallend«, bemerkte Napoleon; »täglich seit dem Beginn Ihres Rückzugs werden Gefangene eingebracht; es gibt fast kein einziges russisches Regiment, aus welchem wir keinen Soldaten bei uns hätten. Man befragt sie über die Anzahl der Mannschaft, schreibt ihre Antworten auf, und solchergestalt werden die Nachrichten zusammengestellt.« – Nach einigem Schweigen fuhr er fort:

»*Sie* wollten den Krieg, meine Herren, nicht ich; ich weiß, dass man bei Ihnen behauptet, *ich* sei der Urheber. Das ist jedoch unwahr. Ich werde Ihnen beweisen, dass ich den Krieg nicht gewollt und dass Sie mich dazu gezwungen haben.«

Hierauf ließ er sich in eine eingehende Darstellung seines Verhaltens in Beziehung auf Russland ein, indem er mit dem Tilsiter Frieden begann. Er behauptete, nicht er habe Veranlassung zum Bruch gegeben; die Forderung, Preußen zu räumen, sei für ihn beleidigend gewesen, man habe gegen ihn eine Sprache wie gegen einen Besiegten geführt, mit einem Wort: Er wiederholte alle Klagen, die er Russland bereits vor der Invasion vorgeworfen hatte. Dann sprach er vom Lubino'schen Gefecht und fragte: »Werden Sie bald eine Schlacht liefern?«

Auf die Antwort des Gefangenen, dass ihm die Absichten des Oberfeldherrn unbekannt seien, begann Napoleon das russische Heer zu loben und die Kriegführung der Russen zu tadeln.

»Wenn Sie fortwährend zurückgehen«, sagte er, »verheeren Sie nur Ihr eigenes Land. Warum gaben Sie Smolensk auf und stürzten diese schöne Stadt in die traurigste Lage? Und wenn Sie sie verteidigen wollten, warum hielten Sie sich nicht länger? Sie konnten sie noch recht lange behaupten. Wenn Sie aber diese Absicht nicht hatten, warum blieben Sie und schlugen sich in der Stadt? Etwa bloß um sie unnützerweise zu verheeren? Smolensk ist mir lieber als ganz Polen; es war stets russisch und wird es immer bleiben. Ihren Kaiser liebe ich trotz des Krieges. Was ist übrigens ein Krieg? Staatsinteressen können oft sogar leibliche Brüder auseinanderbringen. Der Kaiser Alexander war und wird immer mein Freund sein. Kennt er Sie persönlich?«

»Ich hoffe es«, antwortete Tutschkow; »ich hatte das Glück, in der Garde zu dienen.«

»Können Sie an ihn schreiben?«

»Nein, ich werde es nie wagen, den Kaiser mit Schreiben zu behelligen, besonders in meiner jetzigen Lage.«

»Nun, wenn Sie auch an den Kaiser nicht zu schreiben wagen, können Sie wohl an Ihren Bruder das schreiben, was ich Ihnen sagen werde?«

»An den Bruder, das ist etwas anderes.«

»Sie werden mir also einen Gefallen tun, wenn Sie ihm melden, dass Sie mich gesehen haben und ich Ihnen aufgetragen habe, ihm zu schreiben. Er würde mir eine große Gefälligkeit erweisen, wenn er selbst oder durch den Großfürsten oder auch durch den Oberbefehlshaber, ganz wie er es für geeignet hält, zur Kenntnis des Kaisers bringen würde, dass es mein größter Wunsch wäre, Frieden zu schließen. Wir haben schon genug Pulver verbraucht und Blut vergossen; einmal muss man doch ein Ende machen! Warum schlagen wir uns denn? Ich hege gegen Russland keine Feindschaft. Oh, wenn Sie die Engländer wären! Sprechen Sie mir nicht davon!« Bei diesen Worten erhob Napoleon die Faust. »Aber die Russen haben mir nichts getan! Sie wollen Kaffee und Zucker billig kaufen; gut, man kann alles so einrichten, dass sie Kaffee und Zucker haben. Aber wenn Sie glauben, es sei ein Leichtes, mich zu schlagen, so will ich Ihnen etwas vorschlagen: Mögen diejenigen Ihrer Generale, die von allen am meisten geachtet werden, einen Kriegsrat bilden und die Lage der Dinge, meine Streitkräfte und die Ihrigen erwägen. Wenn Sie auf Ihrer Seite mehr Wahrscheinlichkeit für einen Sieg und die Möglichkeit, mich zu schlagen, finden, so bestimmen Sie, wo und wann die Schlacht stattfinden soll; ich bin zu allem bereit! Wenn aber dagegen alle Wahr-

517

scheinlichkeit des Erfolgs zu meinem Vorteil sich ergeben sollte, wie es wirklich auch der Fall ist, warum sollen wir länger unnützerweise Blut vergießen? Ist es nicht besser, vor dem Verlust einer Schlacht in Friedensunterhandlungen zu treten als nachher? Und welche Folgen muss eine verlorene Schlacht notwendigerweise für Sie haben? Ich nehme Moskau; welche Maßregeln ich auch ergreifen mag, um es vor der Zerstörung zu bewahren: Es wird doch nichts helfen. Eine vom Feind besetzte Hauptstadt gleicht einem Frauenzimmer, das seine Ehre verloren hat. Was man auch nachher tun mag, die Ehre kann nicht wiederhergestellt werden. Ich weiß, man sagt bei Ihnen, Russland stecke nicht in Moskau; auch die Österreicher behaupten dasselbe von Wien. Als ich es aber besetzt hatte, sprachen sie anders. Mit Ihnen wird es ebenso gehen. Ihre Hauptstadt ist Moskau, nicht Petersburg; Petersburg ist nichts anderes als die Residenz des Monarchen.«

Napoleon schritt im Zimmer auf und ab und fragte hierauf Tutschkow: »Sind Sie Livländer?«

»Nein, ich bin ein Stammrusse aus der Umgegend von Moskau.«

»Sie sind aus Moskau?«, fragte nun Napoleon mit einem ganz besonderen Ausdruck. »Sie also, meine Herren Moskowiter, wollen Krieg mit mir? Aber, was glauben Sie: Wenn Ihr Kaiser mit mir Frieden schließen wollte, könnte er dies wohl tun?«

»Wer wäre imstande, ihn daran zu hindern?«, antwortete Tutschkow.

»Und der Senat?«

»Der Senat hat bei uns keine andere Macht als die, welche der Kaiser ihm zu übertragen geruht.«

Nachdem er abermals den Wunsch wiederholt hatte, dass Tutschkow seinem Bruder alles schreiben möge, was er gesagt habe, bat Napoleon ihn, auch noch hinzuzufügen, dass die russischen Oberbefehlshaber sehr töricht handelten, wenn sie bei ihrem Rückzug alle Landesbehörden mit fortnähmen. Dadurch schadeten sie Russland mehr als ihm, der darunter nicht leide und ihrer ganz und gar nicht bedürfe. »Man versicherte mir«, sagte er, »dass ich in Russland Hungers sterben würde, aber jetzt sehe ich, dass das eine leere Besorgnis ist. In Russland sind die Felder ebenso gut angebaut wie in Deutschland und überall; wie könnte man wohl in einem Land Hungers sterben, wo alle Felder mit Getreide bedeckt stehen? Überdies habe ich ein bewegliches Magazin von 10 000 Fuhren; das genügt zur Verproviantierung des Heeres.«

Nachdem er Tutschkow über eine Stunde bei sich behalten hatte, ließ er ihm bei der Entlassung den Degen zurückgeben und empfahl ihm, nicht traurig zu sein.

»Ihre Gefangenschaft«, sagte er, »kann Ihnen keine Unehre machen: So wie Sie gefangen genommen worden sind, nimmt man nur die, welche voran sind, nicht aber die, welche zurückbleiben.«

Dem Wunsch Napoleons gemäß schrieb Tutschkow seinem Bruder über das stattgefundene Gespräch und zeigte den Brief dem Marschall Berthier, der denselben nach dem russischen Hauptquartier abfertigte. Von dort aus wurde er dem Kaiser vorgelegt. Die Antwort an Napoleon war – Schweigen.

A. I. Michailowsky Danilewsky, Geschichte des vaterländischen Krieges im Jahre 1812.

Der Kaiser Napoleon und der russische Gardehauptmann Jakowlew in Moskau, September 1812

Mitten in dem verheerten Moskau harrte Napoleon der Friedensvorschläge, aber die Boten des Kaisers Alexander erschienen nicht. Da entschloss sich Napoleon, selbst an den Kaiser zu schreiben, und benutzte zur Absendung des Schreibens folgende Gelegenheit. Der verabschiedete Gardehauptmann Jakowlew, der im Begriff stand, Moskau am 2. September zu verlassen, war von den Franzosen ergriffen und ausgeplündert worden. In seiner Not war er zum Marschall Mortier gelaufen und hatte um einen Pass gebeten, dieser aber hatte ihm geantwortet, dass er ihm ohne die Erlaubnis Napoleons keinen solchen ausstellen lassen könne und dessen Entscheidung einholen werde.

Am 8. September befahl daher Napoleon seinem Sekretär Lelorgne d'Ideville, Jakowlew in den Kreml zu führen. Er kannte seinen Namen, weil ein Bruder Jakowlews vor dem Krieg Gesandter beim König Jérôme von Westfalen gewesen war.

Napoleon empfing ihn im Thronsaal und begann nach einigen Höflichkeitsphrasen mit ihm folgendes Gespräch in Lelorgnes Gegenwart:

»Nicht *wir* verbrennen Moskau. Ich habe fast alle Hauptstädte Europas eingenommen und habe sie nicht zerstört. In Italien habe ich eine Stadt verbrennen lassen, weil man sich dort in den Straßen verteidigte. Ist es denn möglich! Ihr selbst habt Moskau angezündet! Das heilige Moskau, wo die Vorfahren Eurer Monarchen begraben liegen?«

»Ich kenne die Ursachen des Unglücks nicht«, antwortete Jakowlew,

»aber ich trage die Spuren desselben an mir; meine ganze Habe besteht jetzt nur aus den Lumpen, die ich auf dem Leib habe.«

»Wer ist Ihr Gouverneur in Moskau?«

»Graf Rostoptschin.«

»Was ist das für ein Mensch?«

»Ein gescheiter Mann.«

»Er mag ein kluger Mann sein«, erwiderte Napoleon, »aber er gehört ins Tollhaus. Ich habe früher eigene Begriffe von Russland gehabt. Jetzt aber, nach dem, was ich von der Grenze bis Moskau gesehen, habe ich mich überzeugt, dass Russland ein sehr schönes Land ist. Überall bebaute Felder, überall Dörfer, aber die Häuser habe ich entweder leer oder niedergebrannt gefunden. Und Ihr selbst verwandelt sie in Asche! Ihr selbst zerstört Euer schönes Land! Übrigens hat mich das nicht verhindert, vorzurücken. Es wäre begreiflich, wenn Ihr so in Polen verfahren wäret. Die Polen haben es verdient. Sie haben uns mit offenen Armen empfangen. Man muss dem Blutvergießen ein Ende machen. Ich führe einen rein politischen Krieg. Ich habe nichts weiter in Russland zu tun, als die Erfüllung des Tilsiter Vertrags zu fordern. Die Hauptsache ist für mich England. Wenn ich London eingenommen hätte, würde ich es nicht so bald verlassen. – Ich will umkehren. Wenn der Kaiser Alexander den Frieden wünscht, so soll er es mich nur wissen lassen. Ich schicke einen meiner Adjutanten, Narbonne oder Lauriston, zu ihm, und der Friede ist bald abgeschlossen. Wenn er aber Krieg will, so wollen wir ihn fortsetzen. Meine Truppen verlangen dringend, dass ich sie nach Petersburg führe. Ich brauche mich nur dahin zu begeben, und Petersburg erleidet dasselbe Schicksal wie Moskau.«

Den Augenblick benutzend, als Napoleon schnupfte, fragte ihn Jakowlew: »Wo ist unsere Hauptarmee?«

»Auf der Rjäsan'schen Straße«, antwortete Napoleon.

»Und Graf Wittgenstein?«

»In der Richtung nach Petersburg zu; er ist von Gouvion Saint-Cyr vollkommen geschlagen worden.« Und darauf begann Napoleon von seinen Streifkräften zu sprechen, die er vergrößerte.

»Die russischen Soldaten sind vortrefflich und ihre Offiziere gut«, sagte er; »sie sind aber nicht imstande, so große Strapazen auszuhalten als meine Offiziere, die auf gleiche Weise Kälte, Hitze und Entbehrungen ertragen. Euer Papiergeld wird bald seinen Wert verlieren und Ihr werdet Bankrott machen. Meine Soldaten haben in der Stadt Märkte eingerichtet, haben eine Menge Wein und die besten Vorräte in den Kellern gefunden. Wenn sie ihren Verwandten von dem Überfluss schreiben, den sie hier gefunden, wird ganz Europa sich auf Euch stürzen: Das Volk liebt das Schlaraffenland! – Also Sie wollen Moskau verlassen? Ich willige ein, jedoch unter der Bedingung, dass Sie sich nach Petersburg begeben. Dem Kaiser Alexander wird es angenehm sein, einen Zeugen dessen, was in Moskau vorgeht, zu sehen, und Sie werden ihm alles erzählen.«

Auf die Bemerkung Jakowlews, dass er seinem Rang und Amt nach nicht das Recht habe, zu hoffen, dass er beim Kaiser vorgelassen werde, antwortete Napoleon:

»Wenden Sie sich an den Oberhofmarschall Graf Tolstoi; er ist ein redlicher Mann. Oder befehlen Sie dem Kammerdiener, Sie beim Kaiser zu melden, oder treten Sie dem Kaiser während seiner täglichen Spaziergänge entgegen.«

»Ich bin wohl in Ihrer Gewalt jetzt«, entgegnete Jakowlew, »habe aber nicht aufgehört, ein Untertan des Kaisers Alexander zu sein, und werde es bis zum letzten Blutstropfen bleiben. Fordern Sie nichts, was ich nicht tun darf; ich kann nichts versprechen.«

»In diesem Fall«, sagte Napoleon, »werde ich Ihrem Kaiser einen Brief schreiben; werde sagen, dass ich nach Ihnen geschickt und Sie beauftragt habe, den Brief abzugeben.«

Am andern Tag brachte Lelorgne d'Ideville den Brief und den Befehl, den Gefangenen aus der Stadt zu führen. Von mehr als 500 Personen begleitet, verließ Jakowlew zu Fuß Moskau, kam gegen Abend bis Tschor-

naija-Grjäs, wo er sich bei der Vorpostenkette der Abteilung Wintzinge-
rodes meldete, der ihn mit einem Offizier nach Petersburg schickte. Dort
führte man ihn zum Grafen Araktschejew, der den Kaiser über ihn unterrichtete. Er erhielt den Befehl, ihn nicht persönlich dem Kaiser vorzustellen, sondern nur den Brief Napoleons von ihm entgegenzunehmen.

A. I. Michailowsky Danilewsky,
Geschichte des vaterländischen Krieges im Jahre 1812.

Der Kaiser Napoleon und der General Rapp in Moskau, 19. Oktober 1812

Der Abmarsch der Großen Armee aus Moskau war auf den 19. Oktober 1812 festgesetzt. Am Morgen dieses Tages zu früher Stunde verließ Napoleon den Kreml, der ihm als Quartier gedient hatte, und schlug den Weg nach Kaluga ein. Drei Stunden hinter Moskau etwa ließ der Kaiser halten, um den Bericht des Marschalls Mortier zu erwarten, der den Befehl hatte, den Kreml in die Luft zu sprengen. Er unterhielt sich lange mit dem Intendanten Daru und rief dann den General Rapp an seine Seite.

»Rapp«, begann er, »wir werden uns auf der Straße von Kaluga an die polnische Grenze zurückziehen. Ich werde gute Winterquartiere nehmen. Ich hoffe, der Kaiser Alexander macht Frieden.«

»Sie haben lange gewartet, Sire; die Einwohner dieses Landes prophezeien einen strengen Winter.«

»Ach was, Sie mit Ihren Einwohnern! Wir haben heute den 19. Oktober, sehen Sie doch, wie schön das Wetter ist! Erkennen Sie nicht meinen Stern? Ich konnte übrigens nicht früher aufbrechen, als bis ich alle meine Kranken und Verwundeten auf dem Marsch hatte; ich durfte sie nicht der Wut der Russen überlassen.«

»Ich glaube, Sire, Sie hätten besser getan, sie in Moskau zu lassen; die Russen hätten ihnen kein Leid zugefügt, während sie aus Mangel an Hilfe jetzt der Gefahr ausgesetzt sind, auf der großen Heerstraße elend umzukommen.«

Napoleon wollte das nicht einsehen, aber auch seine eigenen Worte schienen ihn nicht zu befriedigen; er trug den Stempel der Besorgnis auf der Stirn.

Als er mit seinen Getreuen am Abend Krasnoie erreichte, beruhigte ihn der Anblick der Gegend und deren Bewohner durchaus nicht. Das hässliche, wilde Aussehen dieser sklavischen Menschen war ihm unangenehm.

»Ich möchte hier nicht einen einzigen meiner Leute lassen«, bemerkte er. »Alle Schätze Russlands würde ich hingeben, um keinen meiner Verwundeten hierlassen zu müssen. Pferde, Gepäckwagen und Equipagen müssen zu ihrem Transport verwendet werden.« Und er förderte sofort einen Boten an Mortier ab, um ihm diesen Befehl in Bezug auf die Verwundeten zu überbringen.

Mémoires du général Rapp.

DER KAISER NAPOLEON, DER GENERALINTENDANT DARU UND DER PALASTMARSCHALL DUROC AN DER BERESINA, 25. NOVEMBER 1812

Die Nacht, die dem Übergang über die Beresina voranging, war hereingebrochen. Napoleon hatte sich zur Ruhe gelegt. Duroc und Daru sprachen leise über die verhängnisvollsten Folgen, denn sie glaubten Napoleon längst eingeschlafen. Er aber hörte alles, und als das Wort »Staatsgefangener« an sein Ohr drang, rief er:

»Wie! Glauben Sie, dass sie so etwas wagen würden?«

Daru, zuerst etwas verwirrt, antwortete bald darauf, dass, wenn man gezwungen wäre, sich zu ergeben, man sich auf alles gefasst machen müsse. Er vertraue durchaus nicht der Großmut eines Feindes. Wie man sehr wohl wisse, hielte sich die große Politik selbst für die Moral, befolge aber keinerlei Gesetze.

»Aber Frankreich! Was würde Frankreich dazu sagen?«, rief der Kaiser.

»Oh, hinsichtlich Frankreichs«, erwiderte Daru, »kann man sich die verschiedensten, mehr oder weniger ärgerlichen Schlüsse bilden. Aber keiner von uns kann wissen, was geschehen wird.« Und dann fügte er hinzu, es sei für die Oberbefehlshaber und den Kaiser selbst das Beste, wenn der Kaiser entweder durch die Lüfte oder auf irgendeine andere Weise aus ihrer Mitte verschwinden würde. Er könne dann Frankreich erreichen und sie dort besser und sicherer retten, als wenn er bei ihnen bliebe.

»So bin ich Ihnen also zur Last?«, fragte Napoleon lächelnd.

»Ja, Sire.«

»Und Sie wollen nicht Staatsgefangener sein?«

Daru antwortete in demselben Ton, dass es ihm schon genüge, wenn er Kriegsgefangener wäre.

Darauf hüllte sich der Kaiser einige Zeit in tiefes Schweigen. Endlich begann er sehr ernst:

»Sind alle Berichte meiner Minister verbrannt worden?«

»Sire, bis jetzt haben Sie noch nicht Ihre Zustimmung dazu geben wollen.«

»Nun gut, vernichten Sie sie; es muss sein, wir befinden uns in einer sehr traurigen Lage.«

Das war das einzige Geständnis, das man Napoleon auf seinem Rückzug aus Russland über sein Unglück entreißen konnte. Wenige Minuten später war er fest eingeschlafen.

Général comte de Ségur, Histoire et mémoires.

DER KAISER NAPOLEON UND DER ABBÉ DE PRADT IN WARSCHAU, 10. DEZEMBER 1812

Anfang Dezember 1812 erhielt der Abbé de Pradt, der außerordentliche Gesandte des französischen Kaisers in Warschau, vom Staatssekretär Maret, Herzog von Bassano, eine Depesche, dass das diplomatische Korps bald in Warschau eintreffen werde. Er war gerade im Begriff, darauf zu antworten und die Nachteile klarzulegen, die daraus entstehen würden, wenn es sich angesichts des Feindes in einer offenen Stadt aufhalten würde, als die Türen seines Kabinetts sich öffneten und ein großer Mann, auf den Arm eines der Gesandtschaftssekretäre gestützt, hereintrat.

Die Gestalt sagte zum Abbé de Pradt: »Kommen Sie, folgen Sie mir.« Der Gesandte, der die seltsam gekleidete Person nicht erkennen konnte, weil sie den Kopf mit einem schwarzen Tuch umwunden und das Gesicht in den weiten Pelz ganz vergraben hatte, erhob sich, schritt näher auf sie zu und erkannte den General Caulaincourt.

»Sind Sie es, Caulaincourt!«, rief er erstaunt; »wo ist der Kaiser?«

»Im Hôtel d'Angleterre. Er erwartet Sie.«

»Warum ist er nicht im Gesandtschaftspalast abgestiegen?«

»Er will nicht erkannt sein.«

»Und die Armee?«

»Sie ist nicht mehr! – Kommen Sie, der Kaiser wartet.«

De Pradt machte sich sofort fertig und eilte nach dem Hôtel d'Angleterre; es war am 10. Dezember, ½2 Uhr nachmittags. Vor der Tür des Hôtels stand ein polnischer Soldat. Der Maître d'Hôtel schaute den Ankommenden prüfend an, zögerte einen Augenblick und ließ ihn passieren. Er gelangte in einen Hof und zu einer Tür, die sich öffnete; der Mameluck Rustam erschien und ließ den Gesandten eintreten. Caulaincourt meldete ihn beim Kaiser und führte ihn zu ihm in ein kleines, niedriges, ungeheiztes Zimmer. Um das Inkognito des Kaisers besser zu wahren, waren die Fensterläden halb geschlossen. Ein schmutziges polnisches Dienstmädchen war bemüht, in dem Kamin ein Feuer anzuzünden. Der Kaiser ging wie gewöhnlich im Zimmer auf und ab. Er war in einen grünen Pelz mit Goldtressen gehüllt, auf dem Kopf hatte er eine Art Pelzmütze, und seine großen Lederstiefel waren gleichfalls mit Pelz verbrämt.

»Ah! Herr Gesandter!«, rief er lachend.

De Pradt näherte sich ihm rasch und sagte:

»Sie befinden sich wohl, Sire; Sie haben mir viel Unruhe verursacht – aber nun sind Sie ja da – ich bin sehr froh, Sie zu sehen.«

Einen Augenblick später half er dem Kaiser seinen Pelz auszuziehen.

»Wie fühlen Sie sich in diesem Land?«, fragte der Kaiser.

Der Gesandte beschrieb ihm den Zustand Polens, der gerade kein glänzender war; er sprach ihm von der Not des Landes und der Polen, worauf Napoleon lebhaft fragte:

»Was hat sie denn zugrunde gerichtet?«

»Das, was sie seit zehn Jahren getan haben«, antwortete der Abbé; »die Hungersnot im vorigen Jahr und das Kontinentalsystem, das sie allen Handels beraubt!«

Bei diesen Worten flammte es wie zuckende Blitze auf in den Augen Napoleons: »Wo sind die Russen?«

»Fünftausend marschieren mit Kanonen auf Zamosk.«

Napoleon wusste nichts davon.

»Wo sind die Österreicher?«, fragte er weiter.

»Ich habe vierzehn Tage lang nichts von ihnen gehört.«

»Und der General Reynier?«

»Gleichfalls.« Und dann erzählte ihm de Pradt alles, was das Herzogtum Polen für den Unterhalt der Armee getan. Napoleon wusste von alledem nichts.

»Ich habe während des Feldzugs keinen Menschen gesprochen«, erwiderte Napoleon. »Und was wollen denn die Polen?«, fuhr er fort; »wollen sie Preußen sein, wenn sie nicht Polen sein können? – Und warum nicht Russen?«, setzte er etwas verwirrt hinzu.

Sein Gesandter setzte ihm die Anhänglichkeit der Polen an die preußische Regierung auseinander und erzählte ihm, dass am Tag zuvor einige polnische Minister nach dem Abendessen bei ihm gewesen seien, welche die preußische Regierung als einzigen Rettungsanker betrachtet hätten, worauf Napoleon entgegnete:

»Es müssen 10 000 polnische Kosaken ausgehoben werden: Eine Lanze und ein Pferd genügen; damit werden wir die Russen schon aufhalten.«

De Pradt verneinte dies, Napoleon aber bestand auf seiner Idee.

»Ich für meinen Teil«, sagte der Gesandte, »erkenne nur gutorganisierte, gutbezahlte und gutunterhaltene Armeen für nützlich an; alles andere taugt nichts!« Und als er sich ferner darüber beklagte, dass Frankreich im Ausland meist unfähige und unbedachte Männer verwende, erwiderte der Kaiser:

»Wo aber befähigte Menschen hernehmen?«

Das Gespräch ward darauf durch den Abbé auf den Fürsten Liechtenstein gebracht, der infolge einer bei den Kämpfen am Bug erhaltenen Wunde nach Warschau gekommen war. Da de Pradt sehr lobend von Liechtenstein sprach, sah ihn der Kaiser durchdringend an und unterbrach ihn kurz mit den Worten:

»Nun, und dieser Fürst? Fahren Sie fort …«

Kurz darauf ward de Pradt entlassen, jedoch mit der Aufforderung, dass er nach dem Essen den Grafen Stanislas Potocki und den Finanzminister, die beiden angesehensten Mitglieder des Rates, zu ihm führe.

Gegen drei Uhr begaben sich die genannten Personen und der Gesandte zu Napoleon, der soeben die Tafel verlassen hatte.

»Seit wann bin ich in Warschau? – Seit acht Tagen … ach, nein, seit zwei Stunden!«, rief er lachend ohne irgendeine andere Einleitung den Herren entgegen. »Vom Erhabenen zum Lächerlichen ist nur ein Schritt! Wie geht es Ihnen, Herr Stanislas? Und Ihnen, Herr Finanzminister?«

Und auf die wiederholten Versicherungen der Herren, dass sie glücklich seien, ihn nach all den Gefahren so wohl und munter zu sehen, entgegnete er:

»Gefahren! Durchaus nicht! Ich lebe in der Aufregung; je mehr ich hin und her geschleudert werde, desto besser geht es mir. Nur die Schattenkönige werden in ihren Schlössern fett; ich hingegen werde es auf dem Pferd und im Krieg. Vom Erhabenen zum Lächerlichen ist nur ein Schritt. – Wie ich sehe, sind Sie alle hier sehr besorgt?«

»Das kommt daher, weil wir nur das wissen, was uns die im Umlauf befindlichen Gerüchte bringen.«

»Ach, was! Die Armee ist herrlich; ich habe noch 120 000 Mann! Ich habe die Russen immer geschlagen; sie wagen nicht, uns standzuhalten. Sie sind nicht mehr die Soldaten von Friedland und Eylau. In Wilna werden wir Quartier machen; ich will 300 000 Mann holen. Der Erfolg wird die Russen kühn machen, ich werde ihnen zwei oder drei Schlachten an der Oder liefern müssen, aber in sechs Monaten bin ich wieder am Niemen. Auf meinem Thron bin ich jetzt nützlicher als an der Spitze meines Heeres. Gewiss tut es mir leid, dass ich es verlassen muss, aber ich will Österreich und Preußen überwachen, und von meinem Thron aus kann ich das besser als an der Spitze der Armee. Alles was vor sich geht ist nichts: ein Unglück, die Wirkung des Klimas; der Feind hat damit nichts zu tun, ich habe ihn überall geschlagen. An der Beresina wollte man mir den Rückzug abschneiden: Ich machte mich über diesen Einfaltspinsel von Admiral lustig [Napoleon konnte den Namen des Admirals Tschitschagoff niemals aussprechen]. Ich hatte gute Truppen und Geschütze; die Stellung war ausgezeichnet: 1500 Toisen Morast und einen Fluss!«

Das Letzte wiederholte er zwei Mal und fügte dann Verschiedenes über gestählte und schwache Charaktere hinzu und fuhr schließlich fort:

»Ich habe andere Kämpfe erlebt! Bei Marengo schlug mich der Feind bis sechs Uhr abends, und am nächsten Tag war ich Herr über Italien. Bei Essling machte ich mich zum Herrn von Österreich. Der Erzherzog[1] hatte geglaubt mich aufzuhalten, und ich weiß nicht, was er alles bekanntgemacht hat; währenddessen hatte meine Armee bereits eine und eine halbe Meile Vorsprung. Ich hatte ihm nicht die Ehre angetan, Vorbereitungen zu treffen, und man weiß, was das bedeutet, wenn ich so weit bin. Ich konnte nicht verhindern, dass die Donau während der Nacht sechzehn Fuß anschwoll. Ah! Ohne dem wäre es jetzt mit der österreichischen Monarchie zu Ende. Aber es stand in den Sternen geschrieben, dass ich eine Erzherzogin heiraten sollte.«

Dies sagte er sehr heiter.

»Das Gleiche geschah in Russland«, begann er von Neuem; »ich konnte nicht verhindern, dass es fror. Jeden Morgen sagte man mir, dass ich in der Nacht 10 000 Pferde verloren habe. Gut, glückliche Reise! – Unsere normannischen Pferde sind weniger zäh als die russischen; sie widerstehen nicht 9° unter null. Desgleichen die Soldaten: Sehen Sie die Bayern an; nicht einer ist davongekommen. Vielleicht wird man behaupten, ich sei zu lange in Moskau geblieben. Das kann sein, aber das Wetter war schön, die gute Jahreszeit dauerte länger als gewöhnlich; ich wartete auf den Frieden. Am 5. Oktober schickte ich Lauriston zum Kaiser Alexander, um darüber zu unterhandeln. Ich gedachte nach Petersburg zu gehen; ich hatte Zeit! – Nun wird man sich in Wilna einquartieren. Ich habe dort den König von Neapel zurückgelassen. Ah! Ah! Das ist ein großes politisches Schauspiel: Wer nichts wagt, gewinnt nichts! Vom Erhabenen zum Lächerlichen ist nur ein Schritt! Die Russen haben sich gezeigt. Der Kaiser Alexander ist allgemein beliebt. Sie haben Kosaken-

---

1 Erzherzog Karl.

haufen. Dieses Volk bedeutet etwas! Die Bauern der Krone lieben ihre Regierung. Der Adel ist ins Feld gezogen. Man hat mir vorgeschlagen, die Leibeigenschaft aufzuheben; ich habe nicht gewollt, denn sie hätten alles niedergemacht, und das wäre entsetzlich gewesen. Ich führte regelrecht gegen den Kaiser Alexander Krieg; wer jedoch hätte geglaubt, dass man eines solchen Schlages wie der Verbrennung Moskaus fähig wäre? Jetzt wollen sie uns diesen Brand in die Schuhe schieben, aber nur sie sind es gewesen. Er hätte den Römern alle Ehre gemacht. Viele Franzosen sind mir gefolgt; ja, es sind gute Untertanen, sie sollen sich nicht in mir täuschen!«

Darauf schweifte er wieder auf die Aushebung des Kosakenkorps ab, das, wohlverstanden, jene russische Armee aufhalten sollte, vor der 300 000 Franzosen zusammengeschmolzen waren. Die polnischen Minister konnten über den Zustand ihres Landes nicht zu Worte kommen, und erst auf die Vorstellungen de Pradts hin bewilligte er als Anleihe 2–3 Millionen in piemontesischem Geld und 3–4 Millionen in Banknoten von der kurländischen Kriegskontribution. Während de Pradt den Befehl für den Schatzmeister aufsetzte, sprach Napoleon von der Ankunft des diplomatischen Korps und sagte:

»Es sind alles Spione; ich wollte sie nicht in meinem Hauptquartier haben. Man hat sie kommen lassen. Lauter Spione, einzig und allein damit beschäftigt, ihren Höfen Nachrichten zukommen zu lassen.«

Die Unterhaltung währte ungefähr drei Stunden. Das Feuer im Kamin war erloschen; alle froren, außer Napoleon, der im Feuer seiner Rede nichts von Kälte spürte. Auf den Vorschlag, durch Schlesien zu reisen, hatte er geantwortet:

»Ah! Ah! Preußen!«

Endlich, nachdem er noch ein oder zwei Mal die berühmten Worte »Vom Erhabenen zum Lächerlichen ist nur ein Schritt« wiederholt, nachdem er gefragt, ob man ihn erkannt habe, und nachdem er die Minister seines Schutzes versichert hatte, verlangte er abzureisen. Und als sein Gesandter und die Minister ihm gute Reise und Gesundheit wünschten, erwiderte er:

»Ich habe mich nie besser befunden; und wenn der Teufel mir auf dem Hals wäre, würde ich mich umso wohler fühlen.«

Das waren Napoleons letzte Worte. Er bestieg den bescheidenen Schlitten, der mit Cäsar und seinem Glück davonjagte.

D. D. de Pradt, Histoire de l'ambassade
dans le grand duché de Varsovie en 1812.

Der Kaiser Napoleon und der französische Konsul Théremin in Leipzig, 14. Dezember 1812

Auf seiner eiligen Rückreise aus Russland nach Frankreich hielt Napoleon sich auch einige Stunden in Leipzig auf, wo er in dem noch heute unter dem Namen »Hôtel de Prusse« existierenden Gasthof abgestiegen war. Der Konsul von Frankreich in Leipzig, Herr Théremin, erhielt sofort die Aufforderung, sich zum Herzog von Vicenza (Caulaincourt) zu begeben, der ihn zu sprechen wünsche. Théremin folgte ihr sofort und befand sich kurz danach vor dem Kaiser, den er auf den ersten Blick erkannte. Aber als taktvoller Mann verstand er sogleich, dass er das vom Kaiser gewünschte Inkognito zu wahren habe. Er antwortete ihm daher, als wenn er mit dem Herzog von Vicenza spräche, indem er ihn »Herr General« nannte. Der Kaiser wusste ihm dafür Dank und bemerkte, dass sein Konsul in Leipzig intelligent war und gut in den politischen und Handelsangelegenheiten von Deutschland Bescheid wusste.

Napoleon setzte sich mit seinem Gefolge zu Tisch und unterhielt sich während des ganzen Diners mit Théremin. Zuerst fragte er, wie der Geist in Deutschland wäre. Worauf der Konsul erwiderte, dass man der öffentlichen Meinung die von der Armee erhaltenen Nachrichten anmerke.

Da aber Napoleon stets auf sein Ziel direkt losging, stellte er folgende bestimmtere Frage:

»Nun, was sagt man?«

Théremin erwiderte: »Ich habe erst kürzlich Briefe von Offizieren des sächsischen Regiments gesehen, das in Ihrer Armee den Feldzug von Russland mitgemacht hat. Diese Offiziere erzählten, dass sie ihr persönliches Gepäck verloren hätten, und schlossen natürlich mit großem Unmut, dass alles verloren sei.«

Der Kaiser lächelte bei dieser Antwort und sah den Herzog von Vicenza an, der ihm gegenüber am Tisch saß. Aber diese erste geschickt gemilderte Auskunft konnte ihm nicht genügen. Er wurde dringender und fragte:

»Liebt man die Franzosen in Sachsen?«

»Die Sachsen wissen sehr genau, Herr General, dass ihr Königreich ohne die Franzosen verloren wäre.«

Von dieser Auskunft befriedigt, verließ der Kaiser für einen Augenblick das politische Gebiet, um von andern Dingen zu sprechen.

Er fragte, welchen Einfluss der Krieg auf den Handel von Leipzig gehabt habe. Jetzt befand sich der Konsul auf einem für ihn weniger heiklen Gebiet, und er drückte sich bestimmter aus.

»Der gegenwärtige Krieg«, begann er, »hat für die Kaufleute und Bankiers der Stadt nur Vorteile gehabt. Leipzig leidet nicht unter dem Aufenthalt der Truppen, da es von den Einquartierungen befreit ist. Die Armeelieferungen, die von den durch die Gegend marschierenden Korps oder den in die Stadt kommenden Offizieren gemachten Einkäufe sind für den Handel und die Finanzen von Vorteil.«

Der Kaiser hörte mit großem Interesse diese Worte über Leipzig an. Er hatte stets für diese gewerbefleißigen und unterrichteten Einwohner besondere Achtung und Zuneigung empfunden. Er verstand vielleicht oder ahnte instinktiv die Bedeutung eines der wichtigsten Mittelpunkte der Presse und des Buchhandels; er kannte den Einfluss, den Leipzigs Schriftsteller auf die öffentliche Meinung von Deutschland ausübten. Er sah bereits voraus, dass der Feldzug von Russland, der erste, der für seine Waffen ungünstig ausfiel, die Veranlassung zu heftigen Schmähschriften sein werde. Und er setzte die Unterhaltung über den Handel von Leipzig fort.

»Ich nehme großes Interesse an dieser Stadt. Sie müssen ihre Einwohner mit besonderer Rücksicht behandeln. Geben Sie ihnen oft Diners. Behandeln Sie sie gut; ich empfehle Sie Ihnen ganz besonders.«

Begierig, noch mehr Einzelheiten zu hören, sprach er noch lange mit dem Konsul über Finanzen und Handel. Dann wurde das politische Thema wieder aufgenommen. Besonders beunruhigte er sich über den Geist, der in der berühmten Universität von Leipzig herrschte.

»Wie viele Studenten zählt sie?«, fragte Napoleon.

»Ungefähr 900, Herr General.«

»Sind unter diesen 900 viele Ideologen?«

»Es gab unter ihnen eine gewisse Anzahl, Herr General, aber sie sind abgereist, wie man mir versichert hat.«

Man weiß, dass Napoleon mit dem von ihm sehr oft angewandten Namen »Ideologen« alle deutschen Studenten, Schriftsteller, Gelehrten und Professoren meinte, die er beschuldigte, dass sie sich viel mehr mit Politik als mit Metaphysik, Philologie und Philosophie beschäftigten.

Dieser Erkundigung über die Leipziger Ideologen fügte er lachend die Frage hinzu:

»Ist der Gouverneur von Leipzig sehr böse? Lässt er viele Leute einsperren?«

»Nein, Herr General, er verfährt nur streng gegen diejenigen, die es verdienen.«

»Haben Sie hier einen Zensor für den Buchhandel und die Zeitungen? Und übt er seinen Beruf gut aus?«

»Jedenfalls muss ich sagen«, erwiderte Théremin, »dass erst kürzlich eine von einem preußischen Offizier, Herrn von Massenbach, geschriebene und Frankreich sehr feindlich gesinnte Flugschrift mehreren Buchhändlern der Stadt angeboten wurde; alle aber haben sich geweigert, den Druck zu übernehmen. Das beweist, dass sie entweder die Meinung des Verfassers nicht teilen oder dass es ihnen nicht gestattet ist, hier ihre Meinung auszusprechen.«

Die Unterhaltung endete mit einem Missverständnis, das zuerst das Erstaunen des Kaisers hervorrief, aber nur einen Augenblick währte. Napoleon hatte gefragt, ob der König Friedrich August von seinen Untertanen geliebt würde.

»Ohne Zweifel«, antwortete der Konsul, »der König von Sachsen wird angebetet und verdient es. Seine langjährige Regierung war für Sachsen vom glücklichsten Einfluss, und seine Untertanen sind ihm aufrichtig dankbar dafür.«

»Hat er in Leipzig ein Haus, ein Schloss?«, fragte der Kaiser.

»Ja, Herr General, das Palais steht auf dem Markt.«[1]

»Und bewohnt es der König oft?«

»Nur bei großen Gelegenheiten.«

»Bei welchen Gelegenheiten?«

»Er bewohnt es zum Beispiel, wenn er den Kaiser empfängt.«

»Wieso den Kaiser?«, rief Napoleon lebhaft, da er nicht wusste, ob der Konsul von ihm oder vom Kaiser Alexander sprach.

»Zweifellos, Herr General, den Kaiser der Franzosen.«

»Ah, gut!«, erwiderte Napoleon und lachte selbst sehr freimütig über seinen Irrtum; dabei sah er aufs Neue den Herzog von Vicenza an.

Théremin fügt seinem Bericht über diese Unterhaltung noch einige Einzelheiten in Bezug auf den Kaiser und sein Gefolge bei. Der kaiserliche Wagen war nur von zwei Schlitten begleitet. In dem einen davon befanden sich zwei sächsische Unterleutnants. Die Reisegefährten Napoleons schienen vor Müdigkeit erschöpft zu sein; die Kälte, die immer noch mit großer Strenge anhielt, hatte ihre Gesichter gerötet und aufgerissen. Nur der Kaiser schien nicht gelitten zu haben und bewahrte seine gewöhnliche Hautfarbe.

Souvenirs d'histoire contemporaine, par le baron Paul de Bourgoing.

---

1 Es ist der Augustusplatz damit gemeint.

Der Kaiser Napoleon und der Präfekt Barante in Paris, 1812

Während seiner Berufung nach Paris im Jahr 1812, als der Kaiser Napoleon aus dem Feldzug von Russland zurückgekehrt war, sah der Baron von Barante, der damals Präfekt in der Vendée war, den Kaiser zwei Mal. Zuerst beim Lever, wie es die Etikette für einen Präfekten vorschrieb, und dann bei einer Abendgesellschaft der Kaiserin.

Zu derartigen Gesellschaften, erzählt Barante, waren sehr wenige Leute geladen; niemand erschien in Uniform, nicht einmal die Generale. Nur der Frack war Vorschrift. Man trat in den Salon, worauf der Kaiser und die Kaiserin aus ihren Gemächern erschienen. Im Vorübergehen richteten sie einige Worte an die Eingeladenen, und darauf hörte man ein Lustspiel oder noch öfter einen Akt einer italienischen Oper an. Ich hatte mich dem Dichter und Staatsmann Herrn von Fontanes angeschlossen. Er war ein sehr angenehmer Plauderer und liebte die italienische Musik nicht.

Nach der Oper betrat man den Salon der Kaiserin, wo ein kleines Souper serviert ward, an dem einige bedeutende Persönlichkeiten mit ihr teilnahmen. In dem andern Salon war ein Tisch, an dem die Damen Platz nahmen. Der Kaiser soupierte nicht, ebenso nicht die Mehrzahl der Herren.

Fontanes und ich sprachen unter der Tür miteinander, die die beiden Räume miteinander verband. Als der Kaiser den ersten Salon verließ, blieb er bei uns stehen und redete uns an.

»Wovon sprachen Sie?«

Herr von Fontanes hatte die Güte, ihm zu antworten:

»Ich sprach mit Herrn von Barante von einem Artikel über Bossuet, den er in der Biographie universelle veröffentlichte und der den erzielten Erfolg verdient.«

Darauf fragte mich der Kaiser:

»Haben Sie nicht ein Buch *gegen* Voltaire geschrieben?«

Ich erwiderte: »Sire, *über* Voltaire.«

»Ja, ich weiß, dass Sie sehr unparteiisch sind.«

Herr von Fontanes war die Art des Kaisers gewöhnt und blieb ihm die Antworten nicht schuldig. Napoleon liebte es, auf diese Weise von geistreichen Leuten angehört und verstanden zu werden. Ein paar Worte, die bewiesen, dass man Interesse und Gefallen an seinen Reden fand, brachten ihn in Schwung. Er nahm den Ton, die Geisteswendung und die Meinung derjenigen an, denen er gefallen wollte. An jenem Tag war Napoleon in ausgezeichneter Geistesverfassung. Fast zwei Stunden blieb er zwischen den beiden Türen stehen, ohne zu bemerken, dass die Kaiserin ihr Souper und die Partie Whist beendet hatte und sich zurückziehen wollte.

Ich erinnere mich noch ganz genau an diese Unterhaltung; sie war wirklich universell. Mit bewunderungswürdiger Leichtigkeit durcheilte der Kaiser die ganze Klaviatur des menschlichen Wissens. Wohl waren die Übergänge zu anderen Themen immer bemerkbar, aber die ganze Unterhaltung hatte nichts Unzusammenhängendes. Er sprach zuerst viel über Literatur. Seine Ansicht über dieses Kapitel war nicht immer richtig. Er las wenig, und ich glaube, dass er nie, in welchem Lebensalter er sich auch befunden haben mag, viel gelesen hat.

Darauf erörterte er seinen Plan, der Kaiserin die Regentschaft zu übertragen. Diese Gewalt dürfte niemand anders anvertraut werden, denn keiner brächte dem kaiserlichen Mündel größere Aufopferung entgegen. Er führte die Mutter Ludwigs des Heiligen und Anna von Österreich, Mutter Ludwigs XIV. an; denn, bemerkte er, Mazarin war nur der Ratgeber, die Autorität besaß die Regentin. Von der Unmündigkeit Ludwigs XIV.

ging er zu dessen Regierung über, und wir hörten eine große Lobrede auf den großen König.

»Er war ein so ernster Fürst, seiner eigenen und Frankreichs Würde bewusst, der Schöpfer der Verwaltung; er besaß so zahlreiche Armeen und wusste nach so schönen Siegen ganz Europa zu widerstehen. Er und nicht Heinrich IV. war es, der Frankreich jenen Vorrang vor andern Staaten verlieh, der ihm noch heute gebührt.«

Napoleon ließ jedoch eine Widerlegung gelten, die ich zugunsten Heinrichs IV. machte, und auf sein zu schnell abgegebenes Urteil zurückkommend, schickte er sich an, uns über diesen König, seine großen Eigenschaften als Oberbefehlshaber und Politiker zu unterhalten, aber er tat dies immer im Ton der Überlegenheit.

Dann sagte er:

»Sein Leben war unglücklich; er hätte ein besseres Los verdient.« Und nun durcheilte er die ganze Karriere Heinrichs IV. von dessen frühester Jugend an.

»Zur Ehe gezwungen, in der Bartholomäusnacht fast ermordet, gezwungen, seine Religion zu wechseln, von einem Hof umgeben, der sein Verderben wollte, Oberhaupt einer misstrauischen und zuchtlosen Partei, seine Krone mit der Spitze seines Degens wieder erobernd, inmitten von Verschwörungen und Mördern regierend, von seiner Geliebten verraten, von einer zänkischen Frau betört, musste er sein Leben durch einen Dolchstich enden!«

Hier hielt er einen Augenblick inne.

Dann begann er wieder: »Manchmal vergleiche ich sein Schicksal mit dem meinigen: Die Krone gehörte ihm, aber wie schwer wurde es ihm, sie zu erringen. Er regierte als guter und geschickter Fürst, und doch ermordete man ihn. Während ich, der ich nicht auf einem Thron geboren bin, ganz leicht und ohne große Mühe ihn bestiegen habe, und wenn ich mich darauf ruhig und ohne Gefahr halte, so kommt es daher, weil ich das Werk der Umstände bin, die mich stets geleitet haben.«

Ich hörte mit Erstaunen diese Worte und fragte mich, ob Napoleon wirklich diese Geistesruhe besaß, nachdem er seine Armee von 500 000 Mann verloren hatte und im Begriff war, ganz Europa zu bekämpfen, ohne die geringste Aussicht auf Erfolg zu haben!

Ich erinnere mich nicht mehr genau, wie er von Heinrich IV. auf Cäsar und Alexander kam, denn wir hörten ihm zu, ohne ein Wort einzuwerfen. Er bewunderte Cäsar als Feldherrn, hielt jedoch nicht viel von ihm als Politiker.

»Er wollte dem Volk zu sehr gefallen«, meinte Napoleon, »deshalb gelang es ihm auch nicht, sich der Gewalt zu bemächtigen.«

Seine Bewunderung für Alexander war jedoch ungeteilt: eroberte Reiche, gegründete Städte, weite Feldzüge nach Asien, ein bleibendes Andenken in den drei Weltteilen! Darin erkannten wir die Leidenschaft, die Napoleon nach Moskau geführt hatte.

Schließlich bemerkte der Kaiser, dass die Kaiserin sich langweilte und ihn bereits lange erwartete. Er ging.

Souvenirs du baron de Barante.

Der Kaiser Napoleon und Caulaincourt in Saint-Cloud, 15. April 1813

Am Morgen der Abreise Napoleons zur Armee in Deutschland, am 15. April 1813, schritt der Kaiser still und nachdenklich im Schlosshof von Saint-Cloud zu seinem Wagen; sein Großstallmeister Caulaincourt folgte ihm. Als die Pferde anzogen, warf sich Napoleon in die Kissen zurück, und die Hand an die sorgenvolle Stirn gedrückt, blieb er lange Zeit in nachdenkender Stellung. Plötzlich sprach er in großen Zügen über seine Pläne, seine Absichten, seine Hoffnungen auf die getreue Mithilfe Österreichs usw., bis schließlich der Fürst zum einfachen guten Familienvater wurde und seinem Begleiter mit Bewegung von dem Schmerz sprach, den er dabei empfand, sich von seiner »guten Louise« und seinem reizenden Kind trennen zu müssen.

»Ich beneide«, sagte er, »den niedrigsten Landmann meines Reichs … In meinem Alter hat er bereits dem Vaterland seine Schuld als Soldat bezahlt, er kann zu Hause bleiben, umgeben von seiner Frau und seinen Kindern; mich aber, mich führt das unerklärliche Geschick ins Feld!«

Und er verfiel wieder in seine Träumerei. Um ihn zu zerstreuen, brachte Caulaincourt das Gespräch auf die Ereignisse des vorhergehenden Tages, als die Kaiserin im Elysée in Gegenwart der Prinzen, der Großwürdenträger und der Minister den Eid als Regentin geleistet hatte. Der Erzkanzler Cambacérès und der Herzog von Cadore (der Minister Champagny) wurden zu ihren Räten ernannt. Beide waren zwei sehr befähigte Männer.

»Meine gute Louise«, sagte der Kaiser, »ist sanft und mir ergeben. Ich

543

kann auf sie zählen; ihre Liebe und Ergebenheit wird mir niemals mangeln! Es können aus den Ereignissen Umstände hervorgehen, die über das Schicksal eines Reichs entscheiden; und in diesem Fall hoffe ich, dass die Kaisertochter sich des Beispiels ihrer Ahne, der großen Maria Theresia, erinnert.«

Souvenirs du duc de Vicence.
Recueillis et publiés par Charlotte de Sor.

Der Kaiser Napoleon und der Marschall Kellermann in Mainz, 22. April 1813

Der Kaiser begab sich zunächst nach Mainz, wo er sich acht Tage aufhielt, um der Armee Zeit zu lassen, neue Verstärkungen aufzunehmen, die er nach Erfurt schickte. Am 22. April dinierte er ganz allein mit dem Marschall Kellermann; ihr Gespräch drehte sich hauptsächlich um das letzte, am 23. Januar 1813 zu Fontainebleau unterzeichnete Konkordat.

»Können Sie sich denken«, sagte der Kaiser zum Marschall, »dass der Papst, nachdem er freiwillig das Konkordat unterzeichnet hatte, mir acht Tage später schrieb, es täte ihm leid, es unterzeichnet zu haben, er mache sich die größten Gewissensbisse darüber und bäte mich inständig, es als nicht geschehen zu betrachten? Ich antwortete ihm, dass das, was er von mir verlange, gegen die Interessen Frankreichs sei; da er übrigens unfehlbar wäre, könnte er sich nicht irren, und sein Gewissen sei viel zu rein, als dass er sich ernstlich Vorwürfe machen könne usw.«

Der Marschall Kellermann lachte herzlich … Nach einigen Minuten fuhr Napoleon in seiner Rede fort, ohne sich sonderlich um die Wirkung zu kümmern, die seine Worte hervorgebracht hatten. Es schien, als gäbe er sich ganz der Fülle seiner Gedanken hin.

»Im Grunde genommen: Was war das alte Rom, und was ist es jetzt? Durch die gebieterischen Folgen der Französischen Revolution zugrunde gerichtet, konnte es sich da wieder erheben und aufrechterhalten? … Eine in politischer Hinsicht wurmstichige Regierung ist der alten römischen Gesetzgebung gefolgt, die, ohne vollkommen zu sein, doch wenigstens geeignet war, große Männer heranzubilden. Das moderne

Rom hat der politischen Ordnung Grundsätze auferlegt, die im religiösen Stand sehr geachtet werden konnten, die aber in ihrer Ausdehnung für das Glück der Völker verhängnisvoll wurden. ... So ist die Barmherzigkeit die vollkommenste aller christlichen Tugenden. ... Man muss also gegen alle, die danach verlangen, barmherzig sein. Da haben wir den Grundsatz, der Rom zum Sammelplatz der Hefe aller Völker gemacht. Wie man mir sagte – denn ich bin niemals selbst dort gewesen – sind dort alle Faulenzer der Erde versammelt; sie flüchten sich nach Rom, weil sie gewiss sind, dort Nahrung und Freigebigkeit im Überfluss zu finden. ... Und so schmachtet das päpstliche Territorium, das die Natur infolge seiner Lage unter einem glücklichen Himmelsstrich, infolge der es umspülenden vielen Gewässer und noch mehr infolge der Güte des Bodens zu ungeheurem Reichtum bestimmte, aus Mangel an Kultur in Armut. Berthier hat mir oft erzählt, dass man bedeutende Länderstrecken durchquere, ohne auch nur die geringste Spur der arbeitenden Hand des Menschen zu bemerken. Selbst die Frauen, die für die schönsten in ganz Italien gelten, sind lässig, und ihr Geist ist für die gewöhnlichen Bedürfnisse des Lebens unempfänglich; es herrscht dort die Schlaffheit asiatischer Sitten. ... Das moderne Rom hat sich darauf beschränkt, durch die Wunder der Kunst, die es in sich schließt, einen gewissen Vorrang zu bewahren. ... Wir aber haben diesen Vorrang ein wenig geschwächt; unser Museum hat sich um all die Meisterwerke bereichert, auf die Rom einst so stolz war, und bald wird das herrliche Monument der Börse, das in Paris errichtet werden wird, den Sieg über alle alten und modernen Kunstdenkmäler Europas davontragen ... Allem voran Frankreich! ... Um jedoch wieder auf die politische Ordnung zurückzukommen: Was konnte die päpstliche Regierung gegenüber den großen Herrscherhäusern Europas in ihrem jetzigen Zustand sein? Alte, kleine Fürsten gelangten auf den päpstlichen Stuhl in einem Alter, wo man sich nur noch nach Ruhe sehnt ... In diesem Lebensalter ist alles Routine, alles Gewohnheit; man denkt an nichts weiter, als seine Größe zu genießen und sie seiner Familie teilhaftig werden zu lassen. ... Ein Papst gelangt erst dann zur souveränen Macht, wenn sein Geist bereits durch den langen Gebrauch von Intrigen beschränkt ist; er besteigt den päpstlichen Stuhl mit der steten Furcht im Herzen, sich mächtige Feinde zu machen, die in der Folge sich an seiner Familie rächen könnten, denn sein Nachfolger ist immer unbekannt. ... Kurz, er wünscht weiter nichts, als ruhig zu leben und zu sterben. Wie viele Päpste – außer Sixtus V. – hat es gegeben, die sich nur mit den kleinsten Gegenständen beschäftigten, die ebenso wenig der wahre Geist der Religion interessierte, als sie geeignet waren, völlige Verachtung gegen eine solche Regierung einzuflößen! ... Aber dies würde uns zu weit führen ...«

Kellermann sagte lachend, dass es zu wünschen wäre, wenn eine der Statuten der Papstwahl bestimme, dass der jüngste der Kardinäle das Recht habe, den päpstlichen Stuhl einzunehmen ...

»Der Gedanke wäre nicht schlecht«, erwiderte Napoleon, »wenn eine allzu große Energie im Charakter des Kirchenfürsten nicht andere wichtige Beweggründe mit sich brächte. ... Der einzige Vorteil, den ich darin sehe, wäre die Unterdrückung des politischen Serails, gewöhnlich Konklave genannt. ... Ich will nicht sagen Harem. Serail bedeutet Palast in der orientalischen Sprache.« Nach diesen Worten erhob sich Napoleon vom Tisch und zog sich in seine Gemächer zurück.

Mémoires anecdotiques sur l'intérieur du palais ...
pour servir à l'histoire de Napoléon par L. F. J. de Bausset.

Der Kaiser Napoleon und der weimarische Kanzler von Müller in Erfurt, 26. April 1813

Am 26. April 1813, als Napoleon auf der Durchreise in Erfurt weilte, hatte der weimarische Kanzler von Müller abermals eine Unterredung mit dem französischen Kaiser. Diesmal kam er als Fürsprecher für zwei seiner Freunde, den Geheimen Regierungsrat von Voigt und den Kammerherrn von Spiegel, die auf Befehl des Generals Souham verhaftet worden waren, weil man bei ihnen chiffrierte Briefe an den Kanzler von Müller gefunden hatte. Da Müller befürchtete, er werde in dieser Sache gar nicht vom Kaiser empfangen werden, gab ihm der Herzog Karl August den damaligen Kanzler und späteren Oberkammerherrn von Wolfskeel mit, damit wenigstens dieser im Auftrag des Herzogs sich eine Audienz bei Napoleon erwirken könne. Lassen wir jedoch Müller über diese merkwürdige Unterredung selbst das Wort:

Am 26. April versprachen mir zwar Caulaincourt und Duroc, uns möglichst bald Audienz zu verschaffen, es wurde jedoch 2 Uhr nachmittags, ehe wir dazu berufen wurden. Ich hatte also Zeit genug, nochmals zu überdenken, welche Beschwerden gegen Weimar Napoleon etwa führen und nach seiner eigentümlichen Weise bei der Audienz zur Sprache bringen könnte. Zuerst ohne Zweifel die vor einigen Tagen zu Ruhla durch ein kleines Detachement preußischer Husaren bewirkte Gefangennahme unseres Bataillons. Dann hatte der Herzog es 1806/7 augenscheinlich vermieden, zeitig nach Berlin und später nach Posen oder Warschau, wie der Kaiser gewünscht, zu kommen. Der Herzog hatte ferner seine treue Anhänglichkeit an das königlich-preußische Haus und dessen Interessen nie verleugnet und den edlen Mut gehabt, mehreren seiner ehemaligen preußischen Waffengefährten Stellen in seinen Diensten zu verleihen. Einen so ungebeugten Sinn, eine so hochherzige, uneigennützige Verachtung jeder Anbequemung an Grundsätze und Absichten, die auf Deutschlands Erniedrigung hinzielten, hatte der Kaiser noch nie gefunden und musste sie von seinem Standpunkt aus unverzeihlich finden. Hatte er doch bei dem Mordanschlag zu Schönbrunn[1] alsobald geargwohnt, dass auf Stapss von Weimar oder von Berlin aus eingewirkt sein möchte! Dazu die neuesten Vorfälle in Jena und Weimar – alles das musste mir wohl gerechte Besorgnis einflößen und mich für das Ergebnis der bevorstehenden Audienz mehr fürchten als hoffen lassen.

Nie werde ich den Augenblick vergessen, als die Flügeltüren jenes großen, mit einem Erker versehenen Zimmers der Statthalterei [zu Erfurt] sich öffneten und nun der Kaiser Napoleon in seiner Jägeruniform langsamen Schrittes auf mich zukam und ganz ruhig, aber mit zusammengezogenen Augenbrauen, verbissenen Unwillens mich mit der lakonischen Frage ansprach:

»Wo ist Ihr Kontingent?«

Ich hatte diese unheilschwere Frage kaum durch eine kurze Darlegung der besonderen Umstände, unter welchen dieses Kontingent vor wenig Tagen von den Preußen überrumpelt und gefangen genommen worden war, beantwortet, als der bis dahin zurückgehaltene Zorn des Kaisers losbrach und wie ein Strom, der seinen Damm zerbricht, über mich hereinstürzte.

»Wie, Ihr bildet Euch ein, ein ganzes Bataillon lasse sich ohne Schwertstreich von einer Handvoll Husaren gefangen nehmen? Was, Ihr wollt mich glauben machen, ein solcher Skandal lasse sich ohne vorherige verräterische Verabredung denken? Ich weiß gar wohl, dass Euer Herzog

---

1 Vgl. das Gespräch Seite 411.

mein geschworener Feind ist und nie aufgehört hat, mit allen meinen Feinden eng verbündet zu sein. Hat er nicht preußische Offiziere in seinen Diensten und in seinem Sold? Hat er nicht fortwährend mit der Kaiserin von Österreich, meiner Schwiegermutter, korrespondiert, die von Wien aus giftige Netze gegen mich auswirft? Aber fürwahr, mich betrügt man nicht so leicht! Ich habe sie alle gelesen, diese Briefe; die Kunst, Briefe zu entziffern und unmerkbar zu öffnen, ist unglaublich weit gediehen! Euer Herzog ist der unruhigste Fürst in ganz Europa. Und Euer Tugendbund, die frechen und revolutionären Reden Eurer jenaischen Professoren, der revolutionäre Samen, den sie überall unter die Jugend ausstreuen! Sind nicht die Vorposten des Generals Durutte in Jena durch als Kosaken verkleidete Studenten alarmiert worden?«

Alles, was ich gegen diesen Strom von Anschuldigungen aufbringen konnte und mit möglichster Unerschrockenheit aufbrachte, als der Kaiser einen Augenblick schwieg, schien keinen Eindruck zu machen.

»Ich muss«, fuhr der Kaiser fort, »ein abschreckendes Beispiel von Bestrafung geben. Noch heute Abend wird das 5. Armeekorps in Jena einziehen; dort auf meinem Schreibtisch liegt der Befehl an den General Bertrand, die Stadt niederzubrennen! Ich bin eben im Begriff, ihn zu unterzeichnen.«

Man kann sich denken, welchen erschütternden Eindruck diese Worte auf mich und Herrn von Wolfskeel machen mussten. Mit verdoppelter Lebhaftigkeit stellte ich das grausame Unrecht dar, das durch die Ausführung dieses Beschlusses an so viel hundert Unschuldigen begangen würde. Ich stellte ihm vor, wie großes Unglück Jena schon durch die Schlacht am 14. Oktober 1806 erlitten, sodass der Kaiser selbst zu einiger Entschädigung dafür sich bewogen gesehen habe, und dass er den unsterblichen Ruhm, den diese Schlacht ihm gebracht, jetzt durch eine so grausame Tat für immer in den Augen der Nachwelt beflecken würde. Ich beteuerte, dass wir nichts von einem Tugendbund wüssten und ebenso wenig von aufrührerischen Reden der Professoren. Ferner stellte ich die Beteiligung der Studenten bei dem auf ein bloßes Gerücht hin angenommenen Vorfall mit dem General Durutte in Abrede.

Hierauf sprang der Kaiser an die Tür und rief seinen im Vorzimmer befindlichen Gesandten Saint-Aignan herein. Mit Heftigkeit auf ihn zustürzend, rief er: »Ist es wahr oder nicht, dass die Vorposten des General Durutte von Jenaer Studenten überfallen worden sind?«

Saint-Aignan geriet in große Verlegenheit und suchte ausweichend zu antworten. Die Ungeduld des Kaisers gestattete ihm aber nicht, zuzuhören, sondern die geballte Faust ihm vors Gesicht haltend, wiederholte Napoleon mit gesteigerter Heftigkeit: »Oui ou non? Oui ou non?«

Saint-Aignan, wohl ahnend, welches furchtbare Gewicht seine Antwort in die Waagschale legen würde, hatte den edlen Mut zu erwidern:

»Sire, ich habe wahrhaftig darüber keinen Rapport erhalten.«

Und sofort stürzte ich auf Napoleon mit den Worten: »Eure Majestät sehen also, dass Sie durch falsche Berichte hintergangen worden sind«, und was ich sonst noch zur Unterstützung dieser Behauptung hinzufügte.

Der Kaiser schien sich einen Augenblick zu besinnen und sagte dann:

»Nun, dann sollen wenigstens die Häuser der Professoren verbrannt werden.«

Endlich aber gelang es mir durch die einleuchtende Vorstellung, dass dies unmöglich, ohne die Stadt selbst zu zerstören, ausführbar sei, ihn auch davon abzubringen. Er zerriss den Befehl an den General Bertrand und fuhr dann etwas ruhiger fort:

»Aber diesen Herren von Jena soll eine tüchtige und strenge Lehre gegeben werden, damit sie wenigstens wissen, dass ich im Handumdrehen mit einem Schlag ihre ganze Universität zertrümmern kann. Und was wollen denn alle diese Ideologen, diese Faselhänse? Sie wollen die Revolution in Deutschland! Sie wollen sich von allen Banden, die sie an Frankreich fesseln, befreien! Wisst Ihr Deutschen aber auch, was eine Revolution ist? Ihr wisst es nicht! Aber ich, ich weiß es. Ich habe diese Ströme Bluts Frankreich überschwemmen sehen, ich habe obenauf geschwommen und will es nicht dulden, dass jene schrecklichen Szenen sich in Deutschland erneuern. Aber sicher, meine Herren, werden Sie die Revolution erleben, wenn ich nicht Ordnung schaffe. Preußen hat sich gemein gegen mich benommen; das wird ihm teuer zu stehen kommen! Ich war viel zu gut gegen diesen Staat, ich habe dem König seinen Thron zurückgegeben, und er vergilt mir dies mit Undankbarkeit!«

Bis hierher hatte ich noch kein Wort über die Verhaftung der Herren von Voigt und von Spiegel anbringen können, und merkwürdigerweise hatte auch Napoleon diesen Gegenstand noch nicht berührt. Jetzt, wo der Fluss seiner Rede zu stocken schien, setzte ich in möglichster Kürze die wahre Bewandtnis der Sache und die Unschuld meiner Freunde auseinander. Napoleon hörte sehr gelassen zu und sagte dann ganz trocken:

»Die Sache ist sehr einfach; sie haben sich einfallen lassen, in Gegenwart des Feindes über die Vorposten hinaus zu korrespondieren: Sie müssen demnach erschossen werden.«

Ich bot noch einmal alles auf, um die Unschuld meiner Freunde zu beteuern. »Nun«, sagte ich zum Schluss, »wenn sie schuldig sind, so bin ich es ebenso gut, denn an mich ist ja der Brief geschrieben, der so großen Verdacht erregt! Warum verhaftet man nicht auch mich?«

»Von Ihnen will ich nichts«, versetzte der Kaiser. »Ich kenne Sie seit Langem, seit Berlin, seit Posen und Erfurt!«

»Auch Herrn von Spiegel kennen Eure Majestät«, erwiderte ich. »Als Sie in den Tagen von Erfurt Weimar mit Ihrem Besuch beehrten, genoss er als Kammerherr das Glück, den Dienst bei Ihnen zu tun und damals Beweise gnädigster Zufriedenheit von Eurer Majestät zu empfangen.«

Das Wort »Kammerherr« mochte ihm auffallen. Ebenso trocken wie vorher sagte er: »Ah, mein Herr, ich sehe durchaus nicht ein, warum ein Kammerherr nicht auch gehängt werden könnte!«

Dieser furchtbare Lakonismus reizte mich grenzenlos auf. Herr von Wolfskeel, aufs Tiefste erschüttert, brach in Tränen aus, während ich, in der Verzweiflung alles aufs Spiel setzend, ungestüm auf Napoleon eindrang, der wie bei der gleichgültigsten Sache mit den Händen auf dem Rücken im Zimmer auf und ab ging.

»Nein, Sire«, rief ich leidenschaftlich aus, »Sie können, Sie werden solche Gräueltat niemals vollführen! Sie können es nicht! Sie werden nicht den Glanz Ihres Ruhms auf immer verdunkeln und unschuldig Blut kalt vergießen!«

Napoleon, von meiner Heftigkeit überrascht, trat einen Schritt zurück und legte die Hand an den Degen, und in demselben Augenblick fühlte ich mich von Saint-Aignan am Rockschoß gepackt und zurückgezogen. Er gestand mir später, dass er das Äußerste für mich gefürchtet habe und kaum begreife, wie der Kaiser mein Ungestüm habe verzeihen können.

Nach diesem heftigen Ausbruch trat eine kleine Pause ein.

»Sie sind sehr kühn«, sagte der Kaiser, »aber ich sehe, Sie sind ein guter Freund. Machen wir der Sache ein Ende; ich werde Berthier beauftragen, sie zu prüfen. Wir werden ja sehen, welches Resultat diese Untersuchung ergibt.«

Diese Worte hauchten mir neues Leben ein, denn ich wusste, dass Berthier gerecht und dem Herzog von Erfurt her freundlich zugetan war. Der Kaiser ging an seinen Schreibtisch und entließ uns ohne ein Wort weiter.[1]

Erinnerungen aus den Kriegszeiten von 1806–1813.
Von Friedrich von Müller.

[1] Später begnadigte Napoleon doch noch auf Bitten der Herzogin hin die beiden Gefangenen.

Der Kaiser Napoleon und die Leipziger Deputierten in Lützen, 2. Mai, und in Dresden, 3. Juli 1813

Napoleon hatte seinen Sieg bei Lützen noch nicht ganz ausgefochten, als die von französischen Truppen stark belastete Stadt Leipzig eine Deputation, bestehend aus dem späteren geheimen Justizrat Groß, dem Senator Frege und dem Handelsdeputierten Dufour, ins Hauptquartier sandte, um des Kaisers Schutz zu erbitten.

Im Posthaus zu Lützen, erzählt der Justizrat Groß in seinen »Erinnerungen aus den Kriegsjahren«, warteten wir [am 2. Mai 1813] bis ungefähr gegen 10 Uhr, wo uns die Nachricht zukam, dass der Kaiser die Deputation von Leipzig empfangen wolle. Und so nahte denn der interessante Augenblick, wo ich zum ersten Male den damals zwar nicht mehr mächtigsten und gefürchtetsten, aber unstreitig merkwürdigsten Mann unseres Jahrhunderts nicht nur sehen, sondern auch sprechen sollte.

Wir begaben uns durch die finstern, nunmehr ziemlich leeren Gassen nach dem Schloss, wo Napoleon in der Wohnung des Amtmanns, des nachherigen sächsischen Kultusministers Dr. Müller, übernachtete. Bei unserer Ankunft wurden wir von einem Hausoffizianten des Kaisers befragt, ob wir »couramment« Französisch sprächen, und da wir dies wenigstens in Hinsicht eines Mitglieds der Deputation, Dufours, mit voller Wahrheit bejahen konnten, so wurden wir sofort in das nur mäßig große Zimmer geführt, an dessen hinterer Seite das bekannte grünseidene Feldbett aufgeschlagen war und in dessen Mitte Napoleon mit den Marschällen Ney und Soult an einem runden Tisch saß. Sie hatten diniert und nahmen eben den Kaffee zu sich, den der Kaiser wie gewöhnlich aus der Untertasse trank. Der Hausoffiziant wies uns bei Ney vorbei an die rechte Seite des Kaisers, wobei Dufour als der am geläufigsten Französisch Sprechende voranging und ich und Frege ihm folgten.

Bei unserm Eintritt unterbrach Napoleon Dufour, der ihn anreden wollte, mit den Worten:

»Ich habe Sie schon gesehen, Sie nennen sich Du– Du–«

»Dufour, Eure Majestät«, entgegnete dieser.[1]

Hierauf wendete sich der Kaiser mit der Frage an mich: »Und Sie?«

Ich erwiderte: »Groß, Doktor der Rechte und Mitglied des Magistrats.«

Bei dieser Antwort schien der Kaiser mehr die erste Bezeichnung aufzufassen, indem er sagte:

»Ah! Die Universität ist nicht gerade gutgesinnt«, und darauf Frege fragte:

»Wer sind Sie?«

Auf dessen Antwort: »Mitglied des Magistrats und Kaufmann«, fragte Napoleon sogleich:

»Was gilt der Zucker in Leipzig?« Was uns allerdings einigermaßen befremdete, worauf jedoch Frege mit Wahrheit antworten konnte, dass der Zentner Zucker noch 100 Taler gelte. Bei einer im Gespräch eintretenden Pause bemerkte einer der Marschälle, wenn ich nicht irre, der Marschall Ney: »Sire, c'était une belle journée«, und Napoleon erwiderte:

»Oui, elle a fait tomber beaucoup d'éspérances.«

Später warf der Kaiser uns vor, dass in der Stadt für das Lützow'sche Freikorps geworben worden sei, worauf ich entgegnete, dass, wie es damals auch wirklich der Fall war, nur einige junge unbesonnene Leute sich

---

1 Napoleon hatte Dufour im Jahr 1807 in Paris gesehen. Ob er ihn jedoch wirklich sofort erkannte, oder ob er sich vorher erkundigt hatte, wie er das oft mit Soldaten seiner Armee tat, bleibt dahingestellt. (Anmerkung des Verfassers.)

hätten anwerben lassen. Sodann fragte er nach den Nachrichten, welche die Generale der verbündeten Armeen hätten bekanntmachen lassen, und wir konnten die für ihn freilich nicht sehr erfreuliche Kunde mitteilen, dass nach der neuesten offiziellen Bekanntmachung des preußischen Kommandanten in der Leipziger Zeitung die Festungen Thorn und Spandau den verbündeten Truppen übergeben worden wären. Er äußerte jedoch dazu nichts. Ferner fragte er nach der Zahl der in und um Leipzig gelegenen verbündeten Truppen. Diese Frage war schwer zu beantworten, da vor der Schlacht bei Lützen das russische Hauptquartier sich niemals in der Stadt selbst, sondern erst in Lindenau und dann in Gohlis befand und die Besatzung der Stadt der Zahl nach stets wechselte. Endlich empfahl er uns, die Ruhe der Stadt aufrechtzuerhalten und für Brot für seine Armee zu sorgen, »car«, schloss er seine Rede, »nous sommes bien affamés«. Und damit verabschiedete er uns.

Über die zweite Audienz, die der nunmehrige Senator Groß, der Handelsdeputierte Dufour, der Hospitaldirektor Lacarrière und die Kaufleute Wagner und Moltrecht bei Napoleon in Dresden im Marcolinischen Palais am 3. Juli 1813 gewährt erhielten, berichtet diesmal Dufour, der Handelsabgeordnete. Sie waren zum Lever des Kaisers beschieden worden, mussten aber ziemlich lange warten, ehe sich die Türen des Empfangszimmers öffneten und sie vorgelassen wurden. Die Deputation sollte den französischen Kaiser bitten, den Belagerungszustand in Leipzig aufzuheben und den verlangten Bestand der Bürgergarde zu vermindern.

Gegen zehn Uhr morgens, unmittelbar nach dem Lever wurden die Leipziger Deputierten vorgelassen und in demselben Augenblick der Generaladjutant des Königs von Sachsen hinzugerufen, der auf Befehl des Kaisers nebst dem General Graf von der Lobau, dem Adjutanten des Kaisers, der Audienz beiwohnte.

Als der Deputierte der Kaufmannschaft Dufour das Wort ergriff, unterbrach ihn der Kaiser, nahm das Gesuch aus dessen Hand, schlug das Kuvert auf, warf es zur Erde und tat einen Blick auf die Schrift, die er unstreitig vorher schon gelesen hatte. Hierauf sagte er:

»Ich habe Sie in Lützen gesehen und Sie auch« – auf Groß weisend –, »Sind die andern Kaufleute?«

Dufour: »Ja, Sire.«

Napoleon: »Wer ist Mitglied des Magistrats? Sie« – sich an Dufour wendend –, »sind Sie es nicht?«

Groß: »Sire, ich bin hier das einzige Mitglied des Magistrats zu Leipzig.«

Napoleon: »Also zu Ihnen habe ich zuvörderst zu sprechen. Sie üben gar keine Polizei aus in Ihrer Stadt. Ich bin sehr unzufrieden mit Ihnen. Man beleidigt mich bei Ihnen, man beleidigt meine Soldaten; man sieht meine Truppen missgünstig an. Denkt, was Ihr wollt; sagt es ganz laut, wenn der Feind dort ist, aber jetzt, wo meine Truppen im Land sind, sich so aufzuführen [wobei er oft Tabak nahm], das ist zu dumm, das ist zu dumm.«

Groß: »Sire, es ist keine Ausschreitung vorgefallen, die zur Kenntnis der Polizei gekommen wäre. Es hat keine aufrührerische Bewegung stattgefunden, nicht einmal ein großer Zusammenlauf. Ihre Truppen haben sich nicht über die Einwohner zu beklagen gehabt, die sie im Allgemeinen gewiss freundlich behandelt haben. Vielleicht haben einige Personen aus dem Pöbel ein unnützes Geschrei erhoben, allein das hat kein solches Aufsehen gemacht, dass wir es hätten wahrnehmen können.«

Napoleon: »Weil Sie niemals wissen, was sich ereignet; weil Ihre Polizei schläft. Sie sind nicht aufmerksam, nicht wachsam! Vier- oder fünfhundert Schurken regieren bei Ihnen, und Sie lassen sie gewähren. Man hätte sie ergreifen, sie auf die Galeeren schicken sollen. Wenn Sie sie bestraft hätten, würde ich nichts gesagt haben. Aber sobald ich gesehen, dass Sie nichts tun, dass Sie ein unwürdiges Betragen dulden, habe ich Befehl gegeben, die Stadt in Belagerungszustand zu setzen. Man wird mich durch alle diese Torheiten zwingen, in Deutschland ein Exempel zu statuieren!

Ich werde eine Stadt verbrennen müssen, um die übrigen abzuschrecken. Es sollte mir leid tun; also sorgen Sie, dass es nicht die Ihrige ist, denn ich werde verfahren wie ich sage.«

General Gersdorf: »Sire, ich kann Eure Majestät versichern, dass diese Herren sowohl vom Magistrat als von der Kaufmannschaft unschuldig sind. Auf der Universität befindet sich eine große Anzahl Studierender, junge Menschen aus allen Ländern, die eine große Freiheit genießen. Sie missbrauchen sie oft, und die Magistratspersonen können diese Leute nicht verhaften lassen.«

Napoleon: »Durch wen wird die Polizei bei Ihnen ausgeübt; durch Schergen?«

Dufour: »Ja, Sire, aber diese Leute dürfen keine Verhaftung vornehmen als innerhalb der Jurisdiktion des Magistrats oder gegen Personen, die derselben unterworfen sind, mit Ausnahme schwerer Verbrechen.«

Napoleon: »Warum haben Sie nicht den Zeitungsschreiber verhaften lassen?«

Groß: »Sire, er war unserer Jurisdiktion nicht unterworfen.«

Napoleon: »Wie viel Gerichtsbarkeiten haben Sie also?«

Dufour: »Drei: das Amt, die Universität und den Stadtrat.«

Napoleon: »Ah! Sie haben also einen Amtmann?«

Dufour: »Ja, Sire, seine Gerichtsbarkeit erstreckt sich über das Amt oder den Gerichtsbezirk von Leipzig, über das Schloss, die Pleißenburg genannt, und über einen kleinen Distrikt der Stadt.«

Napoleon: »Und bleibt der Rektor der Universität fortwährend im Amt?«

Dufour: »Das Amt wechselt; er wird alle sechs Monate neu gewählt.«

General Gersdorf: »Von den jungen Studierenden besonders gehen die meisten unangenehmen Vorfälle aus, die in Leipzig stattgefunden haben. Diese Herren« – dabei zeigte er auf die Deputation – »sitzen in ihren Komptoirs mit ihrem Handel beschäftigt und können dergleichen Ausschreitungen nicht verhindern. Ich selbst habe drei Jahre in Leipzig studiert und kann Eurer Majestät versichern, dass die Gesinnung der Einwohner dort sehr gut ist.«

Dufour: »Ich muss doch gestehen, dass es nicht immer junge Studierende allein sind, sondern auch junge Leute aus den kaufmännischen Geschäften, Handelslehrlinge oder Handelsdiener, die sich zuweilen unüberlegte Äußerungen erlauben, oft infolge des Lesens von Schriften, welche gallsüchtige Schriftsteller nur zu sehr in Deutschland verbreitet haben.«

Napoleon: »Da sehen Sie, Ihre Polizei kann diesem allen nicht abhelfen.«

Groß: »Unsere Polizei ist ebenso organisiert wie die von Dresden.«

Napoleon: »Oh, die Polizei von Dresden ist auch sehr schlecht; man könnte den König entführen, wenn er bei der Königin schläft. Und Ihre drei Gerichtsbarkeiten stoßen sich stets untereinander. Das sind veraltete Gebräuche. So etwas war gut zur Zeit Karls des Großen!«

General Gersdorf: »Sire, es wird allem diesem abgeholfen werden, wenn man künftig in Leipzig nicht mehr zu alte und selbst halbinvalide Gouverneure anstellt, wie dies bisher der Fall gewesen ist.«

Napoleon: »Wer ist Ihr Gouverneur?«

Groß: »Der General von Polenz.«

Napoleon: »Ich kenne ihn; er war bei Danzig und bei Wagram dabei. Wie alt ist er?«

Graf von der Lobau: »Achtundsiebzig Jahr.«

Dufour: »Ich glaube, er ist nur dreiundsiebzig Jahre alt. Er hat die Ehre, Eurer Majestät als ein ausgezeichneter General bekannt zu sein. Ich möchte fast glauben, dass, wenn die Verfassung diesem General eine größere Gewalt in Leipzig gegeben hätte, er mit Energie und Festigkeit gehandelt haben würde. Wir müssen seine Rechtlichkeit sehr anerkennen.«

Groß: »Er hat sie bei mehreren Gelegenheiten bewiesen.«

Napoleon: »Wo war er aber, als der preußische Unterhändler ankam?«

Dufour: »In Karlsbad, zur Wiederherstellung seiner Gesundheit.«

Napoleon: »Und sein Adjutant?«

General Gersdorf: »Sire, er ist ein Offizier, der Zahlmeister in einem Regiment gewesen ist. Er würde sich vielleicht besser für ein militärisches Zahlamt eignen als für den Posten, den er bekleidet.«

Napoleon: »Ihr habt keine Energie bei Euch; Ihr habt weder Polizei noch Energie! Ihr seid gute Leute; die Deutschen sind gut. – Aber Eure Universität – die Pariser Universität war genauso zur Zeit Karls des Fünften. Diese Privilegien müssen bei Euch und im ganzen Rheinbund geändert werden. Ihr habt bei Euch fünfhundert Schurken, die Eure ganze Stadt bloßstellen. Der Magistrat mag nur schleunigst Gericht über sie halten, und die Ordnung wird hergestellt sein. Wie viel Magistratspersonen sind Sie?«

Groß: »Dreißig.«

Napoleon: »Gut! Die andern sind friedliche Kaufleute, die sich nur um ihre Geschäfte kümmern; aber Ihr, Ihr seid Magistratspersonen, an Euch halte ich mich. Ihr steht den Bajonetten gegenüber. Ihr und Eure Familien müssen für die öffentliche Ruhe haften, bis man eine tüchtige Bürgerwehr organisiert hat, die von einem geeigneten sächsischen Offizier mit Klugheit, aber auch mit Kraft kommandiert werden muss. General, bitten Sie den König, in dieser Hinsicht schleunigst Befehl zu geben. Ich werde den Belagerungszustand aufheben, sobald diese Einrichtung getroffen ist. Ich werde nicht viele Truppen bei Euch lassen, denn ich will Euch nicht belästigen, aber ich will, dass die Stadt ruhig sei, dass die Leute von Vermögen, von Bildung, überhaupt ehrenwerte Personen die Ruhe aufrechterhalten und mir Sicherheit gegen den Pöbel geben, weil sie am meisten dabei interessiert sind. Sie bemerken, dass eine Garde von 2000 Mann zu zahlreich für Ihre Bevölkerung sei; nun wohl, so ermäßigen Sie sie auf 1200.«

Dufour: »Sire, man hatte anfangs das Alter von 20 bis 45 Jahren bestimmt; in der Folge hat man noch die Personen von 45 bis zu 55 Jahren dazugenommen.«

Napoleon: »Ich verlange das nicht, das ist mir gleich. Wenn nur die Sache im Gange ist und die Polizei kräftig geübt wird, denn es ist merkwürdig, wie nachlässig man bei Ihnen gewesen ist.«

Groß: »Sire, der Kommandant der Stadt, der General Bertrand, weiß sehr wohl, dass wir das nicht verhindern konnten, was vorgefallen ist.«

Napoleon: »Ah, der General Bertrand, das ist ein Schwachkopf (imbécile); er hätte auf diejenigen Feuer geben sollen, die sich vor seiner Wohnung bei der Ankunft des preußischen Parlamentärs versammelten.«[1]

Dufour: »Sire, er ist am Freitag angekommen, ich war auf dem Lande und bin mit Herrn Groß den folgenden Dienstag abends nach Leipzig abgereist, und ich kann gewissermaßen versichern, dass man damals in Leipzig von einer solchen Ruhestörung nichts gewusst hat und dass wir erst in Dresden etwas davon erfahren haben.«

Groß: »Ich befand mich in der Wohnung des Generals Bertrand gegenüber dem Rathaus und war Zeuge von allem, was vorgegangen ist; es fand keine Ruhestörung, kein Geschrei statt; es waren nur Leute da, die zusahen.«

Napoleon: »Nun, man musste diese Leute verhaften. Ich sage Euch, Ihr habt nicht die geringste Energie, keine Polizei. Ihr duldet alles, das Übelwollen, die Beleidigungen gegen meine Soldaten! Wenn meine Feinde dort sind, so möge man Vivat schreien, so viel man will, aber man soll immer bedenken, dass ich den anderen Morgen wieder als Sieger einziehen kann. Für den Einwohner ist es das Beste, nicht zu politisieren, sondern sich seinen Geschäften zu widmen. Außerdem muss man den Mut haben, auf alle Annehmlichkeiten des Lebens zu verzichten, alles entbehren zu können, was angenehm und bequem ist, das Leben selbst hinzugeben, mit einem Wort, seine Meinung mit seinem Blut besiegeln. Die, welche

---

1 Die besonders in Frage kommende Ausschreitung war aber am 17. Juni nicht vor dem Quartier des Generals Bertrand, sondern vor der Wohnung des Herzogs von Padua (General Arrighi) auf dem Rossplatz vorgefallen.

nicht den Mut haben, tun besser, sich um nichts zu bekümmern und die Welt ihren Gang gehen zu lassen.«

Dufour: »Sire, es gibt in Leipzig eine große Anzahl von Personen, die so handeln. Es ist die große Mehrzahl der Einwohner, ehrenwerte Familienväter, betriebsame und arbeitsame Männer, die Eurer Majestät eine ununterbrochene Verehrung weihen, ich erlaube mir zu sagen, die einzige, die Ihrer würdig ist: die der Denkungsart und der Bewunderung. Aber diese Personen, Sire, finden sich nicht auf den Straßen, durch die Ihre Truppen ziehen; sie bleiben unbemerkt, während eine kleine Zahl von verrückten Schreiern die Stadt bloßstellt. Trotzdem besteht auch diese Zahl hauptsächlich aus oft sehr feigherzigen Schwätzern, und solche Schwätzer sind nicht gefährlich.«

Napoleon (mit Wohlwollen): »Ah, mein Lieber, was sagen Sie mir da? Glauben Sie, dass ich, der Beherrscher eines großen Staates, das nicht wisse? Aber dergleichen Schurken können gefährlich werden, das haben wir in Frankreich gesehen. Denken Sie nur an die blutigen Kämpfe vom 2. September. Zehn- oder zwölfhundert Schurken setzten ganz Paris in Furcht.«

Lacarrière: »Ich bitte Eure Majestät, mir die Bemerkung zu erlauben, dass die Bedienung der Hospitäler, der ich vorgesetzt bin, mit viel Menschenfreundlichkeit und Genauigkeit besorgt worden ist.«

Napoleon: »Ah, das, das verlangt die Religion. Ich weiß auch, dass viele Einwohner meinen Verwundeten Brot und Früchte gebracht haben. Das ist gut, sehr gut.«

Dufour: »Als wir am 2. Mai als Abgeordnete nach Lützen abgingen, so geschah dies nicht allein nach der Ansicht von uns dreien, die die Deputation bildeten, sondern es war ein freiwilliger Entschluss des ganzen Magistrats, der uns dazu erwählte. Wir haben uns der Gefahr ausgesetzt, durch die Kosaken in Markranstädt gefangen zu werden; wir haben unser Leben auf dem Schlachtfeld von Lützen und unsere persönliche Sicherheit gewagt, als ein preußischer Parteigänger den Tag nach Ihrem Sieg nach Leipzig kam, um uns auszufragen. Alles dieses, Sire, würde nicht verdienen, Ihnen vor Augen gelegt zu werden, denn wir haben nur unsere Pflicht getan. Aber der Zeitpunkt, an dem wir es getan haben, und als uns der Ausgang der Schlacht noch durchaus unbekannt war, wird wenigstens einen unwiderlegbaren Beweis unserer Ergebenheit für Eure Majestät darlegen.«

Napoleon: »Ich weiß wohl, Ihr seid brave Leute, und ich liebe Leipzig, denn Ihr seid die Verkäufer meiner Lyoner Seidenwaren. Auch will ich kein Geld von Euch und keine Kontributionen. Ich habe Euren Zeitungsredakteur, der ein braver Mann sein soll, wieder freigelassen.«

Dufour: »Ja, Sire, es ist ein sehr rechtschaffener Mann.«

Napoleon: »Ich werde den Belagerungszustand aufheben, sobald der König eine tüchtige, wohlorganisierte Bürgergarde eingerichtet hat, die die Ruhe aufrechterhalten kann. Ich weiß, dass der Belagerungszustand im Ausland Schrecken erregt und Eurem Kredit schadet. Die Kolonialwaren sind schon von jeder Beschlagnahme befreit. Der Kontinentalimport, der von den während der feindlichen Okkupation eingebrachten Waren erhoben werden wird, ist von der Stadt auf Abschlag der Kosten für die Verproviantierung von Wittenberg in Empfang zu nehmen. Haltet nur Eure Schreier im Zaum, denn es ist ein schlechter Geist bei Euch, nach dem, was mir der Vizekönig nicht verschwiegen hat.«

Dufour: »Sire, gerade auf das Zeugnis des bei uns so allgemein verehrten Vizekönigs hatten wir unsere größte Hoffnung gesetzt, denn er schien sehr zufrieden mit der Stadt, und er hatte sogar die Gnade, es zu äußern.«

Napoleon: »Nun ja, in mancher Hinsicht, aber er hat mir doch gestanden, dass im Allgemeinen die Gesinnung in Leipzig schlecht sei. Man hat während seines Aufenthaltes einen Ball gegeben, den mehrere Eurer ersten Familien verweigert haben, zu besuchen.[1] Ich weiß alles. Überhaupt

---

1 Diese Tatsache war richtig, doch war es kein von der Stadt veranstalteter Ball, sondern der einer Privatgesellschaft im Gewandhaus.

bin ich mit den schlesischen Städten, namentlich mit Breslau, mehr zufrieden gewesen als mit Euch. Sie sind gutmütig gekommen, um mir ihre Lage darzustellen. Wenn ich nach Berlin komme, werde ich auch mit den Berlinern zufrieden sein. Die Einwohner dienen in der Landwehr, im Landsturm, das ist ihre Pflicht. Die Preußen sind meine Feinde nach dem Willen ihres Souveräns. Aber Ihr, Euer König ist mein Verbündeter, er ist auf meiner Seite, und wenn Ihr gegen sein System Euch auflehnt, dann seid Ihr Rebellen! Übrigens hoffe ich, dass alles bei Euch sich ordnen wird, dass die braven und rechtlichen Leute die Oberhand behalten werden. Adieu, bringen Sie Ihre Polizei in Ordnung!«

Indem wir uns verbeugten, glaubte Lacarrière noch einmal das Wort nehmen zu müssen und begann: »Ach, Sire, unsere Frauen, unsere Kinder …«, allein der Kaiser wiederholte, ohne etwas zu sagen, die verabschiedende Handbewegung, worauf wir uns zurückzogen.

Erinnerungen aus den Kriegsjahren.
Vom geheimen Justizrate Dr. J. C. Groß.

Der Kaiser Napoleon und der Generalintendant Daru in Dresden, Mai 1813

Bei Beginn des Feldzugs in Sachsen hatte der Kaiser befohlen, hundert leichte Wagen, wie man sie in der ehemaligen Franche-Comté zum Transport von Waren gebrauchte, zu bauen, um diese neue Art Fahrzeuge beim Train der Armee einzuführen. Diese Wagen wurden unter der Aufsicht eines Kommissars nach den gegebenen Modellen in Frankreich erbaut und zur Armee abgesandt. Aber es kamen davon nur ungefähr 20 in brauchbarem Zustand an.

Kaum hatte Napoleon in Dresden den Bericht über den misslungenen Plan erhalten, als er den Generalintendanten der Armee zu sich rufen ließ.

Ehe Daru erschien, hatte der Kaiser den Rapport mehrmals durchgelesen und dann in einer seiner gewöhnlichen Anwandlungen von Ungeduld zusammengeknittert, aber wieder glatt gestrichen.

Der Minister wusste übrigens schon, dass der Versuch mit diesen Wagen à la Comtoise ganz gegen alle Erwartungen ausgefallen war, und war vorbereitet. Als er eintrat, ging Napoleon aufgeregt im Zimmer auf und nieder, und im Lauf des Gesprächs nahm er öfters Tabak.

»Lesen Sie einmal diesen Bericht«, wandte er sich zornig an Daru, »und sagen Sie mir, ob ich nicht alle Ursache habe, des Teufels zu werden, wenn ich sehe, wie man meine Befehle ausführt? – Aber wenn alles fehl geht, so ist das die Schuld der Verwaltungsbeamten. Diese Lumpen haben nur ihre eigenen Angelegenheiten im Kopf und vernachlässigen die meinigen! Ich wette, jene zerbrochenen Wagen hier« – dabei wies er auf den Bericht – »befinden sich eher in den Taschen der Diebe von Kommissaren als woanders.«

»Wie es indes scheint, Sire, ist es durchaus nicht die Schuld der Kommissare, denn …«

»Und wessen Schuld denn, ich bitte? – Ich will, dass eine Kommission ernannt werde, um das Verhalten der Kommissare zu prüfen. Damit beauftrage ich Sie, Herr Daru, und Sie werden mich das Ergebnis wissen lassen.«

Nachdem der Intendant den Rapport gelesen, erwiderte er: »Aus dem Bericht geht hervor, dass die Wagen genau nach den von Eurer Majestät gegebenen Modellen gebaut und, ehe sie abgesandt wurden, von Fachleuten geprüft worden sind.«

Wütend entriss ihm der Kaiser den Bericht und sagte: »Und trotz alledem sind von 100 Wagen 80 verdorben? Ehe ich den Befehl erteilte, habe ich die Modelle untersuchen lassen; man hat Versuche gemacht, die bewiesen, dass jene Wagen sich sehr gut für den Krieg eigneten. Und dennoch wollen Sie mich glauben machen, dass ich unrecht und der Lump von Kommissar recht habe? – Aber das ist ja Unsinn, Herr Daru! – Wer hat denn diesen Kommissar zu seinem Posten ernannt?«

»Der Graf de Cessac, in dessen Abteilung er lange gearbeitet hatte.«

»Gleichviel, von wem auch diese Ernennung ausgeht: Sie ist nichtsdestoweniger dumm, und ich bin der Geprellte – umso mehr, als ich mich dieser Wagen in den gebirgigen Gegenden bedienen wollte, die wir durchziehen werden. Zum Teufel, wo soll ich denn jetzt Transportmittel hernehmen? Ich hatte mit so großer Sicherheit auf diese verwünschten Wagen gerechnet!«

»Ich werde sofort einen Boten abschicken«, wandte Daru ein, »damit die Erfurter und Magdeburger Werkstätten sich beeilen.«

»Jawohl!«, höhnte der Kaiser; »die Werkstätten von Erfurt und Magdeburg! Das dauert eine Ewigkeit, und ich brauche die Wagen doch sofort.«

»Man könnte vielleicht auch hier in Dresden eine Wagenbauwerkstatt einrichten.«

»Nein, sage ich Ihnen! Wir müssen darauf verzichten.« [Der Kaiser schwieg eine Weile.] »Halt! – Die jedem Linienbataillon für den Transport der Rechnungsführung und Hospitalgegenstände beigegebenen Wagen dienen größtenteils den Vorgesetzten zum Transport von unnützen Dingen. Diesen Missbrauch will ich abschaffen; er vergrößert ohnehin den Train der Armee. Ich werde diese Wagen statt der verlorenen nehmen und den Bataillonen dafür je ein Packpferd geben, das genügen wird, um Geld, Arzneien und Pflaster zu transportieren. Dies soll noch heute ausgeführt werden, und ich beauftrage Sie damit.«

»Auf welche Weise wollen Eure Majestät die Anzahl Pferde zusammenbringen lassen, die diese Auswechslung erfordert?«

»Man muss sie eben nehmen, wo man sie findet – am besten in Westfalen.«

»Ich fürchte nur, dass die häufigen Opfer, die das Land gebracht, und die Anstrengungen …«

»Sie wählen Ihre Zeit gut«, fiel der Kaiser Daru ins Wort, »um mir eingebildete Schwierigkeiten vor Augen zu führen. Beschränken Sie sich fernerhin darauf, meine Befehle blindlings auszuführen, und lassen Sie es sich nicht einfallen, unangebrachterweise den Protektor zu spielen. Sie haben sich um das Wohl des Dienstes und nicht um den Pöbel von Westfalen zu bekümmern. – Diese Undankbaren wollen meine guten Absichten nicht erkennen. Ich bin zu gutmütig, und man hält meine Gutmütigkeit für Einfalt; aber ich will ihnen schon zeigen, dass sie sich irren. Es geht ihnen noch viel zu gut; der kleinste Edelmann besitzt Pferde und Wagen, aber ich will Ordnung machen! Sie sollen mir von den Pferden herunter! – Oh, ich weiß wohl, dass sie nur einen günstigen Augenblick abwarten, um über mich herzufallen. Ich beauftrage Sie, Herr Daru, mir die in Frage kommenden Pferde binnen drei Wochen zu finden und mir das Ergebnis Ihrer Maßnahmen mitzuteilen.«

Darauf meinte Daru: »Wenn man einen Teil davon in Sachsen requirieren könnte, würde man viel Zeit gewinnen ...«

»Nein«, erwiderte der Kaiser; »man muss dieses Land noch schonen. Man muss es ein wenig zu Atem kommen lassen, damit uns im Notfall noch eine letzte Hilfsquelle offensteht.«

»Allerdings haben die Sachsen weit mehr Anhänglichkeit für Eure Majestät gezeigt als die Westfalen.«

»Ach, lassen Sie mich mit Ihren Sachsen in Ruhe«, entgegnete der Kaiser ärgerlich; »es sind ebenso Deutsche wie die andern. Sie würden am liebsten auch dem Beispiel Preußens folgen. – Der König ist mir treu, aber auf das Heer zähle ich durchaus nicht – so wenig wie auf die andern Rheinbundtruppen. Nur durch große Siege kann ich sie für meine Interessen wach erhalten. – Übrigens will ich, dass meine Befehle ohne Widerrede ausgeführt werden. Nehmen Sie Davout; ein ausgezeichneter Mensch! Er hat nur das Wohl des Dienstes im Auge; der hat mir gute Dienste geleistet. Die Hamburger werden noch manchmal an ihn denken; er hat ihnen die Lust zum Trotzen ausgetrieben.«

»Ich muss Eure Majestät noch darauf aufmerksam machen, dass der Graf Mollien [kaiserlicher Schatzmeister] außerstande ist, mir Geld zu schicken, und dass die Kassen des Generalzahlmeisters leer sind. Die dringenden Bedürfnisse für die Hospitäler, Bekleidung, Remonten, auch die außerordentlichen Besoldungen der Generale usw. erfordern jedoch täglich ungeheure Summen. Ich würde Eurer Majestät vorschlagen, vorderhand die dem polnischen Korps bestimmten Belohnungen noch zurückzuhalten, um jene dringenden Ausgaben zu decken.«

»Aber die armen Teufel sind seit 7 Monaten weder gekleidet noch bezahlt worden und sterben nach den Berichten des Fürsten Poniatowski Hungers.«

»Man könnte sie ja von dem Ergebnis der ersten Kriegskontribution entschädigen, die wir aus den feindlichen Provinzen ziehen.«

»Gut, es sei! Ich befürchte nur, dass die Ereignisse diesen Zeitpunkt noch hinausschieben. Geben Sie Ihnen jedoch immerhin etwas. Wir werden ja sehen, was sich später tun lässt.«

Darauf trat der Graf Monthion ein.

Napoleon verabschiedete den Minister Daru mit den Worten: »Suchen Sie es also so einzurichten, Herr Daru, dass meine Befehle in Zukunft besser vollzogen werden und dass man mir keine zerbrochenen Kutschen statt Gepäckwagen schickt.«

Napoleon in Dresden. Zwei Unterredungen des Kaisers
mit dem Dichter Barjaud und dem Minister Daru.
Herausgegeben von F. von D.

Der Kaiser Napoleon und Graf Bubna in Dresden, 16. Mai 1813

Graf Bubna berichtet über seine Unterhaltung mit Napoleon im Schloss von Dresden am 16. Mai 1813 an den Fürsten Metternich Folgendes:

Ich bin heute Mittag hier angekommen. Der Kaiser von Frankreich war eben ausgeritten. Kaum ist Seine Majestät nach dem königlichen Palast gekommen, so werde ich gerufen. Die Audienz fing vor 8 Uhr abends an und endete um 1½ Uhr früh. Der erste Empfang war sehr freundlich. Der Kaiser erkundigte sich teilnehmend um das Wohl Sr. Majestät, unseres gnädigsten Herrn und der kaiserlichen Familie, sprach dann von Nebendingen, und endlich hieß es: »Was macht man bei Ihnen? Sie rüsten? Gegen wen rüsten Sie? Das kann nur gegen mich sein, denn Sie haben mir seinerzeit gesagt, dass die Meinung des Landes zu sehr gegen mich sei, als dass der Kaiser von Österreich etwas *für* mich tun könne. Ihre Rüstungen müssen mich also notwendigerweise beunruhigen.«

Der Kaiser sprach dieses und alles Folgende mit einer Heftigkeit, die ich an ihm noch nicht gesehen habe, ohne jedoch in unanständige Ausdrücke hinsichtlich der Sache oder der Personen zu verfallen.

Die Entwaffnung der Polen und des Bataillons Franzosen war der Gegenstand der ersten Aufwallung des Kaisers. Er sagte:

»Ich will meine Truppen lieber totschießen lassen, als sie entehrt zu sehen. Dem Poniatowski habe ich geschrieben, er sei ein Feiger, wenn er sich entwaffnen ließe. Er soll sich gefasst machen, gefangen genommen und nach Ungarn transportiert zu werden.«

Ich habe dagegen Beispiele aus früherer Zeit zitiert, um zu beweisen, dass derlei Entwaffnungen nicht entehrend sind. Der Kaiser ließ kein Argument gelten, denn er sagte: »Der Vergleich hinkt; diese Leute sind Eure Verbündeten, Ihr habt mit ihnen in den nämlichen Reihen und Gliedern gefochten.«

Die Nachricht, dass aus besonderer Rücksicht für den Kaiser das Bataillon Franzosen nicht entwaffnet und die Polen dort über die böhmische Grenze brechen sollen, wo der Kaiser es befehlen würde, beruhigte Napoleon ein wenig.

»Gut«, sagte er, »wir werden sehen; ich habe Poniatowski den Befehl geschickt, nach Zittau zu marschieren.«

Dann kam der Kaiser auf das Verhältnis mit Sachsen. Er fühlt sich beleidigt, dass man wegen der polnischen Truppen nicht mit ihm, sondern mit dem König unterhandelt habe, da sie doch unter seinen Befehlen stünden, und auch, dass man den König von der Allianz mit Frankreich abzuziehen getrachtet habe.

Ich sagte hierauf, das erstere sei nur auf ausdrückliches Verlangen Sr. Majestät des Königs von Sachsen geschehen; von dem Letzteren sei mir ganz und gar nichts bekannt, und soviel ich wisse, davon keine Rede gewesen.

»Wie können Sie das leugnen«, erwiderte Napoleon, »ich habe alle Verhandlungen in der Hand. Der König kam und sagte: ›Domine peccavi; ich bin ein alter Mann, man ist von allen Seiten in mich gedrungen, ich habe die Sachen nur von ferne gesehen, ich dachte, sie würden sich nicht so leicht erheben. Ich sah meine Untertanen leiden, ich suchte sie zu retten. Was kann ein kleiner Staat, von Kolossen gedrängt, anders tun?‹ Das sprach der König, und die Sache ist abgetan. Der Mann ist alt und der Staat klein; um kein böses Blut zu machen, habe ich sogar geschrieben, dass er mit meiner Einwilligung nach Prag gegangen sei.«

Es war nicht deutlich zu entnehmen, an wen der Kaiser Napoleon dies geschrieben, ich vermute aber fast, an den König von Sachsen, um seinen Entschluss zu erleichtern.

Bei dieser Gelegenheit gab der Kaiser auch zu verstehen, dass die Höfe von Bayern und Württemberg Seiner Majestät selbst bekannt gemacht haben, was dort vorgehe. Die österreichischen Kriegsrüstungen alarmieren diese beiden Höfe.

Dann ging der Kaiser zu der großen Frage der bewaffneten Vermittlung über, die ich des hohen Interesses willen mich bemühen will, so getreu wie möglich und wörtlich zusammenzustellen.

Die Rede des Kaisers von Frankreich über diesen Gegenstand war folgende:

»Ich will Ihre bewaffnete Vermittlung nicht! – Sie verwickeln dadurch nur die schwebenden Fragen. – Lassen Sie mich meine Angelegenheiten mit dem Kaiser von Russland zu Ende führen. – Wir werden uns einigen, denn wir haben immer auf gutem Fuße miteinander gestanden. – Sie sagen, Sie können nichts *für* mich tun, also sind Sie nur *gegen* mich stark. Ich habe Ihre Vermittlung für den Frieden angenommen, als Sie meine Verbündeten waren, von dem Augenblick aber an, wo Sie Ihr Auxiliarkorps zurückgezogen haben, sind Sie es nicht mehr. – Zu behaupten, dass dies alles nicht Ihr Allianzsystem mit mir beeinträchtige, ist eine Verschlagenheit, die ich nicht billige. So etwas kann man wohl Frauen, die man verführen will, sagen, aber nicht mir. Wer sind Sie? Sprechen Sie zu mir als Herzog von Lothringen? Als Herzog von Mailand, von Brabant, oder etwa als Großherzog von Florenz? Was will man von mir? Von einem Franzosen erlangt man nichts durch Stockschläge. – Ich trete nichts ab, nicht ein Dorf von allem, was mit Frankreich verfassungsgemäß vereinigt ist! Ein Mann, der von einem einfachen Privatmann auf den Thron gelangt ist, der zwanzig Jahre lang im Feuer gestanden hat, fürchtet die Kugeln und Drohungen nicht. Mein Leben gilt mir ebenso wenig wie das der andern!

Ich zögere nicht, mein Leben zu opfern, denn ich achte es nicht mehr als das Leben von 100 000 Menschen; ich würde, wenn es sein müßte, eine Million Menschen opfern. Mit Gewalt werden Sie nichts von mir erlangen! Wir werden uns noch in vielen Feldzügen miteinander schlagen. Nur durch wiederholte Siege werden Sie mich bezwingen. Dann erst werde ich vielleicht untergehen und meine Dynastie mit mir! Das alles ist mir gleichgültig. Sie wollen mir Italien und Deutschland entreißen; Sie wollen mich entehren. Mein Herr! Die Ehre über alles! Dann erst die Gattin, der Sohn und die Dynastie! Wir werden die Welt und die bestehende Ordnung der Dinge umstürzen. Die Existenz der Monarchien wird ein Problem werden. Die beste der Frauen wird darunter leiden; sie wird unglücklich sein. Frankreich wird den Jakobinern überliefert werden. Und was wird aus dem Kind werden, in dessen Adern österreichisches Blut fließt? Ich achte meinen Schwiegervater, seit ich ihn kenne. Er hat die Heirat mit mir auf die vornehmste Weise zusammengebracht, und ich weiß ihm von ganzem Herzen Dank dafür. Wenn aber der Kaiser von Österreich eine andere Politik einschlagen will, so wäre es besser gewesen, er hätte diese Heirat nicht zustande gebracht, die ich jetzt bereuen muss. Ich habe Ihnen bereits in Paris gesagt und es dem Fürsten von Schwarzenberg wiederholt, dass mir nichts mehr zuwider ist, als mit Österreich Krieg zu führen. Sie sind eine große Nation; Ihre Armee ist tapfer, die Gemüter sind in Ihrem Land erregt; Sie können mir viel Schlechtes zufügen. Aber Ihre Stärke flößt mir keine Furcht ein, ich habe Mittel Ihnen entgegenzusetzen. Was mir am meisten am Herzen liegt, ist das Schicksal des Königs von Rom; ich will Frankreichs Hass nicht gegen das österreichische Blut heraufbeschwören. Lange Kriege zwischen Frankreich und Österreich haben im Volk den Keim des Grolls gelegt. Sie wissen, dass die Kaiserin als österreichische Prinzessin bei ihrer Ankunft in Frankreich durchaus nicht beliebt war. Kaum hat sie begonnen, durch ihre Liebenswürdigkeit, ihre Tugenden und die Fähigkeiten, die sie in den Geschäften entwickelt, die öffentliche Meinung für sich zu gewinnen, so wollen Sie mich zwingen, öffentliche Erklärungen zu erlassen, die das Volk nur aufbringen. Gewiss, man macht mir nicht den Vorwurf, dass ich ein allzu liebevolles Herz hätte, aber wenn ich etwas auf der Welt liebe, so ist es meine Frau. Welchen Ausgang auch der Krieg nehmen wird, er wird immer auf das Schicksal des Königs von Rom von Einfluss sein. Und in dieser Hinsicht ist mir ein Krieg gegen Österreich verhasst. Ich weiß, alles, was ich gegen Österreich unternehme, unternehme ich gegen mich selbst, gegen meine Interessen. Was habe ich Ihnen getan? Sie lassen mich im Stich, weil ich unglücklich gewesen bin. Ich bin der treueste Verbündete Ihres Herrn; wenn innere Unruhen oder andere Feinde ihn bedroht hätten, würde ich persönlich an der Spitze von 200 000 Mann gekommen sein, um ihn zu unterstützen. Ist man bei Ihnen davon überzeugt?

Sie können mit dem Schein des Erfolges gegen mich Krieg führen; Sie können mich zwingen, meine Stellung zu ändern, vielleicht zurückzugehen. Aber ich werde alle meine Kräfte gegen Sie aufbieten, wie gegen die Hauptmacht; wir werden uns schlagen. Wenn die Kugeln mich verschonen, werden wir sehen, was geschieht; anstatt Provinzen erobern, werden Sie welche verlieren. Erliege ich, so werden Sie Frankreich in die Anarchie stürzen, meine Frau und das Kind von Ihrem Blute zugrunde richten.

Ich habe Illyrien mit dem Verlust von einer Million Menschen erkauft; Sie werden es nicht mit Gewalt erlangen, ohne ebenso viel zu opfern. Sie wollen im Trüben fischen. Man gewinnt keine Provinzen durch Rosenwasser; das sind Mittel, die man anwendet, um Frauen zu verführen. Mit den 45 Millionen neuer Banknoten können Sie mit mir keinen Krieg führen. Sie müssen ebensolche Anstrengungen machen wie im Jahre 1809. Um mit mir einen erfolgreichen Krieg zu führen, brauchen Sie 400 000 Mann unter den Waffen. Die Begeisterung Ihres Volkes, die Sie so sehr rühmen, wird sich bald verlieren, wenn Ihr Kaiser von ihm Opfer fordert. Das sind nichts als schöne Redensarten. Ich habe den Vizekönig nach Italien geschickt, damit er dort eine Armee formiert, und er wird Mittel finden, diese bis auf 150 000 Mann zu bringen. Eine andere Armee wird in Frankfurt am Main gebildet werden. Ich habe Befehl gegeben, dort die Verstärkungen aufzuhalten, die für die Große Armee bestimmt waren. Ich habe auch den Marsch der Kontingente von Bayern und Württemberg aufgehalten, die mir folgen sollten. Sie hindern die Ausdehnung meiner Kräfte gegen Russland. Sie nennen sich noch meine Verbündeten, während Sie die Bewegungen der Russen dadurch erleichtern, dass Sie mir Ihr Auxiliarkorps nehmen, die Polen aus dem Gebiet von Krakau verjagen, die Russen in den Stand setzen, ihre Verstärkungen an sich zu ziehen, sodass der General von Sacken, da er keinen Feind gegen sich hat, gegen mich marschiert und sich wahrscheinlich schon bei der feindlichen Armee befindet, wenn ich ihm eine Schlacht liefern werde. Und was haben Sie für mich, Ihren Verbündeten, getan? Sie entziehen mir das Auxiliarkorps in dem Augenblick, wo der Fürst Schwarzenberg mir in Paris versicherte, dass dieses Korps überall hinmarschiere, wo ich es dem General Frimont befehlen würde. Alle solche Spitzfindigkeiten sind mir unbekannt; ich bin wohl manchmal in der Politik grob, aber niemals falsch. Ich betrachte den Pariser Vertrag als gebrochen. Wenn Sie meine Verbündeten sind, muss man einen andern schließen.

Beginnen Sie damit, mir meine Staaten zu verbürgen, ich meine die mit Frankreich vereinigten Provinzen! Hätten Sie mir diese Vorschläge in Paris gemacht, so würde ich sie angehört haben – aber jetzt – Wenn Österreich nicht mein Verbündeter ist, so kann es auch nicht den Vermittler spielen. Das regierende Haus ist italienisch, die Familie der Erzherzogin Beatrix[1] ist italienisch. Österreich ist die einzige Macht, die in Italien und anderwärts viel verloren hat. Wie kann ich eine Macht, die dabei interessiert ist und so vieles zu fordern hat, als Vermittler anerkennen? Sind Sie jedoch mein Verbündeter, dann liegt die Sache anders. Dann haben Sie das Recht, sich in meine Angelegenheiten zu mischen; Sie haben mir meine Staaten verbürgt, und ich habe keinen Grund zum Misstrauen. Ehemals forderten die barbarischen Völker von den zivilisierten Tribut; er wurde bezahlt, aber die Barbaren kamen alle Augenblicke

---

1 Gemahlin Franz' I.

wieder, und schließlich endete es damit, dass man sich schlug. Sie beginnen damit, dass Sie von mir Illyrien fordern, dann verlangen Sie Venetien, dann das Mailänder Gebiet, Toskana, und schließlich zwingen Sie mich, mich mit Ihnen zu schlagen; es wäre doch besser, wir *begännen* damit. Ja! Wenn Sie Provinzen haben wollen, dann muss Blut fließen. Ich werde nicht den ersten Kanonenschuss abfeuern, sondern erwarte Ihren Angriff. Mein Schwiegervater muss den ersten Schuss abgeben. Ihre Rüstung in Böhmen ist ganz geeignet, mir Besorgnis einzuflößen; sie hindert mich in meinen Operationen!

Sie können drei Wege einschlagen. Entschließen Sie sich offen zu einem. Der erste ist: Halten Sie zu mir! Der Krieg wird für Sie ein Kinderspiel sein, denn es ist ganz recht und billig, dass ich, wenn Sie mich mit 30, 40, 50 000 Mann, kurz mit allen Ihnen zu Gebote stehenden Kräften unterstützen, Ihnen die Bajonette bezahle.

Der zweite Weg wäre: Halten Sie zu den Russen! Es würde schmerzlich für mich sein, Sie auf dieser Seite zu sehen, aber es ist eine Politik, und ich wage nichts einzuwenden. Hingegen möchte ich bemerken, dass die Russen sich vergnüglich die Hände reiben und Sie die Hauptmacht in diesem Kampf sein würden.

Drittens: Bleiben Sie neutral und rüsten Sie, so viel Sie wollen; ich bin es zufrieden. Ich werde nichts sagen, denn ich halte Sie einer Untreue nicht fähig, aber zählen Sie nicht mehr auf mich, vielleicht einigen wir uns dann zu Ihrem Nachteil.

Es tut mir leid, dass Sie zu mir gekommen sind, nachdem meine Waffen einen Sieg davongetragen haben. Hätte man mich in Frankfurt zurückgeworfen, so würde ich Ihnen dasselbe gesagt haben, denn ich habe darüber nur eine Ansicht: Meine Politik ist frei und offen.

Tun Sie, was Sie wollen, mit Gewalt werden Sie nichts erreichen. Du lieber Gott, ich würde Russland das Herzogtum Warschau gegeben haben, was macht das mir, ich bin weit von diesem Land entfernt; wir haben keine direkten Interessen, zu unterhandeln.

Zu einer andern Zeit würde ich nicht alles geduldet haben, was Sie getan; ich würde Lärm geschlagen haben. Jetzt aber dulde ich alles. Ich will den Krieg mit Österreich nicht herausfordern; den Grund dafür habe ich Ihnen bereits gesagt. Ich will das österreichische Blut Frankreich nicht verhasst machen und weiß, dass ich alles, was ich gegen Österreich unternehme, gegen mich selbst, gegen meine Dynastie, gegen meine teuersten Interessen tue; sehen Sie darin die Garantie Ihrer Zukunft. Und es wäre leicht, Frankreichs Hass gegen das österreichische Blut herauszufordern, denn als man im vergangenen Jahr in Paris kein Brot hatte, sagte jedermann: ›Wir leiden Not, weil eine Österreicherin auf dem Thron sitzt.‹

Durch gute Worte können Sie mit mir machen, was Sie wollen, aber ich lasse mich weder bedrohen noch mir Gesetze vorschreiben. Sie können mich zu nichts zwingen. ›Ja, ich werde mich unter die Vormundschaft stellen, aber mit dem Degen in der Hand‹, sagte einmal ein König von Frankreich.«

Se. Majestät der Kaiser hat das alles fast fünf Stunden lang mit einer glühenden Heftigkeit, die schwer zu beschreiben wäre, weil kein Ausdruck sie zu schildern vermag, gesprochen, ohne nur die Briefe unseres gnädigsten Herrn anzunehmen. Endlich nahm er sie und las sie flüchtig durch.

Ich begnüge mich, Eurer Exzellenz zu bemerken, dass ich einen äußerst harten Stand gehabt habe, um die »Questions Autrichiennes«, auf die ich mich auf Eurer Exzellenz Befehl beschränken zu müssen glaubte, vorzubringen, ohne eine Explosion zu verursachen.

Endlich, in der letzten halben Stunde beruhigte sich der Kaiser etwas, doch ward diese Ruhe mitunter durch mindere Aufwallungen unterbrochen. In einigen der wenigen ruhigen Minuten brachte ich endlich die Angelegenheit von Preußen zur Sprache, die ich, wenngleich nicht als rein österreichische Sache, doch als mit dessen Interesse verwebt ansah. Ich sprach in der Art davon, dass wenn die französischen Waffen siegen, Österreich in der künftigen Behandlung Preußens das Bild seiner Zukunft sehen müsse. Ohne sich bestimmt darüber auszusprechen, scheint der Kaiser doch die Ansichten und Gründe, welche Österreich für die Erhaltung Preußens anführt, zu würdigen.

Endlich sagte der Kaiser: »Gut. Können Sie unterhandeln? Haben Sie unumschränkte Vollmachten?«

Als ich verneinend antwortete, entgegnete er: »In diesem Fall beauftrage ich Sie, offiziell zu erklären, dass ich bereit bin, für das Haus Österreich Opfer zu bringen, denn ich will, dass mein Schwiegervater eine gute Rolle spielt. Und selbst im Fall eines Kriegs werde ich ihn darum bitten, dass wir in freundschaftlichen Beziehungen miteinander bleiben und dass ich ihm nach jeder Schlacht – eine Nachricht über meine Gesundheit schicken darf.«

Je ruhiger der Kaiser schien, desto mehr glaubte ich sagen zu dürfen. Ich nahm mir also die Freiheit, zu bemerken, die Versprechungen klängen zwar schön, aber nicht alle Hoffnungen verwirklichten sich. Ich führte das Beispiel von Preußen an, dem im Jahre 1805 Hannover mit einer Hand gegeben und mit der andern genommen wurde.

»Das ist eine Schmähung, die Sie mir da sagen«, rief der Kaiser; »Preußen hat den Vertrag nicht ratifizieren wollen, weil die Gegenpartei Haugwitz sich dem widersetzte. Schließlich habe ich nichts mehr von dieser Angelegenheit hören wollen. Fragen Sie Metternich, er wird es Ihnen sagen, denn er weiß es genau.«

Von meinem Briefwechsel mit dem Grafen Stadion, vom Waffenstillstand wollte der Kaiser nichts hören. Er sagte, das führe zu nichts, die Russen wollen keinen Frieden. Ich habe gleich geantwortet, aber sie erwidern nichts. Ich soll zurückfahren und Sr Majestät unserm Kaiser das, was ich gehört habe, melden. Der Kaiser ist im Begriff, eine Schlacht zu liefern. Ich könnte nicht allein hier bleiben. Der Herzog von Bassano sei ohnehin noch nicht hier, übrigens wären die Briefe der Souveräne keine offiziellen Schriftstücke; er wolle Noten haben, um Manifeste zu machen, »pour faire marcher mon monde«.

Dann schien Napoleon zu fühlen, dass eine neue Aufwallung ihn bedrohe. Er verabschiedete mich hastig, als wollte er sagen, ich will mich heute nicht mehr ärgern. Es war morgens ein einhalb Uhr.

W. Oncken, Österreich und Preußen im Befreiungskriege.
(Original teils in deutscher, teils in französischer Sprache.)

Der Kaiser Napoleon und Graf Caulaincourt bei Bautzen, 22. Mai 1813

Der Großmarschall Duroc hatte an dem Tag, an dem er bei Bautzen fiel,[1] fast keinen Augenblick den Kaiser verlassen. Zum zehnten Mal wohl schon waren die Russen den Franzosen entwischt, nachdem sie ihnen viele Verluste beigebracht hatten. Der Tag war heiß, aber ohne bedeutende Resultate. Napoleon selbst war mehrmals in Todesgefahr gewesen; die Kugeln schlugen in Menge in seiner Nähe ein, wühlten die Erde unter den Füßen seines Pferdes auf und töteten die Leute um ihn herum. Nur er blieb unverletzt. Zornfunkelnd wandte er sich an Duroc und an Caulaincourt, die ihm zur Seite ritten.

»Was!«, rief er, »nach einer solchen Schlächterei kein Resultat! Wann wird dies endlich ein Ende nehmen?« Und seine Augen sprühten Blitze. Im selben Augenblick platzte eine Granate mitten unter drei Reitern, riss sie zu Boden und verletzte einen Eskorteoffizier, der gerade unter dem Pferd des Kaisers zu Fall kam. Zornig riss Napoleon die Zügel des Tieres an sich, das sich bäumte.

»Sire«, meldete ein im gleichen Augenblick dahersprengender Adjutant, »der General Bruyères ist soeben gefallen.«

»Ah!«, machte der Kaiser und fügte etwas leiser hinzu: »Dieser Tag wird uns verhängnisvoll werden!« Dann gab er mit einer ruckhaften Bewegung seinem Pferd die Sporen und sauste im Galopp einer Anhöhe zu, die vor

---

1 Duroc wurde am 22. Mai beim Dorf Markersdorf bei Bautzen in geringer Entfernung von dem Kaiser durch eine Kanonenkugel tödlich getroffen.

Markersdorf lag, wo man sich noch schlug. Der Marschall Mortier, Duroc, der General Kirgener und der Großstallmeister Caulaincourt folgten ihm auf dem Fuße, aber der Wind wirbelte Staub und Rauch mit einer solchen Heftigkeit auf, dass einer den andern kaum sehen konnte. Ein Baum, an dem der Kaiser dicht vorbeiritt, wurde von einer Kugel zerschmettert. Caulaincourt drückte seinem Pferd die Sporen in die Seiten und kam ungefähr zur selben Zeit wie der Kaiser auf der Anhöhe an.

»Mein Fernglas! Mein Fernglas!«, rief Napoleon. Caulaincourt drehte sich nach den Offizieren um, aber niemand war da. Nur ein junger Offizier, Charles Lebrun de Plaisance,[1] kam bleich und atemlos angeritten und näherte sich sogleich dem Großstallmeister: »Der General Kirgener ist tot, der Herzog von Friaul ist …«

»Was ist los!«, rief der Kaiser, »was gibt es, mein Herr?«

»Sire, der General Kirgener und … der Großmarschall sind tot!«

»Duroc! Ach, gehen Sie, Sie irren sich … es ist nicht möglich! Es ist nicht möglich! Caulaincourt! … er war doch noch an meiner Seite …!«

Da kamen mehrere Adjutanten und bestätigten die verhängnisvolle Nachricht. »Der Unglückliche ist tödlich verwundet; die Eingeweide sind zerrissen. Die Kugel hat, nachdem sie den Baum zertrümmert, erst den General Kirgener und nachher den Herzog von Friaul getroffen.«

Der Kaiser hörte diese Einzelheiten mit düsterer Miene an, und es entschlüpften ihm die Worte:

»Duroc! Duroc! Großer Gott, meine Ahnungen täuschen mich nie! … Welch ein Tag! Welch ein Tag!« Langsam verließ er die Anhöhe und kehrte ins Lager zurück. In seinem Zelt angelangt, schritt er lange Zeit schweigend auf und ab. Von Zeit zu Zeit blieb er vor Caulaincourt stehen: »Wann endlich wird das Schicksal Einsehen haben! Wann wird dies ein Ende nehmen? … Caulaincourt, noch siegen meine Adler, aber das Glück, das sie begleitete, ist geflohen …«

---

1 Sohn Lebruns, des Herzogs von Plaisance (Piacenza).

Da trat der Fürst von Neuchâtel ein und meldete, dass die Russen wiederum zurückgeworfen worden seien.

»Es ist höchste Zeit!«, erwiderte der Kaiser mit Bitterkeit, »zwei tapfere Generale und Duroc in einem elenden Scharmützel!«

»Sire«, fragte Berthier, »welche Befehle haben Eure Majestät mir zu geben?«

»Alles auf morgen ... wo hat man ihn hingeschafft? Wo ist er? Wie ist sein Befinden, Berthier?«

»Sire, er liegt in einem Haus in Markersdorf, die Chirurgen Yvan und Larrey sind bei ihm ... Man hat keine Hoffnung ...«

»Ich muss ihn sehen ... armer, armer Duroc!«

Am Abend begleiteten Berthier und Caulaincourt den Kaiser zum Großmarschall. Duroc lag auf einem Feldbett ausgestreckt und litt die entsetzlichsten Schmerzen. Sein furchtbar entstelltes Gesicht war nicht wiederzuerkennen. Als der Kaiser eintrat, wandte er das Gesicht Napoleon zu, und sein Blick heftete sich mit jener schrecklichen Starrheit des Auges eines Sterbenden auf ihn. Napoleon konnte diesen Blick nicht ertragen und entfernte sich ein wenig vom Bett. Mühevoll brachte Duroc die Worte hervor: »Ich habe es dir bei Dresden gesagt ... die innere Stimme ... hat mich nicht getäuscht ... ah! ... noch ist nicht alles zu Ende!« Die Schmerzen übermannten ihn. Der Kaiser näherte sich ihm und umarmte ihn mehrmals bewegt. In diesem Augenblick traten die Ärzte ein.

»Gibt es denn keine Hoffnung mehr?«, fragte der Kaiser.

»Keine«, antworteten sie.

Als der Marschall wieder zur Besinnung kam, suchten seine Augen den Kaiser, und er bat ihn, er möchte ihm doch aus Barmherzigkeit Opium geben lassen ... Napoleon trat zu ihm heran, nahm seine Hand, presste sie und schritt dann, auf Caulaincourts Arm gestützt, wankend hinaus.

»Es ist entsetzlich, entsetzlich! Mein guter, mein lieber Duroc! Welcher Verlust!« Und heiße Tränen benetzten seine Wangen. Schweigend kehrten beide ins Lager zurück.

Um 5 Uhr morgens kam der Chirurg Yvan zum Kaiser ins Zelt. Napoleon verstand – alles war zu Ende. »Nun, so leidet er wenigstens nicht mehr«, sagte Napoleon; »er ist glücklicher als ich.«

Der Kaiser ließ in Markersdorf ein Stück Land ankaufen und befahl die Errichtung eines Denkmals für Duroc. Mit eigner Hand schrieb er die Inschrift:

»Hier starb in den Armen des Kaisers, seines Freundes, ruhmreich von einer Kugel getroffen, der General Duroc, Herzog von Friaul, Großmarschall des Kaisers Napoleon.« Dieses Papier übergab er wortlos dem Marschall Berthier.

Souvenirs du duc de Vicence. Recueillis et publiés par Charlotte de Sor.

Der Kaiser Napoleon und der Herzog von Otranto in Dresden, 22. Mai 1813

Nach den Schlachten bei Lützen und Bautzen nahm Napoleon seine Zuflucht zu Fouché, der durch seine Geschicklichkeit die Unterhandlungen mit Österreich am besten überblicken konnte. Fouché reiste über Mainz nach Dresden, wo der Kaiser sein Hauptquartier aufgeschlagen hatte, und fand ihn im Palais Marcolini in der Friedrichstadt. Er erhielt sofort eine Audienz gewährt.

»Sie kommen spät, Herr Herzog«, begrüßte ihn der Kaiser, der sehr besorgt schien.

»Sire, ich bin so schnell als möglich gereist, um zu Diensten Eurer Majestät zu sein.«

»Ach, dass Sie nicht hier waren, als ich meine große Debatte mit Metternich hatte! Sie hätten ihn durchschaut!«

»Sire, das ist nicht meine Schuld.«

»Diese Leute da möchten mir, ohne nur den Degen zu ziehen, Gesetze vorschreiben. Und wissen Sie, wer mich heute am meisten plagt? Ihre beiden Freunde, Bernadotte und Metternich. Der eine führt offen, der andere im Geheimen Krieg mit mir.«

»Aber Sie ...«

»Suchen Sie Berthier auf; er wird Ihnen eine Übersicht aus meiner Kanzlei geben und Sie über alles unterrichten. Kommen Sie dann zu mir und teilen Sie mir Ihre Ansichten über diese verwünschte österreichische Unterhandlung mit, die ich nicht begreife. Wir brauchen Ihre ganze Geschicklichkeit, um sie zu erfassen. Ich will jedoch nichts tun, was meine

Macht und meinen Ruhm bloßstellt! Diese Leute sind so gewinnsüchtig! Sie möchten, ohne sich zu schlagen, Geld und Provinzen haben, die ich mir erst mit der Spitze meines Degens erworben habe. Was das erste betrifft, so habe ich Ordnung geschaffen; Narbonne[1] hat uns aufgeklärt, Sie werden sehen, wie er darüber denkt. Besprechen Sie sich so bald als möglich mit Berthier; lassen Sie Ihre Ideen reifen; in zwei Tagen erwarte ich Sie.«

Fouché zog sich darauf zurück, um sich mit Berthier zu verständigen. Als er nach einigen Tagen aufs Neue den Kaiser aufsuchte, hatte dieser erfahren, dass Bernadotte, den Waffenstillstand benutzend, sich ins Hauptquartier des Kaisers von Russland und des Königs von Preußen nach Reichenbach begeben hatte, um sie in ihrem Entschluss, den Frieden nicht zu unterzeichnen, solange noch ein französischer Soldat auf dem rechten Rheinufer sei, noch mehr zu befestigen. Man kann sich also denken, in welcher Verfassung Fouché den französischen Kaiser fand. Umgeben von Karten und Plänen erhob sich Napoleon, als sein ehemaliger Polizeiminister bei ihm eintrat, und sprach:

»Nun, Herr Herzog, kennen Sie unsere Lage?«

»Ja, Sire.«

»Werden wir uns zwischen zwei Feuern befinden, zwischen den Geschossen Ihres Freundes Bernadotte und den Bomben meines großen Freundes Schwarzenberg?«

»Meiner Ansicht nach kann darüber kein Zweifel herrschen, wenn Sie nicht Österreich zufriedenstellen.«

»Das werde ich nicht tun; ich lasse mich nicht berauben, ohne mich zu schlagen. Ich weiß, man stachelt gegen mich allen Ehrgeiz und alle Leidenschaften auf. Ihr Bernadotte z. B. kann uns ungeheuren Schaden zufügen, indem er unsern Feinden den Schlüssel zu unserer Politik und die Taktik unserer Truppen überliefert.«

---

1 Graf Narbonne-Lara war Anfang des Jahres 1813 Gesandter in Wien.

»Aber Sire, hat denn Ihr Kabinett nicht versucht, ihn zu einer weniger feindlichen Politik zurückzuführen?«

»Was kann man tun? Er steht in englischem Sold. Ich habe ihm nichtsdestoweniger einen Brief schreiben lassen, aber die Tatsache, dass ihn legitime Fürsten begehren und ihm schmeicheln, ist ihm in den Kopf gestiegen.«

»Sire, alles das scheint mir so ernst, dass ich ebenfalls sofort zur Feder gegriffen und versucht habe, dem Kronprinzen von Schweden die Augen zu öffnen; er kann wohl in Deutschland paradieren, darf aber auf keinen Fall mit Frankreich Krieg führen.«

»Bah! Frankreich! Frankreich, das bin ich!«

»Wollen Eure Majestät geruhen, mir zu sagen, ob Sie meinen Brief billigen? Ich beweise darin dem Kronprinzen von Schweden, dass er sich zum Werkzeug Russlands und Englands macht, um Ihre Macht zu stürzen und die Sache der Bourbonen wieder aufleben zu lassen.« [Bei diesen Worten übergab Fouché den betreffenden Brief, den der Kaiser aufmerksam las.]

»Es ist gut«, sagte er, »aber wie wollen Sie ihn ihm zukommen lassen?«

»Ich denke, Eure Majestät könnten sich der Vermittlung des Marschalls bedienen, der lange Zeit der Freund und Waffengefährte des Kronprinzen von Schweden gewesen. Gleichzeitig könnte dieser seine persönlichen Bitten zu demselben politischen Zweck hinzufügen, indem Sie ihm erlaubten, als Boten den Oberst T… zu wählen.«

»Nein, dieser Offizier war Jakobiner.«

»Sire, man könnte auch den Leutnant der Gendarmerie L… schicken, dessen Aufopferung und Intelligenz Eurer Majestät bekannt sind.«

»Schön; ich werde ihm die nötigen Instruktionen erteilen und ihn zu Ney senden.«

Nach einer Pause von einigen Minuten nahm der Kaiser wieder das Wort und sagte unvermittelt:

»Haben Sie sich überlegt, auf welche Weise man die geheime Unterhandlung mit Österreich verfolgen kann?«

»Ja, Sire.«

»Haben Sie mir Ihre Ansichten ein wenig aufgezeichnet?«

»Ja, Sire, hier sind sie.« [Fouché überreichte ihm das Papier.]

Nachdem Napoleon es gelesen hatte, rief er: »Was! Alles erscheint Ihnen fruchtlos? Sie sehen in meinen Vorkehrungen nur oberflächlich wirkende Mittel, halbe Maßnahmen? Sie stellen sich auf die Seite derjenigen, die mich entwaffnet, auf die Macht eines Dorfschulzen beschränkt sehen möchten? Glauben Sie, Herr Herzog, Sie werden keinen sichereren Schutz finden als mich.«

»Sire, ich bin davon so sehr überzeugt, dass gerade das ein Grund ist, warum ich so sehnlichst wünsche, den Thron Eurer Majestät nicht mehr dem Zufall der Schlachten ausgesetzt zu sehen. Aber ich darf es Ihnen nicht verhehlen: Die durch Ihre glorreichen Siege lange Zeit zurückgehaltene Reaktion Europas wird heute nur noch durch andere, schwerer zu erringende Triumphe in Schranken gehalten werden können. Dieselben Minister, die stets bereit waren, mit Ihrem Kabinett zu unterhandeln, die Sie früher so leicht zu entzweien und einzuschüchtern vermochten, rühmen sich heute, dass ihre Stimme nicht mehr in den Räten der Fürsten durch eine enge und vorsichtige Politik erstickt werde; sie behaupten, es handele sich für sie um das Heil Europas.«

»Gut! Für mich handelt es sich um das Wohl des Reichs, und ich werde mich gewiss nicht mit der Rolle befassen, die *sie* nicht mehr zu spielen belieben.«

»Aber man muss doch schließlich eine Lösung finden; wenn Sie Österreich nicht entwaffnen oder es nicht zu Ihrer Partei übergeht, so werden Sie ganz Europa gegen sich haben, und diesmal unwiderruflich vereint. Das Beste wäre ein Frieden; er wäre möglich, wenn Sie Deutschland aufgäben, um Italien zu behalten, oder Italien abtreten, um ein Stück in Deutschland zu bewahren. Verhängnisvolle Vorahnungen, Sire, beschäftigen mich. Um des Himmels willen, zum Ruhm und zur Befestigung dieses schönen Reiches, das ich Ihnen aufbauen half, vermeiden Sie, ich flehe Sie an, einen Bruch! Wenden Sie einen allgemeinen Kriegszug gegen Ihre Macht ab! Noch ist es Zeit! Bedenken Sie, dass diesmal bei der geringsten Niederlage Ihrer Waffen sich alles verändert und Sie den Rest Ihrer bereits schwankenden Verbündeten verlieren. Entziehen Sie sich einer nationalen Verteidigung, dem einzigen Schutze für eine alleinstehende Macht gegen die Niederlagen, so werden sich Ihre Feinde diesen verhängnisvollen passiven Widerstand zunutze machen; dann werden die alten, längst niedergeschlagenen Hoffnungen wieder lebendig werden. England, das fortwährend auf der Lauer liegt, wird in Bordeaux, in der Vendée, in der Normandie und im Morbihan seine Abgesandten ausspeien, die beauftragt sind, bei dem geringsten günstigen Ereignis die Sache der Bourbonen wieder ins Licht zu stellen. Ich beschwöre Sie, Sire, um unserer Sicherheit und Ihres Ruhmes willen, setzen Sie nicht Ihre Krone und Ihre Macht aufs Spiel! Was wird daraus folgen? Fünfhunderttausend Soldaten, von einer aufständigen Bevölkerung in zweiter Linie unterstützt, werden Sie zwingen, Deutschland zu räumen, ohne dass sie Ihnen Zeit lassen, Unterhandlungen anzuknüpfen.«

Bei diesen Worten warf der Kaiser den Kopf zurück und nahm eine kriegerische Haltung an.

»Noch kann ich«, sagte er, »ihnen zehn Schlachten liefern, und eine einzige genügt mir, um sie aufzulösen und zu zermalmen! Es ist sehr ärgerlich, Herr Herzog, dass eine verhängnisvolle Neigung zur Entmutigung auf solche Weise die besten Geister beherrscht. Es handelt sich nicht mehr um das Aufgeben dieser oder jener Provinz, sondern um unsere politische Überlegenheit, von der für uns unsere Existenz abhängt. Ist meine materielle Macht schon groß, so ist es die Macht meiner Ideen noch viel mehr; sie grenzt ans Wunderbare! Zerstören wir nicht ihren Zauber! Warum so viel Aufregung? Lassen wir doch die Ereignisse an uns herantreten. Hinsichtlich Österreichs kann sich kein Mensch täuschen: Es will meine gegenwärtige Lage benutzen, um mir große Vorteile zu entreißen. Im Grunde bin ich fast entschieden, aber ich kann mir nicht vorstellen, dass es darauf eingeht, mich vollkommen niederzuschlagen, und sich dadurch selbst der Gewalt Russlands überliefert. Das ist meine Politik, und ich denke, Sie werden mir dabei mit allen Ihren Mitteln behilflich sein. Ich habe Sie zum Generalgouverneur der Illyrischen Provinzen ernannt, und Sie werden es wahrscheinlich sein, der sie Österreich zurückgibt. Gehen Sie; reisen Sie über Prag. Knüpfen Sie dort Ihre Fäden für die geheime Unterhandlung an. Von dort aus gehen Sie nach Graz und nach Laibach, von wo aus Sie die Angelegenheiten verfolgen. Reisen Sie geschwind, denn der arme Junot, den Sie ersetzen, ist entschieden zu verrückt,[1] um Verbindungen anzuknüpfen. Und Illyrien braucht eine weise und feste Hand.«

»Ich bin bereit, Sire, mich des Vertrauens, dessen Sie mich beehren, würdig zu zeigen, aber darf ich wagen, Sie darauf aufmerksam zu machen, dass einer der Hauptbeweggründe der geheimen Unterhandlung ohne Zweifel, abgesehen von der Wiederherausgabe der Provinzen, die Perspektive der Regentschaft, wie sie Eure Majestät in ihrer ganzen Ausdehnung eingerichtet hat, sein wird?«

»Ich verstehe; gut! Machen Sie, was Sie wollen; ich gebe Ihnen unbedingte Vollmacht.«

Mit diesen Worten war Fouché entlassen.

Mémoires de Joseph Fouché, duc d'Otrante.

---

1 Junot war allerdings geisteskrank und starb bald nach dieser Unterredung, am 29. Juli 1813.

DER KAISER NAPOLEON UND DIE BRESLAUER DEPUTIERTEN, JUNI 1813

Als sich Napoleon im Feldzug von 1813 der Stadt Breslau näherte, schickte die Stadtverwaltung eine Deputation an den Kaiser, um Schonung der Stadt zu erbitten. Die Abgeordneten bestanden aus dem Oberbürgermeister von Kospoth, dem Stadtverordnetenvorsteher geheimen Kommerzienrat Schiller, dem stellvertretenden Vorsteher Oelsner und dem Kaufmann Henri als Dolmetscher. In Neumarkt, wo sich das kaiserliche Hauptquartier befand, angekommen, ließ ihnen der Kaiser melden, dass sie erscheinen möchten. Sie gingen an einer kleinen Treppe vorbei hinauf in das Zimmer, wo sich Napoleon befand und das nach der linken Seite zu lag. Bei ihrem Eintritt in dasselbe fanden sie den Kaiser die Arme übereinandergeschlagen vor einem Tisch stehend, der mit einer Landkarte, die er mit Nadeln besteckt hatte, bedeckt war. Hinter ihm saßen noch zwei Männer, die den Eintretenden den Rücken zukehrten und schrieben. Der Kaiser näherte sich den Abgeordneten und sagte:

»Was wollen Sie, meine Herren?«

Darauf antwortete der geheime Kommerzienrat Schiller auf Französisch:

»Sire, soeben haben Eurer Majestät Truppen unsere Stadt Breslau besetzt, und wir nähern uns Eurer Majestät in dem hohen Vertrauen, dass Sie unsere gehorsame Bitte verzeihen und gnädigst aufnehmen werden.«

Napoleon: »Worin besteht Ihre Bitte?«

Schiller: »Wir bitten für unsere Bürger, dass Kirchen, Schulen und Privatwohnungen uns in ruhigem Zustand erhalten werden mögen und dass der Bürger in keiner Art eine Misshandlung oder eine Störung in seinem Gewerbe erfahren möge. Außerdem möge Eure Majestät die Stadt und Bürgerschaft nicht mit schweren und drückenden Auflagen belasten, da unsere Stadt bereits in den letzten Kriegen und in der vergangenen Zeit sehr viel gelitten hat, in tiefe Verschuldung geraten ist und man noch kein Mittel kennt, sich aus derselben herauszureißen.«

Der Kaiser erwiderte: »Es würde meinem Herzen sehr wehe tun, wenn ich nicht imstande wäre, Ihnen die an mich gerichtete Bitte zu erfüllen. Der Krieg ist ein fürchterliches Übel und führt schreckliche Leiden und Jammer mit sich. Ich kenne diese und werde sie so viel als es in meiner Kraft steht zu mindern bemüht sein, besonders in einem so schönen Land, wie Schlesien ist. Es ist wie ein großer Garten und gleicht der Normandie in seinen Ländereien. Ich habe 27 000 Mann meiner Truppen nach Breslau gesandt. Diese werden Sie 10–12 Tage frei beköstigen und sie aufs Beste unterhalten, denn ich unterhandle einen Waffenstillstand, der in dieser Zeit zustandekommen soll. Darauf will ich nach Prag gehen und den Völkern Frieden geben. Der Kaiser von Österreich wird dem Bündnis der vereinigten Mächte nicht beitreten. Ihr König[1] ist ein braver Mann; ihm ist aber törichterweise geraten worden, sich an den russischen Kaiser Alexander anzuschließen, der ein treuloser Mann ist.

Wie hieß doch der General, der gestern gegen mich gefochten hat?«

Oberbürgermeister von Kospoth: »Der General Schuler von Senden.«

Der Kaiser: »Der Mann hat sich tapfer geschlagen und in jeder Weise seine Schuldigkeit getan; aber er war zu schwach und musste sich nach tapferem Widerstand zurückziehen.

Was machen die Boulevards? Sind die Promenaden um Ihre Stadt vollendet? Dieses haben Sie allein mir zu danken« – bei diesen Worten lächelte der Kaiser –, »ich habe Ihnen dazu Gelegenheit gegeben.«

Der geheime Kommerzienrat Schiller antwortete darauf:

---

1 Friedrich Wilhelm III.

»Sire, noch sind wir mit der Anordnung der Promenaden beschäftigt und hoffen, dass die Stadt und ihre Umgebungen dadurch sehr gewinnen werde.«

Der Kaiser: »Dies macht mir Freude. Wie viele Einwohner hat Ihre Stadt?«

Schiller: »Gegen 80 000.«

Napoleon: »Der König hat seine Armee durch die Landwehr und den Landsturm vermehrt. Wie viel hat er aus der Stadt zur Landwehr ausgehoben?«

Schiller: »Ich glaube 1600 Mann.«

von Kospoth: »Ja, es waren so viel.«

Napoleon: »Das ist viel zu viel, denn dann müsste ich aus meinem Paris 16 000 ausheben, und das wäre nicht recht. Aus der Landwehr werden sich sehr gute und brauchbare Truppenkorps bilden lassen, weniger aus dem Landsturm; von dem kann Ihr König nicht viel erwarten.«

Napoleon setzte noch hinzu: »Ist der Landsturm schon völlig organisiert?«

von Kospoth: »In mehreren Distrikten allerdings.«

Napoleon: »Ich halte es nicht für gut, diese Leute an außermilitärische Mittel zur Bekämpfung des Feindes zu gewöhnen. Dieses Gesetz ist nicht für die Deutschen, sie sind zu gut dafür, und zu Meuchelmördern und Straßenräubern passen sie nicht.

Sie haben ja jetzt auch eine Universität erhalten; wie lange besteht dieselbe?«

von Kospoth: »Erst seit etwa drei Jahren.«

Der Kaiser: »War sie nicht schon früher vorhanden?«

von Kospoth: »O ja, aber immer nur eine katholische Universität, die nur eine theologische Fakultät hatte. Seit drei, beinahe vier Jahren sind aber alle übrigen Fakultäten hinzugetreten, und sie ist für Katholiken und Lutheraner zugleich eingerichtet.«

Schiller: »Eigentlich sind es zwei Universitäten, die unser König in eine verwandelt hat, indem er die, die sich ehemals in Frankfurt an der Oder befand, mit derjenigen in Breslau vereinigt hat.«

Napoleon: »Wie viele Einwohner hat Schlesien überhaupt?«

Darauf antworteten wir alle vier: »Gegen zwei Millionen, beinahe eine halbe Million mehr als bei Friedrichs II. Tode.«

Napoleon: »Die meisten Bewohner sind wohl Katholiken?«

Schiller: »Der größte Teil sind Protestanten, aber wir leben alle sehr friedlich und freundlich zusammen und fragen nach keinem Religionsunterschied.«

Napoleon antwortete: »Das ist recht und billig, wir glauben alle an einen Gott.«

Oelsner: »Gewiss kann man 200 000 Protestanten mehr rechnen als Katholiken.«

Napoleon: »Ach, ich habe die Zahl der Katholiken höher geschätzt als die der Lutheraner; es ist sehr vernünftig, dass Friede und Ruhe unter allen Parteien herrscht. So muss es sein! Womit beschäftigt sich der größte Teil der Bewohner dieser Provinz?«

Schiller: »Mit Viehzucht, Ackerbau und Gewerbe. In größter Blüte waren bisher Tuch- und Leinwandmanufakturen.«

Napoleon: »Also Leinwand. Wohin ging besonders dieser Leinwandhandel?«

Schiller: »Nach dem spanischen Amerika, nach Mexiko und Havanna.«

Napoleon: »Machen Sie jetzt keine Geschäfte mehr mit diesen Ländern?«

Schiller: »Der Krieg und die Engländer besonders haben unsern Handel sehr gestört, und daher versenden wir gegenwärtig nur wenig.«

Napoleon: »Noch ein wenig Geduld, dann wird es anders werden; ich wünsche den Frieden. Ja, die Engländer schaden jetzt überall dem Handel. Sie bemühen sich, alles an sich zu reißen und überall Schaden zu verbreiten. – Sind Sie Kaufmann?«

Schiller: »Ich bin es.«

Napoleon: »Womit handeln Sie?«

Schiller: »Mit Kolonial- und Spezereiwaren und Leinwand.«

Napoleon zu dem Oberbürgermeister von Kospoth: »Und wer sind Sie?«

von Kospoth: »Der erste Bürgermeister der Stadt.«

Napoleon: »Haben Sie viele ›deniers d'octroi‹?«

Dies letztere Wort verstand keiner von den Abgeordneten, selbst der zum Dolmetscher mitgenommene Herr Kaufmann Henri nicht. Dieses veranlasste denselben, das erste Mal Französisch zu reden. In diesem Augenblick sagte Napoleon:

»Sie stammen gewiss von den Berliner Réfugiés ab, das hört man an Ihrer Sprache, an Ihrem Dialekt. Diese sind dem alten Französisch treu geblieben. Seit ihrer Auswanderung hat sich die französische Sprache und das Volk sehr verändert.«

Napoleon wiederholte hierauf das Wort octroi. Da aber die Abgeordneten dieses Wort nicht zu beantworten verstanden, wendete sich der eine der Schreibenden,[1] die den Rücken gewendet hatten, herum und sagte auf Deutsch zu dem Herrn geheimen Rat Schiller, den er vom Jahre 1806 her kannte, indem er ihm die Hand drückte: »Se. Majestät der Kaiser versteht darunter die Steuern, die Ihr Monarch den Städten erlaubt, von ihren Einwohnern zu nehmen, um sie zum Vorteil der Stadt zu verwenden.«

In diesem Augenblick wandte sich der Kaiser zu dem, der soeben gesprochen hatte, und sagte:

»Wie, Sie sprechen Deutsch? Das habe ich noch nicht gewusst!«

Der Oberbürgermeister antwortete: »Die Stadt hat allerdings bedeutende Einkünfte, es sind aber große Kapitalien nötig, um alles in Ordnung zu halten und die Bedürfnisse der Stadt zu befriedigen.«

Hier brach der Kaiser ab und wiederholte nochmals sein bereits beim Beginn der Unterhaltung gegebenes Versprechen:

---

1   Es war vermutlich Jouanne.

»Ihre Stadt soll, wie ich bereits gesagt habe, in keiner Weise bedrückt werden, auch soll keine Störung und Unterbrechung in den bürgerlichen Geschäften durch meine Truppen erfolgen. Ich verlange nur die Unterhaltung derselben bis zum Schluss des Waffenstillstands. Dieses hier Ausgesprochene werden Sie durch die Zeitungen baldigst bekanntmachen lassen.«

Eine Audienz Breslauer Bürger bei Napoleon. 1813.

DER KAISER NAPOLEON UND FÜRST METTERNICH IN DRESDEN, 26. JUNI 1813

Wenige Wochen nach der Schlacht bei Bautzen empfing der Kaiser Napoleon in Dresden [26. Juni 1813] auf persönliche Aufforderung hin den österreichischen Minister Graf Metternich im Marcolinischen Palais zu einer Privataudienz. Die Stellung Napoleons seiner Armee und dem französischen Volk gegenüber war zu jener Zeit sehr kritisch. Die Truppen schmachteten nach Frieden. Die Generale ohne Ausnahme hatten wenig Vertrauen auf den Ausgang eines Kampfes, der mit jedem Tag durch das Hinzukommen stets neuer Verbündeter des Feindes mehr als ungleich ward. Der Hass der deutschen Staaten konnte durch die Bemühungen der Regierungen des Rheinbundes kaum mehr im Zaum gehalten werden. Das Benehmen dieser Regierungen selbst fing an zweideutig zu werden. Die Blicke Europas waren nur noch auf Österreich gerichtet.

Das Erscheinen des österreichischen Ministers im Hauptquartier Napoleons konnte unter solchen Umständen nur als ein in seinen Ergebnissen entscheidendes aufgefasst werden. Und mit diesen Empfindungen wurde Metternich in Dresden aufgenommen. Aber lassen wir den Minister eine der bedeutendsten Unterhaltungen, die er mit Napoleon gehabt, selbst erzählen:

Napoleon erwartete mich stehend in der Mitte seines Kabinetts, den Degen an der Seite, den Hut unterm Arm. Er ging mit erkünstelter Fassung auf mich zu und erkundigte sich nach dem Befinden des Kaisers. Bald darauf verdüsterten sich seine Züge, und indem er sich vor mich hinstellte, sprach er mich folgendermaßen an:

»Sie wollen also den Krieg? Gut, Sie sollen ihn haben. Ich habe bei Lützen die preußische Armee vernichtet; ich habe die Russen bei Bautzen geschlagen; auch Sie wollen an die Reihe kommen. Es sei! In Wien sehen wir uns wieder! Die Menschen sind unverbesserlich, die Erfahrung ist für sie verloren. Drei Mal habe ich den Kaiser Franz wieder auf den Thron gesetzt. Ich habe ihm versprochen, mein Leben lang mit ihm in Frieden zu bleiben; ich habe seine Tochter geheiratet. Damals sagte ich mir, du begehst eine Torheit, aber sie ist begangen, ich bereue sie heute.«

Diese Einleitung verdoppelte in mir das Gefühl der Stärke meiner Stellung, ich betrachtete mich in diesem Augenblick der Entscheidung als den Vertreter der gesamten europäischen Gesellschaft. Soll ich es sagen – Napoleon erschien mir klein!

»Krieg und Frieden«, erwiderte ich, »liegen in der Hand Eurer Majestät. Der Kaiser, mein Herr, hat Pflichten zu erfüllen, vor denen alle anderen Rücksichten in den Hintergrund treten. Das Schicksal Europas, seine Zukunft und die Ihrige, all das ruht in Ihrer Hand. Zwischen Europa und Ihren bisherigen Zielen besteht unlöslicher Widerspruch. Die Welt bedarf des Friedens. Um diesen Frieden zu sichern, müssen Sie in die mit der allgemeinen Ruhe vereinbaren Machtgrenzen zurückkehren, oder aber Sie werden in dem Kampf unterliegen. Heute können Sie noch Frieden schließen, morgen dürfte es zu spät sein. Der Kaiser, mein Herr, lässt sich in seinem Handeln nur durch die Stimme seines Gewissens leiten; an Ihnen, Sire, ist es nun, auch das Ihrige zurate zu ziehen.«

»Nun gut, was will man denn von mir?«, fuhr mich Napoleon an, »dass ich mich entehre? Nimmermehr! Ich werde zu sterben wissen, aber ich trete keine handbreit Boden ab. Eure Herrscher, geboren auf dem Thron, können sich zwanzig Mal schlagen lassen und doch immer wieder in ihre Residenzen zurückkehren; das kann ich nicht, ich, der Sohn des Glücks! Meine Herrschaft überdauert den Tag nicht, an dem ich aufgehört habe, stark und folglich gefürchtet zu sein. Ich habe einen großen Fehler begangen, indem ich außer Acht ließ, was mich eine Armee gekostet hat, die herrlichste, die es je gegeben. Ich kann mich mit Menschen schlagen, aber nicht mit Elementen; die Kälte hat mich zugrunde gerichtet. In einer Nacht verlor ich 30 000 Pferde. Alles habe ich verloren, nur die Ehre nicht und das Bewusstsein dessen, was ich einem tapferen Volk schulde, das nach so ungeheuren Unglücksfällen mir neue Beweise der Hingebung und seiner Überzeugung gegeben hat, dass *ich* allein es regieren kann. Ich habe die Verluste des vergangenen Jahres ausgeglichen, sehen Sie einmal die Armee an nach den Schlachten, die ich soeben gewonnen! Ich werde vor Ihnen Heerschau halten!«

»Und gerade die Armee ist es«, erwiderte ich ihm, »die den Frieden verlangt.«

»Nicht die Armee«, unterbrach mich Napoleon mit Lebhaftigkeit, »nein, meine Generale wollen den Frieden! Ich habe keine Generale mehr. Die Kälte von Moskau hat sie demoralisiert. Ich sah die Tapfersten weinen wie die Kinder. Sie waren physisch und moralisch gebrochen. Vor vierzehn Tagen konnte ich noch Frieden schließen, heute kann ich es nicht mehr. Ich habe zwei Schlachten gewonnen, ich werde nicht Frieden schließen.«

»In alledem, was Eure Majestät mir soeben gesagt«, bemerkte ich, »sehe ich einen neuen Beweis davon, dass Europa und Eure Majestät zu keiner Verständigung kommen können. Ihre Friedensschlüsse waren immer nur Waffenstillstände. Die Missgeschicke wie die Erfolge treiben Sie zum Krieg. Der Augenblick ist da, wo Sie und Europa sich gegenseitig den Handschuh hinwerfen; Sie werden ihn aufheben, Sie und Europa, und nicht Europa wird es sein, das im Kampf unterliegt!«

»Wollen Sie mich etwa durch eine Koalition zugrunde richten?«, versetzte Napoleon; »wie viel seid Ihr denn, Ihr Alliierte? Euer vier, fünf, sechs, zwanzig? Je mehr Ihr seid, desto besser für mich! Ich nehme die Herausforderung an. Aber ich kann Sie versichern«, fuhr er mit erzwungenem Lachen fort, »im nächsten Oktober sehen wir uns in Wien! Dann wird es sich zeigen, was aus Euren guten Freunden, den Russen und

Preußen, geworden ist. Zählen Sie auf Deutschland? Schauen Sie, was es im Jahr 1809 getan hat! Um dort die Bevölkerung im Zaum zu halten, genügen mir meine Soldaten, und für die Treue der Fürsten ist mir die Furcht Bürge, die sie vor Euch haben. Erklären Sie Ihre Neutralität und halten Sie dieselbe, dann gehe ich auf Unterhandlungen in Prag ein. Wollen Sie eine bewaffnete Neutralität? Es sei! Legen Sie 300 000 Mann nach Böhmen, das Wort des Kaisers genügt mir, dass er nicht Krieg mit mir führen wird, bevor die Unterhandlung zu Ende ist.«

»Der Kaiser«, antwortete ich, »hat den Mächten seine Vermittlung, nicht seine Neutralität angeboten. Russland und Preußen haben die Vermittlung angenommen, an Ihnen ist es, sich heute noch zu erklären. Sie werden das annehmen, was ich Ihnen soeben angeboten, und wir werden einen Zeitraum für die Dauer der Unterhandlungen festsetzen; Sie werden es verweigern, und der Kaiser, mein allergnädigster Herr, wird sich als frei betrachten in seinen Entschlüssen und seiner Haltung. Die Lage drängt, die Armee muss leben; in Kurzem sind 250 000 Mann in Böhmen, sie können dort einige Wochen, nicht aber Monate lang im Quartier stehen!«

Hier unterbrach mich wieder Napoleon, um sich in einer langen Ausschweifung über die mögliche Stärke unserer Armee zu ergehen. Nach seiner Berechnung könnten wir höchstens 75 000 Mann schlagfertig nach Böhmen schicken. Er gründete diese Berechnung auf den Normalstand der Bevölkerung in der Monarchie, auf die Abschätzung der Verluste an Mannschaft in den letzten Kriegen und auf unserem Rekrutierungsreglement usw. Ich drückte mein Erstaunen über die Unrichtigkeit der von ihm eingezogenen Erkundigungen aus, da es ihm doch so leicht gewesen wäre, sich genauere und verlässlichere Daten zu verschaffen.

»Ich mache mich anheischig«, erklärte ich ihm, »Ihnen die genaue Liste Ihrer Bataillone zu geben, und Eure Majestät sollten über die österreichische Armee nicht ebenso gut unterrichtet sein?«

»Ich bin es«, versetzte Napoleon; »ich besitze ganz genaue Aufstellungen über die Armee und bin sicher, mich über ihren Effektivstand nicht zu täuschen. Herr von Narbonne«, fügte er bei, »hat eine Masse von Spionen ins Feld geschickt, und seine Erkundigungen erstrecken sich bis auf die Trommelschläger Ihrer Armee; mein Hauptquartier hat das Gleiche getan; aber ich kenne besser als irgendjemand den Wert, den man solchen Auskünften beilegen darf. Meine Berechnungen stützen sich auf mathematische Grundlagen und sind deshalb verlässlich, niemand hat schließlich mehr, als er haben kann.«

Napoleon führte mich in sein Arbeitskabinett und zeigte mir die Standeslisten unserer Armee, wie sie ihm täglich zukamen. Er prüfte sie mit eingehender Genauigkeit und beinahe Regiment für Regiment. Unsere Erörterung über diesen Gegenstand dauerte mehr als eine Stunde.

Zurückgekehrt in sein Empfangszimmer, brachte er die politische Frage nicht mehr zur Sprache, und ich hätte glauben können, dass es seine Absicht sei, meine Aufmerksamkeit von dem Gegenstand meiner Sendung abzulenken, wenn nicht eine frühere Erfahrung mich gelehrt hätte, wie sehr ihm solche Abschweifungen geläufig seien. Er besprach die Gesamtheit seiner Operationen in Russland und verbreitete sich über lange und kleinliche Einzelheiten aus der Zeit seiner letzten Rückkehr nach Frankreich. Aus allem ward mir klar, wie er beständig darauf hinzielte, hervorzuheben, dass seine Niederlage von 1812 ganz auf Rechnung der Jahreszeit zu setzen und dass seine moralische Stellung in Frankreich nie fester gewesen sei als infolge dieser nämlichen Ereignisse. »Es war eine harte Probe«, sagte er mir, »aber ich habe sie vollkommen bestanden.«

Nachdem ich ihn über eine halbe Stunde angehört hatte, unterbrach ich ihn mit der Bemerkung, dass ich in dem, was er soeben gesagt, einen starken Beweis der Notwendigkeit erkenne, so wechselvollen Geschicken ein Ziel zu setzen. »Das Glück«, fügte ich bei, »kann Sie ein zweites Mal wie im Jahre 1812 im Stich lassen. In gewöhnlichen Zeiten bilden die Armeen nur einen kleinen Teil der Bevölkerung, heute ist es das ganze Volk, das Sie unter die Waffen rufen. Ist Ihre jetzige Armee nicht eine verfrühte

Generation? Ich habe Ihre Soldaten gesehen, es sind Kinder. Eure Majestät haben das Gefühl, dass Sie der Nation unbedingt notwendig sind, brauchen Sie aber nicht auch die Nation? Und wenn diese jugendliche Armee, die Sie heute unter die Waffen gerufen haben, dahingerafft sein wird, was dann?«

Als Napoleon diese Worte hörte, übermannte ihn der Zorn, er ward bleich, und seine Züge verzerrten sich. »Sie sind nicht Soldat«, fuhr er mich an, »und wissen nicht, was in der Seele eines Soldaten vorgeht. Ich bin im Feld aufgewachsen, und ein Mann wie ich schert sich wenig um das Leben einer Million Menschen.«[1] Mit diesem Ausruf warf er den Hut, den er bisher in der Hand gehalten, in die Ecke des Zimmers. Ich blieb ganz ruhig, stützte mich an die Ecke einer Konsole zwischen den beiden Fenstern und sagte tief bewegt von dem, was ich eben gehört: »Warum haben Sie mich gewählt, um mir zwischen vier Wänden das zu sagen, was Sie eben ausgesprochen; öffnen wir die Türen, und mögen Ihre Worte von einem Ende Frankreichs bis zum andern ertönen. Nicht die Sache, die ich vor Ihnen vertrete, wird dabei verlieren.«

Napoleon fasste sich, und mit ruhigerem Ton sagte er mir folgende Worte, die nicht minder merkwürdig als die vorigen waren: »Die Franzosen können sich nicht über mich beklagen; um sie zu schonen, habe ich die Deutschen und die Polen geopfert. Ich habe in dem Feldzug von Moskau 300 000 Mann verloren; es waren nicht mehr als 30 000 Franzosen darunter.«

»Sie vergessen, Sire«, rief ich aus, »dass Sie zu einem Deutschen sprechen!«

Napoleon ging wieder mit mir im Zimmer auf und ab, beim zweiten Gang hob er den am Boden liegenden Hut auf. Sofort kam er nochmals auf seine Heirat zu sprechen. »So habe ich denn«, hub er an, »ei-

---

1 Ich wage es nicht, mich hier des von Napoleon gebrauchten viel derberen Ausdrucks zu bedienen. (Anmerkung des Verfassers.)

nen recht dummen Streich gemacht, eine Erzherzogin von Österreich zu heiraten.«

»Da Eure Majestät meine Meinung wissen wollen«, erwiderte ich, »so will ich offen und frei sagen, Napoleon der *Eroberer* hat einen Fehler begangen.«

»Der Kaiser Franz will also seine Tochter entthronen?«

»Der Kaiser«, versetzte ich, »kennt nur seine Pflichten, und die wird er erfüllen. Was auch immer das Los seiner Tochter sein möge, Kaiser Franz ist vor allem Monarch, und das Interesse seiner Völker wird immer die erste Stelle in seinen Berechnungen einnehmen.«

»Jawohl«, unterbrach mich hier Napoleon, »was Sie da sagen, befremdet mich nicht, alles bestätigt meine Ansicht, dass ich da einen unverzeihlichen Fehler begangen habe. Indem ich eine Erzherzogin heiratete, habe ich das Neue mit dem Alten, die alten Vorteile mit den Einrichtungen meines Jahrhunderts verschmelzen wollen. Ich habe mich getäuscht und empfinde heute die ganze Größe meines Irrtums. Es kann mir den Thron kosten, aber ich werde die Welt unter seinen Trümmern begraben!«

Die Unterredung hatte sich bis 8½ Uhr abends hingezogen. Es war schon volle Nacht. Niemand hatte sich in das Kabinett hineingewagt. Nicht ein einziger Augenblick des Stillschweigens unterbrach diese lebhaften Erörterungen, in denen ich sechs Momente zählen kann, wo meine Worte ganz das Gewicht einer förmlichen Kriegserklärung hatten. Meine Absicht kann es nicht sein, hier alles wiederzugeben, was Napoleon während dieser langen Zusammenkunft gesprochen hat. Ich habe nur bei den hervorragendsten Punkten verweilt, welche in direkter Beziehung zum Gegenstand meiner Sendung standen. Zwanzig Mal hatten wir uns gar weit davon entfernt.[1] Die, welche Napoleon gekannt

---

1 Die Erzählung seines Feldzuges von 1812 hatte allein mehrere Stunden unserer Unterredung ausgefüllt; eine Menge anderer dem Gegenstand meiner Sendung ganz fremdartiger Angelegenheiten beschäftigte ihn gleichfalls sehr lange Zeit.

und Geschäfte mit ihm verhandelt haben, werden darüber nicht erstaunt sein.

Als mich Napoleon entließ, war der Ton seiner Rede ruhig und milde geworden. Ich konnte nicht mehr die Züge seines Gesichts unterscheiden. Er begleitete mich bis an die Tür des Dienstsalons. Die Hand auf die Klinke des Türflügels legend, sagte er mir: »Wir sehen uns doch wieder?«

»Zu Befehl, Majestät«, war meine Antwort, »aber ich habe keine Hoffnung, den Zweck meiner Mission zu erreichen.«

»Nun wohl«, entgegnete Napoleon, indem er mir auf die Schultern klopfte, »wissen Sie, was geschehen wird? Sie werden nicht Krieg mit mir führen.«

»Sie sind verloren, Sire«, rief ich lebhaft aus, »ich hatte ein Vorgefühl davon beim Kommen; jetzt beim Gehen habe ich die Gewissheit.«

In den Vorzimmern fand ich die nämlichen Generale, die ich beim Eintreten gesehen hatte. Sie drängten sich um mich, um auf meinem Gesicht den Eindruck der fast neunstündigen Unterredung zu lesen. Ich hielt mich nicht auf und glaube nicht, ihre Neugierde befriedigt zu haben.

Berthier begleitete mich bis zu meinem Wagen. Er benutzte einen Augenblick, wo niemand in der Nähe war, um mich zu fragen, ob ich mit dem Kaiser zufrieden gewesen. »Ja«, antwortete ich, »er hat mir vollen Aufschluss gewährt; mit dem Mann ist's aus!«

Ich erfuhr später, dass Napoleon noch am selben Abend beim Schlafengehen zu seiner Umgebung sich geäußert habe: »Ich hatte eine lange Unterredung mit Herrn von Metternich. Er hat sich wacker gehalten; dreizehn Mal warf ich ihm den Handschuh hin, und dreizehn Mal hat er ihn aufgehoben. Doch wird der Handschuh schließlich in meinen Händen bleiben.« Ich habe allen Grund, zu glauben, dass keiner der Anwesenden durch diese Äußerung beruhigt wurde. Die ergebensten Höflinge Napoleons begannen an seiner Unfehlbarkeit zu zweifeln. Auch in ihren Augen wie in denen Europas begann sein Stern zu erbleichen.

Während der drei auf die Unterredung mit Napoleon folgenden Tage stand ich in fortwährendem Verkehr mit dem französischen Kaiser, dem Herzog von Bassano [Maret], den Marschällen und Generalen. Napoleon ging in unsern Gesprächen nicht mehr auf den Gegenstand meiner Sendung ein, sondern verwies mich an Herrn von Bassano, der wiederum erklärte, er habe keine Instruktion, und mich zum geduldigen Warten aufforderte, während die Stimme der Armeehäupter sich mir gegenüber immer dringender und besorgnisvoller zugunsten des Friedens aussprach.

Am Abend des letzten Tages meines Aufenthaltes in Dresden erhielt ich vom Minister der Auswärtigen Angelegenheiten ein schriftliches »Projet d'arrangement«, das mit meiner Mission nichts gemein hatte und das ich sonach ohne Zeitverlust mittelst der Anzeige, dass ich meine Abreise von Dresden unverzüglich antreten werde, erwiderte. Ich bestimmte die siebente Stunde des nächsten Morgens als die meiner Abfahrt und bestellte die Postpferde. Wenige Minuten vor der von mir bezeichneten Stunde erhielt ich ein Billett des Herrn von Bassano, das nur die Anzeige enthielt, dass der Kaiser mich vor meiner Abreise zu sprechen wünsche und dass er mich um 8 Uhr in Reisekleidern empfangen werde.

Ich ließ den bereitstehenden Reisewagen ausspannen und die Post benachrichtigen, dass ich die Zeit meiner Abfahrt später bestimmen werde, und verfügte mich um die angegebene Stunde in den Marcolinischen Garten, wo ich Napoleon spazierengehend antraf. Hier entspann sich zwischen uns ein Gespräch, das der Aufzeichnung kaum fähig ist.

Napoleons erste Worte waren: »Nun, Sie spielen den Gekränkten, weshalb denn?«

Ich erwiderte in kurzen Worten, dass meine Pflicht mir gebiete, einen unnützen Zeitverlust in Dresden zu vermeiden.

Napoleon ging dann auf den Text des mir von seinem Minister zugesandten »Projet d'arrangement« ein und schloss mit dessen Verwerfung:

»Vielleicht verstehen wir zwei uns besser, Sie und ich; kommen Sie in mein Kabinett, und verständigen wir uns.«

In dem Kabinett angelangt, stellte Napoleon die Frage an mich, ob ich wider die Gegenwart des Herrn von Bassano etwas einzuwenden hätte; zu einer Unterhandlung gehöre ein Protokollführer, diese Rolle wolle er seinem Minister anvertrauen. Er klingelte und ließ den Herzog von Bassano rufen, der alsbald erschien.

Wir setzten uns an einen kleinen Tisch, auf den der Minister die notwendigen Schreibmaterialien legte.

»Formulieren Sie die Artikel«, sagte mir nun Napoleon, »so wie Sie sie meinen.«

Ich beschränkte meine Forderungen in kurzen Worten auf die folgenden Bestimmungen:

1. Der Kaiser der Franzosen nimmt die bewaffnete Vermittlung des Kaisers von Österreich an.

2. Die Bevollmächtigten der im Krieg stehenden Mächte werden mit dem des mediierenden Hofes am 10. Juli zu Prag in Konferenz treten.

3. Der 10. August wird als der letzte Tag der Unterhandlung festgestellt.

4. Bis zu diesem Tag bleiben alle kriegerischen Operationen eingestellt.

Nach dieser Darlegung meiner Anforderungen sagte Napoleon:

»Werfen Sie diese Artikel aufs Papier, ich werde meine Genehmigung beisetzen.«

Auf einem kürzeren Weg ist wohl ein großes Geschäft niemals erledigt worden!

Nachdem Herr von Bassano und ich das Schriftstück unterfertigt hatten und Napoleon dessen Annahme mittelst seiner Unterschrift bekräftigt hatte, sagte er zu mir:

»Wer eine Sache will, muss auch die Mittel wollen. Nur in Bezug auf den vierten Artikel ist noch eine kleine Schwierigkeit zu beheben. Mein Waffenstillstand mit den Russen und Preußen endigt Mitte Juli, es muss daher eine Verlängerung desselben bis zu dem folgenschweren Termin des 10. August eintreten. Können Sie es auf sich nehmen, den bestehenden Waffenstillstand zu verlängern?«

Ich erwiderte, dass mir hierzu jede Vollmacht abgehe, dass ich jedoch unter einer notgedrungenen Bedingung für die Annahme der Verlängerung des Waffenstillstands vonseiten der zwei verbündeten Monarchen als Bürge einzustehen bereit sei. Über diese Bedingung ließ ich mich folgendermaßen vernehmen:

»Zur Behauptung der bewaffneten Territorialneutralität hat der Kaiser Franz seit der Eröffnung des Feldzuges 1813 die Ausfuhr aller Lebensmittel aus Böhmen und Mähren über die Grenzen dieser Länder verboten. Die in Oberschlesien eng zusammengedrängten russischen und preußischen Streitkräfte können ihre dermalige Aufstellung nicht über die Frist des zurzeit bestehenden Waffenstillstands (20. Juli) behaupten, wenn ihnen nicht die zu dessen Verlängerung benötigte Hilfe gewährt wird. Ich finde dieselbe in dem soeben gehörten Ausspruch Eurer Majestät: Wer eine Sache will, muss auch die Mittel wollen. Für den Kaiser von Österreich liegt das Mittel einzig und allein in der Aufhebung des Verbotes, welches auf der Ausfuhr der Lebensmittel sowohl an der schlesischen als an der sächsischen Grenze besteht. Wollen Eure Majestät mir die Versicherung erteilen, dass Sie die Aufhebung der Sperre auf der schlesisch-böhmischen und mährischen Grenze nicht als einen Bruch der österreichischen Neutralität betrachten werden?«

»Ohne allen Anstand«, antwortete der Kaiser.

Eine Stunde nach dieser letzten Unterredung verließ ich Dresden.

Aus Metternichs nachgelassenen Papieren.

606

Der Kaiser Napoleon und der Dichter Barjaud in Dresden, Juli 1813

Ein junger Pariser namens Barjaud hatte sich durch mehrere Gedichte, besonders aber durch seine 1812 in Paris erschienenen »Odes nationales« einen vorteilhaften Ruf als talentvoller Dichter und überdies durch eine auf die Geburt des Königs von Rom gedichtete Ode einen von einer gelehrten Gesellschaft ausgesetzten Preis erworben. Eben hatte er die Rückkehr des Kaisers aus dem russischen Feldzug besungen, als auch ihn die Einberufung zwang, die Leier mit dem Schwert zu vertauschen. Es gelang ihm jedoch, eine Offiziersstelle zu erhalten, und er ward als Leutnant beim Depot des 37. leichten Infanterieregiments angestellt. Mit einer Abteilung Ersatzmannschaften kam er im Monat Juni 1813 im Hauptquartier des Kaisers in Dresden an. Zwei Tage nach seiner Ankunft überreichte er Napoleon, der im gräflich Marcolinischen Palais in der Friedrichstadt wohnte, eben als er im Begriff war, zu Pferd zu steigen, eine Ode auf die Eröffnung des Feldzugs. Der Kaiser war bei guter Laune und las sogleich den Anfang des Gedichts, worauf sich folgendes Gespräch zwischen ihm und dem Dichter entspann:

Barjaud: »Erlauben Sie, Sire, dass ich diese Augenblicke der Waffenruhe benutze, um Ihnen eine schwache Huldigung meiner Muse darzubringen?«

Der Kaiser: »Ah! Du bist Barjaud,[1] der Dichter, den ich in Paris gesehen habe, nicht wahr?«

---

1 Bekanntlich nannte Napoleon die Subalternoffiziere meist Du.

Barjaud: »Ja, Sire, ich bin *Ihr* Dichter! Bald werde ich ein Held sein, denn ich werde mir Sie zum Vorbild nehmen.«

Der Kaiser [lächelnd]: »Wahrhaftig! – Dichter sind gewöhnlich schlechte Soldaten. Der Degen ist nicht so leicht zu handhaben wie die Feder.«

Barjaud: »Verzeihung, Sire! Obgleich ich nur erst ein werdender Held bin, verspreche ich Ihnen, dass Sie zufrieden mit mir sein sollen. – Ich will Ihnen helfen, die Feinde zu vernichten! Und dann besinge ich Ihre Siege! – Und ich bin sicher, es wird mir gelingen, denn Sie begeistern meine Leier und meinen Degen.«

Der Kaiser: »Potztausend! Das ist ja ein recht entschlossener Poet! – Nun, ich werde sehen, ob du dein Wort hältst.« [Er liest weiter] »Gut! Sehr gut!« [Nachdem er fertig gelesen] »Bravo, mein Freund. Ich bin mit deiner Ode zufrieden. Du hast Talent und musst es pflegen. – Ich hoffe, du verdienst dir bald das Kreuz der Ehrenlegion.«

Barjaud: »Sire, kann ich nach so viel Gnade weniger tun, als für Sie zu sterben? Sie belohnen mich für Verdienste, die ich erst erwerben will. Ja, Sire, wenn ich jetzt nicht der Tapferste der Tapferen werde, so bin ich nicht wert, dass ich lebe.«

Der Kaiser: »Gut, ich werde mich nach dir erkundigen. Nach dem Frieden wirst du mir deine Verse, die du während des Feldzugs gemacht hast, bringen, denn dieses Talent muss gepflegt werden; hörst du?«

Napoleon in Dresden. Zwei Unterredungen des Kaisers
mit dem Dichter Barjaud und dem Minister Daru.
Herausgegeben von F. von D.

Der Kaiser Napoleon und der Fürst Poniatowski in Dresden, September 1813

In der Zeit, in der man in Dresden 1813 über den Frieden unterhandelte, der damals unter annehmbaren Bedingungen hätte geschlossen werden können, hatte Napoleon mit dem Fürsten Poniatowski ein vertrautes Gespräch, während welchem er ihn um seine Meinung über diese bedeutende Frage ausholte.

Poniatowski mit seinem soldatischen Freimut sagte ohne zu zögern:

»Da es Eure Majestät befehlen, so will ich meine Meinung darüber äußern. Es scheint mir sehr klug, Frieden zu schließen, um desto besser Krieg zu führen.«

»Vielleicht haben Sie nicht unrecht«, rief Napoleon. »Aber ich, ich führe Krieg, um desto besser Frieden zu machen! Die Zukunft wird entscheiden, wer von uns beiden recht hat.« Und darauf zog er heftig an dem Klingelzug, mit dem er die ganze Zeit gespielt hatte.

Mémoires de la comtesse Potocka.

Der Kaiser Napoleon und der General Graf Merveldt auf dem Schlachtfeld von Leipzig am 17. Oktober 1813

Am 17. Oktober 2 Uhr nachmittags ließ mich der Kaiser Napoleon zu sich rufen, und nachdem er mir in Bezug auf die Versuche, die ich gemacht, seiner Armee in den Rücken zu fallen, einige Schmeicheleien gesagt hatte, teilte er mir mit, dass er mich zum Beweis seiner Hochachtung auf Ehrenwort entlassen wolle.

Nach einigen Fragen über die Stärke der verbündeten Heere gestand er mir, dass er sie nicht so bedeutend geglaubt hätte; er fragte mich, ob seine Gegenwart bei der Armee bekannt gewesen wäre, was ich ihm bejahte.

»Sie hatten also die Absicht, mir eine Schlacht zu liefern?«

»Ja, Sire.«

»Sie sind im Irrtum bezüglich der Streitkräfte, die ich hier vereinigt habe; für wie stark halten Sie mich?«

»Höchstens 120 000 Mann.«

»Ich habe 200 000. Ich glaube, dass ich Sie weniger stark geschätzt habe als Sie sind; wie stark sind Sie?«

»Über 350 000 Mann, Sire.«

»Werden Sie mich morgen angreifen?«

»Ich zweifle nicht daran, Sire. Die verbündeten Armeen werden, auf die Überlegenheit ihrer Kräfte vertrauend, Eure Majestät täglich angreifen; sie hoffen dadurch eine Entscheidungsschlacht und den Rückzug der französischen Armee herbeizuführen.«

»Wird denn dieser Krieg immer dauern? Es wäre wohl Zeit, ihn einmal zu beenden.«

»Sire, das ist der allgemeine Wunsch, und der Frieden liegt in den Händen Eurer Majestät. Es hing von Eurer Majestät ab, auf dem Prager Kongress Frieden zu schließen.«

»Man war nicht ehrlich gegen mich, man hat Schliche gebraucht, man hat mir einen eng begrenzten Termin gesetzt, aber eine so wichtige Angelegenheit lässt sich nicht in zehn Tagen erledigen. Österreich hat die Gelegenheit versäumt, sich an die Spitze Europas zu stellen. Ich würde alles getan haben, was es gewollt hätte, und wir hätten der Welt Gesetze diktiert.«

»Ich darf es Eurer Majestät nicht verhehlen, dass man in Österreich denkt, dass Sie infolge Ihrer Diktatur schließlich auch Österreich die Gesetze vorgeschrieben haben würden.«

»Aber einer muss doch die Unterhandlungen einleiten, sei es Österreich! Was Russland anbetrifft, so steht es unter dem Einfluss Englands, und dieses will keinen Frieden.«

»Ich bin in keiner Weise über die Absichten meiner Regierung unterrichtet, Sire; alles, was ich die Ehre habe, Eurer Majestät zu sagen, bitte ich nur als meine eigenen Gedanken aufzufassen, aber ich weiß bestimmt, dass der Kaiser, mein Herr, entschlossen ist, nur im vollkommensten Einverständnis mit den verbündeten Höfen zu handeln, und dass er gerade in Anbetracht dieser Übereinstimmung von dem guten Stand der Angelegenheiten und von der begründeten Hoffnung auf einen dauernden Frieden überzeugt ist. Eure Majestät weiß, wie sehr die verbündeten Höfe den Wunsch teilen, diesen Frieden so bald als möglich herbeizuführen.«

»Nun wohl, warum nimmt man meine Vorschläge, zu unterhandeln, nicht an? Sie sehen doch, dass England den Frieden nicht will.«

»Sire, ich weiß mit Bestimmtheit, dass man täglich eine Antwort Englands, dem man die Vorschläge Eurer Majestät, Unterhandlungen zu eröffnen, übermittelt hat, erwartet, und dass man glaubt, seiner Einwilligung sicher zu sein.«

»Sie werden sehen, dass es nicht beistimmen wird.«

»England bedarf selber zu sehr des Friedens, Sire, um ihn nicht mit Inbrunst zu wünschen; aber es wünscht einen Frieden, keinen Waffenstillstand, einen Frieden, der in seinen Bedingungen die Bürgschaft der Dauerhaftigkeit trägt.«

»Und worin könnte denn Ihrer Meinung nach diese Bürgschaft bestehen?«

»In einem Gleichgewicht der europäischen Mächte, das der Vorherrschaft Frankreichs Grenzen setzen würde.«

»Nun wohl, England soll mir meine Inseln wiedergeben, und ich werde ihm Hannover zurückgeben; auch bin ich bereit, die einverleibten Departements und die Hansastädte abzutreten.«

»Ich glaube, Sire, dass man die Wiederherstellung Hollands wünschen wird.«

»Oh, es wird nicht existieren können, man würde seine Flagge nicht anerkennen, das isolierte Holland würde in die Abhängigkeit Englands geraten.«

»Ich glaube, Sire, dass die von England aufgestellten maritimen Grundsätze nur durch die Verhältnisse hervorgerufen und eine Folge des Krieges sind, mit dem sie aufhören werden; alsdann würde Eure Majestät keine Gründe mehr haben, Holland für sich zu behalten.«

»Nun wohl, man wird über diese Unabhängigkeit verhandeln müssen, aber das wird bei den Grundsätzen Englands nicht leicht sein.«

»Es würde ein großmütiger Entschluss sein und ein großer Schritt zum Frieden.«

»Ich wünsche ihn sehnsüchtig; ich werde Opfer bringen, sogar große Opfer, aber es gibt Dinge, die eine Ehrensache für mich bilden und von denen ich besonders in meiner Lage nicht abstehen kann, z.B. das Protektorat über Deutschland.«

»Eure Majestät weiß zu genau, wie sehr Ihr Einfluss auf Deutschland der Wiederherstellung des Gleichgewichts in Europa hinderlich ist, und wird daher nicht voraussetzen, dass man ihn noch durch einen Frieden bekräftige. Unsere Allianz mit Bayern und mehreren anderen Staaten des Rheinbundes, die Hoffnung auf die Einnahme Sachsens beraubt Eure Majestät übrigens eines Teils Ihrer Verbündeten, und wir rechnen darauf, dass der übrige Teil in Anbetracht des Erfolgs, den unsere große Überlegenheit in Aussicht stellt, diesen folgen wird.«

»Oh! Diejenigen, welche meinen Schutz nicht wünschen, mögen tun, was sie wollen. Sie werden es bereuen, aber meine Ehre erlaubt mir nicht, auf die Stellung eines Protektors der übrigen zu verzichten!«

»Ich erinnere mich, dass Eure Majestät früher selbst einmal zu mir gesagt hat, dass es für die Ruhe Europas nötig wäre, dass Frankreich durch eine Reihe kleiner selbstständiger Staaten von den Großmächten Europas getrennt sei. Möchten Eure Majestät zu diesen vernünftigen Grundsätzen, welche Sie in Ihrer Weisheit in Augenblicken ruhiger Überlegung aufgestellt haben, zurückkehren, und die Wohlfahrt Europas wird sichergestellt sein.«

Der Kaiser antwortete nicht ablehnend auf diese Bemerkung. Es folgte ein kurzes Stillschweigen, das er mit dem Ausruf unterbrach: »Gut, wir wollen sehen, aber alles das wird uns nicht zum Frieden führen. Wie kann ich mit England verhandeln, das mir die Bedingung auferlegen will, nicht mehr als 30 Linienschiffe in meinen Häfen zu bauen. Die Engländer fühlen selbst, wie unannehmbar diese Bedingung ist, sodass sie bis jetzt nicht gewagt haben, sie auszusprechen, aber ich kenne ihre Absicht.«

»Sire, ich bin bei Beginn dieser Unterredung von der Voraussetzung ausgegangen, dass das Ziel dieses Krieges für die verbündeten Mächte die Wiederherstellung des Gleichgewichts Europas wäre. England kann sich nicht verhehlen, dass bei der Ausdehnung der Küsten, die Eure Majestät vom Adriatischen Meer bis zur Nordsee beherrscht, Sie in einigen Jahren eine Flotte, doppelt oder dreifach so stark wie die Großbritanniens haben würden; und mit dem Talent und der Tätigkeit Eurer Majestät würden die Folgen leicht zu berechnen sein. Wie will man dieses bevorstehende Übergewicht anders verhindern, als indem man die Zahl der Schiffe, die in den Häfen Frankreichs gebaut werden dürfen, festlegt, wofern nicht Eure Majestät auf die Abmachung zurückkommt, die Sie selbst ausgesprochen haben, als Sie sich an die Spitze der Regierung des Königreichs Italien stellten, d. h. diesem Land bei einem allgemeinen Frieden die Unabhängigkeit wiedergeben zu wollen. Ich wüsste nicht, dass Eure Majestät jemals etwas veröffentlicht hätte, was diese Gesetze widerriefe, die Sie sich selbst auferlegt haben. Es würde sehr zur Beruhigung Europas beitragen, Europa würde das als ein großmütiges Opfer betrachten, anstatt des Schimpfes, den Eure Majestät mit Recht dem Gesetz, die Zahl der Schiffe Frankreichs zu beschränken, beigelegt. Sie würden den ganzen Ruhm dieses Friedens haben, und nachdem Sie den höchsten militärischen Ruhm erlangt haben, würde Ihnen der Frieden Zeit geben, alle die großartigen Einrichtungen, die Sie in Frankreich begonnen haben, zu Ende zu führen und das Glück Ihres Reichs zu begründen, dem Ihr Ruhm etwas teuer zu stehen kommt ...«

Der Kaiser gab zu, dass diese Bedingung annehmbar sein würde. »Auf alle Fälle«, fügte er hinzu, »werde ich mich nicht mit der Wiederherstellung der alten Ordnung der Zustände in Italien einverstanden erklären. Dieses Land, unter einem einzigen Herrscher vereinigt, würde meinem allgemeinen System der Politik Europas entsprechen.«

»Was das Herzogtum Warschau anbelangt, so werden Eure Majestät, wie ich voraussetze, wohl hierauf verzichten.«

»Allerdings, ich habe es angeboten, aber man hat nicht für gut gefunden, es anzunehmen.«

»Dann würde vielleicht noch Spanien einen Anlass zur Uneinigkeit geben können.«

»Nein«, antwortete der Kaiser, »Spanien ist eine dynastische Angelegenheit.«

»Gewiss, Sire, aber ich denke, dass die kriegführenden Mächte nicht alle dasselbe Interesse für die nämliche Dynastie haben.«

»Ich bin genötigt gewesen, Spanien zu räumen. Diese Frage ist also dadurch entschieden.«

»Es scheint so«, erwiderte ich, »dass der Frieden möglich wäre.«

»Nun wohl, so senden Sie mir jemand, zu dem ich Vertrauen haben kann, und wir werden uns einigen. Man beschuldigt mich immer, Waffenstillstand vorzuschlagen, ich werde daher keinen vorschlagen, aber Sie müssen zugeben, dass das allgemeine Beste dabei nur gewinnen könnte. Wenn man es wünscht, werde ich hinter die Saale zurückgehen, die Russen und die Preußen hinter die Elbe, Sie nach Böhmen, und das arme Sachsen, das schon so viel gelitten hat, würde neutral bleiben.«

»Wegen der Verpflegung würden wir Sachsen kaum entbehren können, selbst wenn wir nicht infolge unseres Übergewichts an Kräften hofften, Eure Majestät diesen Herbst noch den Rhein überschreiten zu sehen; die verbündeten Armeen würden, glaube ich, niemals zugeben, dass Eure Majestät bei einem Waffenstillstand diesseits desselben verbliebe.«

»Was das betrifft, so müsste ich erst eine Schlacht verlieren, das kann geschehen – aber noch ist es nicht so weit.«

R. Friederich, Geschichte des Herbstfeldzuges 1813.
(Aus den Denkwürdigkeiten des russischen Generals
C. F. Grafen von Toll.)

Der Kaiser Napoleon und der Graf Lavalette in Paris, 9. November 1813

Napoleon kehrte aus dem Feldzug in Sachsen am 9. November 1813 nach Paris zurück. Die Kranken und Verwundeten waren so zahlreich, dass die Spitäler und Privathäuser kaum hinreichten, sie alle aufzunehmen. Aber die Zuneigung der Franzosen zu ihrem Kaiser war so tief, dass man nur Äußerungen des Bedauerns über seine Niederlage hörte. Mischten sich dennoch einige Verwünschungen unter diese Äußerungen, so gingen sie von den Emigranten aus, die des Kaisers Sturz und die Rückkehr der Bourbonen voraussahen. Napoleons Aufenthalt in Paris bis zum Wiederaufbruch zur Armee währte ungefähr sechs Wochen.

Während dieser Zeit hatte er das Bedürfnis, sein sorgenschweres Herz einem Vertrauten auszuschütten, und dazu konnte er keinen bessern finden als den Generalpostmeister Graf Lavalette. Gewöhnt, über alles nachzudenken, sah Lavalette die Dinge, wie sie waren. Durch seine Stellung vermochte er sie als Ganzes zu übersehen, und er sagte dem Kaiser seine Meinung mit einer Freiheit und Wahrheit, wie sie das Ohr eines Herrschers selten zu vernehmen pflegt.

Der Kaiser forderte den Grafen auf, sich allabendlich im Baderaum neben seinem Schlafzimmer einzufinden. Jeden Abend rief er ihn zu sich herein, und während Napoleon sich entkleidete und am Kaminfeuer wärmte, plauderten sie oft über eine Stunde miteinander.

In den ersten Tagen fand Lavalette den Kaiser so traurig und niedergeschlagen, dass es ihn fast erschreckte. Die Unterhaltungen hatten fast immer die Lage Frankreichs zum Gegenstand. Lavalette sagte ihm ganz unverhohlen, dass Frankreich aufs Äußerste erschöpft sei, dass es die furchtbare Last, die es bedrücke, unmöglich länger ertragen könne. Er werde daher dieses Joch abschütteln und sich seiner Gewohnheit gemäß seiner Lieblingsgöttin, der Neuheit, in die Arme werfen.

Besonders sprach Lavalette viel von den Bourbonen und sagte, sie würden schließlich Napoleons königliche Hülle wieder erben, wenn das Glück ihn verließe. Der Name der Bourbonen machte Napoleon nachdenklich, und er warf sich auf sein Bett, ohne ein Wort zu erwidern. Als Lavalette sich dann nach einigen Minuten dem Lager näherte, um zu wissen, ob er sich entfernen könne, fand er den Kaiser in tiefem Schlaf.

Sehr oft sprach der Kaiser in diesen Abendunterhaltungen von der Organisation der Nationalgarde von Paris und der Wahl ihrer Befehlshaber. Lavalette war der Meinung, sie so militärisch als möglich einzurichten und zu Befehlshabern alte Krieger zu wählen, die die Bürger begeistern und in der Jugend der Hauptstadt leicht ein Heer Tapferer finden würden, das wenigstens hinreiche, den Feind von den Mauern zurückzutreiben. Aber er konnte darüber wenig von Napoleon herausbekommen. Endlich wurde dem Kaiser die Liste der höheren Offiziere überreicht, und noch an demselben Tag machte der Präfekt X. dem Grafen Lavalette die Mitteilung, dass er als Divisionsgeneral auf derselben stünde.

Am Abend begab er sich wie gewöhnlich zum Kaiser. Der Marschall Berthier war ebenfalls anwesend. Napoleon sagte zu ihm: »Wissen Sie auch, wen ich zum Befehlshaber der Nationalgarde ernannt habe?« Er las ihm darauf die Liste vor, und Lavalette bemerkte, dass an seiner Stelle der Bankdirektor Jaubert ernannt worden war. Er war wohl ein Mann von Ehre und Verdienst, hatte aber nie etwas mit der Armee zu schaffen gehabt. Am folgenden Tag nach der Messe war Jaubert bei der Audienz zugegen. Der Kaiser näherte sich ihm, und Jaubert dankte ehrfurchtsvoll für die neue ihm verliehene Würde. Napoleon fragte hierauf mit jenem spöttischen Lächeln, das bei einem Herrscher oft so grausam ist:

»Sie haben wohl noch nie ein Pferd geritten?«

»Ich bitte um Verzeihung, Sire.«

»Oh, wahrscheinlich nur, um auf einem Klepper von Bordeaux nach La Tonelle zu reiten.«

Und Napoleon ging zu einem andern.

Ehe der Kaiser zum Heer abging, versammelte er sämtliche Offiziere der Nationalgarde in den Tuilerien, nahm seinen Sohn auf den Arm und hielt eine Ansprache, welche die Menge begeisterte. Am Abend sah Lavalette Napoleon wieder. Er sprach mit ihm über die Ereignisse des Morgens. Der Graf verhehlte ihm nicht, dass er der Meinung sei, diese Stimmung der Gemüter wäre dem Krieg günstig, solange er sich von den Mauern von Paris fernhalte, man dürfe sie aber durch das Vordringen des Feindes nicht auf die Probe stellen. Napoleon lächelte, zupfte seiner Gewohnheit gemäß Lavalette am Ohr und sagte:

»Sie haben keine Fantasie mehr, mein Herr Römer.«

»Nein, Sire, aber ich habe Hoffnung auf diesen Feldzug, und ein schöner Sieg ist mehr wert als die Begeisterung von heute Morgen.«

»Ah, den müssen wir eben erringen!«, sagte Napoleon, indem er sich zu Bett legte. Er schlief bis 3 Uhr und reiste um 4 Uhr zur Armee ab. Er schien heiter und wohlauf. So war er immer, wenn er in den Feldzug zog.

Mémoires et souvenirs du comte Lavalette.

DER KAISER NAPOLEON UND DER STAATSRAT ROEDERER IN PARIS, 12. NOVEMBER 1813

Als Napoleon aus dem Feldzug in Sachsen in seine Hauptstadt zurückgekehrt war, hatte er am 12. November 1813 eine lange Unterredung mit dem Staatsrat Roederer über seinen Bruder Joseph, der im Juli infolge des siegreichen Vordringens Lord Wellingtons den spanischen Boden für immer verlassen hatte und nun auf seiner Besitzung Morfontaine lebte.

Der Kaiser ließ Roederer nach dem Lever zu sich rufen und empfing ihn mit den Worten: »Nun! Wir besitzen nichts mehr im Großherzogtum [Berg]. Hat man etwas gerettet?«

Roederer: »Ich habe noch nicht das Kassenverzeichnis, aber ich denke, Herr Beugnot[1] wird wenigstens 4–500 000 Francs gerettet haben.«

Der Kaiser: »Die müssen dem Kaiserlichen Schatz zugewiesen werden.«

Roederer: »Sire, wir haben in Frankreich noch ungefähr 3000 Mann Truppen. Sobald ich die nötigen Erkundigungen eingezogen habe, werde ich Eurer Majestät Bericht erstatten.«

Der Kaiser: »Beugnot hat Düsseldorf verlassen?«

Roederer: »Noch nicht ganz, aber die ganze Finanzverwaltung befindet sich auf dem linken Rheinufer. Beugnot steht mit einem Bein auf dem rechten, mit dem andern auf dem linken Ufer. Der Graf Nesselrode

---

1 Beugnot war mit der Verwaltung des Großherzogtums Berg betraut.

hat sich entschlossen zu bleiben; ich hätte von ihm mehr Anhänglichkeit an Eure Majestät gehofft.«

Der Kaiser: »Es kann sehr wohl sein, dass er als Gefangener hierhergebracht wird.«

Roederer: »Die Düsseldorfer haben die Maske von ihrem Gesicht genommen. Eines Tages, als Beugnot auf das linke Rheinufer hinübergegangen war, haben sie große Freude gezeigt, weil sie glaubten, er sei endgültig abgereist. Als er dann wieder nach Düsseldorf zurückgekehrt ist und sein Erstaunen über ihre Freude ausgedrückt hat, haben sie ihm ins Gesicht gelacht. Übrigens haben sie eine Bürgerwehr ausgehoben. Der Oberpräsident ist ihr Oberst. Niemals hat man das während der kaiserlichen Regierung erreichen können.«

Napoleon zeigte bei den Worten Roederers weder Erstaunen noch Empörung, und Roederer fuhr fort:

»Die Metaphysiker glauben, dass die Ideen der Französischen Revolution die Erhebung in Deutschland hervorgerufen haben.«

Der Kaiser: »Desto besser! Sie werden schöne Dinge hervorbringen und wir dieselbe Anarchie wie in Frankreich erleben.«

Roederer: »Die gleiche Politik der Freiheit und Gleichheit regiert augenblicklich Spanien. Auch die spanische Armee löst sich auf. Die Junta befiehlt und tut nichts fürs Heer. Dieses sieht täglich, wie an die englischen Truppen Lebensmittel im Überfluss verteilt werden, während sie Hungers stirbt; und so löst es sich in Guerillabanden auf, und die Guerillas plündern die englischen Provianttransporte.«

Der Kaiser: »Was macht der König von Spanien?«

Roederer: »Sire, ich habe ihn seit drei Wochen nicht gesehen.«

Der Kaiser: »Verhält er sich ruhig? ... Wird er mich zwingen, ihn verhaften zu lassen?«

Roederer: »Sire, ich hoffe nicht.«

Der Kaiser: »Drücken Sie sich klar aus; sprechen Sie. Sie müssen mir sagen ...«

Roederer: »Sire, ich glaube nicht, dass der König Unruhe verursacht. Der König ist wohl oft schlecht gelaunt, aber er ist vernünftig und Eurer Majestät sehr zugetan. Ich hatte die Ehre, vor Kurzem Eurer Majestät einen längeren Brief zu schreiben, in welchem ich Ihnen die wahre Geistesverfassung des Königs zur Kenntnis brachte. Es würde mir äußerst unangenehm sein, wenn dieser Brief in die Hände des Feindes gefallen wäre.«

Der Kaiser: »Ich habe ihn erhalten.«

Roederer: »Wie es scheint, würde der König sehr zufrieden gewesen sein, wenn sein Aufenthalt in Morfontaine nicht einem Exil geglichen und es ihm freigestanden hätte, zu seinem Vergnügen nach Paris zu kommen.«

Der Kaiser: »Mag er nach Paris kommen wenn er will, um liederliche Frauenzimmer oder Frau von M… zu besuchen. Ich habe den Polizeiminister getadelt, weil er dem ein Hindernis entgegensetzen wollte. Aber schließlich, was will er? Denkt er noch ans Regieren?«

Roederer: »Sire, ich glaube.«

Der Kaiser: »Macht er noch immer Ansprüche auf den Thron von Spanien?«

Roederer: »Sire, wie ich vermute, denkt er an die Möglichkeit einer Unterhandlung.«

Der Kaiser: Hirngespinst! Sie wollen nichts von ihm wissen. Man hält ihn für unfähig. Man will keinen König, der immer hinter den Weibern her ist und mit ihnen Verstecken oder Blindekuh spielt. Das sagen sogar seine Freunde von ihm. Sie haben mir gesagt: ›Wenn *Sie* die Regierung in die Hand genommen hätten, wäre alles beendet.‹ Der König hängt von den Weibern, von seinen Schlössern und seinen Möbeln ab. Im Prado sagte er mir ernstlich, dass es vermieden werden müsse, dass meine Grenadiere sein Palais in Unordnung brächten. *Ich*, ich hänge weder an Saint-Cloud noch an den Tuilerien. Würde man sie niederbrennen, so wäre es mir ganz gleichgültig. Meine Schlösser zählen für mich nicht; die Frauen gleichfalls nicht, mein Sohn ein wenig. Ich verlasse einen Ort, begebe mich an einen andern; ich verlasse Saint-Cloud und gehe nach Moskau, nicht aus Neigung oder für meine Freunde, nein, aus trockener Berechnung. Ich habe Tausende, Hunderttausende von Menschen geopfert, um ihn auf den Thron von Spanien zu setzen! Einer meiner größten Fehler war, dass ich glaubte, meine Brüder seien für die Sicherheit meiner Dynastie nötig. Meine Dynastie ist auch ohne sie sichergestellt! Sie würde sich auch inmitten der Stürme durch die Macht der Dinge gebildet haben. Die Kaiserin genügt, um sie zu befestigen. Sie hat mehr Klugheit und Politik als alle meine Brüder zusammen. In Deutschland hat Jérôme meine Angelegenheiten zuschanden gemacht. Heute würde ich nicht ein Haar dafür geben, dass Joseph anstatt Ferdinand VII. auf dem Thron von Spanien sitzt. Die Spanier werden stets aus eigenem Interesse mit Frankreich vereint bleiben. Ferdinand wird mir nicht mehr Widerstand entgegensetzen als der König [Joseph].«

Roederer: »Sire, vielleicht wünscht der König nicht gerade die *spanische* Königskrone, aber eine *Krone*.«

Der Kaiser: »Gut! Wenn ich die Krone von Italien und die Krone von Frankreich trennen werde – ich habe mich niemals positiv entschließen können, sie zu vereinigen oder sie voneinander zu trennen –, könnte ich dann den Vizekönig, einen jungen Mann, der von jedermann geliebt und geachtet ist, der mir stets mit Treue und Ehre gedient hat, beiseite schieben? Er besitzt Ehre, der König aber nicht. Mein Schwiegervater hat keine Ehre, dafür aber Religion. Philipp II. war trotz aller seiner Fehler ein anderer Mann als der König. Wie konnte er die Schlacht von Vitoria[1] verlieren! Er kennt nicht einmal die Anfangsgründe seines Berufs und will eine Schlacht liefern! Er will sich in einer bedeutenden Kunst hervortun, die alle andern in sich schließt, und hat nicht die lei-

---

1   21. Juni 1813.

seste Ahnung davon! Er glaubt, die Kriegskunst sei gar nichts, während die verbündeten Mächte Moreau aus Amerika kommen lassen, damit er sie verteidige!«

Roederer: »Sire, der König war, als ich ihn in seinem Hauptquartier von Santa-Fé sah, sehr von seiner früheren Meinung über die Kriegskunst abgekommen. Er schien deren Schwierigkeit und Bedeutung anzuerkennen.«

Der Kaiser: »Er hat sich jedoch nachher rechtfertigen wollen.«

Roederer: »Allerdings, Sire, einige Zeit später glaubte er, obgleich er eingestand, dass er seine Verfügungen vielleicht nicht wie ein Turenne getroffen hatte, dass der Ausgang dieser Schlacht nur an einem einzigen Fehler gehangen hatte …«

Der Kaiser: »Ein Fehler! Ein Fehler! Ich, ich habe Fehler begangen; jedermann begeht Fehler, aber er …«

Roederer: »Sire, seit sechsunddreißig Stunden vor der Schlacht hatte man den Feind nicht ausgekundschaftet; der Marschall Jourdan war krank geworden.«

Der Kaiser: »Nein, nein, mein Lieber. Jourdan hat mit der Sache gar nichts zu tun. Auch die Rekognoszierung spielt darin keine Rolle. Turenne! Um Turenne handelt es sich wohl. Das ist kein alltäglicher Fehler noch einer von gestern, der ihn ins Verderben gestürzt hat; es ist eine Folge von Schnitzern und Unkenntnissen während des ganzen Feldzugs. Ein Fehler! Ich bin es, der Fehler begangen hat! Er jedoch begeht keine! Was ihn in den Abgrund gestürzt hat, ist, dass er den General Rey entfernt und während des ganzen Feldzugs nicht gewusst hat, die Reste seiner Armee zu vereinigen. Er kennt nicht die Anfangsgründe seines Berufs. Aber jetzt handelt es sich darum, zu wissen, was ich tun werde.«

Roederer: »Sire, der König hätte sich provisorisch besser in Bayonne als in Morfontaine gefühlt. Ich kann nicht verstehen, warum ihn Eure Majestät haben näher an Paris herankommen lassen, da Sie doch nicht wollten, dass er in Paris Hof hielt.«

Der Kaiser: »Es war reine Gefälligkeit. Er liebt Morfontaine, und so habe ich ihn dorthin kommen lassen. Wird er sich verhaften lassen? Sprechen Sie offen.«

Roederer: »Sire, ich unterscheide drei Lagen: Eure Majestät bleiben in Paris und in Frieden, oder Sie sind abwesend und im Krieg, oder die konstitutionelle Regentschaft wird leider eröffnet. Sind Eure Majestät in Paris, so wird auch der König in der Eigenschaft eines französischen Prinzen dort weilen können. Das scheint mir sehr einfach und ohne alle Nachteile.«

Der Kaiser: »Sehr gut! Aber während meiner Abwesenheit?«

Roederer: »Sire, da der König sich in Morfontaine in einer erniedrigenden, unverdienten Lage zu befinden glaubt, kann ich nicht sagen, wozu schlechte Laune, Einsamkeit und Unbeschäftigkeit ihn hinreißen werden. Aber ich kann mit gutem Gewissen behaupten, dass er in Bezug auf seine Pflicht und gegen Eure Majestät sehr vernünftig und Ihnen sehr zugetan ist. In Santa-Fé habe ich empfunden, wie viel seine früheren brüderlichen Gefühle für Eure Majestät über den König vermögen. Infolge eines lange anhaltenden Zornanfalls, während dessen sich der König beklagte, dass Sie es wären, der ihn aus Spanien weggebracht hätte, ferner dass er zu einem Nichts verdammt zu sein schiene, sagte ich zu ihm: ›Sire, Sie werden immer noch hoch genug über das Nichts hinaus erhoben werden; Sie werden stets der älteste und der am meisten geliebte Bruder des Kaisers bleiben.‹ Bei den Worten ›geliebte Bruder‹ verschwand plötzlich seine Erbitterung wie durch Zauberschlag. ›Der geliebte Bruder‹, wiederholte er in sanftem, jedoch mit ein wenig Bitterkeit gemischtem Ton; ›geliebt, glauben Sie das wirklich?‹ – ›Ja, Sire, und der Beweis dafür ist, dass Sie nie eine Zusammenkunft mit dem Kaiser hatten, ohne nicht von ihm Zugeständnisse zu erlangen, die vielleicht nicht in seiner Politik und seiner Anschauung lagen. Woher kommt es, dass er stets nachgibt?‹ … Und der König erging sich noch lange und lebhaft über das Wort ›geliebt‹, um mir sein ganzes Interesse daran zu beweisen.«

Der Kaiser: »Marmont hat mir erzählt, dass er sich für den ›Ältesten‹ hält und auch noch Ansprüche auf diesen Titel macht. Gibt es wohl etwas Unsinnigeres? Er, der Erstgeborene! ... Für den Weinberg unseres Vaters wahrscheinlich!«

Roederer: »Im Fall der Regentschaft, Sire.«

Der Kaiser: »Oh! In diesem Fall wird er nur Verwirrung hervorbringen, dessen bin ich sicher. Schauen Sie die Geschichte an. Es war immer so. Der vorauszusetzende Fall ist meine Abwesenheit. – Dieses Jahr ist alles ganz ruhig gegangen. Ich bin von jedermann gut bedient worden. Die Kaiserin ist politischer als alle meine Brüder; diese junge Frau würde gelegentlich ihren Entschluss sehr wohl gefasst haben, Cambacérès ist sehr gut gewesen, der Polizeiminister ebenfalls, Herr von Talleyrand hat sich ruhig verhalten. So habe ich mich auch bei meiner Rückkehr über niemand zu beklagen gehabt; kein Mensch hat sich gerührt. Man hat keine Intrigen gegen mich angesponnen, wie vor drei Jahren Fouché und Talleyrand. Von den Anhängern der Bourbonen ist nicht mehr die Rede; wenn ich aber den König und seine großen Freunde, Clément de Ris und andere hier hätte, würden sie mir alles auf den Kopf stellen.«

Roederer: »Der König muss beschäftigt werden.«

Der Kaiser: »Beschäftigt? Das will er ja gerade nicht! Er weiß sich nicht zu beschäftigen. Kaninchen jagen, Versteck spielen … das sind so seine Zerstreuungen … Ich könnte ihn zum Gouverneur von Rom machen; das würde ihm vielleicht gefallen, denn er liebt die Kunst und die Frauen.«

Roederer: »Ja, Sire, ein solcher Ehrenposten würde sich für einen Bruder des Kaisers vortrefflich eignen; aber Rom grenzt an das Königreich Neapel.«

Der Kaiser: »Was macht das? Der König von Neapel wird schon zu verhindern wissen …«

Roederer: »Sire, ich meine, dass es für den König hart sein wird, sich als Gouverneur so nahe an einem Staat zu befinden, den er ehemals als König regiert hat.«

Der Kaiser: »Nun, gut, meinetwegen in Turin! ... Dort wird er nicht so beliebt sein wie der Fürst Borghese.«

Roederer: »Sire, Turin liegt sehr nahe bei Mailand!«

Oeuvres du comte P. L. Roederer.

Napoleon und der Polizeipräfekt
Baron Pasquier in Paris, 3. Januar 1814

Am 3. Januar 1814, so erzählt der ehemalige Polizeipräfekt Pasquier in seinen Memoiren, war ich bis nach der Audienz, die während des Levers Napoleons stattfand, geblieben, da ich in einer Paris betreffenden Angelegenheit mit dem Kaiser sprechen wollte.

»Nun, Herr Präfekt«, begann er, »was sagt man in Paris? Weiß man schon, dass die feindlichen Heere den Rhein überschritten haben?«

»Gewiss, Sire, man weiß es seit gestern Nachmittag.«

»Für wie stark hält man sie?«

»Man spricht von 200 000 Mann.«

»Da täuscht man sich gewaltig: es sind 3–400 000 Mann, die zwischen Köln und Basel auf 7 bis 8 verschiedenen Brücken den Rhein überschritten haben. Die Schweizer haben ihr Gebiet ohne Widerstand verletzen lassen. Welchen Entschluss erwartet man von mir?«

»Man zweifelt nicht daran, dass Eure Majestät sofort abreisen, sich an die Spitze der Truppen stellen und gegen den Feind marschieren werden.«

»Meine Truppen! Meine Truppen! Glaubt man denn, dass ich noch eine Armee besitze? Sind nicht fast alle Truppen, die ich von Deutschland mitgebracht habe, an jener schrecklichen Krankheit zugrunde gegangen, die das Unglück meiner Niederlagen besiegelt hat? Eine Armee! Ich würde sehr glücklich sein, wenn es mir gelingen sollte, in drei Wochen 30 oder 40 000 Mann zusammenzubringen!«

Dann fügte er nach einer ziemlich langen Pause hinzu:

»Nun, was wollen Sie von mir?«

Ich setzte ihm auseinander, dass in seinem letzten Dekret über die Bildung der Nationalgarde Paris nicht erwähnt worden sei und dass ich es für unumgänglich nötig erachtete, in dieser Hinsicht einen Entschluss zu fassen! Paris würde vermutlich in kurzer Zeit von den Truppen, die gewöhnlich seine Garnison bildeten, entblößt werden. Ich fügte hinzu, unter Umständen, die sehr kritisch werden könnten, sähe ich nicht ein, wie es möglich sei, auf eine Truppenmacht zu verzichten, die in der Lage wäre, Ruhe und Ordnung unter einer Bevölkerung aufrecht zu erhalten, welche vielen Leiden ausgesetzt sei und infolgedessen schwierig im Zaum gehalten werden könne.

Die geringsten Unruhen in seiner Hauptstadt könnten ihm, während er im Feld wäre, die schrecklichsten Unannehmlichkeiten bereiten, und es wäre deshalb besser, beizeiten dieser Gefahr vorzubeugen. Eine sofortige Organisation der Nationalgarde schiene mir unumgänglich notwendig.

»Sehr richtig«, sagte Napoleon, »aber Ihre Nationalgarde soll sich auf 20 bis 40 000 Mann belaufen, und wer garantiert mir für ihre Ergebenheit? Wenn der Geist in ihr schlecht ist, würde ich dann gut getan haben, in meinem Rücken eine derartige Macht gelassen zu haben? Und überdies: Womit bewaffnet man die Nationalgarde? Ich brauche meine Gewehre für die Rekruten, die soeben eingetroffen sind!«

Ich antwortete, dass eine gute Wahl unter den Offizieren ihn jeder Gefahr enthöbe und dass ich wenig Befürchtungen hätte, denn sicherlich wäre der Bürger erstes Bestreben, durch Aufrechterhaltung der Ruhe ihr Eigentum zu beschützen. Was aber die Gewehre anlange, so genüge es vielleicht, so viele zu bewilligen, dass die täglich Wachehaltenden damit ausgerüstet würden. Ich hatte alle diese Fragen in einem Bericht erörtert, den ich dem Kaiser zurückließ und den ich ihn zu lesen bat.

Pasquier, Histoire de mon temps. Mémoires.

Napoleon und die Staatsräte Réal, Pasquier und Défermon in Paris, Januar 1814

Kurze Zeit vor Beginn des Feldzugs vom Jahr 1814 befanden sich Réal, Pasquier und Défermon im Arbeitskabinett des Kaisers.

»Was wird Paris tun, wenn der Krieg sich verlängern sollte oder wenn meine Waffen nicht vom Glück begünstigt sind?«, fragte der Kaiser.

»Sire, dann wird Paris dem Sieger zu Hilfe kommen«, antwortete Réal.

»Wir werden ja sehen!«, rief Défermon.

Pasquier sagte nichts.

»Ohne Zweifel«, nahm Réal wieder das Wort, »wird Paris dem Sieger zu Hilfe kommen. Paris hat seit Beginn der Revolution nie anders gehandelt und wird seine Gewohnheiten beibehalten. Ich bin fest davon überzeugt. Jedenfalls ist es gut, dass Eure Majestät ebenfalls davon Kenntnis haben, damit Sie wissen, woran Sie sind.«

»Nun«, versetzte Défermon, »schließlich ist Paris auch weiter nichts als eine Stadt, allerdings viel größer als andere Städte, aber doch immerhin nur eine Stadt.«

»Täuschen Sie sich nicht«, versetzte Réal, »*Paris ist die Dynastie.*«

»Meinen Sie, Réal?«, sagte der Kaiser.

Die Unterhaltung ging dann auf andere Dinge über, und man sprach über die Mittel, die man anwenden müsse, um den Volksgeist in Paris anzufeuern.

Réal sagte, dass die Kaiserin sehr gut dazu beitragen könne. Das Volk umgebe sie mit einer Strahlenkrone von Unschuld, und sie könne dadurch gewaltig auf seinen Geist einwirken!

»Gewiss«, rief der Kaiser aus, »die Kaiserin ist ein Engel; sie ist reiner als eine Jungfrau.« Er sagte dies mit außerordentlicher Wärme und hob dabei die Augen zum Himmel auf.

»Nun gut, Sire, die Kaiserin soll während Ihrer Abwesenheit in Begleitung aller Hofdamen am Reliquienschrein der Heiligen Genoveva ihr Gebet verrichten. Wenn es sich um einen Heiligen handelte, würde ich nicht diesen Vorschlag machen; es handelt sich jedoch um eine Heilige, um eine Jungfrau, um die Schutzpatronin von Paris. Dieser Besuch der Kaiserin darf nicht im Voraus angekündigt werden, aber wir werden schon dafür sorgen, dass das Volk es erfährt.«

Der Kaiser, der aufmerksam zugehört hatte, begann zu lachen und sagte:

»Réal, es fehlt Ihnen nichts mehr, um ein eifriger Betbruder zu werden. Überdies werde ich mich schlagen. Wenn ich abgereist bin, können Sie Ihre tollen Ideen, so wie Sie es für gut befinden, ausführen.«

Papiers inédits du comte d'Argout. In: Revue napoléonienne.

Der Kaiser Napoleon und der russische General Constantin Poltoratzki nach der Schlacht von Champaubert, 10. Februar 1814

Der General Constantin Poltoratzki befehligte bei Champaubert eine Brigade unter dem General Zacharias Alsufiew. Beide Generale wurden am 10. Februar 1814 gefangen genommen. Da der General Alsufiew sich nur schwer auf Französisch verständigen konnte, ließ Napoleon den General Poltoratzki rufen.

»Wie stark waren Sie heute bei der Affäre von Champaubert?«, begann er.

»Wir hatten 3700 Mann und 24 Kanonen, Sire.«

»Das ist nicht wahr; Sie hatten wenigstens 20 000 Mann.«

»Ein russischer Offizier lügt nie, Sire; ich sage Ihnen die volle Wahrheit. Übrigens haben Sie ja unser detachiertes Korps vernichtet und mehrere Gefangene gemacht, die Ihnen dasselbe sagen werden. Dann werden Eure Majestät überzeugt sein, dass ein russischer General Sie nicht belogen hat.«

Napoleon zog finster die Augenbrauen zusammen und sagte nach einigen Augenblicken des Schweigens:

»Auf Ehre, nur die Russen können sich so schlagen. Ich hätte meinen Kopf gewettet, dass Sie wenigstens 20 000 Mann waren.«

»Und trotzdem, Sire, bin ich Gefangener.«

»Was beweist das? Ihr Kaiser hält fünfzig meiner Generale gefangen, und die sind nicht weniger tapfer als Sie. Um Sie zu vernichten, musste ich mich übrigens einen ganzen Tag lang mit Ihnen herumschlagen. Allerdings sind die Folgen dieser Schlacht auch außerordentlich bedeutend für mich. Heute habe ich *Sie* vernichtet, morgen schlage ich Sacken bei Montmirail, Sonnabend[1] reibe ich die Vorhut Wittgensteins auf und werde Blücher einen Schlag versetzen, von dem er sich nicht wieder erholt. Dann werde ich Ihrem Kaiser an der Weichsel den Frieden diktieren.«

Der General zuckte mit den Schultern und meinte: »Das scheint mir schwierig.«

Da fasste ihn Napoleon bei einer der Epauletten und sagte:

»Binnen wenigen Tagen werden Sie es erfahren und dann zugeben, dass ich ein Hexenmeister bin.«

Darauf schickte er sich an, dem General seinen Rückzug von Moskau zu beschreiben. Er schloss seine Rede mit den Worten: »Ihr Kutusow, der listige Vogel, hat mir einen schönen Streich mit seinem Flankenmarsch gespielt.«

Er fuhr in dem Ton ironischen Scherzes fort und sprach von dem Brand von Moskau.

»Diese barbarische Handlung haben die Russen begangen.«

»Ich wage Eurer Majestät zu erwidern, dass wir Russen stolz sind, unsere alte Hauptstadt in Brand gesteckt zu haben.«

»Nun, General, das ist eine sehr barbarische Idee. Ich habe Wien, Berlin und Madrid genommen, aber nirgends ist mir etwas Ähnliches begegnet.«

Aber der General wiederholte nochmals:

»Sire, wir bereuen es nicht; im Gegenteil, wir rühmen uns dieser Tat.«

Bei dieser Antwort wandte Napoleon ihm den Rücken und sagte:

»Gehen Sie.«

Der General Poltoratzki schritt in Begleitung eines Gendarmerieobersten die Treppe hinunter und ging durch das Biwak der Kaiser-

---

1   Die Schlacht bei Champaubert fand an einem Donnerstag, am 10. Februar 1814 statt.

garde, als er eine Stimme rufen hörte: »Wo ist der russische Gefangene?«
Es war der General Flahaut, der ihn aufforderte, zu Napoleon zurückzukehren.

Der Kaiser schüttelte ihm die Hand und sagte: »General, ich finde Sie
sehr liebenswürdig.«

Darauf stellte er die folgenden Fragen an ihn:

»Wie stark ist augenblicklich Ihre Garde und Ihre Armee?«

»Ich weiß es nicht, Sire.«

»Wo ist Ihr Kaiser?«

»Sein Aufenthaltsort ist mir unbekannt.«

»Was tut der Witzemacher Langeron?«

»Ich weiß es nicht, Sire.«

»Ich wollte mich offen mit Ihnen aussprechen, aber Ihre Antworten
›ich weiß nicht‹ beweisen mir, dass Sie nicht mit mir plaudern wollen.«

»Sire, Sie stellen Fragen über die Geheimnisse unserer Armee an mich;
selbst wenn ich etwas wüsste, würde mir die Ehre verbieten, irgendetwas
davon mitzuteilen.«

»Sagen Sie mir bitte, warum Ihr Kaiser immer seine schönen Truppen
verwendet und nicht die deutschen Sauertöpfe, die ich in einer halben
Stunde vernichtet haben würde, während ich gegen Sie gezwungen war,
einen ganzen Tag zu kämpfen.«

»Der Kaiser Alexander, mein hoher Herr, verwendet seine Truppen,
wie er es für geeignet hält, und sein Wille ist uns allen heilig.«

»Sie wollen also nicht offen mit mir sprechen?«

»Sire, Sie stellen Fragen an mich, auf die zu antworten mir meine Ehre
verbietet.«

»Ein tapferer Offizier sagt stets das, was er denkt.«

»Der Eid, den ich meinem Kaiser und meinem Vaterland geschworen
habe, verbietet es mir.«

»Ihr Trunkenbold, der Blücher, hat keine Ahnung, dass ich hier bin.
Ich habe die Befehle in Händen, die er Ihnen gab, Champaubert um je

den Preis zu halten. Hier sind zwei seiner Instruktionen, die aufgefangen worden sind. Wusste er, dass ich hier sei? Für wie stark halten Sie uns?«

»Ich habe keine Idee.«

»Fünfzigtausend Mann – und ich an der Spitze – das macht hundertundfünfzigtausend Mann!«

Darauf verabschiedete Napoleon den russischen General und gab Befehl, ihn nach Paris zu schicken.

Revue d'Alsace. Unterhaltung veröffentlicht von Sergius Poltoratzki.

Der Kaiser Napoleon und der Grossstallmeister Caulaincourt in Fontainebleau, 3. und 4. April 1814

Die Zugänge zum Schloss von Fontainebleau, erzählt der Herzog von Vicenza,[1] waren mit biwakierenden Truppen überfüllt, die ungeduldig den Augenblick erwarteten, wo sie sich schlagen konnten. Ich weiß nicht, wie man mich erkannt hatte, kurz, ich war plötzlich von Soldaten umringt, die mich bis zum Gitter des Schlossgartens begleiteten. Die Rufe ›Vive l'Empereur! Nach Paris! Nach Paris!‹ waren überall hörbar. Es verursachte mir Schmerz, alle diese Tapferen so rufen zu hören.

Ich stieg vor der großen Auffahrt ab, wo ich den Fürsten von Wagram (Berthier) traf, der lebhaft auf mich zukam und fragte: »Nun, mein Lieber, wie weit sind wir?«

Diese Frage und der Ton, in welchem sie gestellt wurde, missfielen mir. »Wo ist der Kaiser?«, fragte ich besorgt, als ich die großen Gemächer geschlossen sah. Ich fand ihn in seinen kleinen Gemächern, die in der ersten Etage in der Galerie François Ier gelegen waren.

Als ich in das Kabinett des Kaisers eintrat, schrieb er. Er stand hastig auf und kam mir entgegen. Sein edles und ausdrucksvolles Gesicht schien um zehn Jahre gealtert. Seine von düsterem Feuer belebten Augen waren von tiefen schwarzen Ringen umgeben; sein leicht geschlossener Mund verlieh seinem Gesicht einen unbeschreiblich leidenden Ausdruck.

---

1 Er kam von Paris, wo er mit dem Zaren eine Unterredung wegen der Abdankung Napoleons gehabt hatte.

»Nun, was gibt's?«, fragte er mich. »Haben Sie den Kaiser von Russland gesehen? Was hat er Ihnen gesagt?« Und da er die Bestürzung auf meinem Gesicht bemerkte, drückte er mir leidenschaftlich die Hand und sagte: »Sprechen Sie, sprechen Sie, Caulaincourt, ich bin auf alles gefasst …«

»Sire, ich habe den Kaiser Alexander gesehen; ich habe vierundzwanzig Stunden im Geheimen bei ihm verbracht.«

»Ah! Nun?«

»Der Kaiser von Russland ist nicht der Feind Eurer Majestät« – er machte eine Bewegung des Zweifels –; »nein, Sire, nur in ihm findet die kaiserliche Sache eine Stütze.«

»Im Grunde genommen – was will er? Was will man von mir?«

»Sire«, erwiderte ich mit kaum vernehmbarer Stimme, »Eure Majestät sind zu großen Opfern berufen, um Ihrem Sohn die Krone Frankreichs zu sichern.«

»Das heißt«, entgegnete er mit schrecklicher Stimme, »man will nicht mehr mit mir verhandeln? Man will mich von dem Thron jagen, den ich mit der Spitze meines Degens erobert habe? Man will aus mir einen Heloten machen, einen Gegenstand der Verhöhnung und des Mitleids, der zum warnenden Beispiel für diejenigen dienen soll, welche infolge des Einflusses ihres Genies die Menschen befehligen und die rechtmäßigen Könige auf ihren morschen Thronen erzittern lassen!«

Er ging einige Augenblicke in höchster Aufregung auf und ab, dann blieb er mit auf der Brust verschränkten Armen vor mir stehen: »Und Sie, Caulaincourt, Sie hat man mit einer solchen Mission beauftragt!« Er warf sich erschöpft in seinen Sessel und bedeckte sich das Gesicht mit beiden Händen.

Ich schwieg … Er war so unglücklich.

Da wandte er sich wieder zu mir. »Sie haben wohl nicht den Mut, fortzufahren? Nun, mein Herr, was hat Ihr Alexander Sie denn noch gebeten, von mir zu verlangen?«

»Sire«, antwortete ich außer mir und ziemlich barsch; »Eure Majestät

636

sind grausam. Der Schlag, der Sie trifft, hat mein Herz früher als das Ihre zerrissen. Seit achtundvierzig Stunden sitzt mir der mörderische Stahl in der Brust.«

»Ich habe unrecht, Caulaincourt, ich habe unrecht, mein Freund«, unterbrach er mich in unwiderstehlichem Ton. »Es gibt Augenblicke«, fügte er hinzu, indem er die Hand an die Stirn führte, »wo ich mein Gehirn in meinem Kopf hämmern höre … So großes Missgeschick trifft mich unaufhörlich! … Jene Macht der Organisation, die mich mitten in Gefahren und Kämpfen aufrecht erhielt, gibt jetzt unter den verdoppelten Schlägen, die mich treffen, nach … Ich an Ihnen zweifeln, Caulaincourt! Von allen, die mich umgeben, sind Sie doch der einzige, hören Sie, der einzige, zu dem ich Vertrauen habe … Nur inmitten meiner armen Soldaten, nur in ihren traurigen Augen finde ich noch Treue und Ergebenheit geschrieben. Als ich glücklich war, glaubte ich die Menschen zu kennen, aber erst im Unglück fange ich an, sie zu kennen …«

Er blieb einige Augenblicke mit zu Boden gesenkten Augen in Nachdenken versunken. Ich selbst war körperlich und geistig erschöpft. Als ich zufällig in den vor mir hängenden Spiegel sah, flößte mir mein Anblick Schrecken ein.

»Sire«, sagte ich, »ich bitte Sie, mir zu erlauben, dass ich mich zwei Stunden ausruhen darf. Ich bin außerordentlich ermüdet und habe Eurer Majestät wichtige Mitteilungen zu machen. Sie müssen vollkommen von den Schwierigkeiten Ihrer Lage unterrichtet sein, ehe Sie sich entscheiden, welchen Entschluss Sie fassen wollen. Ich fühle jedoch, dass ich in dem Zustand, in dem ich mich augenblicklich befinde, unfähig bin, dieser Aussprache die nötige Entwicklung zu geben.«

»Es ist recht; ruhen Sie sich aus, Caulaincourt. Ich ahne, über welchen Gegenstand wir zu unterhandeln haben. Ich muss mich mit diesem Gedanken ein wenig vertraut machen. Ruhen Sie sich aus, ich werde Sie um 10 Uhr rufen lassen.«

In meinem Zimmer angelangt, fiel ich bewusstlos hin. Als ich wieder zu mir kam, fand ich den Doktor Yvan an meinem Bett; er wollte mir zur Ader lassen. Aber ich hatte keine Zeit, krank zu sein; ich musste doch nach Paris eine Antwort zurückbringen … Ich verlangte daher ein Bad, und noch vor 10 Uhr meldete ich mich beim Kaiser.

Er war ruhig, aber seine sorgenvolle Stirn verriet die Angst, die ihn verzehrte. »Setzen Sie sich, Caulaincourt; was will man, was fordert man von mir?«

Ich berichtete ihm treu und ausführlich meine lange Unterhaltung mit dem Kaiser Alexander von Russland. Mehr als einmal entschlüpften Napoleon Ausrufe der Entrüstung über die Schändlichkeiten, die ich gezwungen war, zu enthüllen. Und als ich zu dem bereits im Rat der verbündeten Monarchen diskutierten Punkt, nämlich zu der Wiedereinsetzung der Bourbonen kam, schnellte er von seinem Stuhl auf und durcheilte aufgeregt das Zimmer.

»Gehen Sie, gehen Sie!«, rief er; »sie sind verrückt! … Die Bourbonen in Frankreich wieder einsetzen! Aber sie werden sich ja kaum ein Jahr halten … Die Bourbonen sind neun Zehnteln des französischen Volkes unsympathisch! Und die Armee, deren Befehlshaber ihre Emigranten geschlagen haben! Was werden sie mit der Armee machen? Meine Soldaten werden ihnen niemals dienen … Der Gedanke, das Kaiserreich zu einer Regierung umzuschmelzen, die aus so entgegengesetzten Elementen gebildet ist, wie es unzweifelhaft die der Bourbonen sein wird, setzt aller Dummheit die Krone auf! Hat man denn vergessen, dass sie zwanzig Jahre lang von den Almosen der Fremden, fern vom Schoß des Vaterlandes, in offenem Krieg mit den Grundsätzen und den Interessen Frankreichs gelebt haben? … Die Bourbonen in Frankreich! Aber das ist ja Wahnsinn; das heißt schweres Unglück über das Land bringen! … Gewinnt denn dieser Gedanke wirklich festen Boden?«

Ich verschwieg ihm keine der Machenschaften, die dieses Ziel erstrebten.

»Aber der Senat, die Großwürdenträger können, ganz abgesehen von der Abscheulichkeit, mit der sie sich in Bezug auf mich beschmutzen, keinen Bourbonen auf dem Thron haben wollen. Welche Stellung werden sie an diesem Hof einnehmen, an dem einst sie oder ihre Väter Ludwig XVI. zum Schafott geschleift haben? Ich, ich war ein neuer Mann, frei von Exzessen, die die Revolution getrübt haben. Ich hatte nichts zu rächen, sondern nur alles wieder aufzubauen. Und ich habe mich nur mit lorbeerumkränzter Stirn auf den leeren Thron Frankreichs zu setzen gewagt. Das französische Volk hat mich auf den Thron erhoben, weil ich *mit* ihm und *für* dasselbe große und schöne Werke vollbracht hatte. Was aber haben die Bourbonen für Frankreich getan? Welchen Anteil nehmen sie an seinen Eroberungen, seinem Ruhm, seinem Gedeihen für sich in Anspruch? Und was können sie augenblicklich für seine Interessen, für seine Unabhängigkeit tun, wenn sie, die ihre Wiedereinsetzung den Fremden verdanken, allen deren Forderungen nachgeben, kurz, das Knie vor ihren Herren beugen müssen? Man kann wohl aus der Bestürzung, in die die Hauptstadt durch die Besetzung geraten ist, Nutzen ziehen und mich und meine Familie verbannen, aber die Bourbonen friedlich in Frankreich regieren lassen – nein, niemals! ... Erinnern Sie sich meiner Weissagung, Caulaincourt!

Und nun«, fuhr der Kaiser entschieden fort, »kehren wir zur Frage zurück. Man verlangt meine Abdankung. Um diesen Preis erkennt man der Kaiserin die Regentschaft zu, und die Krone gehört meinem Sohn? Ich glaube nicht, dass ich die Macht niederlege, dass ich einen solchen Entschluss fassen darf, ehe nicht alle Hoffnung verloren ist. Ich habe 50 000 Mann unter meiner Hand. Meine tapferen, meine bewunderungswürdigen Truppen erkennen mich noch als ihren Souverän an. Voller Eifer und Ergebenheit verlangen meine Soldaten mit lauter Stimme von mir, dass ich sie nach Paris führe. Der Donner meiner Kanonen wird die Pariser erwecken, er wird den durch die Gegenwart der Fremden, die auf unsern öffentlichen Plätzen paradieren, verletzten Nationalstolz wieder aufleben lassen. Das Pariser Volk ist tapfer; es wird mich unterstützen. Und nach dem Sieg«, fügte er immer lebhafter werdend hinzu, »nach dem Sieg will ich das Volk zum Richter zwischen mir und den Forderungen der Verbündeten anrufen und nur dann vom Thron steigen, wenn die Franzosen mich herunterjagen … Kommen Sie, Caulaincourt, es ist Mittag, ich will die Parade abnehmen.«

Der Kaiser besichtigte die Linie seiner Vorposten. Jeden Augenblick bekam die Armee Zuwachs durch die vereinzelten Korps, die das Hauptquartier aufsuchten. Die Artillerie war nach Orléans geschickt worden. Die Soldaten waren außer sich vor Freude, als sie den Kaiser mitten unter sich wiedersahen, und begrüßten ihn mit dem wilden Ruf: »Paris! Paris!« Die Offiziere schwangen ihre Säbel und umgaben den Kaiser mit der Bitte: »Sire, führen Sie uns nach Paris.«

»Ja, meine Kinder«, antwortete Napoleon, »wir wollen Paris zu Hilfe eilen; morgen soll der Marsch beginnen!« Und Vivats und Beifallsrufe waren die Antwort auf seine Worte.

»Nun?«, sagte der Kaiser zu mir, als er im Schlosshof vom Pferd stieg.

»Sire«, antwortete ich, »das ist Ihr letzter Einsatz; Eure Majestät allein haben darüber zu entscheiden …«

»Sie sind mit mir einverstanden?«, sagte er lachend. »Das ist begreiflich.« Und mit freier, erhobener Stirn ging er durch die Menge bestickter Fräcke, die noch immer die Salons anfüllten.

Im Laufe des Abends kam das Gerücht von der Abdankung in Umlauf, und die Ereignisse folgten mit beängstigender Schnelligkeit aufeinander. In der Nacht empfing der Kaiser einen Eilboten vom Herzog von Ragusa (Marmont), der mit seinem Armeekorps in Essonne lag. Er schickte ihm den Senatsbeschluss vom vorhergehenden Tag. Der Senat hatte die Absetzung Napoleons beschlossen!

Am 3. April waren Befehle erteilt worden, das kaiserliche Hauptquartier am 4. zwischen Ponthiéry und Essonne aufzuschlagen. Keiner der

Großwürdenträger machte jedoch Anstalten, sich dahin zu begeben. Der vielbeschäftigte Kaiser merkte von alledem nichts oder schien nichts merken zu wollen. Er ging wie gewöhnlich mittags hinab, um die Parade abzunehmen, und alle, die in das Geheimnis der nächtlichen Nachricht eingeweiht waren, erwarteten ihn ängstlich. Aber Napoleon nahm seine Befehle vom vorhergehenden Tag nicht zurück. Nach der Parade wurde er von den Marschällen und den anwesenden Großoffizieren in seine Gemächer begleitet, und dort begannen nun zuerst die rücksichtsvollen Andeutungen, dann die Vorstellungen und schließlich die unangebrachten Anschuldigungen sowie endlich die Erklärung, dass man nicht nach Paris marschieren wolle.

Napoleon litt unbeschreiblich darunter. Einige Stunden später ließ er mich zu sich rufen. Sein Gesicht war schrecklich entstellt, aber der Ausdruck war ruhig und seine Haltung fest. Er nahm von seinem Schreibtisch ein vollkommen von seiner Hand beschriebenes Papier und übergab es mir.

»Hier ist meine Abdankung, Caulaincourt; tragen Sie sie nach Paris.«

Niemals erschien mir Napoleon größer als in diesem Augenblick. Das verhängnisvolle Papier brannte mir in den Fingern. Vom Schmerz überwältigt, stürzten mir die Tränen aus den Augen.

»Tapferer, tapferer Freund … die Undankbaren!«, fügte er in herzzerreißendem Ton hinzu; »sie werden eines Tages um mich trauern …« Er warf sich in meine Arme und drückte mich mehrmals an sein Herz.

»Gehen Sie, Caulaincourt, gehen Sie sofort.«

»Sire, in einem so feierlichen, ernsten Augenblick bitte ich als Überbringer der öffentlichen Abdankungsakte Eurer Majestät um die Begleitung zweier Großoffiziere des Reichs.«

Er überlegte: »Ragusa und Ney … Marmont ist der älteste meiner Waffengefährten.«

»Der Herzog von Ragusa ist nicht hier, Sire; der Herzog von Tarent (Macdonald) wird die Armee würdig vertreten …«

Der Kaiser war unschlüssig, aber auf Anraten des Herzogs von Bassano (Maret) wurde Macdonald gewählt.

Die Vollmachten waren ausgestellt. Eine düstere Traurigkeit malte sich auf dem Gesicht des Kaisers. Nachdem er uns seine letzten Instruktionen erteilt hatte, ging er in sein Arbeitszimmer zurück, mir einen letzten Blick zuwerfend … Wir, Ney, Macdonald und ich, stiegen sofort in den Wagen. Raineval und Rumigny begleiteten uns als Sekretäre.

Souvenirs du duc de Vicence.

Der Kaiser Napoleon und der Baron Bourgoing in Fontainebleau, 5. April 1814

Der Kapitän Baron Bourgoing war von seinem Marschall, dem Herzog von Treviso (Marschall Mortier), beauftragt worden, dem Kaiser in Fontainebleau die Nachricht vom Abfall Marmonts in Essonne zu überbringen. Er kam am Morgen des 5. April 1814 gegen 6½ Uhr im Schloss an und wurde sogleich vorgelassen. Der Kaiser befand sich mit Berthier im Dianasaal.

»Was gibt es Neues?«, rief der Kaiser, als Bourgoing sich ihm auf ungefähr zehn Schritte genähert hatte.

»Sire, ich bin mit einer recht traurigen Nachricht beauftragt.«

»Zur Sache! Keine großen Vorbemerkungen.«

»Das 6. Korps ist soeben der Sache Eurer Majestät untreu geworden; es ist bereits auf dem Marsch nach Paris.«

Der Kaiser erfasste ungestüm den Arm Bourgoings und drückte ihn heftig.

»Das ist ja eine fürchterliche Nachricht, die Sie mir da bringen, junger Mann«, rief er. »Sind Sie dessen auch ganz sicher?«

»Sire, ich war selbst diese Nacht in Essonne. Mit meinen eigenen Augen habe ich die Truppen die Waffen ergreifen und in der Richtung der feindlichen Linien marschieren sehen.«

»Wussten die Truppen, wohin man sie führte?«

»Nein, sicherlich nicht. Ihrer Gewohnheit gemäß haben sie stillschweigend gehorcht.«

»Ah!«, sagte Napoleon; »man muss meine Soldaten täuschen, um sie mir zu entreißen!« Und dann fügte er hinzu:

»Haben Sie den Herzog von Ragusa (Marschall Marmont) in dem Augenblick gesehen, als die Truppen abmarschierten?«

»Nein, Sire, er war nicht in seinem Hauptquartier, als die Truppen abmarschierten. Ich sah ihn aber gestern Abend, als ich mit dem Herzog von Treviso in Essonne ankam. Erst durch die Generale habe ich das Ziel dieses Marsches erfahren. Ich habe sie ganz plötzlich verlassen müssen, weil ich fürchtete, sie wollten mich verhindern, meinem Marschall zu folgen.«

»Und ist die Kavallerie auch mit abmarschiert?«

»Ja, Sire, Infanterie, Kavallerie, Artillerie, alles ist in derselben Richtung aufgebrochen.«

»Es scheint«, wandte der Fürst von Neuchâtel (Marschall Berthier) in diesem Augenblick ein, »dass sie in geschlossenen Kolonnen abmarschiert sind.«

Diese Bemerkung beunruhigte den Kaiser, der schlecht gelaunt wiederholte:

»In geschlossenen Kolonnen, in geschlossenen Kolonnen!«

Dann fragte er Bourgoing:

»Was macht Mortier?«

»Sire, er schickt mich zu Ihnen, um Eurer Majestät seine vollkommene Ergebenheit zu versichern. Er erwartet Ihre Befehle, um gegen den Feind zu marschieren. ›Wir sind dem Kaiser auf Leben und Tod ergeben‹, hat er gesagt.«

»Ach, an diesen Worten erkenne ich ihn; ich weiß, dass ich auf ihn zählen kann! Und seine Truppen, und meine Junge Garde?«, fügte er traurig hinzu, indem er seine Blicke auf meinen Tschako richtete, »gedenkt auch sie mich zu verlassen?«

Bei dieser Frage, die zweifellos für denjenigen, der sie aussprach, sehr schmerzlich sein musste, bemächtigte sich Bourgoings eine heftige Bewegung. Er antwortete:

»Sire, die Junge Garde und die ganze Jugend Frankreichs sind bereit, für Sie zu sterben!«

Der Kaiser trat ganz dicht an ihn heran, sah ihm gerade ins Gesicht, und mit einer liebenswürdigen, zutraulichen Bewegung ließ er seine Hand unter die Fransen seiner Hauptmannsepauletten gleiten, um seine Schultern zu berühren.

»Ach ja«, sagte er, sich zu Berthier wendend, »die jungen Leute, die werden mich nicht verlassen!«

Dann sagte Napoleon zu Bourgoing, als er ihn verabschiedete:

»Gehen Sie, mein Freund. Sagen Sie Ihrem tapferen Marschall, dass ich auf ihn zähle, dass ich ihm für seine Treue danke und dass ich vollkommenes Vertrauen zu seinen Truppen habe. Er soll sich bereithalten und auf seiner Hut sein ... Übrigens«, fügte er traurig hinzu, »sagen Sie ihm, dass wir uns nicht mehr schlagen werden. Man will mich durch Intrigen zu Fall bringen.«

Baron P. de Bourgoing, Souvenirs d'histoire contemporaine.

Der Kaiser Napoleon und
der Palastpräfekt Bausset in Fontainebleau,
11. April 1814

Als die Kaiserin Marie-Louise 1814 Paris verlassen und sich nach Blois begeben hatte, war inzwischen von den verbündeten Fürsten und ihrem Vater über ihres Mannes, ihres Sohnes und ihr eigenes Geschick entschieden worden. Sie gab indes die Hoffnung nicht auf, Napoleon noch einmal wiederzusehen und zu ihm nach Fontainebleau gehen zu dürfen. Deshalb beauftragte sie den Palastpräfekten, Herrn von Bausset, mit einem Brief an den Kaiser von Österreich in Paris, um sich von ihm die Erlaubnis dazu einzuholen. Gleichzeitig übergab sie ihm einen zweiten Brief an Napoleon, der sie und den kleinen König von Rom sehnsüchtig erwartete.

Nachdem Bausset sich zuerst seiner Mission in Paris entledigt hatte – leider konnte er den Brief der Kaiserin nicht ihrem Vater selbst übergeben, da sich Franz noch in Troyes befand, sondern musste ihn dem Minister Metternich überlassen –, eilte er am 11. April um 2 Uhr morgens zu dem unglücklichen Kaiser Napoleon.

Der Palastpräfekt wurde sofort zum Kaiser geführt, dem er den Brief Marie-Louises übergab.

»Gute Louise!«, sagte Napoleon, nachdem er ihn gelesen, und befragte darauf Bausset sehr eingehend über die Gesundheit der Kaiserin und ihres Sohnes.

Der Palastpräfekt bat um eine Antwort auf den Brief, und Napoleon erwiderte:

»Bleiben Sie heute Abend hier, ich werde Ihnen dann einen Brief mitgeben.«

Bausset hatte den Kaiser ruhig und entschlossen gefunden, und er war ihm nie größer als damals erschienen. Als er das Gespräch auf die Insel Elba brachte, wusste der Kaiser bereits, dass ihm die Insel als Fürstentum gegeben werden würde. Er zeigte dem Palastpräfekten auch ein auf dem Tisch liegendes Buch über Geographie und Statistik, das über alle Einzelheiten der Insel Auskunft gab.

»Die Luft ist dort gut«, meinte der Kaiser, »und die Einwohner sind vortreffliche Menschen. Es wird mir dort nicht schlecht ergehen, und ich hoffe auch, Marie-Louise wird sich dort wohlfühlen.«

Er kannte zwar die Hindernisse, die man ihrer Vereinigung in Fontainebleau entgegensetzte, hoffte jedoch, dass wenn sie einmal Herzogin von Parma sei, es ihr gestattet werde, dass sie mit ihrem Sohn zu ihm nach Elba komme … Ja, er hoffte! Aber er sollte das Liebste, was er auf Erden besaß, nie wiedersehen!

Als dann der Fürst von Neuchâtel ins Zimmer trat, zog sich Bausset zurück, wurde jedoch an demselben Tag um zwei Uhr nachmittags von Neuem zum Kaiser beschieden, der ganz allein auf der Terrasse der Galerie Franz I. spazierenging. Er fragte den Palastpräfekten zuerst über die Ereignisse aus, bei denen dieser Zeuge gewesen. Napoleon billigte es durchaus nicht, dass man die Kaiserin zur Abreise von Paris veranlasst hatte. Und als Bausset ihn darauf aufmerksam machte, dass er dies doch selbst in einem Brief an seinen Bruder Joseph empfohlen habe, antwortete er:

»Die Umstände waren nicht mehr dieselben; man hätte einen den neuen Umständen gemäßen Entschluss fassen müssen. Die Anwesenheit Marie-Louises in Paris allein hätte den Verrat und die Auflösung einiger meiner Truppen verhindert. Ich aber stünde jetzt noch an der Spitze einer gefürchteten Armee, mit der ich die Feinde gezwungen haben würde, Paris zu verlassen und einen ehrenhaften Frieden zu unterzeichnen.«

Bausset hielt es hier für geeignet, ihm zu sagen, dass er leider diesen Frieden in Châtillon[1] nicht habe unterzeichnen wollen.

»Ich habe meinen Feinden niemals getraut«, erwiderte darauf der Kaiser; »jeden Tag kamen sie mit neuen Forderungen, neuen Bedingungen ... sie wollten gar keinen Frieden ... und dann ... ich hatte Frankreich versprochen, dass ich auf keine Bedingung eingehen würde, die ich für entehrend betrachtete, und stände auch der Feind auf den Höhen von Montmartre.«

Bausset bemerkte, dass wenn Frankreich auch auf seine natürlichen Grenzen beschränkt worden, es doch immer eins der schönsten Reiche der Welt geblieben wäre.

»Ich danke ab, trete aber nicht einen fingerbreit Land ab«, war die einzige Antwort, die Napoleon mit bewunderungswürdiger Hoheit darauf erwiderte.

Während dieser Audienz, die länger als zwei Stunden währte, sprach der Kaiser sich unter anderm auch über einige seiner Offiziere aus. Als er den Herzog von Tarent (Marschall Macdonald) erwähnte, fügte er lobend hinzu:

»Macdonald ist ein tapferer und rechtschaffener Krieger ... ich habe erst in diesen letzten Augenblicken die ganze Vornehmheit seines Charakters schätzen können. Seine Beziehungen zu Moreau hatten mich gegen ihn misstrauisch gemacht ... Aber ich habe ihm Unrecht getan und ich bedaure, ihn nicht früher und besser erkannt zu haben.«

Darauf ging er zu etwas anderem über.

»Da sehen Sie«, sagte er, »was es heißt, eine Bestimmung zu haben! Bei Arcis-sur-Aube[2] habe ich alles getan, was ich konnte, um einen ruhm-

1 Die Verbündeten versuchten auf dem Kongress von Châtillon, 4. Februar bis 19. März 1814, Napoleon zum Frieden zu bewegen, aber er glaubte ihn unter den vorgeschlagenen Bedingungen nicht schließen zu können.
2 20. und 21. März 1814.

vollen Tod zu finden, während ich Schritt für Schritt den vaterländischen Boden verteidigte. Ich habe mich schonungslos allen Gefahren ausgesetzt. Es regnete Kugeln um mich herum, meine Kleider waren durchlöchert – aber keine hat mich getroffen!«, fügte er seufzend hinzu. – »Der Tod, den ich nur einer verzweifelten Tat verdankte, wäre eine Feigheit. Der Selbstmord verträgt sich weder mit meinen Grundsätzen noch mit der Stellung, die ich in der Welt eingenommen habe.[1] … Ich bin zum Leben verdammt!«, sagte er wiederum mit einem Seufzer.

Sie machten darauf beide einen Rundgang über die Terrasse.

»Unter uns gesagt«, begann der Kaiser von Neuem mit einem bitteren Lächeln um die Mundwinkel, »ein lebender Trossbube ist mehr wert als ein toter Kaiser!« Die Miene, mit welcher er diese Worte aussprach, ließ vermuten, dass er dasselbe meinte, was in dem alten Sprichwort enthalten ist: Die Toten kehren nicht wieder.

Schließlich sprach Bausset ihm noch von den verschiedenen Personen, denen er auf seinem Weg nach Paris begegnet war. Der letzte Name, den er aussprach, war der des Generals Hulin.

»Oh, der!«, rief der Kaiser, »der wird immer zu spät kommen, um mit den Bourbonen Frieden zu schließen!«[2]

Dies waren Napoleons letzte Worte. Er kehrte in seine Gemächer zurück, und Bausset sah ihn nicht wieder.

Bausset, Mémoires anecdotiques sur l'intérieur du palais impérial.

[1] Und doch versuchte er vor seiner ersten Abdankung seinem Leben durch Gift ein Ende zu machen.
[2] Der General Hulin war 1804 Präsident des Kriegsgerichts, das den Herzog von Enghien zum Tode verurteilte.

Kaiser Napoleon und der Herzog von Tarent in Fontainebleau, 13. April 1814

Der Marschall Macdonald, der im Jahr 1814 Napoleon sehr zur Abdankung geraten hatte, wurde am 13. April zu ihm ins Schloss von Fontainebleau gerufen. Er war beauftragt, die von Napoleon ratifizierte Abdankungsakte nach Paris zu bringen. Bei dem Kaiser befanden sich der Herzog von Bassano (Maret) und der Herzog von Vicenza (Caulaincourt). Napoleon saß in einem einfachen Schlafrock aus Barchent vor dem Kamin. Seine nackten Füße steckten in Pantoffeln, und er trug keine Halsbinde. Den Kopf in beide Hände vergraben und die Ellbogen auf die Knie gestützt, machte er nicht die geringste Bewegung, als der Herzog von Tarent eintrat, obgleich dieser von dem Lakaien mit lauter Stimme gemeldet worden war. Der Kaiser schien vollkommen in Gedanken versunken zu sein.

Nach einigen Minuten schweigsamen Wartens sagte der Herzog von Vicenza:

»Sire, der Marschall Herzog von Tarent steht zu Ihren Diensten. Es ist von Wichtigkeit, dass er bald wieder nach Paris zurückkehre.«

Napoleon schien wie aus einem Traum zu erwachen und sehr erstaunt zu sein, dass er Macdonald vor sich erblickte. Er erhob sich, streckte dem Marschall die Hand entgegen und entschuldigte sich, dass er ihn nicht hatte eintreten hören. Erstaunt darüber, welche Veränderung mit dem Gesicht des Kaisers vorgegangen war, dessen Hautfarbe einen grüngelblichen Ton angenommen hatte, fragte ihn der Herzog: »Sind Eure Majestät leidend?«

»Ja«, antwortete der Kaiser, »ich habe mich diese Nacht sehr unwohl gefühlt.« Darauf setzte er sich, nahm seine alte Stellung wieder ein und schien von Neuem in seine Träumerei zu versinken. Die drei Anwesenden betrachteten ihn schweigend. Endlich nahm der Herzog von Vicenza nach einer ziemlich langen Pause wieder das Wort:

»Aber Sire, der Herzog von Tarent wartet. Sie müssen ihm die Schriftstücke ausliefern, deren Überbringer er sein soll, denn die Frist verstreicht in vierundzwanzig Stunden, und die Auswechslung muss in Paris stattfinden.«

Da erwachte Napoleon wiederum aus seinen Träumen und erhob sich, diesmal wie es schien etwas erleichterter, aber seine Gesichtsfarbe war dieselbe. Er war sehr traurig.

»Ich fühle mich ein wenig besser«, sagte er und fuhr dann fort: »Herzog von Tarent! Ich bin Ihnen unendlich dankbar für Ihr Verhalten und Ihre Aufopferung; sie hat mich tief gerührt. Ich hatte Sie verkannt. Man hatte mich gegen Sie eingenommen. Ich habe für andere, die mich aufgegeben und mich im Stich gelassen haben, so viel getan, sie mit Wohltaten überschüttet, und Sie, der Sie mir nichts verdanken, sind mir treu geblieben! Meine Anerkennung Ihrer Biederkeit kommt zu spät, und ich bedaure aufrichtig, in einer Lage zu sein, in der ich Ihnen meine Dankbarkeit nur durch Worte beweisen kann. Ich weiß, dass Ihre Uneigennützigkeit und Ihr Zartgefühl Sie ohne Vermögen lassen. Ich weiß auch, dass Sie im Jahr 1809 in Graz ein bedeutendes Geschenk abwiesen, das Ihnen die Stände jener Provinz anboten als Beweis ihrer Dankbarkeit für die strenge Disziplin und Ordnung, die Sie unter meinen Truppen hielten, sowie für Ihre strenge Rechtlichkeit. Damals war ich reich und mächtig, jetzt bin ich arm.«

»Ich hoffe«, antwortete Macdonald, »Eure Majestät achten mich genug, um zu glauben, dass ich in Ihrer jetzigen Lage keinerlei Belohnung annehmen würde. Mein Verhalten, dem Sie einen viel zu hohen Wert beimessen, war völlig uneigennützig.«

»Ich erkenne es an«, erwiderte der Kaiser, ihm die Hand drückend. »Aber ohne Ihr Feingefühl zu verletzen, können Sie ein Geschenk anderer Art annehmen: den Säbel Murad-Beys. Ich habe ihn in der Schlacht am Berg Tabor getragen. Heben Sie ihn sich als Andenken an mich und meine Freundschaft für Sie auf.«

Er ließ den Säbel holen und gab ihn dem Marschall. Dieser nahm ihn und dankte ihm gerührt dafür. Beide umarmten sich herzlich, und Napoleon forderte den Herzog von Tarent auf, ihn in Elba zu besuchen, wenn ihn sein Weg nach Italien führen sollte. Er versprach es. Dann nahmen die beiden Waffengefährten Abschied voneinander. Man händigte dem Marschall die Dokumente ein, die er nach Paris bringen sollte. Er ging und sah den Kaiser niemals wieder.

Souvenirs du maréchal Macdonald, duc de Tarente.

Napoleon und der österreichische Kommissar General Koller in Fontainebleau, 20. April 1814

Endlich, am 20. April 9 Uhr schien alles zur Abreise des Kaisers bereit zu sein. Der österreichische Kommissar General Koller zeigte dies in einem im letzten Augenblick aufs Papier geworfenen kurzen Bericht dem Fürsten Metternich an und fügte hinzu:

»Der Kaiser Napoleon hat heute früh noch den Wunsch geäußert, die Rückkehr des Majors Clam[1] mit der Antwort wegen der Dotation der Insel Elba abzuwarten. Ich habe aber diesen Vorsatz durch die Versicherung, dass Graf Clam uns bestimmt spätestens den 21. mit der vom Kaiser erwarteten Entscheidung ereilen werde, vereitelt.«

General Koller hatte diesen Bericht mit einem Eilboten soeben nach Paris geschickt, als ihn Napoleon rufen ließ und mit der unerwarteten Erklärung empfing, er werde nicht abreisen. Ja, er könne, fuhr er aufgeregt fort, dadurch, dass die Verbündeten die ihm gemachten Zusagen nicht einhielten, sogar seine Abdankung widerrufen. Mehr als tausend Depeschen seien ihm in dieser Nacht überbracht worden, die ihn beschworen, die Zügel der Regierung wieder zu ergreifen. Er werde sich an seine Garde wenden, und da werde man sehen, was alte Soldaten seien.

Er sprach von der Falle, in die man ihn locken wolle, indem man es offenbar darauf abgesehen habe, die Insel Elba vor der Übergabe an ihn von allem zu entblößen. Ferner sprach er von den Hindernissen, die man der Kaiserin in den Weg lege, ihm zu folgen.

---

1   Er war erster Adjutant des Generals Koller.

»Der Kaiser von Österreich«, rief er aus, »ist ein Mann ohne Gewissen, der die Ehe seiner Tochter trennen will. Kaiser Alexander hat ihr die Regentschaft genommen und sie dann, wie zum Hohn, in Rambouillet besucht, ja sogar den König von Preußen mitgeschleppt.«

Als Koller hier einzuwenden sich erlaubte, diese Besuche seien nicht zum Hohn geschehen, sondern Akte der Höflichkeit gewesen, wollte dies Napoleon höchstens für Alexander gelten lassen, niemals aber für Friedrich Wilhelm III., der ihm, wie aus jeder seiner Äußerungen hervorging, von Grund aus verhasst war.

Er kam nun auf alles Mögliche zu sprechen, wobei er sich mit großer Leidenschaftlichkeit über das Verhängnis ausließ, das ihn getroffen. Als Koller einwendete, wie es doch kaum dreiviertel Jahr früher in seiner Hand gelegen habe, sein Schicksal ganz anders zu gestalten – er meinte die Verhandlungen in Prag im Sommer 1813 –, wurde Napoleon nachdenklich und sagte:

»Was wollen Sie, ich habe mich zu jener Zeit in Träumen gewiegt! Ist es nicht erlaubt, manchmal zu träumen? Ich bin jetzt davon abgekommen!«

Dann beklagte er sich, man habe ihm damals nicht mehr als zwölf Tage Zeit gelassen – was übrigens nicht richtig war, denn die Unterhandlungen schleppten sich mehr als vier Wochen hin –, worauf Koller einwandte, man habe zu oft die Bemerkung gemacht, dass er Unterhandlungen nur dazu benutzt habe, um neue Kräfte zur Fortsetzung des Krieges zu sammeln.

»Wenn List im Krieg erlaubt ist, warum sollte sie es nicht auch bei Verhandlungen sein?«, rief der Kaiser. »Was übrigens den Prager Kongress betrifft, so gestehe ich, dass ich mich in euch getäuscht habe. Ich habe euch so beurteilt, wie ich euch bei früheren Gelegenheiten kennengelernt habe, und ihr hattet euch inzwischen zu eurem Vorteil verändert.«

Es gelang dem österreichischen Bevollmächtigten, Napoleon so weit zu beschwichtigen, dass dieser sagte:

»Wohlan denn, ich will noch einmal meinem Versprechen treu bleiben;

aber wenn ich neuen Grund finde, mich zu beschweren, werde ich mich als von allem entbunden betrachten, was ich versprochen habe.«

In diesem Augenblick trat der kaiserliche Flügeladjutant Graf Bussy ein, um im Auftrag des Oberstmarschalls zu melden, es sei alles zur Abreise bereit und bald elf Uhr.

»Oho!«, rief Napoleon, »kennt mich etwa der Herr Oberstmarschall nicht? Seit wann ist es Brauch, dass ich mich nach seiner Uhr zu richten habe? Ich werde abreisen, wann es mir beliebt, und vielleicht beliebt es mir gar nicht!« … Er knüpfte den Faden des Gesprächs von Neuem an. Er suchte Koller zu überzeugen, in welche gefährliche Lage sich Österreich durch sein neuestes Bündnis mit Russland und Preußen gebracht habe. Frankreich sei der natürliche Verbündete Österreichs, während es von Russland umschlungen und erdrückt werde.

»Sire«, warf Koller ein, »man pflegt unmittelbare Gefahren näher ins Auge zu fassen als entferntere Befürchtungen.«

Napoleon stutzte über diese ungeschminkte Rede:

»Ich achte Sie wegen des Freimuts Ihrer Bemerkungen. Wenn Sie gegen Ihren Monarchen mit gleicher Offenheit handeln, muss ich Sie für einen unschätzbaren Diener halten. Ich war nicht so glücklich, solche zu besitzen.«

Der Kaiser kam nun auf die Ereignisse der letzten Monate zu sprechen, auf die Anerbietungen von Frankfurt am Main, auf den Kongress von Châtillon und auf die Bourbonen. Worüber sich Napoleon am meisten ereiferte, war, dass Graf Artois die ihm abgenommenen Millionen sich zugeeignet habe, worüber die Truppen, besonders die Garde, sehr unzufrieden seien, weil man sie glauben mache, Napoleon habe diese Summen zur Bezahlung des rückständigen Soldes bestimmt. Jetzt sei der König, selbst gegen den Willen der provisorischen Regierung, entschieden, dieselben für sich zu behalten.

»Sie sehen«, sagte Napoleon, »dass sich die Bourbonen mit derartigen Anordnungen nicht halten werden.«

Während der Unterredung sprach Napoleon fast die ganze Zeit allein und ließ den Gegenüberstehenden nur wenig zu Wort kommen. Koller besaß Takt genug, den geeigneten Augenblick herauszufinden, um ihn rasch zu ergreifen und geschickt für seine Zwecke zu benützen. So knüpfte er auch jetzt an Napoleons Rückblick auf die jüngsten Wechselfälle Bemerkungen an, die den entthronten Kaiser daran mahnten, wie oft es seit August des verflossenen Jahres in seiner Hand gelegen habe, seinem Schicksal einen ungleich günstigeren Ausgang zu bereiten, und wie sehr er jetzt wieder zu befürchten habe, alle durch den Vertrag vom 11. April ihm zugestandenen Vorteile aufs Spiel zu setzen, wenn er mit seiner Abreise unbegründete Weitläufigkeiten mache und seinerseits zu erfüllen säume, was die Verbündeten von ihm erwarten müssten.

»Sie wissen sehr wohl, dass ich mein Wort niemals gebrochen habe!«, sagte Napoleon zuletzt, indem er den General verabschiedete. Darauf ließ er den Obersten Campbell[1] kommen, dem er abermals seinen Plan entwickelte, sich, wenn es die Mächte zu arg mit ihm trieben, den Engländern in die Arme zu werfen. Dann unterhielt er sich mit Schuwalow und Truchseß[2] von gleichgültigen Dingen und erklärte sich endlich zur Abfahrt bereit.

Es war nahezu Mittag, als Napoleon über die Marmortreppe des Schlosses von Fontainebleau in den großen Hof hinabstieg, wo die Alte Garde in Schlachtordnung aufgestellt war, während die äußern Zugänge von herbeigeströmten Bewohnern der Stadt und Umgegend besetzt waren. Der Kaiser ließ die Trommel rühren, die Generale und Offiziere einen Halbkreis um ihn bilden, trat vor die Garde hin und redete, sichtlich ergriffen und von seinem Gegenstand fortgerissen, seine bewährten Waffengenossen an.

---

1 Englischer Kommissar.
2 Schuwalow war russischer und Truchseß war preußischer Kommissar.

Er sagte ihnen Lebewohl! Zwanzig Jahre hindurch habe er sie treu und tapfer gefunden. Er danke ihnen für die edle Aufopferung, die sie unter den bedrängten Umständen der letzten Tage bewiesen! Aber ein Teil der Armee sei seinen Pflichten untreu geworden, die Verbündeten hätten ganz Europa gegen ihn zu den Waffen gerufen; die Befreiung der Hauptstadt sei unmöglich geworden. Wohl hätte er mit drei Vierteln des Heeres, die ausdauernd zu ihm hielten, den Krieg noch drei Jahre fortsetzen können, aber ihr schönes Vaterland würde dadurch in eine Wüste verwandelt worden sein. Und würde man selbst um diesen Preis haben hoffen können, ganz Europa mit Erfolg die Spitze zu bieten? So habe er denn, das Wohl Frankreichs im Auge, das Opfer all seiner Rechte und persönlichen Interessen auf den Altar des Vaterlandes niedergelegt, dessen Glück und Ruhm das Ziel seines Lebens gewesen. Er hätte seinem Dasein ein Ende machen können, doch er wolle leben – leben für *sie*! Er wolle in das Buch der Geschichte aufzeichnen, was durch sie Großes geschehen sei.

Sein einziger Trost werde sein, in der steten Kenntnis von allem zu bleiben, was Frankreich noch ferner für den Ruhm seines Namens verrichten werde.

Hier winkte er den General Martin Petit herbei, den er auf beide Wangen küsste, und ließ sich die Adler der Garde herbeibringen, die er mit Inbrunst an sein Herz drückte.

»Ich kann euch nicht alle umarmen«, rief er mit bewegter Stimme, »aber ich umarme und küsse euren General und eure Adler, die euch in den Tagen der Gefahr und des Ruhmes geführt haben. Lebt wohl! Meine Wünsche werden euch stets begleiten. Bewahrt mir eure Erinnerung!«

Der Auftritt war im höchsten Grade ergreifend, Tränen flossen über die wettergebräunten Backen der ältesten Soldaten, die Generale und Offiziere drängten sich um den Kaiser, um ihm die Hände, den Rock, ein Stück von seiner Uniform zu küssen. Selbst die Kommissare der Verbündeten, unmittelbare Zeugen dieses ganzen Vorgangs, konnten eine tiefe Bewegung nicht verbergen. »Das ist eine sehr rührende Szene«, soll der englische Kommissar Campbell ausgerufen haben, »und dieses großen Mannes würdig.«

Napoleon I. Fahrt von Fontainebleau nach Elba, April bis Mai 1814. Mit Benützung der amtlichen Reiseberichte des kaiserlich österreichischen Kommissars General Koller. Von J. A. Freiherr von Helfert.

DRITTER BAND

Vorwort

Napoleon ging seinem Untergang entgegen. Die Niederlage bei Leipzig, der blutige Feldzug von 1814 hatten ihm seine letzten Kräfte geraubt: er war dem gewaltigen Ansturm des verbündeten Europas unterlegen. Am 7. April erfolgte in Fontainebleau seine Abdankung. Dem gestürzten Kaiser wurde die Insel Elba als Eigentum übergeben, wo er als souveräner Fürst herrschte.

Elba wurde dadurch der Mittelpunkt des Interesses Europas. Viele bedeutende Männer reisten nach der Insel, um den großen Mann zu sehen. Vor allen Dingen scheuten die Engländer keine Mühen, um eine Audienz bei dem ehemaligen Herrscher der Welt zu erlangen. In überaus liebenswürdiger Weise empfing der Kaiser die Besucher. Er unterhielt sich stundenlang mit Gelehrten, Künstlern und Offizieren über alle möglichen Gegenstände und zeigte dabei auf allen Gebieten überraschende Kenntnisse. Auch über seine Regierung und über sein Schicksal äußerte er sich ganz frei und ungezwungen:

»Das hat man davon, wenn man zu hoch hinaus will«, sagte er zu den Engländern Vernon und Fazakerley. »Ich bin der geborene Soldat. Plötzlich sah ich mich mitten in der Revolution. Der Thron war frei. Ich bemächtigte mich seiner und behielt ihn, solange ich konnte; und jetzt, jetzt bin ich wieder das, was ich im Anfang war: ein einfacher Soldat!«

Viele dieser Besucher in Elba haben ihre Unterredung mit dem Kaiser Napoleon niedergeschrieben und der Öffentlichkeit übergeben. Die interessantesten davon habe ich in diesen dritten Band meiner »Gespräche Napoleons« aufgenommen. Dieser Teil bildet wohl den anziehendsten der ganzen Sammlung, da er den Kaiser in der tragischsten Epoche seines Lebens zeigt. Weiteres Material haben die Memoirenschreiber der Hundert Tage geliefert, die den Triumphzug des Kaisers nach Paris berichten. Diese Aufzeichnungen sind vor allen Dingen Zeugen der Geschicklichkeit, mit der Napoleon die Rede beherrschte. Wenige Worte des Kaisers genügten, um seine alten Waffengefährten wieder seinen Fahnen zuzuführen. So begrüßte er den Marschall Ney, der sich Ludwig XVIII. erboten hatte, Napoleon gefangen in einem Käfig nach Paris zu führen, mit folgenden Worten:

»Umarmen Sie mich, mein lieber Marschall. Ich bin sehr froh, Sie wiederzusehen. Ich verlange weder eine Aussprache noch eine Rechtfertigung. Ich habe Sie stets als den Tapfersten der Tapferen geehrt und geachtet.«

Waterloo war geschlagen, der Kaiser von den Engländern gefangen genommen. Feierlich verwahrte er sich gegen die Verletzung des Gastrechts. Vergeblich! Auf St. Helena sollte er seine Tage beschließen. Beim Abschied von seiner Garde in Fontainebleau hatte er gesagt: »Meine schönste Beschäftigung wird von nun an die sein, der Nachwelt mitzuteilen, was Ihr Großes getan habt.« Es blieb ihm erst auf Helena vorbehalten, dieses Versprechen zu erfüllen.

Ich habe aus den Werken seiner Gefährten auf St. Helena diejenigen Gespräche und Diktate herausgenommen, in denen sich der Kaiser über die wichtigsten Fragen und Ereignisse seiner Regierung ausspricht. Ferner fanden einige sehr interessante Berichte von Engländern Aufnahme, die Napoleon in die Verbannung geleiteten oder sich auf St. Helena befanden. Sie sind sehr oft von einer außerordentlichen Originalität.

Manchmal ließ sich der Kaiser im Laufe der Unterhaltung von dem Gegenstand hinreißen und entwickelte dann mit großer Beredsamkeit und einem Feuer und Mienenspiel ohnegleichen den atemlos Lauschenden seine Zukunftspläne.

Groß war seine Empörung über das falsche Spiel, das die Engländer bei seiner Gefangennahme mit ihm getrieben hatten. Dem englischen Arzt Arnott sagte er, als er seinem Ende nahe war: »Mein Tod ist die Folge von Beleidigungen, würdig der Hand, die sie mir verabreichte.« Dann schloss er seine Rede mit den Worten:

»Ich aber, der ich meine Tage auf diesem entsetzlichen Felsen beende, der Meinigen beraubt und von allem entblößt, ich vermache die Schande und die Abscheulichkeit meines Todes der regierenden Königsfamilie von England.«

Napoleon und der englische Kapitän Sir Thomas Ussher auf der Fahrt nach Elba, 29. April 1814

Der mit der Überführung des Kaisers Napoleon nach Elba beauftragte englische Kapitän Ussher erzählt in seinem interessanten Reisebericht:

Als wir mit unserem Boot dicht in der Nähe des ankernden »Undaunted« Bord an Bord lagen, sprang ich sofort hinauf, um den Kaiser auf meinem Schiff selbst zu empfangen. Sobald er erschien, lüftete er seinen Hut und begrüßte die auf dem Deck versammelten Offiziere, um sich gleich darauf nach dem Vorderdeck zu begeben, wo er mit den Matrosen, die etwas Französisch verstanden, ein Gespräch anknüpfte. Nichts schien seiner Aufmerksamkeit zu entgehen, und das erste, das sein Interesse erregte, war die Zahl der zu unserem Schiff gehörigen Boote, deren wir, soviel ich mich erinnere, elf besaßen.

Nach Aufhissen aller Segel und Abfeuern des kaiserlichen Grußes geleitete ich Bonaparte nach der Kajüte, wo ich ihm die für ihn bestimmte Hängematte zeigte und hinzufügte, dass ich ihm leider keine bessere zur Verfügung stellen könnte. Lächelnd erwiderte Napoleon, er fände es in der Kajüte ganz behaglich und würde dort gewiss vortrefflich schlafen. Wir setzten nun alle Segel bei und steuerten auf Elba los.

Der Kaiser war bekanntlich ein Frühaufsteher. Dies sollten wir auch erfahren, denn am nächsten Morgen erhob er sich bereits um 4 Uhr und nahm eine Tasse starken Kaffee zu sich. Um 7 Uhr erschien er auf Deck und ließ sich durch das Schaukeln des Schiffes nicht im Geringsten stören. Als wir an der Insel Malta[1] vorbeisegelten, wechselten wir mit ihr die üblichen Grüße, während ich telegraphierte[2], dass sich der Kaiser an Bord unserer Fregatte befände. Der Wind war nach Süden umgesprungen, und ich lavierte in der Richtung nach Korsika.

Um 10 Uhr nahmen wir das Frühstück ein, woran Graf Bertrand, Graf Drouot, Freiherr von Koller, Oberst Sir Neil Campbell, Graf Clam-Martinic und die Offiziere vom Dienst teilnahmen. Napoleon war sehr aufgeräumt und schien uns durchaus davon überzeugen zu wollen, dass trotz all seines persönlichen Ehrgeizes England doch noch seinen Vorteil dabei gefunden hätte.

Im Lauf des Gesprächs äußerte der Kaiser Folgendes:

»Seit dem Protektorat Cromwells haben sich die Engländer einen ganz besonderen Eigendünkel zugelegt und maßen sich an, die Herrscher zur See zu spielen. Als nach dem Frieden von Amiens Lord Sidmouth den früheren Handelsvertrag, der nach Ablauf des amerikanischen Krieges zu Vergennes abgeschlossen worden war, zu erneuern wünschte, äußerte ich, von dem Wunsch beseelt, die Industrie Frankreichs zu heben, die Absicht, einen anderen Vertrag schließen zu wollen. Der bisherige entsprach, wie aus den Versailler Staatsakten ersichtlich ist, keineswegs den Interessen Frankreichs. Es schwebte mir ein auf Wechselseitigkeit begründeter Vertrag vor, dass nämlich England als Entgelt für seine in Frankreich eingeführten Waren seine Häfen den französischen Produkten öffnen sollte.«

Hierauf jedoch sagte Lord Sidmouth:

»Das wäre ja etwas ganz Neues. Unmöglich kann ich unter solchen Bedingungen einen Vertrag abschließen.«

»Dann lassen Sie dies hübsch bleiben«, erwiderte ich, »und da wir uns

---

1 Ussher irrt sich. Es kann nicht die Insel Malta gewesen sein, sondern nur die Insel Sainte-Marguerite, eine der Lerinischen Inseln.
2 Durch Zeichen.

gegenseitig zu keinem Vertrag zwingen können, wollen wir von jetzt ab keine Handelsgemeinschaft miteinander pflegen.«

»In diesem Fall«, antwortete Lord Sidmouth, »ist ein Krieg unausbleiblich. Denn wenn die Engländer merken, dass ihren Handelsinteressen Schaden droht, werden sie mich zu einer Kriegserklärung veranlassen.«

»Ganz nach Ihrem Belieben, mein lieber Lord Sidmouth«, lautete meine Entgegnung. »Es ist meine Pflicht, Frankreich in seinen berechtigten Interessen zu schützen, und mir fällt gar nicht ein, bei dem Abschluss eines Handelsvertrags von einem anderen Gesichtspunkt als dem eben angedeuteten auszugehen.«

Zum Schluss fügte Napoleon noch hinzu, England hätte zwar Malta vorgeschützt, aber alle Welt wüsste, dass dies nicht die wahre Ursache des Bruchs gewesen wäre und er es mit seinen friedlichen Absichten ernst gemeint hätte. Ein Beweis hierfür sei die Entsendung einer Expedition nach Sankt Domingo gewesen.

Als hierauf Oberst Campbell äußerte, England hätte ihm von dem Augenblick an nicht mehr getraut, seitdem er den Handelsvertrag abgelehnt und Agenten nebst Ingenieuren zur Prüfung der Häfen nach Irland gesandt habe, antwortete Napoleon lachend, dass dies gar nicht der Zweck ihrer Entsendung gewesen sei, und zwar aus dem einfachen Grund, weil ihm jeder Hafen von Großbritannien sehr genau bekannt wäre.

Hierauf bemerkte Graf Bertrand, dass ja jeder Gesandte streng genommen ein Spion sei.

»Die Amerikaner«, fuhr Napoleon fort, »machten keine Schwierigkeiten, meine Handelsinteressen als recht und billig anzuerkennen. Früher brachten sie Baumwolle und Tabak im Wert von mehreren Millionen nach Frankreich und nahmen bares Geld dafür. Hierauf gingen sie nach England, um englische Waren einzukaufen. Als ich mich weigerte, die Einfuhr des Tabaks und ihrer Baumwolle zu gestatten, falls sie nicht französische Produkte als Entgelt nach Amerika mit sich nähmen, räumten sie die Berechtigung meiner Forderungen ein.

Übrigens«, fügte der Kaiser hinzu, »hat England von jetzt ab überall freies Spiel, denn es gibt keine Macht mehr, die seinem System erfolgreich entgegentreten könnte. Infolgedessen kann es jetzt Frankreich jeden beliebigen Vertrag aufzwingen.

Die Bourbonen, diese armen Teufel«, hier stockte er, »sind weiter nichts als adlige Großgrundbesitzer, deren einzige Sorge in der Wiedererlangung ihrer Güter und Schlösser besteht. Sobald aber das französische Volk die Sache satt bekommt und gewahr wird, dass seine Herrscher für Handel und Industrie kein Interesse hegen und der erwartete Aufschwung im Innern ausbleibt, wird es die Bourbonen in einem halben Jahr zum Teufel jagen. Marseille, Nantes, Bordeaux und die Hafenplätze machen sich allerdings nichts daraus, denn ihr Handel bleibt immer der gleiche, aber im Innern steht die Sache ganz anders.

Welche Sympathien genoss ich in Tarare, Lyon und den anderen Fabrikstädten, deren Industrie durch mich in jeder Weise gefördert wurde!«

Napoleon berührte hierauf Spanien und äußerte hierzu Folgendes:

»Im Hinblick auf seinen Handel und seine ausländischen Besitzungen liegt es im Interesse Spaniens, dieses natürlichen Freundes Frankreichs und Feindes Englands, mit ersterem verbündet zu sein.

Es ist eine Schmach, dass es England im Besitz Gibraltars duldet! Die Festung müsste unbedingt fallen, wenn sie von den Spaniern ein Jahr lang Tag und Nacht hindurch bombardiert werden würde.«

Nachdem der Kaiser gefragt, ob wir Cintra noch in unserem Besitz hätten, sagte er:

»Als ich Spanien bekriegte, tat ich dies nicht, um eins meiner Familienmitglieder auf den spanischen Thron zu setzen, sondern vielmehr, um durch eine Staatsumwälzung ein rechtmäßiges Königtum zu begründen, die Inquisition zu beseitigen und die Feudalrechte sowie die ungesetzlichen Ansprüche gewisser Klassen abzuschaffen.«

Der Kaiser kam auch noch auf unsern unberechtigten und von keiner Kriegserklärung eingeleiteten, gegen Spanien gerichteten Angriff und auf die Beschlagnahme derjenigen Fregatten zu sprechen, die mit Silber und Schätzen beladen nach der Heimat zurückkehrten. Hierauf bemerkte jemand, die Beschlagnahme wäre deshalb erfolgt, weil Spanien – wie allgemein bekannt – mit ihm gemeinschaftliche Sache zu machen beabsichtigte, sobald jenes Silber angelangt wäre.

»Nein«, antwortete Bonaparte, »diese Schätze brauchte ich nicht, denn mein monatliches Einkommen betrug damals 5 Millionen Franken.«

Als ich Napoleon betreffs der Expedition nach der Insel Walcheren befragte, äußerte er sich folgendermaßen:

»Zur Behauptung dieser Insel würde ich nicht weniger als 14 000 Mann gebraucht haben, von denen jährlich die Hälfte durch Krankheit zugrunde gegangen wäre. Sodann hätte ich, wenn ich solche Ziele in der Nähe Antwerpens verfolgte, jeden Augenblick angegriffen werden können und dann der Übermacht weichen müssen. Endlich fehlte es mir in Anbetracht der umfangreichen und weitläufigen Vorbereitungen an Zeit, um ein solches Unternehmen wagen zu dürfen. Als ich in Wien war, ordnete ich von dort aus die Entsendung einer Expedition zum Schutz Antwerpens an, denn ich war der Meinung, dass ein von mir vorbereiteter und mit 10 000 Mann gegen die Engländer gerichteter Handstreich von Erfolg sein würde.

Noch heute muss ich darüber lachen, dass die Engländer damals mit der Belagerung Vlissingens, die ihnen einen großen Teil ihres Heeres kostete, so viel Zeit vergeudeten, anstatt sofort Antwerpen anzugreifen. Auch schien es mir unbegreiflich, dass die englische Regierung die Oberleitung dieses wichtigen Unternehmens einem solchen Befehlshaber anvertraut hatte.[1]«

Captain Sir Thomas Ussher, A narrative of events connected with the first abdication of the Emperor Napoleon. – Nach der deutschen Übertragung von Otto Simon unter dem Titel: Von Frejus nach Elba.

[1] Herzog Friedrich von York, englischer Feldmarschall.

Napoleon, der General Koller und der Oberst Campbell in Portoferraio, Juni 1814

Der Kaiser schien es auf Elba nicht zu lieben, dass man sich über Krieg oder Politik unterhielt, deshalb hütete man sich sehr, darüber zu sprechen. Einst waren der General Koller und der englische Oberst Campbell bei Napoleon zum Abendessen geladen. Das Essen verlief traurig, da der Kaiser traurig war. Diese Einsilbigkeit, die bei der Tischgesellschaft herrschte, wurde erst durch das Erscheinen der Zeitungen unterbrochen, die von einer Bewegung der verbündeten Truppen berichteten.

Dies führte eine militärische Auseinandersetzung herbei. Zuerst ließ der Kaiser die Offiziere reden, dann warf er einige Worte dazwischen, und schließlich mischte er sich selbst in die Unterhaltung, deren Mittelpunkt er sofort wurde. Er wurde lebhaft, und mit fortgerissen, erzählte er schließlich den unsterblichen Feldzug von Frankreich.[1]

Der Kaiser gab alle Stellungen an, alle Treffen, Kämpfe und Schlachten. Er erwähnte genau Tag und Stunde. Jedes Mal, wenn er die militärischen Ereignisse beschrieb, in denen er mit einer Handvoll Soldaten ganze Divisionen besiegt hatte, wandte er sich besonders an den General Koller und rief: »Widerlegen Sie mich, Koller, wenn ich nicht recht habe.«

Endlich kam der Kaiser zu dem Augenblick, wo der Feind sich unter den Mauern der Hauptstadt befand.

»Ihre Armee«, sagte er, und dabei wandte er sich immer an den Gene-

---

1   Im Winter 1814.

ral Koller, »Ihre Armee wäre verloren gewesen, wenn mich der Marschall Marmont nicht verraten hätte!«

Und dann fuhr er fort, indem er auf die strategischen Einzelheiten überging:

»Durch diese Bewegung würde ich Sie von Ihrem Munitionspark und von Ihren Magazinen abgeschnitten haben; durch eine andere Bewegung würde ich, wenn Marmont mir treu geblieben wäre, Ihre Operationen gelähmt haben, denn ich hatte Zeit, mich nach Paris zu begeben, die Straßen verbarrikadieren zu lassen, den Volksgeist wieder anzufachen, eine Massenbewegung ins Werk zu leiten und dieses oder jenes Korps heranzuziehen. Dann würde ich, alles in allem genommen, Herr der Stellungen, frei in meinen Bewegungen, Sie anzugreifen, gewesen sein und an dieser oder jener Stelle eine Schlacht geschlagen, Sie zermalmt und bis über die Weichsel zurückgeworfen haben …«

Der Kaiser sprach die letzten Worte mit einer derartigen Energie, Erregung und mit solchem Feuer aus, seine Gesten waren so bezeichnend, dass der General Koller und der Oberst Campbell sich einen Augenblick an die Ufer jenes Flusses versetzt zu sehen glaubten!

Alle waren bewegt. Der General Koller verbarg seine Empfindungen nicht.

Nach langem Nachdenken begann der Kaiser mit mehr Ruhe, aber nicht ohne Bewegung:

»Wenn ich nur ein elender Abenteurer gewesen und mir nur daran gelegen gewesen wäre, meine Krone zu bewahren, anstatt Beweise meiner Liebe fürs Vaterland zu geben, so blieben mir trotz der Verrätereien, die mir viel Unglück gebracht haben, trotz des Überdrusses meiner Marschälle, die seit unseren Niederlagen die Glückseligkeiten Capuas erträumten, genügend Mittel, um noch zwei Jahre lang den Krieg im Innern weiterzuführen. Selbst meine Feinde müssen dies zugeben. Aber ich habe vorgezogen, mich zu opfern, anstatt die Leiden Frankreichs noch mehr zu vermehren. Ganz Frankreich ist *für* mich! Die Nachwelt, die allein mich zu richten und zu beurteilen vermag, wird sagen, was ich alles getan, was ich zum Ruhme Frankreichs vollbracht habe. Möge das französische Volk glücklich sein, das ist von jetzt ab mein heißester Wunsch!«

General Koller gab zu, dass der Kaiser den Krieg noch lange hätte fortsetzen können.

Vom Krieg kam man auf die Politik zu sprechen. Oberst Campbell sagte, dass die Wahl der Bourbonen zur Herrschaft über Frankreich ihn am meisten in der stattgefundenen Veränderung erstaunt hätte.

Der Kaiser antwortete ihm:

»Aber gerade *Ihre* Regierung wollte es so!«

Napoleon fuhr noch eine Weile fort, über die Bourbonen zu reden, und war dabei vollkommen ruhig.

»Die Bourbonen«, sagte er, »passen nicht mehr für Frankreich, solange sie nur einige alte Royalisten ohne Einfluss für sich haben. Bald werden sie durch ihre lächerlichen Forderungen mehr Unheil angerichtet als Gutes getan haben. Da aber die Interessen Englands diese Auferstehung der Bourbonen erforderten, hätte Ludwig XVIII. Frankreich in Besitz nehmen sollen, wie man es ihm gab, mit allen Einrichtungen und nationalen Gewohnheiten, anstatt es mit alten Kleidungsstücken, die keinem Menschen mehr passen, auszustaffieren und lächerlich zu machen. Er hat es nicht getan. Nun gut, ich prophezeie ihm: In 25 Jahren wird er nicht mehr auf seinem Thron sitzen, und wenn in dieser Zeit irgendein revolutionärer Sturm um seine Ohren braust, dann wird er wieder ›seine Freunde, die Feinde‹ aufsuchen.«

Pons (de l'Hérault), Souvenirs et anecdotes de l'île d'Elbe.

Der Kaiser Napoleon und der Engländer G. V. Vernon in Portoferraio, 19. November 1814

Lieber gnädiger Herr – schrieb Vernon an den Marquis von Lansdowne aus Whilton Tower am 1. März 1815 – ich habe mich bemüht, Ihrer Bitte nachzukommen und gebe Ihnen im Folgenden einen Bericht über unsern jüngsten Besuch bei dem Herrscher von Elba. Sie werden jedoch leicht begreifen, dass ich Sie nur mit einer unvollkommenen Skizze einer langen und sehr unzusammenhängenden Unterhaltung versehen kann, die beinahe vier Stunden währte. Zufällig sprach Napoleon während dieser Zeit selbst lange ohne Unterbrechung, denn er war keineswegs wissbegierig außer in Hinsicht auf Ägypten. Dagegen ging er bereitwilligst und ausführlich auf fast jedes Thema ein, das angeschlagen wurde. Früher hatte ich einmal von Herrn von Metternich gehört, dass Napoleon »aimait beaucoup à causer, et à se faire écouter«. Das war alles, was wir wünschen konnten. Unser Anteil an dem Gespräch beschränkte sich darauf, ihm zuzuhören und, soweit sich die Gelegenheit bot und es der Anstand erlaubte, über Dinge von Interesse zu sprechen, die uns zu jener Zeit begegnet waren. Diejenigen Stellen unserer Unterhaltung, deren ich mich noch sehr deutlich erinnere, wollte ich Ihnen Französisch überliefern. Mit Fazakerleys[1] Hilfe könnte ich wahrscheinlich, besonders was den ersten Teil, Ägypten, betrifft, mich noch an vieles mehr erinnern, denn gerade darüber sprach Napoleon fast ausschließlich mit ihm. Hinsichtlich der europäischen Politik

---

1 Mitglied des englischen Parlaments.

672

und der Ereignisse während des Feldzugs von 1813–1814 wandte er sich hauptsächlich an mich, da ich ihm gesagt hatte, dass ich mich einige Zeit im Hauptquartier der Verbündeten aufgehalten habe. Er mochte daher vermuten, dass ich über die damals stattfindenden Ereignisse besser und genauer unterrichtet war als Fazakerley, der sich in jenem Jahr nicht auf dem Kontinent befand, wenigstens nicht in jenen Gegenden. Vielleicht bin ich eines Tages, wenn er wieder nach England zurückkehrt, imstande, meinen Bericht zu verbessern, und dann sollen Sie die neue Ausgabe haben. Inzwischen werde ich, wenn Sie an dieser Erinnerung unserer Audienz bei Napoleon einiges Vergnügen finden, nicht bedauern, dass ich zwei Vormittage dazu benutzte, um sie zu Ihrer genauen Durchsicht zu Papier zu bringen.

In Begleitung des Herrn Fazakerley und durch die Liebenswürdigkeit Sir Neil Campbells mit einem Empfehlungsbrief an den General Graf Bertrand[1] versehen, landete ich am 18. November 1814 in Portoferraio. Bertrand jedoch war, wie wir zu unserm großen Bedauern bei unserer Ankunft erfuhren, durch Krankheit ans Bett gefesselt. Ich schrieb ihm daher, um ihn zu bitten, dass er uns die Gunst einer Audienz bei Napoleon verschaffe, und legte gleichzeitig meinem Brief das Schreiben Sir Neil Campbells bei. Ich betonte, dass ich die Kaiserin Josephine gekannt und in Malmaison den Vizekönig Eugen und die Königin von Holland gesehen habe; ich sei ferner der Vetter Lord Hollands und, ebenso wie mein Begleiter, Parlamentsmitglied. Ich fügte auch noch hinzu, dass Fazakerley in Ägypten und Palästina gereist sei, und schloss mit der Andeutung, dass wir in Florenz Verpflichtungen hätten und dass deshalb eine möglichst baldige Audienz sehr erwünscht sei.

Wenige Stunden darauf erhielt ich vom Gouverneur, General Graf Drouot, ein Schreiben, in welchem er mir mitteilte, dass Graf Bertrand ihm meinen Brief übersandt habe und bedaure, infolge seiner Krankheit

---

1 Er bekleidete auch auf Elba das Amt eines Palastmarschalls.

unsere Bekanntschaft nicht machen zu können. Drouot versicherte mir, er wolle meinen Brief dem Kaiser vorlegen und mir so bald wie möglich Antwort zukommen lassen. Gleichzeitig bat er uns, »de disposer de lui«, wenn er uns, während unseres Aufenthalts auf der Insel, von irgendwelchem Nutzen sein könne.

Wir aßen bei einem französischen Traiteur, der sich erst kürzlich aufgetan hatte und bei dem die meisten französischen Offiziere täglich speisten. Bis vor Kurzem hatte Napoleon für sie Tafel gehalten, aber da man ihm die versprochene Apanage nicht bezahlte, hatte er seinen Küchenstab bis auf einen Koch und einen Küchenjungen vermindert. Wir schliefen in jämmerlichen Zimmern, wo uns die Fliegen unsäglich belästigten.

Am nächsten Morgen weckte uns der Sekretär des Grafen Bertrand schon früh, um uns seinen Beistand anzubieten, wenn uns das angenehm wäre. Ich bat ihn, uns zum Gouverneur zu begleiten und uns bei ihm einzuführen. Wir fanden in ihm einen einfachen, wohlerzogenen Soldaten von ungefähr fünfzig bis sechzig Jahren und wurden von ihm mit großer Zuvorkommenheit empfangen. Ich teilte ihm unser großes Verlangen nach einer baldigen Audienz mit, und er erwiderte, er wolle sich bemühen, sie uns zu verschaffen, aber bis jetzt habe der Kaiser auf derartige Bitten nie früher als in achtundvierzig Stunden geantwortet. Er teilte uns außerdem mit, dass er eben im Begriff sei, den Kaiser in seinem Landhaus, fünf Meilen von der Stadt, zu erwarten.

Als wir mit des Grafen Bertrands Sekretär von dem Gouverneur heimkehrten, sagte ich zu ihm im Laufe der Unterhaltung über Napoleon: »Wie man behauptet, soll er, seit er hier ist, sehr dick geworden sein?« – »Ja, aber ich an seiner Stelle hätte mich mit einem Schuss durch den Kopf gemästet!« Dieser Bemerkung ließ er viele Klagen über die Einsamkeit und Leere ihres neuen Daseins folgen.

Wir entschlossen uns, sogleich die Straße entlangzugehen, die zu San Martino, Napoleons Landhaus, führt. Hier könnten wir sicher sein, ihn vorüberfahren zu sehen, und vielleicht das Glück haben, eine Unterredung gewährt zu bekommen. Auf dem Weg unterhielten wir uns mit einigen schönen alten Soldaten der Kaisergarde. Sie sprachen gern mit uns und beklagten sich nicht über ihre Lage. Später erfuhr ich jedoch, dass man große Vorsichtsmaßregeln getroffen hatte, um die nicht seltene Desertion nach dem Kontinent zu verhindern. Im Ganzen waren wohl 800 Soldaten auf der Insel, den größten Teil davon bildete die Garde, die übrigen waren neuausgehobene Soldaten.

Wir waren bis eine Viertelmeile vor San Martino angelangt, als Napoleon uns überholte. Er saß mit dem Grafen Drouot, der barhäuptig war, in einem offenen Wagen. Ein paar Dragoner und zwei oder drei wie Mamelucken gekleidete Soldaten ritten voraus, einer von ihnen aber war ein Neger, und Herr Fazakerley hatte die andern ebenfalls hinsichtlich ihrer Echtheit im Verdacht. Wir blieben stehen und verbeugten uns, worauf Napoleon unsern Gruß erwiderte und sich anscheinend beim Grafen Drouot erkundigte, ob wir die neu angekommenen Engländer seien. Der Wagen fuhr vorüber, aber wenige Minuten später ward einer der Dragoner zurückgeschickt, um uns mitzuteilen, dass der Gouverneur der Wache in San Martino befohlen habe, uns einzulassen, wenn wir dies wünschten. Jetzt wussten wir, dass unser Spaziergang von Erfolg gekrönt sein werde, und gingen dem Haus zu, vor dem der Kaiser abgestiegen und eben im Begriff war, einigen Arbeitern, die eine Straße bauten und den angrenzenden Boden bearbeiteten, seine Befehle zu erteilen. Er hatte nämlich seine neue Residenz in eine sehr entfernte Gegend inmitten eines Halbkreises von Hügeln verlegt, die sich von beiden Seiten des Hafens nach dem Mittelpunkt der Insel erstreckten. So hatte er hinter sich die mit Stein- und Korkeichen, Olivenbäumen und Weinstöcken bedeckte Anhöhe liegen, während die Fenster seines Hauses den Blick in das dazwischenliegende Tal und auf den schönen Hafen und die schroffen Klippen gewährten, die es vor der See schützten.

675

Das Haus ist höchst einfach gebaut, hat sechs Fenster in der Front und zwei Stockwerke. – Der Gouverneur[1] erwartete uns und sagte, er habe mir, nachdem wir ihn am Morgen verlassen, sogleich geschrieben, um mich zu benachrichtigen, dass ich am Abend dem Kaiser vorgestellt werden solle. Herrn Fazakerley würde dann mitgeteilt worden sein, dass er am nächsten Tag zur Audienz erscheine. Da wir jedoch sehr wünschten, so bald wie möglich empfangen zu werden, wolle uns der Kaiser eine sofortige Unterredung gewähren. Darauf näherte sich Napoleon uns, und wir wurden ihm vorgestellt.

Er sagte zu mir, er habe erfahren, mein Vetter Lord Holland habe Italien bereist, und fragte mich, was für Pläne er für den Winter habe. Darauf erkundigte er sich nach Herrn Fox. Seine nächste Frage war nach meinem Sitz im Parlament, welche Ortschaft ich vertrete, wie das Wahlrecht sei, wie viele Wähler ich habe und ob irgendein Einfluss unter ihnen überwiegend wäre, und welcher?

Darauf wandte er sich an Herrn Fazakerley und sagte, er glaubte, er sei in Ägypten gewesen. Er schlug uns vor, ins Haus einzutreten, wo wir einige Türken und Mamelucken sehen würden. Wir folgten ihm also durch eine schmale Vorhalle in den Speisesaal, dessen Wände mit Freskomalereien nach verschiedenen Stichen von Denon, ägyptische Landschaften mit reitenden Türken und Mamelucken darstellend, bedeckt waren.

Darauf richtete Napoleon eine Menge Fragen an Herrn Fazakerley hinsichtlich der Städte, die er gesehen – unter andern nannte er auch Akka –, und der Menschen, die er dort gekannt. Dabei bewies er ein außerordentlich genaues Gedächtnis und sprach mit großem Interesse von diesen Gegenständen. Er fragte auch, ob man dort noch immer von ihm spräche. Fazakerley antwortete: »Sehr oft«, und er habe sogar einen Mann gekannt, der einem seiner Kinder seinen Namen gegeben. – »Und was sagt man im Allgemeinen von den Franzosen?« – »Man bewundert sie

1 General Graf Drouot.

sehr als Soldaten, Sire.« – »Aber als Verwalter?« – »Man mag sie lieber als die Türken.« – Er lächelte und begann uns mit großer Lebhaftigkeit die Schlacht bei den Pyramiden zu beschreiben, die er ein »beau spectacle« nannte.

Zuerst, sagte er, habe er große Schwierigkeiten wegen der Überlegenheit der Kavallerie der Mamelucken zu überwinden gehabt, später aber habe er auch entdeckt, dass zehn französische Dragoner in keinem Verhältnis zu zehn Mamelucken ständen, und so sei es auch mit fünfzig zu fünfzig und hundert zu hundert gewesen; nur ihre Masse und ihre Mannszucht sicherte ihnen die Vorteile[1]. Er sei gezwungen gewesen, die religiösen Vorurteile der Türken zu beschwichtigen, denn diese bezeigten eine sehr nachteilige Abneigung, von Christen regiert zu werden. Zu diesem Zweck habe er sie zu einer Versammlung einberufen und von ihnen verlangt, dass sie verschiedene Anordnungen in Betracht zögen, durch die alle Zweifel über die christliche Religion ausgeglichen würden.

»Ich bin guter Katholik, aber nicht bigott, und es musste unbedingt etwas getan werden, um diese Leute zu beschwichtigen. Die einen waren schwerer zu überzeugen als die anderen. Unter den Türken gibt es, wie ehemals in Frankreich, Jansenisten und Molinisten; aber alle waren, nachdem sie sich beraten hatten, mit folgenden zwei Bedingungen einverstanden: Die eine bestand darin, dass die französischen Soldaten keinen Wein trinken, die andere, dass wir uns beschneiden lassen sollten. Ich erwiderte ihnen, dass für die Franzosen aus der Gewohnheit, Wein

1 Alsdann erzählte er von seiner Bekanntschaft mit einigen der türkischen Gesetzesoberhäupter. Ich hätte davon gehört, sagte ich. »Und«, fügte ich hinzu, »ich habe sogar welche gesehen, Sire, die sich einer Unterhaltung mit Eurer Majestät rühmten.« – »Ah! oui, cela se peut bien: je vais vous raconter comment cela s'est passé.« Er legte darauf einige der politischen Gründe dar, die ganz augenscheinlich waren, und bemerkte, dass es gerade damals den französischen Soldaten ganz einerlei gewesen wäre, welcher Religion sie angehörten. [Fazakerley]

zu trinken, eine Notwendigkeit für ihre Gesundheit geworden wäre, und die Beschneidung sei sicherlich eine Vervollkommnung, aber es wäre nicht gerade nötig, dass wir uns … abschneiden lassen müssten. Ich bat sie daher, sich nochmals zu versammeln und sich andere Mittel zu einem Vergleich zu überlegen. Aus dieser zweiten Beratung ergab sich, dass man auf die Bedingung, uns beschneiden zu lassen, verzichte, nur bestände man darauf, dass jeder Franzose für jede Flasche Wein, die man ihm zu trinken erlaubte, ein gutes Werk tun müsse. ›Gern, meine Herren, ich wünsche nichts mehr als das‹, und daraufhin begann ich eine Moschee zu erbauen.«

Napoleon erkundigte sich aber auch über die letzte Metzelei der Mamelucken, die zu jener Zeit stattfand, als Herr Fazakerley in Kairo war, und erzählte uns darauf, wie er dort einen Aufstand unterdrückt hatte.

»Ich musste die strengsten Maßregeln ergreifen, um diesen Aufstand im Keim zu ersticken. Ich wusste, dass die Priester das Volk aufgereizt hatten, und ließ zweihundert von ihnen zusammenkommen; sie waren alle türkische Priester, Pfaffengesindel![1] Binnen vierundzwanzig Stunden ließ ich sie erschießen![2] Und als man sah, dass in meiner Art zu regieren keine Schlaffheit lag, schloss man sich sehr an mich an.«

Als er noch einige Zeit bei dem Gegenstand Ägypten verweilt hatte, sagte er zu mir: »Welcher Partei gehören Sie im Parlament an?« – »Ich gehörte zu der, Sire, die gegen das jetzige Ministerium war.« – »Sie haben also nicht viel zu tun; Ihre Partei vermag heute nichts gegen das Ministerium.« – »Allerdings, Sire, ist es durch die letzten Ereignisse sehr stark geworden, und andererseits hat die Gegenpartei durch ihre Vorhersagun-

---

1 Mit dem Ausdruck großer Verachtung. [Fazakerley]

2 Ihre Freunde, die diese schnelle Hinrichtung nicht fassen konnten, kamen zu mir, um meine Gnade für sie zu erbitten. »Liebe Freunde«, sagte ich ihnen, »seit vierundzwanzig Stunden bereits sind sie erschossen. [Fazakerley]

gen in Bezug auf das Ergebnis des Krieges in Spanien, Vorhersagungen, die glücklicherweise nicht in Erfüllung gegangen sind, etwas an ihrem Ansehen eingebüßt. Sie glaubte, dass unsere Truppen aus Spanien vertrieben würden.« – »Das hätte auch sein müssen; aber meine Marschälle waren nicht einig untereinander.« – »Man nahm an, Eure Majestät werde sich selbst hinbegeben, um Ihre Armeen zu befehligen.« – »Ja, es spielten da Umstände mit, die mich verhinderten, nach Spanien zu gehen.« – »Ich weiß, Sire, dass Eure Majestät den Krieg nach einer andern Seite hin trugen, aber man war überzeugt, Sie würden, ehe Sie die Russen angriffen, uns von der Halbinsel verjagen.« – »Der Kaiser von Russland hat mich gezwungen, Krieg zu führen; er sollte einen geheimen Artikel des Vertrags von Tilsit mit England brechen; er tat es nicht und hat so mir gegenüber sein Wort nicht gehalten.« – »Eure Majestät aber glauben, dass er Fähigkeiten besitzt?« – »Es fehlt ihm nicht an Geist; aber er ist schlau und falsch. Wie es scheint, will man ihm heute die Absicht der Wiedererrichtung Polens unterschieben. Nur unwissende Leute können so etwas vermuten. Der Kaiser würde niemals wagen, dies zu tun, selbst wenn er die Absicht hätte. Er würde niemals wagen, Polen die russischen Provinzen abzutreten. Er müsste ihnen Smolensk wiedererstatten. Aber er will das ja auch gar nicht. Im Gegenteil, man wird sehen, dass er Polen schärfere Gesetze auferlegt als je. Ich liebe die Polen; sie sind tapfer, bieder und gute Soldaten. Ich hätte sie gern wieder zu einer Nation erhoben. Zu diesem Zweck nahm ich Österreich die illyrischen Provinzen: Sie waren für Frankreich nicht unbedingt notwendig, aber ich wollte etwas haben, das ich später mit Österreich gegen Galizien austauschen konnte. Es lag nämlich in meiner Absicht, ihm dasselbe in der nächsten Zeit zu nehmen, um Polen in seiner Integrität wieder herzustellen.« – »Vielleicht hätten sich die Dinge anders gestaltet, wenn Eure Majestät vergangenen Winter in Polen geblieben wäre, anstatt sich nach Moskau zu begeben.«

Er zauderte, und ich fuhr fort: »Eure Majestät haben vielleicht geglaubt, dass Sie in Moskau den Frieden diktieren könnten und dass der Kaiser von Russland eingeschüchtert werden würde.« – »Freilich hatte ich damit gerechnet, und dann war ich auch nicht auf den Brand von Moskau gefasst. Dieses Ereignis steht einzig in der Geschichte da! Die Kosaken haben Moskau verbrannt; sie lieben die Russen nicht. Sie haben überall die Dörfer in Brand gesteckt.« – »Ich glaube, Sire, die Regierung hat es so gewollt; wenigstens weiß ich, dass Rostoptschin, der Gouverneur der Stadt, den andern mit seinem Beispiel vorangegangen ist. Ein damals bei ihm weilender englischer General hat mir erzählt, dass er mit eigenen Augen gesehen, wie Rostoptschin sein prächtig eingerichtetes Haus in Brand steckte. Zuerst ist er in das Zimmer seiner Frau gegangen, hat dort das Bett angezündet, und darauf hat er dasselbe in den andern Gemächern getan.« – »Ich weiß, es war der General Smith.« (Ich unterbrach ihn nicht, aber es war Sir Robert Wilson.) »Ja, ich weiß wohl, der Gouverneur steckte mit den Kosaken unter einer Decke; er hatte alle Feuerspritzen wegschaffen lassen. Ich tat mein Möglichstes, um den Brand aufzuhalten; ich stand auf dem Kreml – aber der Wind blies zu stark.«

»Ich habe in Paris den Abbé de Pradt gesehen, Sire, der, glaube ich, zu jener Zeit Gesandter Eurer Majestät in Polen war. Eines Abends erzählte er bei Madame de Staël, dass Eure Majestät in einer Unterhaltung, die er mit Ihnen während Ihres Aufenthalts in Warschau auf dem Weg von Wilna nach Paris gehabt hatte, gesagt hätten: ›Ein Mann weniger, und ich war der Herr der Welt!‹ Dieser Mann sei er selbst gewesen; er hätte mehr Tätigkeit entwickeln sollen, um Polen in Bewegung zu setzen; er hätte nicht genug getan, um aus den Hilfsquellen, die dieses Land bot, Nutzen zu ziehen. Kurz, ihm sei der schlechte Erfolg des russischen Feldzugs zuzuschreiben.« –

»Allerdings erstattete dieser Mann mir, als ich in Warschau Halt machte, um Briefe zu schreiben, Bericht über die Angelegenheiten, mit denen ich ihn beauftragt hatte. Und dann sprach er mir von Krieg, zu mir, der Herr

Abbé!¹ Ich sagte ihm nicht das Geringste. Ich schrieb, ohne mich unterbrechen zu lassen, an meinen Minister in Paris, und unter anderem befahl ich ihm in diesem Brief, dass er den Herrn Abbé abberufe. Vielleicht habe ich später in Paris von seiner Unfähigkeit gesprochen. Sie haben ihn bei Frau von Staël gesehen?« – »Ja, Sire.« – »Was hält sie jetzt von mir? Augenblicklich vielleicht singt sie mein Lob und tadelt die Bourbonen!« – »Sie hat niemals mit mir von Eurer Majestät gesprochen, und es liegt ja auch in ihrem eigenen Interesse, der Regierung nicht zu missfallen. Sie stellt jetzt Forderungen, um das Geld zurückzuerhalten, das die französische Regierung, glaube ich, ihrem Vater noch schuldet.« – »Aber man muss gerecht sein; sie ist keine Frau, die ihr eigenes Interesse im Auge hat.« – »Ich weiß wohl, Sire, und ihre Freunde trauen ihrer Verschwiegenheit so wenig, dass sie sie gebeten haben, sich während der Verhandlungen über die Pressefreiheit von Paris zu entfernen. Diese Frage beschäftigt Frankreich außerordentlich.« – »Ich weiß; was jedoch für andere gut ist, ist für Frankreich schlecht. Ihre Verfassung, wie sie gegenwärtig ist, würde sich für Frankreich nicht eignen. Ich hatte Großes mit Frankreich vor, aber dazu brauchte ich zwanzig Jahre! Zwanzig Jahre waren mir nötig, um mein System zu verwirklichen! Ihre Regierung ist wesentlich aristokratisch. Die Aristokratie leitet das Parlament, ja sogar die öffentliche Meinung; sie hat auch den Herzog von York gegen die Libellisten unterstützt. In Frankreich wäre so etwas nicht möglich gewesen: Frankreich besitzt keine Aristokratie, die fähig wäre, die öffentliche Meinung zu beeinflussen. Es war meine Absicht, einen solchen Adel zu bilden,

---

1 Ich wünschte, Sie hätten die Stimme gehört und die Miene gesehen, als Napoleon sagte: »Ich verlangte ein Stück Papier«, und indem ich ihn immer weitersprechen ließ, schrieb ich an den Minister der Auswärtigen Angelegenheiten in Paris Folgendes: »Ich bitte Sie, den Herrn Abbé de Pradt wissen zu lassen, dass er gut täte, sich nach Paris zu begeben. Er ist ein dummer Kerl.« Diese Geschichte machte Napoleon ungeheuren Spaß, und er lachte unaufhörlich, als sie erzählte. In der Form einer kaiserlichen Depesche würde es schwer sein, etwas Spaßhafteres zu finden. [Fazakerley]

aber dazu gehört Zeit. Die Chemiker haben eine Art Pulver, woraus sie Marmor machen können, aber es bedarf einer langen Zeit, um demselben Festigkeit zu verleihen!

Die Aristokratie in England ist solid und mächtig in sich selbst, und wenn die ganze Pairskammer plötzlich vernichtet würde, würde der Verlust bald durch ihre Nachkommen wieder ausgeglichen sein; die Nation verlöre dabei nicht viel. In Frankreich ist der Schweif gut, aber der Kopf schlecht, in England hingegen der Kopf gut und der Schweif mittelmäßig. Ferner ist ein großer Unterschied zwischen dem Nationalgeist der beiden Länder: Die Engländer sind hochmütig, und die Franzosen sind eitel. Ich wollte zu viel für ihren Ruhm tun; sie haben mich dabei nicht unterstützt. Ihnen aber, meine Herren, Ihnen ist es gelungen! England ist nie so groß gewesen als gegenwärtig. Es spielt die erste Rolle; es wird indes auch einmal an die Reihe kommen und wie alle großen Reiche zugrunde gehen!«

»Glauben Eure Majestät nicht, dass dies bald eintreten werde?«

»Um das zu beurteilen, kenne ich den politischen Zustand Englands nicht genügend; inzwischen jedoch werden Sie sehr reich werden; und der Frieden wird Ihnen die Mittel zur Bezahlung Ihrer Schulden verschaffen. Zählen Sie aber nicht zu sehr darauf, denn der Frieden wird nicht lange währen; um einen dauernden Frieden zu haben, hätte man Frankreich Belgien lassen müssen.«

»Aber Eure Majestät geben doch zu, dass eine Grenze gegen Frankreich stets als für die Unabhängigkeit Hollands notwendig betrachtet worden ist?« – »Das ist nicht notwendig. Die Preußen werden stets mit den Holländern gegen Frankreich sein. Und dann können Sie ja auch Truppen hinschicken; eine Armee von 40 000 Engländern in jenem Land ist keine Kleinigkeit. Die englischen Soldaten sind tapfere Leute; sie sind viel mehr wert als die andern. Nach ihnen halte ich die Preußen für die besten. Aber ich habe stets alle kontinentalen Truppen mit geringeren Kräften schlagen können. Wie oft habe ich die Verbündeten zwischen dem Rhein und Paris mit einer Handvoll Leute geschlagen! Es ist ein Unglück für Europa, dass Ihr Ministerium nicht stärker ist. Wenn Sie an der Spitze der Angelegenheiten einen fähigen Mann wie Lord Chatham hätten, so würde er begriffen haben, dass man Frankreich nicht zu sehr erniedrigen durfte. Sie haben es schon dadurch genug erniedrigt, dass Sie ihm die Bourbonen aufgedrungen haben. Niemals wird es die Hoffnung aufgeben, Belgien wiederzugewinnen! Sie werden sehen: eines Tages wird aus den entlegensten Dörfern ein Freiheitssturm brausen, der alles umstürzen wird. Mich geht das nichts an; ich bin wie ein toter Mann, meine Rolle ist ausgespielt![1] Aber Sie werden sehen! Es gibt fünfhundert Familien in Frankreich, die man nicht mag. – Um seine Ruhe zu sichern, hätten Sie ihm seine natürlichen Grenzen lassen müssen. Sie wissen, wenn die Luft zu sehr zusammengepresst ist, zersprengt sie bisweilen alles, um zu entweichen. Geben Sie acht, der Krieg um Belgien wird wieder ausbrechen!«

»Wie es mir scheint, Sire, ist Frankreich der Kriege müde; wohl mag es den Verlust Belgiens beklagen, aber der Frieden ist ihm nötiger.«

»Sie irren sich. Frankreich ist nicht erschöpft. Ich habe stets seine Hilfsquellen geschont; ich habe meine Soldaten aus Deutschland, Italien und Spanien gezogen, um Frankreich davor zu bewahren. Aus demselben Grund habe ich überall Steuern erhoben. Ich habe aus fremden Ländern

---

1 Und auf sich selbst zeigend, fügte er hinzu: »Das hat man davon, wenn man zu hoch hinauswill. Ich bin der geborene Soldat. Plötzlich sah ich mich mitten in der Revolution. Der Thron war frei. Ich bemächtigte mich seiner und behielt ihn, so lange ich konnte; und jetzt, jetzt bin ich wieder das, was ich im Anfang war: ein einfacher Soldat!« Es liegt gerade jetzt, wenn man es reiflich überlegt, etwas außerordentlich Feines in dieser unverhüllten Darlegung seines Falles, aber es ist unmöglich, Ihnen die Wirkung zu beschreiben, die dieser Mann auf einen ausübt. Dies ist besonders der Fall, wenn man ihn so kaltblütig und gleichgültig von Personen und Dingen reden hört, die die Welt erschütterten, als hätten sie ihn nicht nur persönlich betroffen, sondern als spräche er von historischen Begebenheiten, die sich zwei Jahrhunderte früher ereigneten. Wenn jemand den Geist Hannibals oder Cäsars beschworen haben würde, hätte man meinen können, sie in derselben Weise reden zu hören. [Fazakerley]

683

zwei Milliarden nach Frankreich gebracht. Sie werden in den Provinzen eine kräftige Jugend, eine verbesserte Landwirtschaft und blühende Industrie gefunden haben.«

Darauf ging er auf Einzelheiten über den Fortschritt der Letzteren ein und sprach hauptsächlich von der Baumwollemanufaktur. Er erzählte, letzthin wären einige dabei interessierte Personen zu ihm gekommen und hätten ihm ihre Befürchtung ausgesprochen, dass ihr Gewerbe durch die Konkurrenz der Engländer zugrunde ginge, weil diese auf einem für die Franzosen ungünstigen Handelsvertrag bestünden. Ferner erwähnte er, dass seine Weigerung, einen Handelsvertrag nach unsern Wünschen zu machen, die Ursache zu unserm Bruch des Friedens von Amiens gewesen sei.

Ich gab ihm zu verstehen, dass uns seine eigenen Maßnahmen zu jener Zeit sehr wenig mit der europäischen Ruhe übereinstimmend erschienen wären und wir einen Zustand des offenen Kriegs dem ungewissen Frieden vorgezogen hätten. Er sagte: Nein … Die wahre Ursache zur Wiederaufnahme der Feindseligkeiten sei nur seine Weigerung gewesen, einen für uns günstigen Handelsvertrag abzuschließen. Er hätte zwar einen solchen mit dem Grundsatz vorgeschlagen, dass eine Million englischer Waren gegen eine Million französischer ausgetauscht würden, aber Herr Pitt und Herr Addington hätten darüber gelacht. Er seinerseits hätte gewünscht, den Frieden zu bewahren, und durchaus nicht die Absicht gehabt, bei seinem Nachbarn einzufallen. Wir beklagten uns sehr oft über Übergriffe, zu denen wir ihn erst gezwungen hätten.

»Holland zum Beispiel haben Sie mich genötigt, Frankreich einzuverleiben. Ich wusste, dass Sie mit dem König von Holland und dem König von Neapel Vereinbarungen getroffen hatten, um trotz der Verträge, die ich mit ihnen geschlossen, die Einfuhr der englischen Waren in ihren Ländern zu erleichtern. Ich war der Stärkere, ich musste meinen Bruder entthronen! Sie haben mich gleichfalls gezwungen, Holland nach der

Schlacht von Jena zu besetzen. Der Befehl des Herrn Fox im Staatsrat stellte eine vorgebliche Blockierung der ganzen Küste von Hamburg bis Brest fest; dies machte meine Entscheidung und die Einverleibung Hollands notwendig.«

Er wollte sich noch weiter darüber verbreiten, aber ich unterbrach ihn, was er höflich gestattete, und bemerkte, dass ich glaube, der Befehl des Herrn Fox habe nur die Mündungen der Elbe und Weser betroffen, die auch in der Tat blockiert gewesen wären. – »Sie irren sich, mein Lieber«, sagte er, indem er seine Hand auf meinen Arm legte und darauf bestand, dass er recht habe, was ich gelten ließ. Er setzte die Untersuchung des Hauptanlasses zur Blockade und über das Visitationsrecht fort, sagte indes nichts Neues darüber, nur meinte er, dass diese Rechte die gleichen zu Wasser und zu Land sein müssten; wir jedoch seien bestrebt, uns Vorrechte zu verschaffen, die wir anderen verweigerten. Dann sagte er, ich sei gewiss froh zu hören, dass er, wie man allgemein vermutete, mit Amerika keinen Privatvertrag abgeschlossen habe, aber diese Regierung habe die Unterhandlungen mit großer Beständigkeit geführt. »Übrigens, da haben wir wieder einmal ein Beispiel von dem, was ich Ihnen soeben gesagt, nämlich, dass Sie selbst Dinge tun, die Sie anderen nicht gestatten. Sie haben mir oft vorgeworfen, dass ich die eroberten Länder schlecht behandele. Was haben Sie denn in Washington getan? Sie haben öffentliche Gebäude verbrannt und die Einwohner misshandelt.« – »Ja, ich habe gehört, Sire, dass die Stadt viel gelitten hat, aber die Einzelheiten sind mir nicht bekannt.« – »Was hält man vom Kongress?« – »Ich weiß darüber gar nichts; aber wie es scheint, gibt man große Feste in Wien. Ich habe viele Bekannte dort, unter anderen auch Herrn von Metternich, der die Ehre hat, Eurer Majestät gut bekannt zu sein.« – »Ja, ich kenne ihn gut.« – »Er scheint ein sehr angenehmer Gesellschafter zu sein.«

»Ja, er hat Geist; aber er sollte nicht immer lügen. Man kann einmal, zwei Mal lügen, aber immer, nein, das führt zu nichts. Als Staatsmann lege ich ihm keinen besonderen Wert bei. Er hat seine Rolle als österreichischer Minister schlecht gespielt; er hätte in Frankfurt Frieden machen sollen. Österreich hat dadurch nichts gewonnen. Nur die Russen und die Preußen haben ihre Rechnung gefunden, als sie den Krieg fortsetzten. Italien war bereits von Frankreich abgetrennt, und auf der andern Seite konnte Österreich eher verlieren als gewinnen. Heute wird es sogar von Italien geschwächt. Die Italiener lieben die Deutschen nicht, und man wiegt sich schon in dem Gedanken der Unabhängigkeit. Mir war es gelungen, ihnen ein wenig Nationalgeist einzuflößen. Die Jugend fing an, edle Gefühle zu bekommen; sie wird die Fremden nicht freiwillig dulden! England hätte diese Neigungen pflegen und dem Kongress den Grundsatz der Unabhängigkeit der Völker auferlegen sollen. Aber Italien wird ruhig bleiben; nach drei oder vier Jahren werden sich die Gemüter beruhigt haben.«

Ich bemerkte, dass ich glaubte, es würde sehr schwierig sein, so viele lange Zeit miteinander uneinige und gegenseitig neidische Staaten zu einem einzigen Königreich zu vereinigen, und erwähnte darauf, dass ich den Vizekönig in Malmaison gesehen habe. Die Kaiserin, mit der ich gespeist habe, sei sehr höflich zu mir gewesen, und ich habe ihren Tod tief beklagt, fügte ich hinzu. – »Ja, sie war eine ausgezeichnete Frau.« Er erkundigte sich, was mit ihren Bildern und Statuen geschehen würde. Ich antwortete, dass ich glaube, sie würden verkauft werden, um mit dem Erlös ihre Schulden zu bezahlen. – »Das ist schade für Frankreich. Ich hatte ihr herrliche Sachen gegeben. Sie hätte keine Schulden zu machen brauchen. Sie hatte eine bedeutende Apanage, und außerdem bezahlte ich jährlich die Rechnungen ihrer Modehändler.«

Dann fragte er mich, wie lange ich in Paris gewesen sei. Ich sagte, zwei Monate, und drückte ihm meine Bewunderung über das aus, was er für seine Hauptstadt getan. Die Reisenden wären ihm viel Dank schuldig, ebenso Norditalien für die Straße über den Simplon, fügte ich hinzu. Napoleon bedauerte, dass sie wahrscheinlich nicht vom militärischen Standpunkt aus unterhalten werden würde, weil der König von Sardinien und die Österreicher auf diesen Weg nach Italien neidisch seien.

Ich erzählte ihm, ich hätte in Paris auch verschiedene seiner Generale gesehen, unter andern Marmont, der, wie es schien, wegen der Kapitulation unbeliebt sei. Napoleon sprach sofort von ihm, aber eher mitleidig als mit Schärfe. »Diesen Mann habe ich seit seiner Kindheit erzogen. Er war aus guter Familie. Ich hielt ihn edler Gefühle fähig, aber ich habe mich getäuscht.« Napoleon hätte ihn kurz vor der Kapitulation gesehen; Marmont hätte die Truppen dem Feind nicht überliefern sollen. Die Verbündeten wären zwar in Paris eingezogen, aber sie hätten sich darin nicht halten können. Wenn Marmont mit seinen 10 000 Mann in Fontainebleau zu ihm gestoßen wäre, hätte er dort 40 000 Soldaten gehabt, mit denen er die Nachhut des Feindes angreifen und den Feind zum Rückzug hätte zwingen können. Dann wäre er auf den Vizekönig zurückgegangen und hätte den Krieg im Süden fortgesetzt.

Ich drückte Napoleon mein Erstaunen aus, dass er sich nicht früher zum Frieden entschlossen habe, und gab ihm zu verstehen, dass man ihm gute Bedingungen gemacht haben würde, wenn er sich mit Österreich während der Unterhandlungen in Dresden verständigt hätte. Da ich kurz darauf in Wien gewesen wäre, wüsste ich einiges darüber. – »Allerdings hätte ich in Dresden Frieden schließen können, und ich hätte es getan, wenn die Österreicher sich, wie ich ihnen vorschlug, mit den illyrischen Provinzen begnügt haben würden, die ich ihnen abzutreten vorschlug. Aber sie wollten Venedig haben. Das lag nicht in meiner Politik. Übrigens hatte ich alles, um einen schönen Feldzug zu unternehmen. Aber der Marschall Macdonald ließ sich in Schlesien von Blücher mit viel geringeren Kräften schlagen, und der Marschall Ney hatte große Fehler in der Nähe von Berlin begangen. Ich glaubte, ich könnte die Elblinie halten und würde keinen Frieden nötig haben. Indes behaupte ich nicht, dass, wenn ich noch einmal in dieselbe Lage versetzt würde, ich nicht anders handelte.«

Darauf bemerkte ich, dass er in Châtillon Frieden hätte machen sollen. Er antwortete, er hätte das nicht ehrenhaft tun können, er wäre wohl gewillt gewesen, Italien, Spanien, Holland und Deutschland abzutreten, aber nicht Belgien, da es zu Frankreich gehört hatte, als er die Zügel der Regierung in die Hand genommen. Er konnte nicht zugeben, dass irgendetwas innerhalb der natürlichen Grenzen Frankreichs abgetreten werde. Ich machte ihn darauf aufmerksam, dass diese natürlichen Grenzen nur in seiner eigenen Fantasie beständen. Frankreich sei unter den Bourbonen groß gewesen, ehe man von diesen Grenzen etwas gewusst. Er hätte es regieren sollen, so wie es früher war, und in einigen Jahren hätte er dann Belgien wieder erobern können.

»Nein, ich konnte keinen Frieden machen, der Frankreich entehrte. Die Bourbonen sind große Herren: Sie lieben ihre Schlösser, ihre Paläste, Versailles, Fontainebleau, alles das. Ich jedoch, ich bin als Soldat geboren; ich habe fünfzehn Jahre regiert und bin vom Thron herabgestiegen. Nun! Nur ein Feiger könnte, nachdem er die Leiden der Menschen mit angesehen, sie nicht ertragen!«

Napoleon hatte gehofft, dass, wenn die Verbündeten den Rhein überschritten, ganz Frankreich ihm beistehen würde. – »Ich frage Sie, ob das nicht in England der Fall gewesen wäre, wenn die französische Armee an Ihren Küsten gelandet wäre? Aber gerade damals begannen in Frankreich die Intrigen des Fürsten von Benevent [Talleyrand] und Marmonts.«

Ich erwähnte darauf die Schwierigkeiten, welche die französische Regierung hinsichtlich der Abschaffung des Sklavenhandels machte, und sprach auch von der denselben Gegenstand betreffenden Flugschrift Sismondis[1], die ich Napoleon später überließ. Er erwiderte, er seinerseits würde nie gezögert haben, seine Einwilligung zur Abschaffung dieses Handels zu geben, er betrachte ihn als einen »affreux brigandage«, der unterdrückt werden müsse. Er glaube, Frankreich werde St. Domingo

---

1 Diese Schrift ist betitelt: De l'intérêt de la France à l'égard de la traite des nègres.

niemals wiedererlangen. Er wenigstens würde dies nie versucht haben, denn er wüsste, wie schwer ein solches Unternehmen sei. Seine Absicht sei gewesen, den Negerhäuptlingen vorzuschlagen, dass sie Frankreich den ausschließlichen Handel mit der Insel und Handelsniederlassungen an der Küste gestatteten, wie es auch in Ostindien solche besitzt. In Bezug auf das Letztere glaubte er, dass unsere Regierung unrecht tue, wenn sie Frankreich ihre Besitzungen dort wiedererstattete, denn sie wären nicht bedeutend genug, als dass sie für Frankreich von Wert sein könnten; dies brächte nur Neid und Zwietracht zwischen uns hervor. Das einzige Mittel, die Sklaverei ganz auszurotten, wäre die Polygamie. Diese Meinung hätte er sich in Kairo gebildet, wo er beobachten konnte, dass die Verschiedenheit der Farbe keinen Einfluss auf die den Menschen zukommende Achtung habe. Er schrieb diese Gleichheit dem Einfluss der Vielweiberei zu. Die Männer sind »Gourmands« in der Liebe, und wenn es erlaubt ist, mögen sie sehr gern verschiedenfarbige Frauen. Da die orientalischen Sitten eine solche Nachsicht gestatten, leben oft Frauen von verschiedenartiger Hautfarbe aus weit entfernten Gegenden des asiatischen und afrikanischen Kontinents gemeinsam unter dem Dach ein und desselben Ehemannes. Auf diese Weise werden die Nachkommen einer Weißen, einer Mulattin und einer Negerin zusammengebracht, sie sitzen an einem Tisch und erhalten dieselbe Erziehung, wodurch die Vorurteile, die gewöhnlich Weiße gegen Farbige hegen, beseitigt werden. Er hätte auch einmal einem französischen Bischof den Vorschlag gemacht, dass die Polygamie in Westindien eingeführt werde, aber Monseigneur habe davon nichts wissen wollen.

Ich gab Napoleon zu verstehen, dass es sehr gut wäre, wenn die Türken angegriffen und aus Europa vertrieben würden. – »Sie haben recht. Die Engländer sollten das tun. England und Frankreich zusammen könnten alles tun, was sie wollen.« – Nach einer Pause, die uns erlaubt hätte, ein neues Thema anzuschlagen, wenn jemand von uns auf den Gedanken gekommen und wir nicht durch den langen Weg und durch fast vier Stunden langes Stehen ermüdet gewesen wären, schlug er vor, uns die andern Zimmer zu zeigen, und bemerkte dabei: »Es ist nur eine alte Baracke, wie Sie sehen …«[1]

Das Speisezimmer führte in einen kleinen Salon, dessen Fenster nach einem von Napoleon selbst angebauten Weinberg hinausgingen. Neben dem Salon befand sich sein Schlafzimmer. Ich bemerkte hier ein Miniaturbild des Königs von Rom.

Darauf verließ Napoleon das Haus, ward draußen vom Grafen Drouot, der bei unserer Unterredung nicht zugegen gewesen war, in Empfang genommen und kehrte augenblicklich in seinem Wagen nach Portoferraio zurück. Wir folgten ihm, gegen seinen Willen zu Fuß, denn als wir in San Martino ankamen, hatte er höflich einen Dragoner nach der Stadt geschickt, um für uns einen seiner Wagen zu bestellen; aber aus irgendeinem Versehen kam dieser nicht rechtzeitig an. Dies erfuhren wir am Abend durch Drouot, der einen Flügel des kaiserlichen Schlosses bewohnte. Es ist ein kleines, mit einer Terrasse versehenes, steil über der See erbautes Gebäude, das die Aussicht auf den Hafen gewährt. Auf der andern Seite liegt die Stadt mit einem Marktplatz, aber wenig anständigen Häusern. Wir wohnten in einer elenden Gasse namens »strada d'amore«.

Wir besuchten noch einmal den Gouverneur, um ihm für seine Gefälligkeit zu danken. Als wir ihn über einige Gewohnheiten Napoleons befragten, erzählte er uns, dass der Kaiser sehr viel schreibe, aber er sagte uns nicht was. Meist speise er mit ihm allein um 5 Uhr zu Mittag. Abends besuche er seine Mutter und die Fürstin Borghese, gehe dann um 10 Uhr zu Bett, stehe zwischen 1 und 2 Uhr wieder auf, schreibe bis 5 und lege sich dann noch einmal für zwei Stunden nieder. Gegen Mittag fahre er

---

1 »Unsere Unterhaltung währte vier Stunden, und die Art, auf welche er uns verabschiedete, werde ich nicht vergessen. Hätte ich auch die Alpen zwanzig Mal vor dieser Szene bestiegen, so würde ich doch gern die Erinnerung von allem, was ich gesehen, für diese vier Stunden hingeben. [Fazakerley]

sehr oft nach San Martino oder ginge auf der Terrasse seines Hauses spazieren. Ich hielt seinen Gesichtsausdruck für düster, als er in seinem Wagen an uns vorüberfuhr, aber wenn er sprach, waren seine Züge sehr angenehm und gelegentlich sogar außerordentlich belebt. Er stand mit dem Hut unterm Arm da; auf jenem war eine kleine Kokarde seiner eigenen Farben befestigt: weiß mit einem roten Streifen und drei Bienen. Er trug eine einfache grüne Uniform und das Großkreuz der Ehrenlegion. Er schnupfte oft und sprach heiter, gutgelaunt und mit viel Anstand. Sein Aussehen ist ein kräftiges, seine Gestalt unedel, aber weniger dick, als ich vermutete.

Am nächsten Morgen, dem 20. November, segelten wir schon früh bei leichtem Wind ab und erreichten Leghorn in sechs Stunden. Dort fanden wir den Herzog und die Herzogin von Bedford, Lady Jane Montagu und Lord John Russel in der Quarantäne.

G. V. Vernon, Sketch of a conversation with Napoleon at Elba. In:
Miscellanies of the Philobiblion Society.

Der Kaiser Napoleon und der italienische Geschichtsschreiber Graf Pompeo Litta in Portoferraio auf Elba, 2. Dezember 1814

Das Interesse des gesamten Europas hatte sich der Insel Elba zugewendet. Es schien, als wenn dieses winzige Eiland das Geheimnis der Welt enthielte. Engländer und Italiener machten es zum Ziel ihrer Reisen. Wenn ihre Persönlichkeiten genügend bekannt waren, dann wurden sie vor den großen Mann geführt, der sie stets mit einer längeren oder kürzeren Unterhaltung auszeichnete. So geschah es auch dem Mailänder Grafen Pompeo Litta während seines Aufenthalts in Portoferraio.

Der Kaiser: »Was wollen Sie?«

Litta: »Ich wollte mir die Ehre geben, Eurer Majestät meine Huldigung zu Füßen zu legen, wie ich Ihnen einst mein Leben gewidmet habe.«[1]

Der Kaiser: »Wie steht es in Mailand?«

Litta: »Man lebt in der Hoffnung auf Eure Majestät.«

Der Kaiser: »Sind viele Truppen in Italien?«

Litta: »Es waren ungefähr 60 000 Mann dort; aber ein großer Teil hat bereits Italien verlassen.«

Der Kaiser: »Was tut mein Großkammerherr?«[2]

Litta: »Er beklagt Ihren Verlust.«

---

1 Litta hatte unter Napoleon in Kriegsdiensten gestanden.
2 Graf Montesquiou-Fezensac war Großkammerherr. Diesen konnte Napoleon jedoch nicht meinen. Es muss eine Verwechslung mit dem Wort »Chambellan« und »Chancelier« vorliegen. Kanzler des Königreichs Italien aber war Francesco Melzi d'Eril.

Der Kaiser: »Ist Bellegarde beliebt?«[1]

Litta: »Durchaus nicht.«

Der Kaiser: »Wie geht es dem Herzog von Modena?«

Litta: »Er sucht sich beliebt zu machen, aber sein Volk achtet ihn nicht, denn da es bereits an die Regierung Eurer Majestät gewöhnt war, kann es sich nicht mit dem Gedanken vertraut machen, jetzt so klein zu sein.«

Der Kaiser: »Was ist aus meiner Garde geworden?«

Litta: »Keiner der Soldaten wollte in österreichische Dienste treten, und ein großer Teil ist nach Neapel gegangen.«

Der Kaiser: »Nach Neapel … Und sind alle italienischen Truppen aus Deutschland zurückgekehrt?«

Litta: »Nein, Sire, noch nicht alle.«

Der Kaiser: »Wer ist in österreichische Dienste getreten?«

Litta: »Im Ganzen ungefähr 6000 Mann und drei Generale: Mazzuchelli, Bertoletti und Palombini.«

Der Kaiser: »Wie? Palombini hat bei den Österreichern Dienste genommen?«

Litta: »Ja, Sire.«

Der Kaiser: »Sind die Mailänder mit der neuen Politik zufrieden, und welcher Geist herrscht in Italien?«

Litta: »Es herrscht allgemeine Unzufriedenheit. Mailand, Piemont, die genuesischen Staaten, Modena, Bologna, die Legationen, die Marche, die venetianischen Staaten, ein Teil Toskanas und die ganze Romagna, mit Ausnahme einiger Geistlichen und Greise, sind *für* Eure Majestät.«

Der Kaiser: »Sind Sie ganz sicher, dass sie Entschlossenheit zeigen werden?«

---

1 Heinrich Joseph Johann, Graf von Bellegarde, Oberbefehlshaber der österreichischen Armee in Italien. Später wurde er Generalgouverneur der Lombardei und Venedigs. Er trug viel zu dem Abfall Murats von Napoleon bei.

Litta: »Sire, ich bin ein Mann, der immer, selbst bei den geringfügigsten Sachen, skeptisch ist. Aber in diesem Fall glaube ich sagen zu können, dass sie Entschlossenheit zeigen werden.«

Der Kaiser: »Ach, ich wollte in Mailand und in Italien so große Dinge vollbringen! Aber sagen Sie, sind Sie allein hierhergekommen?«

Litta: »Sire, ich bin allein auf der Überfahrt nach Neapel. Aber ich bin mit einem jungen Menschen gekommen, der im Heer Eurer Majestät gedient hat und dadurch, dass er am Hof Eurer Majestät gewesen ist, nun seiner Anstellung beraubt ist.«

Der Kaiser: »Ist er Mailänder?«

Litta: »Nein, Sire, er ist aus Toskana.«

Der Kaiser: »Warum haben Sie keine Dienste genommen?«

Litta: »Weil ich mich keinem andern Dienst unterordnen kann als dem bei Eurer Majestät. Augenblicklich verlange ich nichts, nur bitte ich Eure Majestät, mir bei der ersten Gelegenheit eine Beförderung zu bewilligen.«

Der Kaiser: »Wie und wann werde ich das tun können!« Napoleon sprach diese Worte in sehr schalkhaftem Ton aus.

Litta: »Wann? Wenn Eure Majestät zum Glück der Italiener kommen werden, um aus ihnen eine Nation zu machen; eine Tat, die, wenn sie schon vorher ausgeführt worden wäre, Eurer Majestät ein Land verschafft hätte, das Sie bis zum letzten Blutstropfen verteidigt haben würde.«

Der Kaiser: »Sie liebten den Vizekönig nicht; man war mit ihm nicht zufrieden?«

Litta: »Nein, Sire, weil er die Italiener zu sehr verachtete. Das hat er durch den Zwischenfall bewiesen, der sich mit dem armen General Pino und noch vielen andern Eurer Majestät und dem Vaterland ergebenen Personen ereignete.«

Der Kaiser: »Wie viele Soldaten wird es ungefähr in Italien geben, die keine Dienste nehmen wollten?«

Litta: »Ungefähr 30 000.«

Der Kaiser: »Sie gehen also nach Neapel und wollen keine Art von Dienst annehmen?«

Litta: »Sire, ich gehe nach Neapel.«

Der Kaiser: »Gut, ehe Sie abreisen, möchte ich Sie gern noch einmal sprechen. Leben Sie wohl!«

T. Iung, Lucien Bonaparte et ses mémoires. 1775–1840.

Der Kaiser Napoleon und der englische Kommissar Sir Neil Campbell in Portoferraio, 4. Dezember 1814

Sir Neil Campbell hatte am 4. Dezember 1814 mit Napoleon eine fast vierstündige Unterhaltung, während der er über die verschiedensten Dinge mit ihm sprach. Nachdem er ihn nach seinem Wohlbefinden und seiner letzten Reise nach dem Kontinent gefragt hatte, sagte er, Talleyrand sei ein Ehrloser, ein abtrünniger Priester, ein Mann der Umwälzungen, kurz, er sagte von ihm alles Schlechte. Napoleon wusste, dass Talleyrand ihm seit Langem feindlich gesinnt war und ihn bei der ersten besten Gelegenheit verraten würde. Daher riet er auch seinerzeit dem Erzkanzler Cambacérès, der beauftragt war, mit der Kaiserin Marie-Louise in Paris zu bleiben und der sie später nach Orleans begleitete, Talleyrand nicht allein in Paris zu lassen.

Campbell fragte Napoleon, ob der Brief, der in mehreren Zeitungen als von Talleyrand geschrieben veröffentlicht worden war und der ihm vom Krieg von Spanien abriet, wahr gewesen sei. Der Kaiser antwortete, nicht ein Wort sei davon wahr, ein solcher Brief sei überhaupt nie geschrieben worden. Talleyrand habe ihm im Gegenteil zuerst den Vorschlag einer Invasion in Spanien gemacht …

Von Talleyrand kam Napoleon auf seine Scheidung mit Marie-Louise zu sprechen. Er fragte Campbell, ob er von diesem Gerücht gehört hätte. Der Kommissar sagte, er hätte wohl davon gehört, aber nur durch ausländische Zeitungen, und da in diesen so viel Unwahrheiten stünden, lese er nur die englischen Zeitungen und die Florenzer Tageszeitung.

Napoleon meinte, dieses Gerücht sei zuerst von den Genueser und Mailänder Zeitungen verbreitet worden. Darauf erwiderte der Oberst Campbell, dass, obgleich Genua auch von englischen Truppen besetzt sei, der sie befehligende Offizier sich weder in die Angelegenheiten der Presse mische noch sie beeinflusse, sondern sich nur auf seine militärischen Pflichten beschränke. Dann erzählte er ihm eine Anekdote, nach welcher Marie-Louise sehr ärgerlich gewesen sei, dass sie einen Boten der Prinzessin von Wales für einen Kurier Napoleons genommen hätte. Und als die Prinzessin ihr viele Schmeicheleien über ihre musikalischen Fertigkeiten sagen ließ, antwortete sie, dass sie die Musik hauptsächlich studiert habe, um Napoleon zu gefallen, denn er wäre stets in ihren Augen vollkommen gewesen und würde es immer sein.

Bei diesen Worten war Napoleon sichtlich bewegt. Er sprach von der Schwachheit und Unmenschlichkeit des Kaisers von Österreich, dass er ihm Weib und Kind vorenthielte. Marie-Louise habe ihm versprochen, nach ihrer Rückkehr aus der Schweiz nach Wien ihm täglich zu schreiben, aber niemals habe er einen Brief von ihr erhalten. Sein Kind sei ihm genommen worden, wie in alten Zeiten die Kinder von den Eroberern geraubt wurden, um deren Triumphen Reiz zu verleihen. Der Kaiser von Österreich hätte sich doch erinnern sollen, wie verschieden er, Napoleon, gegen ihn gehandelt hatte, als er vollkommen in seiner Hand war und keine Familienbande zwischen ihnen existierten. Er sei in Wien zwei Mal als Eroberer eingezogen, aber er habe sich niemals gegen den Kaiser ungroßmütig gezeigt. Nicht er habe um die Hand der Erzherzogin angehalten, sondern Metternich habe diese Heirat dem Grafen Narbonne vorgeschlagen. »Ich war mit meiner Frau sehr glücklich«, sagte Napoleon, »aber die Heirat ist mir verhängnisvoll geworden. Ich hätte besser getan, eine russische Prinzessin zu heiraten.«

Sein Rat habe über diesen Vorschlag lange beraten, und wäre der Unterschied der Religion nicht gewesen, er würde wohl eine russische Großfürstin geheiratet haben. Eine griechisch-katholische Kapelle würde in Paris nicht dienlich gewesen sein. Man würde es nicht gern gesehen haben, wenn er in die eine und seine Frau in die andere Kirche gegangen wäre, und deshalb hätte man sich für die österreichische Heirat entschieden. Was den Ehevertrag anlangte, so befahl er, den Heiratskontrakt Ludwigs XVI. mit Marie-Antoinette zu kopieren, und binnen einer halben Stunde war er von Schwarzenberg unterzeichnet.

Später sprach Napoleon von dem Einzug der Verbündeten in Paris sowie von den militärischen Operationen zu jener Zeit. Er sagte, seine Garden seien nur einen Tagesmarsch von Fontainebleau entfernt gewesen und hätten die Absicht gehabt, die Verbündeten anzugreifen. In diesem Fall würde Schwarzenberg die Stadt verlassen und eine defensive Stellung auf der andern Seite eingenommen haben. General Koller hatte ihm das gesagt, und auch Funti war derselben Meinung.

Campbell erwiderte, er hätte doch eine bessere Gelegenheit gehabt, Schwarzenberg bei Arcis-sur-Aube anzugreifen, als die Blüchersche Armee von ihm abgeschnitten gewesen sei. Napoleon sagte, das hätte sein können, vielleicht habe er unrecht gehabt, es nicht getan zu haben. Zu jener Zeit jedoch habe er die Absicht gehabt, die Verbündeten im Einzelnen bei der Nachhut anzugreifen. Und hätte ihm Marmont nicht durch Ungehorsam einen Strich durch die Rechnung gemacht[1], er würde das eine Heer vernichtet und dann sich gegen Blücher gewendet haben.

Sir Neil Campbell, Napoleon at Fontainebleau and Elba.

---

1   Marmont war nicht, wie Napoleon ihm befohlen hatte, nach Châlons vorgerückt.

Kaiser Napoleon und Lord Ebrington auf Elba, 6. Dezember 1814

Der englische Pair Lord Ebrington hatte eine längere Reise durch Italien gemacht und wollte dieses Land nicht verlassen, ohne dem Verbannten auf Elba einen Besuch abgestattet zu haben. Er wandte sich daher an den Großmarschall Bertrand, und dieser teilte ihm mit, dass ihn der Kaiser am 6. Dezember im Palais von Portoferraio empfangen wolle.

Ebrington wurde von Napoleon durch eine mehrstündige Unterhaltung ausgezeichnet, deren wesentlichen Inhalt der Lord nach seinem Besuch bei dem großen Mann aufzeichnete und im Folgenden wiedergab:

Nachdem ich einige Minuten in dem Dienstsalon gewartet hatte, wurde ich in ein Zimmer geführt, wo sich der Kaiser befand. Er stellte zuerst einige Fragen über mich und meine Familie, dann unterbrach er sich plötzlich und sagte:

»Sie kommen aus Frankreich? Sagen Sie mir offen, sind die Franzosen glücklich?«

»Wie können sie das?«, antwortete ich.

»Ja freilich, es kann ja auch nicht anders sein«, erwiderte er. »Sie sind durch den Frieden zu sehr erniedrigt worden. Die Ernennung des Herzogs von Wellington zum Gesandten musste dem Heer als eine Beleidigung erscheinen, ebenso die persönlichen Aufmerksamkeiten, die der König ihm bewies, Wenn Lord Wellington einfach als Reisender nach Paris gekommen wäre, würde es mir wohl ein großes Vergnügen gewesen sein, ihm alle Rücksicht entgegenzubringen, die man seinen großen Verdiensten schuldig ist, aber ich wäre nicht zufrieden gewesen, wenn sie ihn mir als Gesandten geschickt hätten.

Den Bourbonen fehlte eine junge, hübsche und geistvolle Frau, um die Franzosen vollkommen zu gewinnen; eine solche Frau wäre der Friedensengel selbst gewesen. Sie haben den Geistlichen zu viel Einfluss eingeräumt, und man hat mir gesagt, dass der Herzog von Berry erst kürzlich unglaubliche Fehler begangen hat. Außerdem haben sie das Unglück gehabt, den Frieden unter Bedingungen zu unterzeichnen, die ich niemals angenommen haben würde. Sie haben Belgien hergegeben, das die Franzosen längst als vollständigen Teil Frankreichs betrachteten. Die Engländer hatten durch den Frieden genug dadurch gewonnen, dass ihre innere Ruhe gesichert war, dass man ihre Herrschaft in Indien anerkannte und dass man die Bourbonen an meine Stelle setzte. Das Vorteilhafteste für England war ohne Frage die Teilung Frankreichs. Während Sie ihm jedoch alle Mittel gelassen haben, um wieder stark zu werden, haben Sie gleichzeitig die Eitelkeit der Franzosen verletzt und eine gereizte Stimmung unter ihnen hervorgerufen, die, wenn sie nicht Befriedigung in Streitigkeiten nach außen hin findet, den Bürgerkrieg und eine Revolution hervorrufen wird.«

Napoleon sprach hierauf von der Konskription und sagte:

»Die Aushebung ergab jedes Jahr 300 000 Mann, wovon ich jedoch nie mehr als die Hälfte nahm. Keine Gesellschaftsklasse war von dieser Aushebung ausgeschlossen. Die sehr Hochgestellten konnten sich gegen eine Entschädigung von 4000 Franken ersetzen lassen. Jetzt werden die unteren Klassen fühlen, dass alle Soldaten wohl aus ihren Ständen hervorgehen, ohne jedoch dieselben Belohnungen zu erhalten und ohne die gleiche Aussicht auf Beförderung zu haben wie unter meiner Regierung. Und indem ich so behutsam mit dem Volk umging, begünstigte ich doch auch die jungen Leute der höheren Klassen, die im Heer dienen wollten. Ich weiß, es kommt einen jungen Edelmann hart an, das Bett mit einem Soldaten zu teilen[1]; deshalb richtete ich Elitekorps ein wie die Gardes-d'honneur.

Ich bin stets bestrebt gewesen, den adligen Familien ihr ehemaliges glänzendes Ansehen wieder zu verschaffen, und ich hatte in meiner Armee viele junge Leute des alten Regimes, die sich sehr gut aufgeführt haben. Auch an meinem Hof waren verschiedene; aber Herzog Karl ist ein mittelmäßiger Kopf; er hat jedoch zwei oder drei Mal bewiesen, dass er gewisse Fähigkeiten besitzt.«

Auf einige Fragen, die ich an den Kaiser über den Feldzug von Russland richtete, antwortete er:

»Als ich nach Moskau marschierte, glaubte ich die Sache für beendet. Die Bevölkerung empfing mich mit offenen Armen, und die Bauern richteten zahllose Bittschriften an mich, dass ich sie aus der Leibeigenschaft befreie. In der Stadt fand ich Lebensmittel, die genügt hätten, mein Heer den ganzen Winter hindurch reichlich zu ernähren; aber binnen vierundzwanzig Stunden ward alles ein Raub der Flammen und das Land fünfzehn Meilen im Umkreis verwüstet. Auf so etwas konnte ich nicht gefasst sein, denn ich weiß nicht, dass die Geschichte solche Beispiele aufzuweisen hat. Das aber muss man weiß Gott zugestehen: Sie haben Festigkeit bewiesen!

Der verhängnisvolle Ausgang meines letzten Feldzugs jedoch muss Marmont zugeschrieben werden. Ich hatte ihm meine besten Truppen und den bedeutendsten Posten anvertraut, weil er derjenige meiner Marschälle war, auf den ich am meisten zählen durfte. Konnte ich erwarten, dass ich von einem Mann verraten würde, den ich seit seinem fünfzehnten Jahr nur mit Wohltaten überhäuft hatte? Wäre er nicht abgefallen, so hätte ich mit Leichtigkeit den Feind aus Paris vertrieben, und in dieser Stadt wie in andern Teilen Frankreichs würde sich das Volk trotz der Handlungen des Senats für mich erhoben haben. Mit ihm aber waren die

---

1   Die französischen Soldaten schliefen damals zu zweien in einem Bett.

Verbündeten drei gegen einen, und nach seinem Abfall hatte ich durch die Ungewissheit, in die er mich versetzte, keine Aussicht auf Erfolg. Gewiss, ich hätte den Krieg fortsetzen können, aber ich konnte mir nicht mehr einbilden, ihn glücklich gegen das vereinigte Europa zu Ende zu führen. Ich fasste daher bald meinen Entschluss, um Frankreich einen Bürgerkrieg zu ersparen. Ich betrachte mich als tot, denn sterben und hier leben ist dasselbe.«

Der Kaiser sprach über die Fähigkeiten seiner Marschälle:

»Da ich sie zu jener hohen Stufe erhoben hatte«, sagte er, »war ich gezwungen, sie zu halten. Ich bin jederzeit gegen militärische Fehler nachsichtig gewesen, wie ich das auch dadurch bewiesen habe, dass ich Marmont das Kommando ließ, nachdem er bei Laon seine Artillerie verloren hatte.«

Dann sprach er sich sehr günstig über die Marschälle Massena, Soult und Davout aus. Augereau hingegen nannte er einen schlechten Kerl. Ich fragte ihn, ob er nicht erstaunt gewesen wäre, dass Berthier einer der ersten war, die sich dem König vorstellten? Lächelnd antwortete er:

»Man hat mir erzählt, er habe einige Dummheiten begangen; er ist kein tüchtiger Kopf. Ich habe ihn mehr als er es verdiente befördert; er war mir nur mit der Feder nützlich. Übrigens, das versichere ich Sie: Er war ein guter Kerl, und wenn er mich sähe, würde er der erste sein, der mich mit Tränen in den Augen wegen seiner Fehler um Verzeihung bäte.«

Darauf fragte er mich: »Was würde man gegen mich unternehmen, wenn ich nach England ginge? Würde man mich steinigen?«

Ich entgegnete, dass er keine Gefahr liefe, denn die Entrüstung, die einst gegen ihn vorhanden gewesen sei, beruhigte sich von Tag zu Tag, seit der Krieg zu Ende sei.

»Ich glaube jedoch«, meinte er, »dass immer eine gewisse Gefahr vonseiten Ihres ›Mobs‹ in London zu fürchten ist.«

Ich sprach nun von einigen seiner Handlungen, die ganz besonders den Hass Englands gegen ihn herausgefordert hätten, unter anderm von der Angelegenheit des Herzogs von Enghien. Er rechtfertigte sich damit, dass er sagte, der Prinz habe gegen ihn konspiriert und seine Acht gebrochen, indem er zwei Mal nach Straßburg gekommen sei. »Infolgedessen ließ ich ihn durch ein Kriegsgericht verhören; es verurteilte ihn zum Tode. Man hatte mir erzählt, dass er mich sprechen wollte. Ich war davon gerührt, denn ich wusste, dass er ein junger, mutiger und verdienstvoller Mann war. Vielleicht hätte ich ihn auch angehört, allein Talleyrand verhinderte mich und sagte: Stellen Sie sich nicht mit einem Bourbonen bloß! Sie wissen nicht, welche Folgen daraus entstehen können. Die Suppe ist eingebrockt, sie muss nun auch ausgegessen werden.«

Ich fragte Napoleon nun, ob es wahr wäre, wie Chateaubriand behauptet hätte, dass man den Herzog von Enghien beim Schein von Pechfackeln erschossen habe, nachdem man ihm selbst eine Laterne vor die Brust gebunden hätte.

»Oh nein!«, rief der Kaiser, »das wäre ja gegen das Gesetz gewesen! Die Hinrichtung hat gegen sieben Uhr morgens stattgefunden, und ich befahl, dass seine Verurteilung sofort in allen Städten Frankreichs verbreitet würde.«

Ich sprach darauf von der in England allgemein verbreiteten Ansicht, dass er den Kapitän Wright habe töten lassen. Da er sich dieses Namens nicht erinnerte, sagte ich ihm, er sei der Gefährte Sir Sidney Smith' gewesen. Da zuckte er mit den Schultern und erwiderte: »Mein Gewissen ist rein in dieser Hinsicht. Ich habe niemals jemanden auf eine heimliche Weise oder ohne Urteil umkommen lassen. Wenn ich mit dem Blut der Menschen weniger sparsam umgegangen wäre, regierte ich vielleicht noch! Aber Ihre Zeitungen haben mich auch des Mordes Pichegrus angeklagt; er hat sich jedoch selbst erwürgt.«

Die Angelegenheit Pichegrus führte ihn auf die Verschwörung Georges'. Darüber sagte er mir sehr seltsame Einzelheiten.

»Diese Verschwörung«, begann er, »wurde von einem Chouan namens … entdeckt, der damals den Beruf eines Apothekers ausübte. Moreau, Pichegru und Georges hatten eine Zusammenkunft in einem Haus des Boulevards gehabt. Man kam überein, dass Georges mich töten, Moreau Erster und Pichegru Zweiter Konsul werden solle. Georges jedoch bestand darauf, Dritter Konsul zu werden. Dagegen wandten die beiden andern ein, dass sie, wenn sie ihn, der als Royalist bekannt wäre, zum Kollegen wählen würden, in der Meinung des Volkes verloren seien. Darauf aber antwortete Georges: ›Wenn ich nicht für die Bourbonen arbeite, so will ich wenigstens für mich selbst arbeiten, und kann ich dies weder für sie noch für mich tun, so ist mir Bonaparte ebenso lieb wie Ihr!‹ Als man diese Unterhaltung Moreau in einem der Verhöre wiederholte, verlor dieser die Besinnung. Wäre ich blutdürstig gewesen, wie man das in England behauptete, so hätte ich Moreau erschießen lassen, denn nachdem man ihn überwiesen hatte, dass er mit Georges im Einvernehmen stand, war es mit seiner Volkstümlichkeit vorbei.«

Der Kaiser schien sich sehr gern an Ägypten zu erinnern und sprach mit Vergnügen von dem Plan, den man ihm zuschrieb, sich und seine Armee zum Mohammedanismus zu bekehren.

»Die Scheiks und Ulemas«, sagte er, »versammelten sich mehrmals in Kairo, um darüber zu beraten, und nach ernsten Auseinandersetzungen erklärten sie, man könne uns von der Beschneidung dispensieren; ebenso sei es uns erlaubt, Wein zu trinken, wenn wir für jedes Glas ein gutes Werk täten. Die Vorteile, die ich dadurch im Land erworben hätte, wären ungeheure gewesen.«

Ich fragte ihn, ob es richtig wäre, wie Sir Robert Wilson erzählte, dass er seine Kranken vergiftet habe. Napoleon antwortete: »Daran ist etwas Wahres. Einige Leute meiner Armee hatten die Pest; sie hatten kaum noch vierundzwanzig Stunden zu leben. Ich war gezwungen aufzubrechen und fragte den Doktor Desgenettes, wie man sie forttransportieren könne. Er sagte, das sei unnötig, denn sie würden nicht am Leben bleiben, und überdies könnten sie Ansteckung verbreiten. Ich veranlasste ihn daher, ihnen Opium zu geben, damit sie nicht den Grausamkeiten der Türken ausgesetzt seien, die unsern Spuren folgten. Darauf entgegnete er mir als ehrenhafter Mann, dass es sein Beruf wäre, zu heilen, aber nicht zu töten, und die Unglücklichen wurden ihrem Schicksal überlassen. Vielleicht hatte er recht, obgleich ich ihm nur das geraten hatte, was ich in einem ähnlichen Fall wünschte, dass es mein bester Freund für mich täte.«

Gleichfalls fragte ich den Kaiser, ob es wahr wäre, dass er die Türken bei Jaffa habe niedermetzeln lassen. Und darauf antwortete er mir wörtlich:

»Allerdings ließ ich ungefähr 2000 niederschießen. Sie werden das ein wenig stark finden, aber ich hatte ihnen vorher eine Kapitulation unter der Bedingung bewilligt, dass sie nie wieder gegen uns kämpften und in ihre Heimat zurückkehren sollten. Stattdessen hatten sie sich nach El Arisch geworfen, das sie gegen mich verteidigten und das ich mit Sturm nahm. Ich konnte sie nicht als Gefangene mit mir nehmen, denn ich hatte kein Brot. Sie hingegen waren viel zu große Schurken, als dass ich sie hätte ein zweites Mal freilassen können. Es blieb mir also nichts anderes übrig, als sie zu erschießen.«

Das war die Unterhaltung, die ich mit Napoleon hatte; sie zog sich bis in die elfte Abendstunde hinaus. Während all dieser Zeit waren wir ununterbrochen im Zimmer auf und ab gegangen. Um elf Uhr verabschiedete er mich durch ein Neigen des Kopfes. Sein liebenswürdiges Lächeln und die Einfachheit seiner Manieren hatten mich sofort aller Befangenheit enthoben. Er schien selbst zu wünschen, dass ich Fragen an ihn stellte. Er antwortete darauf ohne Zögern und mit einer Genauigkeit und Klarheit, die ich niemals in diesem Maße bei einem andern Menschen angetroffen habe. Während der ganzen Unterhaltung verkündete weder eine Geste noch eine Bewegung seines Gesichts irgendwelches Bedauern oder ein

Gefühl der Rache, selbst nicht, wenn er von Leuten sprach, die ihm viel Übles zugefügt hatten.

Memorandum of two conversations between the Emperor Napoleon and Viscount Ebrington, at Portoferraio.

Der Kaiser Napoleon und der Schatzmeister Peyrusse in Portoferraio auf Elba, 22. Februar 1815

Vier Tage vor der Abfahrt des Kaisers von Elba rief er seinen Schatzmeister, den Baron Peyrusse, zu sich. Nachdem er den Sekretär Rathery gebeten hatte, das Kabinett zu verlassen, trat er auf Peyrusse zu, sah ihn scharf an und sagte:

»Nun, Peyrusse, was gibt's Neues? Was hat Ihnen der Intendant gesagt?«[1]

»Sire, als Eure Majestät mir die Ehre gaben, mich zu besuchen, sprach ich mit Balbiani von den Gerüchten, die auf der Insel im Umlauf sind, dass Eure Majestät sich zum König von Neapel begeben wollen.«

»Nun«, erwiderte Napoleon, indem er zum Zeichen des Wohlwollens seine Hand an die Wange des Barons legte, »Ihr seid zwei Einfaltspinsel … Haben Sie viel Geld? … Wie viel wiegt eine Million in Gold? … Wie viel wiegen 100 000 Franken? Wie viel wiegt ein Koffer mit Büchern …?«

Peyrusse nahm seine ganze Geistesgegenwart zusammen, um auf alle diese Fragen, die keinerlei Zusammenhang miteinander zu haben schienen, zu antworten, und kam aus dem Staunen nicht heraus.

»Herr Schatzmeister«, begann Napoleon wieder, »nehmen Sie ein paar Koffer, tun Sie Gold hinein und oben darauf Bücher aus meiner Biblio-

---

1 Napoleon hatte kurz vorher Peyrusse besucht, den er mit dem Intendanten Balbiani sprechend angetroffen hatte.

thek, die Ihnen Marchand[1] geben wird. Verabschieden Sie alle Ihre Dienerschaft, packen Sie selbst Ihre Sachen, schnüren Sie Ihre Koffer … Bezahlen Sie … Aber geben Sie die ›Francesconi‹ aus, wenn Sie welche haben … Ich brauche Ihnen wohl nicht zu sagen, dass Sie alles, was ich mit Ihnen gesprochen habe, geheim halten.«

Darauf verabschiedete Napoleon seinen nicht wenig erstaunten Schatzmeister, der sofort zum General Drouot lief, um sich von ihm Aufklärung über das seltsame Gebaren Napoleons zu holen. Drouot jedoch war sehr zugeknöpft, sagte nichts, sondern sah nur den Schatzmeister bedeutungsvoll an.

Am 25. ward Peyrusse wieder zum Kaiser gerufen.

»Nun, sind Sie bereit, Peyrusse?«, fragte er ihn und fuhr dann fort: »Die Fregatte stört mich.[2] Aber allem Anschein nach wird sie morgen die Anker lichten. Lassen Sie etwas Geld für die Truppen zurück, die ich Lapy[3] anvertraue. Geben Sie ihm Ihren Kassenverwalter und machen Sie sich bereit, alle meine Sachen einzuschiffen.« Und mit diesen Worten verabschiedete Napoleon ihn.

Baron Peyrusse, 1809–1815. Mémorial et archives.

---

1 Napoleons Kammerdiener.
2 Es lag eine englische Fregatte im Hafen von Portoferraio, die seit der Ankunft Napoleons auf Elba beständig in den Gewässern von Elba kreuzte.
3 Ihm wurde das Kommando der Insel anvertraut.

Der Kaiser Napoleon und Fleury de Chaboulon, Kabinettssekretär des Kaisers während der Hundert Tage, in Lyon, 10. März 1815

Der heimkehrende Napoleon war am 10. März 1815 um 7 Uhr feierlich in Lyon eingezogen. Bereits um 5 Uhr war ihm die Garnison entgegengeeilt, und eine ungeheure Menschenmenge, die ununterbrochene Beifallsrufe ausstieß, begleitete ihn. Er stieg im erzbischöflichen Palast ab, den der Graf von Artois wenige Stunden vor ihm verlassen hatte. Die Bewachung seiner Person übertrug er sofort der Nationalgarde, denn von der Garde zu Pferd wollte er nichts wissen, weil er erfahren hatte, dass sie sich dem Grafen von Artois gegenüber unwürdig benommen hatte. In der Tat hatte die Garde zu Pferd, die zum großen Teil aus Adligen bestand, nachdem sie erst dem Prinzen geschworen hatte, mit ihm zu sterben, diesen im letzten Augenblick im Stich gelassen, mit Ausnahme eines Einzigen, der so lange bei dem Prinzen ausharrte, bis er in Sicherheit war. Diesen Getreuen belohnte Napoleon dadurch, dass er ihn zum Ritter der Ehrenlegion ernannte.

Noch an demselben Abend ließ der Kaiser den Baron Fleury de Chaboulon zu sich rufen, von dem er wusste, dass er sich in Lyon befand.

»Nun«, begrüßte er ihn lächelnd, »man hat wohl nicht erwartet, dass man mich so schnell wiedersehen würde?«

»Nein, Sire, nur Eure Majestät sind imstande, derartige Überraschungen zu bereiten.«

»Was sagt man in Paris dazu?«

»Aber Sire, man freut sich ohne Zweifel ebenso wie hier der glücklichen Wiederkehr Eurer Majestät.«

»Und wie steht es mit dem Volksgeist?«

»Sire, er hat sich sehr verändert: Früher dachten wir nur an Ruhm, heute geht unser Streben nur nach Freiheit. Der Kampf, der sich zwischen den Bourbonen und der Nation entwickelt hat, hat uns unsere Rechte offenbart. Er hat in den Köpfen eine Menge aufgeklärter Ideen hervorgerufen, die man zur Zeit Eurer Majestät nicht hatte. Man empfindet, man hat das Bedürfnis nach Freiheit. Und das sicherste Mittel, den Franzosen zu gefallen, ist, ihnen wirklich volkstümliche Gesetze zu geben.«

»Ich weiß«, erwiderte der Kaiser, »dass die Streitigkeiten, die die Bourbonen aufkommen ließen, die Macht geschwächt haben. Die freisinnigen Ideen haben ihr das Terrain streitig gemacht, das ich sie gewinnen ließ. Ich werde nicht versuchen, es wiederzuerobern. Man muss niemals gegen eine Nation kämpfen: Das hieße einen irdenen Topf gegen einen eisernen werfen. Die Franzosen werden zufrieden mit mir sein. Ich weiß, welches Vergnügen es ist und welchen Ruhm es bringt, ein Volk glücklich zu machen. Ich werde Frankreich sichere Garantien geben. Ich habe ihm seinerzeit den Ruhm nicht vorenthalten und werde ihm jetzt auch die Freiheit nicht vorenthalten. Ich will nur so viel Macht behalten, wie ich zum Regieren brauche. Gewalt ist mit Freiheit durchaus nicht unvereinbar; im Gegenteil, die Freiheit ist niemals vollkommener, als wenn die Gewalt auf einer guten Verfassung beruht. Wenn sie schwach ist, ist sie misstrauisch, ist sie aber stark, dann ist sie ruhig und lässt dem Volk volle Freiheit. Ich weiß, was die Franzosen brauchen; wir werden uns schon einigen. Aber nur keine Verstöße gegen die Regel, keine Anarchie, denn die Anarchie würde uns zum Despotismus der Republikaner zurückführen, der an tyrannischen Handlungen am reichsten ist, weil sich jedermann hineinmischt … Glaubt man, dass man sich schlagen wird?«

»Nein, man glaubt es nicht. Die Regierung hat niemals das Vertrauen der Soldaten besessen. Sie hat sich auch bei den Offizieren unbeliebt gemacht, und alle Truppen, die man Eurer Majestät entgegenschicken wird, werden für Sie eine Verstärkung bedeuten.«

»Das glaube ich auch. Und die Marschälle?«

»Sire, sie müssen befürchten, dass sich Eure Majestät an Fontainebleau erinnern. Vielleicht wäre es gut, wenn man sie die Absicht Eurer Majestät, alles vergessen zu wollen, wissen ließe.«

»Nein, ich mag ihnen nicht schreiben; sie würden später glauben, ich sei ihnen zu Dank verpflichtet, und ich will niemandem verbunden sein. Die Truppen sind geneigt, die Offiziere gut, und wenn die Marschälle sie zurückhalten wollten, würden sie von ihnen mit fortgerissen werden … Wo ist meine Garde?«

»Ich glaube in Metz oder in Nancy.«

»Meiner Garde bin ich sicher; und wenn man alles aufböte, man könnte sie doch niemals korrumpieren. Was machen Augereau und Marmont?«

»Ich weiß es nicht.«

»Was macht Ney? Wie steht er sich mit dem König?«

»Manchmal gut, manchmal schlecht. Er beklagt sich, glaube ich, über den Hof wegen seiner Frau.«

»Seine Frau will die Vornehme heraussstecken. Sie wird wohl bei Hof die große Dame haben spielen wollen, und die alten Herzoginnen haben sich über sie lustig gemacht. Hat Ney ein Kommando?«

»Ich glaube nicht, Sire.«

»Ist er einer der Unsern?«

»Die Haltung, die er bei Ihrer Abdankung …«

»Ja, ja, ich habe es in Portoferraio gelesen. Er hat sich gerühmt, mich misshandelt und seine Pistolen auf meinen Tisch gelegt zu haben. Das alles ist unwahr. Wenn er sich erlaubt hätte, sich mir gegenüber zu vergessen, so würde ich ihn haben erschießen lassen. Man hat überhaupt über meine Abdankung eine Menge Geschichten erfunden. Ich habe nicht auf ihren Rat (den Rat der Marschälle) abgedankt, sondern weil der Wahnwitz meine Armee erfasst hatte. Übrigens wollte ich auch nicht den Bürgerkrieg, den ich von jeher verabscheut habe. Man hat gleichfalls gesagt, Augereau habe mich, als ich ihm begegnete, beschimpft … Das alles ist Lüge! Keiner meiner Generale würde vor mir gewagt haben, zu vergessen, was er mir schuldig war. Hätte ich die Proklamation Augereaus gekannt, so würde ich ihn weggejagt haben[1]; nur die Feigen beschimpfen einen Unglücklichen. Die Proklamation, die ich, wie man behauptete, in meiner Tasche hatte, wurde mir erst nach unserer Unterredung bekannt. Der General Koller[2] zeigte sie mir. Aber sprechen wir nicht mehr von all diesen Ammenmärchen. Wie geht es in den Tuilerien?«

»Man hat nichts darin verändert, Sire; nicht einmal die Adler hat man abgenommen.«

Napoleon lachend: »Sie (die Bourbonen) haben wahrscheinlich gefunden, dass ich sie dekorativ angeordnet hatte.«

»Ich vermute es, Sire. Man sagt, der Graf von Artois sei gleich nach seiner Ankunft durch alle Säle geeilt und habe sie nicht genug bewundern können.«

»Das glaube ich. Was haben sie mit meinen Gemälden gemacht?«

»Einige hat man weggenommen, aber das Gemälde von der Schlacht von Austerlitz hängt noch im Ratssaal.«

»Und das Theater?«[3]

»Man hat es ganz unberührt gelassen und sich seiner nicht bedient.«

»Was macht Talma?«

»Sire, er ist immer noch der Liebling des Publikums, und mit Recht.«

»Ich freue mich, ihn wiederzusehen. Waren Sie bei Hofe?«

»Ja, Sire, ich bin vorgestellt worden.«

---

1 Die Zeitungen hatten verbreitet, dass Napoleon, obwohl er die an Vorwürfen und Beleidigungen reiche Proklamation Augereaus in der Tasche hatte, den Marschall umarmt und dessen giftige Beschimpfungen, ohne ein Wort zu sagen, hingenommen habe.

2 Der österreichische Kommissar, der Napoleon nach Elba begleitete.

3 Er spricht von dem kaiserlichen Theater in den Tuilerien.

»Man sagt, sie haben alle das Aussehen frischer Emporkömmlinge; sie wissen weder etwas zu sagen noch im geeigneten Augenblick eine Geste oder einen Schritt zu machen. Haben Sie sie bei großen Feierlichkeiten gesehen?«

»Nein, Sire, aber ich kann Eurer Majestät versichern, dass man bei sich zu Hause nicht nachlässiger ist als in den Tuilerien. Man erscheint vor dem König in schmutzigen Stiefeln, im Straßenanzug und im runden Hut.«

»Nun, das muss ja einen sehr majestätischen Anblick geben. Aber wofür geben denn dann alle diese alten Einfaltspinsel das viele Geld aus? Denn man hat ihnen doch alles wiedererstattet.«

»Nun, Sire, sie wollen wahrscheinlich ihre alten Röcke auftragen.«

»Armes Frankreich! In was für Hände bist du gefallen! Und wie sieht der König aus?«

»Er hat einen ziemlich schönen Kopf.«

»Sind die mit seinem Bildnis geprägten Geldstücke schön?«

»Eure Majestät können selbst urteilen; hier ist ein Zwanzigfrankenstück.«

»Wie! Man hat den Louisd'or nicht wieder prägen lassen? Das wundert mich.« Er betrachtete das Geldstück von allen Seiten. »Er (Ludwig XVIII.) sieht nicht aus, als wenn er Not litte. Aber sehen Sie, sie haben die Aufschrift ›Dieu protège la France‹ weggelassen und dafür wieder ihr ›Domine, salvum fac regem‹ hingesetzt. So sind sie immer gewesen: alles nur für sie, nichts für Frankreich. – Wo ist Maret? Wo ist Caulaincourt? Wo ist Lavalette? Wo ist Fouché?«

»Sie sind alle in Paris.«

»Und Molé?«[1]

»Auch er ist in Paris; ich habe ihn erst vor Kurzem bei der Königin (Hortense) gesehen.«

---

[1] Graf Louis Mathieu Molé, Generaldirektor der Brücken und Chausseen.

»Wohnen hier in der Nähe vielleicht einige Leute, die mir sehr nahegestanden haben?«

»Ich weiß es nicht, Sire.«

»Man soll sich danach erkundigen und sie kommen lassen. Ich wäre sehr froh, wenn ich die Gesinnung des Tages genau kennen und ein wenig Kenntnis über die öffentlichen Angelegenheiten gewinnen würde. Was macht Hortense?«

»Sire, ihr Haus ist immer noch der Sammelpunkt von Männern, die Anmut und Geist zu schätzen wissen, und die Königin, obwohl sie keinen Thron mehr hat, ist nicht weniger der Gegenstand der Achtung und Huldigung von ganz Paris.«

»Sie hat eine große Dummheit begangen, als sie vor Gericht erschienen ist. Diejenigen, die ihr dazu geraten haben, waren sehr dumm. Und warum hat sie den Titel Herzogin verlangt?«

»Sie hat ihn nicht verlangt, Sire; der Kaiser Alexander ...«

»Gleichviel! Sie durfte ihn ebenso wenig annehmen als verlangen. Sie musste sich Madame Bonaparte nennen; dieser Name ist mehr wert als ein anderer. Welches Recht hatte sie übrigens, aus ihrem Sohn einen Herzog von Saint-Leu und einen Pair der Bourbonen zu machen? Louis hatte ganz recht, als er sich dem widersetzte. Er fühlte, dass der Name seines Sohnes schön genug war und keiner Veränderung bedurfte. Hätte Josephine gelebt, sie würde diesen dummen Streich verhindert haben. Hat man ihren Tod sehr beklagt?«[1]

»Ja, Sire; Eure Majestät wissen, bis zu welchem Grad die Franzosen sie liebten und verehrten.«

»Sie verdiente es. Sie war eine ausgezeichnete Frau mit viel Verstand. Auch ich habe ihren Verlust sehr beklagt; der Tag, an dem ich ihren Tod erfuhr, war einer der unglücklichsten Tage meines Lebens. Hat man öffentliche Trauer für sie angelegt?«

---

1 Josephine starb in Malmaison am 29. Mai 1814.

»Nein, Sire, ich glaube sogar, man würde ihr die Ehren, die man ihrem Rang schuldig war, verweigert haben, wenn der Kaiser Alexander nicht darauf bestanden hätte.«

»Ich habe seinerzeit davon gehört, wollte es jedoch nicht glauben; das ging ihn doch gar nichts an.«

»Die Großmut Alexanders kannte keine Grenzen. Er zeigte sich als Beschützer der Kaiserin, der Königin Hortense, des Prinzen Eugen, des Herzogs von Vicenza und einer Menge anderer Personen von Rang, die ohne ihn sicher verfolgt oder misshandelt worden wären.«

»Sie lieben ihn, wie es scheint?«

»Sire …«

»Ist der Geist in der Nationalgarde von Paris gut?«

»Ich kann es nicht sagen. Aber ich bin sicher, dass sie, wenn sie sich auch nicht für Eure Majestät erklärt hat, nicht gegen uns handeln wird.«

»Ich denke auch. Was glaubt man, wie die Fremden über meine Rückkehr denken?«

»Man glaubt, dass Österreich sich Eurer Majestät wieder nähern wird und dass Russland die Ungnade der Bourbonen ohne Bedauern sieht.«

»Wie ist das möglich?«

»Man behauptet, Sire, Alexander sei während seines Aufenthalts in Paris mit den Prinzen sehr unzufrieden gewesen, und die Vorliebe des Königs für England sowie, dass er dem Prinzregenten seine Krone als Huldigung dargebracht hat, haben ihm missfallen.«

»Nun, das ist gut, dass ich das weiß. Hat er meinen Sohn gesehen?«

»Ja, Sire. Man hat mir versichert, dass er ihn mit wahrhaft väterlicher Zärtlichkeit geküsst und ausgerufen habe: Er ist reizend! Ach, wie hat man mich getäuscht!«

»Was wollte er damit sagen?«

»Man hatte ihm gesagt, dass der kleine Prinz durch die englische Krankheit verkrüppelt und schwachsinnig sei.«

»Die Elenden! Dieses Kind ist wunderschön; es zeigt schon jetzt alle

Symptome eines Mannes von großem Charakter. Er wird seinem Jahrhundert zur Ehre gereichen. Hat man wirklich Alexander in Paris so sehr gefeiert?«

»Ja, Sire. Man hatte nur Augen und Ohren für ihn. Die andern Fürsten sahen aus, als wenn sie seine Adjutanten wären.«

»In der Tat, er hat viel für Paris getan. Ohne ihn würden es die Engländer zugrunde gerichtet und die Preußen es verbrannt haben. Er hat seine Rolle gut gespielt ...« Lächelnd: »Wäre ich nicht Napoleon, so möchte ich Alexander sein!«

Baron Fleury de Chaboulon, Mémoires de la vie privée, du retour et du règne de Napoleon en 1815.

Der Kaiser Napoleon und der Marschall Ney in Auxerre, 18. März 1815

Als der Kaiser in Auxerre ankam, hatte er geglaubt, den Marschall Ney dort zu finden. »Ich begreife nicht«, sagte er zum General Bertrand, »warum Ney nicht hier ist. Das wundert mich und macht mir Sorgen. Sollte er seine Ansichten geändert haben? Ich glaube es nicht; er wird Gamot nicht in eine falsche Lage bringen.«[1]

Einige Stunden später, gegen acht Uhr abends, langte der Marschall an. Graf Bertrand meldete es dem Kaiser und sagte:

»Der Marschall möchte, ehe er vor Eurer Majestät erscheint, seine Ansichten zusammenfassen und sich schriftlich rechtfertigen wegen seines Verhaltens vor und seit den Ereignissen von Fontainebleau.«

»Ach, was brauche ich seine Rechtfertigung!«, antwortete Napoleon; »sagen Sie ihm, dass ich ihn noch immer liebe und ihn morgen umarmen werde.«

Napoleon wollte Ney nicht mehr am selben Abend empfangen, um ihn wenigstens dadurch für sein langes Fernbleiben zu bestrafen. Als er ihn am nächsten Morgen sah, sagte er zu ihm: »Umarmen Sie mich, mein lieber Marschall. Ich bin sehr froh, Sie wiederzusehen. Ich verlange weder eine Aussprache noch eine Rechtfertigung. Ich habe Sie stets als den Tapfersten der Tapferen geachtet und verehrt.«

»Sire, die Zeitungen haben eine Menge Lügen verbreitet, die ich ver-

---

1 Gamot war der Präfekt von Auxerre und der Schwager des Marschalls Ney.

nichten wollte; mein Benehmen ist stets das eines guten Soldaten und Franzosen gewesen.«

»Ich weiß es, und deshalb habe ich auch niemals an Ihrer Ergebenheit gezweifelt.«

»Sie haben recht getan, Sire. Wenn es sich um das Vaterland handelt, können Eure Majestät immer auf mich zählen … *Fürs Vaterland habe ich mein Blut vergossen und bin bereit, es bis auf den letzten Tropfen, der in meinen Adern fließt, zu vergießen! Ich liebe Sie, Sire, aber allem voran das Vaterland, das Vaterland!*«

Der Kaiser unterbrach ihn mit den Worten: »Auch mich führt die Liebe zum Vaterland zurück! Ich habe gewusst, dass das Vaterland unglücklich ist, und bin gekommen, um es von den Emigranten und Bourbonen zu befreien. Ich will ihm alles geben, was es von mir erwartet.«

»Und Eure Majestät können gewiss sein, dass wir Sie dabei unterstützen werden. Durch Gerechtigkeit kann man bei den Franzosen alles erreichen! Die Bourbonen haben sich dadurch geschadet, dass sie alles nach ihrem Kopf machen wollten und der Armee den Rücken kehrten.«

»Fürsten, die nie gewusst haben, was es heißt, einen blanken Säbel in der Hand zu halten, konnten der Armee keine Ehre erweisen, denn ihr Ruhm machte sie neidisch und beschämte sie.«

»Ja, Sire, sie suchten fortwährend uns zu erniedrigen. Noch bin ich empört, wenn ich daran denke, dass ein französischer Marschall, ein alter Krieger wie ich, gezwungen wurde, vor diesem …, dem Herzog von B(erry) niederzuknien, um das Sankt Ludwigskreuz zu empfangen. So konnte es nicht weitergehen, und wenn Sie nicht gekommen wären, um sie aus dem Land zu jagen, so hätten wir sie selbst vertrieben.«

»Wie sind Ihre Truppen gestimmt?«

»Sehr gut, Sire. Ich glaubte, sie wollten mich vor Freuden erdrücken, als ich ihnen verkündete, dass wir Ihren Adlern entgegenmarschieren würden.«

»Welche Generale sind bei Ihnen?«

»Lecourbe und Bourmont.«

»Sind Sie ihrer sicher?«

»Für Lecourbe stehe ich, Bourmont hingegen traue ich nicht so ganz.«

»Warum sind sie nicht mit hierhergekommen?«

»Sie zögerten, und da habe ich sie zurückgelassen.«

»Fürchten Sie nicht, dass Bourmont widerspenstig wird und Ihnen Unannehmlichkeiten bereitet?«

»Nein, Sire; er wird sich ruhig verhalten. Übrigens fände er niemand, der ihm beistünde. Ich habe alle ›Voltigeure Ludwigs XIV.‹[1], die man uns gegeben hatte, aus den Reihen ausgeschieden, und das Land ist voller Begeisterung.«

»Gleichviel! Ich möchte ihm nicht die Möglichkeit lassen, uns zu beunruhigen. Befehlen Sie, dass man sich seiner und aller royalistischen Offiziere bemächtige, bis wir in Paris eingezogen sind. Ich werde dort wahrscheinlich zwischen dem 20. und 25. ankommen, vielleicht schon früher. Wenn wir dort, wie ich hoffe, ohne Hindernis anlangen, glauben Sie, dass man sich verteidigen wird?«

»Ich glaube es nicht, Sire. Sie wissen doch, wie die Pariser sind: Sie machen viel Geschrei, handeln aber nicht.«

»Ich habe heute Morgen Depeschen aus Paris erhalten. Die Patrioten erwarten mich mit Ungeduld und sind bereit, sich zu erheben. Ich befürchte, es möchte zwischen ihnen und den Royalisten ein Kampf entstehen. Um nichts in der Welt möchte ich, dass meine Rückkehr auch nur durch einen einzigen Tropfen Bluts besudelt würde. Sie haben leichte Verbindungen mit Paris: Schreiben Sie an meine Freunde, schreiben Sie an Maret, dass unsere Angelegenheiten gut stehen, dass ich anköme, ohne einen Schuss abgefeuert zu haben, und dass sie sich alle vereinigen sollten, um zu verhindern, dass ja kein Blut flösse. Unser Triumph muss so rein sein wie die Sache, der wir dienen.«

---

1 Spitzname für die royalistischen Offiziere.

Die Generale Bertrand und Labedoyère, die bei dieser Unterredung zugegen waren, nahmen jetzt daran teil. Aber schon nach wenigen Augenblicken verabschiedete sie der Kaiser und kehrte in sein Zimmer zurück.

Baron Fleury de Chaboulon, Mémoires de la vie privée, du retour et du règne de Napoléon en 1815.

Der Kaiser Napoleon und der General Rapp in den Tuilerien, März 1815

Kurz nach seinem Einzug in die Tuilerien ließ Napoleon den General Rapp zu sich rufen. Als er kam, wurde er sofort zum Kaiser geführt.

Napoleon: »Nun, da sind Sie ja, Herr General Rapp! Sie haben lange auf sich warten lassen. Woher kommen Sie?«

Rapp: »Aus Écouen, wo ich meine Truppen zur Verfügung des Kriegsministers gelassen habe.«

Napoleon: »Wollten Sie sich denn wirklich mit mir schlagen?«

Rapp: »Ja, Sire.«

Napoleon: »Teufel!«

Rapp: »Ich war gezwungen.«

Napoleon: »Donnerwetter! Ich wusste wohl, dass Sie vor mir waren. Wenn man sich geschlagen hätte, würde ich Sie von dem Schlachtfeld haben holen lassen. Würden Sie gewagt haben, auf mich zu schießen?«

Rapp: »Ohne Zweifel. Meine Pflicht …«

Napoleon: »Das ist stark! Aber die Soldaten würden Ihnen nicht gehorcht haben; sie hatten mir alle ihre Zuneigung bewahrt. Wenn Sie übrigens einen einzigen Schuss auf mich abgegeben hätten, würden Ihre elsässischen Bauern Sie gesteinigt haben.«

Rapp: »Geben Sie zu, Sire, dass unsere Lage sehr peinlich war. Sie danken ab, verlassen Frankreich, zwingen uns, dem König zu dienen, kommen wieder … Und wenn die Erinnerung noch so mächtig gewesen wäre, so hätte sie uns doch nicht darüber hinwegtäuschen können.«

Napoleon: »Wieso? Was wollen Sie damit sagen? Glauben Sie, dass ich ohne Verbindung, ohne Einverständnis zurückgekommen bin? … Übrigens ist meine Politik jetzt eine andere. Ich will keinen Krieg, keine Eroberungen mehr, sondern in Frieden regieren und das Glück meiner Untertanen sein.«

Rapp: »Das sagen Sie, aber Ihre Vorzimmer sind bereits voll von jenen gefälligen Leuten, die stets Ihrer Neigung für den Krieg geschmeichelt haben.«

Napoleon: »Bah! Bah! Die Erfahrung … Sind Sie oft in den Tuilerien gewesen?«

Rapp: »Bisweilen, Sire.«

Napoleon: »Wie haben diese Leute Sie behandelt?«

Rapp: »Ich kann mich nicht beklagen.«

Napoleon: »Der König scheint Sie, als Sie aus Russland zurückkehrten, sehr liebenswürdig empfangen zu haben?«

Rapp: »Allerdings, Sire.«

Napoleon: »Natürlich: zuerst geliebkost und dann zur Tür hinausgeworfen! Das wäre Euer aller Schicksal gewesen. Denn Ihr waret nicht die Männer der Bourbonen; Ihr konntet ihnen nicht zusagen. Um denen zu gefallen, braucht man andere Verdienste, andere Ansprüche.«

Rapp: »Der König hat Frankreich von den Verbündeten befreit.«

Napoleon: »Ja, aber um welchen Preis? Und hat er seine Verpflichtungen gehalten? Warum hat er Ferrand wegen seiner Rede über die Nationalgüter nicht verhaften lassen? Dies und die Frechheit der Adligen und Geistlichen haben mich veranlasst, Elba zu verlassen. … Ich hätte mit drei Millionen Bauern, die mir ihre Dienste anboten, hier ankommen können, aber ich war sicher, vor Paris keinen Widerstand zu finden. Die Bourbonen sind froh, dass ich zurückgekommen bin, denn ohne mich hätten sie durch eine schreckliche Revolution geendet!

Haben Sie das Pamphlet Chateaubriands gelesen, der mir nicht einmal

Mut auf dem Schlachtfeld zutraut?[1] Haben Sie mich nicht manchmal im Feuer gesehen? Bin ich ein Feigling?«

Rapp: »Ich habe die Empörung geteilt, die alle ehrlichen Leute über eine ebenso ungerechte als gemeine Anklage empfanden.«

Napoleon: »Haben Sie manchmal den Herzog von Orléans gesehen?«

Rapp: »Ich habe ihn nur einmal gesehen.«

Napoleon: »Der hat wenigstens Geist, Benehmen und Takt! Die andern sind schlecht beraten und von unfähigen Menschen umgeben. Sie lieben mich nicht. Sie werden wütender denn je sein, und mit Recht! Ich bin ohne einen Schuss abzugeben hier angekommen. Jetzt werden sie über meinen Ehrgeiz schreien, denn das ist der ewige Vorwurf, den sie mir machen; sie wissen nichts anderes zu sagen.«

Rapp: »Sie sind nicht die einzigen, die Sie der Ehrsucht beschuldigen.«

Napoleon: »Wie! … Bin ich denn ehrsüchtig, ich? Ist man so dick wie ich, wenn man Ehrsucht besitzt?« Und er klopfte sich mit beiden Händen den Leib.

Rapp: »Eure Majestät scherzen.«

Napoleon: »Nein. Ich wollte Frankreich zu dem machen, was es sein sollte, aber niemals bin ich ehrsüchtig gewesen! Was nehmen sich übrigens diese Leute heraus? Das sieht den Bourbonen ähnlich, dass sie der Nation und der Armee gegenüber die Wichtigen spielen. Macht sie etwa ihr Mut so übermütig?«

Rapp: »Bisweilen haben sie doch Mut gezeigt, zum Beispiel in der Armee Condés.«

Napoleon: »Was tragen Sie da für einen Orden?«

Rapp: »Den Orden der Ehrenlegion.«

Napoleon: »Teufel! Sie (die Bourbonen) haben wenigstens so viel Geist

---

1 Die Schrift ist betitelt: De Buonaparte, des Bourbons, et de la nécessité de se rallier à nos princes légitimes pour le bonheur de la France et de l'Europe.

besessen, einen schönen Orden daraus zu machen. Und diese beiden Kreuze hier?« Er berührte sie mit dem Finger.

Rapp: »Sankt Ludwigskreuz und die Lilie.« Napoleon lächelte.

Napoleon: »Begreifen Sie diesen Einfaltspinsel Berthier? Er hat nicht in Frankreich bleiben wollen. Aber er wird wiederkommen. Ich verzeihe ihm alles, aber nur unter einer Bedingung: Er muss seinen Rock der Garde du Corps tragen, wenn er vor mir erscheint. Aber all das hat nun ein Ende. Noch einmal, Herr General Rapp, müssen wir Frankreich dienen, und dann können wir uns zu unsern Vätern versammeln.«

Rapp: »Geben Sie zu, Sire – da Sie ja bisweilen die Güte hatten, mir zu gestatten, dass ich offen mit Ihnen spreche –, geben Sie zu, dass Sie unrecht taten, in Dresden nicht Frieden zu machen? Alles wäre gut gewesen, wenn Sie Frieden geschlossen hätten. Erinnern Sie sich meiner Berichte über die Gesinnung in Deutschland? Sie behandelten diese Berichte wie Pamphlete und machten mir Vorwürfe.«

Napoleon: »Ich konnte in Dresden nicht Frieden machen; die Verbündeten waren nicht aufrichtig. Wenn übrigens ein jeder nach der Wiederaufnahme der Feindseligkeiten seine Pflicht getan hätte, so wäre ich jetzt noch der Herr der Welt. Ich hatte allein schon 32 000 Österreicher gefangen genommen.«

Rapp: »Einen einzigen Augenblick hatten Eure Majestät keinen Ehrgeiz. Und doch ist noch immer die Rede von der Souveränität der Welt.«

Napoleon: »Aber natürlich! Übrigens, Marmont, die Senatoren … Mein Plan war so kombiniert, dass mir kein Verbündeter entkommen wäre.«

Rapp: »All das Unglück ist die Folge der Niederlage von Leipzig. Sie würden ihm vorgebeugt haben, wenn Sie den Frieden in Dresden angenommen hätten.«

Napoleon: »Sie wissen nicht, was ein solcher Frieden bedeutete.« Und immer lebhafter werdend duzte er den General. »Würdest du Furcht haben«, rief er, »einen neuen Krieg zu beginnen, du, der du fünfzehn Jahre lang mein Adjutant warst? Als du aus Ägypten zurückkamst, warst du nichts weiter als ein Soldat; ich habe aus dir einen Mann gemacht! Heute kannst du die höchsten Ansprüche stellen!«

Rapp: »Ich habe nie eine Gelegenheit vorübergehen lassen, Ihnen meine Dankbarkeit dafür zu beweisen. Und wenn ich noch lebe, so ist das nicht mein Verdienst.«

Napoleon: »Ich werde niemals dein Verhalten auf dem Rückzug von Moskau vergessen. Ney und du, ihr gehört zu der kleinen Zahl der starken Charaktere. Bei deiner Belagerung von Danzig hast du übrigens das Höchste geleistet.«

Darauf umarmte Napoleon den General Rapp und drückte ihn mit Heftigkeit an seine Brust. Er küsste ihn mehrmals und sagte dann, ihn am Schnurrbart zupfend:

»Ach geh, einer der Tapferen von Ägypten und Austerlitz kann mich nicht verlassen. Du übernimmst das Kommando der Rheinarmee, während ich mit den Preußen und Russen unterhandle. Ich hoffe, in zwei Monaten empfängst du in Straßburg meine Frau und meinen Sohn. Von heute Abend ab wünsche ich, dass du mir Adjutantendienste tust. Schreibe an den Grafen Maison, dass er komme, um mich zu begrüßen. Er ist ein tapferer Mann, ich möchte ihn sehen.«

Mémoires du général Rapp.

DER KAISER NAPOLEON BEI DEN LEVERS
IN DEN TUILERIEN WÄHREND DER HUNDERT TAGE

Napoleon empfing jeden Morgen um neun Uhr alle diejenigen, die sich zum Lever anmeldeten. Der Thronsaal und der Friedenssaal waren stets von einer Menge Leute angefüllt. Es fanden sich Minister, Staatsräte, ehemalige Senatoren und Abgeordnete, Richter, Verwaltungsbeamte, Marschälle, Generale und Offiziere aller Rangstufen des Heeres und der Flotte ein. Diese Levers waren außerordentlich ermüdend. Sie wurden so lange fortgesetzt, bis der Kaiser den Elyséepalast bezog, das heißt länger als einen ganzen Monat.

Bei all diesen Empfängen spielten sich Begebenheiten ab, die wert sind, näher betrachtet zu werden. Während einer der ersten stellte sich der Graf Barthélemy vor, der dem Senat beim Sturz Napoleons präsidiert hatte. Wenige Personen hatten dem Kaiser so viel zu verdanken wie dieser ehemalige Direktor. Napoleon hatte ihn aus der Verbannung zurückkommen lassen, hatte ihn zum Senator ernannt und ihn stets gut behandelt. Barthélemy hatte im Namen des Senats die Adresse des Reichs vorgelesen. Als der Kaiser ihn sah, konnte er sich nicht enthalten, zu lächeln. Barthélemy zuckte mit den Schultern und schlug die Augen zum Himmel auf, als wollte er sagen: Sie sind wohl sehr unzufrieden mit mir; aber ich bin mit fortgerissen worden, wie die andern auch. Ein anderer Austausch fand zwischen beiden nicht statt. Barthélemy fühlte, dass seine Anwesenheit nicht am Platze sei; er kam nicht wieder und lebte ruhig in Paris.

Bei einem andern Empfang stellte sich der General Souham ein, der von Bourges zurückgekehrt war. Er hatte seinerzeit die Rede gehalten, die das Korps des Herzogs von Ragusa (Marschall Marmont) veranlasste, zum Feind überzugehen. Der Kaiser konnte seinen Unwillen nicht verbergen, aber er bezwang sich. Der wenig gewandte General wollte den Kaiser unbedingt sprechen. Er stotterte und drückte sich schwerverständlich aus.

»Was wollen Sie denn noch von mir«, sagte Napoleon zu ihm; »Sie sehen doch, dass ich Sie nicht kenne.«

Souham fühlte den Schlag, der ihm durch diese Antwort versetzt wurde. Man sah ihn nie mehr. Er stand nicht auf der Liste derjenigen, die von der Lyoner Amnestie ausgeschlossen waren, und lebte daher ruhig in Paris.

Die Marschälle stellten sich dem Kaiser alle nacheinander, wie sie in Paris ankamen, vor. Napoleon behandelte keinen schlecht, sondern hielt sein Versprechen, sich an ihre Verdienste erinnern zu wollen. Nur zum Herzog von Reggio sagte er:

»Sehen Sie, Oudinot, Sie waren der Abgott Lothringens; 200 000 Bauern wären Ihnen vor einem Jahr überall hin gefolgt, und heute bin ich genötigt, Sie gegen diese zu beschützen; sie wollen Sie nicht in ihrer Mitte dulden.«

Einst kam der Marschall Ney nach einem der Levers zu Napoleon und sagte zu ihm mit gezwungener und verwirrter Miene:

»Sie haben gewiss gehört, dass ich, als ich von Paris wegging, um mich nach Besançon zu begeben, dem König versprochen habe, Sie in einem eisernen Käfig zurückzubringen.«

Der Kaiser erwiderte: »Sie machen sich mit Unrecht Sorgen wegen dieser Verleumdungen. Ein solcher Gedanke konnte nie im Geist eines Soldaten entstehen! Sie wissen genau, dass niemand imstande gewesen wäre, etwas derartiges auszuführen.«

»Sie täuschen sich«, entgegnete der Marschall; »lassen Sie mich vollenden. Ich habe in der Tat den Vorschlag gemacht, aber ich hatte bereits meinen Entschluss gefasst und glaubte nichts Besseres sagen zu können, um meine Absichten zu verbergen.«

Dieses Gespräch empörte den Kaiser. Er konnte sich nicht mehr beherrschen und das Gefühl verbergen, das in ihm aufstieg. Der Marschall merkte es und verstand, wie unrecht er gehandelt hatte. Er zog sich aufs Land zurück, und man hörte darüber nichts weiter. Er kam erst zur Feier auf dem Maifeld wieder nach Paris.

L'île d'Elbe et les Cent-Jours. Oeuvres de Napoléon I.

Der Kaiser Napoleon und Benjamin Constant in den Tuilerien, 14. April 1815

Da Napoleon bei seiner Rückkehr von Elba dem Land eine Verfassung geben wollte, ließ er Benjamin Constant, einen der wichtigsten Führer der Opposition unter dem Kaiserreich und Anhänger der konstitutionellen Regierung zu sich kommen, um seine Ansichten zu hören.

Constant begab sich in die Tuilerien und fand den Kaiser allein in seinem Kabinett. Napoleon begann die Unterhaltung mit den Worten:

»Das Volk hat sich zwölf Jahre lang von jeglicher politischen Bewegung und seit einem Jahr vom Krieg ausgeruht. Aber durch diese doppelte Ruhe ist das Bedürfnis nach Tätigkeit wieder entstanden. Das Volk will oder glaubt, eine Rednertribüne und Versammlungen haben zu wollen. Nicht immer jedoch hat es dies gewollt. Es hat sich mir zu Füßen geworfen, als ich zur Regierung gelangte. Sie müssen sich dessen noch erinnern, denn Sie gehörten damals der Opposition an. Wo war Ihre Stütze, Ihre Kraft? Nirgends! Ich maßte mir weniger Macht an, als man mir anbot … Heute ist alles anders geworden. Eine schwache Regierung, die ganz gegen die nationalen Interessen ist, hat diese Interessen gezwungen, immer auf der Hut zu sein und die Behörden zu schikanieren.

Die Neigung für Verfassungen, Debatten und Reden scheint wieder zurückgekehrt zu sein … Täuschen Sie sich jedoch nicht, denn dies ist nur der Wunsch der Minderheit. Das Volk, oder wenn Sie vorziehen, die Mehrheit will nur *mich*! Sie haben nicht jene Massen gesehen, die sich an meine Schritte hefteten, die von den Bergen herabkamen, mich suchten, mich riefen und begrüßten! Als ich nach meiner Landung in Cannes hier ankam, habe ich keine Eroberungen gemacht, sondern mich nur mit der Verwaltung beschäftigt … Ich bin nicht nur, wie man gesagt hat, der Soldatenkaiser, ich bin auch der Kaiser der Bauern und der Plebejer Frankreichs … Und so kommt, wie Sie sehen, trotz allem, was sich ereignet hat, das Volk zu mir zurück! Wir haben Sympathie füreinander.

Nicht so steht es mit den Bevorzugten. Der Adel hat mir gedient, er hat sich massenhaft in meine Vorzimmer gedrängt. Es gibt keine Stellung, die er nicht angenommen, nicht verlangt, nicht erbettelt hätte. Ich habe die Montmorency, die Noailles, die Rohan, die Beauveau und die Mortemart in meinen Diensten gehabt; aber zwischen uns gab es niemals Gemeinschaft! Das Pferd beugte sich unter dem Sattel, es war gut abgerichtet, aber ich fühlte es zittern.

Mit dem Volk war es eine andere Sache; seine Gemütsart stimmt mit der meinigen überein. Ich bin selbst aus dem Volk hervorgegangen, und meine Stimme wirkte auf dasselbe. Sehen Sie sich diese Rekruten an, diese Bauernsöhne! Ich schmeichle ihnen nicht, sondern ich behandle sie streng. Sie umringen mich deshalb nicht weniger und rufen trotzdem: ›Es lebe der Kaiser!‹ Das kommt daher, weil zwischen ihnen und mir eine natürliche Gemeinschaft besteht.

Sie betrachten mich als ihre Stütze, ihren Erretter den Adligen gegenüber … Ich brauchte nur ein Zeichen zu geben oder nur mit der Wimper zu zucken, und die Adligen würden in allen Provinzen ermordet werden! Sie haben sich ja seit zehn Monaten so schön betragen! … Aber ich will nicht der König einer Jacquerie[1] sein. Wenn es möglich ist, durch eine Verfassung zu regieren, nun gut … Ich habe die Universalmonarchie angestrebt, und um sie mir zu sichern, war mir eine unumschränkte Macht nötig. Will man Frankreich allein regieren, so ist es besser, dass es mit einer Verfassung geschieht … Ich wollte die Universalmonarchie, aber wer

---

1 Napoleon spielt auf den Bauernaufstand vom Jahr 1358 an, dessen Anführer Jacques Bonhomme war.

an meiner Stelle hätte das nicht gewollt? Die Welt selbst forderte mich auf, zu herrschen, und Fürsten und Untertanen beeilten sich um die Wette, unter mein Zepter zu kommen. Ich bin in Frankreich selten auf Widerstand gestoßen; aber ich habe ihn doch bisweilen eher bei einigen unbekannten und bedeutungslosen Leuten gefunden als bei allen diesen Fürsten, die heute so stolz darauf sind, nicht mehr einen Mann aus dem Volk als ihresgleichen zu haben …

Sehen Sie zu, was Ihnen möglich erscheint, sagen Sie mir Ihre Ideen! Öffentliche Reden, freie Wahlen, verantwortliche Minister, die Pressefreiheit? … Das will ich ja alles! Besonders die Pressefreiheit; sie unterdrücken zu wollen, wäre absurd. Über diesen Punkt bin ich vollkommen einig … Ich bin der Mann des Volkes; wenn das Volk wirklich die Freiheit will, so bin ich sie ihm schuldig. Ich habe die Souveränität des Volkes anerkannt und muss seinen Wünschen, selbst seinen Launen ein williges Ohr leihen. Nie wollte ich es zu meinem Vergnügen unterdrücken! Ich hatte große Pläne; das Geschick hat es anders entschieden! Ich bin kein Eroberer mehr, kann es nicht mehr sein! Ich weiß, was möglich und was unmöglich ist. Mir bleibt nur noch eine Mission zu erfüllen übrig: Frankreich wieder aufzurichten und ihm eine Regierung zu geben, die dem Land zusagt …

Ich hasse die Freiheit nicht, obgleich ich ihr ausgewichen bin, als sie meinen Weg vertrat. Ich verstehe sie jedoch, denn ich bin in ihren Ideen groß geworden. Das Werk von 15 Jahren ist zerstört, und man kann nicht von Neuem anfangen, es wieder aufzubauen, denn dazu brauchte man 20 Jahre und müsste zwei Millionen Menschen opfern … Übrigens wünsche ich den Frieden, den ich nur durch Siege erlangen werde.

Ich will Ihnen keine falschen Hoffnungen machen; ich lasse zwar die Nachricht verbreiten, dass ich in Unterhandlungen stehe, es ist aber nicht wahr. Ich sehe einen schwierigen Kampf, einen langen Krieg voraus. Um ihn durchzuführen, muss ich das Volk unterstützen. Ich werde es aber auch belohnen; ich glaube, es wird als Gegendienst die Freiheit verlangen! Gut, es soll sie haben!

Die gegenwärtige Lage ist neu, und ich verlange nichts mehr, als darüber aufgeklärt zu werden. Ich werde auch immer älter. Mit 45 Jahren ist man nicht mehr das, was man mit 30 Jahren war. Die Ruhe eines konstitutionellen Königs kann mir gefallen. Und sicherlich wird sie noch mehr den Beifall meines Sohnes finden.«

Benjamin Constant, Mémoires sur les cent jours.

Der Kaiser Napoleon und der Graf Lavalette in Paris, Ende April 1815

Etwa einen Monat nach der Ankunft des Kaisers suchte der Herzog von Vicenza den Grafen Lavalette auf und übergab ihm einen Brief ohne Adresse, den ein von Wien angekommener Kurier mitgebracht hatte. Der Brief, hatte der Bote gesagt, sei ihm vom Herrn von X. zugegangen, der jedoch nicht gewagt hätte, die Adresse darauf zu schreiben. Lavalette war mit Herrn von X. zu wenig bekannt, um annehmen zu dürfen, dass er an ihn geschrieben habe, und er wies daher den Brief zurück. Caulaincourt sagte indes: »Überlegen Sie es wohl; ich habe die feste Überzeugung, dass der Brief für Sie bestimmt ist. Vielleicht würden Sie gut tun, ihn zu öffnen, denn im Fall Ihrer Weigerung händige ich ihn dem Kaiser ein.«

»Tun Sie das«, erwiderte Lavalette. »Ich habe aus Wien nichts zu erfahren und wünsche selbst, dass der Kaiser den Brief lese.«

Am Abend wurde Lavalette ins Schloss berufen. Er fand den Kaiser in einem spärlich erhellten Kabinett; in einer Ecke zusammengekauert wärmte er sich am Kamin. Er schien bereits von jenem Übel geplagt zu werden, das ihn seitdem nicht wieder verlassen hat.

»Hier ist ein Brief«, sagte Napoleon, »den ein Kurier von Wien mitgebracht hat und der, wie er behauptet, für Sie bestimmt ist. Lesen Sie ihn!«

Auf den ersten Blick glaubte Lavalette die Schrift des Herrn X. zu erkennen. Der Brief war sehr lang, und erst am Ende kam X. auf den Hauptgegenstand zu sprechen. Er schrieb Lavalette, dass man nicht auf die Kaiserin rechnen sollte; dass sie ihren Hass gegen Napoleon nicht verberge und geneigt wäre, alle Schritte zu billigen, die man gegen ihn unternehme. An eine Wiedervereinigung sei gar nicht zu denken, sie würde einer solchen, sollte sie zur Sprache gebracht werden, die größten Hindernisse entgegensetzen. Endlich war es ihm nicht mehr möglich, seine Geringschätzung zu verbergen. Er sagte, dass sich die Kaiserin, die sich Neipperg vollkommen hingegeben hätte, nicht einmal mehr die Mühe nähme, ihre sonderbare Neigung zu diesem Menschen zu verbergen, und dass dieser ebenso Herr ihres Geistes als ihres Körpers sei. – Die Handschrift war verstellt, doch nicht geschickt genug, um sie bei näherer Prüfung nicht zu erkennen. Lavalette fand aber in dieser Vertraulichkeit einen Eifer und eine Lebhaftigkeit des Stils, die Herrn von X. nicht eigen waren, und während des Lesens stieg in Lavalette der Verdacht auf, dass die Handschrift nachgemacht worden sei, um dem Kaiser irgendeine Schlinge zu legen. Lavalette teilte daher dem Kaiser seinen Zweifel und die Gefahr eines solchen Betrugs mit und fand genug triftige Gründe der Wahrscheinlichkeit, um auch in ihm Zweifel zu erwecken. »Wie ist es möglich«, sagte Lavalette, »dass X. die Unvorsichtigkeit begangen haben könnte, mir dergleichen Dinge zu schreiben, da ich nicht sein Freund bin und ihn nur ganz flüchtig kenne? Wie kann man annehmen, die Kaiserin werde sich unter solchen Umständen so weit vergessen, so lebhaften Hass gegen Sie zu zeigen, besonders aber, sich einem Mann hinzugeben, der zwar noch allenfalls das Zeug besitzt, zu gefallen, der aber nicht mehr jung ist, ein ganz entstelltes Gesicht und eine Gestalt hat, die aller äußeren Reize entbehrt?« – »Aber«, erwiderte der Kaiser, »X. ist mir ergeben, und obgleich er nicht Ihr Freund ist, erklärt doch seine Nachschrift die Ursache seiner Vertraulichkeit.« – In der Tat stand am Ende des Briefes: »Ich glaube nicht, dass Sie dem Kaiser die ganze Wahrheit sagen können, machen Sie indes von meiner Mitteilung den Gebrauch, den Sie für zweckmäßig halten.« Dennoch blieb Lavalette bei seiner Behauptung, dass der Brief gefälscht sei, und der Kaiser sagte: »Gehen Sie zu Caulaincourt; er hat viele Briefe von derselben Hand empfangen, und ein Vergleich wird darüber entscheiden, ob Ihre Meinung oder die seinige die richtige ist.«

Lavalette ging zu Caulaincourt, der ihm sagte: »Der Brief ist ganz gewiss von X., und ich zweifle nicht einen Augenblick daran, dass alles wahr ist, was er enthält. Es ist besser, der Kaiser trifft seine Maßregeln, denn er hat von dort nichts mehr zu hoffen.«

Diese traurige Entdeckung schmerzte den Kaiser sehr, denn er liebte Marie-Louise aufrichtig und wünschte sehnlichst, seinen Sohn wieder-zusehen.

Mémoires et souvenirs du comte Lavalette.

Der Kaiser Napoleon und der Graf Pontécoulant in den Tuilerien, April 1815

In der neuen Lage, in der sich Napoleon nach seiner Rückkehr von Elba befand, sah er sich gezwungen, zur Wiedererrichtung einer Regierung, deren Elemente durch die Restauration zerstört worden waren, sich mit allen bedeutenden und klugen Männern Frankreichs zu umgeben. Er nahm daher wieder einen großen Teil jener auf, die während seiner Verbannung von ihm abgefallen waren. Unter ihnen befand sich auch der ehemalige Senator Gustave Dulcet de Pontécoulant. Er war nach der Abdankung des Kaisers zu den Bourbonen übergegangen und zum Dank dafür wenige Wochen später von ihnen zum Pair von Frankreich gemacht worden. Als Napoleon jedoch die Fesseln von sich geworfen hatte, zögerte Pontécoulant nicht, ihn als den wahren Herrscher über Frankreich anzuerkennen. Bei seinem ersten Besuch in den Tuilerien empfing ihn der Kaiser mit Auszeichnung und dem Vertrauen, das er ihm seit ihren ersten Beziehungen im Konvent immer bewiesen hatte. Er sagte, er sei umso glücklicher, ihn zu sehen, als er des Beistands aller guten Franzosen bedürfe, und er sei einer von denen, auf die er zählen könne, dass sie ihm helfen würden, Frankreich aus den Gefahren zu retten, die es bedrohten. Bald nahm die Unterhaltung einen vertraulichen Charakter an, und Napoleon zögerte nicht, sich gegen Pontécoulant ganz offen auszusprechen.

»Ich habe erfahren«, sagte er, »wie tapfer Sie sich in Belgien und vor Paris gehalten haben, und ich wollte Ihnen heute in Frankreichs und in meinem Namen dafür danken. Wenn jeder seine Pflicht getan hätte, wenn alle Minister, wenn Joseph selbst, anstatt mit der Kaiserin hinter die

Loire zu fliehen, sich wie Sie aufs Pferd gesetzt und den braven Einwohnern von Paris Festigkeit und Mut gezeigt hätten, so würden sie einen Tag gewonnen, mir Zeit gelassen haben, herbeizueilen, und Frankreich wäre gerettet gewesen. Niemals würde der Feind mit 200 000 Mann eine Schlacht auf dem linken Seineufer gewagt haben, denn im Fall der Niederlage hätte er eine ungeheure Stadt mit 800 000 Einwohnern im Rücken gehabt; dies wäre gegen alle Kriegsregeln gewesen, und er hätte so etwas nicht versucht. Die Eile Josephs ist Schuld an allem Verlust. Er hat sich wie ein altes Weib betragen, das zuerst schreit: ›Rette sich, wer kann!‹ Doch trotz der Kapitulation von Paris hatte ich, wenn der Verrat Marmonts nicht gewesen wäre, in Fontainebleau gute Aussichten. – Nun bin ich wieder da! Ich wusste, dass Frankreich unglücklich sei, ich habe seine Klagen und seine Vorwürfe gehört … Wie einst in Abukir habe ich alles im Stich gelassen und komme nun als sein erster Bürger, um es zu trösten und zu verteidigen … Meine Rechte sind mir vom Volk verliehen worden: Ich nehme sie wieder auf, nicht um zu regieren – der Thron ist nichts mehr für mich –, auch nicht, um mich zu rächen. Als ich landete, habe ich erklärt, dass ich von allem, was seit der Kapitulation von Paris gesagt und getan worden ist, nichts wissen will … Ich habe den Krieg zu sehr geliebt – jetzt will ich keinen mehr führen … Wir müssen vergessen, dass wir die Herren der Welt gewesen sind … Ich will die Zügel der Regierung wieder in die Hand nehmen, um unser schönes Frankreich frei, glücklich und unabhängig zu machen. Aber dazu brauche ich den Beistand aller mutigen Männer. Wir besitzen keine Armee, unsere Finanzen sind erschöpft, und der Feind ist vor unserer Tür. Sie kennen die Erklärung des Wiener Kongresses; welche Wirkung hat sie hervorgebracht?«

Herr von Pontécoulant antwortete, das Erstaunlichste in diesem Manifest sei gewesen, dass man es als ein Kollektivwerk der vier größten Mächte ausgegeben habe, von denen man glaubte, dass sie bereit seien, sich zu trennen. Außerdem sei man sehr überrascht gewesen, die eigenhändige Unterschrift des Kaisers von Österreich darunter zu finden, und man habe einen Augenblick angenommen, er stehe im vollkommenen Einvernehmen mit seinem Schwiegersohn.

»Ja, ich verstehe«, sagte Napoleon, »man hat ein paar Gerüchte für ernst genommen, die bei meiner Ankunft in Frankreich ausgestreut wurden, um meine Freunde zu beruhigen und die Anhänger des alten Regimes in Schrecken zu jagen. In Wahrheit bin ich ganz allein mit den 600 Grenadieren meiner Garde, ohne den Beistand von irgendjemand und ohne Hilfe einer fremden Macht in Frankreich gelandet … Die Geschichte wird es erzählen – und zwar zu meinem Ruhm –, dass ich, um die Bourbonen vom Thron zu stürzen, weder Armeen noch zahlreiche Flotten nötig hatte. Ich habe dazu weder der Hilfe Murats noch des Schutzes Österreichs bedurft. Bei der Umwälzung am 20. März war weder eine Verschwörung noch Verrat im Spiel. Ich wollte, dass nicht ein Tropfen Blut vergossen würde. Ich habe verboten, auch nur einen einzigen Flintenschuss abzufeuern! … *Das Volk und die Armee haben mich nach Paris geleitet!* Die Unterleutnants und Soldaten haben alles bewirkt. Dem Volk und der Armee verdanke ich alles! …«

Dann fügte er nach einer Pause hinzu: »Jetzt müssen wir daran denken, uns zu verteidigen, alles Übrige wird sich finden. Man verlangt von mir Garantien. Ich werde derartige Garantien geben, dass man mit mir zufrieden ist. Aber vorerst brauche ich einen Sieg. Jeder stehe mir bei, und wir werden siegen! Aber nur keine inneren Zänkereien; im Jahr 1813 hat die Gesetzgebende Körperschaft durch ihre alberne Schilderhebung alles verdorben! … Beginnen wir damit, uns die Fremden vom Hals zu schaffen, und dann wollen wir unsere innern Angelegenheiten unter uns regeln … Das Ausland hat dabei nichts zu suchen; Frankreich kann *monarchisch, republikanisch* oder *kaiserlich* sein, ohne dass ein europäischer Fürst das Recht habe, es für schlecht zu befinden. Wenn es so etwas duldete, verdiente es aus der Liste der zivilisierten Nationen gestrichen zu werden.«

Pontécoulant verließ das Kabinett des Kaisers unter dem traurigen Ein-

738

druck, dass Napoleon sich sehr verändert habe. Seine Züge waren gröber geworden, sein Körper hatte eine Beleibtheit angenommen, die ihn am schnellen Gehen und in seinen Bewegungen hinderte. Seine Gesten waren langsam und ohne die an ihm bekannte Lebhaftigkeit. Er war nicht mehr der Mann, der die Ereignisse beherrschte. Und gerade jetzt hätte er die ganze Energie und Tätigkeit seiner Jugend gebrauchen können.

Souvenirs historiques et parlementaires du comte de Pontécoulant.

Der Kaiser Napoleon, Fouché und Lavalette im Elysée, Frühjahr 1815

Fouché war weit entfernt, die Rückkehr des Kaisers zu wünschen. Er war des strengen Gehorsams, zu dem er so lange Jahre gezwungen gewesen, vollkommen überdrüssig und hegte überdies einen andern Plan, der durch des Kaisers Ankunft gestört worden war. Der Kaiser stellte Fouché wieder an die Spitze der Polizei, weil Savary verbraucht war und er einen gewandten Mann nötig hatte. Fouché nahm den Posten an, gab aber dessen ungeachtet den Plan nicht auf, den Kaiser zu entfernen und an seine Stelle entweder dessen Sohn oder eine Art Republik mit einem Präsidenten einzusetzen. Er hatte nicht aufgehört, mit dem Fürsten Metternich zu korrespondieren, und wenn man seinen Versicherungen Glauben schenken will, so suchte er den Kaiser zu bereden, zugunsten seines Sohnes abzudanken. Vonseiten eines Mannes wie Fouché war der Rat nicht ohne Gefahr für den, dem er ihn erteilte. Da nun dieser Rat verworfen wurde, wäre es die Pflicht des Ministers gewesen, entweder nicht mehr daran zu denken oder seine Entlassung zu nehmen. Fouché aber behielt sein Ministerium und setzte seinen Briefwechsel mit Metternich fort. Der Kaiser, der ihm nicht traute, beobachtete ihn mit der größten Sorgfalt.

Eines Abends hatte Napoleon im Elysée große Gesellschaft. Er ließ Lavalette sagen, dass er mit ihm zu sprechen habe, er solle daher auf ihn warten. Als sich alle entfernt hatten, ging Napoleon mit Fouché in ein benachbartes Zimmer, dessen Tür halb geöffnet blieb; beide schritten ruhig miteinander sprechend darin auf und ab.

Nach einer Viertelstunde hörte Lavalette den Kaiser mit fester Stimme sagen: »Sie sind ein Verräter! Weshalb bleiben Sie Polizeiminister, wenn Sie mich verraten wollen? Es hinge nur von mir ab, Sie hängen zu lassen, und alle Welt würde es billigen.«

Was Fouché ihm antwortete, hörte Lavalette nicht, aber das Gespräch währte noch über eine halbe Stunde. Dann entfernte sich Fouché. Lavalette fand den Kaiser nicht mehr in dem angrenzenden Zimmer, doch am folgenden Morgen sprach er mit ihm von jener Unterredung. »Ich vermutete«, sagte Napoleon, »dass der Elende mit Wien im Briefwechsel stände, und ließ einen Bankbeamten verhaften, der von dort kam; er gestand mir, dass er einen Brief des Fürsten Metternich an Fouché überbracht hätte und dieser die Antwort zu einer bestimmten Zeit nach Basel schicken sollte, wo auf der Brücke ein Mann den Boten erwarten würde. Vor einigen Tagen nun ließ ich Fouché zu mir rufen und ging drei Stunden lang mit ihm im Garten spazieren, in der Hoffnung, dass er in einem so vertraulichen Gespräch mir von jenem Brief erzählen würde; er tat es nicht. Gestern Abend endlich begann ich ein Gespräch über diesen Gegenstand.«

Der Kaiser wiederholte nun die Worte »Sie sind ein Verräter«, die Lavalette selbst am vergangenen Tag gehört hatte, und fuhr dann fort: »Fouché gestand in der Tat, dass er den Brief erhalten hätte, allein, da er ohne Unterschrift sei, betrachtete er ihn nur als eine Mystifikation. Hierauf zeigte er mir den Brief selbst; dieser war aber ganz offenbar eine Antwort auf ein früheres Schreiben. Es wurde darin erklärt, dass man vom Kaiser durchaus nichts hören wolle, dass man sich aber übrigens in alles fügen würde.«

Lavalette vermutete, der Kaiser würde diesen Bericht mit den heftigsten Ausbrüchen des Zorns gegen Fouché schließen, aber die Unterhaltung kam auf einen andern Gegenstand, und es war von ihm nicht weiter die Rede.

Mémoires et souvenirs du comte Lavalette.

Der Kaiser Napoleon und der Schriftsteller Simonde de Sismondi im Elysée in Paris, 3. Mai 1815

Sismondi erzählt über die Unterhaltung, die er mit dem von Elba zurückgekehrten Kaiser in Paris führte, Folgendes:

Ich hatte bereits zwei Artikel über die Verfassung im »Moniteur« erscheinen lassen, als der Großmarschall Bertrand mir am 1. Mai schrieb, ich möchte mich am nächsten Tag, an einem Dienstag, um 10 Uhr bei ihm einfinden. Da ich einige Minuten zu spät kam, fand ich ihn nicht zu Hause, und so wartete ich bis Mittag auf ihn. Bei seiner Rückkehr sagte er mir, er habe mich dem Kaiser vorstellen wollen; meine Artikel im »Moniteur« seien mit Vergnügen gelesen worden. »Wir haben«, sagte er, »Ihre früheren Werke gelesen, und der Kaiser wird erfreut sein, die Bekanntschaft eines so hervorragenden Mannes zu machen.« Ich glaubte, das »wir« sollte bedeuten, dass sie sie auf der Insel Elba zusammen gelesen hätten, aber Bertrand sagte mir, der Kaiser habe sie alle schon früher gekannt. Darauf schrieb er mich für den nächsten Tag, Mittwoch den 3. Mai, gegen 10 Uhr zu einer Audienz ein.

Am nächsten Tag fand ich mich tatsächlich im Elysée in der Wohnung des Großmarschalls ein. Man hatte dort meinen Namen gemeldet, und ein Diener führte mich sofort in die große Galerie, die dem Empfangssaal des Kaisers als Vorzimmer diente. Kurz darauf kam der Großmarschall heraus und sagte mir, ich möchte einige Augenblicke warten. Ich war im Hoffrack mit dem Degen. Bertrand hatte mir geraten, denselben abzulegen. Nach Verlauf einer halben Stunde ging die Tür auf, und man rief mich. Der Kaiser befand sich in dem Saal mit mehreren Generalen und

Adjutanten, unter denen ich Herrn de Flahaut und Herrn Labédoyère erkannte. Napoleon zog sich sofort aus ihrem Kreis zurück und begab sich in ein Nebenzimmer, worauf er mich zu sich rief.

»Sie tragen einen italienischen Namen, Herr de Sismondi«, sagte er, »und doch sind Sie, wie ich glaube, aus Genf?«

Ich erklärte ihm meine Abstammung.[1]

»Ich habe mit großem Vergnügen Ihre Schriften gelesen und besonders die, die Sie über die Verfassung geschrieben haben.«

»Es freut mich, Sire, dass es mir gelungen ist, durch diese Schrift Ihre Billigung zu finden, denn sie drückt meine Ansichten frei und offen aus, und ich betrachte in der Tat diese Verfassung als die beste, die Frankreich je gegeben worden ist.«

»Gehen wir in den Garten«, sagte Napoleon. Er ließ mich meinen Hut aufsetzen und führte mich in einen langen Hagebuchengang, wo wir dreiviertel Stunden lang allein miteinander spazierengingen.

»Ich sehe mit Schmerz«, fuhr ich fort, »dass diese wirklich liberale Verfassung so unwillig und mit so unsinnigen Klagen aufgenommen worden ist.«

»Nun, ich hoffe, das wird sich vermindern«, meinte der Kaiser; »mein Dekret über die Stadtobrigkeiten und die Vorsitzenden der Wahlkollegien wird übrigens viel Gutes hervorbringen. So ist nun einmal das Volk. Es ist noch nicht reif für solche Ideen. Es macht mir das Recht streitig, die Versammlungen aufzulösen, wenn ich sie jedoch mithilfe der Truppen nach Hause schicke, so findet es das ganz einfach.«

»Was mich betrübt«, entgegnete ich, »ist, dass die Leute nicht sehen wollen, welch notwendige Veränderung in der Politik Eurer Majestät vorgegangen ist. Von nun an sind Sie der Vertreter der Revolution, der Genosse der freiheitlichen Ideen. Im vorigen Jahr haben Sie die Hinfälligkeit der königlichen Allianzen, die Falschheit und den gemeinen Hass

1 Seine Familie stammte aus Pisa, er war aber in Genf geboren.

aller derer, die Sie bevorzugt und beschützt haben, so grausam gefühlt, dass Sie jetzt nicht mehr zweifeln können, dass die Partei der Freiheit hier und im übrigen Europa Ihr einziger und treuester Verbündeter ist.«

»Unzweifelhaft«, antwortete er, »davon bin ich vollkommen überzeugt und werde auch niemals von dieser Meinung abweichen. Das Volk hat dies auch sehr wohl gefühlt, und deswegen ist es mir günstig gesinnt. Tatsächlich habe ich mich niemals in meiner Verwaltung von dem revolutionären System entfernt, ebenso wenig wie von den Grundsätzen der Revolution, wie Sie und die andern vielleicht glauben. Ich hatte damals ganz andere Absichten, große Pläne, die ich ausführen wollte, zum Beispiel die Gleichheit der Justiz, der Steuern und die Zugänglichkeit aller Stellungen. Die Bauern sind in dem Genuss aller dieser Dinge geblieben, und deswegen bin ich auch bei ihnen beliebt. Aber die Franzosen sind, wenn es sich um Prinzipien handelt, äußerst übertrieben; sie beurteilen das mit der ›furia francesca‹; sie sind misstrauisch und argwöhnisch. Die Engländer denken mehr nach. Ihre Ideen über alle diese Dinge sind viel reifer. Sie besitzen eine Klarheit der Gedanken, die man fast bei jedem Mann aus dem Volk findet. Auf Elba habe ich viele Engländer kennengelernt. Viele waren linkisch, sie wussten nicht, wie sie in meinen Salon eintreten sollten, aber sobald man mit ihnen sprach, fand man unter der rauen Außenseite den reifen Mann, ein tiefes, klares und vernünftiges Denken.«

Ich befragte Napoleon nun über mehrere Engländer, die er gesehen hatte, zum Beispiel über Herrn Douglas, mit dem er sehr zufrieden gewesen war. Er konnte nicht glauben, dass dieser derselbe sei, dessen heftige Reden in den Zeitungen man ihm gemeldet hatte. Dann sprach ich von Lady Holland, die er nicht gesehen hatte, deren Begeisterung für ihn ihm jedoch bekannt war … Darauf kamen wir wieder auf Frankreich zu sprechen.

»Nichtsdestoweniger ist das französische Volk eine schöne Nation«, sagte Napoleon, »edel, gefühlvoll, großmütig, stets bereit, alles Große und Schöne zu unternehmen. Was kann es zum Beispiel Schöneres geben als meine Rückkehr? Nun, ich habe daran kein Verdienst, nicht das geringste, es sei denn, dass ich das Volk durchschaut habe.«

Nun stellte ich viele Fragen über seine Rückkehr, und er antwortete sehr willfährig.

»Man hat geglaubt«, sagte er, »es habe eine Verschwörung stattgefunden, man habe alles durch Intrigen vorher vorbereitet; nichts von alledem ist wahr! Ich hatte mein Geheimnis keinem Menschen mitgeteilt, aber ich sah wohl, dass alles zur Explosion bereit war.«

»Man hat nicht aufgehört zu sagen«, erwiderte ich, »dass die gegenwärtige Revolution das Werk der Armee sei, aber ich bin überzeugt, dass die Bauern nicht weniger lebhaft dazu beigetragen haben würden.«

»Sicherlich, denn ich bin mehr als fünfzig Meilen marschiert, ohne einem einzigen Soldaten zu begegnen. Nur die Bauern kamen mir entgegen, sie folgten mir singend mit ihren Frauen und ihren Kindern. Sie hatten Gelegenheitsverse gegen den Senat gemacht, den sie mir zu Ehren des Verrats beschuldigten. Als ich mich Digne näherte, zwangen die Einwohner die Stadtobrigkeiten, mir entgegenzugehen. Sie waren darüber zwar nicht sehr erfreut, aber sie benahmen sich vortrefflich. In Digne war ich bereits absoluter Herrscher; ich hätte dort hundert Personen hängen lassen können, wenn ich gewollt hätte. Man drang in mich, dass ich mich länger in der Stadt aufhalten sollte, aber ich wollte weitermarschieren, denn ich hatte keine Zeit zu verlieren. Oberhalb von Digne liegt ein Berg, den ich, von der ganzen Bevölkerung begleitet, bestieg. In meinem Biwak stellte man mir nacheinander alle bedeutenden Persönlichkeiten des Landes, alle öffentlichen Beamten und Offiziere außer Dienst vor. Ich hatte zwar noch keine Truppen gefunden, aber wenn ich gewollt hätte, hätte ich die ganze Bevölkerung veranlassen können, mir zu folgen.«

Wir kehrten zu dem Gespräch über die Verfassung zurück. Er sagte, dass er glaube, die Wahlkollegien auf Lebenszeit führten eine sehr annehmbare Mischung der Aristokratie herbei. Ich antwortete, dass die Aristokratie in der Tat notwendig sei und man die Interessen ihrer Dauerhaftigkeit in der Gesellschaft ebenso vertreten müsse wie die des gegenwärtigen Augenblicks.

»Die Regierung«, begann Napoleon von Neuem, »ist wie die Schifffahrt: Man braucht zwei Elemente, um zur See zu fahren, und zwei Elemente, um das Staatsschiff zu lenken. Man wird niemals Luftschiffe lenken, weil man, da man nur in einem Element treibt, keinen Stützpunkt hat. Desgleichen ist in der reinen Demokratie keine Direktion möglich; vereinigt man sie jedoch mit der Aristokratie, so stellt man eine gegen die andere und lenkt das Schiff durch die entgegengesetzten Leidenschaften.«

»Ich bin vollkommen von der Notwendigkeit des aristokratischen Elements überzeugt«, entgegnete ich; »ja ich betrachte sogar die erbliche Auszeichnung als vollkommen mit unsern natürlichen Gefühlen übereinstimmend. Die Auszeichnung ist ein Gut, das umso kostbarer wird, je freier das Land, je mehr der Familienruhm mit dem Ruhm des Vaterlandes verknüpft ist; aber in der Lage, in der Eure Majestät sich befinden, halte ich diese Einrichtung für sehr schwer, und ich verstehe nicht, wie Ihre Pairskammer die ihr nötige Achtung erwerben will. Eure Majestät hatten früher ein System der Verschmelzung des alten Adels mit dem neuen angenommen, ein System, das Ihnen vortrefflich gelungen ist; heute jedoch halte ich es für unmöglich. Der alte Adel ist entschieden feindlich gesinnt; ich glaube nicht, dass Eure Majestät ihn jetzt in Ihre Verwaltung aufnehmen können oder dürfen. Auch begreife ich nicht, wie eine neue Aristokratie sich gegen die alte aufrechterhalten will.«

»Ja, augenblicklich muss man in der Tat den Gedanken an eine Verschmelzung aufschieben; eine solche Vereinigung wäre unmöglich.«

»Nun, so hätte ich gewünscht, dass Eure Majestät anstelle der erblichen Aristokratie einen auf Wahl begründeten Adel einsetzte.«

»Wie würden Sie das gemacht haben?«

»Ich würde Eurer Majestät das Recht gelassen haben, neue Pairs zu ernennen, der Kammer hingegen das Recht zuerkannt haben, durch Wahlen die Mitglieder zu ersetzen, die sie verloren hat.«

»Oh nein, das wäre unmöglich. Wir brauchen Zeit. Gewiss, während
der ersten Jahre sind die Pairs zu bedauern, denn sie werden auf großen
Widerstand und viel Neid stoßen, aber nach ein paar Jahren hat man sich
daran gewöhnt; der alte Adel wird in die Kammern eintreten, und dies
wird als ganz in der Ordnung betrachtet werden.«

Napoleon sprach mit mir auch über Italien.

»Das ist auch ein tapferes Volk«, sagte er; »es hat den Stoff zu einer großen Nation in sich. Ich habe viel für die Italiener getan. Ich habe ihnen
militärisches Empfinden, das ihnen fehlte, und Nationalgeist eingeflößt.
Damals ging es ihnen sehr gut, jetzt aber sind sie sehr unglücklich.«

»In der Tat, Sire, Sie haben, glaube ich, aus den Italienern sehr gute
Soldaten gemacht.«

»Oh, sie waren ebenso tapfer wie die Franzosen; sie zeigten im Feuer
dasselbe Ungestüm, dieselbe Ausdauer.«

»Ich war voriges Jahr in Italien, als Murat sich gegen Sie erklärte.«

»Ach, wie hat er sich damals benommen! Welches Misstrauen!«

»Sire, zu seinem Lob muss man zugeben, dass er 20 000 Franzosen und
deren Eigentum rettete; sie wären niedergemacht worden, wenn er sie
nicht so tatkräftig beschützt hätte.«

»Ah, das ist das Einzige, was man zu seinen Gunsten anführen kann.«

»Ich glaubte, Sire, es sei noch etwas anders gewesen, was für ihn spräche. Nach seinem Marsch und seinem Zögern zu urteilen, zweifelte ich
nicht, dass er im Geheimen mit Ihnen im Einverständnis war und nur die
Ereignisse abwartete.«

»Oh, nicht im Geringsten! Und jetzt eben hat er wieder eine neue
Dummheit durch jene ganz unangebrachte Schilderhebung begangen.«

»Ist er denn geschlagen worden?«

»Nein, er hat sogar einen Vorteil bei Cesena davongetragen, ist aber nichtsdestoweniger gezwungen, zurückzugehen. Er hätte mit seiner gut disziplinierten Armee im Verteidigungszustand an seiner Grenze bleiben müssen. Man würde seine Stärke nicht genau bewertet haben können und gezögert haben, ihn anzugreifen, während er durch seinen Vormarsch sofort gezeigt hat, was er imstande ist, zu leisten.«

»Hat denn keine Erhebung zu seinen Gunsten stattgefunden?«

»Ja, eine kleine, aber er kann die Leute nicht bewaffnen. Er hat keinerlei Waffenmagazine eingerichtet. In einem ganzen Friedensjahr und besonders da er frei mit England handeln konnte, war es nicht schwer, hunderttausend Gewehre zu kaufen. In ihrer gegenwärtigen Lage können die Italiener gar nichts machen. Sie haben mir wohl Vorschläge gemacht; sie schickten fortwährend nach Elba, ich möchte etwas für sie tun, aber ich antwortete ihnen stets: ›Verhaltet euch ruhig, augenblicklich kann nichts für euch getan werden.‹ In der Tat genügte es in Frankreich, die Armee und das Volk abwendig zu machen, und alle Artilleriedepots, alle Arsenale, alle Festungen befanden sich sofort in meiner Hand. Wenn ich trotz allem auch Italien abwendig gemacht hätte, so wären Alessandria und Mantua mit ihren Arsenalen doch immer in den Händen der Österreicher geblieben. Übrigens sind jetzt alle, die vom Volk am meisten geachtet werden und am geeignetsten gewesen wären, sich an seine Spitze zu stellen, verhaftet.«

»Wieso?«

»Man hat ihnen im Namen des Herzogs von Berry einen Entwurf zu einer Verschwörung vorgelegt, als wenn der Herzog im Begriff sei, in Italien einzudringen und sich an die Spitze der französischen Partei zu stellen. Es war nicht wahr, er wusste von nichts. Sie aber sind in die Falle gegangen, und diejenigen, die sie verleitet hatten, haben nachher ihre Namen dem General Bellegarde überliefert, der sie verhaften ließ.«

Ich sagte zu ihm, dass ich Toskana weniger zu einer Revolution geneigt halte als das übrige Italien.

»Das war im Anfang«, sagte er, »jetzt fangen sie an, die französischen Gerichtshöfe zu vermissen und sich über die Unordnung zu beklagen, in die sie durch die Abschaffung des Code Napoléon gestürzt worden sind. Vor Kurzem folgten sie dem Großherzog nach Pisa und sagten zu ihm: ›Ma non sta bene, Maestà, tutta questa mutazione; non vogliamo più quelle leggi antiche, ne que' diritti, ne tante stravaganze‹, und so weiter.«[1]

Napoleon sprach das Italienische sehr geläufig und mit einem sehr guten Akzent. Ich brachte darauf das Gespräch auf die Schweiz und sagte ihm, wie wichtig mir ihre Neutralität erschiene. Ich erzählte ihm, dass ich an den »Moniteur« einen Artikel geschickt hätte, der nicht aufgenommen worden sei. Er forderte mich auf, ihn wieder hervorzusuchen und erscheinen zu lassen. Ich sagte ihm, wenn die Schweizer ihre Neutralität aufrechterhalten wollten, würde sie nicht verletzt werden, worauf er mich fragte, was ich von dem Geist in den verschiedenen Kantonen hielte. Ich antwortete ihm, dass die neuen Kantone Frankreich günstig gesinnt seien, aber in den aristokratischen Kantonen sei die Regierung sehr gegen ihn. Das Volk jedoch sähe mit Kummer die Veränderungen vom vergangenen Jahr. Die kleinen Kantone schließlich seien ihm feindlich gesinnt.

»Alles in allem«, erwiderte er, »bedauert die Schweizer Bevölkerung den Verlust der Mediationsakte. Ich würde mit dieser Akte in der Schweiz eine ebenso große Revolution hervorbringen, wie ich es in Frankreich getan habe.« Dann fragte er mich, ob wir in Genf mit unserer Verfassung zufrieden seien. Ich antwortete, sie sei sehr schlecht, aber in der Anwendung nicht so übel, und wir seien eng mit unserer Unabhängigkeit verknüpft.

»Die Genfer«, sagte Napoleon, »haben viel Vernunft und sind an die

---

1 Aber die ganze Änderung, Majestät, ist nicht richtig; wir wollen keine alten Gesetze mehr, ebenso wenig wie jene Vorrechte und alle Extravaganzen.

Freiheit gewöhnt. Hat man denn aber dort einen erblichen Adel eingeführt?«

Ich gab ihm schnell eine Übersicht unserer Verfassung. Bei dieser Gelegenheit sprach er mit mir über Rousseau. Er sagte, er liebe ihn nicht sehr,
er fände, er sei anmaßend und habe einen gemachten Stil.

Ich erwiderte, er ähnele darin einem lebenden Autor: Chateaubriand,
dessen Stil glänzend sei, aber der Wahrheit entbehre.

»Ja«, sagte er, »er sieht es immer auf etwas ab; man fühlt, dass es nur
Phrasen sind, in denen die Reife der Gedanken fehlt. Ich habe sein ›Génie du christianisme‹ nicht vollständig gelesen; es ist nicht nach meinem
Geschmack; es ist ein System, an das ich nicht glaube. In dem aber, was
er gegen mich geschrieben hat, ist weder ein Gedanke noch etwas Echtes;
es ist alles nur auf den Effekt berechnet. Sicherlich aber ist er ein Mann
mit vielen Fähigkeiten.«

Ich antwortete, ich zöge sowohl das Talent als auch den Charakter
Chateaubriands dem eines andern berühmten Mannes seiner Zeit vor:
des Herrn de Fontanes.

»Ach, der«, entgegnete Napoleon, »der ist ganz und gar für das System
der Reaktion. Er begreift nur das alte Regime. Er sieht das alles in seiner
Einbildung; er ist keiner von den Geistern, die für die Wirklichkeit geschaffen sind.«

Darauf sprach er von den englischen Romanen Richardsons und Fiel-
dings, stellte einige Fragen über die italienischen und spanischen Romane
in der Art des Gil Blas oder wie der von Pigault-Lebrun. Ich drückte
mein Erstaunen darüber aus, dass er das alles kannte.

»Ich habe in meiner Jugend viel gelesen. Ich habe viel gearbeitet, aber
auch viel Romane gelesen. Als ich jung war, war ich viel vernünftiger als
jetzt; bis zu meinem ersten Italienischen Feldzug wagte ich keiner Frau
ins Gesicht zu sehen; heute kann ich das nicht mehr behaupten. So besuchte ich auch in dieser Zeit ein juristisches Kolleg, und als wir später
den Code civil bearbeiteten, waren die Staatsräte über meine Kenntnisse

in ihren Angelegenheiten sehr erstaunt; ich sagte ihnen, ich hätte sie studiert.«

»Ah!«, rief ich, »so bilden sich große Männer, indem sie ihren Geist mit allem in Berührung bringen, selbst mit allen Schwierigkeiten kämpfen; das eben fehlt den Prinzen und macht sie heute unfähig, sich aus so kitzlichen Umständen herauszuziehen.«

»Ah, das ist der Fehler der Politik«, erwiderte er; »aber er kann nicht wiedergutgemacht werden. Der Herzog von Orléans ist der einzige der französischen Prinzen, der diese Prüfung durchgemacht hat. Während seiner Verbannung hat er aufgehört, Prinz zu sein, um Mensch zu werden; und so ist er auch der einzige, der aus dem Schicksal Nutzen gezogen hat.«

»Man sagt es«, warf ich ein, aber Napoleon brach plötzlich die Unterhaltung über diesen Gegenstand ab. Er sprach vom Papst, der jederzeit verhindert habe, dass die Italiener eine einige Nation würden. Ich sagte, man habe zuerst eine hohe Meinung von Pius VII. gehabt, aber später habe er bewiesen, dass er die Halsstarrigkeit eines Mönches, nicht aber den Mut eines großen Mannes besitze.

»Ja, seine Festigkeit ist sehr gerühmt worden. Es hatte den Anschein, als wenn ich ihn grausam verfolgte, und er selbst sagte mir, dass er ein Märtyrer des Glaubens sei und sein wollte. Ich aber antwortete ihm: ›Wieso, heiliger Vater? Sie werden gut ernährt, gut gekleidet, Sie wohnen in einem Schloss. Und das nennen Sie Martyrium? Aber Sie sind kein Kostverächter!‹ Und da lachte er.«

Noch einmal kam Napoleon auf das Lob Frankreichs zurück. Im Vergleich mit andern Nationen nannte er die Franzosen »nous autres« mit einem vollkommen nationalen Gefühl. Wir waren bereits dreiviertel Stunden spazierengegangen. Zuletzt war der Kaiser ziemlich erhitzt. Er nahm seinen Hut ab, und seine Stirn war in Schweiß gebadet. Endlich kehrten wir ins Schloss zurück. Wir gingen in sein Zimmer, er sagte, dass er sehr erfreut sei, die Bekanntschaft eines so hervorragenden Mannes gemacht zu haben, grüßte mich, und ich zog mich zurück.

Nur ein einziges Mal sah ich ihn seitdem wieder, und zwar, als er die Galerie der Tuilerien überschritt. Er richtete jedoch nicht das Wort an mich; vielleicht erkannte er mich nicht wieder.

Une conversation de l'empereur Napoléon Ier et de Sismondi.
Publiée par Pascal Villari. In: Revue historique.

DER KAISER NAPOLEON UND DER BARON MÉNEVAL IN PARIS, MITTE MAI 1815

Baron Méneval hatte die Kaiserin Marie-Louise nach der ersten Abdankung Napoleons nach Wien begleitet. Sobald er wieder nach Paris zurückgekehrt war, wurde er von Napoleon, der sich der Macht von Neuem bemächtigt hatte, in verschiedenen Audienzen empfangen. Der frühere Sekretär Napoleons schildert seine Unterhaltungen mit dem Kaiser in folgenden Worten:

Ich wurde vom Kaiser mit Ungeduld erwartet. Mittags begab ich mich nach dem Elysée, das er jetzt innehatte. Gleich nach meiner Ankunft führte man mich in sein Zimmer, wo ich ihn auf einem Sofa sitzend, den Kopf in die Hände gestützt, in tiefe Träumerei versunken vorfand. Er stand auf, reichte mir zum Empfang die Hand und drückte sie herzlich, darauf öffnete er eine Glastür und ging mit mir in den Garten, wo er mich bis 6 Uhr zurückhielt und mit Fragen aller Art bestürmte. Als ich ihn verließ, lud er mich für den nächsten Tag zum Lever ein, zu dem ich kam, als seine Toilette beinahe vollendet war. Auch heute folgte ich ihm in den Garten, und abermals begannen seine Fragen. So ging es mehrere Tage hindurch. Das Lever war gewöhnlich um neun Uhr, aber es wurde häufig elf, ehe der Kaiser nur daran dachte, sich dahin zu begeben. Wenn ich alle Gegenstände, die sein Interesse erregen oder seine Neugier befriedigen konnten, erschöpft zu haben glaubte, wusste er immer noch neue Einzelheiten aus mir herauszuziehen und ließ keinen Winkel meines Gedächtnisses ununtersucht. Es liegt mir fern, hier diese Unterredungen wiederzugeben: Sie waren ein Austausch von Fragen und Antworten, die unendlich mannigfaltig und ins Einzelne gehend, meist die Dinge, von denen ich bereits gesprochen, zum Gegenstand hatten.

Unsere Gespräche waren stets ernster Art und schienen ihn schmerzlich zu berühren. Selten nur ging er von dem ernsten Ton zu einem etwas scherzenden über; nur einmal, als er sich über das häusliche Leben und die Gewohnheiten der Kaiserin vieles hatte erzählen lassen, fragte er mich lächelnd, ob keiner ihrer Onkel ihr den Hof gemacht habe. Von seinem Sohn sprach er mit großer Zärtlichkeit und hörte sichtbar bewegt selbst die unbedeutendsten Kleinigkeiten an, die ich ihm über das liebliche Kind mitteilte. Alles, was er von der Kaiserin sagte, zeugte von seiner Achtung und Nachsicht für sie. Er beklagte die Prüfungen, die sie zu bestehen gehabt hätte, und bezweifelte nicht, dass sie ihre Gesinnungen für ihn und das französische Reich unversehrt bewahrt hätte. Und damit der schwache Faden, der sie noch mit Frankreich zusammenhielt, nicht ganz zerrisse, trug er mir auf, ihr öfters zu schreiben.

Ich berichtete ihm die Verzögerung meiner Abreise durch den Kaiser von Österreich und dass er mich veranlasst habe, diese so lange aufzuschieben, bis mir der Fürst Metternich eine Audienz gewährt haben würde. Auch teilte ich ihm meine guten Gründe mit, warum ich glaubte, dass der Gegenstand dieser Audienz, obwohl er mir nicht verraten worden sei, friedlicher Natur hätte sein müssen, wenn die späteren Ereignisse das österreichische Kabinett bewogen hätten, der französischen Regierung eine Eröffnung zu machen. Ich sagte ihm ferner, da ich ungefähr einen Monat auf die Audienz gewartet hätte, ohne dass sich eine Gelegenheit dazu gefunden, und da auf diese Weise die kostbare Zeit verstrich, so hätte ich fürchten müssen, der Zeitpunkt dazu wäre noch nicht gekommen, und daher hätte ich gemeint, zum gegebenen Augenblick werde sich leicht ein Vermittler finden. Ich hätte ferner geglaubt, meine Anwesenheit in Paris wäre für den Kaiser von größerem Wert, und sei es auch nur, um ihn von diesem Umstand in Kenntnis zu setzen. Der Kaiser billigte mein Verhalten vollkommen und war der Ansicht, dass die Verzögerung meiner Abreise von Wien ihren Grund in den vertraulichen Mitteilungen gehabt hatte, die zu jener Zeit zwischen Metternich und Fouché in Basel gepflogen wurden und die ein von Napoleon dorthin gesandter Sekretär, wie ich später berichten werde, entgegennahm.

In Bezug auf die von der Restauration nach Frankreich zurückgerufenen Prinzen meinte der Kaiser, dass er durch seine Rückkehr von Elba keineswegs Ludwig XVIII. vom Thron gestoßen habe – denn der König würde sich kaum noch sechs Monate haben halten können –, sondern vielmehr den Herzog von Orléans; das täte ihm leid, weil er in der ganzen Familie der einzige Franzose, der Fähigste von allen sei usw. Napoleon achtete die patriotischen Gesinnungen, die der Herzog von Orléans zwei Monate vorher, als er den Befehl der unter Mortier stehenden Nordarmee übernahm, bewiesen hatte. Er erwähnte den Brief, den der Herzog an den Marschall geschrieben, als er sich wieder zurückzog, und rechnete ihm besonders jene Worte hoch an, die ihm der Hauptmann Athalin, sein Adjutant, wiedererzählt hatte, dem der Herzog von Orléans erlaubte, seinen Posten als Ordonnanzoffizier des Kaisers wieder anzutreten. Der Prinz hatte gesagt, man müsse vor allem eine neue Invasion fremder Truppen in Frankreich zu verhindern suchen, und er schätzte ihn glücklich, wieder Farben tragen zu dürfen, die er selbst nur ungern verlasse. Der Kaiser beurteilte die Politik der verbündeten Herrscher mit großer Verleugnung seiner eigenen Interessen, fand zwar, dass sie gewaltsam sei, dass er sich indes hätte darauf gefasst machen müssen. Allerdings hätte sie ein wenig großmütiger sein können, umso mehr, da er es so oft ihnen gegenüber gewesen, aber Fürsten, die sich den Ohrenbläsereien ihrer Minister hingäben, seien nur allzu leicht geneigt, das Glück zu missbrauchen. Nichts, was um ihn her geschehe, dürfe ihn daher verwundern, sondern liege in der Natur der Sache. Er habe schon längst eingesehen, dass er sich bei seinem Unternehmen nur auf den Mut und den Patriotismus der Nation und seinen Degen verlassen könne. »Übrigens«, fügte er schwermütig lächelnd hinzu, »Gott ist großmütig und barmherzig.« Seine ganze Sprache war von einer stillen Traurigkeit umhaucht und so resigniert, dass sie einen tiefen Eindruck auf mich machte. Ich fand ihn nicht mehr von jener Siegesgewissheit erfüllt, die ihn sonst so vertrauensvoll in die Zukunft blicken ließ, und es schien, als ob der Glaube an sein Glück, der ihn zu seiner kühnen Rückkehr von Elba bewogen und auf seinem Marsch durch Frankreich gehoben hatte, mit seinem Einzug in Paris verschwunden war. Er fühlte, dass man ihn nicht mehr mit demselben glühenden und ergebenen Feuer wie ehedem unterstützte, dass sein Lauf durch die Hindernisse, die ihm entgegengestellt worden waren, gehemmt sei.

Nachdem der Kaiser seine erste Neugier befriedigt hatte, verfehlte er nicht, von seinem natürlichen Wohlwollen getrieben, sich mit meinen persönlichen Angelegenheiten zu beschäftigen. Er sprach zuerst davon, welche Art von Stellung mir am meisten zusagen würde, und forderte mich auf, ihm in dieser Beziehung einen Vorschlag zu machen. Einer der Minister des Kaisers meinte, die Stelle des Schatzmeisters der Stadt Paris, mit deren Inhaber man infolge seiner übertriebenen royalistischen Gesinnungen unzufrieden war, müsse dem Sekretär der Kaiserin zugewiesen werden, wie das ja auch bei Augeard, dem Staatssekretär Marie-Antoinettes, der Fall gewesen war. Diese einträgliche Stellung war damals durch den Schwiegersohn des Großzeremonienmeisters Graf Ségur besetzt, und schon dieser Umstand allein würde mich verhindert haben, sie anzunehmen; ich gab daher diesen Plan auf.

In einer der Audienzen sagte mir der Kaiser, man habe mit ihm von diesem Vorschlag gesprochen, doch meine er, eine Finanzstelle würde mir nicht besonders behagen, er habe daher die Absicht, mir die Direktion der Post anzuvertrauen, sobald er die Fähigkeiten des Herrn von Lavalette besser verwenden könne. Am nützlichsten würden ihm indes meine Dienste in den Staatsarchiven sein, und ich solle deshalb einstweilen diesen Posten einnehmen, dem er den Titel »Staatsrat« hinzufügen

756

werde. Vor seiner Abreise zur Armee beauftragte er denn auch den König Joseph, einen Bericht und ein Dekret zu entwerfen, aber die Ereignisse und die darauf folgende Katastrophe verhinderten die Ausführung dieser gut gemeinten Absicht.

Napoléon et Marie-Louise. Souvenirs historiques du baron de Méneval.

Der Kaiser Napoleon und der Minister Carnot in Paris, 11. Juni 1815

Der Minister des Innern, Lazare Carnot, hatte am Tag vor der Abreise des Kaisers Napoleon zur Armee mit diesem folgendes Gespräch, das er eigenhändig aufzeichnete:

Am Tag vor der Abreise zur Armee teilte Napoleon mir seinen Feldzugsplan mit, von dem er bis zu diesem Augenblick niemals gesprochen hatte. Hinsichtlich seiner Absicht, die anglo-preußische Armee anzugreifen, machte ich viele Einwendungen und wies ihn auf die Gefahren hin, die eine Entscheidungsschlacht in seinem eigenen Land mit sich bringen würde.

»Ich will dem Feind zuvorkommen«, sagte der Kaiser; »ich hätte ihn schon viel früher angreifen sollen, wenn ich gekonnt hätte. Aber Sie wissen ja, dass wir kein Heer zur Verfügung hatten. Es musste erst gebildet werden, und wir haben keine Zeit verloren.«

Ich sagte zu ihm, dass die Russen und Österreicher nicht vor Ende Juli eintreffen könnten. Infolgedessen erhielten die Engländer und Preußen bis dahin keinerlei bedeutende Verstärkungen und wagten auf unserm Gebiet nichts zu unternehmen. Es eile daher auch nicht, sie anzugreifen. Man könne diese Frist lieber zur Verstärkung der aktiven Armee und der Garnisonen benutzen und in Anbetracht der Begeisterung, von der das Volk erfüllt zu sein schiene, würde er bald seine Kräfte verdoppelt sehen. Ganz Frankreich würde in ein Feldlager verwandelt sein, und man wäre in der Lage, den Feind mit Vorteil zu schlagen. Ich stellte ihm auch vor, dass Paris nur auf einer Seite des Flusses befestigt sei und man diese Zeit lieber dazu verwenden sollte, den Gürtel der Stadt zu vollenden. Dann sei Paris in schönen Verteidigungszustand versetzt, und die Verbündeten würden, da sie nicht das nötige Belagerungsmaterial besäßen, um die Belagerung noch vor dem Beginn des Winters zu beginnen, genötigt sein, unverrichteter Sache wieder umzukehren. Wenn man mit unserer Armee, die der feindlichen sehr überlegen und an Zahl gleich sei, um Paris herum vorteilhafte Stellungen einnehme, würde man die Verbündeten in große Gefahr bringen. Man könnte ihr Heer trennen, ihre Fehler benutzen und sie einzeln angreifen und dann mit ihnen unterhandeln.

Das alles hatte sich auch Bonaparte überlegt, aber sein Entschluss war gefasst.

»Ich brauche«, sagte er, »einen glänzenden Schlag; beruhigen Sie sich, Carnot«, und er legte freundschaftlich seine Hand auf meinen Arm, »beruhigen Sie sich, ich werde siegen!«

Mémoires sur Carnot, par son fils [L. H. Carnot].

Der Kaiser Napoleon und Benjamin Constant im Elysée, 21. Juni 1815

Napoleon hatte nach der Schlacht von Waterloo die Minister ins Elysée zusammenberufen, um mit ihnen zu besprechen, welche Maßregeln zu ergreifen seien. Die Meinungen waren geteilt. Der Kaiser jedoch bestand darauf, dass jede Idee einer gewaltsamen Maßnahme außer Acht gelassen werden müsse, und beauftragte seinen Bruder Lucien und die Minister, den Beistand der Repräsentanten anzurufen. Nichtsdestoweniger sah er die Erfolglosigkeit dieser Sendung voraus. Die direkte Aufforderung, sich sofort in die Kammer zu begeben, die auf den Vorschlag Lafayettes den noch im Elysée beratenden Ministern übermittelt worden war, bedeutete eine wirkliche Kriegserklärung gegen die ausführende Macht.

Während dieser Sitzung schritt Napoleon an der Seite Benjamin Constants aufgeregt im Garten des Elysées auf und ab. Mit flammenden Worten setzte er ihm seine gegenwärtige Lage auseinander.

»Es handelt sich jetzt nicht um mich«, begann er. »Es handelt sich um Frankreich! Man verlangt, dass ich abdanke. Hat man aber auch die unvermeidlichen Folgen dieser Abdankung in Betracht gezogen? Um mich, um meinen Namen gruppiert sich die Armee: Mich ihr entreißen, heißt sie auflösen. Diese Armee versteht nicht alle Ihre Spitzfindigkeiten. Glaubt man vielleicht, dass die Grundsätze der Metaphysik, die Rechtserklärungen und Reden die allgemeine Auflösung und Unordnung aufhalten können? Dass man mich bei meiner Landung in Cannes zurückstieß, hätte ich verstanden, dass man mich aber heute im Stich lässt, das begreife ich nicht. *Man stürzt eine Regierung nicht ungestraft, wenn der Feind noch fünfundzwanzig Meilen weit entfernt ist! Denkt man, Phrasen können die Fremden auf eine falsche Spur leiten? Hätte man mich vor vierzehn Tagen gestürzt, so wäre das eine mutige Handlung gewesen, jetzt aber bilde ich einen Teil von dem, was der Feind angreift, und infolgedessen einen Teil von dem, was Frankreich verteidigen muss!* Indem es mich preisgibt, gibt es sich selbst preis, erkennt es sich als besiegt an und ermutigt die Vermessenheit des Siegers. Nicht die Freiheit setzt mich ab, sondern Waterloo, die Furcht! Eine Furcht, aus der eure Feinde Nutzen ziehen werden! … Und mit welchem Rechtsgrund verlangt denn die Kammer meine Abdankung? Diese liegt außerhalb der gesetzlichen Sphäre; die Kammer hat nicht das Recht, sie zu verlangen. Mein Recht und meine Pflicht aber ist es, die Kammer aufzulösen.«

Darauf durcheilte er im Geist rasch alle möglichen Folgen einer solchen Auflösung. Von den Kammern getrennt, wäre er nur noch ein Befehlshaber, denn die Armee bliebe ihm. Und selbst wenn man annehme, dass diese von ihm abfiele, so könnte doch der ihm treu bleibende Teil durch jene ungestüme und zahlreiche Klasse der Arbeiter sich vergrößern, die leicht zum Aufstand zu bewegen sei, weil sie nichts besäße; die leicht zu leiten sei, weil sie nicht aufgeklärt wäre. Und als wenn der Zufall Napoleon in seinen Gefühlen bestärken wollte, hallten plötzlich von der Avenue de Marigny her, gerade als er seine Stärke mit der seiner Gegner verglich, die begeisterten Rufe wider: »Vive l'empereur!« Eine Menge Männer, die zumeist der arbeitenden Klasse angehörten, drängte sich auf der Straße und versuchte die Mauern des Elyséegartens zu erklettern. Sie boten sich Napoleon an, ihn zu beschützen und zu verteidigen. Eine Zeit lang ließ er seine Blicke auf dieser leidenschaftlichen Menschenmasse ruhen, und dann sagte er: »Sehen Sie, diese habe ich nicht mit Ehren und Schätzen überhäuft. Was verdanken sie mir? Ich habe sie so gefunden und sie in ihrer Armut gelassen. Der Instinkt der Notwendigkeit aber klärt sie auf; die Stimme des Volkes spricht durch ihren Mund. Und wenn ich will, wenn ich es befürworte, so hat diese rebellische Kammer in einer Stunde aufgehört zu sein! Aber das Leben eines einzigen Menschen ist dieses Preises nicht wert. Ich bin nicht von Elba zurückgekommen, damit Paris mit Blut überschwemmt werde!«

Baron Ernouf: Maret, duc de Bassano.

Napoleon und Graf Lavalette im Elysée, 22. Juni 1815 und die folgenden Tage

Als Graf Lavalette die traurige Nachricht von der Schlacht bei Waterloo und am nächsten Morgen die Ankunft des Kaisers in Paris vernahm, eilte er sogleich zu ihm ins Elysée. Napoleon ließ ihn in sein Kabinett kommen, und kaum hatte er ihn erblickt, als er mit einem krampfhaften, fürchterlichen Lachen auf ihn zukam.

»Oh mein Gott!«, seufzte der Kaiser und ging einige Male schnell im Zimmer auf und ab. Er gewann jedoch bald seine Fassung wieder und fragte Lavalette, was in der Deputiertenkammer vorginge. Der Graf durfte ihm nicht verhehlen, dass die Verzweiflung den höchsten Grad erreicht hätte und die Majorität entschlossen scheine, seine Abdankung zu fordern oder auszusprechen, wenn er sie nicht selbst einreiche.

»Was!«, rief Napoleon aus, »und wenn man keine Maßnahmen ergreift, ist der Feind vor den Toren, ehe acht Tage vergehen! Ach!«, fuhr er nach einer Pause fort, »ich habe sie an zu große Siege gewöhnt, und nun wissen sie nicht *einen* Tag des Unglücks zu ertragen. Was soll aus diesem armen Frankreich werden? Ich habe für dasselbe getan, was ich vermochte!«

Und er stieß wieder einen tiefen Seufzer aus. In diesem Augenblick verlangte jemand ihn zu sprechen. Lavalette zog sich zurück, nachdem er den Befehl empfangen hatte, später wiederzukommen. –

Am folgenden Tag kehrte Lavalette zum Kaiser zurück. Napoleon hatte die bestimmtesten Nachrichten über die Absichten der Deputiertenkammer erhalten, aber wie es schien, war man dabei sehr schonend verfahren, denn er war noch nicht völlig überzeugt, dass seine Abdankung unwiderruflich sei. Lavalette indes war es nicht verhehlt worden, und er ging daher mit der festen Überzeugung zum Kaiser, dass ihm nichts anderes übrig bleibe, als abermals vom Thron herabzusteigen. Er unterrichtete Napoleon von allem, was er erfahren, und zögerte nicht, ihm zu raten, das einzige zu tun, was seiner noch würdig sei. Mit finsterer Miene hörte der Kaiser Lavalette an, und obgleich er bis zu einem gewissen Punkt Herr seiner selbst blieb, so malten sich doch die Aufregung und das Entsetzen über seine Lage deutlich auf seinem Gesicht.

»Ich weiß«, sagte der Graf zu ihm, »dass Eure Majestät noch den Degen ziehen können; aber mit wem und gegen wen? Der Schrecken hat allen Mut gelähmt. Die Armee ist in der größten Unordnung; von Paris darf man nichts mehr erwarten, und ein Gewaltstreich wie der vom 18. Brumaire kann nicht wiederholt werden!«

»Dieser Gedanke liegt mir auch ganz fern«, sagte der Kaiser, »aber das arme Frankreich!«

In diesem Augenblick traten die Herren S[avary] und C[aulaincourt] ein. Sie schilderten ihm die Stimmung der Deputierten und bewogen ihn dadurch, seine Abdankung einzureichen. Einigen Bemerkungen nach, die ihm entschlüpften, schien er den Tod vorzuziehen – dennoch fügte er sich.

Am folgenden Tag, am 23. Juni, ging Lavalette wieder ins Elysée. Der Kaiser befand sich seit zwei Stunden im Bade. Er selbst lenkte das Gespräch auf den Zufluchtsort, den er wählen sollte, und sprach von den Vereinigten Staaten. Lavalette verwarf diesen unüberlegten Plan mit so großer Lebhaftigkeit, dass Napoleon stutzig wurde. »Und warum nicht Amerika?«, erwiderte er. – »Weil Moreau sich dahin zurückgezogen hatte«, sagte Lavalette.

Der Kaiser begab sich nach Malmaison, begleitet von der Herzogin von Saint-Leu (Hortense), dem General Bertrand und seiner Familie sowie dem Herzog von Bassano. Täglich fuhr Lavalette einige Male hinüber, denn er konnte sich nur schwer von Frau von Saint-Leu trennen, deren Gesundheit durch die letzten Ereignisse sehr angegriffen war.

Am Tag seiner Ankunft in Malmaison machte der Kaiser dem ehemaligen Generalpostmeister den Vorschlag, ihn ins Exil zu begleiten.

»Drouot bleibt in Frankreich«, sagte der Kaiser, »ich sehe, dass der Kriegsminister ihn dem Land erhalten will. Ich kann mich darüber nicht beklagen, aber für mich ist es ein großer Verlust. Er ist der stärkste Charakter und das redlichste Herz, das ich je gefunden habe. Er ist geschaffen, um überall Premierminister zu sein.«

Lavalette lehnte den Vorschlag ab und sagte:

»Majestät, ich habe eine Tochter von dreizehn Jahren, meine Frau ist im vierten Monat guter Hoffnung; ich kann mich nicht entschließen, sie zu verlassen. Gönnen Sie mir etwas Bedenkzeit, und ich komme Ihnen nach, wo immer Sie sich auch befinden mögen. Ich bin Eurer Majestät in glücklichen Zeiten treu geblieben, und Sie können auch jetzt auf mich zählen. Bedürfte übrigens meine Frau nicht meiner Pflege, so würde ich gewiss besser tun, abzureisen, denn ich habe eine dunkle Ahnung meines Geschicks.«

Napoleon schwieg. Man konnte in seinen Zügen lesen, dass er Lavalettes Ansicht teilte.

Indes der Feind nahte. Seit drei Tagen hatte der Kaiser bei der provisorischen Regierung darum angehalten, dass eine Fregatte zu seiner Verfügung gestellt werde, um nach Amerika gehen zu können. Man hatte sie ihm versprochen und ihn sogar zur Abreise aufgefordert, aber er selbst wollte dem Kapitän den Befehl überbringen, ihn nach den Vereinigten Staaten zu führen, und dieser Befehl kam nicht an. Alle fühlten, dass jede Stunde Verzug des Kaisers Freiheit gefährde.

Nachdem seine Umgebung davon gesprochen hatte, suchte Lavalette Napoleon auf und stellte ihm alle Gefahren vor, die aus einem längeren Aufenthalt in Frankreich entstehen könnten. Er erwiderte, dass er nicht ohne jenen Befehl an den Schiffskapitän reisen könne.

»Reisen Sie trotzdem«, sagte Lavalette, »Ihre Anwesenheit auf dem Schiff wird immer noch einen großen Eindruck auf die Franzosen hervorbringen. Lichten Sie die Anker, versprechen Sie der Besatzung reichliche Belohnung, und wenn der Kapitän sich weigert, so lassen Sie ihn ans Land setzen und segeln ab. Ich zweifle nicht, dass Fouché Sie den Verbündeten überliefert hat.«

»Das glaube ich auch«, sagte er, »aber versuchen Sie noch einmal, vom Marineminister den Befehl zu erlangen.«

Sogleich bestieg Lavalette seinen Wagen und fuhr zu Decrès. Er lag im Bett und hörte ihn mit einer Ruhe an, die Lavalette das Blut sieden machte.

»Suchen Sie Fouché auf, sprechen Sie mit der Regierung; ich kann nichts tun. Gute Nacht!« Und er versenkte sich wieder in seine Kissen.

Wütend verließ ihn der Graf. Weder Fouché noch die anderen waren aufzufinden. Um zwei Uhr morgens kam Lavalette endlich wieder nach Malmaison. Der Kaiser schlief. Als er benachrichtigt worden war, ließ er Lavalette an sein Bett rufen. Lavalette stattete ihm von seiner Sendung Bericht ab und erneuerte seine Bitte, sogleich abzureisen. Ohne eine Antwort zu geben, hörte Napoleon Lavalette an. Aber er stand dennoch auf und brachte einen Teil der Nacht im Zimmer auf und ab gehend zu. Der folgende Tag war sein letzter … Napoleon hatte sich wieder zu Bett gelegt und einige Stunden geschlafen; gegen Mittag trat Lavalette in sein Kabinett. – »Hätte ich gewusst, dass Sie hier waren«, sagte er, als er Lavalette erblickte, »so würde ich Sie haben rufen lassen.« Und dann gab er Lavalette über eine Angelegenheit, die ihn persönlich anging, verschiedene Instruktionen.

Mémoires et souvenirs du comte Lavalette.

Der Kaiser Napoleon und sein Kabinettssekretär Fleury de Chaboulon nach Waterloo im Schloss von Malmaison, 25. Juni 1815

Napoleon fühlte selbst, dass seine Gegenwart in Paris und dazu in einem kaiserlichen Schloss wie das Elysée den Verbündeten Zweifel über seinen aufrichtigen Wunsch abzudanken einflößen und auch der Wiederherstellung des Friedens schaden könne. Er entschloss sich daher, sich nach Malmaison zurückzuziehen. Er ließ sich seine persönliche Korrespondenz mit den Fürsten sowie einige im Jahr 1814 ihren Nachforschungen entgangene eigenhändige Briefe bringen, befahl, alle seit dem 20. März erhaltenen Gesuche, Briefe und Adressen zu verbrennen, und begab sich am 25. Juni mittags nach Malmaison. Dort empfing ihn Hortense, die alles aufbot, um ihn einigermaßen über sein Unglück zu trösten.

In Malmaison fand Napoleon seine Tatkraft, seinen Willen und seinen Mut wieder, die ihn in Paris eine Zeit lang verlassen zu haben schienen. Er unterhielt sich mit seinen Getreuen, entwickelte ihnen seine Pläne für die nächste Zukunft und schien ganz mit dem Gedanken vertraut zu sein, in Amerika ein neues Leben zu beginnen.

»Ich habe dem Minister Decrès versprochen, abzureisen«, sagte er zu Fleury de Chaboulon, der eben von Paris in Malmaison eingetroffen war; »diese Nacht werde ich aufbrechen. Ich bin meiner selbst, Paris und Frankreichs müde. Treffen Sie Ihre Vorbereitungen und entfernen Sie sich nicht von mir.«

»Sire«, antwortete der Kabinettssekretär, »ich habe allerdings gestern

Eurer Majestät versprochen, Ihnen zu folgen; ich zog jedoch nur meine Ergebenheit für Sie in Betracht. Als ich heute meiner Mutter meinen Entschluss mitteilte, beschwor sie mich um ihrer grauen Haare willen, sie nicht zu verlassen. Sire, sie ist vierundsiebzig Jahre alt und blind! Meine Brüder sind auf dem Feld der Ehre gefallen; sie hat nur noch mich, mich allein auf der Welt, der sie beschützen kann! Und ich gestehe Eurer Majestät: Ich konnte ihr nicht widerstehen.«

»Sie haben recht getan«, erwiderte Napoleon. »Sie gehören Ihrer Mutter; bleiben Sie bei ihr. Wenn Sie eines Tages Herr Ihrer Handlungen sind, dann kommen Sie zu mir; Sie werden stets willkommen sein.«

»Eure Majestät sind also entschlossen abzureisen?«

»Was soll ich denn noch hier?«

»Eure Majestät haben recht, aber ...«

»Aber was? Möchten Sie, dass ich bliebe?«

»Sire, ich gestehe, dass ich Eure Majestät nicht ohne Besorgnis abreisen sehe.«

»Allerdings, es ist ein gewagter Schritt, aber mit ein wenig Glück ...«

»Das Glück! Ach! Sire, es ist uns nicht mehr hold ... Wohin wollen Eure Majestät übrigens gehen?«

»Nach den Vereinigten Staaten. Entweder wird man mir etwas Land überlassen, oder ich kaufe es, und dann will ich es bebauen. Ich werde da enden, wo der Mensch begonnen hat. Ich werde von dem Ertrag meiner Felder und Herden leben.«

»Sehr gut, Sire; aber meinen Sie, dass die Engländer Sie in Frieden Ihren Boden bebauen lassen werden?«

»Und warum nicht? Was für Schaden kann ich ihnen denn zufügen?«

»Haben denn Eure Majestät vergessen, dass Sie England erzittern ließen? Solange Sie leben, Sire, oder solange Sie frei sind, wird es stets Ihren Hass und Ihr Genie fürchten. Sie waren für England vielleicht auf dem verfallenen Thron Ludwigs XVIII. weniger gefährlich, als Sie es in Amerika sein würden. Die Amerikaner lieben und bewundern Sie. Sie würden auf sie großen Einfluss haben und sie vielleicht zu verhängnisvollen Unternehmungen gegen England veranlassen.«

»Was für Unternehmungen? Die Engländer wissen genau, dass die Amerikaner sich alle töten lassen würden, wenn es gälte, den heimatlichen Boden zu verteidigen. Sie wissen aber auch, dass die Amerikaner nicht lieben, in fremden Ländern Krieg zu führen. Sie sind noch nicht auf dem Punkt angelangt, die Engländer ernstlich zu beunruhigen. Eines Tages vielleicht werden sie die Rächer der Meere sein, aber dieser Zeitpunkt, den ich vielleicht hätte abkürzen können, ist jetzt noch weit entfernt. Die Amerikaner werden nicht mit einem Male, sondern allmählich ein großes Volk.«

»Gut, nehmen wir an, dass die Amerikaner augenblicklich den Engländern keine ernste Besorgnis einflößen, so wird doch Ihre Anwesenheit in den Vereinigten Staaten ihnen Gelegenheit geben, Europa gegen Sie aufzuhetzen. Die Verbündeten werden ihre Aufgabe so lange als unvollendet betrachten, als bis sie Sie in ihren Händen haben. Und sie werden die Amerikaner zwingen, Sie, wenn auch nicht auszuliefern, so doch aus ihrem Gebiet zu entfernen.«

»Nun, dann gehe ich nach Mexiko. Dort werde ich Patrioten finden, an deren Spitze ich mich stelle.«

»Eure Majestät vergessen, dass sie bereits ihre Befehlshaber besitzen. Dort macht man Revolutionen für sich und nicht für die andern. Die Anführer der Unabhängigen werden sich Eurer Majestät entledigen oder Sie zwingen, anderweits …«

»Nun gut, dann lasse ich sie und gehe nach Caracas. Und wenn es mir dort nicht gefällt, dann gehe ich nach Buenos Aires oder nach Kalifornien, kurz, ich durchquere den Ozean so lange, bis ich einen Zufluchtsort gefunden habe, wo ich gegen das Übelwollen und die Verfolgung der Menschen sicher bin.«

»Gut, nehmen wir an, Eure Majestät sprechen ernsthaft über diese Dinge: Wissen Sie denn aber, ob Sie immer den Nachstellungen und den Flotten der Engländer glücklich entkommen werden?«

»Wenn ich ihnen nicht entgehen kann, nun dann nehmen sie mich eben gefangen. Die Regierung taugt nichts, aber die Nation ist groß, edel und großmütig. Sie wird mich behandeln, wie man es mir schuldig ist. Übrigens, was wollen Sie, dass ich tue? Wollen Sie, dass ich mich hier von Wellington wie ein Dummkopf gefangen nehmen lasse und ihm das Vergnügen mache, mich im Triumphzug wie den König Johann[1] durch die Straßen Londons zu führen? Es bleibt mir nur eins übrig zu tun: Da man meine Dienste nicht annehmen will, muss ich gehen! Das Geschick wird das Übrige tun.«

»Es bleibt Ihnen noch ein anderer Entschluss, Sire, den ich Ihnen zu unterbreiten wage. Eure Majestät sind nicht zu einer Flucht geschaffen.«

»Was nennen Sie, oder worin sehen Sie eine Flucht?«, rief Napoleon mit stolzem, flammendem Blick.

»Ich bitte Sie, Majestät, halten Sie sich nicht bei diesem Ausdruck auf!«

»Fahren Sie fort! Fahren Sie fort!«

»Ich denke, Sire, dass Eure Majestät nicht auf diese Weise Frankreich verlassen dürfen; einesteils Ihrer Sicherheit und andernteils Ihres Ruhmes wegen. Die Engländer wissen, dass Sie die Absicht haben, nach Amerika zu gehen, und sicher segeln ihre Kreuzer schon in Menge an unsern Küsten herum. Aber das ist noch nicht alles. Eure Majestät kennen den Hass und die Falschheit des Herzogs von Otranto (Fouché): Wer kann dafür stehen, dass keine geheimen Befehle erteilt worden sind, um Ihre Abreise zu verhindern oder die Schnelligkeit Ihrer Fahrzeuge zu hemmen, damit Sie von den Engländern aufgegriffen werden? Ich halte es daher für ausgeschlossen, dass Eure Majestät den Engländern entschlüpfen können, oder wenn Sie ihnen wirklich anfangs entgehen, so werden Sie doch später sicher in ihre Hände fallen. In aller Ratlosigkeit müssen Sie doch versuchen, auf die denkbar würdigste Weise zu unterliegen.«

---

1 König Johann von Frankreich, genannt der Gute, wurde im Jahr 1356 bei Maupertuis von einem viel schwächeren Heer geschlagen und gefangen nach England geführt.

»Wo wollen Sie hinaus?«, fragte Napoleon unwillig, denn er glaubte, Fleury de Chaboulon wolle ihm zum Selbstmord raten. »Ich weiß, dass ich wie Hannibal sagen könnte: ›Befreien wir sie von dem Schrecken, den mein Name ihnen einflößt!‹ Aber man soll den Selbstmord den schwachen Charakteren und kranken Geistern überlassen. *Welches Geschick mir auch bevorsteht, ich werde niemals durch eigene Hand mein Leben auch nur um einen einzigen Augenblick verkürzen!*«

»Es handelt sich nicht darum, Sire«, erwiderte Fleury de Chaboulon. »Und da Eure Majestät mich anzuhören geruhen, würde ich auf die vergebliche Hoffnung, im Ausland eine Zufluchtsstätte zu finden, verzichten und zu den Kammern Folgendes sagen: ›Ich habe abgedankt, um unsere Feinde zu entwaffnen. Da ich sehe, dass sie nicht damit zufrieden sind, sondern auch noch meine Freiheit oder mein Leben haben müssen, so überlasse ich ihnen beides. Ich bin bereit, mich in ihre Hände zu begeben, glücklich, um diesen Preis Frankreich und meinen Sohn retten zu können!‹ Wie schön wäre es«, rief der Sekretär begeistert aus, »Napoleon den Großen die durch jahrelange Siege errungene Krone niederlegen und sich selbst zum Opfer bringen zu sehen, um die Unabhängigkeit des Vaterlandes wieder zu erkaufen!«

»Ja, ja«, sagte Napoleon, »eine solche Aufopferung wäre sehr schön, aber eine Nation von 30 000 000 Seelen wäre auf immer dadurch entehrt. Wem würde ich mich übrigens ausliefern? Blücher? Wellington? Sie haben nicht die nötigen Vollmachten, um mit mir unter ähnlichen Bedingungen zu unterhandeln. Sie würden damit beginnen, mich gefangen zu nehmen, und dann mit Frankreich und mit mir machen, was ihnen gerade einfiele.«

»Ich würde mich dem Kaiser Alexander ausliefern, Sire.«

»Alexander! Sie kennen die Russen nicht! Das würde uns allen beiden das Leben kosten. Ihre Idee verdient jedoch, in Betracht gezogen zu werden; ich werde mir's überlegen. Ehe man einen nie wiedergutzumachenden Entschluss ausführt, soll man ihn zwei Mal überlegen. Das Opfer meiner Person wäre mir ein Leichtes, aber vielleicht würde es für Frankreich ganz unnütz sein. Man darf niemals einem Feind trauen. Sehen Sie, ob Maret und Lavalette da sind, und rufen Sie sie zu mir.«

Baron Fleury de Chaboulon, Mémoires de la vie privée, du retour et du règne de Napoléon en 1815.

Der Kaiser Napoleon und der General Graf Beker in Malmaison, 25. Juni 1815

Der General Graf Beker war vom Kriegsministerium ausersehen, den gestürzten Kaiser mit der Garde bis Rochefort zu begleiten. Am 25. Juni 1815 begab er sich nach Malmaison und ließ sich sofort durch einen Offizier vom Dienst bei Napoleon melden. Dieser empfing ihn in seinem Arbeitszimmer und fragte ihn nach dem Grund seines Erscheinens. Der General verbeugte sich und unterbreitete ihm das Schreiben des Kriegsministers, indem er sagte:

»Sire, hier ist der Befehl, durch den mich die provisorische Regierung beauftragt, das Kommando Ihrer Garde zu übernehmen, um über die Sicherheit Ihrer Person zu wachen.«

»Man hätte mich offiziell von diesem Akt benachrichtigen sollen, den ich nur als eine Formsache betrachte und nicht als eine Maßnahme der Überwachung. Einer solchen mich zu unterwerfen, wäre unnötig, da ich nicht die Absicht habe, meine Verpflichtungen zu brechen«, antwortete der Kaiser.

Das ganze Wesen des General Beker gegenüber dem Kaiser verriet die peinlichen Gefühle, die er in diesem Augenblick empfand, und mit bewegter Stimme erwiderte er:

»Sire, ich habe diese Mission zu dem einzigen Zweck angenommen, Ihr Leben zu beschützen und über Ihre Sicherheit zu wachen. Sollte sie jedoch nicht die volle Zustimmung Eurer Majestät finden, so ziehe ich mich augenblicklich zurück.«

Der General konnte seine Bewegung nicht mehr zurückhalten; die

Tränen traten ihm in die Augen. Von einer so tiefen Anhänglichkeit gerührt, beeilte sich Napoleon, ihm wohlwollend zu erwidern:

»Seien Sie versichert, General, es ist mir sehr lieb, Sie in meiner Nähe zu wissen. Hätte man mir die Wahl eines Offiziers gelassen, so würde ich mit Vorliebe Sie gewählt haben, da ich seit Langem Ihre Biederkeit kenne.«

Darauf veranlasste der Kaiser den General, ihm in den Garten zu folgen. Kaum hatten sie das Schloss verlassen, als er Beker fragte, was man in Paris mache und sage. Der General antwortete, die sich gebildeten Parteien zögen die verschiedensten Schlüsse über seine Abdankung und über die Proklamierung seines Sohnes zum Kronerben. Ein Teil der hohen Gesellschaft schicke sich an, die Fremden ein zweites Mal zu empfangen, aber die Trümmer der Armee seien unter den Mauern der Hauptstadt treu geblieben. Ein großer Teil der Bürgerschaft und das ganze Pariser Volk schienen entschlossen, die Stadt zu verteidigen. Und wenn eine mächtige Hand alle diese Elemente vereinigen könnte, um einen letzten Versuch zur Aufrechterhaltung seiner Dynastie an der Spitze der Nation zu wagen, so sei noch nicht alles verloren.

Diese Darlegung über den moralischen Zustand von Paris schien den Kaiser lebhaft zu interessieren, und er setzte die Unterhaltung über diesen Gegenstand noch länger fort. Der Spaziergang im Park von Malmaison währte fast zwei Stunden, während deren Napoleon das Aufgeben seiner Armee nach der Niederlage bei Waterloo zu rechtfertigen suchte. Er sagte: »Diese Schlacht war verloren, weil niemand, und ich zuallererst, seine Pflicht getan hat. Wenn an diesem Tag die Manöver so ausgeführt worden wären wie bei Marengo, so würde die Schlacht gewonnen worden sein, und Frankreich wäre noch einmal durch die Wirkungen gerettet worden, die dieser Sieg auf den Geist der Koalition, ganz besonders aber in England hervorgerufen hätte.«

Der General Beker nahm sich die Freiheit, einzuwenden, dass die Folgen dieser Schlacht erst dann recht gefühlt worden wären, als Napoleon die Armee bereits verlassen habe. Wäre er an ihrer Spitze geblieben, so hätte er sich in der Richtung nach Laon oder Soissons noch einmal sammeln und alles, was er an Truppen in und um Paris noch hatte, an sich ziehen können. Dies hätte natürlich nicht in der Hoffnung geschehen können, sich zum Herrn der Kriegsereignisse zu machen, denn dazu wäre ihm der Feind an Zahl zu sehr überlegen gewesen, aber es sei stets von größerem Vorteil, mit den Waffen in der Hand zu unterhandeln. Übrigens würden die Verfügungen Russlands und Österreichs, die weniger feindlich gestimmt seien als Preußen und England, sowie auch die rivalisierenden Interessen dieser Staaten der Sache des Kaisers von Vorteil gewesen sein.

»Ich hoffte in den beiden Kammern mehr Energie zu finden und durch meine Gegenwart den Mut des Volkes zu heben«, erwiderte Napoleon. »Aber ich sehe, dass alles verbraucht und demoralisiert ist; auf ein Volk, das durch den Verlust einer Schlacht dem Feind auf Gnade oder Ungnade überliefert wird, ist nicht mehr zu zählen!«

Der General antwortete auf diesen Ausbruch der Unzufriedenheit, die Kammern hätten die ersten Anstrengungen der kaiserlichen Regierung durch alle ihnen zu Gebote stehenden Mittel unterstützt. Frankreich hätte nach so ungeheuren Opfern an Menschen und Unterhaltsmitteln auf ein anderes Ergebnis hoffen dürfen als das, das seinem Ruhm Abbruch täte und seinen Volkscharakter bedrohe.

»Sie kennen nicht«, erwiderte Napoleon, »die Triebfeder und die Einzelheiten dieser großen Sache; ich bin bei meiner Ankunft getäuscht worden. Ich habe aus der Begeisterung, mit der man mich bei meiner Rückkehr von Elba empfing, nicht Nutzen ziehen wollen, um den Krieg volkstümlich zu machen, denn ich hasse alle Bürgerkriege.«

»Dieser Umstand«, erwiderte der General, »rechtfertigt ohne Zweifel die bedeutendsten Handlungen Ihrer Regierung, erklärt jedoch nicht Ihre Rückkehr nach Paris, denn das Ansehen, das ein Fürst an der Spitze seiner Armee genießt, verschwindet, sobald er ohne seine Garde vor einer Nationalversammlung erscheint, die geneigt ist, in ihm den Urheber der Niederlagen zu sehen, durch die der Feind ein zweites Mal nach der Hauptstadt gelockt wird. War der Feldzug nicht mehr haltbar, so konnte Eure Majestät sich mit der Garde nach Metz oder Straßburg zurückziehen. Diese beiden Festungen hätten sich zwei Monate lang verteidigen können. Inzwischen wären mit dem russischen und dem österreichischen Kaiser Unterhandlungen angeknüpft worden. Wenn Sie dann zugunsten Ihres Sohnes abgedankt, wenn Sie sich ihrer Großherzigkeit überlassen hätten, würden Sie wenigstens drei Monate Ruhe gehabt haben, während welchen die Haltung der Franzosen, die Anstrengungen der Armee und unvorhergesehene Zwischenfälle den Angelegenheiten wahrscheinlich ein ganz anderes Aussehen verliehen hätten. Und Eure Majestät würden Ihren Schwiegervater in große Verlegenheit gebracht haben, wenn Sie sich selbst verleugnet und sich ganz in seine Hand gegeben hätten, um unser Vaterland zu retten.«

Kaum hatte der General diese letzten Worte gesprochen, als der Kaiser zutraulich ihm mit der Hand über die Wange strich und lächelnd sagte: »Sie kennen diese Leute nicht.«

Das war die Antwort auf die Bemerkungen des Generals Beker, die nichtsdestoweniger die Aufmerksamkeit Napoleons auf sich gezogen haben mussten, denn am nächsten Morgen kam er wieder darauf zurück und sagte:

»Sie glauben also, General, dass ich besser getan hätte, mich nach Metz oder Straßburg zu wenden?«

»Ja, Sire«, antwortete Beker; »da Eure Majestät die Unterhaltung an demselben Punkt wieder aufnehmen, wo wir sie gestern abgebrochen haben, scheint meine Ansicht in Ihrem Geist Wurzel gefasst zu haben, und es wäre gut gewesen, sie zu befolgen. Hätten Sie es getan, so würden Sie Zeit gewonnen und das Schicksal Frankreichs durch Ihre Gegenwart und Ihre Unterhandlungen weiter hinausgeschoben haben. Ihre Lage wäre niemals eine so unangenehme geworden, als sie es jetzt ist, ebenso wenig für Eure Majestät selbst, die Sie sich zur Verbannung verurteilen, als auch für uns, die wir nun das Joch der Fremdherrschaft mit all den Schrecken eines Bürgerkrieges ertragen müssen, wenn man uns zum ancien régime zurückzuführen gedenkt.«

Obgleich dieses Gespräch sich um die Gegenwart und Zukunft handelte, schien der Kaiser doch weit weniger als der General von seiner Lage niedergedrückt zu sein. Er schien für einen Augenblick sein Land vergessen zu haben und dachte nur an die Mittel, wie er nach Amerika kommen könne, denn er beendete die Unterhaltung mit den Worten: »Ich habe zwei Fregatten mit Pässen verlangt, um mich nach den Vereinigten Staaten zu begeben. Nun handelt es sich nur darum, dass ich dahin gelange, ohne in die Hände meiner Feinde zu geraten. Wenn man meiner Forderung nachkommt, verzichte ich auf die öffentlichen Angelegenheiten und reise sofort ab.«

[M. Beker], Relation de la mission du comte
Beker auprès de Napoléon.

Der Kaiser Napoleon und der Baron Méneval in Malmaison, Ende Juni 1815

Als Méneval eines Tages mit dem Kaiser in dem neben seinem Arbeitszimmer liegenden Garten spazierenging, sagte Napoleon zu ihm, er rechne bestimmt darauf, dass er ihm folgen würde. Sein erster Gedanke, sagte er, sei gewesen, nach Amerika zu gehen; da er aber mit dieser Absicht auf zu viele Hindernisse gestoßen sei, wolle er sich in England niederlassen, und er hoffe, dort alle die Vorrechte eines englischen Bürgers zu genießen.

Als Méneval ihm über diesen Entschluss sein Erstaunen ausdrückte, setzte Napoleon rasch hinzu:

»Wird diese Bedingung nicht erfüllt, so stelle ich mich wieder an die Spitze der Angelegenheiten.«

Bei dieser unerwarteten Mitteilung konnte Méneval sich nicht enthalten, zu erwidern:

»Aber Sire, wenn das Ihre Absicht ist, so warten Sie nicht, bis es zu spät ist: Nicht weit von hier erwarten Sie ergebene Generale und eine treue Armee, die nach Ihnen verlangt; ich hoffe doch nicht, dass Sie hier Gefangener sind.«

»Ich habe hier«, entgegnete er, »ein Bataillon meiner Garde, das den General Beker arretieren würde, wenn ich nur ein Wort sagte, und das mir zur Eskorte dienen könnte.« Und nach einigen Augenblicken tiefen Schweigens versetzte er:

»Junger Mann«, dabei machte er eine Bewegung, als wollte er Mé-

neval am Ohr zupfen, »dergleichen Entschlüsse werden nicht improvisiert.«

Napoléon et Marie-Louise.
Souvenirs historiques du baron de Méneval.

DER KAISER NAPOLEON UND DER KAPITÄN MAITLAND AN BORD DES BELLEROPHON, 15. JULI 1815

Napoleon wurde bei seiner Ankunft auf dem »Bellerophon« durch keine der Ehren begrüßt, die man gewöhnlich auf Schiffen hohen Persönlichkeiten erweist. Beim Verlassen des »Epervier« stimmte die Besatzung dieses Bootes in Hochrufe ein, und die meisten der Offiziere hatten Tränen im Auge.

Als Napoleon den »Bellerophon« betrat, lüftete er seinen Hut und sagte zum Kapitän Maitland:

»Ich komme, um mich unter den Schutz Ihres Königs und Ihrer Gesetze zu stellen.«

Als der Kapitän ihn in seine Kabine geleitete, sagte der Kaiser, indem er seine Blicke umherschweifen ließ: »Nun, das ist ja ein hübsches Zimmer.«

»Es steht Ihnen so wie es ist zur Verfügung, mein Herr«, erwiderte Maitland; »Sie können es bewohnen, solange Sie auf dem Schiff weilen, das ich befehlige.«

Napoleons Blicke blieben an einem Bild haften, das an der Wand hing. »Wer ist diese junge Dame?«

»Meine Frau.«

»Ah, sie ist sehr jung und sehr hübsch.«

Darauf fragte er, aus welchem Land Frau Maitland sei, ob der Kapitän Kinder habe, und stellte viele Fragen über England und den Dienst.

Einige Augenblicke später bat Napoleon, ihm die Offiziere des Schiffs vorzustellen. Er richtete an jeden verschiedene Fragen über ihre Geburt, die Stellung, die sie auf dem Schiff einnahmen, wie lange sie dienten und welche Schlachten sie mitgemacht hatten. Darauf drückte er den Wunsch aus, das Schiff zu besichtigen. Und als ihm der Kapitän sagte, die Matrosen seien eben beschäftigt, das Schiff zu reinigen, bestand er trotzdem auf seinem Verlangen.

Er schien von der Sauberkeit der Mannschaft überrascht zu sein und sagte zu dem Kapitän, dass die englischen Matrosen eine ganz andere Klasse von Menschen seien als die französischen, und er glaube, ihnen verdanke England hauptsächlich seine Erfolge zur See.

Maitland antwortete: »Erlauben Sie mir, dass ich etwas anderer Meinung bin. Ich will unsern Matrosen ihre Verdienste nicht streitig machen, aber ich glaube, dass wir unsere Vorteile hauptsächlich der größeren Erfahrung unserer Offiziere verdanken. Wenn man sich mit den französischen Matrosen ebenso viel Mühe gäbe, wie wir uns mit den unsern geben, so würden sie gleichfalls so gut aussehen wie die englischen. Da die englischen Schiffe fortwährend auf dem Meer sind, wird die Aufmerksamkeit der Offiziere durch nichts von ihren Fahrzeugen und ihren Matrosen abgelenkt, folglich verwendet man mehr Sorgfalt auf ihr Äußeres, und sie kennen ihren Dienst genauer.«

»Ich glaube«, erwiderte Napoleon, »dass Sie recht haben.« Dann lenkte er das Gespräch auf die verschiedenen Seeschlachten.

»Entweder sind Ihre Gesetze strenger als die unsern«, begann er, »oder sie werden besser ausgeführt. Es hat viele Fälle gegeben, in denen französische Offiziere sich im Kampf schlecht geführt haben, ohne dass ich sie, wie sie es verdienten, bestrafen konnte.« Er führte unter anderen zwei mit Namen an und sagte von dem einen:

»Er hätte mit dem Tode bestraft werden müssen, und ich tat alles, was in meiner Macht stand, um ihn verurteilen zu lassen, aber er wurde vor ein Marinekriegsgericht gestellt, das sich darauf beschränkte, ihn abzusetzen.«

»Mir scheinen die Gesetze in Frankreich oft zu streng in ihrer Anwendung zu sein«, entgegnete der Kapitän. »Ich befehligte bei der Affäre im

Baskischen Meerbusen[1] eine Fregatte. Meiner Ansicht nach war die über den Kapitän des ›Calcutta‹ verhängte Todesstrafe ungerecht. Er konnte nicht anders handeln, um sein Schiff zu retten, und dieses wurde besser und länger verteidigt als manches andere.«

Napoleon antwortete: »Sie kennen die Umstände nicht, die seine Verurteilung motiviert haben. Er war der erste, der sein Schiff verließ, das noch eine Zeit lang, nachdem der Kapitän fort war, von den Offizieren und der Besatzung verteidigt wurde.«

Nach einer Pause fuhr er fort:

»Ich sehe eigentlich den Grund nicht ein, weshalb Ihre Schiffe die französischen so leicht geschlagen haben. Die schönsten Kriegsschiffe, die Sie besitzen, waren ehemals französische. Ein französisches Schiff ist in jeder Hinsicht stärker als ein englisches von gleicher Bauart. Es trägt mehr Kanonen, diese sind von stärkerem Kaliber, und es hat bedeutend mehr Mannschaften.«

»Ich habe Ihnen das bereits erklärt«, sagte Maitland, »unsere Seeleute sind den Ihrigen an Erfahrung überlegen.«

»Ich habe durch einige Franzosen, die ein paar Tage an Bord Ihres Schiffes gewesen sind, erfahren, dass Sie sehr viel Wert auf die Ausbildung Ihrer Leute im Bedienen der Geschütze legen und sie blind schießen lassen.«

»Ja, ich tat es, denn ich halte es von größter Bedeutung, und wenn die Fregatten versucht hätten, in See zu stechen, würden Sie wahrscheinlich Gelegenheit gehabt haben, die Wirkung zu beobachten.«

Napoleon fragte nun, ob Maitland dächte, dass zwei Fregatten mit Vierundzwanzigpfündern imstande wären, ein Schiff von 74 Kanonen zu bekämpfen, und ob er glaube, dass, wenn er die Überfahrt mit den Fregatten bei der Insel Aix zu erzwingen versucht hätte, es ihm gelungen wäre.

»Das Feuer eines Zweideckers«, erwiderte Maitland, »ist viel wirkungs-

1   Im April 1809.

voller; es schleudert im Verhältnis zur Geschützsalve einer Fregatte eine weit größere Menge Geschosse von sich, und außerdem verursacht es so große Schwierigkeiten, zwei oder drei Fahrzeuge auf einmal gegen ein einziges vorgehen zu lassen, dass meiner Ansicht nach kaum drei Fregatten genügen würden, um gegen ein Linienschiff anzukämpfen ...«

Napoleon kam darauf wieder auf die Übung mit Geschützen zu sprechen und sagte:

»Sie haben den großen Vorteil vor Frankreich voraus, dass Sie mehr Geld zur Verfügung haben. Seit Langem ist es mein Wunsch gewesen, bei der französischen Marine während der Übungen scharf schießen zu lassen, aber die Ausgabe für die Munition war zu hoch; das Land hätte sie nicht tragen können.«

Er betrachtete die auf den Kanonen gezogenen Visierlinien und lobte sie sehr. Dann fragte er, welches Kaliber die verschiedenen Batterien besäßen, und tadelte die Verschiedenheit der Kaliber auf dem Schiffsdeck.

Maitland sagte, dass die Kanonen von neun Längen zwischen den Haupttauen aufgestellt seien, weil die kürzeren Geschütze, wie die Karronaden, das Takelwerk in Brand setzen könnten.

Napoleon antwortete: »Das kann notwendig sein, aber es müssen daraus Nachteile entstehen.«

Im Allgemeinen waren die Fragen, die Napoleon stellte, sehr klug und bewiesen, dass er allem, was die Marine anging, viel Aufmerksamkeit zugewandt hatte.

Captain Maitland, Narrative of the surrender of Buonaparte and of his residence on board H. M. S. Bellerophon.

DER KAISER NAPOLEON UND DER KAPITÄN KEITH AUF DEM »NORTHUMBERLAND«, 31. JULI 1815

Als Sir Henry Bunbury und Lord Keith Napoleon auf dem »Northumberland« am 31. Juli mitteilten, dass er als Gefangener nach der Insel St. Helena gebracht werden sollte, war er außer sich darüber. Er empfing das Schriftstück, legte es auf den Tisch, und nach einer Pause begann er gegen das Verfahren der britischen Regierung feierlichst zu protestieren. Er sagte, dass man kein Recht hätte, über ihn in dieser Weise zu verfügen, und dass er das britische Volk und die Gesetze des Landes anrufe.

Darauf fragte er, an welche Gerichtsbarkeit er sich zu wenden habe oder ob es keine solche an Bord gäbe, die er gegen die Ungesetzlichkeit und Ungerechtigkeit dieses Entschlusses anrufen könne.

»Ich bin freiwillig hierhergekommen«, fuhr er fort, »um mich in den Schutz Ihrer Nation zu begeben und um die Rechte der Gastfreundschaft anzurufen. Ich bin durchaus kein Kriegsgefangener. Wäre ich ein Kriegsgefangener, so würden Sie verpflichtet sein, mich nach völkerrechtlichem Gebrauch zu behandeln. Ich aber bin in dieses Land als einfacher Privatmann an Bord eines Ihrer Kriegsschiffe gekommen, und zwar nach vorhergehender Unterhandlung mit dem Befehlshaber des Schiffes.

Wenn er mir gesagt hätte, ich würde als Gefangener betrachtet werden, wäre ich nicht gekommen. Ich fragte ihn, ob er gesonnen sei, mich und mein Gefolge an Bord zu nehmen und mich nach England zu bringen. Admiral Maitland[1] antwortete, dass er es tun wolle, und zwar nachdem

---

1 Maitland war nur Kapitän.

er mir gesagt hatte, dass er von seiner Regierung mich besonders betreffende Befehle erhalten habe.

Das war also eine Falle, die man mir gelegt hat. Indem ich mich an Bord eines britischen Kriegsschiffes begab, vertraute ich mich der Gastfreundschaft des englischen Volkes an, genau so, als wenn ich mich in irgendeine Stadt Großbritanniens begeben hätte. Ein Schiff, ein Dorf: Alles ist gleichgültig. Aber St. Helena! Das ist mein Todesurteil!

Ich protestiere dagegen, dass man mich dorthin schickt, und ich protestiere dagegen, in eine Festung des Landes gebracht zu werden! Ich verlange, als englischer Bürger empfangen zu werden!

Ich weiß jedoch, dass ich zunächst nicht die Rechte eines englischen Bürgers beanspruchen kann, denn es sind einige Jahre erforderlich, um das Heimatrecht zu erlangen. Gut, dann soll mich der Prinzregent eine Zeit lang irgendwohin schicken und beobachten lassen, wie er es für gut hält. Er könnte mir ein Landhaus zur Verfügung stellen, das sich im Innern der Insel 30 Seemeilen von irgendeiner Küste entfernt befindet. Ein Kommissar könnte meinen Briefwechsel prüfen und über mein Tun und Lassen Bericht erstatten, und wenn der Prinzregent mein Ehrenwort fordern wollte, vielleicht gäbe ich es ihm! Dort könnte ich gewisse persönliche Freiheiten genießen und mich literarischen Freuden hingeben.

In St. Helena könnte ich nicht drei Monate lang leben. Bei meinen Gewohnheiten und meiner Körperbeschaffenheit würde ich sofort sterben. Ich bin gewohnt, 30 Meilen täglich zu Pferde zurückzulegen. Was soll ich aber auf diesem kleinen Felsen und am Ende der Welt anfangen? Nein, ich will nicht nach St. Helena gehen! Botany Bay[1] ist besser als St. Helena. Wenn Ihre Regierung mich töten will, so kann sie es auch hier tun. Es verlohnt sich nicht der Mühe, mich deshalb nach St. Helena zu schicken. Ich ziehe den Tod vor. Und welchen Vorteil könnten Sie durch meinen Tod haben? Ich vermag Ihnen keinen Schaden mehr zuzufügen! Ich bin

---

1 In Ost-Australien.

ja kein Herrscher mehr, sondern ein gewöhnlicher Privatmann. Übrigens haben sich die Zeiten geändert.

Welche Gefahr könnte daraus entstehen, wenn ich als Privatmann im Herzen Englands lebte, dazu noch unter Aufsicht und in einer Weise, die die Regierung für nötig erachtete?

Was konnte mich zwingen, diesen Schritt zu tun? Die Trikolore wehte noch über Bordeaux, Nantes und Rochefort. Die Armee ihrerseits hatte sich noch nicht ergeben. Ich hätte mich zu ihr begeben können!

Oder, wenn ich vorgezogen hätte, in Frankreich zu bleiben, was hätte mich verhindern können, im Geheimen jahrelang unter einem Volk zu leben, das mir ganz ergeben war?

Ich wollte mich aber lieber als Privatmann in England niederlassen.

Wenn Sie mich nun töten, so würde es für den Prinzregenten, Ihre Regierung und für die ganze Nation eine ewige Schande sein. Es würde ein Beispiel von Feigheit ohnegleichen sein! Ich habe dem Prinzregenten Gelegenheit zur schönsten Handlung seiner Regierung gegeben!

Ich bin sein Feind und stelle mich unter seinen Schutz! Ich bin der größte Feind Ihres Landes gewesen. Ich habe mit Ihnen 20 Jahre Krieg geführt und erweise Ihnen die höchste Ehre, gebe Ihnen den höchsten Beweis meines Vertrauens, indem ich mich freiwillig in die Hände meines beständigsten und hartnäckigsten Feindes begebe!«

A. Allardyce, Memoir of G. K. Elphinstone, Viscount Keith.

DER KAISER NAPOLEON UND LORD LYTTELTON AUF DEM »NORTHUMBERLAND«, 7. AUGUST 1815

Lord Lyttelton befand sich als Freund des Admirals Sir George Cockburn[1] an Bord des »Northumberland«, den Napoleon am 7. August 1815 mit dem »Bellerophon« vertauscht hatte, um seine Reise ins Exil anzutreten. Lyttelton und die Offiziere des Schiffes sowie Lord Lowther und Sir George Bingham wurden vom Admiral dem gestürzten Kaiser vorgestellt. Die Vorstellung hatte insofern etwas Lächerliches an sich, als die meisten der Schiffsoffiziere – es waren deren acht – nicht ein Wort Französisch sprachen und Napoleon, wie bekannt, ebenso unwissend im Englischen war. Die Offiziere stellten sich auf der einen Seite der Admiralskajüte auf, sahen und lächelten den Kaiser etwa eine Minute lang an, der sie seinerseits ebenfalls ansah und anlächelte, verbeugten sich dann auf eine sehr seemännische Art und defilierten dann an ihm vorbei, oder besser, sie drückten sich auf englische Art. Napoleon hatte Lord Lyttelton nie in seinem Leben gesehen und wusste nicht, was er aus einem Mann in Zivilkleidung machen sollte, der ebensogut des Admirals Angestellter hätte sein können. In etwas hochmütigem Ton und den Lord streng anblickend fragte er:

»Wer sind Sie?«

»Ich heiße Lyttelton, Herr General; ich bin ein Verwandter und ein Freund des Admirals.«

---

1 Cockburn war zum Gouverneur von St. Helena ernannt worden und sollte Napoleon dahin begleiten.

»Gehören Sie zum Schiff?«

»Nein, ich bin nicht Seemann.«

»Sie sind also nur der Kuriosität halber hier?«

»Ja, Herr General. Ich kenne keinen Gegenstand, der würdiger wäre, die Wissbegierde herauszufordern, als den, der mich hierhergeführt hat.«

»Aus welcher Grafschaft sind Sie?«

»Aus der Grafschaft Worcester.«

»Wo liegt diese Grafschaft? Ist es weit von hier?«

»Ja, Herr General, im Zentrum Englands.«

Und nun wollen wir Lord Lyttelton seine Eindrücke über die Zusammenkunft mit Napoleon selbst erzählen lassen:

Es entstand eine kurze Pause, während der uns Bonaparte einen bittern Blick zuwarf und einige Zeichen von Unbehaglichkeit über unsere Gegenwart merken ließ. Dann redete er Sir G. Bingham an und tat einige unbedeutende Fragen an ihn, wie stark die Kompanien in seinem Regiment seien, wie viele Jahre er in Spanien gedient habe? Als ihm Bingham mit Schwierigkeit in schlechtem Französisch antwortete, wendete er sich wieder zu mir, fragte, ob der Wind günstig sei, und schloss einige andere unerhebliche Fragen an, die sich auf die Ankerlage des Schiffes bezogen, auf die ich ziemlich ausführlich Antwort gab. Währenddem trat Lord Lowther ein, und Bonaparte richtete sogleich seine gewöhnliche Frage an ihn: ›Où sont vos terres?‹[1] Als hierauf Lowther, ein schlechtes Französisch stotternd, geantwortet hatte, richtete er die Unterhaltung sogleich wieder an mich. Er tat viele Fragen über unsere Jagden, insbesondere die Fuchsjagden; ob wir alle unsere Hunde auf einmal losließen oder ob wir Relais hätten; über alles dieses gab ich ihm ausführliche Auskunft. Hierauf sagte er.

»Sie sprechen sehr gut Französisch.«

»Ich habe mich auf meinen Reisen ein wenig im Französischen geübt.«

1 Wo befinden sich Ihre Besitzungen?

»Haben Sie Frankreich bereist?«

»Sehr wenig, Herr General. Wie Sie wissen, war es den Engländern während vieler Jahre nicht gestattet, durch Frankreich zu reisen. Wir mussten uns immer nur so durchschmuggeln.«

Ich fügte hier noch einige Worte bei, die der Erwähnung nicht bedürfen, da sie keine Fortsetzung des Gesprächs herbeiführten, denn es entstand eine zweite Pause. Kurz vorher trat Bertrand ein. Er stellte sich hinter Bonaparte auf die eine Seite, gerade wie der Lord vom Dienst hinter dem König steht, und sah uns »du haut en bas« mit bedeutsamen, entschieden hochmütigen Blicken an, die ins Englische übersetzt offenbar sagten: Was habt ihr denn hier zu suchen? Bertrand entfernte sich jedoch bald wieder, und Bonaparte drehte sich um und sah einige Minuten lang mit dem Fernglas durchs Fenster. Bingham fühlte sich außerordentlich unbehaglich und flüsterte mir, mich beim Rockärmel zupfend, zu: Um Gottes willen, reden Sie etwas mit ihm, wäre es auch nur über einen Hund oder eine Katze. Ich versprach ihm, dass ich es tun wolle, und als Bonaparte sich wieder umwendete, fragte ich ihn, ob er sich Lord Ebringtons[1] erinnere, eines Verwandten des Lord Grenville. Er bejahte und sagte, er sei »un brave homme«. Ich erwähnte dann Vernon[2]; er zauderte und sagte »catholique?«. Ich antwortete: Sir, Sie denken an Silvertop. Er bejahte und lachte, ohne eine weitere Bemerkung zu machen. Über Douglas, den ich ihm zuletzt nannte, sagte er, offenbar im Ernst, er sei ein tüchtiger Mann. Er fragte dann, ob der Name Douglas nicht ein großer Name sei? Ich bestätigte dies und erzählte ihm kurz, wer die Familienhäupter der Douglas seien. Er fragte hierauf, ob es der von mir genannte Douglas sei, den er gesehen hätte? Wir antworteten ihm (Lord Lowther nahm auch teil an der Unterhaltung), er sei im Irrtum, auch habe weder Herr J. Douglas noch ein anderer dieses Na-

1 Vgl. die Unterhaltung auf Seite 699.
2 Vgl. die Unterhaltung auf Seite 672.

mens eine Rolle im Haus der Gemeinen gespielt. (Herr Heber erzählte mir später, dass Bonaparte kürzlich die englischen Zeitungen gelesen und ihm dabei wahrscheinlich die Rede des Herrn Douglas aufgestoßen sei, in der er die Vernichtung der französischen Flotte empfohlen.) Bei dieser Gelegenheit bemerkte Lord Lowther, dass ich Parlamentsmitglied sei, worauf Bonaparte zu wissen wünschte, ob ich der Opposition angehöre.

»Mein Gewissen zwingt mich öfters, meine Stimme gegen die Minister des Königs abzugeben; bei uns ist man frei, und wir handeln so, wie wir es zum Besten des Vaterlandes halten.«

»Haben Sie im Parlament gesprochen?«

»Ich habe einige schlechte öffentliche Anreden gehalten.«

»Ist Herr Whitbread nicht gestorben?«

»Ja, Herr General.«

»Was war die Todesursache?«

»Er hat sich getötet.«

»Wieso?«

»Ich meine, dass er sich umgebracht hat; er war geistig verwirrt.«

»Geisteskrank?«

»Ja.«

»Hatte er vielleicht den Spleen?«

»Herr Whitbread war in dem Maße wahnsinnig, dass er glaubte, die ganze Welt hätte es auf ihn abgesehen, man verachte ihn und man verschwöre sich gegen ihn.«

»Auf welche Weise brachte er sich um?«

»Er schnitt sich mit einem Rasiermesser die Gurgel durch.«

Bonaparte antwortete hierauf nichts, gab kein Zeichen irgendeines Gefühls, sondern fragte bald darauf: »Wer wird im Parlament sein Nachfolger sein? Ponsonby?«

»Nein, Herr General, Ponsonby ist ein ausgezeichneter Mann mit großen Fähigkeiten, aber ich glaube nicht, dass er Anspruch machen kann, der Nachfolger des Herrn Whitbread zu werden; Sie wissen wohl, Herr General, dass es nicht so leicht ist, große Männer zu ersetzen.«

Bonaparte schien das Kompliment anzunehmen und durch seinen Blick verbindlich anzuerkennen. Nach einer kurzen Pause fuhr ich fort. Meiner Meinung nach sei Brougham der geeignete Mann, Whitbreads Stelle einzunehmen, es gehöre aber Zeit dazu, bis er denselben Ruf erlangen und in demselben Maße das öffentliche Vertrauen gewinnen werde. Er fragte hierauf, wann und auf welche Art Herr Brougham sich ausgezeichnet habe. Auf meine Mitteilung, dass dies besonders bei den Verhandlungen über die Geheimratsverordnungen der Fall gewesen sei, folgte die Frage, ob Brougham ein guter Redner sei; ich versuchte den Charakter seiner Beredsamkeit zu beschreiben. Bonaparte schloss mit der Frage, ob Whitbread nicht mit Lord Grey verwandt gewesen sei, worauf ich ihm den Grad, in welchem dies der Fall war, mitteilte.

Wir sprachen dann von Lord Greys Beredsamkeit, deren Art und Weise ich ihm beschreiben musste; nicht ein Wort ward aber über Politik gewechselt. Im Lauf der Unterhaltung fragte Bonaparte auch, ob ich den Kapitän Ussher[1] kenne, den er »un très brave homme« nannte. Auch Bertrand sagte etwas in diesem Sinne. Ich bejahte die Frage und bemerkte, dass ich ihn noch vor Kurzem auf der Insel Wight gesehen habe. Bertrand schaltete hier ein, er habe in den Zeitungen gelesen, Ussher sei »commissaire d'un bal« in Ryde gewesen, worüber beide lächelten; ich sagte: »Der Kapitän bewegt sich ebenso gut auf dem Tanz- wie auf dem Kampfboden«, und fügte bei, dass Ussher immer mit großer Ehrerbietung von ihm rede und sorgfältig die Dose mit seinem Porträt bewahre, die er ihm gegeben habe. Dies ist alles, was vorging, nur dass er uns alle drei fragte, ob wir verheiratet seien, was jeder nach seinen Verhältnissen beantwortete. Er machte keine Bemerkung über die Auskunft, die er erhielt, in der Tat zu unserer Verwunderung: Ich war genötigt, einige schlechte Scherze

---

1 Vgl. das Gespräch auf Seite 664.

über Lowthers Junggesellenstand zu machen, um nur das Gespräch nicht ganz fallen zu lassen.

Nachdem die Unterhaltung etwa eine halbe Stunde gedauert, fühlte ich Bedenken, länger in der Kajüte zu bleiben; waren wir hineingeführt worden, um das Recht, darin zu sein, geltend zu machen, so schien diese Absicht nunmehr genügend erreicht. Es würde unwürdig gewesen sein, länger zu verweilen, als es jener Zweck erheischte, da unsere Gegenwart offenbar den entthronten Kaiser in Verlegenheit setzte. Ich verließ daher die Kajüte und begab mich zum Admiral, dem ich die Gründe, die mich bestimmten, mich zurückzuziehen, mitteilte; er war mit mir einverstanden. Ich ging daher in die Kajüte zurück und flüsterte Lord Lowther und Bingham zu, was ich dem Admiral eröffnet hatte. Hierauf machte ich mit den Worten: »Monsieur le général, j'ai l'honneur de vous saluer«, eine tiefe Verbeugung. Er erwiderte meinen Gruß mit einer leichten Neigung, und ich verließ ihn. Meine Begleiter aber, die wahrscheinlich das, was ich ihnen gesagt, missverstanden hatten, blieben sitzen. Nach etwa fünf Minuten kehrte ich auf Wunsch des Admirals nochmals in die Kajüte zurück und führte beide hinweg. Lord Lowther erzählte mir, dass während meiner Abwesenheit Bonaparte fast ärgerlich nach dem Band in Sir G. Binghams Knopfloch gefasst und gefragt habe, was es bedeute? Bingham antwortete, er habe es für seine Dienste in Spanien erhalten. Auf Bonapartes Frage: »Est-ce pour Salamanque?«, antwortete Sir George, es vertrete vier Medaillen für vier Hauptschlachten (wenn ich mich recht erinnere Talavera, Vitoria, an den Pyrenäen und Toulouse). Bonaparte ersuchte ihn nicht, sie aufzuzählen, sondern sagte nur, Sie haben da eine Menge Schlachten gefochten, oder einige ähnliche Worte.

Ich glaubte, alles sei nun vorüber, da wir ans Land gehen wollten, sobald die Depeschen fertig wären, die Lord Lowther mitnehmen sollte. So genossen wir denn einige kalte Speisen in der Vorderkajüte, als eben, wie wir bei Tafel saßen, die Tür sich öffnete und Bonaparte, von Bertrand gefolgt, erschien. Als er mich ihm gegenüber erblickte, lächelte er und sagte: »Gehen Sie ans Land?« – »Ja«, war die Antwort, »wir essen vorher eine Kleinigkeit.« Er ging vorbei auf das Deck. Wir beeilten uns mit unserm Imbiss, und in wenigen Minuten folgte Lowther ihm. Ich lugte durch das Fenster und sah Bonaparte auf und ab wandeln; er blickte nach dem Takelwerk, blieb stehen und neigte sich freundlich, um mit den Damen Bertrand und Montholon zu sprechen, die auf Stühlen unter dem Bollwerk saßen. Als ich auf das Verdeck kam, ging ich nach dem Mittelmast, und als ich mich umkehrte, sah ich Bonaparte, nahe am Hinterdeck stehend, mit Lord Lowther sprechen, der sein Haupt entblößt hatte. Kurz darauf kamen sie näher, und Lord Lowther setzte langsam und zögernd seinen Hut auf. Als Bonaparte an mich herankam, redete er mich an, veranlasste mich, mit ihm umzukehren, und als er etwa 3 oder 4 Ellen vom Hinterdeck entfernt stehen blieb, begann er folgendes Gespräch, dabei die Brüstung betrachtend, der es hin und wieder an Anstrich gebrach:

»Dieses Schiff scheint in der Eile ausgerüstet worden zu sein.«

»Allerdings, Herr General, aber dafür ist es eines unserer besten Schiffe, und vor allem ein sehr guter Segler.«

»Man hätte andere Schiffe, die in besserem Zustand sind, schicken können, in Plymouth z. B. ist der ›Chatam‹ oder auch der ›Tonnant‹.« Ich antwortete hierauf, dass ich den Zustand jener Schiffe nicht genau kenne, dass sie vielleicht ganz geeignet seien, um vor Plymouth zu liegen oder im Kanal zu kreuzen, aber nicht bereit zum Dienst in fernen Meeren. Sein Auge fiel auf einen Offizier auf dem Hinterdeck, den er noch nicht gesehen, und er fragte Bingham plötzlich, woher jener sei. Bingham antwortete, von der leichten Infanteriedivision seines Regiments. Ich fragte ihn hierauf, ob die französische Flotte auch Seesoldaten habe, was er bejahte, und brachte dann das Gespräch auf die Einrichtungen zu seiner Bequemlichkeit auf dem »Northumberland«, indem ich bemerkte, ich hoffe, sie würden ihm genügen; dass sie besser gewesen sein würden, wenn das Schiff nicht so schnell ausgerüstet worden wäre, und dass ich überzeugt sei, der Admiral und seine Offiziere würden sich bemühen, alles zu tun, was sie imstande seien, um ihm die Reise angenehm zu machen. Er nahm dabei die Gelegenheit wahr, in Klagen über unsere Regierung auszubrechen, dass sie ihn überhaupt in Haft halte.

Er sagte: »Durch die Art und Weise, wie sie mich gefangen genommen haben, haben sie Englands Flagge und Ehre besudelt.«

»Man hat keine Verpflichtung gegen Sie verletzt, und das Wohl der Nation verlangt, dass sie außerstand gesetzt werden, nach Frankreich zurückzukehren. Man legt Ihnen nur den Zwang auf, der zur Vollbringung dieses Zweckes nötig ist.«

»Es kann sein, dass ihre Handlungsweise klug ist, großmütig ist sie aber nicht.«

»Unter Privatleuten ist Großmut wohl Sitte; aber das Nationalinteresse, Herr General, entscheidet über das Verhalten unserer Minister, die dem Volk gegenüber verantwortlich sind, und die Nation verlangt von ihnen, dass Sie an einen sicheren Ort gebracht werden.«

»Sie handeln wie eine kleine, aristokratische Macht und nicht wie ein großer, freier Staat. Ich bin gekommen, bei Ihnen eine Zuflucht zu suchen. Ich wollte als einfacher englischer Bürger leben.«

Ich entgegnete, alle Nachrichten aus Frankreich bestätigten, wie mächtig seine Partei noch sei, die Angelegenheiten könnten leicht eine andere Wendung nehmen und er wieder auf den Thron berufen werden. Er antwortete: »Non, ma carrière est terminée.« Ich erinnerte ihn, dass er dieselben Worte vor einem Jahr in Elba gebraucht habe. Er rief hierauf mit großer Lebhaftigkeit:

»Ich war damals Herrscher, ich hatte das Recht, Krieg zu führen. Der König von Frankreich ist seinen Verpflichtungen nicht nachgekommen.« Frohlockend, lachend und bezeichnend mit dem Haupt nickend, fügte er hinzu: »Ich habe gegen den König von Frankreich mit 600 Mann Krieg geführt.« Wir konnten uns nicht helfen, wir mussten alle lachen: Die Art, wie er dies sagte, war ebenso dramatisch wie seine Rede spitz! Wenn ich sage *wir*, so meine ich außer mir selbst Lord Lowther und Bingham.

Herr E. Bing hatte sich törichterweise, kurz nachdem Bonaparte auf dem »Northumberland« angekommen, auf den »Tonnant« begeben.

In der Hoffnung, etwas von Napoleon über Italien zu hören, sagte ich, bei seinem Erscheinen in Frankreich hätten sich in England viele gewundert, dass er nicht in Oberitalien gelandet sei. Er antwortete: »Ich bin in Frankreich sehr gut aufgenommen worden, nicht wahr?«, und ging dann zu einer Beschreibung seiner Aufnahme über, wie er ohne militärische Begleitung vorgerückt sei und wie vier Millionen Bauern sich auf seinen Ruf hin erhoben haben würden. Ich bemerkte, ich zweifle nicht an seiner Popularität in Frankreich, doch erschiene es mir wunderbar, dass ihn die Konskription nicht bei dem Landvolk unbeliebt gemacht haben sollte.

»Das sind eben Ihre Vorurteile: Frankreich ist nicht erschöpft.«

»Das Konskriptionsgesetz war dennoch sehr streng. Sie nahmen auch die einzigen Söhne.«

»Ach nein! Das sind Ihre Vorurteile. Hirngespinste.«

Er wiederholte nun seine Beschwerden gegen die englische Regierung und sagte, wenn er nicht eine ganz andere Behandlung erwartet hätte, würde er sich uns nicht ergeben haben; es hätten ihm noch viele Hilfsmittel zu Gebote gestanden; er habe sich dem Kaiser von Österreich oder dem Kaiser von Russland ergeben können. Ich erwiderte: »Österreich lasse ich meinetwegen gelten, aber was den Plan, sich dem Kaiser Alexander auszuliefern, anlangt, so erlauben Sie mir, dass ich daran zweifle.« Ich wusste, er hatte tags zuvor, als Lord Keith ihm erzählte, dass er beinahe den Russen ausgeliefert worden wäre, mit Achselzucken gesagt: »Gott behüte!« Er vertrat seine Äußerung auch nur schwach und sagte nur, wenn ich mich recht erinnere, dass der Kaiser Alexander Frankreich und die Franzosen liebe, oder einige ähnliche Worte. Er fügte noch bei, dass er sich zu der Armee an der Loire hätte begeben können und dass er jetzt dort an der Spitze von 100 000 Mann stehen würde.

Auf meine Bemerkung, die Preußen oder der Herzog von Wellington würden ihn gefangen genommen haben, entgegnete er, dass die Garnison von Rochefort ihm ergeben sei und dass sie sich erboten, ja mit Tränen gebeten habe, ihn als Bedeckung nach Bordeaux begleiten zu dürfen, wo er viele Truppen gefunden haben würde und von wo aus er leicht seine Absicht hätte verwirklichen können. Ich bezweifelte dies nicht, sondern sagte nur, es würde ein gewagter Schritt gewesen sein, da nach allem die Verbündeten doch die Übermacht gehabt haben würden. Er gab dies zu, führte aber an, dass zuletzt »il y aurait eu de quoi capituler«, eine Ansicht, die zu bestreiten ich nicht geneigt war. Er nahm nun seine Klagen über uns und über seine Festhaltung wieder auf, indem er sagte, sie werde die Aufregung in Frankreich vermehren und uns in den Augen von ganz Europa entwürdigen. Ich wiederholte nun die Gründe, die ich schon vorher zur Rechtfertigung unseres Vorgehens angeführt hatte, und dies veranlasste ihn zuletzt, nachdem er seinen Wunsch, in der Zurückgezogenheit wie seine Brüder zu leben, nochmals ausgesprochen hatte, zu der Äußerung: »Sie kennen meinen Charakter nicht, Sie hätten meinem Ehrenwort Glauben schenken sollen.«

»Dürfte ich Ihnen die nackte Wahrheit sagen?«

»Sprechen Sie.«

»Ich muss Ihnen sagen: Seitdem Sie in Spanien eingefallen sind, gibt es keinen einzigen Menschen in England, der gegen Sie und Ihre Versicherungen, sogar gegen die feierlichsten, nicht Misstrauen hegt.«

»Ich bin nach Spanien gerufen worden, um Karl IV. gegen seinen Sohn beizustehen.«

»Aber nein, ich glaube eher, um den König Joseph auf den Thron zu setzen.«

»Ich habe mein großes politisches System; es war notwendig, um das Gleichgewicht zu Ihrer riesigen Seemacht herzustellen, und überdies habe ich nichts anderes getan als das, was die Bourbonen auch getan haben.«

»Man muss jedoch zugeben, Herr General, dass Frankreich unter Ihrer Regierung mächtiger als in den letzten Jahren der Regierung Ludwigs XIV. war. Übrigens hat es sich auch vergrößert.«

»England seinerseits ist noch viel mächtiger geworden.« Hier bezog er sich auf unsere Kolonien und besonders auf unsere ostindischen Eroberungen.

»Viele aufgeklärte Leute sind der Meinung, dass England durch den Besitz dieses riesigen und entfernten Reiches eher verliert als gewinnt.«

»Ich wollte Spanien verjüngen und aus ihm viel mehr machen, als die Cortes seitdem versucht haben.«

Ich führte ihn nun auf die Hauptfrage zurück und erinnerte ihn an den Vertrag, durch welchen er den Besitz von Spanien erlangt habe. Er gab mir darauf keine Antwort, sondern nahm, diesen Gegenstand verlassend, einen andern Grund gegen seine Gefangennehmung auf und sagte zuletzt: »Nun gut, ich habe mich geirrt, führen Sie mich wieder nach Rochefort zurück.« Wann er während des Gesprächs äußerte: »Ich wollte (oder ich gedachte) dem Prinzregenten die glorreichste Epoche seines Reiches vorzubereiten«, weiß ich nicht mehr; der Worte selbst erinnere ich mich ganz bestimmt. In derselben Ungewissheit bin ich über den Augenblick, wann er die Äußerung tat: »Wenn Sie keine andere Absicht haben, als nur nach den Regeln der Vorsicht zu handeln, warum bringen Sie mich dann nicht um? Das wäre das sicherste Mittel.« Einmal unterbrach er mich, als ich sagen wollte, unser Vorgehen sei durch eine notwendige Politik gerechtfertigt. Als ich die Worte »une politique« ausgesprochen, fügte er bei, »étroite«. Die Zwischenräume unserer Debatte füllte er mit der Wiederholung der Versicherung aus, dass die englische Regierung und das Volk sich selbst entehre. Ausdrücke wie diese: »Nein, sie haben die Flagge beschimpft; das ist mir gegenüber nicht edel gehandelt. Die Nachwelt wird urteilen«, waren sozusagen der Refrain seines Liedes.

Es gab noch eine Menge merkwürdiger Umstände in unserer Unterhaltung, die ich einzeln niederlegen muss, wie sie in meiner Erinnerung auftauchen; ich würde kaum imstande sein, sie in ihrer Reihenfolge wiederzugeben, und der Versuch würde nicht der Mühe lohnen, da nichts dadurch gewonnen wäre. So fragte ich ihn nach seiner Meinung über Herrn Fox. Er sagte: »Ich habe Herrn Fox gekannt, ich habe ihn in den Tuilerien gesehen; er besaß nicht Ihre Vorurteile.«

»Fox, Herr General, war ein eifriger Bürger seines Vaterlandes, außerdem Weltbürger.«

»Er war aufrichtig, er wollte wirklich den Frieden, und ich wollte ihn ebenfalls. Sein Tod verhinderte, dass der Frieden geschlossen wurde. Die anderen waren nicht aufrichtig.«

Bonaparte äußerte ferner plötzlich, nachdem er des Kaisers Alexander gedacht: »Also man hat in England keine große Meinung von diesem Kaiser Alexander?« (oder etwas diesem Ähnliches). Ich erwiderte, dies sei richtig, er sei in der Tat »douceureux«, habe einigen eitlen Frauen geschmeichelt und sie gewonnen, aber die Engländer im Allgemeinen achteten ihn nicht hoch. Ich für meinen Teil sehe nicht ein, wie man einen Fürsten bewundern könne, der trotz seiner gerühmten Hochherzigkeit sich auf so unwürdige Weise in den Besitz von Finnland und Polen gesetzt habe. Bonapartes Antwort erinnere ich mich nicht mehr bestimmt. Kurz darauf fragte er mich, ob ich in Petersburg gewesen sei und wann? Meine Antwort war: »Im letzten Winter.« Ob ich in Moskau gewesen? Als er hörte, dass dies nicht der Fall sei, machte er eine Pause und sagte dann mit sehr bemerkbarer Schroffheit und Heftigkeit: »Übrigens war nicht ich derjenige, der Moskau verbrannte.« Ich erwiderte, ich hätte nie geglaubt, dass er die Torheit begangen habe, seine eigenen Winterquartiere niederzubrennen. Ich kam dann wieder auf Petersburg zurück und erzählte ihm, dass dort viele sich sehr günstig über ihn geäußert hätten, günstiger, als es ein Engländer wünschen müsse. Er antwortete: »Und warum hassten sie mich? Ich habe gegen sie Krieg geführt, das ist alles.« Ich erwiderte, wie mir scheine, wäre der Krieg von ihm doch ohne wirkliche Herausforderung begonnen worden, worauf er sagte: »Je voulais rétablir la

Pologne.« Ohne hierauf weiter einzugehen, nahm ich Gelegenheit, ihm zu erzählen, welche Anhänglichkeit an ihn die Polen gezeigt hätten. Er bemühte sich nicht, viel Teilnahme auszusprechen, und sagte nur: »C'est une brave nation.« Ich bemerkte, ich hätte sehr viel Gutes vom Fürsten Poniatowski gehört. Bonaparte nannte ihn einen Mann von ritterlichem Wesen und fügte bei: »Celui-là c'était le vrai Roi de Pologne.« Als der Graf O.[1] erwähnt wurde, nannte er ihn einen Verräter, worauf ich bemerkte: »Sie wollen sagen Träger von zwei Schultern?« Er verstand zuerst diesen Ausdruck nicht, erläuterte aber seine eigenen Worte, indem er beifügte: »Das heißt von der russischen Partei, die wir Polen Verräter nennen.«

Lowther teilte ihm mit, dass ich eine Rede über Sachsen gehalten habe. Ich bestätigte dies und bemerkte, ich wolle ihm über diesen Gegenstand meine Ansicht nicht verbergen: Die Anhänglichkeit der Sachsen an ihren König sei mir aus eigener Wahrnehmung bekannt, und sie würden meiner Überzeugung nach von den Alliierten mit Grausamkeit behandelt, zumal wenn meine Meinung, dass die Schlacht bei Leipzig durch die sächsischen Truppen entschieden worden wäre, begründet sei. Er trat dem bei und erzählte, dass sich plötzlich 25 000 Mann mit 60–80 Kanonen gegen ihn gewendet hätten; dies sei im Augenblick nicht verderblich gewesen, allein tags darauf seien dadurch alle seine Pläne gestört und er zum Rückzug genötigt worden. Ich erinnere mich nicht, ob Bonaparte noch Weiteres über Sachsen sagte, allein bald darauf bemerkte er, es sei mit Bayern und den Staaten am Rhein zu Ende, »l'Autriche et la Prusse écrasent tout«. Ich erwiderte, das könne wohl sein, aber unser Interesse verlange die Vergrößerung dieser Staaten und die Beseitigung anderer, weil Frankreich leichter Einfluss auf diese kleinen Staaten gewinnen könne als in Wien oder Berlin. Er gestand bereitwillig zu, dass wir den

---

1 Es ist vermutlich der Graf Michael Kleophas Oginski gemeint, der seine politischen Gesinnungen öfters gewechselt hatte.

Einfluss Frankreichs niederzudrücken hätten, und wiederholte mehrmals im Laufe der Unterhaltung, es sei unsere Sache, die Macht Frankreichs zu verringern; er gebrauchte dabei, wenn ich mich recht erinnere, den Ausdruck, wir müssten ein Auge auf Frankreich haben. Über Pitt wollte er seine Meinung nicht aussprechen. Auf meine erste Frage über ihn sagte Bonaparte, er habe ihn nie gekannt. Als ich wieder auf ihn zurückkam und fragte, was er von seinen politischen Grundsätzen halte, gab er keine Antwort, sondern wiederholte, soviel ich weiß, er sei nicht mit ihm bekannt gewesen.

Als ich Herrn Windhams gedachte, fragte er, ob ich den meine, der Kriegsminister gewesen, und als ich bejahend antwortete, meinte er, er sei ein Mann von großem Talent, aber sein entschiedener Feind gewesen (oder ähnliche Worte). Ich sagte, Herr Windham sei ein Anhänger Burkes; er stimmte dem bei und ließ den Gegenstand fallen.

Die Flottille, bemerkte er, sei bloß ein Blendwerk gewesen; er habe die Absicht gehabt, die Landung in England mit seinen großen Schiffen, den Geschwadern von Brest und Ferrol zu versuchen.

Ich weiß nicht mehr, wann er sagte: »Ich sage nicht, dass die Idee, den Fall Englands herbeizuführen, mir nicht durch den Kopf gegangen sei. Nun! Während 20 Kriegsjahren« (wobei er den Kopf schüttelte)! Sogleich aber verbesserte er sich, als habe er sich selbst vergessen und zu offen ausgesprochen, und fügte bei: »Ich will nicht sagen Ihren Fall, aber Ihre Erniedrigung. Ich wollte Sie zwingen, gerecht oder wenigstens weniger ungerecht zu sein.« Er verteidigte sein Kontinentalsystem damit, dass es durch unsere Geheimratsverordnungen herausgefordert worden sei. Als ich ihn daran erinnerte, dass die Dekrete von Berlin und Mailand früher ergangen wären, erwiderte er, aber Lord Greys Blockade der Elbe und Weser waren diesen vorhergegangen. Ich wollte ihm hierauf antworten, er gab aber dem Gespräch eine andere Wendung, indem er bemerkte, es sei trotzdem lediglich unsere Schuld, dass wir den Frieden nicht geschlossen hätten, als Lord Lauderdale in Paris gewesen wäre; dies sei vor der Schlacht bei Jena gewesen, deren notwendige Folgen die Dekrete von Berlin und Mailand sein müssten. Hätten wir damals Frieden geschlossen, so würde kein Krieg mit Preußen entstanden sein usw. Ich fragte ihn, was er von dem russischen Admiral Tschitschagoff denke? Er erwiderte, dass er ein tüchtiger Mann sei. Auf meine Bemerkung, dass er an der Beresina keine genügende Macht besessen habe, um ihn aufzuhalten, indem er nur 24 000 Mann und darunter 8000 Mann Reiterei, die nutzlos gewesen, unter sich gehabt, begann Bonaparte eine technische Entwicklung seiner Operationen, der ich nicht zu folgen vermochte.

Um ihn zu verhindern, auf diesem Weg weiterzugehen, nahm ich die Gelegenheit wahr, um einzuschalten, dass Kutusow unzweifelhaft auf jenen Punkt ein ungenügendes Korps gesandt habe, da Tschitschagoff durch Schwarzenbergs Armee allein hätte übermannt werden können, wenn nicht Schwarzenberg, aus Gründen, die ihm am besten bekannt sein müssten, es für geeigneter erachtet haben würde, sich eines Angriffs zu enthalten. Er antwortete, bezeichnend mit dem Kopf schüttelnd und lächelnd: »Ils s'entendaient déjà.«

Auf Belgien kommend, war er mit mir darüber einverstanden, dass es in unserem Interesse liege, es zu kräftigen. Als ich bemerkte, ich glaubte, wir würden vielleicht Frankreich den Besitz Belgiens gegönnt haben, wenn es zu verhindern gewesen wäre, dass Antwerpen in seine Hände falle, sagte er, Antwerpen sei der Hafen, der England am meisten bedrohe. Er bezeichnete unsere jetzige Stellung als eine sehr gebietende, doch habe sie auch ihre Nachteile. Wenn wir »en première ligne par rapport à la guerre« ständen und wenn wir berechtigt seien, leitenden Anteil zu nehmen an allem, was in Europa vorgehe, so könne auf der anderen Seite kein Schuss fallen, ohne dass wir in einen Streit und Krieg verwickelt würden.

Ich glaube, es war bei Anführung eines seiner Gründe gegen die von uns erlittene Behandlung, dass ich vorsichtig und mit möglichster Schonung der Schlacht von Waterloo gedachte, wobei ich bemerkte, dass der

Ausgang drei oder vier Mal zweifelhaft gewesen, was gewiss, ohne ihn zu beleidigen, gesagt werden kann. Ich fragte ihn hierbei, was er von der englischen Infanterie halte.

»Die englische Infanterie ist sehr tüchtig«, sagte Bonaparte, ernster und feierlicher als zuvor.

»Im Vergleich zur französischen?«

»Die französische Infanterie ist ebenso tüchtig.«

»Mit dem Bajonett?«

»Die französische Infanterie geht ebenso tüchtig mit dem Bajonett um; es hängt ja viel von der Führung ab.«

»Das Geniekorps? Die Artillerie?«

»Alles dies ist gut, sehr gut.«

»Unsere Fortschritte in der Kriegskunst verdanken wir Ihnen, Herr General.«

»Nun, man kann nicht Krieg führen, ohne Soldat, zu werden; das beweist die Geschichte aller Länder.«

Schon zu Anfang unserer Unterredung sagte ich, ich hoffte, er sei durch die vielen seiner Offiziere erteilte Erlaubnis, ihn nach St. Helena zu begleiten, befriedigt. Er erwiderte mit Achselzucken: »Drei oder vier von ihnen!« St. Helena nannte er »eine eiserne Insel, wo es nicht möglich sein werde, zu entfliehen«, und klagte über das ungesunde Klima. Ich stellte die Ungesundheit des Klimas in Abrede und versicherte, ich wisse das Gegenteil, nicht nur aus Büchern, sondern aus dem Mund mehrerer, die dort gewesen wären. Als er zuerst St. Helena erwähnte, herrschte gerade großer Lärm auf dem Verdeck, ich verstand ihn daher nicht und glaubte, er spreche von England; dies veranlasste mich zu sagen: »Erinnern Sie sich, dass viele Ihrer Offiziere entkommen sind, z. B. Lefebvre-Desnouettes.« Als ich aber meinen Irrtum erkannte, verfolgte ich diesen Gegenstand nicht weiter und entschuldigte mich leichthin, dass ich ihn berührt hatte.

Der Zustand Frankreichs sei so, bemerkte Bonaparte, wie man ihn in einem Land erwarten könne, dem man gewagt habe »d'imposer un roi par une force étrangère«. Die Bourbonen, meinte er, würden schwerlich versuchen, den Sklavenhandel wieder ins Leben zu rufen: Es würde unpolitisch sein und überdies »une chose très inhumaine«. Ich fragte ihn, ob er Sismondi gelesen habe, erinnere mich aber nicht mehr seiner Antwort.[1] Sein Hauptgrund gegen den Sklavenhandel von dem Standpunkt der Politik aus war, dass, wenn es überhaupt ratsam wäre, Neger nach den Kolonien zu schaffen (was er leugnete), dies doch nur mit großen Kosten geschehen könne; ferner, dass wir beim Ausbruch eines Kriegs wahrscheinlich die französischen Inseln wegnehmen würden; auch sei das Kapital jetzt im Innern Frankreichs selbst nötiger und jedenfalls dort besser anzuwenden.

Schließlich kamen wir auf die Chemie zu sprechen, einen Gegenstand, auf den wir durch seine Behauptungen geführt wurden, dass in Frankreich nicht nur der Stand der Landwirtschaft ein blühender sei (was ich zugab), sondern auch der der Fabriken (was ich unter Bezugnahme auf Lyon in Abrede stellte, ohne von ihm ein Zugeständnis zu erlangen); dass ferner, obwohl der Handel unzweifelhaft gelitten, doch die innern Hilfsmittel genügten; dass chemische Entdeckungen vieles ersetzt hätten, was der auswärtige Handel zu liefern pflege, wie z. B. der Rübenzucker den indischen ersetze. Bonaparte bemerkte dabei, dass der Rübenzucker sehr gut sei und dass das Pfund zu 15 Pence verkauft werde, also viel billiger als der fremde, auf den er eine hohe Abgabe gelegt habe, die in Friedenszeiten ein erträgliches Einkommen abwerfen werde, da die Reichen den echten Zucker vorziehen würden; zugleich werde die heimische Industrie dadurch gefördert werden. Er sprach sehr eifrig über den Gegenstand, bemerkte, man bereite Indigo aus »pastel«, und es bestehe ein altes Gesetz Heinrichs IV., welches die Einführung des Indigo verbiete. Er habe es wieder eingeführt oder die Absicht gehegt, es wieder einzuführen. In

1 Vgl. die Unterhaltung auf Seite 742.

England, sagte er, sei wohl viel chemische Wissenschaft zu finden, »à la tête, à l'institut«, aber sie sei nicht so im Volk verbreitet und nicht von so praktischem Nutzen als in Frankreich. Er gedachte Sir Humphry Davys[1], sprach aber keine Meinung über ihn aus.

Während unserer ganzen Unterhaltung blieb er auf derselben Stelle nahe am Hinterdeck und mit dem Gesicht nach demselben gewendet stehen; es war demnach augenscheinlich, dass er die Unterredung fortzusetzen wünschte, denn es waren noch viele Personen auf dem Verdeck, unter andern einige von seinem Gefolge, an die er sich hätte wenden können, wenn er es vorgezogen haben würde. Er verließ uns zuletzt ganz unerwartet. Nach dem Himmel blickend, sagte er plötzlich: »Il me semble qu'il fait un peu frais«; hierauf ging er auf den Fußspitzen mit kleinen Schritten und leisem Achselzucken direkt in die Kajüte. Wir sahen uns an und vermochten kaum unser Lachen zu unterdrücken.

Während dieses langen und wechselnden Gesprächs, das nicht weniger als beinahe zwei Stunden dauerte, bewahrte Bonaparte dieselbe Gemütsruhe, er zeigte sich nie unpassend oder aufgeregt. Seine Ausdrücke waren oft stark, aber er sprach ruhig und mit wenig erhobener Stimme, seine Haltung blieb gesetzt, er gestikulierte viel weniger, als sonst Franzosen oder Italiener zu tun pflegen. Mit einem Wort, es war nichts in seinem Betragen, was auf Leidenschaft oder Niedergeschlagenheit gedeutet hätte; er schien vollkommen gefasst und sprach ebenso unbefangen über Geringfügigkeiten wie über wichtige politische Fragen, die mit seiner Geschichte und seiner gegenwärtigen Lage unmittelbar zusammenhingen. Das Merkwürdigste in seiner Sprechweise ist die Kürze seiner Urteile, die oft sehr viel Schärfe und Kraft haben. Im Allgemeinen würde ich ihn eher für einen gewandten Redner als einen gründlichen Beweisführer, eher für einen geschickten Sophisten als einen guten Logiker halten. Seine Sophismen sind in der Tat nicht geistreich oder tief genug,

1 Sir Humphry Davy, einer der bedeutendsten Chemiker seiner Zeit, 1778–1829.

um einen Mann von einigem Urteil irrezuführen; sie haben aber etwas Populäres, und ihnen mag seine Partei manchen Scheingrund und manche Beschönigung seiner Handlungen entlehnt haben. Wenn ich endlich die Gefühle anderer nach meinen eigenen beurteilen darf, so hat Bonaparte den einen großen Fehler, nicht das Vertrauen seiner Zuhörer zu gewinnen, weil sie über seine eigene Überzeugung im Zweifel bleiben. Mir schien er niemals aufrichtig zu sein. Selbst als er über das gegenwärtige Verfahren unserer Regierung sich heftig aussprach, schien er mir kaum im vollen Ernst zu sprechen und wirklich von der Wahrheit dessen, was er sagte, durchdrungen zu sein. Er focht immer nur zum Schein, er kämpfte nicht im Ernst. Es war aber ein angenehmes Schauspiel, und ich glaube, es ist unmöglich, seine Ruhe, seine Geschicklichkeit und Originalität und die außerordentliche Selbstbeherrschung, die er mit einem geistreichen und liebenswürdigen Wesen verbindet, nicht zu bewundern. Er war, wie ich wohl schon genügend angedeutet habe, auf keine Weise rau oder unhöflich, aber auf der andern Seite beobachtete er auch wenig Förmlichkeit, und ich bemerkte, dass er nicht ein einziges Mal mich »Monsieur«, oder Lord Lowther »Mylord« nannte, er gab uns überhaupt gar keine konventionelle Bezeichnung.

Baron Lyttelton, An account of Napoleon Buonaparte's coming on board H. M. S. the Northumberland August 7th 1815.

Der Kaiser Napoleon und der Admiral Sir Pulteney Malcolm in Longwood, Ende September 1815

Kurze Zeit vor seiner Abreise nach dem Kap der Guten Hoffnung hatte Admiral Sir Pulteney Malcolm[1] in Longwood eine kurze Unterhaltung mit Napoleon über Russland.

»Dieses Land«, sagte Napoleon, »wird bald anderen Ländern Gesetze vorschreiben, wenn Sie sich nicht in Acht nehmen. Es ist gegenwärtig so stark, dass es in der Lage ist, viele Unternehmungen zu wagen, Sein Kaiser ist friedlich gesinnt; das ist ein großes Glück. Denn wäre es nicht so, so würden daraus große Unannehmlichkeiten entspringen. Schon wenn seine leichten Truppen, die Kosaken, von allen Seiten losgelassen würden, würden sie Europa in große Bedrängnis versetzen.«

Der Admiral Malcolm fragte den Kaiser, was er vom russischen Soldaten dächte.

»Er ist tapfer, ausdauernd und geduldig«, antwortete Napoleon.

»Aber«, sagte der Admiral, »die Kosaken sind, dem Aussehen nach zu urteilen, keine gute Kavallerie.«

»Verlassen Sie sich nicht darauf«, versetzte Napoleon; »sie sind intelligent und viel gefährlicher, als Sie glauben. Sie verstehen sich auf den kleinen Krieg. Da sie sehr geschickt sind, den Feind zu überraschen, ihn anzugreifen und sich zur geeigneten Zeit zurückzuziehen, ist es unmög-

---

1 Sir Pulteney Malcolm war der Nachfolger George Cockburns im Kommando von St. Helena und dem Kap der Guten Hoffnung.

lich, sie selbst anzugreifen. Ohne Sprachkenntnisse und ohne die Wege zu kennen reiten sie aus einem Land ins andere. Sie sind überall. Sie ernähren sich vom Raub, und niemals habe ich sie zu Gefangenen machen können.«

Admiral Malcolm wollte ihn über den russischen Feldzug befragen, aber seiner Gewohnheit gemäß vermied Napoleon es, davon zu sprechen. Man unterhielt sich darauf von der russischen Marine.

»Russland«, sagte Napoleon, »hat nur seine Küsten zu beschützen. Eine nicht zu zahlreiche Flotte auf dem Baltischen Meer, eine andere, die man den Türken entgegenstellen könnte, das ist alles, was Russland braucht. Alles andere, was es noch für die Marine ausgibt, ist reiner Verlust. Russland ist keine Seemacht.«

Comte A. A. de Balmain, Le prisonnier de Sainte-Hélène.

Der Kaiser Napoleon und der englische Wundarzt Doktor Warden auf St. Helena, im Jahr 1815

Eines Tages erhielt Doktor Warden, Wundarzt auf dem »Northumberland«, der den gestürzten Kaiser nach St. Helena begleitet hatte, von Napoleon eine Einladung zu Tisch. Warden sagte zu und war angenehm überrascht, denn der Kaiser hatte seit einiger Zeit seine ganze Tischgesellschaft auf sein eigenes Gefolge beschränkt.

General Montholon empfing ihn in völliger Staatskleidung im Vorzimmer und führte ihn in einen anstoßenden Saal, wo Napoleon gerade mit dem Grafen Bertrand Schach spielte. Er empfing ihn mit der üblichen höflichen Begrüßung. Der Kaiser setzte das Spiel während seiner Anwesenheit fort. Die Umstehenden sprachen nur wenig und nur mit einem gewissen ehrfurchtsvollen Geflüster, das, da Warden es nicht nachzumachen verstand, von Zeit zu Zeit durch den vollen Bass seiner Antworten auf die Fragen, die man an ihn richtete, unterbrochen wurde.

Kurz ehe das Essen angekündigt wurde, raunte ihm der General Montholon ins Ohr, dass er bei Tisch zwischen dem Kaiser und dem Großmarschall[1] Platz zu nehmen hätte. Warden hatte Napoleon zu seiner Rechten und den Großmarschall zur Linken. Es befand sich auch ein leerer Stuhl da, der für die Kaiserin Marie-Louise bestimmt war.

Eine Flasche Bordeauxwein und eine Karaffe Wasser standen vor jedem Teller. Niemand trank auf des andern Gesundheit, und wer sich nicht da-

---

1 General Graf Bertrand.

zuhielt, solange das Essen dauerte, für den war die Gelegenheit vorbei, da der Wein mit den Speisen verschwand. Der Porzellanaufsatz übertraf an Schönheit weitaus alles, was Warden vorher in dieser Art gesehen hatte. Das Silbergeschirr war massiv und reichlich mit Adlern versehen; das Goldgerät erschien nur beim Nachtisch. Das Mahl dauerte ungefähr eine Stunde, und Napoleon stellte so viele Fragen an Warden, dass dieser in der Verlegenheit, sofort Antworten darauf zu finden, kaum wusste, was er aß oder trank.

»Haben Sie den General Gourgaud besucht?«[1]

»Ja, General, ich kam in dieser Absicht nach Longwood.«

»Wie haben Sie ihn gefunden?«

»Äußerst schlecht.«

»Welche Krankheit hat er?«

»Die Ruhr.«

»Wo befindet sie sich?«

»In den Eingeweiden.«

»Wodurch entstand sie?«

»Durch Einwirkung des heißen Klimas auf eine besonders empfängliche Leibesbeschaffenheit; doch wenn die Ursache behoben ist, dann hört auch die Wirkung auf. Hätte man ihm gleich beim ersten Anfall zur Ader gelassen, so wäre die Krankheit wahrscheinlich weniger heftig aufgetreten.«

»Welches Heilmittel muss man anwenden?«

»Die Funktionen der Leber und der Eingeweide sind zerrüttet. Um sie jetzt wieder in eine richtige Tätigkeit zu versetzen, wird es nötig sein, Quecksilber anzuwenden.«

»Das ist eine schlechte Arznei.«

»Die Erfahrung hat mich vom Gegenteil belehrt.«

»Hat Hippokrates es gebraucht?«

---

1 General Gourgaud war an der Ruhr erkrankt.

»Ich glaube nicht. Er setzte besonders großes Vertrauen in heilkräftige Kräuter.«

»Ja, er wird für einen der bedeutendsten Ärzte des Altertums gehalten.«

»Er hätte nichtsdestoweniger, wenn er jetzt lebte, aus den neueren Entdeckungen großen Vorteil ziehen können.«

»Strebt die Natur nicht danach, den krankhaften Stoff auszuscheiden, und sollte nicht der gegenwärtige qualvolle Kampf eine Anstrengung der Natur sein, sich dessen, was sie belästigt, zu entledigen?«

»Ich habe gelernt, der Natur behilflich zu sein.«

»Könnten Sie es aber nicht tun, ohne zu jenem gefährlichen Mittel Ihre Zuflucht zu nehmen?«

»Die Erfahrung hat mich überzeugt, dass das Quecksilber, sofern es einen Speichelfluss erzeugt, unfehlbar ist.«

»Dann fahren Sie fort mit Ihrem Quecksilber.«

Der Kaiser fuhr fort:

»Haben Sie viele Leute an Bord des ›Northumberland‹ verloren?«

»Leider haben wir das Unglück gehabt, mehrere zu verlieren.«

»An welcher Krankheit?«

»Ruhr und Leberentzündung.«

»Haben Sie nach dem Tod Leichensektionen vorgenommen?«

»Jedes Mal.«

»Was fanden Sie dabei?«

»Weit umgreifende Eiterungen der Leber bei der einen Krankheit und Brand der Eingeweide bei der anderen.«

»Was ist der Tod, oder wie erklären Sie ihn?«

»Ein Schwinden der Lebenskraft, ein Aufhören der zum Bestehen des Körpers notwendigen Verrichtungen des Atmens und der Bewegung des Herzens.«

»Wann verlässt die Seele den Leib?«

»Das ist eine Frage, die ich mich nicht mit Bestimmtheit zu beantworten getraue; denn es gibt Fälle, wo die Zeichen des Lebens verschwinden, Ohnmachten, wo der Mensch nur scheinbar tot ist, doch kann man ihn durch künstliche Mittel wieder erwecken und am Leben erhalten.«

»Wann glauben Sie, dass die Seele in den Körper hineingeht?«

»Ich bin nicht genug in der Methaphysik bewandert, um eine befriedigende Antwort zu geben. Das Denkvermögen scheint die Morgenröte der Seele zu sein, und eine je höhere Vollkommenheit die Vernunft erreicht, desto vollkommener ist die Seele und desto mehr wird wenigstens der Mensch für seine Handlungen verantwortlich.«

Hiermit endigte zum größten Vergnügen Wardens die Unterhaltung, denn sie fing an, einen für seine Philosophie allzu hohen Gang zu nehmen.

Napoleon erhob sich nun. Seine Gesellschaft folgte ihm in das Spielzimmer, wo man Whist zu spielen begann. Er schien es recht gut zu verstehen, aber er spielte mit einer so nachlässigen Aufgeräumtheit, als ob er sein Geld absichtlich verlieren wollte. Er blieb den Abend eine halbe Stunde länger als gewöhnlich, und während dieser Zeit ging er unter beständigen Fragen im Zimmer auf und ab. Als er sich verabschiedet hatte, sagte Las Cases mit der ihm eigenen Freundlichkeit zum Doktor Warden:

»Das war ein rechter Fragetag. Ich fürchte, dass es Ihnen eine Strafe sein muss, mit uns zu speisen; es gleicht einem förmlichen Examen. Doch können Sie versichert sein, dass Ihre Antworten dem Kaiser Vergnügen machen, sonst würden Sie nicht mit so vielen Fragen überhäuft werden.«

W. Warden, Letters written on board His Majesty's
Ship the Northumberland, and at Saint-Helena.

Der Kaiser Napoleon und der Doktor Warden in Longwood, 1815

Doktor Warden begleitete den Kaiser oft auf seinen Ausflügen in Longwood. Eines Tages erhielt er von Napoleon auch eine solche Einladung, und er nahm mit dem Grafen und der Gräfin Bertrand im Wagen Napoleons Platz.

Der Wagen fuhr schnell, und Napoleons Scherzhaftigkeit schien gleichen Schritt damit zu halten. Er fing an, Englisch zu reden, und nachdem er seinen Arm halb um Frau Bertrands Nacken gelegt, rief er, indem er sich zu Warden umkehrte:

»Dies ist meine Geliebte[1] ... Ach, nicht Geliebte; ja, ja, es ist meine Geliebte«, während sich die Gräfin loszumachen suchte und der Graf, ihr Gatte, laut auflachte.

Napoleon fragte hierauf, ob er einen Fehler gemacht habe, und als er die Bedeutung des angewandten Wortes im Englischen vernommen, rief er aus:

»Ach nein, nein. Ich will sagen: meine Freundin, meine Liebe. Nein, nicht Liebe; meine Freundin, meine Freundin.«

Die Sache hatte folgende Bewandtnis: Frau Bertrand war einige Tage leidend gewesen, und Napoleon wünschte, sie sowohl aufzumuntern als auch jeden Zwang aus der Gesellschaft zu verbannen. Mit einem Wort, er war die Seele des Ganzen.

Lassen wir nun Warden selbst sprechen:

---

[1] Mistress auf Englisch.

Während der Fahrt fragte Napoleon mich ganz unerwartet, mit halb komischer, halb ernsthafter Miene:

»Offen gestanden, wie viele Kranke haben Sie in Ihrer Praxis bereits getötet?«

Ich sah wahrscheinlich ein wenig verwundert aus, aber ich antwortete ihm gelassen:

»Mein Gewissen klagt mich nicht an, irgendjemandes Tod verursacht zu haben.«

Er lachte und fuhr fort:

»Mir scheint, dass Ärzte sich in den Krankheiten irren, dass sie manchmal zu viel, ein andermal zu wenig tun können. Wenn ein Krankheitsfall unter Ihrer Behandlung tödlich verlief, haben Sie nicht bei sich gedacht: hätte ich ihm zur Ader gelassen, oder auch: hätte ich ihm nicht zur Ader gelassen, so wäre der Patient genesen, oder wenn er überhaupt keinen Arzt gerufen hätte, so wäre er noch am Leben.«

Ich antwortete nichts, und er fragte weiter:

»Welche Wundärzte sind Ihrer Meinung nach die besten, die Franzosen oder die Engländer?«

»Ganz gewiss die Engländer.«

»Und warum?«

»Weil unsere Schulen besser sind. Unsere Erziehung ist systematischer, und die Prüfungen sind so beschaffen, dass sie die Tauglichkeit eines Kandidaten genau untersuchen, bevor man ihm die Erlaubnis zur Ausübung erteilt.«

»Geben Sie nicht auch zu, dass die Franzosen in der Praxis den Vorzug verdienen?«

»Die Franzosen sind Empiriker, wenn sie auch nicht wie unsere Quacksalber in England Wunderarzneien verkaufen. Sie lassen sich überhaupt mehr durch die Erfahrung als durch die Theorie leiten. Doch haben Sie, Herr General, meinen Kollegen in der englischen Armee Mittel verschafft, auch in der Feldpraxis ziemliche Fortschritte zu machen.«

Napoleon lächelte über meine Antwort und schritt unmittelbar zu einer Frage, die mir sehr unerwartet kam, obgleich sie mit dem bisherigen Gegenstand in gewissem Zusammenhang stand:

»Wer ist Ihr erster Arzt in London?«, fragte er.

»Das ist eine Frage, auf die ich nicht gefasst bin und die ich mir nicht zu beantworten getraue. Es gibt in London so viele vortreffliche Ärzte, dass es gewagt wäre, einen besonders zu nennen.«

»Haben Sie denn keinen, der gewissermaßen den Ton angibt?«

»Nein, wirklich nicht. Allerdings gibt es Ärzte, die ein, zwei oder gar drei Jahre in großem Ruf stehen, aber ich könnte keinem den ersten Platz einräumen, ohne fünfzig anderen Unrecht zu tun. Leichter wäre es mir, ausgezeichnete Wundärzte zu nennen.«

»Welches Honorar erhalten sie gewöhnlich?«

»Das hängt meist vom Rang und vom Vermögen des Kranken ab.«

»Was ist das höchste, das bezahlt wurde?«

»Ich kann wirklich darüber keine bestimmte Auskunft geben, denn es fällt mir im Augenblick keine besondere Summe ein. Zuweilen erwirbt man sich in einer Praxis von wenigen Jahren ein hübsches Vermögen. Aber dieses Los wird nur wenigen zuteil, die durch zufällige Umstände und hohe Gönner oder auch durch große Geschicklichkeit berühmt geworden sind.«

»Als Corvisart meiner Gattin, der Kaiserin Marie-Louise, bei der Geburt meines Sohnes beistand, erhielt er 3000 Napoleondor. Ich wollte einmal, dass man der Kaiserin zur Ader lasse, aber Corvisart weigerte sich. Sie war sehr vollblütig.

Sie sind oft am Land beschäftigt, nicht wahr; ebenso oft als an Bord des Schiffes?«

»Man ruft mich zuweilen zu den Kranken meiner Freunde.«

»Bezahlt man Sie gut?«

»Ich habe noch nie ein Honorar angenommen. Solange ich diene, genügt mir mein Gehalt.«

»Was gibt Ihnen der König?«

»220 Pfund im Jahr.«

»Sie sind Ihr ganzes Leben auf der See gewesen, nicht wahr?«

»Gewiss, beinahe 20 Jahre lang«,

»Sorgt Ihr König später für Sie?«

»Ja, Herr General, er sorgt für mich. Nach sechsjährigem Dienst gibt er mir, wenn ich nicht länger angestellt bin, täglich sechs Shillinge, doch wird dieser Betrag später nicht erhöht, außer wenn ich volle 30 Jahre im Dienst bleibe.«

»Diese Belohnung kommt mir nicht sehr hoch vor.«

»Es scheint mir auch so, Herr General, aber ich habe kein Recht, mich zu beklagen, weil ich die Bedingungen wusste, ehe ich Dienste nahm, und in England ist man nie durch die Regierung dazu gezwungen, wenn man keine Lust dazu hat.«

»Ist das Leben in St. Helena nicht sehr teuer?«

»Ja, sehr teuer, ein Fremder kommt nicht unter 30 Shillingen täglich aus.«

»Wie helfen Sie sich dann?«

»Gegenwärtig durch die Gastfreundschaft eines sehr guten und edel-mütigen Freundes. Mitunter behelfe ich mich auch mit der Schiffskost an Bord des ›Northumberland‹.«

»Die Armee verursacht Ihrer Regierung ungeheure Ausgaben, nicht wahr?«

»Sicherlich keine größeren, als sie bestreiten kann. Doch kostet sie, glaube ich, mehr als die Flotte.«

»Und warum?«

»Die Ausgaben für die Armee steigen oft notwendigerweise infolge örtlicher Umstände.«

»Und warum nicht auch bei der Flotte?«

»Diese ist nur zeitweise in Tätigkeit, jene aber mehr oder weniger be-ständig.«

»Hält England nicht mehr auf seine Flotte als auf sein Heer?«

»Sicherlich wird die Flotte als seine natürlichste, wichtigste und stärkste Schutzwehr betrachtet. Die Armee erhebt sich aber auch bisweilen und wird besonders günstig angesehen, wenn sie sich Lorbeeren erwirbt. Ein Schlachtfeld wie das von Waterloo kann kaum im Herzen eines Engländers dankbar genug anerkannt werden.«

Napoleon antwortete nicht darauf, aber sein Blick verriet kein Missfallen. Indes änderte er doch das Gespräch.

»Wo sind Sie erzogen worden?«, sagte er.

»In Edinburgh.«

»Meines Wissens haben Sie dort sehr ausgezeichnete Professoren. Zur Zeit meines italienischen Feldzugs stand das System des Doktors Brown in großem Ansehen. Ich habe auch von Ihren anderen bedeutenden Männern gelesen. Wollen Sie mir ihre Namen ins Gedächtnis zurückrufen?«

Ich nannte Black in der Chemie, Monroe in der Anatomie und Wundarzneikunde und Gregory in der Arzneiwissenschaft. Ich bemerkte ihm jedoch gleichzeitig, dass ich außer diesen, die meine Lehrer waren, auch noch andere Männer von gleichem Verdienst an verschiedenen anderen Hochschulen des britischen Reichs anführen könnte.

»Ich habe«, sagte Napoleon, »nur einen einzigen Arzt gekannt, der in seinen Diagnosen unfehlbar war, er hieß Dubois. Er erkannte die Natur und den Sitz der Krankheit vollkommen richtig, aber sonderbarerweise konnte er kein Rezept schreiben und wollte deshalb niemals die Behandlung oder Kur eines Zufalls übernehmen, den er mit so scharfem Blick beurteilte.«

Ich entgegnete, dass er in Ägypten einen sehr geschickten Wundarzt, den Doktor Larrey, bei sich hatte.

»Ja«, antwortete er, »er war in seinen Feldeinrichtungen ganz vortrefflich, aber ich besaß Ärzte, die ihm an wissenschaftlichen Kenntnissen weit überlegen waren.«

»Doktor Percy«, sagte ich, »der am Morgen der Schlacht von Austerlitz zu Ihnen kam, stand wohl in hohem Ruf?«

»Ei«, rief Napoleon aus, »woher wissen Sie das?«

»Ich muss es entweder in Larreys Schriften gelesen oder vom General Bertrand gehört haben.«

Der Kaiser fuhr fort:

»Ich habe in Frankreich die Absicht gehabt, die Wundärzte in drei Abteilungen einzuteilen. Ich habe jederzeit ihre Kunst hochgeachtet, denn die Chirurgie ist eine Wissenschaft und mehr noch als eine Wissenschaft, weil sie Kenntnisse in mehreren anderen, in der Chemie, Botanik und Medizin erfordert. In die erste Klasse hätte ich die bedeutendsten Männer gestellt.«

»Wie aber, Herr General«, sagte ich, »hätten Sie diese erkennen können?«

»An ihrem Ruf, ihrem Einkommen und dem Ansehen, das sie in der Welt genossen.«

»Sollte gegen diesen Plan nichts einzuwenden sein? Manche verdienstvolle Männer leben im Dunkeln.«

»Dann mögen sie dort bleiben, denn wozu sind sie sonst gut? Hätte ich einen Wundarzt aus Ihrer Flotte zu wählen, sollte ich ihn nicht lieber vom ›Northumberland‹ als von einer kleinen Brigg nehmen?«

»Da könnten Sie sich wohl irren, Herr General!«

»Nein, nein! Ein Mann von Talent macht sich überall und in jeder Lage des Lebens bemerkbar. Verlassen Sie sich darauf, ich würde bei meinem Plan, im Ganzen genommen, richtig vorgegangen sein. Die beiden ersten Klassen hätten sich neben der Achtung, die ihre Bildung jederzeit in der Gesellschaft verlangt, noch einiger besonderer Auszeichnungen erfreut. Die dritte Klasse hätte äußerst niedrig gestanden und bloß die allerungefährlichsten Arzneimittel verschreiben dürfen.«

»Vielleicht hätten Sie, wie es in England üblich ist, die künftigen Kandidaten einer Prüfung unterworfen?«

»Ja, das wäre nicht schlecht gewesen. Ein Arzt«, fuhr er fort, »hat meiner Ansicht nach eine gewisse Ähnlichkeit mit einem General. Er muss Beobachtungsgeist und Urteilskraft mit Scharfblick vereinen. Vermittelst dieser Eigenschaften erspäht er die Stärke des Feindes. So weit konnte Doktor Dubois gehen, aber auch nicht weiter. Ein verständiger Praktiker wendet genau die notwendige Kraft an, um den Feind aus seinen Verschanzungen zu vertreiben. Eine übermäßige Kraft könnte den Platz sogar beschädigen. So denke ich, dass Sie Unheil anrichten müssen, wenn Sie zu viel Quecksilber gebrauchen. Dasselbe gilt von der Methode Sangrados.«

Ich drückte ihm hierauf mein Erstaunen über seine beständig gute Gesundheit aus, deren er während seines außerordentlichen Lebens sich erfreut hatte.

»Ja«, sagte er, »meine Gesundheit war jederzeit vortrefflich. Als die italienische Armee in der Nähe von Morästen lagerte, wurden viele von Fieber befallen, während ich mich wohlbefand, da ich mäßig lebte und bei der Befriedigung meines Appetits auch die Grenzen meiner Verdauungswerkzeuge in Betracht zog. Gleichzeitig hatte ich auch hinlängliche Bewegung und Tätigkeit, sowohl in leiblicher als auch in geistiger Hinsicht.«

»Man hat indes erzählt, dass Sie bei Ihrer Rückkehr aus Ägypten ziemlich leidend gewesen seien.«

»Ich war sehr mager und hatte einen bösartigen Husten. Meine Genesung verdanke ich dem Doktor Corvisart, der mir zwei Mal auf der Brust Blasen ziehen ließ.«

»Man hat auch gesagt, dass Sie damals einen Hautausschlag gehabt hätten.«

»Ihr Freund Goldsmith sagt es.[1] Gut, lassen Sie sich's erzählen.«

Ich werde die komische Art nie vergessen, wie Bonaparte mir die Anekdote vortrug:

[1] Der berühmte englische Pamphletist.

»Während der Belagerung von Toulon befehligte ich eine kleine Batterie von zwei Kanonen. Eine Ihrer Schaluppen näherte sich dem Ufer, feuerte und tötete zwei Kanoniere an meiner Seite. Ich raffte einen Ladestock auf, wie er der warmen Hand des Getöteten entfallen war. Der Mann war, wie es sich später ergab, krank gewesen, und ich befand mich selbst einige Tage später mit einer hartnäckigen Krätze behaftet. Ich gebrauchte darauf Bäder und genas. Fünf Jahre später brach dieselbe Krankheit, die mir im Blut geblieben sein musste, viel heftiger aus. Ich wurde jedoch bald geheilt und habe seitdem keinen Rückfall mehr gehabt.«

W. Warden, Letters written on board His Majesty's Ship
the Northumberland, and at Saint-Helena.

Der Kaiser Napoleon und der Graf de Las Cases in Longwood, 24. Dezember 1815

Der Kaiser las in einem Buch, worin man ihn mit zu viel Güte sprechen ließ. Ärgerlich über den Irrtum des Schriftstellers rief er aus:

»Wie konnte man mich das sagen lassen! Das ist viel zu sanft, zu weichlich für mich. Jedermann weiß, dass ich es nicht bin.«

»Sire«, erwiderte Las Cases, »man hat eine gute Absicht dabei gehabt. Die Sache an sich ist höchst unschuldig und hat gewiss nach außen hin Gutes bewirkt. Dieser Ruf von Güte, den Sie verachten zu wollen scheinen, hätte für die öffentliche Meinung von großem Gewicht sein können. Er hätte zum Mindesten die grellen Farben verblassen lassen können, in denen man in Europa Eure Majestät dem Volk vorstellt. Ihr Herz, das ich jetzt kenne, ist sicher ebenso gut als das Herz Heinrichs IV., den ich nicht gekannt habe. Nun, seine Güte ist noch heute sprichwörtlich: Er ist das Idol geblieben. Aber ich habe Heinrich IV. im Verdacht, dass er ein wenig geheuchelt hat. Warum haben Eure Majestät es verschmäht, ebenfalls wie Heinrich IV. zu handeln? Sie fürchten dieses Mittel viel zu sehr. Alles in allem genommen wird die Welt durch den Scharlatanismus regiert. Und wenn er unschuldig ist, so kann man zufrieden sein.«

Der Kaiser lachte über den »Wortschwall«, wie er die Rede des Grafen nannte, und sagte dann:

»Mein Lieber, was ist Volkstümlichkeit, was ist Milde? Wer war populärer, wer war milder als der unglückliche Ludwig XVI.? Und welches Schicksal war ihm bestimmt? Er ist umgekommen. Man muss einem Volk würdig dienen, aber sich nicht bemühen, ihm zu schmeicheln. Um es zu gewinnen, muss man ihm Gutes tun. Denn nichts ist gefährlicher als ihm zu schmeicheln. Wenn es nachher nicht alles bekommt, was es will, wird es unruhig und glaubt, man habe sein Wort gebrochen. Und widersteht man ihm dann, so hasst es ebenso sehr, wie es sich getäuscht meint.

Die erste Pflicht eines Fürsten ist ohne Zweifel, das zu tun, was das Volk wünscht, aber das Volk will fast nie das, was es sagt. Sein Wille, seine Bedürfnisse dürfen weniger von ihm ausgesprochen als von dem Landesfürsten empfunden werden.

Zweifellos kann sich jedes System halten: das der Güte ebenso wie das der Strenge. Ein jedes hat seine Vorteile und seine Nachteile; alles hält sich auf dieser Welt das Gleichgewicht. Wenn Sie mich daher fragen, wozu mir meine strengen Ausdrücke und Formen dienen konnten, so müsste ich Ihnen antworten: ›Um mir zu ersparen, das auszuführen, womit ich drohte.‹ Was habe ich übrigens Schlechtes getan? Was für Blut habe ich vergossen? Wer kann sich rühmen, in meiner Lage besser gehandelt zu haben?[1] Welche Geschichtsepoche, die mit denselben Schwierigkeiten zu kämpfen hatte, hat so schuldlose Resultate aufzuweisen wie die meinige? Denn was wirft man mir vor? Man hat die Archive meiner Verwaltung beschlagnahmt, hat sich meiner Papiere bemächtigt; und was hat man ans Licht gebracht? Haben sich nicht alle Fürsten, die sich in derselben Lage befanden wie ich, inmitten der Parteien, der Verwirrungen, Verschwörungen, mit Verbrechen und Hinrichtungen umgeben? Und sehen Sie doch, was für mich die plötzliche Ruhe in Frankreich bedeutete! Das erstaunt Sie«, fuhr er lachend fort, »Sie, der Sie bisweilen so sanft und naiv wie ein Kind sind.«

Comte de Las Cases, Mémorial de Sainte-Hélène.

---

1 Anspielung auf die Hinrichtung des Herzogs von Enghien.

Der Kaiser Napoleon und der General Montholon in Longwood, 21. Februar 1816

Napoleon sprach mit Montholon über den Tod des Marschalls Ney[1] und über die Fehler, die er, der Kaiser, und die Konstitutionellen im Jahr 1815 begangen hatten. Er sagte bei dieser Gelegenheit:

»Der Tod des Marschalls Ney ist ein Verbrechen, eine wahrhafte Verweigerung französischer Dankbarkeit. Das Blut Neys war Frankreich heilig. Sein Verhalten auf dem Rückzug von Russland war beispiellos; es hätte den Hochverrat, wenn ihn der Marschall wirklich begangen hat, mit dem heiligen Schild der Athene bedecken müssen. Aber Ney hat den König gar nicht verraten; er hat nur das getan, was 30 Millionen Franzosen auch getan haben, denn alle haben beim Anblick der Trikolore, die durch jene Handvoll Tapferer, aus der meine Armee am Strand von Cannes bestand, nach Frankreich zurückgebracht wurde, den Thron der Restauration im Stich gelassen.

Ludwig XVIII. und seine Emigranten haben sich an Ney für die Schande ihrer Flucht gerächt.

Die Wahrheit ist die, dass die Revolution von 1789 alles verändert hat und dass das Frankreich von 1814 ein neues Frankreich, der Todfeind des feudalen Frankreichs war, das den König mithilfe von einer Million ausländischer Bajonette nach Paris zurückgeführt hatte. Ohne Zweifel war die Restauration stets ein fantastischer Traum einiger den fürchterlichen

---

1 Ney wurde, weil er 1815 zu Napoleon übergegangen war, des Hochverrats angeklagt und am 7. Dezember 1815 im Luxembourggarten zu Paris erschossen.

Schlägen des Konvents entkommener Männer gewesen; aber alle sozialen Vorteile und Einrichtungen im Jahr 1814 waren das Werk der Revolution. Jedermann sah sich durch den Rückschritt der Regierung Ludwigs XVIII. in seinem Teuersten verletzt und bedroht. Ein Aufbäumen dagegen war unwiderstehlich. Niemand beging einen Verrat dadurch, dass er einer Bewegung nachgab, die keine persönliche Macht aufzuhalten vermochte. Und ich wiederhole mit vollster Überzeugung: Niemand hat an dem König Verrat geübt! Keine kaiserliche Verschwörung hat die Hundert Tage vorbereitet!

Ich habe einen Fehler damit begangen, dass ich die Diktatur nicht annahm; das Volk bot sie mir an, als es mich mit den rasenden Rufen begleitete: ›Nieder mit den Priestern! Nieder mit den Adligen!‹ Die Erinnerungen meiner Jugend flößten mir Schrecken ein. Ich sah nur in der Herrschaft der konstitutionellen und liberalen Ideen die einzige Möglichkeit, dem Volkshass ein Ziel zu setzen.

Benjamin Constant war der bedeutendste der Anhänger eines konstitutionellen Systems; ihn beauftragte ich mit der Reform der Verfassung des Reichs. Von diesem Tag an teilte ich mich tatsächlich mit den Männern, die wie er ihr ganzes Leben lang die freien Ideen studiert und erträumt hatten, in die Leitung der Angelegenheiten. Ich hörte auf, ›Ich‹ zu sein; sie machten mir den Kopf mit ihrem Konstitutionalismus schwer. Sie konnten nicht verstehen, dass ich den Erklärungen des Wiener Kongresses und den Armeen gegenüber, die unsere Volkstümlichkeit bedrohten, vor allem eine zweite Schlacht von Marengo gewinnen musste, welche die Bourbonen nach Hartwell zurückschickte und den Fürsten Europas ins Gedächtnis rief, dass Frankreich eine große Nation sei und niemandem das Recht zuerkenne, sich in seine Familienangelegenheiten zu mischen.«

Comte de Montholon, Récits de la captivité de l'empereur Napoléon à Sainte-Hélène.

Der Kaiser Napoleon und der Graf de Las Cases in Longwood, 11. März 1816

Der Kaiser erkundigte sich, welches Datum man schrieb. Es war der 11. März 1816. »Nun«, sagte er, »heute vor einem Jahr war ein schöner Tag. Ich befand mich in Lyon, nahm Revuen ab, hatte den Bürgermeister als Gast an meiner Tafel, der, nebenbei bemerkt, später damit geprahlt hat, dass es das schlechteste Diner gewesen sei, dem er je in seinem Leben beigewohnt hätte.«

Der Kaiser wurde lebhaft und ging mit großen Schritten im Zimmer auf und ab.

»Ich war wieder eine große Macht geworden«, fuhr er fort, und ein tiefer Seufzer entschlüpfte ihm dabei. Sofort aber ermannte er sich und sprach mit einem Feuer und in einem Ton, die schwer wiederzugeben sind:

»Ich hatte das schönste Reich der Erde gegründet, und ich war ihm so nötig, dass trotz aller Erschütterungen der letzten Zeit es mir hier auf meinem Felsen scheint, als wäre ich noch immer Herr über Frankreich. Sehen Sie doch, was sich dort ereignet; lesen Sie die Zeitungen, da werden Sie es in jeder Zeile finden. Wenn man mich durchdringen ließe, würde man sehen, was Frankreich ist und was ich vermag!« Welche Gedanken, welche Pläne entwickelte er darauf für den Ruhm und das Glück des Vaterlandes! Er sprach lange mit so großem Interesse, mit solcher Ungezwungenheit, dass seine Umgebung alles, Zeit, Ort und Stunden um sich herum vergaß.

»Welches Verhängnis«, sagte er, »dass man es bei meiner Rückkehr von

Elba nicht hat bewenden lassen! Dass nicht jeder gesehen hat, dass nur *ich* allein geeignet war, das europäische Gleichgewicht zu halten, dass *ich* für die Ruhe Europas notwendig war! Aber die Fürsten und Völker fürchteten mich. Sie hatten unrecht und müssen es teuer bezahlen. Ich kam als ein anderer Mensch zurück; sie wollten es jedoch nicht glauben. Sie konnten sich nicht vorstellen, dass ein Mensch stark genug sei, seinen Charakter zu wechseln oder sich den aufgezwungenen Umständen zu beugen. Und doch hatte ich genügend Beweise dieser Art geliefert. Wer weiß nicht, dass ich kein Mann bin, der das Halbe liebt? Ich würde ohne Zaudern der Monarch der Verfassung und des Friedens gewesen sein, genau wie ich der Herrscher der Diktatur und der großen Unternehmungen gewesen war!

Lassen Sie uns ein wenig über die Befürchtungen der Fürsten und Völker in Bezug auf mich plaudern. Was konnten die Fürsten befürchten? Fürchteten sie noch immer meinen Ehrgeiz, meine Eroberungen, meine Weltmonarchie? Aber meine Macht und meine Stärke waren nicht mehr dieselben. Übrigens habe ich immer nur zu meiner Verteidigung gesiegt und erobert: eine Wahrheit, die die Zeit täglich mehr aufrollen wird. Europa hat nie aufgehört, gegen Frankreich, gegen seine Grundsätze, gegen mich Krieg zu führen, und wir mussten uns schlagen, um nicht geschlagen zu werden. Die Koalition hat nie aufgehört zu sein, öffentlich oder im Geheimen, zugestanden oder verleugnet: Sie war immer vorhanden! Nur an den Verbündeten lag es, uns den Frieden zu geben. Wir hingegen, wir waren erschlafft; die Franzosen gerieten in den größten Schrecken, als sie von Neuem erobern sollten. Und glaubte man mich denn selbst für den Zauber der Ruhe und Sicherheit unempfindlich, da es der Ruhm und die Ehre nicht anders verlangten?

Unsere beiden Kammern würden mir verboten haben, noch einmal den Rhein zu überschreiten; und wozu hätte ich dies auch tun wollen? Für meine Weltmonarchie? Nun, ich habe doch noch nicht ganz und gar bewiesen, dass ich dem Wahnsinn verfallen bin; was ihn jedoch charakterisiert, ist das Missverhältnis zwischen Aussichten und Mitteln. Wenn ich auf dem Punkt gewesen wäre, diese Weltmonarchie zu verwirklichen, so wäre es ohne Berechnung geschehen, sondern einfach, weil man mich ihr Schritt für Schritt entgegenführte. Die letzten Anstrengungen, um dies zu erreichen, schienen kaum Schwierigkeiten zu erfordern. War es daher so unvernünftig, sie zu erstreben? Aber konnte nach der Rückkehr von Elba ein ähnlicher, ein so unsinniger Gedanke, ein so ganz unmöglicher Plan in dem Kopf selbst des dümmsten Menschen entstehen? – Die Fürsten hatten also von meinen Waffen nichts zu fürchten.

Befürchteten sie etwa, dass ich sie mit anarchistischen Grundsätzen überschwemmte? Sie kannten jedoch aus Erfahrung meine Meinung darüber. Sie haben alle mich ihre Länder besetzen sehen; wie oft hat man mich nicht dazu getrieben, ihre Länder zu revolutionieren, in ihren Städten die Gemeindeverwaltung einzuführen, ihre Untertanen zum Aufstand zu reizen. Obwohl man mich in ihrem Namen den modernen Attila, den Robespierre zu Pferd nannte, so wussten doch alle im Grunde ihres Herzens, dass *sie* eher von ihnen abstammten. Wenn ich das gewesen wäre, würde ich vielleicht noch regieren, sie hingegen würden schon seit Langem nicht mehr auf ihren Thronen sitzen. In der großen Sache, als deren Oberhaupt und Schiedsrichter ich mich erkannte, konnten zwei Systeme befolgt werden: entweder die Fürsten durch die Völker zur Vernunft bringen oder die Völker durch die Fürsten in den sichern Hafen leiten. Aber man weiß, wie schwer es ist, die Völker aufzuhalten, wenn sie einmal losgelassen sind. Es war daher natürlicher, ein wenig auf die Klugheit und die Intelligenz der Fürsten zu zählen. Immerhin musste ich doch für so klare Ideen genügend Verstand voraussetzen: Ich habe mich geirrt! Sie sind für nichts aufgekommen und haben in ihrer blinden Leidenschaft alles entfesselt, was ich ihnen gegenüber zurückgehalten hatte. Sie werden ja sehen!!!

Fühlten sich die Fürsten etwa dadurch beleidigt, dass ein einfacher Soldat sich die Krone aufs Haupt setzte? Fürchteten Sie vielleicht das Beispiel? Die Förmlichkeiten jedoch, die Umstände, die meine Erhebung begleitet haben, mein Eifer, an ihren Sitten und Gebräuchen teilzunehmen, mich mit ihrem Dasein zu identifizieren, mich mit ihrem Blut und ihrer Politik zu vereinen, verschlossen den neuen Konkurrenten bald genug die Türen.

Und andrerseits, wovor fürchteten sich die Völker? Etwa, dass ich sie verheerte, sie in Ketten legte? Ich kam aber doch als Messias des Friedens und ihrer Rechte zurück. Diese neue Lehre bildete meine Stärke; sie zuschanden zu machen bedeutete meinen Untergang. Aber auch die Franzosen selbst fürchteten mich. Anstatt zu kämpfen, besaßen sie die Tollheit, Reden zu halten, sich zu zersplittern, wo es galt, sich um jeden Preis zu vereinigen. Und war es denn nicht besser, mich als Gebieter zu haben, als sich der Gefahr auszusetzen, sich unter das Joch der Fremden beugen zu müssen? War es nicht leichter, sich eines Despoten, eines Tyrannen zu entledigen, als die Fesseln der verbündeten Völker abzuschütteln?

Und woher kam ihr Misstrauen gegen mich? Vielleicht daher, dass sie mich bereits alle meine Kräfte konzentrieren und sie mit kräftiger Hand hatten lenken sehen? Aber erfahren sie nicht heute zu ihrem Nachteil, wie notwendig das war? Nun, die Gefahr war stets die gleiche, der Kampf furchtbar und die Krise nahe bevorstehend. War in diesem Zustand der Dinge die Diktatur nicht notwendig und unentbehrlich? Das Wohl des Vaterlandes gebot es mir sogar, als ich aus Leipzig zurückkehrte, sie öffentlich zu erklären. Das hätte ich auch nach meiner Rückkehr aus Elba tun sollen. Aber mir fehlte die Kraft oder besser das Vertrauen zu den Franzosen, weil manche keins mehr zu mir hatten, und das war ein großer Schimpf für mich.

Wenn die engherzigen und kleinlichen Gemüter in allen meinen Bemühungen nur die Sorge um meine Macht erblickten, mussten dann nicht wenigstens die großen Geister beweisen, dass in der Lage, in der wir uns befanden, meine Macht und das Vaterland eins waren? Bedurfte es denn erst so großen Missgeschicks, das nie wiedergutzumachen ist, um mich verstehen zu können? Die Geschichte wird mir mehr Gerechtigkeit widerfahren lassen: Sie wird mich im Gegenteil als den Mann der Aufopferung und Uneigennützigkeit bezeichnen! Welchen Versuchungen war ich zum Beispiel bei der Italienischen Armee ausgesetzt! England bot mir nach dem Frieden von Amiens die Königswürde von Frankreich an. Ich wies den Frieden von Châtillon zurück und verachtete jede persönliche Stipulation bei Waterloo. Warum? Weil das alles nicht im Interesse des Vaterlandes lag und ich keinen andern Ehrgeiz besaß, als für mein Volk, für seinen Ruhm, sein Glück und seine Größe zu sorgen. Und darum bin ich auch, abgesehen von allem Missgeschick, unter den Franzosen so beliebt geblieben.

Wer hat auf Erden mehr Schätze zur Verfügung gehabt als ich? Ich habe in meinen Kellern mehrere Hundert Millionen liegen gehabt. Und noch andere Hunderte von Millionen bildeten meinen ungeheuren Schatz; das alles war mein persönliches Besitztum. Was ist daraus geworden? Es ist für die Bedürfnisse des Landes verwendet worden. Man komme und betrachte mich hier auf meinem Felsen: Ich bin von allem entblößt! Mein Vermögen gehörte Frankreich. In den außerordentlichen Umständen, unter denen ich dem Schicksal meine Erhebung verdankte, gehörten meine Schätze Frankreich; ich hatte mich rückhaltlos mit seinem Geschick identifiziert.

Das französische Volk hat ohne Zweifel viel für mich getan, mehr als man jemals für einen Mann getan hat. Aber auch ich, ich tat mehr als je einer für die Franzosen, ich identifizierte mich mehr als ein anderer mit ihrem Geschick!

Doch kommen wir auf unsern Gegenstand zurück. Was konnten sie nach allem befürchten? Waren die Kammern und die neue Verfassung nicht genügende Bürgschaften? Trug jene Zusatzakte, der man sich so sehr widersetzte, nicht alle Linderung und vollkommene Heilung von allem Bösen in sich? Wie hätte ich sie verletzen können? Ich allein hatte nicht Millionen Arme zur Verfügung; ich war nur ein Mensch! Wie die öffentliche Meinung mich von Neuem erhob, so konnte sie mich auch niederdrücken. Und was hatte ich bei einer solchen Gefahr zu gewinnen?

Ich wiederhole: Die Völker und Fürsten hatten unrecht! Ich hatte die Throne und den ungefährlichen Adel wieder mit neuer Kraft ausgerüstet. Jetzt aber können sie sich von Neuem in Gefahr befinden. Ich hatte die vernünftigen Grenzen des Volksrechts befestigt, und doch werden jetzt unbestimmte, absolute und unmäßige Forderungen von Neuem laut.

Meine Rückkehr und meine Behauptung auf dem Thron, meine freie Aufnahme, diesmal vonseiten der Fürsten, richteten endgültig die Sache der Könige und Völker: Beide hatten gewonnen! Heute aber stellt man sie wieder in Frage: Beide können dadurch verlieren! Man hätte alles beendet haben können und kann alles von Neuem beginnen müssen. Man hätte sich eine lange und sichere Ruhe verschaffen und endlich im Genuss schwelgen können; stattdessen genügt ein Funke, um eine allgemeine Umwälzung herbeizuführen! Arme und beklagenswerte Menschheit!«

Comte de Las Cases, Mémorial de Sainte-Hélène.

Der Kaiser Napoleon und der englische Oberst Mark Wilks in Longwood, 20. April 1816

Über den Kampf zwischen Frankreich und England sagte Napoleon zu dem englischen Oberst Wilks, der ihn in Longwood besuchte:

»Sie haben Amerika dadurch verloren, dass es sich selbst befreite; Indien werden Sie durch einen feindlichen Einfall verlieren. Der Verlust Amerikas war ganz natürlich: Wenn die Kinder groß werden, wollen sie ihren eigenen Weg gehen. Die Indier hingegen werden nicht größer, sie bleiben immer Kinder. Daher kann auch die Katastrophe nur von außen her kommen. Sie haben keine Ahnung von all den Gefahren, die Sie durch meine Waffen und meine Unterhandlungen bedrohten.

Über mein Kontinentalsystem werden Sie vielleicht gelacht haben?«

»Sire«, erwiderte der Oberst, »wir haben uns allerdings den Anschein gegeben, aber alle vernünftigen Leute haben den Schlag gespürt.«

»Nun«, fuhr der Kaiser fort, »ich stand mit meiner Meinung allein auf dem ganzen Festland und war für den Augenblick gezwungen, überall Gewalt anzuwenden. Endlich beginnt man mich zu verstehen; schon trägt der Baum seine Früchte. Ich habe den Anfang gemacht, die Zeit wird das Übrige tun. Wenn ich nicht unterlegen wäre, so hätte ich den Handel und die Industrie in andere Bahnen gelenkt. Ich hätte den Zucker und den Indigo bei uns heimisch gemacht; ich hätte Baumwollpflanzungen anlegen lassen und noch vieles andere eingeführt. Man hätte mich Kolonien versetzen sehen, wenn man sich geweigert haben würde, uns einen Teil davon abzutreten.

Die Strebsamkeit bei uns war ungeheuer; der Wohlstand, die Fortschritte wuchsen maßlos, und dennoch verbreiteten Ihre Gesandten in ganz Europa, dass wir elend dran wären und wieder in die Barbarei zurückfielen. Daher war der gemeine Mann der Verbündeten seltsam überrascht, als er das Innere unseres Landes sah und auch Ihr anderen, die Ihr darüber wie vor einem Rätsel standet.

Die Aufklärung machte in Frankreich Riesenfortschritte, die Ideen läuterten und verbreiteten sich überall, weil wir uns Mühe gaben, die Wissenschaft ins Volk zu bringen. Man hat mir zum Beispiel gesagt, dass Sie sehr stark in der Chemie seien; nun, ich bin weit davon entfernt, zu entscheiden, auf welcher Seite des Wassers sich der geschickteste oder die geschicktesten Chemiker befinden.«

»In Frankreich«, sagte sogleich der Oberst.

»Gleichviel«, fuhr der Kaiser fort, »ich behaupte jedoch, dass die französische Bevölkerung zehn Mal, ja vielleicht hundert Mal so viel chemische Kenntnisse besitzt wie die englische, weil die verschiedenen Industriezweige heute die Chemie bei der Arbeit lehren, und das ist eines der Hauptmerkmale meiner Schule. Wenn man mir Zeit dazu gelassen hätte, würde es bald keine Handwerke mehr in Frankreich geben: Alle wären zu Künsten geworden.«

Dann endete er das Gespräch durch die bemerkenswerten Worte:

»England und Frankreich haben das Schicksal der Welt in ihren Händen gehalten, besonders das der europäischen Zivilisation. Wie viel Unheil haben wir uns gegenseitig zugefügt; wie viel Gutes hätten wir tun können!

Unter Pitts Schule haben wir die Welt in Trauer versetzt, und was ist dabei herausgekommen? Sie haben Frankreich 1500 Millionen auferlegt und diese durch die Kosaken erheben lassen. Ich habe Ihnen sieben Milliarden auferlegt und diese durch Sie selbst erheben lassen, nämlich durch Ihr Parlament. Und selbst heute noch, nach dem Sieg, ist es nicht sicher, dass Sie nicht früher oder später einer solchen Last unterliegen.

Unter der Politik Fox' hätten wir uns verständigt. Wir hätten die Loslösung der Völker, die Herrschaft der Grundsätze vollendet und festgehalten; es hätte in Europa nur eine einzige Flotte, nur ein einziges Heer gegeben; wir hätten die Welt regiert, hätten überall Ruhe und Wohlstand befestigt, entweder durch Gewalt oder durch die Kraft der Überzeugung ... Ja, ich wiederhole: Wie viel Übles haben wir getan, wie viel Gutes hätten wir tun können!«

Comte de Las Cases, Mémorial de Sainte-Hélène.

Der Kaiser Napoleon und Las Cases
auf St. Helena, 1. Mai 1816

Nach dem Diner überflog der Kaiser einige Adressen, Proklamationen oder Aktenstücke aus dem Sammelwerk von Goldsmith[1], das übrigens sehr unvollständig ist. Einige davon brachten ihn in Bewegung. Indem er das Buch hinlegte, sagte er, dabei im Zimmer auf und ab gehend:

»Sie werden noch so viel unterdrücken, verstümmeln und abschneiden können, es wird ihnen doch schwerfallen, mich ganz verschwinden zu lassen. Ein französischer Historiker wird doch immer genötigt sein, das Kaiserreich zu erwähnen, und wenn er ein Herz im Leibe hat, so muss er mir wenigstens etwas zugestehen, mir wenigstens meinen Teil lassen. Und seine Aufgabe wird leicht sein, denn die Tatsachen sprechen; sie glänzen wie die Sonne!

Ich habe den Schlund der Anarchie geschlossen und das Chaos entwirrt. Ich habe die Revolution vom Schmutz gereinigt, die Völker veredelt und die Throne befestigt. Ich habe alle Talente ermutigt, alle Verdienste belohnt und die Grenzen des Ruhms weiter hinausgerückt. Das alles ist etwas! Und wessen könnte man mich anklagen, wogegen ein Historiker mich nicht in Schutz zu nehmen vermöchte? Sind es meine Absichten? – er hat genügend Tatsachen zur Hand, um mich freizusprechen. Mein Despotismus? – aber er wird beweisen, dass die Diktatur unbedingt notwendig war. Sollte man etwa behaupten, dass ich der Freiheit im Weg

---

1 Recueil des manifestes, proclamations, decrets etc. de Napoléon Buonaparte. Londres 1810 ss.

war? – so wird er klarlegen, dass die Zügellosigkeit, die Anarchie, die großen Unordnungen noch an der Schwelle drohten. Wird man mich anklagen, dass ich den Krieg zu sehr liebte? – dann wird er zeigen, dass ich
stets angegriffen worden bin. Dass ich nach der Weltmonarchie strebte? –
er wird beweisen, dass sie nur das zufällige Werk der Umstände war. Unsere Feinde führten mich ihr selbst Schritt für Schritt entgegen. Dass ich
endlich zu viel Ehrgeiz besaß? – Ja, Ehrgeiz wird der Geschichtsschreiber
viel bei mir finden, aber den größten, den erhabensten Ehrgeiz, den es
wohl jemals gegeben hat. Nämlich den, das Reich der Vernunft, die volle
Entwicklung, den ganzen Genuss aller menschlichen Fähigkeiten herzustellen und zu weihen. Und hier vielleicht wird sich der Historiker veranlasst fühlen, zu bedauern, dass ein solcher Ehrgeiz nicht die volle Befriedigung gefunden hat.«

Und nach einigen Sekunden des Schweigens fuhr der Kaiser zu Las Cases gewendet fort: »Da haben Sie, mein Lieber, in wenigen Worten meine
ganze Geschichte.«

Comte de Las Cases, Mémorial de Sainte-Hélène.

Der Kaiser Napoleon und seine Umgebung auf St. Helena, 29. Mai 1816

Der Kaiser kam auf Korsika zu sprechen und unterhielt sich mit seinen Getreuen über eine Stunde lang.

»Das Vaterland ist einem immer teuer«, sagte er, »sogar St. Helena könnte es um diesen Preis sein. Korsika aber hatte tausend Reize.« Und er beschrieb sie in großen Umrissen, betonte besonders das kraftvolle Äußere des Landes und meinte, dass die Inselbewohner durch ihre Abgeschlossenheit immer etwas Originelles an sich haben. Sie seien vor Einfällen und der fortwährenden Vermischung, die das Festland erleiden muss, geschützt. Ferner hätten die Bergbewohner eine Charakterstärke und Seelengröße, die nur ihnen eigen wäre.

Er sprach dann noch länger über die Reize der heimatlichen Erde. »Alles ist dort besser«, sagte er, »selbst der Geruch des Bodens.« Er hätte ihn mit geschlossenen Augen spüren können und ihn anderswo nirgends wiedergefunden. Er sah sich in die ersten Jahre seiner Kindheit versetzt, inmitten der Abgründe, wenn er die hohen Gipfel, die tiefen Täler und engen Schluchten überschritt. Er erinnerte sich an die Ehrungen und die Gastfreundschaft, die er bei seinen vielen Verwandten empfangen hatte, deren Streitigkeiten und Racheakte sich bis ins siebente Glied erstreckten.

»Ein Mädchen«, sagte er, »sah den Wert ihrer Mitgift in der Anzahl ihrer Vettern.«

Er erinnerte sich mit Stolz, dass er bereits in seinem zwanzigsten Jahr an einer großen Reise Paolis nach Pontenuovo teilgenommen hatte. Paolis

Gefolge war zahlreich; mehr als fünfhundert der Seinigen begleiteten ihn zu Pferde. Napoleon ritt an seiner Seite. Unterwegs erklärte ihm Paoli die Stellungen und die Plätze, wo Kämpfe stattgefunden und Krieg und Freiheit triumphiert hatten. Er setzte ihm diesen ruhmreichen Kampf bis ins Einzelne auseinander. Die Beobachtungen seines jungen Gefährten, der durch seine Bemerkungen und Meinungen seinen Charakter erkennen ließ, veranlassten ihn zu dem Ausruf: »O Napoleon! Du hast nichts Modernes an dir! Du gehörst ganz der Zeit Plutarchs an!«

Als Paoli die Insel Korsika den Engländern ausliefern wollte, blieb die Familie Bonaparte entschieden auf französischer Seite und hatte die zweifelhafte Ehre, zu sehen, wie sich ein Teil der Inselbewohner gegen sie zusammenschloss, das heißt, sie musste sich auf einen Massenangriff gefasst machen.

»Zwölf- oder fünfzehntausend Bauern«, sagte der Kaiser, »stürzten aus ihren Bergen nach Ajaccio. Unser Haus wurde geplündert und verbrannt[1], die Weinberge zerstört, die Herden aufgelöst und verstreut. Von einer kleinen Anzahl Getreuer umgeben, war meine Mutter gezwungen, eine Zeit lang an der Küste umherzuirren, ehe sie nach Frankreich gelangen konnte. Allerdings hatte Paoli, dem unsere Familie sehr geneigt war und der selbst eine ganz besondere Hochachtung für meine Mutter gehegt hatte, versucht, sie durch Überredung umzustimmen, bevor er Gewalt anwandte. ›Geben Sie Ihren Widerstand auf‹, hatte er ihr sagen lassen; ›Sie werden daran zugrunde gehen, Ihre Angehörigen, Ihr Hab und Gut verlieren; die Sorgen würden unberechenbar sein, und nichts würde Ihr Unglück wiedergutmachen können‹.«

Der Kaiser ließ wirklich durchblicken, dass seine Familie sich von diesem Schlag ohne die günstigen Umstände, die ihr die Revolution verschafft, nie wieder erholt haben würde.

»Meine Mutter«, fuhr er fort, »antwortete wie eine Heldin und wie

---

1 Es wurde jedoch nicht verbrannt, sondern nur geplündert und teilweise zerstört.

es Cornelia getan hätte, nämlich: dass sie nicht zwei Gefühlen nachgeben könne und dass sie, ihre Kinder und ihre Familie nur das Gefühl der Pflicht und Ehre kennten.

Ein Opfer ihrer Vaterlandsliebe und Aufopferung für Frankreich«, begann Napoleon von Neuem, »glaubte meine Mutter, in Marseille als Auswanderin von hoher Stellung aufgenommen zu werden. Kaum in Sicherheit, sah sie sich jedoch verloren und war sehr bitter enttäuscht, die Vaterlandsliebe nur im Mund der Leute auf der Straße zu finden.«

Dann kam Napoleon darauf zu sprechen, dass man in Paris jüngst im Senat gesagt hätte, Frankreich habe sich seinen Gebieter aus einem Volk gewählt, das die Römer nicht einmal zu Sklaven gewollt.

»Dieser Senator«, sagte der Kaiser, »hat mich beschimpfen wollen; er hat jedoch damit den Korsen eine große Schmeichelei gesagt, denn er hatte recht: Nie kauften die Römer korsische Sklaven! Sie wussten, dass man mit ihnen nichts anfangen konnte; es war unmöglich, sie zur Dienstbarkeit zu zwingen.«

Comte de Las Cases, Mémorial de Sainte-Hélène.

Der Kaiser Napoleon und der General Gourgaud in Longwood, 30. Mai 1816

Der Kaiser unterhielt sich mit dem General Gourgaud im Garten von Longwood über Georges, Moreau und Pichegru. Hinsichtlich Moreaus sagte er:

»Wenn er mir geschrieben hätte, würde ich das Verfahren gegen ihn haben einstellen lassen. Man hat mir genügend vorgeworfen, dass ich ihn nicht durch ein Militärgericht habe aburteilen lassen. Die öffentliche Meinung war seit dem Tod des Herzogs von Enghien sehr aufgebracht. Talleyrand war es, der mich im Ministerkabinett in den Tuilerien auf die Gefahr aufmerksam machte, die mir daraus erwachse, wenn ich einen Prinzen, der sich an der Spitze der in Paris sich regenden Partei befände, drei Stunden von unserer Grenze entfernt sich aufhalten ließe. Er fügte hinzu, dass, da die Bourbonen mit der Höllenmaschine den Angriff begonnen hätten, man im Recht sei, den Herzog von Enghien zu verhaften und zu verurteilen.«

Dann fuhr Napoleon über denselben Gegenstand fort: »Ich habe niemals einen Mord begangen. Der Herzog von Enghien wurde als Emigrant, der sich der Anwerbung und des Einverständnisses mit dem Feind sowie der Verschwörung schuldig gemacht hatte, verurteilt. Talleyrand war der Meinung, dass man aus dem Angebot einiger Schmuggler, die nach Maßgabe von einer Million pro Kopf mir vorschlugen, mich aller Mitglieder der bourbonischen Königsfamilie zu entledigen, Nutzen ziehe. Ich war im Recht, sie mit allen den Mitteln zu bekämpfen, die sie gegen mich in Bewegung setzten. Es muss jedoch zugestanden werden, dass Ludwig XVIII. der einzige war, der kein Attentat auf mich versuchte. Alle andern aber taten es. Um Frankreichs willen habe ich vielleicht Unrecht getan, als ich Talleyrands Vorschlag verwarf. In ihren Verfügungen sagten die Chouans, dass Georges mit einem Menschen Zusammenkünfte hätte, dem gegenüber er die größte Rücksicht bezeigte und nur mit dem Hut in der Hand mit ihm spräche. Man glaubte, es sei der Herzog von Enghien, aber es war Pichegru.

»Der Tod des Herzogs von Enghien nahm den Bourbonen jede Hoffnung, zu unterhandeln, aber in der Meinung der Männer der Revolution hatte er einen guten Erfolg; er schreckte die andern Mitglieder der Familie ab, die vorher glaubten, dass, wenn sie konspirierten und sogar in unser Land kamen, sie doch niemals zum Tode verurteilt werden würden. Moreau hat sehr Unrecht getan, gegen Frankreich die Waffen zu erheben. Er war ein tapferer Mann, und ich würde mit Vergnügen mit ihm gesprochen haben; aber von seiner Frau und seiner Schwiegermutter aufgehetzt, die beide Kreolinnen waren, brach er den Verkehr mit mir ab. Und ich sagte zu Talleyrand: ›Er erwidert meine Freundschaft nicht, er wird am Kaiserschloss zerschellen!‹

Der Herzog von Orléans suchte ebenfalls nicht wie Ludwig XVIII., mich ermorden zu lassen. Wenn ich getötet worden wäre, würde Moreau an meiner Stelle zum Konsul ernannt worden sein, aber Georges meinte, von uns beiden Republikanern zöge er mich vor. Ich hatte Georges nach der Pazifikation der Vendée in den Tuilerien gesehen und alles versucht, um ihn für die Friedenspartei zu gewinnen; er war ein Fanatiker. Ich brachte ihn in Bewegung, ohne ihn zu überzeugen. Nach Verlauf einer halben Stunde war ich mit ihm noch nicht weiter als im Anfang. Er wollte seine Banden und seine Waffen bewahren. Ich erwiderte ihm, dass er keinen Staat im Staate bilden könne, und der alte Châtillon habe bei einer ähnlichen Gelegenheit geweint und ausgerufen: ›Die wahre Diskussion ist diejenige, die zum Glück Frankreichs beiträgt und die Ruhe wiederherstellt!‹ Auch d'Autichamps[1] benahm sich gut.«

Général baron Gourgaud, Sainte-Hélène; Journal inédit.

1 Charles de Beaumont, Comte d'Autichamps, einer der Führer des Aufstandes in der Vendée. Durch den Vertrag von Montfaucon im Jahr 1800 unterwarf er sich der republikanischen Regierung und trat in Napoleons Dienste.

Der Kaiser Napoleon und der General Gourgaud in Longwood, 13. Juni 1816

Der Kaiser sprach über Waterloo. »Die Männer von 1815 waren nicht dieselben wie von 1792. Die Generale fürchteten alles. Vielleicht hätte ich besser getan, noch einen Monat zu warten, um der Armee mehr Festigkeit zu geben. Ich hätte einen Befehlshaber der Garde gebraucht. Wenn ich an ihrer Spitze Bessières oder Lannes gehabt hätte, wäre ich nicht besiegt worden. Ich glaubte, die Grenadiere zu Pferd in Reserve zu haben; ihr Angriff würde alles wieder in Ordnung gebracht haben, denn nur eine Kavalleriebrigade hat die ganze Unordnung verursacht. Ein Offizier hatte in meinem Namen den Befehl gegeben, sich Guyot anzuschließen.

Soult hatte keinen guten Generalstab. Ich hatte viel zu junge Ordonnanzoffiziere, wie Regnault und Montesquiou; es waren nur Adjutanten. Ney hat mir mit seinem Teilangriff auf La Haie-Sainte viel Schaden zugefügt, indem er die Artillerie, die Sie aufgestellt hatten, die Stellung ändern ließ. Sie beschützte seine Truppen, während sie beim Vorrücken angegriffen werden konnte, was auch wirklich der Fall war. Als ich Quatre-Bras verließ, hätte ich nur Pajol mit der Division des 6. Armeekorps zur Verfolgung Blüchers zurücklassen und alles andere mit mir nehmen sollen. In der Nacht vom 17. habe ich Grouchy drei Befehle geschickt, und in seinem Bericht sagt er, er habe erst am 18. acht Uhr abends den Befehl erhalten, auf Saint-Lambert zu marschieren. Das ist das Verhängnis, denn trotz allem *musste* ich diese Schlacht gewinnen!«

Général baron Gourgaud, Sainte-Hélène; Journal inédit.

Napoleon und der Admiral Malcolm
in Longwood, August 1816

Der Admiral Malcolm besuchte Napoleon oft in Longwood und hat sich kürzlich mit Bonaparte drei Stunden lang unterhalten. So berichtet der französische Kommissar, Marquis von Montchenu. Napoleon erzählte von Ägypten, Waterloo und von verschiedenen englischen Offizieren. Er sprach auch von uns, und zwar in folgender Weise:

»Ich betrachte mich durchaus nicht als Gefangener. Sie haben mich nicht gefangen genommen, sondern ich habe mich selbst der englischen Biederkeit anvertraut. Sie halten mich allerdings gefangen, aber deshalb betrachte ich mich keineswegs als Gefangener. Wenn ich diese Herren als Kommissare empfinge, so wäre es gleichbedeutend, dass ich mich als Gefangener der Mächte betrachtete; ich werde sie daher nicht empfangen.

Wenn sie mich zu sehen wünschen, so würde ich darüber sehr zufrieden sein; sie brauchten sich nur an Bertrand zu wenden. ... Und überhaupt, was will denn dieser Österreicher hier? Er ist doch nicht nur gekommen, um mir Nachrichten von meiner Frau und meinem Sohn zu bringen ... gewiss, meinem Sohn, der mir gehört! ... Ich habe seinen Herrn zwanzig Mal zu meinen Füßen gesehen! ... Und dieser Russe! Ich besitze mehr als 30 Briefe von seinem Kaiser, in denen er mir für das, was ich für ihn getan habe, dankt!

Erinnert er sich gegenwärtig meiner, und gedenkt er meine unglückliche Lage zu verbessern? ... Ich werde Ihnen alle Briefe zeigen, die mir die Fürsten geschrieben haben ... Mit Ludwig XVIII. ist es eine andere

Sache, ich habe keinen Grund, mich über ihn zu beschweren, überdies habe ich niemals irgendwelche Beziehungen zu ihm gehabt.«

Napoleon spricht immer mit viel Achtung vom König, ebenfalls Herr und Frau Bertrand. Letztere sprechen oft von der königlichen Gnade und scheinen nicht darauf verzichtet zu haben. Bonaparte hat sich auch sehr über den Gouverneur[1] beklagt. Er fuhr dann fort:

»Besitzt England keine anderen Kolonien, wohin es mich schicken könnte?«

Der Admiral gab ihm Gründe an, um ihm zu beweisen, dass man seinen Aufenthaltsort nicht wechseln könne.

»Ich soll also hier sterben?«

Der Admiral antwortete lächelnd: »Ich glaube wohl.«

Während er sprach, hefteten sich Napoleons Blicke auf die Spitze eines sehr hohen Berges, wo er einen Wachtposten gesehen hatte.

»Nun, ist das nicht auch eine große Torheit? Wozu dient dieser Posten? Befürchtet man, dass ich entweichen könnte? Bin ich ein Vogel, um von hier wegzufliegen? Wozu dieses Gefängnis? Kann man mich nicht auf der ganzen Insel frei herumlaufen lassen?«

»Sie sind doch Ihr eigener Herr!«

»Gewiss, in Begleitung eines Offiziers. Ich weiß sehr wohl, dass man mich nicht allein in die Stadt gehen lassen kann, aber doch nach den übrigen Teilen der Insel! – Wozu dieser Offizier? Ich sehe immer aus wie ein Gefangener!«

Er sprach dann von Cockburn.[2]

»Das ist ein Mann von Geist, er hat Charakter und ist ein tüchtiger Kopf. Er ist stolz und übermütig. Er hat mich wie seinesgleichen behandeln wollen und hat es oft an Achtung fehlen lassen, die er mir schuldig

1 Sir Hudson Lowe.
2 Vgl. die Bemerkung auf Seite 787.

ist. Ich habe mich jedoch nur in Kleinigkeiten über ihn zu beklagen gehabt und nie in großen Dingen.«

La captivité de Sainte-Hélène. D'après les rapports inédits du marquis de
Montchenu.

Kaiser Napoleon und der Doktor O'Meara auf St. Helena, 27. August 1816

Napoleon unterhielt sich sehr gern mit seinem Arzt, dem Doktor Barry E. O'Meara, dem er volles Vertrauen entgegenbrachte. Ihre Gespräche berührten täglich die verschiedensten Themen. Eines Tages kam der Kaiser auf den König und die Königin von Preußen zu sprechen, wobei sich der Arzt die Bemerkung erlaubte, was für ein Mann der König Friedrich Wilhelm III. sei, ob er viele Fähigkeiten habe.

»Wer?«, fragte da Napoleon mit schallendem Lachen; »der König von Preußen? Er ein befähigter Mann? Der größte Dummkopf auf der Welt! Un ignorantaccio che non ha nè talento, nè informazione![1] Ein Don Quixote allem Anschein nach. Ich kenne ihn genau. Er kann nicht fünf Minuten lang eine Unterhaltung führen. Da war seine Frau ganz anders. Sie war eine kluge und schöne Frau, aber sehr unglücklich. Era bella, graziosa, e piena d'intelligenza.«[2]

Dann sprach er ziemlich lange Zeit über die Bourbonen.

»Sie wollten«, sagte er, »das alte Adelssystem wieder in der Armee einführen. Anstatt die Söhne der Bauern und der arbeitenden Klasse in den Stand zu setzen, dass sie es einmal bis zum General bringen können, wie zu meiner Zeit, wollen sie diesen Posten ausschließlich dem alten Adel anvertrauen, wie diesem alten Dummkopf, dem Montchenu.[3] Wenn Sie

---

1 Ein schrecklicher Ignorant, der weder Fähigkeiten noch Kenntnisse besitzt.
2 Sie war schön, anmutig und sehr klug.
3 Er war französischer Kommissar auf St. Helena.

Montchenu gesehen haben, dann haben Sie den ganzen alten Adel von Frankreich vor der Revolution gesehen. So war die ganze Rasse, und so sind sie auch wieder geworden: unwissend, unnütz und anmaßend! Sie haben nichts gelernt, sie haben nichts vergessen! Sie waren die Ursache der Revolution und all des Blutvergießens, und nun kehren sie nach fünf- undzwanzig Jahren der Verbannung und Ungnade mit denselben Las- tern und Verbrechen behaftet zurück, für die sie ihres Vaterlandes ver- wiesen waren, und bringen eine neue Revolution hervor. Ich kenne die Franzosen! Glauben Sie mir, nach sechs oder zehn Jahren wird der ganze Adel niedergemetzelt und in die Seine geworfen worden sein. Sie sind der Fluch des Volkes. Ich erhob die meisten meiner Generale aus dem Schmutz (de la boue). Wo immer ich Fähigkeiten und Mut fand, be- lohnte ich sie. Mein Grundsatz war ›la carrière ouverte aux talents‹, ohne danach zu fragen, wie viel Ahnen einer hatte. Allerdings beförderte ich auch einige des alten Adels, teils aus Höflichkeit, teils aus Gerechtigkeit, aber niemals habe ich großes Vertrauen in sie gesetzt.

Das Volk«, fuhr er fort, »sieht jetzt von Neuem die Zeiten des Feuda- lismus erstehen, es sieht, dass es für seine Nachkommen bald unmöglich sein wird, in der Armee vorwärtszukommen. Jeder treue Franzose denkt mit Schmerz daran, dass ihm ein Frankreich lange Jahre verhasstes Herr- scherhaus über eine Brücke von fremden Bajonetten aufgezwungen wor- den ist. Was ich Ihnen jetzt erzählen werde, wird Ihnen einen Begriff von der Dummheit dieser Familie geben. Als der Graf von Artois nach Lyon kam, fiel er vor den Truppen auf die Knie, um sie zu bewegen, gegen mich zu marschieren; er steckte nicht das Kreuz der Ehrenlegion an, ob- gleich er wusste, dass sein Anblick die Meinungen der Soldaten zu seinen Gunsten herausfordern würde, weil es der Orden war, den so viele von ihnen auf ihrer Brust trugen und um den zu erlangen man nur Tapfer- keit bewiesen haben musste. Nein, er schmückte sich mit dem Orden des Heiligen Geistes, für dessen Erlangung man einen hundertfünfzigjähri- gen Stammbaum aufweisen muss, einen Orden, der jedes Verdienst ausschließt und der in der Brust der alten Soldaten nur Empörung hervorruft. ›Wir wollen nicht‹, sagten sie, ›für einen solchen Orden kämpfen, auch nicht für jene Emigranten‹ – der Graf von Artois hatte nämlich zehn oder elf derartige Einfaltspinsel als Adjutanten. Anstatt den Truppen einige jener Generale zu zeigen, die sie so oft zum Ruhm geführt, brachte er ein Gefolge von Elenden mit sich, die zu nichts anderem dienten, als den Veteranen ihre früheren Leiden unter dem Adel und der Geistlichkeit ins Gedächtnis zurückzurufen.

Um Ihnen nur einen kurzen Überblick über die allgemeine Gesinnung in Frankreich gegen die Bourbonen zu verschaffen, will ich Ihnen eine kleine Geschichte erzählen. Als ich (1805) aus Italien zurückkam, ging ich, während mein Wagen die Anhöhe von Tarare hinauffuhr, eine Strecke zu Fuß, ohne irgendwelches Gefolge, wie das so oft meine Gewohnheit war. Meine Frau und mein Gefolge befanden sich in einer gewissen Entfernung hinter mir. Da sah ich eine alte, lahme Frau, die sich bemühte, mithilfe einer Krücke den Berg hinaufzusteigen. Ich hatte einen langen Überrock an und war nicht zu erkennen. Ich sprach sie an und sagte: ›Nun, liebe Alte, warum eilen Sie denn so; mich dünkt, das fällt Ihrem Alter schwer. Was gibt's denn?‹ ›Meiner Treu‹, erwiderte die Alte, ›man hat mir gesagt, der Kaiser sei hier, und ich möchte ihn sehen, bevor ich sterbe.‹ ›Bah!‹, sagte ich, ›warum wollen Sie ihn denn sehen? Was haben Sie denn an ihm? Er ist ein ebensolcher Tyrann wie die andern. Sie haben einen Tyrannen gegen den andern eingetauscht: Ludwig gegen Napoleon.‹ ›Ja, mein Herr, das kann sein, aber er ist doch der König des Volkes, und die Bourbonen waren die Könige der Adligen. Wir haben Napoleon gewählt, und wenn wir einmal einen Tyrannen haben sollen, so lassen Sie ihn wenigstens einen sein, den wir uns selbst ausgesucht haben.‹ Da haben Sie«, schloss Napoleon, »die Gefühle des französischen Volkes aus dem Mund einer alten Frau.«

Barry E. O'Meara, Napoleon in Exile; or a voice from St. Helena.

847

DER KAISER NAPOLEON UND DER DOKTOR O'MEARA AUF ST. HELENA, 2. NOVEMBER 1816

Während einer längeren Unterhaltung mit dem Kaiser nahm sich der Doktor O'Meara die Freiheit, ihn zu fragen, warum er das Judentum so sehr ermutigt habe. Napoleon erwiderte:

»Ich wollte, dass sie den Wucher ließen und wie andere Menschen würden. In den Ländern, über die ich regierte, lebten viele Juden; indem ich ihnen die Rechte der andern einräumte und sie auf gleiche Stufe mit den Katholiken, Protestanten und Andersgläubigen stellte, hoffte ich, aus ihnen gute Bürger zu machen, die sich ebenso wie die andern der Gemeinde benahmen. Ich glaube, es wäre mir auch schließlich gelungen. Meine Schlussfolgerung war diese: Da ihre Rabbiner ihnen klarmachten, dass sie niemals gegen ihre eigene Sippe Wucher treiben dürften, aber dies gegen die Christen und die andern tun könnten, verlangte ich von ihnen dafür, dass ich ihnen ihre Rechte wieder eingeräumt hatte, dass sie mich als das Oberhaupt ihres Volkes, wie Salomo oder Herodes betrachteten und meine Untertanen wie Brüder von ihrem Stamm. Ferner, dass es ihnen infolgedessen nicht gestattet sei, Wucher mit mir oder mit jenen zu treiben, sondern uns so zu behandeln, als wären wir vom Stamme Juda; auch mussten sie ebenso gut Steuern bezahlen wie die andern und sich den Gesetzen der Konskription fügen. Dadurch gewann ich viele Soldaten. Außerdem würde ich Frankreich viel Gutes getan haben, denn die Juden sind sehr zahlreich und würden nach einem Land geströmt sein, wo sie so hohe Vorteile genossen. Vor allem aber wollte ich eine allgemeine Freiheit des Gewissens einführen. Es lag in meiner Politik, keine vorherrschende Religion in meinen Staaten zu haben, sondern vollkommene Gewissens- und Gedankenfreiheit zu gestatten, alle Menschen, gleichviel ob Protestanten, Katholiken, Mohammedaner, Deisten oder andere gleich zu machen, sodass ihre Religion kein Hindernis war oder keinen Einfluss auf Staatsstellungen hatte. Ich habe alles von der Religion unabhängig gemacht. So auch alle Gerichtsbarkeiten. Die Ehen hingen nicht von den Geistlichen ab; ebenso waren diesen nicht die Friedhöfe überlassen, sodass sie das Begräbnis keiner Person, welcher Religion sie auch angehörte, verweigern konnten. Es war meine Absicht, jedes Ding dem Staat und der Verfassung zugehörend zu machen, unabhängig von jeder Religion. Ich wollte den Geistlichen allen Einfluss und alle Macht in staatlichen Angelegenheiten nehmen und sie zwingen, sich mit ihren eigenen geistlichen Angelegenheiten zufriedenzugeben und sich in nichts anderes zu mischen.«

Der Arzt stellte die Frage, ob in Frankreich nicht Onkel und Nichten das Recht hätten, sich zu heiraten.

»Ja«, sagte Napoleon, »aber sie müssen besondere Erlaubnis dazu einholen.«

O'Meara erkundigte sich nun, ob diese Erlaubnis vom Papst bewilligt werden müsse.

»Vom Papst?«, fragte da Napoleon. »Nein«, und er kniff ihn lächelnd ins Ohr. »Ich sage Ihnen, dass weder der Papst noch irgendeiner seiner Geistlichen die Macht hat, etwas zu bewilligen. Nur der Herrscher erteilt dazu seine Bewilligung!«

Barry E. O'Meara, Napoleon in Exile; or a voice from St. Helena.

Der Kaiser Napoleon und Las Cases in Longwood 11. November 1816

Die Unterhaltungen, die der Kaiser an diesem Tag mit seiner Umgebung führte, waren lang und äußerst interessant. Napoleon war sehr gesprächig, und er hatte einen großen Wortschatz zur Verfügung. Er sprühte förmlich von Gedanken und Ideen.

Als er von den Elementen der Gesellschaft sprach, sagte er:

»Die Demokratie kann rasend sein, aber sie hat ein Inneres, das man zu rühren vermag. Die Aristokratie hingegen bleibt stets kalt und verzeiht niemals.«

Bei einer andern Gelegenheit und gewissermaßen als Folge des Vorhergehenden sagte er: »Alle Einrichtungen auf dieser Welt haben zwei Seiten: eine vorteilhafte und eine nachteilige; so kann man zum Beispiel gleichzeitig die Republik und die Monarchie unterstützen und bekämpfen. Zweifellos ist es theoretisch leicht zu beweisen, dass beide gut, ja sogar sehr gut sind, aber in der Praxis ist das nicht so bequem.«

Und dann kam er darauf zu sprechen, dass die äußerste Grenze einer Regierung Mehrerer die Anarchie, die äußerste Grenze der Regierung eines Einzigen aber der Despotismus sei. Das Beste sei unbestreitbar die rechte Mitte, wenn es der menschlichen Klugheit gegeben sei, sich darin zu halten. Diese Wahrheiten, bemerkte er, seien sehr alltäglich geworden, ohne jedoch zu einem Vorteil zu führen; man habe darüber bis zum Überdruss geschrieben und würde noch viele Bände darüber schreiben, ohne etwas besser zu machen.

Später sagte er noch: »Es gibt keinen wirklichen, keinen völlig reinen

Despotismus; er ist stets relativ. Ein Mann wird nicht ungestraft einen andern zugrunde richten. Lässt ein Sultan nach seinem Belieben Köpfe abschlagen, so ist der seinige gerade darum am meisten in Gefahr, dasselbe Schicksal zu erleiden. Das ist nun einmal so: Jeder Exzess muss sich auf eine oder die andere Seite ableiten. Was der Ozean auf der einen Seite überschwemmt, verliert er auf der andern. Und schließlich scheitert doch einmal die Macht des Herrschers an dem Gewohnten und durch die Sitten Geheiligten. In Ägypten war ich der Eroberer, der Herrscher, der unumschränkte Herr; ich regierte durch meine Tagesbefehle das ganze Volk, und dennoch hätte ich nicht gewagt, meine Macht bis auf das Innere der Häuser und Familien zu erstrecken. Es lag nicht in meiner Gewalt, den Einwohnern zu verbieten, in den Kaffeehäusern frei über alles zu sprechen. Sie waren dort in dieser Hinsicht viel freier und unabhängiger als in Paris. Wenn sie überall und in jedem andern Verhältnis das Sklavenjoch ertrugen, hier trugen sie es nicht, hier wollten sie frei sein und waren es. Die Kaffeehäuser waren die Zitadellen ihrer freien Rede, die Marktplätze ihrer Meinungen. Hier deklamierte und urteilte man mit aller Kühnheit, und wenn ich auch gewollt hätte, ich würde ihnen den Mund doch nicht haben stopfen können. Kam ich selbst bisweilen an einen solchen Ort, so verneigte man sich allerdings sehr ehrerbietig vor mir, aber das war auch alles und nichts als der Tribut persönlicher Achtung; vor meinen Offizieren hätte man es nicht getan.«

»Wie dem auch sei«, sagte er bei einer andern Gelegenheit, »sehen Sie, was die Macht der Einheit und der Konzentrierung bewirken kann, eine Tatsache, die selbst dem Niedrigsten aus dem Volk in die Augen springt: Das den Reibereien Mehrerer überlieferte Frankreich war im Begriff, unter den Schlägen des vereinten Europas unterzugehen; da legt es das Steuer des Staates in die Hände eines Einzigen, und sofort schreibe ich, Erster Konsul, dem ganzen Europa Gesetze vor!

Es war wirklich eigentümlich zu beobachten, wie die alten Kabinette nicht die Wichtigkeit einer solchen Veränderung anerkannten und fortfuhren, sich gegen das Frankreich, das eine geordnete Regierung besaß, ebenso zu benehmen wie gegen die vorhergehende Regierung. Und nicht weniger bemerkenswert ist, dass der Kaiser Paul I., den die Welt für unzurechnungsfähig erklärte, als erster, aus dem Innern seines Russlands heraus, diesen Unterschied zu schätzen wusste, während das für so erfahren und geschickt bekannte englische Ministerium ihn am wenigsten begriff. ›Ich will‹, schrieb mir Paul, ›die Abstraktionen Ihrer Revolution nicht berühren; ich halte mich an eine Tatsache, und das genügt mir. In meinen Augen sind Sie jetzt eine Regierung, und ich spreche mit Ihnen, weil wir uns verständigen und miteinander verhandeln können.‹

Das englische Ministerium hingegen musste ich erst besiegen und zum Frieden zwingen, es vollkommen von dem übrigen Europa trennen, damit es meine Stimme hörte. Und selbst dann noch trat es mit mir mit dem gewohnten Schlendrian in Unterhandlungen. Sie suchten mich durch Langwierigkeit, Protokolle, Förmlichkeiten, Etikette, alte Gebräuche usw. zu ermüden. Ich lachte nur darüber, denn ich fühlte mich ja so mächtig!

Ein so ganz neues Gebiet verlangte auch ein neues Verfahren. Aber die englischen Unterhändler schienen sich weder um Zeit noch um Dinge, noch um Menschen zu kümmern. Meine Art und Weise brachte sie vollkommen in Verwirrung. Ich begann mit ihnen in der Diplomatie, wie ich in andern Ländern mit den Waffen begonnen hatte. Da habt ihr meine Vorschläge, sagte ich ihnen sofort; wir sind Herren über Holland und die Schweiz, die ich gegen die uns oder unsern Verbündeten zu machenden Wiedererstattungen abtreten will. Wir besitzen auch Italien; einen Teil davon werde ich abgeben, den andern behalten, um in der Lage zu sein, die Existenz und die Dauerhaftigkeit des Ganzen zu leiten und zu verbürgen: Das sind meine Grundlagen! Nun könnt ihr darauf aufbauen, was euch beliebt, es ist mir ganz gleich, nur müssen das Ziel und die Ergebnisse immer die gleichen bleiben, denn ich ändere daran nichts. Ich behaupte durchaus nicht, von euch Konzessionen erkaufen zu wollen, sondern verlange nur einen vernünftigen, ehrenhaften und dauerhaften Ausgleich: Das ist der Kreis, den ich mir vorgeschrieben habe. Wie ich sehe, zweifelt ihr weder an unserer Lage noch an unsern Mitteln. Ich fürchte weder eure Weigerung noch eure Anstrengungen, noch alle Unannehmlichkeiten, die ihr mir bereiten könntet. Ich habe starke Armeen und verlange nur loszuschlagen.

Diese kurze, energische Sprache«, fuhr der Kaiser fort, »war wirkungsvoll. Man hatte sich wohl vorgenommen, uns bei den Verhandlungen von Amiens hinzuhalten, aber bald unterhandelte man ernsthaft. Da die englischen Minister nicht wussten, wodurch sie mich fassen konnten, boten sie mir die Königskrone von Frankreich an. Ich zuckte nur mitleidig die Achseln. Da kamen sie gerade an den Rechten! – Ich, König durch die Gnade des Auslandes? Ich, der ich bereits Souverän durch den Willen des Volkes war!

Der Einfluss, den ich mir verschafft hatte, war so groß, dass ich während der Unterhandlungen selbst mir von den Italienern die Präsidentschaft ihrer Republik zuerkennen ließ und dass diese Handlung, die in der gewöhnlichen Diplomatie Europas eine große Menge Streitigkeiten veranlasst haben würde, jene Unterhandlungen durchaus nicht unterbrach oder aufhielt. Man kam nichtsdestoweniger zu einem Abschluss, und meine brüske Offenheit diente mir besser als alle gebräuchlichen Kniffe. Manche Flugschriften und manche Manifeste, die auch nicht viel mehr wert waren, klagten mich der Falschheit und der Wortbrüchigkeit in meinen Unterhandlungen an: Ich verdiente es niemals, aber die Kabinette, die verdienten es!

Nach dem Friedensschluss von Amiens«, sagte Napoleon, »glaubte ich gutmütigerweise, das Schicksal Frankreichs, Europas und meiner eigenen Person sei sichergestellt und der Krieg zu Ende. Das englische Kabinett hat alles wieder angefacht; ihm allein verdankt Europa alles Elend, das daraus entstanden ist. Die englische Politik allein ist dafür verantwortlich. Ich hingegen, ich war im Begriff, mich einzig und allein der Verwaltung

Frankreichs zu widmen, und ich glaube, ich hätte Wunder dabei vollbracht. An meinem Ruhm hätte ich dadurch nichts eingebüßt und obendrein einen höheren Genuss gehabt. Ich hätte dadurch Europa moralisch
erobert, wie ich bereits auf dem Punkt angelangt war, es vermittels meiner Waffen vollends zu erobern. Welches Glanzes hat man mich beraubt!

Man hört nicht auf, von meiner Vorliebe für den Krieg zu sprechen.
Bin ich aber nicht immer gezwungen gewesen, mich zu verteidigen?
Habe ich einen einzigen großen Sieg davongetragen, ohne darauf sofort
den Frieden vorzuschlagen?

In Wahrheit bin ich niemals Herr meiner Bewegungen, niemals so
recht ›Ich‹ gewesen. Ich konnte noch so viele Pläne haben, niemals war
ich in der Lage, sie so auszuführen, wie ich wollte. Ich hatte gut das
Steuer führen; wie stark auch die Hand war, der raschen und zahlreichen
Klingen waren es noch viel mehr, und ich war so klug, lieber nachzugeben, als durch hartnäckigen Widerstand zugrunde zu gehen. Ich bin also
in Wirklichkeit niemals mein eigener Herr gewesen, sondern habe mich
stets von den Umständen leiten lassen, und zwar so gut, dass, als mich im
Anfang meiner Erhebung wahrhafte Freunde fragten, wo ich denn hi-
nauswollte, ich stets antwortete: ich wüsste es nicht. Sie waren darüber
gewiss überrascht, vielleicht unzufrieden, aber ich sagte die Wahrheit.
Später, unter dem Kaiserreich, wo weniger Vertraulichkeit herrschte, las
ich noch auf vielen Gesichtern die gleiche Frage, und ich hätte ihnen dieselbe Antwort geben können. Ich war eben nicht Meister meiner Handlungen, weil ich nicht die Torheit besaß, die Ereignisse nach meinem
System zu drehen. Im Gegenteil, ich beugte meine Politik unter der un-
vorhergesehenen Verkettung der Ereignisse. Das hat mir oft den Anschein
der Veränderlichkeit, der Inkonsequenz verliehen, aber man hat mich un-
gerechterweise angeklagt.«

Comte de Las Cases, Mémorial de Sainte-Hélène.

Kaiser Napoleon und der Doktor O'Meara auf St. Helena, 12. November 1816

Während Napoleon ein Bad nahm, das er seiner Gewohnheit nach sehr lange ausdehnte, unterhielt er sich mit dem Doktor O'Meara, der ihn um seine Meinung über Talleyrand fragte.

»Talleyrand«, sagte er, »ist der verächtlichste Heuchler und niedrigste Schmeichler. Er ist ganz und gar korrumpiert und hat alle Parteien und alle Menschen verraten. Schlau und vorsichtig, stets ein Verräter, aber immer vom Glück begünstigt, behandelt Talleyrand seine Feinde so, als wenn sie eines Tages seine Freunde, und seine Freunde, als wenn sie einmal seine Feinde werden würden. Er ist ein sehr befähigter Mann, aber in allen Dingen bestechlich. Man konnte bei ihm nur durch Bestechung etwas erlangen. Die Könige von Württemberg und Bayern beklagten sich dermaßen über seine Habgier und Erpressung, dass ich ihm sein Portefeuille entzog, umso mehr als ich sah, dass er einigen Intriganten ein sehr wichtiges Geheimnis enthüllt, das ich nur ihm anvertraut hatte. Er hasste die Bourbonen von ganzem Herzen. Als ich von Elba zurückkam, schrieb mir Talleyrand von Wien aus und bot mir seine Dienste an. Er war bereit, die Bourbonen zu verraten, in der Hoffnung, dass ich ihm verzeihen und ihm meine Gunst wieder schenken werde. Er berief sich auf einen Teil meiner Proklamation, worin ich sagte, dass es Umstände gäbe, denen man nicht widerstehen könne. Ich hielt es jedoch für angemessen, einige Leute davon auszuschließen, und nahm seine Dienste nicht an, weil es eine gewisse Entrüstung hervorgerufen haben würde, wenn ich nicht manche bestraft hätte.«

Der Doktor O'Meara fragte nun, ob es wahr wäre, dass Talleyrand ihm geraten habe, den König von Spanien zu entthronen, und fügte hinzu, dass der Herzog von Rovigo ihm erzählt hätte, Talleyrand habe in Gegenwart des Kaisers gesagt: »Eure Majestät werden niemals ruhig auf Ihrem Thron sein, solange ein Bourbone noch auf einem sitzt.«

Darauf entgegnete Napoleon: »Allerdings, er riet mir, alles zu tun, was den Bourbonen schaden konnte, denn er verabscheut sie.«

Nach diesem Gespräch zeigte Napoleon dem Arzt die Narben zweier Wunden. Die eine befand sich am Knie und rührte von einer sehr tiefen Wunde her. Wie er sagte, hatte er sie im ersten Feldzug von Italien erhalten; sie sei so ernster Natur gewesen, dass die Ärzte in Betracht zogen, ob es nicht unbedingt notwendig sei, das Bein zu amputieren. Er bemerkte, dass, wenn er verwundet worden war, stets das größte Geheimnis darüber gewahrt wurde, um die Soldaten nicht zu entmutigen. Die andere Verletzung befand sich an der Ferse. Er hatte sie bei Eggmühl erhalten.

»Bei der Belagerung von Akka«, fuhr er fort, »fiel eine von Sidney Smith geschleuderte Granate gerade vor meinen Füßen nieder. Zwei Soldaten, die neben mir standen, bedeckten mich sogleich mit ihren Körpern, der eine von vorn, der andere von der Seite, und bildeten so eine Schutzwehr für mich. Die Granate explodierte und überschüttete uns alle mit Sand. Wir versanken in dem von ihr gebildeten Loch; einer der Soldaten wurde verwundet. Ich ernannte sie beide zu Offizieren. Der eine verlor bei Moskau ein Bein und befehligte in Vincennes, als ich Paris verließ. Als die Russen ihn aufforderten, sich zu ergeben, erwiderte er ihnen, dass er die Festung übergeben werde, sobald sie ihm auch das Bein wiedergäben, das er bei Moskau verloren hätte.« Und Napoleon fügte hinzu: »Ich bin sehr oft in meinem Leben von Soldaten oder Offizieren gerettet worden, die mich mit ihren Körpern schützten, wenn ich mich in der größten Gefahr befand. Als ich bei Arcole vorwärtsstürmte, warf sich mein Adjutant, der Oberst Muiron, mir entgegen, bedeckte mich mit seinem Körper und erhielt die Kugel, die für mich bestimmt war. Er sank zu meinen Füßen, und sein Blut spritzte mir ins Gesicht. Er opferte sein Leben, um das meinige zu erhalten. Niemals, glaube ich, haben Soldaten so große Aufopferung bewiesen als die meinigen für mich! Trotz all meines Unglücks hat doch niemals der Soldat, nicht einmal wenn er starb, mich verwünscht; niemals haben Truppen einem Menschen treuer gedient als mir! Bis zum letzten Blutstropfen, der aus ihren Adern floss, riefen sie ›Vive l'empereur!‹«

Barry E. O'Meara, Napoleon in Exile; or a voice from St. Helena.

Der Kaiser Napoleon und der General Gourgaud in Longwood, 28. Februar 1817

»Wie viel haben Sie dem Geburtshelfer bezahlt?«, fragte Napoleon, als Gourgaud bei ihm eintrat.[1]

»Fünfundzwanzig Louisdor und fünfzehn für das Pferd.«

»Ich habe Dubois[2] 100 000 Franken bezahlt. Corvisart ist schuld, dass ich ihn gewählt hatte. Ich hätte besser getan, den ersten besten Geburtshelfer zu nehmen. An dem Tag, an dem die Kaiserin entbunden wurde, ging sie lange mit mir spazieren, obwohl sie schon Wehen spürte. Nachher glaubte man, es sei erst in vier Stunden alles vorbei. Ich nahm daher ein Bad.

Kurz darauf kam Dubois herbeigelaufen, ganz kopflos und bleich wie der Tod. Ich rief ihm zu: ›Nun, ist sie tot?‹ Denn da ich an große Ereignisse gewöhnt bin, so machen sie in dem Augenblick, wo man sie mir meldet, keinen Eindruck auf mich. Das kommt erst später. Man wird mir vorwerfen, dass ich gefühllos sei. Ich fühle den Schmerz jedoch immer erst eine Stunde später.

Dubois antwortete mir, nein, die Kaiserin sei nicht tot, aber das Kind habe Steißlage. Das wäre ein großes Unglück, denn es käme unter zweitausend Fällen einmal vor. Ich ging schnell zur Kaiserin hinunter. Man musste sie auf ein anderes Bett tragen, damit man mit den Zangen hantieren konnte; sie wollte es nicht zugeben. Frau von Montesquiou versi-

---

1 Frau Bertrand hatte einem Kind das Leben geschenkt.
2 Geburtshelfer der Kaiserin Marie-Louise.

cherte ihr, dass es ihr selbst zwei Mal so gegangen sei, und redete ihr zu, sich operieren zu lassen. Die Kaiserin schrie fürchterlich. Ich bin nicht weich, und dennoch war ich furchtbar bewegt, als ich sie so leiden sah. Dubois, der nicht mehr wusste, was er tat, hatte auf Corvisart gewartet, der ihm Mut einflößte. Die Herzogin von Montebello benahm sich wie eine Einfältige. Yvan und Corvisart hielten die Kaiserin.

Der König von Rom blieb wenigstens eine Minute, ohne einen Schrei von sich zu geben. Als ich eintrat, lag er wie tot auf dem Teppich. Frau von Montebello wollte, dass die Etikette befolgt werde, aber Corvisart schickte sie mit ihrer Etikette zum Henker. Endlich, nach tüchtigem Frottieren kam das Kind zu sich. Es war nur am Kopf ein wenig durch die Zange verletzt. Die Kaiserin hatte sich bereits für verloren gehalten und war überzeugt, dass man sie dem Kind zuliebe opfern wollte, und doch hatte ich gerade das Gegenteil befohlen.

Welch schöne Sache ist doch die Medizin! In Wien hatte ich am Hals eine Flechte, die mich sehr störte. Ich ließ den Doktor Franck kommen. Er versicherte mir, dass es sehr gefährlich sei, die Flechte wegzubringen; der Kurfürst von Trier sei infolge einer solchen Krankheit verrückt geworden. Ich erwartete Corvisart. Als er kam, sagte er: ›Was! Um einer so geringfügigen Sache willen haben mich Eure Majestät rufen lassen? Ein wenig Schwefel wird sie verschwinden lassen.‹ Ich wiederholte ihm die Worte Francks. ›Bah! Der Kurfürst von Trier war ein verbrauchter Greis. Das ist ein großer Unterschied. Ihre Natur verteidigt sich selbst gegen das Übel.‹ Tatsache ist, dass ich nach einigen Tagen vollständig geheilt war.

Die Krätze ist eine schreckliche Krankheit. Ich habe sie mir bei der Belagerung von Toulon geholt.[1] Zwei Kanoniere, die damit behaftet waren, fielen an meiner Seite, und ihr Blut bespritzte mich. Da ich mich sehr schlecht pflegte, hatte ich sie noch in Italien und bei der Armee von Ägypten. Als ich von dort zurückkam, brachte Corvisart sie dadurch

1 Vgl. die Unterhaltung mit dem Doktor Warden Seite 812.

weg, dass er mir drei Blasenpflaster auf die Brust legte, die eine heilsame Krise herbeiführten. Vorher war ich gelb und mager, seitdem aber habe ich mich immer sehr wohl befunden.

Ich habe oft Corvisart damit geneckt, indem ich ihn fragte, wie viel Menschen er getötet habe und ob er nach ihrem Tod nicht geglaubt habe, die betreffenden Krankheiten anders kurieren zu müssen? Er antwortete: Sehr viele! Aber ich konnte ihm dieses Geständnis nur ablocken, wenn ich ihn mit dem General verglich, der durch diese oder jene Verfügung drei- oder viertausend Soldaten zugrunde gehen lässt. Corvisart zweifelte oft und antwortete nicht immer auf meine Fragen. Horeau[1] zweifelte niemals und erklärte alles. Der erste war ein gelehrter Arzt, der andere ein Ignorant.

Monge, Berthollet, Laplace sind die wahren Atheisten. Ich glaube, dass der Mensch aus Lehm geschaffen, von der Sonne erwärmt und mit einem elektrischen Fluidum verbunden worden ist. Was sind die Tiere, ein Rind zum Beispiel, wenn nicht organische Stoffe? Nun gut! Wenn man sieht, dass wir eine beinahe ähnliche Beschaffenheit haben, ist man da nicht berechtigt zu glauben, dass der Mensch nur aus etwas besser zusammengesetztem Stoff ist, der der Vollkommenheit beinahe nahekommt? Vielleicht entstehen eines Tages Wesen, deren Beschaffenheit noch vollkommener ist.

Wo ist die Seele eines Kindes? Eines Wahnsinnigen? Die Seele folgt dem Körper; sie wächst mit dem Kind und wird kleiner mit dem Greis. Wenn sie unsterblich ist, so hat sie bereits vor uns existiert; sie ist also des Gedächtnisses beraubt? In diesem Augenblick zum Beispiel, während ich mit Ihnen spreche, sind meine Gedanken in den Tuilerien, ich sehe Paris … So erklärte ich mir früher die Vorahnungen. Ich dachte, dass die Hand dem Auge vorwürfe, es lüge, als dieses behauptete, es könne eine Meile weit sehen. Die Hand warf ein: ›Ich sehe nur zwei Fuß weit, wie

---

1 Arzt der Kaiserin Josephine.

kannst du daher eine Meile weit sehen?‹ Desgleichen sind die Vorahnungen die Augen der Seele.

Nichtsdestoweniger ist der Gedanke an einen Gott der einfachste. Wer hat das alles gemacht? Diesen Schleier sind wir nicht imstande zu lüften, das geht über die Vollkommenheit unserer Seele und unseres Verständnisses. Das ist die höhere Macht. Der einfachste Gedanke ist, die Sonne anzubeten, die alles befruchtet. Ich wiederhole: Ich glaube, der Mensch ist aus der von der Sonne erwärmten Atmosphäre entstanden, und nach einer gewissen Zeit hat diese Kraft aufgehört, sich zu zeigen.

Glauben die Soldaten an einen Gott? Sie sehen die Toten so rasch um sich fallen.

Ich habe sehr oft Auseinandersetzungen mit dem Bischof von Nantes gehabt.[1] Wohin gehen die Tiere nach dem Tod? Er sagte mir, sie hätten eine besondere Seele und begäben sich in gewisse Vorhimmel. Er stimmte in allem, was ich über die Güter der Geistlichkeit dachte, mit mir überein, aber er glaubte an Jesus und sprach stets wie ein wahrer Gläubiger. Der Kardinal Cassalle und der Papst glaubten auch an Jesus.«

Gourgaud erwähnte Newton und Pascal; der Kaiser antwortete: »Ja, man behauptet, sie sagten es, dachten es aber nicht.«

Napoleon fand, dass die religiösesten Länder diejenigen seien, wo am meisten Gutes getan würde. »Alle Religionen seit Jupiter«, fuhr er fort, »predigen die Moral. Ich würde an eine Religion glauben, wenn sie von Anfang der Welt an existiert hätte; aber wenn ich Sokrates, Plato, Moses, Mohammed ansehe, so glaube ich nicht mehr daran. Das alles ist von Menschen erfunden worden.«

General baron Gourgaud, Sainte-Hélène; Journal inédit.

---

1 Duvoisin.

Kaiser Napoleon und der Doktor O'Meara auf St. Helena, 3. März 1817

Napoleon fragte den Arzt Verschiedenes bezüglich der Medizin, begab sich darauf ins Billardzimmer, bestellte einige Flaschen Porter, trank ein Glas davon, indem er zu O'Meara auf Englisch sagte: »Your health!« Auch der Arzt musste trinken.

Während Napoleon im Zimmer auf und ab schritt, fragte er:

»Für was für einen Mann hielten Sie mich, ehe Sie mein Arzt waren? Was hielten Sie von meinem Charakter und meinen Fähigkeiten? Sagen Sie mir offen Ihre Meinung.«

O'Meara erwiderte:

»Ich hielt Sie für einen Mann, dessen erstaunliche Fähigkeiten nur Ihrem maßlosen Ehrgeiz gleichkamen, und deswegen legte ich auch keinen Wert auf die Flugschriften, die ich gegen Sie gelesen hatte, doch glaubte ich, dass Sie nicht zögern würden, ein Verbrechen zu begehen, wenn Sie es für notwendig erachteten oder meinten, es könnte Ihnen von Nutzen sein.«

»Diese Antwort erwartete ich«, sagte Napoleon, »und das ist vielleicht auch die Meinung Lord Hollands und vieler Franzosen. Ich bin bis zu einem zu hohen Punkt menschlicher Größe und menschlichen Ruhms emporgestiegen, als dass ich den Neid und die Missgunst der Menschheit nicht hätte herausfordern müssen. Man wird sagen, ›ja, er ist durch sich selbst bis zum höchsten Gipfel des Ruhms emporgeklommen, aber um bis zu dieser Höhe zu gelangen, beging er viele Verbrechen‹. Tatsache jedoch ist, dass ich nicht allein niemals ein Verbrechen beging, sondern auch niemals die Absicht dazu hatte. Ich habe stets mit der Meinung des Volkes und mit den Ereignissen Schritt gehalten. Niemals habe ich Wert auf die Meinung Einzelner gelegt, wohl aber lag mir viel an der allgemeinen Meinung des Publikums. Wozu hätten mir dann Verbrechen genützt? Ich bin ein zu großer Fatalist und habe stets die Menschen zu sehr verachtet, als dass ich meine Zuflucht zu Verbrechen genommen hätte, um ihre Anschläge zu vereiteln. Ich habe immer die Meinung von 5 oder 6 Millionen Menschen für mich gehabt, wozu brauchte ich also Verbrechen?

Ungeachtet all der Flugschriften«, fuhr er fort, »mache ich mir keine Sorge um meinen Ruhm. Die Nachwelt wird mir Gerechtigkeit widerfahren lassen. Die Wahrheit wird bekannt werden, und das Gute, das ich getan, wird mit den von mir begangenen Fehlern verglichen werden. Ich beunruhige mich deshalb nicht um das Ergebnis. Wäre ich auf dem Thron geblieben, so würde ich mit dem Ruf gestorben sein, der größte Mann gewesen zu sein, der jemals gelebt hat. Da ich jedoch meinen Zweck verfehlt habe, wird man mich als einen außerordentlichen Mann betrachten: Meine Erhebung war beispiellos, weil ohne Verbrechen! Ich habe fünfzig regelrechte Schlachten geschlagen, die ich fast alle gewann. Ich habe ein Gesetzbuch entworfen und in Anwendung gebracht, das meinen Namen der Nachwelt überliefern wird. Aus nichts schwang ich mich zum mächtigsten Herrscher der Welt empor. Europa lag mir zu Füßen. Mein Ehrgeiz war groß, das gebe ich zu, aber er war kalt und berechnend und durch die Ereignisse und die Meinungen großer Männer hervorgerufen. Ich war stets der Ansicht, dass die Souveränität im Volk liegt. In Wahrheit war die kaiserliche Regierung eine Art Republik. Durch die Stimme des Volkes an die Spitze der Regierung berufen, war mein Grundsatz: ›La carrière ouverte aux talents‹, ohne dass ich einen Unterschied zwischen Abstammung und Fähigkeit machte. Und dieses Gleichheitssystem war der Grund, dass Ihre Oligarchie mich so sehr hasste.«

Barry E. O'Meara, Napoleon in Exile; or a voice from St. Helena.

KAISER NAPOLEON UND DER DOKTOR O'MEARA
AUF ST. HELENA, 12. MÄRZ 1817

O'Meara fragte den Kaiser, ob es wahr wäre, wie man sagte, dass er einst in Gefahr gewesen sei, von den Kosaken gefangen genommen zu werden.

»In der Schlacht von Brienne«, entgegnete da Napoleon, »erinnere ich mich, dass ungefähr zwanzig bis fünfundzwanzig Ulanen, nicht Kosaken, einen der Flügel meiner Armee umzingelten und sich bemühten, einen Teil der Artillerie zu überfallen. Der Tag ging seinem Ende zu, und es fing schon an zu dunkeln. Zufällig gerieten die Ulanen in die Nähe von mir und meinem Generalstab. Als sie uns bemerkten, waren sie ganz unsicher und wussten nicht, was anfangen. Sie wussten nicht, wer ich war, ebenso war ich eine Zeit lang ungewiss, wer sie waren. Ich hielt sie für einige Leute meiner Truppen. Caulaincourt jedoch, der bemerkt hatte, wer sie waren, rief mir zu, dass wir von Feinden umgeben seien. Gerade in diesem Augenblick erfasste die Ulanen ein großer Schrecken, und da sie nicht wussten, was sie tun sollten, entflohen sie nach allen Richtungen. Mein Stab begann auf sie zu feuern. Einer von den Ulanen galoppierte so nahe an mir vorbei, ohne dass er mich erkannt hatte, dass er mir einen derben Schlag mit der Faust aufs Knie versetzte. Er hatte in der einen Hand die Lanze zum Angriff bereit, aber er berührte mich mit der andern. Zuerst glaubte ich, es sei einer von meinem eigenen Stab, der so roh an mir vorbeigeritten sei; als ich mich jedoch umsah, bemerkte ich, dass es ein Feind war. Ich legte die Hand an die Pistolentasche, um eine der Waffen herauszunehmen und auf ihn zu schießen, aber er war bereits verschwunden. Ob er getötet oder gefangen genommen worden ist, weiß ich nicht. An diesem Tag zog ich meinen Säbel, was sehr selten vorkam, denn ich gewann die Schlachten mit meinen Augen und nicht mit meinen Waffen. Jene Ulanen wurden, wie ich glaube, später vollkommen niedergemacht.«

Der Arzt fragte, ob Napoleon sich an diesem Tag selbst als in großer Gefahr befindlich betrachtet hätte.

»Nein«, sagte dieser; »es war einfach ein Zufall. Meine Kavallerie befand sich in jenem Augenblick auf einem andern Teil des Schlachtfeldes. Es war ohne Frage möglich, dass ich getötet werden konnte, aber die Ulanen hatten größere Eile, sich selbst in Sicherheit zu bringen, als einen von uns zu töten.«

Zuletzt fragte O'Meara noch, ob der Kaiser während des Rückzugs von Moskau niemals Gefahr gelaufen sei, von den Kosaken gefangen genommen zu werden?

»Niemals«, erwiderte Napoleon. »Ich hatte stets eine Garde bei mir, die genügt hätte, um jeden Angriff zurückzuweisen.«

Barry E. O'Meara, Napoleon in Exile; or a voice from St. Helena.

Der Kaiser Napoleon und der Doktor O'Meara auf St. Helena, 22. Mai 1817

Zu wiederholten Malen hatte der Doktor O'Meara den Kaiser gefragt, ob er, wenn Talleyrand ihm den Brief des Herzogs von Enghien rechtzeitig übergeben hätte, den Prinzen freigelassen haben würde. Napoleon hatte jedoch nie direkt darauf geantwortet. An diesem Tag stellte der Arzt von Neuem die Frage, und Napoleon erwiderte:

»Es ist möglich, dass ich es getan hätte, denn er bot mir in diesem Brief seine Dienste an, und nebenbei gesagt war er der Beste der Familie. Er benahm sich sehr mutig und würdevoll vor dem Kriegsgericht und leugnete nichts. Allerdings wollten ich sowohl als das Volk dieser Familie eine Lehre geben, und das Los traf ihn; jetzt jedoch denke ich, dass ich ihm verziehen haben würde.«

O'Meara fragte, ob er Pichegru vergeben haben würde?

»Pichegru«, sagte Napoleon, »hatte sich große Missachtung zugezogen und war nicht mehr in der Lage, mir viel Unglück zuzufügen. Es ist möglich, dass ich ihm in Erinnerung an die Eroberung von Holland verziehen haben würde, unter der Bedingung, dass er für immer nach Amerika ging.

Wenn Lord Castlereagh«, fuhr er fort, »mir vorschlüge, mich unter denselben Bedingungen, wie sie Ludwig XVIII. eingegangen ist, wieder auf den Thron Frankreichs zu setzen, so würde ich doch lieber vorziehen, zu bleiben, wo ich bin. Kein Mann ist mehr zu bedauern als Ludwig XVIII. Er ist dem Volk als König aufgezwungen worden, und anstatt es ihm erlaubt ist, sich die Gunst des Volkes zu erringen, zwingen ihn die Verbündeten zu allen möglichen Maßregeln, die den Hass der Franzosen nur vergrößern, anstatt ihre Neigung zu gewinnen. Die Königswürde ist durch die Schritte erniedrigt worden, die man ihn hat tun lassen. Man macht ihn so schmutzig und verabscheuungswürdig, dass die ganze Schuld auf den Thron von England zurückfällt. Anstatt ihm Respekt und Ansehen zu verschaffen, bedeckt man ihn mit Schmutz.«

Barry E. O'Meara, Napoleon in Exile; or a voice from St. Helena.

Der Kaiser Napoleon und der General Gourgaud in Longwood, 28. Juni 1817

Um siebeneinhalb Uhr, erzählt Gourgaud, ließ mich der Kaiser rufen. »Wenn Sie noch nicht gegessen haben«, sagte er, »wollen Sie mit mir speisen?« Er ließ mich niedersitzen; ich aß wenig. Der Wein, den man mir vorsetzte, hatte einen unangenehmen Geschmack. Nach dem Diner sprach der Kaiser von seinen Liebschaften. Madame D(uchâtel) hätte niemals etwas von ihm annehmen wollen, nicht einmal ein Diamantenhalsband. Ich fand dieses Benehmen sehr feinfühlend.

»Ja«, sagte er, »aber sie hätte einige Diamanten haben können, die sie so nicht bekommen hat. Sie wollte sich mit mir auf dieselbe Stufe stellen; ich hatte ihr einige Liebesbriefe geschrieben, die ich durch Duroc von ihr zurückforderte. Ich hatte keine Lust, sie eines Tages gedruckt zu sehen, wie das verschiedenen Fürsten passiert war. Sie gehörten ihr jedoch ebensogut als mir, aber sie gewährte mir meine Bitte ...

Ich machte auch Fräulein Mathis, einer Piemonteserin, den Hof, die bei meiner Schwester Pauline (Vorleserin) war. Ich machte ihr Geschenke, denn sie war nicht reich. Ihr Vater, der in Turin lebte, glaubte, sie mache Schulden, und ließ sie zurückkommen. Sie reiste ab, aber kaum hatte sie ihrem Vater erzählt, was sich zugetragen hatte, so kam dieser mit ihr wieder nach Frankreich. Er glaubte, große Dinge zu vollbringen. Ich war damals in Lyon. Ich sah sie wieder. Sie erzählte mir, ihr Vater habe sie gescholten, dass sie es ihm nicht früher gesagt; da ich jedoch, wie ich glaube, gerade in der Scheidung mit Josephine lag und mit der Heirat mit Marie-Louise beschäftigt war, so brach ich diese Liebesintrige ab.

In Wien sagte Murat im Jahr 1805 zu mir: ›Ich will Sie mit einer entzückenden Frau bekannt machen, die ganz toll in Sie verliebt ist und nur Sie will.‹ Obgleich mir das ein wenig verdächtig vorkam, sagte ich doch, er solle sie mir bringen. Sie sprach kein Wort Französisch und ich nicht ein Wort Deutsch. Aber sie gefiel mir so gut, dass ich die Nacht mit ihr verbrachte. Sie war eine der angenehmsten Frauen, die ich je kennengelernt hatte: keinerlei Geruch! Als es Tag wurde, weckte sie mich, und ich habe sie seitdem nicht wiedergesehen. Ich habe niemals erfahren, wer sie war. Im Jahr 1809 sagte jedoch der Chef der Wiener Polizei, dass es eine Judith sei, und seit dieser Zeit hat man dieses Gerücht verbreitet. Eine Frau muss hübsch und liebenswürdig sein, um mir zu gefallen.

Die Polinnen sind sehr intrigant.

In Korsika fragt man, wenn man sich verheiratet: ›Ist die Zukünftige eine gute Partie? Wie viele Vettern hat sie?‹ Ich hatte ungefähr 80 Vettern und Verwandte. Als ich in Frankreich zur Macht gekommen war, verhinderte ich, dass sie mich aufsuchten. Ich bin viel mehr aus der Champagne als Korse, denn von meinem neunten Lebensjahr an wurde ich in Brienne erzogen. Es hätte den Franzosen nicht behagt, wenn ich mich mit Korsen umgeben haben würde. Im Gegenteil, ich wollte durchaus Franzose sein, obgleich Korsika, das zwischen Frankreich und Italien liegt, das Vaterland desjenigen sein konnte, der über beide herrschte. Nichtsdestoweniger traf mich von allen Beleidigungen, die man gegen mich in den Flugschriften verbreitete, keine mehr als die, mich Korse nennen zu hören. Im Grunde genommen ist die Insel Korsika, obwohl man dort Französisch spricht, nicht Frankreich.«

Général baron Gourgaud, Sainte-Hélène; Journal inédit.

Der Kaiser Napoleon und der Kapitän Basil Hall in Longwood, 13. August 1817

Basil Hall, Kapitän der »Lyra«, war mit Depeschen nach Kalkutta geschickt worden. Von dort aus waren er und seine Begleiter[1] nach Madras und Ile-de-France abgesegelt, und nachdem sie glücklich das Kap der Guten Hoffnung umsegelt hatten, warfen sie am 11. August vor der Insel St. Helena Anker. Hall und seine Begleiter trieb kein anderes Ziel nach diesem Eiland als der große Gefangene, mit dem sie eine Zusammenkunft erhofften. Der Kapitän war mit dem Gouverneur Hudson Lowe befreundet, wusste jedoch nicht, dass er und Napoleon nichts weniger als im guten Einvernehmen miteinander lebten. Hall wandte sich daher an den Grafen Bertrand und den Doktor O'Meara, durch deren Vermittlung es ihm endlich gelang, bei Napoleon vorgelassen zu werden. Über diese Unterredung berichtet er Folgendes:

Graf Bertrand sagte, dass der Kaiser mich zuerst und allein und nachher meine Begleiter empfangen wolle. Da ich gehört hatte, dass er stets sehr ungeduldig gegen diejenigen sei, die das Französische nicht ganz beherrschten, bat ich den Großmarschall, bei mir zu bleiben, damit er mir zu Hilfe kommen könnte, wenn ich mit der Sprache nicht fortkäme. Aber der Großmarschall beruhigte mich und sagte, ich täte Unrecht zu glauben, der Kaiser werde bei solchen Gelegenheiten ungeduldig, er sei im Gegenteil außerordentlich ruhig und stets bereit, diejenigen zu entschuldigen, denen er Audienz erteilte. Ich begab mich daher in ein Vor-

---

1 Die Offiziere Clifford und Harvey.

zimmer, wo ich ungefähr zehn Minuten wartete, bis ein Diener mir meldete, dass Se. Majestät mich empfangen wolle.

Als ich in das Zimmer eintrat, sah ich Bonaparte vor dem Feuer stehen, den Ellenbogen auf den Kaminsims und den Kopf in seine Hand gestützt. Er hob die Augen und tat zwei Schritte auf mich zu, wobei er meinen Gruß mit einer Neigung des Kopfes erwiderte. Seine erste Frage war:

»Wie heißen Sie?« Und als ich ihm geantwortet hatte, sagte er:

»Ach, ja! Hall … Ich kannte Ihren Vater, als ich in der Militärschule von Brienne war.[1] Ich erinnere mich seiner noch genau. Er liebte sehr die Mathematik. Er mischte sich niemals unter die jüngeren Schüler, sondern verkehrte lieber mit den Mönchen oder mit den Lehrern.«

Nach diesen Worten schwieg er einen Augenblick, und da er auf eine Antwort meinerseits zu warten schien, bemerkte ich, ich hätte wohl sehr oft von meinem Vater gehört, dass er zu jener Zeit die Militärschule von Brienne besuchte, aber ich sei erstaunt, dass Napoleon sich meines Vaters, eines einfachen Menschen, nach so langen, an bedeutenden Ereignissen reichen Jahren entsinnen könne.

»Oh nein!«, rief Napoleon; »Ihr Vater war der erste Engländer, den ich je gesehen hatte, und darum habe ich mich seiner auch stets erinnert.«

Ich muss hier bemerken, dass die Unterhaltung französisch geführt wurde und ich mich beeilte, sofort nach der Zusammenkunft alle Einzelheiten niederzuschreiben. Ich bin daher ungefähr sicher, die Ausdrücke Napoleons wiederzugeben, so sehr waren die Eindrücke in mir noch lebendig und tief.

Einige Augenblicke nach seiner letzten Bemerkung fragte mich Bonaparte mit einem Lächeln, als wenn es ihm Freude machte, mich auszufragen:

»Hat Ihr Vater niemals von mir gesprochen?«

»Sehr oft«, antwortete ich sofort.

---

[1] Halls Vater war ein älterer Mitschüler Napoleons gewesen.

»Und was sagte er von mir?«, entgegnete er in einem Ton, der eine schnelle Antwort verlangte.

»Er hatte stets die größte Bewunderung für die Förderung, die Sie den Wissenschaften angedeihen ließen, als Sie auf dem Thron saßen.«

Napoleon lächelte und schüttelte ein paar Mal den Kopf, anscheinend durch dieses Kompliment geschmeichelt. Dann fuhr er fort:

»Hat Ihr Vater niemals den Wunsch ausgedrückt, mich zu sehen?«

»Ich habe ihn oft sagen hören, dass es auf der Welt keinen Menschen gäbe, der mehr verdiente, gesehen zu werden, als Napoleon, und er hat mir den Rat gegeben, ein Zusammentreffen mit ihm zu suchen, sobald ich dazu Gelegenheit hätte.«

»Sehr gut«, erwiderte Bonaparte, »wenn mich Ihr Vater als eine so große Sehenswürdigkeit betrachtet, wenn er so sehnlich wünscht, mich zu sehen, warum kommt er denn nicht nach St. Helena?«

Ich war zuerst im Zweifel, ob diese Frage ernst oder ironisch war; da ich jedoch sah, dass er auf Antwort wartete, sagte ich, mein Vater sei zu sehr beschäftigt und könne sein Land nicht verlassen.

»Hat er ein öffentliches Amt inne?«

»Nein, er bekleidet keinerlei öffentliche Stellung, aber er ist Präsident der Royal Society von Edinburgh, und dieses Amt erfordert einen großen Teil seiner Zeit.«

Diese Antwort führte eine Reihe Fragen über die Organisation unserer Royal Society herbei. Napoleon wollte wissen, was alle Beamte dieser gelehrten Gesellschaft vom Präsidenten bis zum Sekretär täten und auf welche Weise ihnen die wissenschaftlichen Mitteilungen zukämen. Und als ich ihm sagte, dass die Gesellschaft aus mehreren hundert Mitgliedern bestände, schüttelte er den Kopf und bemerkte:

»Aber alle diese Mitglieder sind Gelehrte!«

Als er darüber genug gefragt hatte, kam er wieder auf meinen Vater zurück. Nachdem er eine Weile im Kopf gerechnet hatte, sagte er:

»Ihr Vater muss, soviel ich mich erinnere, neun oder zehn Jahre älter sein als ich. Wenigstens neun … nein zehn, glaube ich. Habe ich recht?«

Ich antwortete ihm, dass es genau zehn Jahre seien. Und er lachte, drehte sich mehrmals auf dem Absatz herum und schüttelte den Kopf. Ich wagte nicht, ihn wegen der Ursache dieser Freude zu fragen, dachte mir aber, dass sie in seiner genauen Berechnung zu suchen sei. Er setzte seine Fragen fort und wollte wissen, wie viele Kinder mein Vater hätte, wie alt sie wären und welchen Beruf sie ausübten. Dann fragte er:

»Wie lange haben Sie in Frankreich gelebt?«

»Ich bin niemals in Frankreich gewesen«, antwortete ich.

»Aber wo haben Sie Französisch gelernt?«

»Von einigen Franzosen an Bord verschiedener Kriegsschiffe.«

»Waren Sie Gefangener der Franzosen oder umgekehrt?«

»Es waren französische Offiziere, die von den Schiffen gefangen genommen worden waren, auf denen ich diente.«

Napoleon wollte nun, dass ich ihm die Gefechte beschriebe, an denen ich teilgenommen hätte. Da er aber sah, dass dieser Gegenstand für ihn weniger interessant war, als er angenommen hatte, unterbrach er mich und fragte mich über einige Einzelheiten der Reise, die ich soeben in den Südmeeren gemacht hatte.

Meine Antworten reizten außerordentlich seine Wissbegierde. Die unzähligen Gelegenheiten, die Napoleon durch seine hohe Stellung geboten worden waren, sich über fast jeden Gegenstand zu unterrichten, seine Intelligenz und sein ungeheures Gedächtnis erleichterten es außerordentlich, ihm etwas für ihn Neues zu erzählen. Ich schätzte mich daher glücklich, mit ihm über etwas sprechen zu können, das unsere Unterhaltung über den allgemeinen Rahmen einer offiziellen Audienz hinaushob. Man hat stets behauptet, Napoleon empfände ein ganz besonderes Interesse für alles, was sich auf den Orient beziehe. Durch die Begierde, mit der er alle Einzelheiten förmlich zu verschlingen schien, die ich ihm über Liukiu, China und die umliegenden Länder berichtete, bewies er mir allerdings seine Vorliebe für den Orient. Man hat auch behauptet, er habe nur sehr geringe geographische Kenntnisse von diesen fernen Ländern, und ich war daher nicht wenig erstaunt, dass seine Ansichten über die Lage der Länder in den chinesischen und japanischen Meeren sehr zutreffend waren. Als ich die Insel Liukiu nannte, schüttelte er den Kopf wie jemand, der zum ersten Mal davon sprechen hört, und fragte dann, wie weit Liukiu von Kanton, von Japan und von Manila gelegen sei. Darauf befragte er mich über die Einwohner dieser Insel, und zwar unterzog er mich sozusagen einem strengen Examen. Er warf seine Fragen nicht auf gut Glück hin, sondern eine reihte sich an die andere oder schien die andere vorzubereiten. In kurzer Zeit hatte er mich dermaßen ausgeforscht, dass es mir unmöglich gewesen wäre, ihm auch nur die geringste Einzelheit zu verschweigen oder anders darzustellen, als sie gewesen war. Die Schnelligkeit seiner Auffassung der Dinge, die ihn interessierten, und die wunderbare Leichtigkeit, mit der er alle Einzelheiten klassifizierte oder verallgemeinerte, waren so großartig, dass er oft meinen Worten zuvorkam, den Schluss der Rede voraussah, ehe ich ihn ausgesprochen hatte, und mir auf diese Weise meine Erzählung von den Lippen stahl.

Verschiedene Gewohnheiten der Einwohner Liukius überraschten ihn jedoch außerordentlich, und ich hatte das Vergnügen, ihn mehr als einmal in Verlegenheit zu sehen, wie er sich gewisse »Phänomene« in meinem Bericht erklären sollte. Nichts aber erstaunte ihn so sehr, als zu hören, dass die Bewohner von Liukiu keine Waffen hätten.

»Keine Waffen!«, rief er; »das heißt keine Kanonen … sie haben doch Flinten?«

»Nicht einmal Flinten«, antwortete ich.

»Nun also dann Lanzen, oder wenigstens Bogen und Pfeile?«

»Weder das eine noch das andere.«

»Dolche?«, rief er lebhaft.

»Auch nicht.«

»Wie kann man sich denn ohne Waffen schlagen!«, sagte er mit geballter Faust und immer lauterer Stimme.

Ich antwortete ihm, soweit wir uns davon hätten überzeugen können, führten sie überhaupt niemals Krieg, sondern blieben stets in Frieden im Innern wie nach außen.

»Wie, keinen Krieg!«, rief Napoleon im Ton der Verachtung und Ungläubigkeit, als wenn die Existenz eines Volkes ohne Krieg eine ungeheure Anomalie sei.

Im gleichen Maße, wenn auch nicht mit solcher Heftigkeit schien Napoleon darüber Zweifel zu hegen, als ich ihm erzählte, dass die Insulaner das Geld nicht kannten und unsern Silber- oder Goldmünzen keinerlei Wert beilegten. Nachdem er eine Weile überlegt hatte, sagte er halblaut zu sich selbst: Den Gebrauch des Geldes nicht kennen! … sich weder um Gold noch Silber kümmern! … Dann hob er den Kopf und fragte mich spitzfindig:

»Nun, Kapitän, wie haben Sie es denn da gemacht, um diesem seltsamen Volk die Rinder und andern guten Sachen zu bezahlen, die es Ihnen in so großer Menge an Bord schickte?«

Und als ich ihm sagte, dass wir die Bevölkerung von Liukiu nicht hätten bewegen können, irgendeine Bezahlung anzunehmen, drückte er das lebhafteste Erstaunen über diese Freigebigkeit aus, und ich musste ihm zwei Mal alle Dinge aufzählen, mit denen uns jene gastfreien Insulaner so großmütig versehen hatten.

Ich hatte einige Skizzen von Landschaften und Trachten aus Liukiu und aus Korea mitgebracht, die mir bei der Beschreibung der Bewohner dieser Länder von großem Nutzen waren. Als wir von Korea sprachen, nahm Napoleon mir eine der Zeichnungen aus der Hand, betrachtete sie ganz genau und machte dabei für sich seine Bemerkungen. »Ein Greis mit einem großen Hut und einem langen weißen Bart. Ah! … eine lange Pfeife in der Hand … einen Chinesenzopf … ein chinesisches Gewand … ein Mann, der schreibt … sehr gut, sehr gut gezeichnet.«

Er bat mich darauf, ihm zu sagen, wo die verschiedenen Stoffe gefertigt würden, mit denen sich die Völker dieser Gegenden bekleiden, und wie ihre Preise seien … Fragen, die ich ihm nicht beantworten konnte. Er wollte ferner den Zustand der Landwirtschaft in Liukiu kennenlernen, wollte wissen, ob man mit Pferden oder mit Ochsen ackerte, wie man säte und wie man erntete, ob die Felder wie die chinesischen Felder bewässert würden, denn er habe gehört, das Bewässerungssystem sei in China zu einer großen Vollkommenheit gelangt. Er erkundigte sich über das Klima, den Eindruck, den das Land mache, über die Bauart und die Form der Häuser und Schiffe, die Moden, die Kostüme, ja selbst über die Verfertigung der Strohsandalen und der Tabaksbeutel. Er schien sich sehr über die Hartnäckigkeit zu freuen, mit welcher die Insulaner von Liukiu ihre Weiber verborgen hielten, billigte aber wiederholt die Milde und die Vernunft des Kapitäns Maxwell[1], der es sich hatte angelegen sein lassen, den Eingeborenen der Insel weder in ihren Gewohnheiten noch in ihren Gesetzen zu widersprechen.

Er stellte verschiedene Fragen über die Religion in China und in Liukiu und war von der äußerlichen Ähnlichkeit der katholischen Geistlichen mit den chinesischen Bonzen überrascht, eine Ähnlichkeit, die, wie er selbst bemerkte, sich auf mehrere Riten der beiden Religionen erstreckte. »Aber«, fügte er noch hinzu, »in einem sind sie sich nicht ähnlich: Die chinesischen Bonzen üben keinerlei Einfluss auf den Volksgeist aus und mengen sich weder in die geistlichen noch in die weltlichen Angelegenheiten des Volkes.«

Mit Ausnahme eines augenblicklichen Übermaßes von Verachtung und Ungläubigkeit, als ich ihm erzählte, dass die Bewohner von Liukiu weder Kriege noch Zerstörungswaffen kennen, war Napoleon während der ganzen Unterhaltung sehr liebenswürdig. Seine Heiterkeit, ja ich möchte sagen, seine Vertraulichkeit machten mich nicht allein völ-

1 Maxwell befehligte das Schiff »Alceste« bei dieser Expedition.

lig unbefangen in seiner Gegenwart, sondern ließen mich sogar mehrmals die achtungsvolle Aufmerksamkeit vergessen, die ich dem gefallenen Monarchen zu erweisen wünschte und schuldig war. Das Interesse, das er den Dingen entgegenbrachte, die mich in diesem Augenblick am meisten beschäftigten, trug natürlich nur dazu bei, mich in meiner Erzählung immer lebhafter zu zeigen, und mehr als einmal überraschte ich mich dabei, dass ich mit einer Freiheit sprach, die mich, als ich meine Ungeschicklichkeit bemerkte, ganz verwirrt machte. Aber Napoleon ermutigte mich, in demselben Ton fortzufahren, und zwar tat er es so offen und wohlwollend, dass ich im nächsten Augenblick wieder ganz ungeniert war.

»Was kennen Ihre Freunde von Liukiu von den andern Ländern?«, fragte er mich.

»Sie kennen nur China und Japan«, antwortete ich.

»Ja, ja, zweifellos«, fuhr er fort, »aber von Europa, welche Kenntnis haben sie von Europa?«

»Sie wissen nichts von Europa, nichts von Frankreich, nichts von England und haben sogar«, fügte ich hinzu, »niemals etwas über Eure Majestät gehört.«

Bonaparte lachte herzlich über diese außerordentliche Besonderheit der Bewohner von Liukiu, eine Besonderheit, die dieses Land allerdings von allen andern Ländern der Erde unterschied.

Ich hielt eine Zeichnung der Schwefelinsel in der Hand. Sie ist ein dürrer, inmitten des Japanischen Meeres einsam gelegener Felsen. Napoleon betrachtete sie einen Augenblick und sagte dann plötzlich:

»Das ist ja die Insel St. Helena!«

Als er alle Fragen über unsere Reise erschöpft hatte, oder wenigstens, als er alles aus mir herausgezogen hatte, was ich ihm darüber sagen konnte, kam er wieder auf den Gegenstand zurück, der ihn anfangs beschäftigt hatte, und fragte ohne irgendwelchen Übergang:

»Ist Ihr Vater einer der Redakteure der Edinburgh Review?«

Ich erwiderte, dass die Verfasser dieses Sammelwerks alle anonym seien, aber einige Werke meines Vaters wären darin kritisiert worden.

Darauf machte Napoleon eine halbe Wendung nach dem Grafen Bertrand, schüttelte mehrmals den Kopf und sagte mit einem bezeichnenden Lächeln: »Ah! Ah!«, als wollte er damit beweisen, dass er genau den Unterschied zwischen einem Autor und einem Kritiker kenne.

Dann fragte mich Bonaparte: »Sind Sie verheiratet?«

»Nein«, entgegnete ich.

»Und warum nicht? Aus welchem Grund haben Sie sich nicht verheiratet?«

Da ich um die Antwort verlegen war, schwieg ich. Er wiederholte jedoch seine Frage auf eine Weise, dass ich gezwungen war, etwas darauf zu antworten. Ich sagte ihm daher, dass ich mein ganzes Leben lang zu sehr beschäftigt gewesen sei, um daran denken zu können, und übrigens sei ich auch nicht in der Lage, mich zu verheiraten.

Er schien mich nicht zu verstehen und beharrte darauf, mich zu fragen, warum ich Junggeselle geblieben sei. Ich sagte ihm, ich sei zu arm, um mich zu verheiraten.

»Ah! Ah!«, rief er. »Jetzt verstehe ich: Geldmangel … kein Geld … ja, ja«, und dann lachte er laut und herzlich. Ich lachte natürlich mit ihm, obgleich ich nicht wusste, was dabei so Lächerliches wäre.

Die letzte Frage, die er an mich richtete, bezog sich auf den Hafen und das Schiff, das ich befehligte. Und dann sagte er zu mir in bestimmtem Ton, als wenn er darüber zu entscheiden hätte:

»Sie werden in fünfunddreißig Tagen in England sein.«

Nebenbei bemerkt, erfüllte sich seine Weissagung nicht, denn wir blieben 62 Tage auf dem Wasser und wären noch obendrein beinahe verhungert.

Nach diesem letzten Satz schwieg Napoleon einige Sekunden, nickte darauf leicht mit dem Kopf, wünschte mir glückliche Reise, ging ein paar Schritte zurück, und ich war entlassen.

Nach mir wurden meine beiden Begleiter Herr Clifford und Herr Harvey vorgelassen. Napoleon richtete einige Fragen an sie, wahre Gemeinplätze der Höflichkeit, und nach einigen Minuten verabschiedete er sie.

Ich war sehr erstaunt, einen so großen Unterschied zwischen Bonaparte und den Porträts oder Büsten zu finden, die ich von ihm gesehen hatte. Sein Gesicht war breiter und viereckiger als auf allen Bildern. Seine Beleibtheit, die man allenthalben als außerordentlich hinstellte, war durchaus nicht sichtbar. Sein Fleisch schien im Gegenteil fest und muskulös zu sein. In seinem Gesicht war nicht die geringste Spur von Farbe, und seine Haut war marmorartig. Keine Falte war auf der Stirn noch im Gesicht bemerkbar, und dem Anschein nach zu urteilen, waren seine Gesundheit und seine Stimmung ausgezeichnet, obgleich man gerade damals in England allgemein glaubte, er leide unter einer Menge Krankheiten und einer moralischen Niedergeschlagenheit.

Seine Redeweise war eher langsam als schnell und vollkommen klar. Er wartete sehr geduldig, bis ich ihm auf seine Fragen antwortete, und während unserer Unterhaltung brauchten wir uns nur ein einziges Mal an den Grafen Bertrand zu wenden.

Ich kann den glänzenden, ja den bisweilen blendenden Ausdruck seiner Augen nicht mit Stillschweigen übergehen. Sie glänzten jedoch nicht ununterbrochen; jener Glanz war nur dann bemerkbar, wenn er lebhaft bewegt war oder sich ganz besonders für einen Gegenstand interessierte. Nichts aber kann eine Vorstellung von der Sanftheit und der Güte geben, die Napoleons Gesicht die ganze Zeit hindurch ausdrückte, während ich bei ihm war. Wenn er also damals krank oder übelgelaunt gewesen wäre, musste er einen hohen Grad von Selbstbeherrschung besitzen.

Am nächsten Tag gingen wir unter Segel und kamen Mitte Oktober, nach einer Abwesenheit von zwanzig Monaten, in England an. Während dieser Zeit hatte ich ungefähr 14 000 Seemeilen durchquert, was einer zweimaligen Reise um die Welt gleichkommt; ich hatte einen großen

Teil der chinesischen Küste, mehrere Inseln des südlichen Archipels und der japanischen Meere, verschiedene der Hauptstationen des Kontinents und die Inseln Indiens besucht, zwei Mal das Kap der Guten Hoffnung umsegelt und – Napoleon gesehen.

Captain B. Hall, Voyage to Loo-choo and other places in the Eastern seas ... and notes of an interview with Buonaparte at St. Helena in August, 1817.

Der Kaiser Napoleon und der General Gourgaud in Longwood, 30. August 1817

Nach der Heirat des Kaisers mit Marie-Louise schrieb die Herzogin von Bassano an ihren Mann, dass sie die ganze Nacht nicht geschlafen hätte, so hässlich habe sie Marie-Louise gefunden. Sie war überzeugt, dass der Kaiser, der gewöhnt war, so hübsche Frauen zu sehen, sich nicht an ihr Gesicht würde gewöhnen können. Und Napoleon zwang Maret, ihm diesen Brief zu zeigen.

Später kam Madame Maret von ihrem ersten Eindruck ab und sagte, die Erzherzogin habe eine hübsche Gestalt und ein gutes Herz.

»Als ich ihr entgegenfuhr«, sagte der Kaiser zu Gourgaud, »ließ ich meinen Wagen vorher halten, denn ich wollte nicht, dass sie wusste, wer ich war. Aber die Königin von Neapel, die an ihrer Seite saß, rief: ›Da ist der Kaiser!‹ Ich stieg schnell in den Wagen und küsste Marie. Das arme Kind hatte eine lange Rede auswendig gelernt, die sie vor mir kniend hersagen sollte. Sie hatte sie immer und immer wieder durchgelesen. Ich hatte Metternich und den Bischof von Nantes gefragt, ob ich die Nacht unter demselben Dach verbringen könne wie sie. Sie enthoben mich aller meiner Befürchtungen und versicherten mir, dass sie die Kaiserin und nicht die Erzherzogin sei. Ich war nur durch die Bibliothek von ihrem Schlafzimmer getrennt. Ich fragte sie, was man ihr gesagt habe, als sie Wien verließ. Sie antwortete sehr naiv, dass ihr Vater und Frau von Lazansky ihr Folgendes empfohlen hätten: ›Sobald Sie mit dem Kaiser Napoleon allein sind, müssen Sie durchaus alles tun, was er Ihnen sagen wird; Sie müssen ihm in allem, was er von Ihnen verlangt, zu Willen sein.‹ Sie war ein entzückendes Kind.

Herr von Ségur wollte, dass ich mich der Form halber entfernte, aber ich war ja verheiratet, alles war in Ordnung, und ich schickte ihn daher zum Teufel. Ich habe einen großen Fehler damit begangen, dass ich Marie-Louise die Herzogin von Montebello zur Ehrendame gab. Ich tat es für die Armee und hatte es gar nicht nötig. Marie-Louise liebte den alten Adel mehr als den neuen. Madame de Beauvau hätte besser dazu gepasst. Madame de Montebello hat sich dadurch entehrt, dass sie nicht bei Marie-Louise geblieben ist. Ich wollte ihr Narbonne als Ehrenkavalier geben, denn er strebte sehnlichst danach und hätte sich ausgezeichnet zu dieser Stellung geeignet; er würde mir alles wieder gesagt haben, aber Marie war nicht damit einverstanden. Sie liebte Frau von Montebello nicht. Sie log niemals, war sehr zurückhaltend, war mit allen liebenswürdig, selbst gegen die, die sie verabscheute. In Wien hatte man sie darauf dressiert, selbst den Ministern, die sie nicht ausstehen konnte, ein freundliches Gesicht zu zeigen. Wenn sie Geld brauchte, verlangte sie es von mir und war entzückt, wenn ich ihr 10 000 Franken gab. Das entzückte mich, denn sie war sehr verschwiegen. Man hätte ihr alles anvertrauen können; sie war der reine Geheimniskasten. Sie liebte, wie es nicht anders sein konnte, ihren Vater. Ich habe Unrecht getan, Isabey als Zeichenlehrer für sie auszusuchen. Wenn ich in das Atelier eintrat, wo er sich befand, war er stets sehr verlegen; er war ein Fanatiker. Prudhon wäre besser gewesen. Diese Leute spionieren alles aus.

Ich glaube jedoch, obgleich ich Marie-Louise sehr liebte, dass ich Josephine mehr geliebt habe. Das ist natürlich: Ich bin mit ihr von Stufe zu Stufe emporgeklommen, und dann war sie eine echte Frau, die Frau, die ich mir *erwählt* hatte! Sie war außerordentlich graziös, wenn sie zu Bett ging oder sich ankleidete. Ich hätte gewünscht, ein Albano hätte sie gesehen und sie gezeichnet. So aufrichtig Marie-Louise war, so verlogen war Josephine. Sie sagte zuerst nein, um Zeit zum Nachdenken zu haben. Sie machte Schulden, und ich musste sie bezahlen. Jeden Monat schüttete sie einmal ihr Herz aus und sagte dann alles, was sie auf dem Gewissen hatte, wie eine echte Pariserin. Ich würde sie niemals verlassen haben, wenn sie mir ein Kind geboren hätte – aber lieber Gott …!«

Frau von Montholon warf ein: »Das wäre ein großes Glück für sie gewesen.«

»Und für Frankreich«, sagte Gourgaud.

Der Kaiser sah ihn vergnügt an und erwiderte:

»Ja, sicher, denn ohne meine Heirat mit Marie hätte ich niemals mit Russland Krieg geführt. Ich habe mich dadurch des Beistandes Österreichs versichert und hatte unrecht, denn Österreich ist der erklärte Feind Frankreichs.«

Général baron Gourgaud, Sainte-Hélène; Journal inédit.

Der Kaiser Napoleon und der General Gourgaud in Longwood, 30. November 1817

Der Kaiser sprach an diesem Tag mit Gourgaud über verschiedene deutsche Fürstlichkeiten, wie den König von Bayern und seine Gemahlin, sowie über die Königin Luise von Preußen.

»Der König von Bayern«, sagte er, »wollte seine Tochter dem Prinzen Eugen nicht zur Frau geben, indem er behauptete, er wüsste nicht, was eine Adoption sei, und betrachtete ihn als Vicomte de Beauharnais. Ich ließ ihn wissen, dass ich meinem Stiefsohn eine Österreicherin geben würde und er sich sofort entscheiden solle. Josephine hatte bereits in München dadurch Kränkungen erfahren, dass man in ihrer Gegenwart immer von dem Liebesverhältnis der Prinzessin mit dem Prinzen von Baden sprach. Als ich durch München kam, besuchte mich der König von Bayern in meinem Arbeitskabinett mit einer verschleierten Dame. Er hob den Schleier von ihrem Gesicht: Es war seine Tochter. Ich fand sie reizend und war, das muss ich allerdings gestehen, ziemlich verwirrt. Infolgedessen glaubte der König sich berechtigt zu sagen, ich sei ganz außer mir gewesen. Ich bot der jungen Dame einen Stuhl an und las darauf ihrer Erzieherin die Epistel. Dürfen Prinzessinnen lieben? Sie sind nichts weiter als politische Ware.

Die Königin von Bayern war hübsch; ich war sehr gern mit ihr zusammen. An einem Jagdtag war der König früher aufgebrochen als ich, und ich hatte ihm versprochen, nachzukommen, aber ich war bei der Königin, mit der ich anderthalb Stunden zusammenblieb. Das gab zu Schwätzereien Veranlassung und erregte den Zorn des Königs; als die beiden

Ehegatten sich wiedersahen, schalt der König die Königin aus. Sie aber antwortete ihm: ›Möchten Sie denn, dass ich ihn zur Tür hinauswürfe?‹

Seit dieser Zeit musste ich diese Galanterien teuer bezahlen, denn der König und die Königin folgten mir auf meiner Reise nach Italien, und ich hatte sie überall auf dem Hals. Sie hatten schlechte Wagen, die jeden Augenblick zusammenbrachen, und ich war schließlich gezwungen, sie in den meinigen aufzunehmen. In Venedig waren sie auch bei mir; im Grunde genommen war ich darüber nicht böse, denn ich hatte dadurch ein königliches Gefolge.

Die Königin von Preußen stand weit höher als die von Bayern. Sie kam zu spät nach Tilsit. Der König ließ sie erst kommen, als er sah, dass er nichts von mir erlangen konnte, aber alles war bereits entschieden. Ich machte ihr meinen Besuch, aber sie empfing mich wie Ximena in tragischem Ton: ›Sire, Gerechtigkeit! Gerechtigkeit! Magdeburg!‹ Sie fuhr in demselben Ton, der mich sehr störte, fort. Schließlich, um die Szene zu verändern, bat ich sie, Platz zu nehmen, denn nichts unterbricht eine tragische Szene besser als das; wenn man sitzt, wird alles Tragische zur Komödie. Sie trug ein herrliches Perlenhalsband, und ich sagte: ›Oh, die schönen Perlen!‹

Wir, der König, Alexander, die Königin und ich, speisten zusammen. Während der ganzen Mahlzeit sprach sie mit mir von Magdeburg. Darauf ließen der König und der Kaiser mich allein mit ihr. Sie drang wiederum in mich, und ich bot ihr eine Rose an, die auf dem Tisch stand. ›Ja‹, sagte sie, ›aber nur mit Magdeburg.‹ –

›Madame, ich bin es, der Ihnen diese Rose anbietet, und nicht Sie mir.‹ Als sie alle fort waren, ließ ich Talleyrand kommen und befahl ihm, die andern Minister aufzusuchen, denn ich wollte, dass der Vertrag noch an demselben Tag unterzeichnet würde, oder ich hätte den Feldzug von Neuem begonnen. Ich wollte Magdeburg haben, um den König von Sachsen beschützen zu können.

Der König von Preußen war ein richtiger Tölpel. Jedes Mal, wenn er zu mir kam, um mit mir über Geschäfte zu sprechen, gelang es ihm nicht, seine Gedanken auszudrücken. Ich unterhielt ihn von Tschakos, Uniformknöpfen, Ledertornistern und tausend andern Einfältigkeiten und verstand doch kein Wort von allen diesen Einzelheiten.

Alexander trug stets das Bild der beiden Kinder auf dem Herzen, die er von der Fürstin Narischkin hatte. Die Zarin war dumm und hatte unrecht, dass sie ihm keine Kinder geboren hat. Wie man sagt, liebte sie der Fürst Czartoryski.

Als die Königin von Preußen in ihren Wagen stieg, sagte sie zu Duroc, den sie sehr gern mochte: ›Oh, man hat mich in diesem Haus grausam getäuscht!‹ Alexander bat mich, den König in Tilsit zurückzuhalten, während er mit der Königin aufs Land ging. Der König konnte nicht früher abreisen, als bis ich ihm seinen Abschiedsbesuch erwidert hatte. Ich ließ ihn acht oder zehn Stunden warten. Er ließ mir sagen, dass er mich von diesem Besuch befreie, aber ich teilte ihm darauf mit, dass mir sehr viel daran läge, ihn nochmals zu sehen. Ich glaube wohl, dass Alexander mit der Königin nichts weiter als eine zarte Freundschaft in allen Ehren verband, aber der König war doch verdrießlich darüber. Als ich mit Alexander in Tilsit war, war ich oft gezwungen, listig zu Werke zu gehen, um nicht immer den König auf dem Hals zu haben. Das ›Manuscrit de Sainte-Hélène‹ sagt ganz richtig, dass ich einen großen politischen Fehler begangen habe, indem ich diese Dynastie in Preußen regieren ließ. Ja, ich hätte eine andere einsetzen sollen, es stand in meiner Macht!«

Darauf sprach der Kaiser mit großem Lob von Marie-Louise. »Die Pflicht«, sagte er, »ist stets ihr Leitstern gewesen. Sie hielt Josephine für eine alte Frau, und so sagte ich einst zu dieser: ›Sie hält dich für alt. Wenn sie dich sieht, wird sie weinen, und ich würde genötigt sein, dir die Tür zu weisen. Wir leben nicht mehr in den Zeiten Heinrichs IV., wo du genötigt wärest, ihr die Schleppe zu tragen.‹«

Darauf ging Napoleon in den Salon; er war sehr lebhaft und sprach viel.

Général baron Gourgand, Sainte-Hélène; Journal inédit.

Der Kaiser Napoleon und der General Montholon in Longwood, 10. Februar 1818

Der Gedanke, dass ihm doch noch ein besseres Schicksal beschieden wäre, beschäftigte Napoleon auf St. Helena in den ersten Jahren sehr oft und wurde durch die Erinnerung an seine Freundschaft mit Alexander in Erfurt sowie durch die Familienbande, die ihn mit Österreich verbanden, bestärkt. Er hob immer wieder seinen beständigen Wunsch nach Frieden hervor. In der Nacht vom 10. Februar diktierte er dem General Montholon Folgendes:

»Ich habe den allgemeinen Frieden stets als erste Bedingung zur Wiedergeburt Europas angesehen.

Als Konsul war mein erster Gedanke, Friedensunterhandlungen anzuknüpfen.

Ich habe mir weder vorzuwerfen, dass ich den Frieden von Amiens noch andere von mir unterzeichnete Verträge gebrochen habe.

Als Kaiser haben mir meine Siege stets Gelegenheit zur Erneuerung meiner friedlichen Absichten gegeben. Nach Austerlitz, nach Friedland, nach Wagram und endlich, ehe ich den Niemen überschritt, habe ich dem König von England den Frieden angeboten.

Alle meine Eroberungen bestimmte ich zu versöhnenden Maßnahmen zwischen den vielen rivalisierenden Interessen, sobald die Unterhandlungen zu dem allgemeinen Frieden abgeschlossen waren. Meine Depeschen an meine Gesandten können über diesen Punkt keinen Zweifel bestehen lassen, vor allem die Korrespondenz Marets, des Herzogs von Bassano, mit Lord Castlereagh und mein persönlicher Briefwechsel mit meinem

Gesandten in Warschau[1] während meines Aufenthalts in Dresden vor dem Beginn des russischen Feldzugs. Man kann sich alle diese Schriftstücke leicht verschaffen.

Wenn ich noch einen andern Ehrgeiz als den gehabt hätte, den Einfluss, meiner Waffen auf die Reorganisation Europas im Interesse der in Betracht kommenden Nationen zu verwenden, so würde ich nicht gezögert haben, den geheimen Pakt mit meiner Unterschrift zu ratifizieren, den der Herzog von Vicenza mir von St. Petersburg aus mit der Unterschrift ›ne varietur‹ des Kaisers Alexander zusandte. Denn dieser Vertrag sicherte mir die Teilung der Welt zu und setzte mir die Krone des Abendländischen Reichs aufs Haupt. Eine Abschrift davon muss man sich in den Archiven der Auswärtigen Angelegenheiten oder in den persönlichen Papieren des Herzogs von Vicenza verschaffen können.

Ich habe niemals aus Eroberungssucht Krieg geführt; ich habe die Kriege angenommen, die das englische Ministerium gegen die Französische Revolution herausforderte.

Ich habe England viel Schlechtes zugefügt und würde noch viel mehr Unglück über das Land gebracht haben, wenn der Krieg länger gedauert hätte. Aber ich habe stets eine hohe Achtung vor dem englischen Volk gehabt. Und trotz der Qualen, die seine Minister mir auferlegen, bleibt meine Achtung für das englische Volk dieselbe.

Wenn Fox am Leben geblieben wäre[2], würde der Frieden zwischen Frankreich und England dauernd gewesen sein, denn ich habe England stets die Herrschaft über die Meere zuerkannt. Ich wollte nur, dass ein französisches Schiff auf dem Meer ebenso geachtet würde wie ein englischer Munitionswagen in den meiner Herrschaft unterstellten Staaten: vollkommene Gegenseitigkeit in allen Beziehungen dieser beiden großen Völker untereinander!

1 Abbé de Pradt.
2 Der englische Minister Fox starb am 13. September 1806.

Als ich von dem französischen Volk die Vollmacht erhielt, es zu regieren, sah ich die Notwendigkeit ein, seine soziale Organisation mit der anderer europäischer Nationen in Einklang zu bringen, um den Abgrund der Revolutionen zu schließen und die Reorganisation aller zu bewirken, indem ich mich zur Befriedigung aller legitimen Interessen der Völker der Fürsten bediente. Dieses mit Festigkeit, Mäßigkeit und im guten Glauben ausgeführte System musste ganz entschieden zu einer Erhöhung des Glanzes und der Sicherheit des Königtums führen und trotzdem der öffentlichen Freiheit Genugtuung verschaffen. Seine Anwendung jedoch hätte mehr oder weniger liberal sein müssen, je nach dem Grad der Entwicklung von Intelligenz und Zivilisation der verschiedenen europäischen Völker.

Niemals wurde ein größerer, ein umfangreicherer und dabei doch königlicher und zugleich volkstümlicher Gedanke für die Vereinigung der beiden großen Interessen gefasst, die durch die Wirkungen der Französischen Revolution zu Feinden geworden sind: die alten Königswürden und die Völker!

Die englische Oligarchie hat sich durch einige unverbesserliche Emigranten blenden lassen; sie hat mich nicht verstanden. Sie wird es bedauern, wenn sie darauf besteht, dem französischen Volk das Joch einer Dynastie aufdrängen zu wollen, die eine ganze Epoche von unsterblichem Ruhm und Befreiung aus feudaler Knechtschaft verleugnet.

Polen und Konstantinopel sind mir immer als zwei französische Anteile erschienen: Polen, weil, solange dieses Königreich nicht wiederhergestellt ist, das abendländische Europa ohne Grenze nach Asien zu ist; Konstantinopel, weil die Sümpfe verhindern, die französische rechte Flanke zu umgehen.

Aber weder die polnische noch die konstantinopolitanische Frage waren lösbar, sobald ich die beiden Länder nicht mit meinem Reich vereinigen wollte und sich meine Wünsche darauf beschränkt hätten, daraus Grenzen gegenseitiger Sicherheit zu machen, wie es der Wiener Kongress mit der Errichtung des holländisch-belgischen Königreichs getan hat.

Ich habe das reine Gewissen, dass ich niemals den in Tilsit und in Erfurt geleisteten Schwur gebrochen habe. Ich lasse dem Kaiser Alexander die Gerechtigkeit werden, dass ich glaube, er ist von den Umständen beherrscht worden, die stärker als sein persönlicher Wille waren, und ich nehme wie von einem Bruder die Versicherungen an, die mir von seiner Seite durch den Grafen von Balmain gemacht worden sind, ebenso die Gastfreundschaft, die er mir in seinen Staaten anbietet. Ich kann nur mein Bedauern ausdrücken, dass ich mich nicht an ihn gewandt habe, anstatt mich den Briten anzuvertrauen.«

Comte de Montholon, Récits de la captivité de l'empereur
Napoléon à Sainte-Hélène.

DER KAISER NAPOLEON UND DER DOKTOR ANTOMMARCHI IN LONGWOOD, 4. OKTOBER 1819

Der Doktor Antommarchi machte mit dem Kaiser einen Spaziergang durch den Garten, Napoleon war traurig und angegriffen. Er setzte sich unter eine Baumgruppe, welche die Ebene beherrschte. »Ach, Doktor«, sagte er, »wo ist der schöne Himmel von Korsika?«[1]

Er schwieg eine Weile und fuhr dann fort: »Das Schicksal hat nicht gewollt, dass ich den Ort wiedersehe, wohin mich alle Erinnerungen meiner Kindheit ziehen. Ich wollte und konnte mir die Herrschaft über diese Insel bewahren, aber eine Intrige, eine Laune ließ mich anders bestimmen. Ich zog Elba vor. Wäre ich meiner ersten Idee gefolgt, hätte ich mich nach Ajaccio zurückgezogen, wer weiß, ob ich dann jemals daran gedacht haben würde, mich der Zügel der Regierung aufs Neue zu bemächtigen. Ich wäre dort nicht auf allen Seiten verwundbar gewesen, man hätte mit den gegebenen Versprechungen kein Spiel getrieben, und ich befände mich nicht hier. Ich wollte mich im Jahr 1815 dorthin flüchten, denn ich war sicher, alle Meinungen, alle Wünsche und alle Bemühungen zu meinen Gunsten zu vereinigen. Da hätte ich selbst dem Übelwollen der Verbündeten trotzen können. Sie kennen die Bewohner unserer Berge. Sie wissen, welche Kraft, welche Ausdauer und welchen Mut sie besitzen, mit welch edlem Stolz sie dem Feind die Stirn bieten.

Übrigens werden die Inseln auf natürliche Weise verteidigt. Die Winde, die Entfernung, die Schwierigkeit der Landung erschweren den Angriff.

---

1 Antommarchi war ebenfalls auf der Insel Korsika geboren.

Das Volk würde mich mit offenen Armen aufgenommen haben. Es wäre meine Familie geworden, und ich hätte über alle Herzen verfügen können. Glauben Sie, dass dreißig-, vierzig-, fünfzigtausend Verbündete imstande gewesen wären, mich zu unterwerfen, wenn sie gewagt hätten, es zu unternehmen? Welcher Fürst würde sich in eine Arena gewagt haben, wo nichts zu gewinnen und alles zu verlieren war? Denn ich wiederhole: Das Volk wäre *mein* gewesen! Von meiner frühesten Jugend an hatte ich Namen und Einfluss in Korsika. Die steilsten Berge, die tiefsten Schluchten, die reißendsten Gebirgsströme, die Abgründe hatten nichts Abschreckendes für mich. Ich durcheilte sie von einem Ende zum andern, und niemals hatte ich Ursache, einzusehen, dass mein Vertrauen schlecht begründet war. Sogar in Bocognano, wo Hass und Rache sich bis in das siebente Glied vererben und wo bei der Aussteuer eines jungen Mädchens die Zahl ihrer Vettern in Anschlag gebracht wird, war ich willkommen, wurde ich gefeiert; man hätte sich auch da für mich geopfert. Nein, nicht die Gesinnung des Volkes beunruhigte mich! Ich wusste, dass alle Arme mir zur Verfügung standen. Aber man würde gesagt haben, dass ich mich nur in Sicherheit zu setzen suchte, dass ich den rettenden Hafen aufsuchte, während alles um mich herum zugrunde ging.

Ich wollte nicht, während so viele Tapfere umkamen, mich allein in Sicherheit bringen. Ich beschloss, mich nach Amerika zurückzuziehen, und machte mich auf den Weg nach England. Konnte ich ahnen, auf welch schreckliche Weise man dort Gastfreundschaft übt? Noch eine andere Betrachtung hielt mich ab, nach Korsika zu gehen. War ich einmal dort, so fürchtete ich den Ausgang des Kampfes nicht mehr, aber ich hätte mich dann mitten im Mittelmeer befunden. Frankreich und Italien hätten ihre Blicke auf mich gerichtet, und die Aufregung würde kein Ende genommen haben. Um ihre Ruhe zu sichern, wären die Fürsten gezwungen gewesen, mich anzugreifen. Die Insel wäre durch den Krieg stark mitgenommen worden, und ich wollte nicht an ihrem Unglück schuld sein. Ich hatte ja übrigens zugunsten meines Sohnes abgedankt.

Diese Handlung sollte keine illusorische sein, im Gegenteil, ich wollte sie für die Nation sicherer und vorteilhafter gestalten; ich fürchtete, durch mein Zurückziehen nach Korsika ihre Wirkung zu schwächen.

Ach, Doktor, welche Erinnerungen knüpfen sich für mich an Korsika! Mit Freuden denke ich noch an seine Hügel, seine Berge. Ich spüre die ›Insel‹, ich erkenne sie an ihrem Geruch! Ich wollte sie verschönern, sie glücklich machen. Ich wollte mit einem Wort alles für sie tun; das übrige Frankreich würde meine Vorliebe nicht missbilligt haben. Da kam das Unglück: Ich konnte meine Pläne nicht ausführen!«

Der Doktor Antommarchi war von dem, was er gehört hatte, erschüttert. Die Tränen traten ihm in die Augen.

»Was fehlt Ihnen?«, fragte der Kaiser.

»Verzeihen Sie, Sire, ich bin bewegt; ich kann die Gefühle, die auf mich einstürmen, nicht zurückhalten. Der Kontrast ist zu traurig.«

»Doktor, das Vaterland! Das Vaterland! Wäre St. Helena Frankreich, ich würde mich auf diesem elenden Felsen glücklich fühlen!«

Mémoires du docteur Antommarchi, ou les derniers moments de Napoléon.

Der Kaiser Napoleon und der General Montholon auf St. Helena, 17. April 1821

Gegen drei Uhr nachmittags ließ der kranke Napoleon den General Montholon rufen. Als dieser bei ihm eintrat, saß der Kaiser aufrecht in seinem Bett, und das Feuer seines Blickes ließ ihn eine Steigerung des Fiebers befürchten. Als er die Besorgnis des Generals bemerkte, sagte er gütig:

»Es geht mir nicht schlechter, aber ich habe mich eben damit beschäftigt, was meine Testamentsvollstrecker meinem Sohn sagen sollen, wenn sie ihn sehen werden. Es gibt nichts Schlimmeres als ehrliche Leute in politischen Krisen, wenn ihr Geist von falschen Ideen verblendet ist. Sie müssten sich alles dessen erinnern und alles zusammenfassen, was ich Ihnen über den Ehrgeiz meiner Regierung gesagt und diktiert habe, und Ihr Gedächtnis könnte Sie vielleicht oft im Stich lassen, wenn Sie darüber sprechen müssten. Es ist daher besser, wenn ich alle Ratschläge, die ich meinem Sohn hinterlasse, in wenigen Worten zusammenfasse. Sie können ihm dann leichter meine Gedanken auseinandersetzen. Schreiben Sie:

Mein Sohn darf nicht daran denken, meinen Tod zu rächen; er soll Nutzen daraus ziehen. Die Erinnerung an das, was ich vollbracht habe, darf ihn nie verlassen; er soll stets wie ich jeder Zoll ein Franzose sein. Er muss stets bestrebt sein, im Frieden zu regieren. Wenn er aus reinem Nachahmungssinn und ohne dass die unbedingte Notwendigkeit vorliegt, meine Kriege von Neuem beginnen wollte, wäre er weiter nichts als ein Affe. Mein Werk von Neuem beginnen, hieße vermuten, dass ich gar nichts vollbracht hätte. Es jedoch vollenden, würde im Gegenteil die Festigkeit der Grundlagen beweisen, den ganzen Plan des nur angefangenen Gebäudes auseinandersetzen. Man macht nicht zwei Mal dasselbe in einem Jahrhundert. Ich bin gezwungen gewesen, Europa durch die Waffen zu bändigen; heute muss man es überzeugen. Ich habe die im Sterben liegende Revolution gerettet, habe sie von ihren Verbrechen reingewaschen und sie dem Volk im Ruhm strahlend gezeigt. Ich habe Frankreich und Europa neue Ideen eingeimpft, die niemals zurückgehen werden. Mein Sohn möge alles, was ich gesät habe, zum Aufblühen bringen! Möge er alle Grundstoffe des Gedeihens, die der französische Boden in sich birgt, weiterentwickeln! Um diesen Preis kann er einmal ein großer Fürst sein.

Die Bourbonen können sich nicht halten. Wenn ich tot bin, wird überall, auch in England, eine Reaktion zu meinen Gunsten eintreten. Für meinen Sohn bedeutet das ein schönes Erbe. Es ist sehr leicht möglich, dass die Engländer, um die Erinnerung an ihre Verfolgungen zu verwischen, die Rückkehr meines Sohnes nach Frankreich begünstigen. Um aber mit England in gutem Einvernehmen zu leben, müssen vor allen Dingen seine Handelsinteressen gewahrt werden. Nur zwei Möglichkeiten sind annehmbar: entweder England bekämpfen oder sich mit ihm in den Welthandel teilen. Und diese zweite Bedingung ist heute die einzig mögliche. Die auswärtige Frage wird noch lange in Frankreich die innere beherrschen. Ich hinterlasse meinem Sohn genügend Kraft und Sympathie, dass er mein Werk nur mit den Waffen einer höheren und versöhnenden Diplomatie fortsetzen kann.

Seine Stellung in Wien ist beklagenswert. Wird Österreich ihn ohne Bedingung freigeben? Im Übrigen befand sich Franz I. in einer kritischeren Lage; die französische Nation hat dabei nichts eingebüßt. Mein Sohn soll niemals durch einen fremden Einfluss den Thron besteigen. Sein Ziel soll nicht allein sein, zu regieren, sondern auch die Billigung der Nachwelt zu verdienen. Wenn er kann, soll er sich meiner Familie nähern. Meine Mutter ist eine Frau der Antike; Joseph und Eugen können ihm gute Ratschläge geben; Hortense und Katharine sind sehr hochstehende Frauen. Bleibt er im Exil, so mag er eine meiner Nichten heiraten. Ruft ihn Frankreich jedoch zurück, so soll er eine russische Prinzessin zur Frau nehmen, denn der russische Hof ist der einzige, an dem die Familienbande die Politik beherrschen. Die Verbindung, die er eingeht, muss den Zweck haben, den französischen Einfluss nach außen zu erhöhen, und nicht, in den Staatsrat einen fremden Einfluss einzuführen, Das französische Volk ist außerordentlich leicht zu regieren, wenn man es nicht verkehrt anfasst. Nichts kommt seinem klaren und leichten Verständnis gleich: Es unterscheidet sofort diejenigen, die für und die gegen ihre Nation arbeiten. Man muss jedoch immer nach seinen Gefühlen sprechen, sonst wird es von Besorgnis gequält, es gärt in ihm, und es braust auf.

Mein Sohn wird nach den bürgerlichen Unruhen in Frankreich ankommen. Er hat nur eine einzige Partei zu befürchten: die des Herzogs von Orléans. Diese Partei keimt und blüht seit Langem. Teilen Sie ihm darüber alles mit, was Bertrand mir gesagt hat. Er soll alle Parteien verachten und nur die Masse schätzen. Mit Ausnahme derer, die das Vaterland verraten haben, soll er alle früheren Verhältnisse der Männer vergessen und Talent, Verdienste und Dienste belohnen, wo er sie trifft. Chateaubriand ist trotz seiner Flugschrift ein guter Franzose.[1]

Frankreich ist das Land, wo die führenden Geister den wenigsten Einfluss haben; sich auf sie stützen, hieße auf Sand bauen. Man kann in Frankreich nur Großes vollbringen, wenn man sich an die Massen hält. Übrigens soll eine Regierung ihre Stütze da suchen, wo sie wirklich zu finden ist. Es gibt ebenso unbeugsame und gebieterische moralische Gesetze wie physische. Die Bourbonen können sich nur auf die Adligen und die Geistlichen stützen, gleichviel welche Verfassung man sie annehmen

---

[1] Vgl. die Anmerkung auf Seite 723.

ließe. Das ist wie mit dem Wasser, das immer wieder auf sein Niveau zurückgeht trotz der Maschine, die es für einen Augenblick gehoben hat. Ich habe mich auf jedermann ohne Ausnahme gestützt; ich habe das erste Beispiel einer Regierung gegeben, die die Interessen aller begünstigt. Ich habe weder für noch durch die Adligen, die Geistlichen, die Bürger oder die Arbeiter regiert. Ich habe für die ganze Gemeinschaft, für die ganze französische Familie regiert! Verschiedene Interessen einer Nation haben, heißt ihr schlecht dienen, heißt den Bürgerkrieg verursachen. Man scheidet nicht voneinander, was die Natur unzertrennlich gemacht hat: Man verstümmelt es. Ich lege der Verfassung, deren Grundlagen ich Ihnen diktiert habe, keinerlei Bedeutung bei: Heute gut, kann sie morgen schon schlecht sein. Übrigens darf in dieser Beziehung nichts endgültig geschehen ohne die förmliche Zustimmung des Volkes; das Fundamentalprinzip muss stets ›Stimmeneinheit‹ sein.

Meine Aristokratie wird für meinen Sohn kein Schutz sein. Es bedürfte mehr als einer Generation, um ihr meinen Geist aufzudrücken und damit sie durch Überlieferung das geheiligte Gut aller meiner moralischen Eroberungen bewahre. Seit 1815 waren alle Großen gegen mich. Ich zählte weder auf meine Marschälle noch auf meine Aristokratie, ja nicht einmal auf meine Obersten. Aber das ganze Volk und die ganze Armee bis zum Hauptmann waren für mich. Mein Vertrauen hat mich nicht getäuscht. Sie verdanken mir sehr viel; ich war ihr wirklicher Repräsentant. Meine Diktatur war notwendig, und der Beweis dafür ist, dass man mir immer mehr Macht anbot, als ich selbst wollte. In Frankreich ist heute nur das möglich, was notwendig ist. Mit meinem Sohn wird es nicht dasselbe sein: Man wird ihm die Macht streitig machen, und deshalb muss er allen Wünschen der Freiheit entgegenkommen. Übrigens ist es in gewöhnlichen Zeiten leichter, mit Kammern zu regieren als allein. Die Versammlungen übernehmen einen großen Teil der Verantwortlichkeit, und nichts ist leichter, als stets die Mehrheit für sich zu haben. Jedoch muss man darauf bedacht sein, das Land nicht zu demoralisieren; der Einfluss der Regierung ist in Frankreich ungeheuer. Wenn sie es versteht, die Nation zu nehmen, so braucht sie keine Korruption, um überall eine Stütze zu finden. Das Streben eines Herrschers darf nicht allein sein, zu regieren, sondern Aufklärung, Sittlichkeit und Wohlstand zu verbreiten. Alles Falsche ist ein schlechter Beistand.

Als ich jung war, machte ich mir Illusionen, aber davon bin ich bald abgekommen. Die großen Redner, die die Versammlungen durch die Wirkung ihrer Worte beherrschen, sind im Allgemeinen sehr mittelmäßige Politiker. Man muss sie nicht durch Worte bekämpfen, denn sie haben stets hochtrabendere zur Hand, sondern man muss ihrer Redefertigkeit ein knappes, logisches Urteil entgegensetzen: Die Praxis vernichtet sie. Im Staatsrat gab es viel beredtere Leute als mich; ich aber schlug sie stets mit dem Argument: 2 x 2 = 4.

Frankreich wimmelt von fähigen, praktischen Männern, nur muss man sie zu finden wissen und ihnen die Mittel verschaffen, sich hervorzutun. Der eine, der besser im Staatsrat säße, geht hinter dem Pflug her, und der andere, der sich mehr zum Bauer eignete, ist Minister. Mein Sohn soll sich nicht wundern, wenn ihm die äußerlich am vernünftigsten scheinenden Leute die unsinnigsten Pläne vorschlagen vom Agrariergesetz bis zum Despotismus des Sultans. Jedes System findet in Frankreich Verteidiger. Er höre alles, erwäge jedoch auch den richtigen Wert und umgebe sich mit allen wahrhaften Kapazitäten des Landes.

Das französische Volk besitzt zwei gleich mächtige Leidenschaften, die sich scheinbar widersprechen, aber aus ein und demselben Gefühl entspringen: die Liebe zur Freiheit und die Liebe für Auszeichnungen. Eine Regierung kann diesen beiden Bedürfnissen nur durch außerordentliche Gerechtigkeit genügen. Das Gesetz und die Handlungen der Regierung müssen für jedermann gleich sein; die Ehrungen und Belohnungen müssen denen zukommen, die nach der Ansicht aller ihrer am meisten würdig sind. Man verzeiht dem Verdienst, aber nicht der Intrige. Die Ehrenlegion ist ein mächtiger Hebel für den Mut, das Talent und die

Tapferkeit gewesen, schlecht angewendet aber wäre sie äußerst gefährlich; man würde sich die ganze Armee entfremden, wenn Hofgeist oder Intrigengeist ihre Wahlen und ihre Verwaltung leiteten.

Mein Sohn wird gezwungen sein, vermittels der Pressefreiheit zu regieren. Heute ist das eine Notwendigkeit. Es handelt sich nicht darum, zu regieren, um eine mehr oder weniger gute Theorie zu verfolgen, sondern man muss mit dem Material, das man unter den Händen hat, weiterbauen. Man muss die Notwendigkeiten dulden und Nutzen daraus ziehen. Die Freiheit der Presse muss in den Händen der Regierung ein mächtiger Bundesgenosse werden, mit dessen Hilfe die gesunden Lehren und Grundsätze in alle Ecken des Reichs ausgestreut werden. Sie sich selbst überlassen, heißt sich an der Seite einer großen Gefahr zum Schlummer niederlegen …

Mein Sohn soll der Mann der neuen Ideen und der Sache sein, die ich überall habe triumphieren lassen. Völker durch Fürsten regenerieren, überall Einrichtungen treffen, die die Spuren des Lehenswesens verschwinden lassen, die die Menschenwürde sicherstellen, welche die seit Jahrhunderten schlummernden Keime des Wohlstands entwickeln, der Allgemeinheit Anteil an dem verschaffen, was heute nur einer kleinen Anzahl zukommt, Europa zu einem unzertrennlichen Föderativstaat vereinigen, in allen heute noch barbarischen und unkultivierten Teilen der Welt die Wohltaten des Christentums und der Zivilisation verbreiten: Danach allein soll mein Sohn streben, das ist die Sache, für die ich als Märtyrer sterbe!

Den Hass, den die Oligarchen für mich hegen, soll er mit der Heiligkeit meiner Sache abwägen. Sehen Sie die Königsmörder an: Vor Kurzem saßen sie im Rat eines Bourbonen, und morgen werden sie in ihr Vaterland zurückkehren. Ich aber und die Meinigen, wir büßen in Marter und Qual die Wohltaten, die ich den Völkern verschaffen wollte. Meine Feinde sind die Feinde der Menschlichkeit! Sie möchten die Völker, die sie wie eine Herde betrachten, in Fesseln legen; sie wollen Frankreich unterdrücken, den Strom bis zu seiner Quelle zurückdrängen: Sie mögen sich nur in Acht nehmen, dass er nicht übertritt!

Mit meinem Sohn können die entgegengesetzten Parteien in Frieden leben, die neuen Ideen sich ausbreiten, sich ohne Erschütterung und ohne Opfer kräftigen; der Menschheit wird großes Unglück erspart werden. Wenn aber der blinde Hass der Fürsten mein Blut noch nach meinem Tod verfolgt, dann wird man mich rächen, grausam rächen! Die Zivilisation wird alles verlieren, sobald die Völker sich entfesseln! Ströme Bluts werden in ganz Europa vergossen werden; Aufklärung und Bildung werden inmitten der Bürger- und auswärtigen Kriege untergraben werden! Man wird dreihundert Jahre voller Verwirrung und Unruhen brauchen, um die monarchische Gewalt in Europa zu zerstören, die seit so kurzer Zeit die Interessen aller vertritt, die jedoch mehrere Jahrhunderte gebraucht hat, um sich von den mittelalterlichen Ansichten zu befreien. Wenn sich hingegen der Norden gegen die Zivilisation wendet, so wird der Kampf weniger lang, aber weit verhängnisvoller sein. Das Wohl der Völker, alles, was man seit so vielen Jahren erreicht hat, wird verloren sein, und niemand kann die verheerenden Folgen voraussehen. Völker wie Fürsten haben ein Interesse an der Thronbesteigung meines Sohnes. Ohne die Ideen, die Prinzipien, für die wir gekämpft haben und denen ich zum Sieg verholfen habe, sehe ich für Frankreich wie für Europa nur Knechtschaft oder Verwirrung!

Veröffentlichen Sie alles, was ich Ihnen diktiert oder geschrieben habe, und veranlassen Sie meinen Sohn, dass er es aufmerksam lese und überdenke. Sagen Sie ihm auch, dass er die beschütze, die mir treu gedient haben, und ihre Zahl ist groß. Meine armen, hochherzigen, ergebenen Soldaten, sie haben vielleicht jetzt kein Brot! Welchen Mut, welchen gesunden Menschenverstand besitzt doch das französische Volk! Welche Reichtümer liegen in ihm begraben, die vielleicht niemals das Tageslicht sehen werden!

Europa geht einer unvermeidlichen Verwandlung entgegen: Sie aufhalten heißt, sich durch unnützen Kampf schwächen; sie begünstigen heißt, sich durch die Hoffnung und den Willen aller stark machen!

Es gibt Wünsche der Völker, die man früher oder später erfüllen muss, und auf dieses Ziel muss man losgehen.

Die Stellung meines Sohnes wird nicht frei von ungeheuren Schwierigkeiten sein. Möge er mit der Zustimmung aller das tun, was ich infolge der Umstände gezwungen war, durch Waffengewalt zu erreichen. Wäre ich im Jahr 1812 in Russland Sieger gewesen, so wäre ein hundertjähriger Frieden beschlossen worden. Ich *durchhieb* den gordischen Knoten, heute jedoch muss er *aufgeknüpft* werden. Die Erinnerung an die Throne, die ich im Interesse meiner Politik errichtete, muss ausgelöscht werden. Bereits im Jahr 1815 verlangte ich von meinen Brüdern, dass sie ihre Königswürde vergäßen und nur den Titel ›französische Prinzen‹ annähmen. Mein Sohn muss diesem Beispiel folgen, denn das Gegenteil würde gerechte Entrüstung hervorrufen. Die ernsten Fragen werden sich nicht mehr im Norden, sondern im Süden abwickeln. Dort kann sich der Ehrgeiz der Mächte noch Genüge tun, und mit den Fetzen der unkultivierten Erdteile kann das Glück der zivilisierten Völker erkauft werden. Mögen die Könige sich zufriedengeben: Es wird in Europa keinen Stoff mehr zu internationalem Hass geben! Die Vorurteile verschwinden, die Handelswege erweitern und vermehren sich, und es ist keiner Nation mehr möglich, sich das Monopol des Handels zu bewahren.

Damit mein Sohn weiß, ob seine Verwaltung gut oder schlecht ist, ob die Gesetze mit den Sitten übereinstimmen, soll er sich einen motivierten Jahresbericht der durch die Gerichte ausgesprochenen Verurteilungen vorlegen lassen. Wenn die Verbrechen und Vergehen zunehmen, so ist das ein Zeichen, dass das Elend größer geworden und dass die Gesellschaft schlecht regiert wird; die Verminderung der Verbrechen jedoch beweist das Gegenteil.

Die religiösen Ideen haben noch eine größere Macht, als gewisse beschränkte Philosophen glauben wollen. Sie können der Menschheit große

Dienste leisten. Indem man sich mit dem Papst gut stellt, beherrscht man noch heute das Gewissen von hundert Millionen Menschen. Pius VII. wird gegen meinen Sohn stets gut sein; er ist ein sehr aufgeklärter und nachsichtiger Greis. Verhängnisvolle Umstände haben unsere Kabinette miteinander verfeindet, was ich lebhaft bedaure. Fesch verstand mich nicht; er unterstützte die Ultramontanen, die Feinde der wahrhaften Religion in Frankreich.

Wenn man Sie wieder nach Frankreich zurückkehren lässt, werden Sie noch viele meinem Andenken treue Männer finden. Das schönste Denkmal, das Sie mir errichten können, wäre eine Reihe von Werken, in denen alle meine Gedanken, die ich im Staatsrat für die Verwaltung des Reiches niedergelegt habe, alle meine Instruktionen für die Minister vereinigt wären, in denen die Verzeichnisse aller von mir unternommenen Arbeiten, aller von mir in Frankreich und in Italien errichteten Denkmäler angegeben sind. Maret, Daru, Mollien, Merlin und Cambacérès können zu dieser Arbeit beitragen. Sie wird die Werke ergänzen, die ich Bignon[1] über meine äußere Politik und die Ihnen bezeichneten Generale über meine Kriege zu schreiben beauftrage. Unter meinen Reden im Staatsrat[2] müsste man einen Unterschied zwischen den Maßnahmen, die für den Augenblick gut waren, und denen machen, deren Anwendung jederzeit vortrefflich ist.

---

[1] Der Baron Louis Pierre Edouard de Bignon erfüllte den Wunsch des Kaisers, eine Geschichte der französischen Diplomatie zu schreiben, den Napoleon noch öffentlich in seinem Testament aussprach und gleichzeitig Bignon 100 000 Franken vermachte, in seinem Werk: Histoire de France depuis le 18 brumaire jusqu'à la deuxième restauration. 14 Bände, Paris 1829–1850.

[2] Ein Teil der Reden im Staatsrat erschien in den anonymen Werken: Mémoires sur le consulat. 1799 à 1804. Par un ancien conseiller d'Etat, Paris 1827; und: Opinions de Napoléon sur divers sujets de politique et d'administration, recueillies par un membre de son conseil d'Etat. Paris 1833. Der Verfasser des ersten Werkes ist der Graf Antoine Claire Thibeaudau, des zweiten der Baron Jean Pelet de la Lozère.

Mein Sohn soll oft Geschichte lesen und darüber nachdenken, das ist die einzig wahre Philosophie. Er lese die Kriege der großen Feldherren, das ist das einzige Mittel, das Kriegshandwerk zu erlernen.

Aber alles, was Sie ihm sagen, alles, was er hören wird, wird ihm wenig nützen, wenn in seinem Herzen nicht das heilige Feuer glüht, jene Liebe zum Guten, die allein uns Großes vollbringen lässt.

Aber ich hoffe, er wird sich seiner Bestimmung würdig zeigen.

Wenn man Sie nicht nach Wien lässt …?«

Der Kaiser fühlte sich plötzlich außerstande, fortzufahren; seine Stimme erlosch, und der General Montholon war über sein Aussehen dermaßen erschrocken, dass er ihn flehentlich bat, sein Diktat zu unterbrechen.

Comte de Montholon, Récits de la captivité
de l'empereur Napoléon à Sainte-Hélène.

Der Kaiser Napoleon und die Doktoren Antommarchi und Arnott in Longwood, 19. April 1821

Die Nacht war ziemlich ruhig vergangen. Der kranke Kaiser hatte kein Erbrechen und verlangte zu essen. Er verzehrte mit Appetit eine Nudelsuppe und gab sie nicht wieder von sich. Um zwei Uhr nachmittags stand er auf und ließ sich in seinen Lehnstuhl nieder, war guter Laune, fühlte sich besser als gewöhnlich und ließ sich vorlesen.

»Sie haben recht, meine Freunde«, sagte er zu Antommarchi und zu Montholon, »es geht mir heute etwas besser. Nichtsdestoweniger aber fühle ich, dass mein Ende nahe ist.

Wenn ich tot bin, wird jeder von Ihnen den süßen Trost genießen, nach Europa zurückzukehren. Der eine wird seine Verwandten, der andere seine Freunde wiedersehen, und ich werde mit meinen Tapferen in den Elyseischen Feldern zusammentreffen.

Ja«, fuhr er mit erhobener Stimme fort, »Kléber, Desaix, Bessières, Duroc, Ney, Murat, Massena, Berthier, alle werden sie mir entgegenkommen, und wir werden von unsern gemeinsamen Taten reden. Ich werde ihnen die letzten Begebenheiten meines Lebens erzählen. Wenn sie mich sehen, wird sie ihre alte Begeisterung und ihr Ruhm wieder entflammen. Dann werden wir uns mit den Scipionen, mit Hannibal, Cäsar und Friedrich von unsern Kriegen unterhalten. Das wird eine Freude sein! ... Wenn man nur nicht«, fügte er lächelnd hinzu, »hier auf Erden bange werden wird, so viele Krieger beieinander zu sehen.«

Der Doktor Arnott trat ein. Der Kaiser hielt in seiner Rede inne und begrüßte den Arzt aufs Liebenswürdigste. Er unterhielt sich eine Weile mit ihm und legte ihm sehr kluge Fragen über seine Krankheit vor. Plötzlich gab er die logische Fortsetzung der Unterhaltung auf und ging auf seinen jetzigen Zustand über, dabei wandte er sich stets an den Doktor Arnott. Sein Ton war lebhafter und feierlicher.

»Es ist aus mit mir, Doktor«, sagte er; »ich habe meinen Todesstoß empfangen. Ich nahe mich meinem Ende und werde meinen Körper wieder der Erde übergeben. Treten Sie näher, Bertrand, und übersetzen Sie dem Herrn, was Sie hören werden. Mein Tod ist die Folge von Beleidigungen, würdig der Hand, die sie mir verabreichte. Übersetzen Sie alles, ohne ein Wort zu vergessen!

Ich ergab mich dem britischen Volk, um mich an seinem Herd niederzulassen. Ich verlangte ehrliche Gastfreundschaft, aber gegen alles Völkerrecht legte man mich in Fesseln! Von Alexander würde ich anders empfangen worden sein. Der Kaiser Franz hätte mich mit Achtung aufgenommen. Selbst der König von Preußen würde großmütiger gehandelt haben. Aber England fiel das Los zu, die Fürsten zu überreden und zu veranlassen, der Welt das bis dahin unerhörte Schauspiel zu geben, dass vier große Mächte sich auf einen einzelnen Mann stürzten. Ihr Ministerium – er meinte das englische – war es, das diesen abscheulichen Felsen, wo der Europäer gewöhnlich nur drei Jahre zu leben vermag, für meine Gefangenschaft auswählte. Und wie habt Ihr mich behandelt, seitdem ich auf diesem elenden Felsen weile? Es gibt nichts Unwürdiges, nichts Abscheuliches, womit Ihr mich nicht mit Freuden zu kränken suchtet. Die harmloseste Verbindung mit meiner Familie, die man sonst niemandem verweigert, habt Ihr mir versagt. Nicht eine einzige Nachricht, nicht einmal eine Zeitung, die nicht erst durch Eure Hände gegangen war, ließet Ihr mir aus Europa zukommen. Meine Frau, selbst mein Sohn waren nicht mehr am Leben für mich. Sechs Jahre lang habt Ihr mich damit gequält, alles vor mir geheim zu halten. Auf dieser so ungastlichen Insel habt Ihr mir zur Wohnung den am wenigsten dazu geeigneten Teil ausgesucht, nämlich den, wo das mörderische, tropische Klima am fühlbarsten ist. Ich, der ich auf meinem Pferd ganz Europa durchquerte, ich musste mich in meinen vier Mauern in ungesunder Luft einschließen! Ihr habt mich mit kalter Überlegung langsam dahingemordet, und der nichtswürdige Hudson Lowe war der Scherge der Machenschaften Eurer Minister!«

Der Kaiser fuhr noch eine Zeit lang mit demselben Feuer fort und schloss mit den Worten: »Ihr werdet ebenso wie die stolze Republik Venedig enden! Ich aber, der ich meine Tage auf diesem entsetzlichen Felsen beende, der Meinigen beraubt und von allem entblößt, ich vermache die Schande und die Abscheulichkeit meines Todes der regierenden Königsfamilie von England!«

Mémoires du docteur Antommarchi,
ou les derniers moments de Napoléon.

Der Kaiser Napoleon und der Doktor Antommarchi in Longwood, 2. und 3. Mai 1821

Napoleon war an diesem Tag ruhiger, und die Ohnmachten hatten nachgelassen. Gegen zwei Uhr steigerte sich das Fieber. Er sprach irre. Er redete nur von Frankreich, von seinem Sohn und seinen Waffengefährten Stengel, Desaix, Massena! »Ach!, der Sieg ist im Begriff, sich zu entscheiden! Geht, lauft, bedrängt den Feind! Wir haben ihn!«

Seine Umgebung folgte traurig diesem schrecklichen Todeskampf. Plötzlich sprang der Kaiser aus dem Bett und wollte durchaus in den Garten, um spazierenzugehen. Der Doktor Antommarchi bat ihn, sich wieder hinzulegen, aber noch ehe er herbeispringen konnte, um den Kranken in seinen Armen aufzufangen, stürzte dieser rückwärts zu Boden. Man hob ihn auf und trug ihn wieder ins Bett, aber Napoleon kannte keinen Menschen mehr. Er ward böse und tobte und wollte durchaus in den Garten.

Um neun Uhr vormittags nahm das Fieber ab. Der Kaiser gab dem Doktor einige Instruktionen und sagte:

»Vergessen Sie nicht, wenn ich nicht mehr sein werde, das auszuführen, womit ich Sie beauftragt habe. Untersuchen Sie nach meinem Tod sorgfältig meinen Körper, besonders den Magen. Die Ärzte von Montpellier meinten, der Magenkrebs sei in meiner Familie erblich.[1] Der Bericht ist, glaube ich, in den Händen meines Bruders Louis. Verlangen Sie die-

---

1 Napoleons Vater Carlo Bonaparte war in Montpellier am 24. Februar 1785 am Magenkrebs gestorben.

sen Bericht und vergleichen Sie ihn mit Ihren eigenen Beobachtungen, damit ich wenigstens meinen Sohn vor dieser fürchterlichen Krankheit rette. Sie werden meinen Sohn sehen, Doktor, und ihm sagen, wie er sich zu verhalten hat. Dadurch werden Sie ihm die Angst ersparen, die mich bedrückt. Das ist der letzte Dienst, den ich von Ihnen erwarte.«

Mittags bekam Napoleon einen neuen Fieberanfall. Als er wieder zu sich kam, stieß er einen tiefen Seufzer aus und sagte zu Antommarchi: »Ich bin sehr krank, Doktor; ich fühle, ich muss sterben.« Und dann verlor er wieder die Besinnung.

Die Nacht zum 3. Mai war besser als bisher gewesen. Der Kranke hatte einige Augenblicke geruht. Gegen Mittag steigerte sich das Fieber wieder und nahm erst um 2 Uhr ab. Seine Umgebung zog sich zurück, und der Kaiser blieb mit dem Geistlichen allein, der ihm die letzte Ölung erteilte. Um 3 Uhr ward das Fieber wieder heftiger, und der Kranke wurde von Ängsten befallen. Sein Gesicht war eingefallen, aber die Sinne hatten den Sterbenden noch nicht verlassen. Er empfahl seinen Testamentsvollstreckern, im Fall er die Besinnung verlieren würde, keinen englischen Arzt außer den Doktor Arnott zu ihm zu lassen.

»Ich werde sterben«, sagte er; »Sie werden nach Europa zurückkehren. Ich bin Ihnen einige Ratschläge schuldig, wie Sie sich dort zu verhalten haben. Sie haben meine Gefangenschaft mit mir geteilt, Sie werden meinem Andenken treu bleiben und nichts tun, was es verletzen könnte. Ich habe alle Prinzipien gebilligt und sie meinen Gesetzen und meinen Handlungen aufgedrückt. Nicht einen Grundsatz gibt es, den ich nicht gerechtfertigt hätte. Unglücklicherweise waren die Umstände ernst; ich war gezwungen, Strenge walten zu lassen und manches Gute, was ich vorhatte, hinauszuschieben. Da kamen die Unglücksfälle. Ich habe den Bogen nicht weiter anspannen können, und Frankreich ist der liberalen Einrichtungen nicht teilhaftig geworden, die ich ihm geben wollte. Es beurteilt mich mit Nachsicht, es rechnet mir meine guten Absichten an, es liebt meinen Namen und meine Siege. Ahmet ihm nach! Bleiben Sie den Ansichten, die wir verteidigen, und dem Ruhm, den wir erworben haben, getreu. Außer diesem gibt es für Sie nur Schande und Unehre!«

Mémoires du docteur Antommarchi,
ou les derniers moments de Napoléon.

Namenverzeichnis

917

Kléber 145 ff., 904
Kodros 376
Koller 653 ff., 665, 669 ff., 698, 712
Kospoth 590 ff.
Kotschubey 509
Kotzebue 362
Kurakin 488, 501 f.
Kutusow 633, 801

L
Labedoyère 720, 743
Lacarrière 556, 562, 564
Lacave 357
Lafayette 760
Lafont 357
Laforest 282, 422
Langeron 633
Lannes (Herzog von Montebello) 29, 56, 138, 393, 841
Lannes (Herzogin von Montebello) 440
Lansdowne 672
Laplace 51, 178, 860
Lapy 708
Larrey 272, 582, 816 f.
Lasalle 34
Las Cases 811, 820 f., 824 ff., 833 f., 837, 850 ff.
Latour-Maubourg 162
Lauriston 476, 508 f., 521, 532

Lavalette 616 ff., 713, 733 ff., 740 f., 756, 763 ff.
Lazansky 881
Lebrun 166, 189 ff., 229 ff., 320, 581
Lebzeltern 452 f.
Leclerc 34
Lecourbe 719
Lefèbvre 149, 499
Lefebvre-Desnouettes 482, 802
Legendre 381 ff., 386
Lejeune 481 ff.
Lelorgne d'Ideville 520, 522
Lemarois 229
Lemercier 189 ff.
Léon 326
Léroy 113 f.
Lesseigues 177
Lessing 359
Léval 271
Levasseur 271
Liechtenstein 415, 417, 437, 530
Litta 692 ff.
Liverpool 170
Locke 50
Lombard 15, 179 ff., 272, 294
Lowther 787 ff., 805
Lubanoff 274
Ludwig der Fromme 480
Ludwig XIV. 78, 87, 203, 221, 333
Ludwig XV. 468